谨以此书献给

为重庆水运事业发展作出贡献的决策者、建设者、管理者

重庆水运史

（1949—2015）

重庆市交通局　组织编写

人民交通出版社股份有限公司

北　京

内 容 提 要

本书是《中国水运史(1949—2015)》系列丛书之重庆篇，全书包括正文《重庆水运史(1949—2015)》和附件《重庆水运工程建设实录(1978—2015)》两大部分，其中正文分为八章，内容包括水运管理机构和机制体制、水运发展政策、行业管理和生产发展、水运基础设施建设、水运市场和企业、支持保障系统和安全管理、水运科技等；附件分为五篇十二章，内容包括重大水运工程发展、水运工程的法律法规与行业管理、水运工程科技创新与应用、重要港口和航道建设情况、对外合作与交流等。

本书全面记载和梳理了新中国成立至“十二五”期末重庆市水路交通主要领域的发展历程、建设成就、重大事件和历史经验等，真实反映了重庆水运建设技术发展水平，系统展示了重庆水运发展历程，具有很强的学术和史料价值，可供水运工程建设行业相关人员阅读、学习和参考。

图书在版编目(CIP)数据

重庆水运史：1949—2015/重庆市交通局组织编写.—北京：人民交通出版社股份有限公司，2023.6

ISBN 978-7-114-18160-3

Ⅰ.①重… Ⅱ.①重… Ⅲ.①水路运输—交通运输史—重庆—1949—2015 Ⅳ.①F552.9

中国版本图书馆 CIP 数据核字(2022)第 152567 号

Chongqing Shuiyun Shi(1949—2015)

书　　名：重庆水运史(1949—2015)

著 作 者：重庆市交通局

责任编辑：崔　建

责任校对：席少楠　卢　弦　刘　璇

责任印制：张　凯

出版发行：人民交通出版社股份有限公司

地　　址：(100011)北京市朝阳区安定门外外馆斜街 3 号

网　　址：http://www.ccpcl.com.cn

销售电话：(010)59757973

总 经 销：人民交通出版社股份有限公司发行部

经　　销：各地新华书店

印　　刷：北京印匠彩色印刷有限公司

开　　本：787×1092　1/16

印　　张：39

字　　数：744 千

版　　次：2023 年 6 月　第 1 版

印　　次：2023 年 6 月　第 1 次印刷

书　　号：ISBN 978-7-114-18160-3

定　　价：500.00 元

《重庆水运史(1949—2015)》

编审委员会

顾　　问:何升平　梁雄耀

主　　任:许仁安

委　　员:万雅芬　李关寿　贾如兴　陈永忠　杜　昆
周向东　王和平　蒋仕兵

编写委员会

主　　任:许仁安

副主任:陈永忠　李关寿　钟　芸

委　　员:邓志刚　蒋江松　蒙　华　王维定　何洪永
李　灼　谭　毅　张三国　廖劲松　徐海忠
陶文科　陈　勇　张公振　窦运生　姚小松
张光平　黄　超　柳恩梅　李鸣亮

主要编写人员

詹永渝　陈　佳　黄昌顿　宿大亮　谈建平　张　涛
陈　勇　陈　刚　肖　刚　马大为　左梁栋　薛飞龙
张斯婧　张译丹　成　华　谢劲松　蒋正施　罗　乔
罗杰夫　高　硕　陈丹蕾　王　芳　龚艳丽　李咏春
黄彦玮　杨沛东

主要参编单位

中铁长江交通设计集团有限公司

重庆市港航海事事务中心

重庆市交通运输综合行政执法总队

重庆海事局

重庆航运交易所

长江重庆航道局

长江重庆航道工程局

长江航运公安局重庆分局

中国船级社重庆分社

重庆市船舶检验中心有限公司

重庆交通大学

重庆港务物流集团有限公司

重庆航运建设发展(集团)有限公司

重庆市港口协会

重庆市水路运输行业协会

民生轮船股份有限公司

重庆长江轮船有限公司

重庆长江黄金游轮有限公司
重庆冠达世纪游轮有限公司
重庆市东江实业有限公司
重庆大美长江三峡游轮股份有限公司
民生轮船股份有限公司
重庆轮船(集团)有限公司
重庆长江轮船公司
重庆港盛船务有限公司
重庆浩航船务有限公司
重庆集海航运有限责任公司
重庆市河牛滚装船运输有限公司
重庆川江船务有限公司
重庆市乔泰船务运输有限公司
重庆顺华滚装船运输有限公司
重庆市万州区圣发船务有限公司
重庆市泽胜船务集团(有限)公司
重庆三益物流股份有限公司
重庆新金航国际物流股份有限公司
重庆长航东风船舶工业有限公司
重庆中江船业有限公司

前　　言

习近平总书记在教育文化卫生体育领域专家代表座谈会上指出:“中国特色社会主义是全面发展、全面进步的伟大事业,没有社会主义文化繁荣发展,就没有社会主义现代化。”习近平总书记多次强调:“要坚定文化自信,推动中华优秀传统文化创造性转化、创新性发展,继承革命文化,发展社会主义先进文化,不断铸就中华文化新辉煌,建设社会主义文化强国。”❶2017 年 6 月,交通运输部印发《关于开展〈中国水运史(1949—2015)〉和〈中国水运工程建设实录(1978—2015)〉编纂工作的通知》(交办政研〔2017〕86 号),文件明确指出:“编纂《中国水运史(1949—2015)》和《中国水运工程建设实录(1978—2015)》是我国交通文化工程的重要内容,也是一项光荣而艰巨的重要历史任务,必须以高度的责任感和使命感抓紧抓好。”

重庆处于长江上游,区位优势突出,战略地位重要,在国家区域发展和对外开放格局中具有独特而重要的作用,是国家确定的长江三大航运中心之一。水运是重庆市综合交通运输体系的重要组成部分,具有能耗低、占地少、运量大、成本低等突出特点,是助推重庆经济社会发展的突出天然优势。在重庆水路交通发展历史上,无数水运人勇于担当、甘于奉献、攻坚克难,展示了智慧、胆略和远见。在重庆水运工程建设征程中,无数水运人辛勤付出、奉献青春,创造了无数工程奇迹,收获了众多创新成果。新中国成立初期,重庆境内川江航道几乎处于自然通航状态,通航条件十分恶劣。港口基础设施破旧落后,码头仅 41 座,趸船 48 艘,绝大部分码头全靠搬运工人肩挑背扛,装卸效率极为低下。全市共有公、私营轮船公司 26 家,船舶 132 艘,总吨位约 43112 吨。各轮船公司经营困顿,负债累累,濒临倒闭。由于党和国家领导人对恢复和发展重庆水运事业高度重视,新中国成立后,重庆航运事业的建设进程加快。到 2015 年,重庆市内河航道总里程达到 4451 公里,港口货物通过能力达到 1.8 亿吨,集装箱通过能力达到 400 万

---

❶ 习近平.在教育文化卫生体育领域专家代表座谈会上的讲话[N].人民日报,2020-09-23(2).

标准箱，位居长江上游内河港口前列。船舶总运力达到660万载重吨，船型标准化率达到76.5%。全市水路运输量、港口吞吐量双双突破亿吨大关，完成水路货运量1.5亿吨、货物周转量1693亿吨公里和港口货物吞吐量1.57亿吨、集装箱101万标准箱。重庆港已成为长江上游地区最大的集装箱集并港、大宗散货中转港、滚装汽车运输集疏港、长江三峡旅游集散地和游轮母港，长江上游航运中心雏形基本形成。

为全面梳理和反映新中国成立至“十二五”期末重庆市水路交通主要领域的发展历程、建设成就、重大事件和历史经验等，重庆市交通局成立《重庆水运史(1949—2015)》和《重庆水运工程建设实录(1978—2015)》编纂领导小组，组织水运建设行业广大科研、设计、施工、管理等方面的专家和有经验的技术人员开展编纂工作。四年多来，重庆水运行业各参编单位以坚持中国特色社会主义文化自信为信念，共同努力，完成了编纂工作。

《重庆水运史(1949—2015)》系统总结了新中国成立六十余年来重庆水运建设成就，真实反映了重庆水运建设技术发展水平，全面展示了重庆水运发展历程。其编纂工作的完成有利于更好实现重庆长江上游航运中心高质量建设，有利于更好落实习近平总书记提出的“两点”定位、“两地”“两高”目标和发挥“三个作用”要求，有利于更好推动成渝地区双城经济圈建设。《重庆水运史(1949—2015)》以辉煌的成就坚定道路自信、理论自信、制度自信、文化自信，以生动的历史实践为新时期交通强国建设提供经验借鉴，以丰厚的文化积淀传承和发扬优秀文化、践行和弘扬社会主义核心价值观，进一步激励重庆人民为实现“两个一百年”奋斗目标、实现中华民族伟大复兴的中国梦而努力奋斗。

作者

2022 年 12 月

目　　录

第一章　恢复生产、艰难起步（1949—1957）

第一节　概　　述

1949年10月1日，中华人民共和国举行开国大典，中国历史翻开了崭新的一页。在中国共产党的领导下，经过三年多的艰苦努力，新中国很快医治了战争创伤，国民经济得到全面恢复，并有所发展。这一时期，在西南军政委员会的领导下，重庆航运主管部门迅速接管旧航运管理机构，通过借鉴苏联的航运管理模式，建立了政企、港航合一的集中管理体制，整顿港航秩序，大力发展运力，基本形成国营、公私合营、私营、集体和个体经济并存的局面，初步建立了社会主义航运经济新体系。广大航运职工发挥当家作主的主人翁精神，在支援解放战争和抗美援朝战争、促进国民经济全面恢复、沟通城乡物资交流、保障人民生活需要等大规模的运输生产中作出了重大贡献。

我国第一个五年计划实施后，社会主义航运体制确立，私营航运业实行公私合营，95%以上的个体木帆船走上集体化道路。在计划经济的主导下，长江航运成立了政企合一、全行业的经营管理机构，经营业务实行中央与地方合理分工管理的模式。"一五"计划时期，国家把长江作为发展水路运输的重点。

这一时期，川江航道几乎处于自然通航状态，滩多流急，礁石密布，异常艰险，通航条件十分恶劣，川江行舟被视为畏途。新中国成立前，川江部分滩险、礁石虽曾进行过简易的开凿治理，但由于资金不足，加之技术有限，整治规模很小，收效甚微。当时，川江航道设有各种简易助航标志、信号等共计676座，通航条件有所改善。新中国成立前夕，人心浮动，航道维护工作处于瘫痪状态，助航标志大部分被冲失或损坏。到1949年，川江航道上的助航标志已所剩无几。

同期，重庆港口基础设施破旧落后，码头仅41座，趸船仅48艘。除成渝铁路工程局九龙坡码头有一座起重40吨的浮式起重机和缆车外，其他码头全靠搬运工人肩挑背扛，劳动强度相当大，装卸效率极为低下。码头、趸船年久失修，大部分锈蚀渗漏，腐朽不堪。全港码头全部不能与公路相接，也没有一座港口专用仓库，卸货通过趸船或驳船转运，装船只能由木船临时集运到现场。

受长期战乱的影响，船舶工业停滞不前。隶属于民生实业股份有限公司（简称“民生公司”）的民生机器厂，是抗日战争时期设备最好的几个大厂之一。到1949年，该厂由于库存物料空虚、技术人员缺乏、劳资关系紧张，业务萧条，仅靠修理民生公司船舶勉强维持。其他小型船舶修造厂造船能力严重不足，仅限于建造60吨以内的木驳船。

一度繁荣的川江航运业受长期战乱的影响处于瘫痪状态。各轮船公司经营困顿，负债累累，濒临倒闭。新中国成立初期，全市共有公营、私营轮船公司26家，船舶132艘，总吨位约43112吨，其中私营轮船公司25家，拥有船舶约占川江船舶总吨位的94%。当时有着77年航运历史的招商局已无力支撑川江的业务，于1949年4月1日关闭了重庆分公司，将川江业务委托强华公司代理。而川江上旧中国最大的一家民族资本航运企业——民生公司，存在着资金严重短缺的困难。其他各中小轮船公司经营则更为困难。

1949年11月30日，重庆解放。面对重庆航运千疮百孔的落后状态，恢复和重建水路交通运输得到了各级政府的高度重视。作为长江上游最重要的水运枢纽，党和国家领导人对恢复和发展重庆水运事业高度重视。重庆解放后，重庆市军事管制委员会立即派军代表，对国民政府遗留下来的水运机构进行接管，积极开展工作，动员轮船和木船尽快恢复运输。民生公司首先带头，强华、合众等轮船公司积极响应，随即陆续恢复了长途和港区轮渡的客货运输。重庆航运自此进入一个全新的历史阶段。

第二节　水运机构的建立和变化

1949年底，西南各地相继解放后，西南军政委员会设在重庆，重庆成为西南大区代管、中央直辖市。当时四川[1]的水运管理机构，是以大区所在地的重庆为中心进行设置。主管机关设在重庆，各行署和重要港口设置分支机构。1952年9月，随着四川省恢复建制，重庆水运机构相应做出调整。1954年7月，重庆市并入四川，成为省辖市，水运机构再次调整。

1949年9月27日，中央人民政府正式组建交通部。1949年11月19日，全国首届航务、公路会议在北京召开。会议号召全国水运系统职工克服困难，通力合作，恢复水运，迎接建设新中国的伟大任务。

一、长航局在渝机构的建立

1915年3月13日，长江上游巡江工司（1929年改称长江上游巡江事务处）成立，负责管理川江航道事务。重庆解放后便成立了中国人民解放军重庆市军事管制委员会，

[1] 新中国成立初期，今四川省划分为川西、川东、川南、川北四个行署及西康省。1952年8月，四个行署撤销，合并重组四川省。

下设交通接管委员会航运部，何郝炬任部长。1949 年 12 月，航运部正式开展工作，以重庆为重点，开始对川江航运进行接管和整顿，着手组建新的航运机构，建立新的水运秩序，力求尽快恢复和发展人民水运事业，为国民经济的全面恢复和社会主义建设服务。

按照政务院制定的“各按系统，自上而下，原封不动，先接后分”的原则，重庆首先开展接管公营航运企事业单位的工作。1949 年 12 月底，航运部将国民党政府设在重庆的长江区航政局重庆分局、长江上游巡江事务处和国防部联合勤务总司令部水运办公处等机构接管过来。1950 年 1 月 31 日，西南军政委员会决定，将这三个单位撤销，重新组建为长江航务局重庆分局，由军代表、航运部部长何郝炬任局长，行政上受西南军政委员会交通部（简称“西南交通部”）领导，业务上受交通部长江航务局指导，统一管理长江上游干线和嘉陵江重庆辖区的航运工作。1950 年 7 月，政务院发布《关于统一航务港务管理的指示》，明确将长江航务局重庆分局定为交通部长江航务管理局的直属机构，同时接受长江航务管理局、重庆市人民政府和西南交通部的领导。从此，长江干线形成了统一的航运管理体系。1950 年 9 月，中央人民政府政务院决定把巡江事务处移交给交通部航务总局重庆巡江处。1950 年 11 月，西南军政委员会交通部内河航务管理局（简称“西南内河航务管理局”）成立。长航局重庆分局与西南内河航务管理局分工协作，相互配合，对全市航道进行养护，开展民主改革，取缔封建把持，整顿港航秩序，加强私营轮船和个体木船管理，组织轮船、木船积极参加运输，胜利完成了川粮外调、成渝铁路修建器材运输和抗美援朝战争参战部队运送等项运输任务。同年 12 月，长江区航务局重庆分局改为长江航务管理局重庆分局江务科（后改为航道科）。

为了加强对四川四个行署和云南、贵州、西康三省水运工作的领导，充分发挥西南地区水运的作用，1950 年 11 月西南内河航务管理局成立后，长航局重庆分局即按西南财政经济委员会的决定，只管长江上游在四川境内的航政、航道、港口、运输等工作，长江以外的四川其余河流由西南内河航务管理局管理。长航局重庆分局即将所属的木船管理处和涪陵、泸州、合川及重庆唐家沱、黄沙溪、磁器口等木船管理站移交西南内河航务管理局。

1951 年 6 月，中国人民轮船总公司重庆分公司（原招商局重庆分公司）并入长航局重庆分局，使重庆分局在性质上变成“政企合一”的机构，既管航道、航政、港口、船厂，又直接经营轮船运输业务。此后，长航局重庆分局的名称虽一再变更（如 1952 年学习苏联的管理体制，以港口为依托，改称“长江航务管理局重庆港务局”，1954 年又提出以运输为中心，改称“长江航运管理局重庆分局”，使名称和性质比较切合实际），但其仍是集管理和经营于一体的机构。

1952 年，民生公司实现公私合营。1953 年至 1954 年，川江轮船公司（由原私营合众、强华、华中三个公司合并组成）实现公私合营。这两个公司经向交通部申请从 1956

年1月1日起并入长江航运管理局,其在川江的船舶、人员、机构等成建制并入长江航运管理局重庆分局,从而使长航局在川机构的规模和实力迅速得到扩充和壮大。此时,长江航运管理局重庆分局已拥有国营轮船101艘,计6080客座、总功率13.01万千瓦、2.67万载重吨,有运输驳船288艘,计17.75万吨,成为长江上游最大的航运机构。

长江航运管理局重庆分局在不断变革和壮大的过程中,经营管理范围已涵盖航道、港口、运输、航政、船舶工业和航务学校等,形成了一个比较完整的川江航运体系。并以重庆港为中心,上至四川宜宾港,下至湖北宜昌港,在1032公里的川江干流航线,围绕客货运输和长远发展的需要,相应地设置了一系列基层单位。

港口是水路交通的枢纽,是客货运输的集散地。1950年3月,长航局重庆分局即在重庆成立港务站。

万县港是长江上游仅次于重庆的第二大港,是川东的重镇和门户。1950年3月,长航局重庆分局在万县设立了办事处。1952年5月,成立万县港务局,主办港口业务。

涪陵港是重庆与万县之间的重要港口,位于乌江与长江的交汇处,而乌江又是沟通湘黔等省广大山区少数民族地区的重要水路通道。1954年,长航局重庆分局在涪陵设立办事处,承办客货运输和港务管理工作。

在设置港口机构的同时,川江航道建设也因其对发展水运事业的重要性和长远意义,得到了党和政府的高度重视。因此,1953年5月1日,长航局重庆港务局航道科与川江绞滩站(绞滩当时为单独体系)合并,成立重庆航道工程区,并组建了川江航道工程队(1953年后改为川江航道整治工程总队,1955年又改为川江航道整治工程处),加强对川江航道管理和整治。

1955年,交通部决定将港、航分开,设长江航运管理局重庆分局和长江航运管理局重庆港务局两个机构。重庆港务站扩大为重庆港务局,港务局受重庆分局领导,各主要港埠码头建立了港湾作业区,同时在万县、涪陵等重要港口设立了港务管理机构。重庆分局主管航运,港务局则主要为长航系统承办船舶进出港口装卸业务和港口管理。这种政企合一、港航统管的管理体制,一直延续到20世纪80年代经济体制改革时期为止。

1957年3月,交通部在汉口成立长江航道局,下设南京、汉口、重庆三个航道区。同年4月6日,重庆航道工程区与泸州航道工程区合并,成立长江航道局重庆航道区。

船舶修造工业历来是水运事业发展的重要组成部分。民生公司所属的民生机器厂(即民生船厂,1966年更名为长航东风船厂),是20世纪30年代发展起来的老厂,具有较强的技术力量和生产能力,但在新中国成立前夕已随民生公司的衰落而破败,新中国成立后逐渐恢复。1956年随民生公司并入长江航运管理局重庆分局后,该厂即在原有基础上得到政府扶持,改组整顿、增添设备、扩大生产,逐渐成为长江上游最大的修造船基地。

新中国成立初期,水运系统各方面的技术力量,特别是轮船驾驶、轮机等主要技术人员十分缺乏。为了培训新的技术力量,交通部于1956年在重庆大坪创办了以航道工程、轮船驾驶、轮机为主要专业的重庆航务工程学校,由长江航运管理局重庆分局管理,成为川江水运技术人员的培训基地。

长航局在渝机构的建立和逐步完善,对发展重庆的水运事业、促进重庆的经济社会发展起到了巨大的带动作用。长航局这种政企合一、集中统一管理体制,是与当时的政治、经济形势相适应的。它在加强川江的水运管理,恢复和发展水上客货运输,完成私营轮船的社会主义改造,保证川粮外调、支援成渝铁路修建和完成抗美援朝战争参战部队运送等项运输任务中,发挥了重要作用,作出了巨大贡献。同时,在修造船舶、培训技术人员、传播管理经验等方面,又扶持了重庆轮船运输业的发展。

二、西南航务管理机构的组建

重庆解放后,西南军政委员会立即在重庆成立长江航务管理机构,对长江航运加强管理,使水上运输得以及时恢复。但长江航务管理机构的工作重点是管理长江干线的轮船,由于力量所限,对许多中小河流木船的管理无法顾及。长江是重庆水运的主干,固然重要,但其物资要由众多中小河流的大量木船集散,不把这些木船组织管理好,运输任务是无法完成的。西南财政经济委员会于1950年10月26日颁发的《建立西南内河航务管理机构的决定》也强调了加强木船组织管理的重要性,指出:“西南内河轮船航线大都通行川江干流,而西南大宗物产,如粮、盐、糖、桐油、药材、山货,都以木船为集散之工具,要使恢复生产,促进城乡交流,首需畅通并加强内河木船水运管理。”

解放初期,重庆水运行业受封建帮会把持严重,各地木船均被封建帮会控制,运输受到种种限制,货不能畅其流、人不能畅其行。人民政权建立后,依靠地方各级政府,对重庆大小河流和所有港口实施有效管理,尽快恢复和发展水上运输,为城乡物资交流和川粮外调服务。1950年11月,西南内河航务管理局在重庆成立,首任局长为邓开祥。在管理区域上,西南内河航务管理局与长航局做了分工,长航局主管长江干流,西南内河航务管理局负责领导川东、川南、川西、川北四行署和云南、贵州、西康(1955年撤销)三省的内河航务工作。川东行署交通厅在长江与乌江汇合处的涪陵设立川东航务管理处,川北行署交通厅在嘉陵江、涪江、渠江三江汇合处的合川设立川北航务管理处。

1952年7月,西南交通部为了加强水运工作的统一领导,便于跨区运力的调度,将原以行政区划管理改为按水系管理,川东航务管理处(涪陵)更名成立西南内河航务管理局第一分局,贾超为代局长,管辖川江重庆段干支流;川北航务管理处更名成立西南内河航务管理局第三分局,郭钧为局长,管辖嘉陵江、涪江、渠江干支流。

各分局所辖江河的重点港口陆续设立了航务管理站和航务管理工作组，全市建立起一套较为完整的航务管理机构，对重庆内河水运进行全面管理和建设，彻底改变了历史上木船无专管机构、运输封建帮会把持的状况。

西南内河航务管理局的主要任务有：①航政管理。制定各项规章制度，保障航行安全；对木船进行检查丈量登记发证；对驾长进行评考登记发证；对木船运输业相关信息进行登记；对船工船民进行安全生产教育；处理海损事故，处理船舶和人员违章事件。②航道、港口管理。对航道进行整治、维护，维持港口码头秩序，划分船舶停泊区域。③运输管理。组织运输生产，完成运输任务，制订运价，实行“三统”（统一货源、统一调度、统一运价）管理。④征收养河费。各航管站所收的费用一律上缴，由西南内河航务管理局统筹安排使用，全部用于航道养护和各级航务管理机构人员的开支。⑤开展民主改革。取缔封建帮会把持，解放生产力，引导船民走互助合作道路，发展运输生产。

这个时期，重庆水运工作实行以西南大区为主的垂直领导，按水系管理，人权、财权集中。这一管理形式，有助于航政和运政的统一，便于推行党和政府在水运方面的方针政策，有利于安排运输生产，对当时完成川粮外调、支援铁路修建等紧急运输任务起到了重要支撑作用。

三、重庆航务管理机构的变革

1952 年 8 月，中央决定成立四川省人民政府，同时撤销川东、川西、川南和川北行署。西南内河航务管理局于同年 11 月改名为“四川省交通厅内河航务管理局”（简称“厅航务局”），地点仍设在重庆。

为了进一步加强对内河水运工作的领导，1954 年 5 月，四川省交通厅决定各专署（市）所在地成立中心航管站。厅航务局遂将沿江各专署（市）所在地之航管站一律升级，改为中心航管站，共成立了 13 个中心站，以分局为主，与当地专署（市）共同领导，人权、财权、业务权归分局管，其他工作和各项政治运动归当地领导。其中，在第一分局成立涪陵、万县 2 个中心航管站；在第二分局成立包括江津在内的 6 个中心航管站；在第三分局成立合川、南充等 4 个中心航管站；重庆市成立中心航管站，由省局直接领导。各地航管站除接受本辖区中心航管站指导外，仍受航运分局与当地县（市）领导，干部由分局调配任命。

为了减少管理层级，精简管理机构，1955 年 3 月，四川省交通厅将航务局第一、第二、第三分局撤销，各中心航管站由厅航务局与当地专署（市）政府共同领导，人员升迁调配、养河费征收及跨区运输平衡由厅航务局管理，其余归地方政府领导。

1957 年 6 月，为了贯彻中央关于增产节约的指示，精简机构，下放权力，调动地方的积极性，四川水运管理体制进行了一次大的调整，将各中心航管站、航管站下放专（市）

县政府领导，并于10月撤销“四川省交通厅内河航务管理局”，在厅内设立内河处、航道处两个职能部门。对航运管理体制按照以下原则进行调整：

(1)人员机构，依照各站现有人数原封不动，全盘交给当地政府，中心航管站交专署（市），航管站交县（市）。中心航管站、航管站管辖范围由过去按河流系统划分，改按专区或县的行政区划往下交，站设在哪个地区，就交给哪里。

(2)财务不变，养河费仍由省统收统支，上缴下拨。

(3)运输业务，原则上移交当地政府交通部门领导。但涉及跨地区、跨河流，一个地区不能解决的问题，由四川省交通厅统一协调管理；嘉陵江、涪江、渠江、乌江、长江等大河的运价由省制订；各地区年度运输计划报省核定，季度、月度计划由各地自行安排，报厅备查；运输统计以地区为单位报厅汇总；专区与专区之间的运力平衡，由厅统一协调；四川省性质的规章制度，由省统一规定；有关轮船的发展，由省统一规划。

(4)航道，除嘉陵江南充至重庆、渠江三江汇至合川外，其余全部下放专县管理。省管航道由省负责维护整治，专县管航道由专县负责维护整治。

这次航运体制改革，实质上是航运管理权下放（除财权外，基本上都下放了），由省管改为专（市）县管，由条条管理改为按块块管理。四川省交通厅内河航务管理局机构精简后也由重庆迁到成都，变为厅内的两个职能处。

四、新的港口管理体制逐步建立

为了有效地对重庆港进行管理，长江航务局重庆分局于1950年3月20日设立了重庆港务站，下设港口检查、码头管理、站务管理等职能部门，并配备港警38人。这是重庆港有史以来设立的第一个专业的港口行政管理机构。港务站成立后，首先对重庆港的码头及附近的仓库进行普查，计查码头45座、趸船56艘，淘汰了技术状况严重不良的趸船2艘。仓库38座中，有7座不符合规定，责令其停止营业。长江航务局重庆分局又于3月23日公布了《川江木船航行管理暂行办法》，并在重庆港设立3个木船管理站，一个设在嘉陵江的磁器口，另两个设在长江黄沙溪（上）和唐家沱（下），对进出重庆港的木船加强监督和管理。上述专业港口管理机构的建立，是重庆港建立社会主义管理体制的一个重要组织措施。

1950年7月26日，政务院财政经济委员会发布关于统一航务、港务管理的指示，交通部设立航务总局，统一管理沿海和内河航务、港务工作。原直属西南交通部的长江航务局重庆分局，于11月6日改名为“长江区航务局重庆分局”，受长江区航务局垂直领导，同时受西南交通部和重庆市人民政府的领导，从而形成了“条块结合”的重庆港航管理体制。

为了加强对进出港口船舶的监督，1950年8月15日，长航局重庆分局与重庆市公安局、税务局和防疫站组成重庆港联合检查组。这是重庆解放后城港执行港务监督工作的开始。

1950 年 11 月 8 日，西南军政委员会颁布了《重庆港务管理暂行规则》。这是重庆解放后正式公布的第一个港口管理法规。该暂行规则规定了港区码头、仓库、客货运输、装卸作业以及安全、质量、运价、费率等的监督管理制度和业务规章；并划定了重庆港港区范围，即长江自珊瑚坝下嘴至江北嘴安溪石桥（约 6 公里），嘉陵江自大溪沟至朝天门（约 2 公里）。重庆港的地域界线有了新的法律依据。

为了建立社会主义港口的经济体制，1951 年 1 月 22 日，第二次长江航务会议作出决定：长江航务管理局与中国人民轮船公司长江区公司合并。6 月 1 日，长江航务管理局重庆分局与中国人民轮船总公司重庆分公司合并。合并后的机构名为长江航务管理局重庆分局，何郝炬任局长，陶琦任副局长，重庆港务站亦改名为分局港务科。长航局重庆分局既对航务港务实行统一的行政管理，又直接经营航运和港口业务，从而形成“政企合一、港航统管、条块结合”的管理体制。

1952 年上半年，为使船舶运输和港口作业的调度相对分开，长航局重庆分局设立长航重庆调度段，负责船舶运行调度，港务科改组为调度室，负责港口作业调度。

1952 年 10 月 1 日，长江航务管理局重庆分局改名为长江航务管理局重庆港务局，局长改称港长，袁亚东任港长，何纯尧、陈聚任副港长。统一管理重庆港的机构正式建立。

在重庆港从军事接管到成立港务局的 3 年中，长航局重庆分局的管理与经营范围虽以长江干线的港、航业务为主要对象，但同时兼管支流航运、木船、航道和船厂。1950 年 11 月，长江区航务局重庆分局将支流航运和木船的管理移交至西南内河航务管理局，重庆港的 3 个木船管理站也同时移交。1952 年 6 月，又将川江船舶厂移交给西南内河航务管理局领导。之后，川江航道工程队和重庆航道局成立，重庆港务局于 1954 年 1 月将航道整治和管理职权也一并移交。这样，港务局得以集中精力来管理与经营长江干线的航运和港口两大主体业务。

社会主义经济是以全民所有制经济为主导成分的，然而由于接管国民党的港口资产不多，重庆港全民所有制的经济成分及其在港口的设施，远不如其他经济成分所占的比重大，港务局的经济实力，在港口起不到主导作用。根据交通部和铁道部的指示，重庆港务局于 1953 年 6 月 1 日接收了成渝铁路局所属的九龙坡码头管理所，改为港务局的作业区。1954 年 7 月 1 日，根据中央财政经济委员会的指示，又接收了重庆市运输公司所属的装卸总站，改为作业区的装卸大队。这样，重庆港务局拥有了港口作业的两大支柱，即有机械化作业线的水陆联运码头和 1600 余名码头装卸工人，从而成为一个初具规模的、全民所有制的经济实体。

1954 年 8 月 6 日，长江航务管理局重庆港务局根据上级指示，改名为长江航运管理局重庆分局，金石任局长，何纯尧任副局长。1955 年 6 月 20 日，重庆新成立了长江航运管理局重庆分局，恢复了长江航运管理局重庆港务局的建制。长江航运管理局通过分局直接领导重庆港务局，形成了新的"航管港"体制。重庆港务局成为长航系统的管港机构，由何纯尧任港长，任龙任副港长。

第三节　水运基础设施稳步发展

航道港口建设是发展水运的先决条件。新中国成立后，随着国民经济的恢复和发展，客货运输迅猛增长，加之 20 世纪 50 年代重庆铁路、公路不多，得天独厚的四川水运资源就成为可以充分利用的对象。上至交通部，下到各级政府，对整治航道、兴建港口码头、开辟支流小河等都非常重视，一方面整治维护原有的通航河道，提高水深，增加船舶的通过能力；另一方面大力开辟和整治小河支流，使其与干流衔接，为"城乡互助，物资交流"服务。经过几年的艰苦奋斗，不仅原有通航河流航道条件得到改善，而且通航里程逐年增多。

一、实施航道整治和通航保障设施建设

（一）长江航道建设

新中国成立后，由于川粮外调、成渝铁路兴建和抗美援朝战争参战部队运送，有大量物资和人员需通过长江出川和进川，水上运输任务十分繁重，迫切需要改善通航条件。长江航务局于新中国成立初期建立了川江航道维护管理机构，遵照交通部提出的"先通后畅，全面夜航，分期逐步改善"的原则，有计划有步骤地治理川江航道。1953 年 2 月，长江航务管理局组织川江航道整治工程队（后改为总队，1955 年改为川江航道整治工程处）对宜渝段的观音滩、白家滩、大梁等处进行整治。与此同时，交通部航务工程总局还对兰竹坝、王家滩进行了炸礁工程。1953 年 9 月，川江航道整治总队又对崆岭、青滩、泄滩、兴隆滩和狐滩等主要滩险进行整治。之后，川江航道整治工程处实施了兰竹坝、王家滩、观音滩、蚕背梁等滩险航道疏浚炸礁整治工程。

川江需要整治的碍航滩险甚多，只能分期分批实施。1953 年长航局明确川江航道的整治重点是改善航行条件，扩大航道尺度，逐步解决"日航困难，夜航危险"的滩险航段，并配合航标信号改革，以达到实现枯水上水分段夜航的目的。1956 年至 1957 年，先后对 59 处主要碍航滩险和浅窄航道进行了整治，有的滩险连续整治达 3 次之多。1953

年至1957年5年间，累计水上炸礁45.54万立方米，水下炸礁3.49万立方米，疏浚17.24万立方米，检滩30.06万立方米，筑坝5287立方米，总耗资达9789万余元。经过对重点滩险的初步整治，航行条件得到显著改善，渝宜段航道水深由原2.1米增加为2.9米，航宽由33米增加到60米。

航标是重要的导航设施。川江通行轮船以后，便开始在险滩、浅碛或碍航礁石等处设立航标。此项任务在重庆解放前归重庆海关的巡江事务处管理，在长江宜宾至宜昌航段共设置航行标志和信号676座、绞滩设施21座，但由于设施过于简陋，加之四川临解放时航标维护机构瘫痪，许多航标被毁，影响通船。重庆解放后，为了迅速恢复航运生产，1950年9月政务院颁发了“关于管理海港河道、灯塔浮标、气象报道等助航设备的职务，连同工作人员、物资、器材全部移交中央人民政府交通部或市的港务局”管理的决定，海关总署即将“重庆巡江处”移交交通部长江航务局重庆分局管理，分局随即组织力量清理、洗刷宜昌至重庆的航道标志，维修信号台。

试办枯水分段夜航。在重庆至宜昌段的渝、丰、万、宜四港区域设灯标，以煤油为光源。1951年3月12日和4月4日首先在重庆至大兴场和鹭鸶盘至丰都两段河道上试验，紧接着于同年11月1日至19日又在南沱至宜昌、大舟溪至狐滩进行试验。4个河段91.5公里共设立灯标78座，并于1951年12月3日正式宣布上述4个区段开放夜航，这是川江航道历史上第一次正式分段夜航。从此，破除了“川江不能夜航”的说法。

1952年9月，苏联航道专家卡尔梅科夫对长江的航标进行考察，认为长江航标存在严重缺点：①航标的配布不能从一标看到另一标、一灯望到另一灯；②航标标志无统一标准，无左右岸区别；③航标设置偏重深水航道，忽视经济航道；④长江上中下游航标的种类和式样不统一，使驾驶员在辨别和记忆上极感困难，并容易发生事故。因此，航标必须进行改革。同年11月，长江航务管理局根据苏联专家建议，在汉口召开江务工作会议，提出从1953年起用3年时间对长江全线航标进行彻底改革，废除旧式航标，按照苏联内河航标体系，配置成“锁链”式导航标志。

重庆至宜昌段航标改革由川江航道整治总队实施，从1954年10月开始至1956年底结束，历时3年，完成了自重庆海棠溪至宜昌666公里的旧式航标改革任务，设立各种新型标志2775座，其中灯标2364座、昼标411座，标志密度由原0.49座/公里增加为4.16座/公里。本次航标改革，实现白天一标接一标、夜晚一灯挨一灯，构成了一条安全的航行通道。

此次航标改革后，重庆至宜昌在枯水期间上水船实现了夜航。1955年11月27日，“江渝”“民生”等轮试航成功。宜渝航线上水由原5天缩短为4天。此外，嘉陵江重庆至合川段轮船航道原有旧式航标不能发光，1957年改设二等航标，实现了部分发光。

(二)乌江航道建设

新中国成立后,乌江航运发展得到足够重视。1951 年起,测量航道滩险,搜集地形、水文、滩险、航道和航行资料,分析研究碍航原因,找出演变规律,提出综合整治方案,采取炸礁淘滩、开凿木船纤道、安装绞滩机、设置助航标志等措施,对涪陵至龚滩航道进行初步整治,解决上水木船行驶的困难,提高装载量和航行效率,使木船畅通。然后又在此基础上对一些重点的险滩进行较大的整治,并大力改进绞滩等助航设施,将木船航道逐步改变成轮船航道,彻底解决乌江运输难的问题。

1952 年由涪陵专署投资 117742 元(旧人民币),对纤道进行修整,并新开凿纤道 97 处,1.45 万立方米,修 4 米长便桥 1 座。涪陵保险公司投资开凿航槽 1 处,长 220 米,4081 立方米。1954 年底,乌江航道整理委员会修整纤道 7 处。1952 年至 1954 年 4 月,共整修和新辟纤道 135 处,全长 1.88 万米,完成土石方 606 万立方米,初步改善了工人拉船的条件。但每到洪水期,彭水至龚滩段仍有多段纤路被淹没,无路攀越负纤,木船至此停航扎水。为此,涪陵中心航管站于 1957 年 1 月至 4 月新开出洪水纤道多处,后又在悬崖陡壁上凿通了一条长 19.03 公里的纤道。至 1957 年,全部开通和改善了涪陵至龚滩段的木船纤路,解决了过去纤路残缺不全、崎岖狭窄的问题,使工人在各种水位均可拉船上行,提升拉纤工作的安全感。

为了征服乌江天险,采取了炸孤石、除险滩、筑坝导流等措施拓宽、加深航道。1953 年以来,涪陵航道部门先后进行整治的工程有麻柳嘴、磨褰、三虎沱、提泡子、沿滩、红志、武隆滩、羊角碛、大角邦等处,完成土石方 2.76 万立方米,施工后的效果较好,水急浪大、回流汹涌现象大为减少。为制服羊角碛滩,在打眼爆破时创造了“人力滑轮冲纤法”,在浪涛滚滚的礁石上钻大孔炮眼,装入胶质炸药,进行大爆破,炸除了碍航最大的黄板石,结束了羊角碛提驳过滩的历史,加速了船只周转,每年为国家节省费用 1.2 万余元。同时,整治了鹿角子等重点滩险 6 个。在 1955 年冬和 1956 年春乌江水位特枯的情况下,江口至彭水段轮船保持通航。

1957 年,下槽口滩中江心卵石坝坝尾淤浅,航槽成 90°弯道,石槽中门坎石碍航,客班轮在此停航达 1 个月之久,5 艘木船先后在此搁浅。涪陵中心航管站随即在此滩筑长 30 米、宽 10 米、高 4 米的块石导流坝 1 座,导流冲浅,增加航深,同时炸去石槽中门坎石,解决碍航问题。

炸掉了礁石,拓宽了航道,改善了绞滩设施,不仅使木船畅通,而且涪陵至彭水 136 公里航道实现可全年通行轮船,乌江流域的秀山、酉阳、黔江等 10 个县出产的桐油、五倍子、青麻、白云石等土特产,可以转运长江出口,沿江各县广大人民所需的食盐和工业品,也可以从水上运进去。乌江两岸“斗米换斤盐,斤盐吃半年”的状况一去不复返。

二、开展首次航道大普查

为了摸清航道状况，以便有计划地对航道进行整治建设，厅航务局遵照交通部的部署，于1956年至1957年对四川省河流航道进行首次大普查。先后组织6个普查队奔赴川东、川南、川西、川北进行全面、系统的普查工作，按“普查须知”要求，对每条河流原则上自河口逆流而上，直到具备一定河形及固定河槽的河源地段为止，勘察河流，摸清水路航线，用计步器测距，并参考过去的测图，校正航程，草测地物地貌，踏勘滩险，收集沿河工农业生产、交通、水利等经济资料，提出河道的可开发性意见。

三、重庆港埠设施建设初探

国民经济全面恢复时期和第一个五年计划期间，一方面由于国家财力有限、资金短缺，另一方面由于“重铁轻水”和“重航轻港”的思想影响，重庆港港埠的基本建设，只是对原有设施进行小改小革，而没有进行较大规模的基本建设。也就是说，港口只进行了一些零星的小规模的改建、扩建，并增添了部分设备。港口直属全民所有制的固定资产，1957年时的资产总量虽比1949年时扩大将近50倍，但其中新投资的比重仅占5%左右，其余则是依靠接收九龙坡码头管理所以及合并公私合营公司的港口资产而扩大的。

1950年4月21日，在西南交通部的主持下，有关方面研究了九龙坡码头机械化作业线的配套以及港内猪儿碛和九龙滩两个浅窄航道的整治问题，以适应修筑成渝铁路运输器材设备的需要。会上确定由成渝铁路工程局负责九龙坡码头的改建，由长江航务局重庆分局负责猪儿碛和九龙滩航道的整治。5月，九龙坡码头开工改建，将斜坡堡坎由17米扩宽为23米，以便起卸长件、大件，斜坡上增铺1条轨道（共3条轨道）；缆车由木质结构改为钢质结构；由人力绞车改为蒸汽绞车牵引缆车上下；码头口设置起重45吨的蒸汽轨道起重车1台；码头铺设1条重轨铁路专线与九龙坡火车站连接。这些设施与原有起重40吨的蒸汽浮式起重趸船基本配套，九龙坡水陆联运码头的机械化作业线基本形成，成为重庆港第一座水运与铁路联运的机械化码头。

1950年下半年枯水季节，开始对猪儿碛和九龙滩浅漕进行勘测钻探，按照苏联专家的意见，确定炸耙结合进行维护性疏浚整治。1953年2月，川江航道整治工程队在九龙滩北漕扫床设标，3月7日开放通航。1957年又经过4次疏浚，计挖疏土石32866立方米。于是，九龙滩南北漕都可通航，九龙坡码头前沿港池也有所加深。1953年上半年枯水季，川江航道整治工程队对猪儿碛进行试挖疏浚，但疏浚效果不好。直到1957年2月才正式整治猪儿碛，挖土石32549立方米，使猪儿碛南北漕渝水位零点时能保持2.3～2.7米水深，漕宽50～55米，可经常通行川江大型船驳（中型登陆艇和千吨级驳船）。

除了疏浚整治港区内两段主要浅窄航道外，1956 年至 1957 年，还对礁巴滩、砖灶子滩等浅窄航道进行整治，炸挖土石方 191 立方米，使港区航道和港池有了进一步的改善。重庆航道局于 1954 年至 1955 年在港区由郭家沱到大渡口全长 39 公里的长江主航道上，设置锁链式夜航灯标 140 个。从此，港区主要码头、锚地之间开始了夜间移泊作业。

在港口设备方面，各码头的趸船先后经过了大修、增设和新建。到 1957 年底，重庆港务局有客货码头趸船 26 艘（可囤货物 5000 余吨），地方轮渡和车渡趸船 20 艘，货主专用趸船 11 艘，港作拖轮 11 艘（最大拖力为 640 马力），机动交通船和工作船 10 艘，货主及其他运输单位拖轮 14 艘，交通船 11 艘，驳船（不包括货主及其他运输单位）173 艘（载重 1 万余吨）。1950 年下半年，为了起卸钢坯，民生公司在民生船厂配装 224 号和 116 号起重为 5 吨的浮式起重机，为港口装卸一般重件解决了不少问题。

在这段时期，港口码头的石梯道和道路大部分由市政建设部门进行翻修，九龙坡、朝天门沙嘴、储奇门、菜园坝等码头接通了公路。码头附近货主新建或改建的储运仓库，在一定程度上弥补了港口囤存能力之不足。

港区还规划出危险品泊位、轮船和木船的枯洪水停泊或作业锚地 9 个，各锚地树立了泊位标牌，增加了石鼻、地牛等系缆设施。

由于重庆港水陆联运货物数量的急剧增加，港口设施和以人力为主的操作，已经不能承担日益繁重的生产任务。1956 年，重庆港出现了严重压船压货局面，港口发展码头机械化的必要性和迫切性显现，因此提出了较大规模扩建九龙坡码头的计划任务书。长江航运管理局主持拟订扩建方案，并委托建筑工程部西南设计院负责工程设计工作。同年 12 月，交通部决定投资 500 万元扩建九龙坡码头。重庆港务局于 1957 年初成立了建港办公室，副港长任龙兼任办公室主任。

新中国成立前民生公司修建而未完工的缆车栈桥基础和被“九·二”火灾烧毁的原民生公司仓库，于 1957 年 5 月施工修建，当年年底竣工。通过缆车，可以将件杂货由船驳经趸船起卸进库，然后装车，也可由汽车卸货进库后，经缆车下趸船装上船驳。这是朝天门码头连接市区街道公路的第一项基本建设，也是港中心区码头货物上下坡机械化作业的先驱。

1957 年，由国家投资 70 万元在朝天门新建客运大楼（包括重庆港务局和长江航运管理局重庆分局的办公大楼）一幢，占地 5830 平方米，建筑面积为 7500 平方米。这是重庆市和重庆港门户地区改变面貌的一项主体工程。

重庆港口经过恢复与初步建设，提高了通过能力，不仅方便了川粮东运与支援成渝铁路的修建，还拓宽了港口的经济腹地，扩大了港口的吞吐量。1957 年，重庆港货物吞吐量达 483 万吨，为 1950 年的 13.8 倍，重庆港务局的固定资产由 1950 年的 28.8 万元扩大到1957年的1407.5万元，全民所有制职工由1950年的382人增加到1957年的4608人。

四、苏联经验指导下的港口生产改革

成渝铁路建成通车后，进出广大川西地区的货物大量集中到重庆港转运，重庆港的水陆转运和车船换装作业量增大。1953年，发展国民经济的第一个五年计划开始实施，重庆港的吞吐量由1952年的62.8万吨猛增到1953年的121.7万吨。当时国家财力有限，不可能大量投资来扩充港口设施，加之港口作业还处于无计划无集中调度指挥的状况，车船客货衔接不好，工人待时窝工严重，港口通过能力不能有效发挥。如何挖掘港口潜力来完成日益增长的生产任务，已成为当务之急。

（一）推行港口生产的计划管理模式

重庆港学习苏联内河港口管理的经验，积极推行计划管理。重庆港务局设立计划科，在调度室设立计划组，作业区设计划员。并从苏联专家讲课资料中，参考设计了一些作业计划和统计表格，编制昼夜、五日和旬度生产作业计划，开始实行计划管理。初期的生产作业计划项目，旬度计划只有船舶进出港的艘次和吨位、出口大宗货物的数量；五日计划则比较具体地列出船名和进出港日期，以及出口货物的品种和数量，并根据船舶性能和货物特性进行初步配载，通称"五日配载计划"；昼夜计划则进一步落实船舶到发时间、停泊码头或锚地、船舶货物积载以及装卸作业和技术作业所需的机具、工人和时间等。由于没有经验，这些作业计划只能对生产上的主要项目有一个粗略的了解，起到发动群众、安排生产的参考作用，还很不完善、很不科学。港口生产作业计划从无到有，在组织船货衔接、避免工人待时、挖掘生产潜力等方面起了重要的作用。较之无计划的生产管理，推行计划管理是重庆港生产管理上的一次飞跃，也是重庆港沿着社会主义经济管理的道路迈出的重要一步。

1955年，在上级统一部署下，试编年度、季度、月度生产计划。但由于当时长江全线的港航计划管理才刚刚建立，上级颁发的各项计划指标，往往在计划实施中不断调整，甚至在计划期将要结束时才确定下来。1955年长江航运管理局的年度运输计划指标就是在当年12月下旬才正式确定的。在这样的条件下编制出来的生产计划，其正确性和指导性存在不少问题。1956年，重庆港按上级布置的统一表格，正式编制了六大生产计划，即客货吞吐量计划、装卸工作计划、机械装卸工作计划、货物堆存工作计划、船舶作业平均定额计划、港作拖轮工作计划。此外，上级还要求试编财务成本计划、技术组织措施计划、劳动工资计划、物资供应计划和基本建设计划等。但上级要求试编的计划比正式编制的生产计划提前半年甚至一年编制出来，这种基层计划比上级计划超前、其他计划比生产计划超前的现象,实质上是为编制计划而编制计划的形式主义,这在计划管理的初级阶段是难以避免的。

1957年初,重庆港将一年来编制生产计划和作业计划的经验和教训进行总结,并调整了计划管理的一些关系,协调上下左右的步调之后,制定了《港埠生产计划编制程序暂行办法》和《旬、日作业计划编制、贯彻与检查的规定》,明确规定了各单位、各部门提出原始资料的时间,计划编制及批准下达的程序和时间,计划执行情况的汇报及统计、检查制度,以及计划变动各级各部门的应变职责等。从1957年第二季度开始,港口按月编制生产作业计划,并对计划执行情况进行统计分析和检查。每月由分管生产的副港长亲自主持会议,讨论贯彻当月计划和检查上月计划执行情况;每月有关执行计划的工作安排和措施,绝大多数由分管副港长拟定布置,一抓到底。重庆港的计划管理从此进入了一个新的阶段,计划管理中不同程度的形式主义倾向得以基本扭转。

(二)以调度为中心的全面生产管理改革

1953年2月4日,重庆港生产改革委员会成立,由袁亚东港长任主任委员,对港口进行以调度为中心的全面生产管理改革。但是由于对港口生产管理改革工作缺乏经验,措施不力,改革工作进展迟缓。

1954年2月25日,重庆港发生了新中国成立以来最大的一次恶性事故,“江岳”轮起卸汽油发生剧烈爆炸,死伤54人,直接经济损失达20亿元(旧人民币)。港口发生这样的恶性事故,表明重庆港的生产调度体系和制度存在严重的问题,港口生产管理改革到了刻不容缓的地步。首先,调整重庆港务局的组织机构,设立港务科,负责港口行政管理和规划建设等工作,使调度室摆脱港口行政管理事务,一心一意地进行港口生产作业计划的编制和调度指挥,发挥以调度为中心的作用。设立技术安全劳动保护科,围绕调度作业,贯彻安全生产方针。同时将重庆港中心区的第二作业区改为朝天门作业区,并增设江北和南岸两个作业区,撤销装卸总站,成立3个装卸大队,分别由3个作业区直接领导管理码头装卸工人,从而形成比较完整的调度体系。为了适应组织机构的调整,相应地配备中层干部,重庆港务局一次破格提拔副科长级干部22人、主任科员13人;除个别部门外,全部配齐正副职负责人,调度室和作业区配齐一正两副负责人,新提拔的干部年富力强,熟悉业务,能够胜任各部门的领导工作。重庆港之所以能在生产管理改革中顺利开展工作,并取得较大的成绩,之所以能在20世纪50年代后半期成绩比较突出,之所以能在落后的港口设施条件下完成繁重的生产任务,经济效益逐年增长,一个重要的因素就是起用年轻的、德才兼备的人才。

港口生产管理改革在调整组织机构、充实领导骨干的同时,还努力提高作业计划的编制质量,加强以调度为中心的指挥系统和现场管理工作。1954年7月,重庆港务局试行《重庆港旬、日作业计划编制与贯彻的规定》。首先整顿各级调度会议，要求昼夜作业计划必须准时在局调度会议之前编制完毕，经局调度会议讨论，港长签字批准生效。严格调度会议纪律，局调度会议每天10时在港长室举行（节假日均不例外）。会议由港长或副港长主持，党政工团负责干部、作业区主任、各有关科室的负责干部，以及各轮船公司的负责人必须按时到会。局调度室和作业区建立昼夜值班制度，调度室主任、作业区主任亲自参加值班调度的交接班，以便及时了解上一班的情况，发现存在的问题，采取补救措施并布置下一班的工作。正副港长或调度室正副主任轮流到码头对重点客货班轮挥旗发航。调度室主任代表港长发布调度命令。

以调度为中心，除了局、区一级建立一长制之外，还建立了现场一长制。1954年11月7日，现场队长伍金成在“民昌”轮装卸作业现场管理经验的形成，就是建立现场一长制的开端。他的主要经验是：现场队长主持开好“船前”“船边”“船后”3个会。即根据作业计划和有关票据、资料开好作业前的“船前会”，会上确定货物装卸路数、顺序、操作方法、安全措施、工具配备和工序人数。“船前会”结束后，现场队长立即与船方联系，通报会议决议，取得船方配合。作业过程中如情况发生变化，现场队长则召开“船边会”，会同船方共谋对策。作业结束后，召开“船后会”，总结经验和教训。开好现场3个会，改变了过去现场管理工作由队长随心所欲的指挥方法，现场管理做到有计划安排、有集体智慧、有应变措施、有总结提高。伍金成作业现场管理经验的推广，使重庆港生产现场秩序有了明显好转。

1956年第一季度，重庆港务局着手拟定了《重庆港调度作业系统调整方案》《重庆港码头专业化方案》《重庆港装卸作业现场管理暂行规程》《重庆港停泊区锚地作业技术操作程序》《重庆港港口作业技术操作程序》等强化调度和现场管理的规章制度。

1956年4月，在重庆港调度室拖轮调度组的基础上建立停泊区，成为与作业区平行的一级机构。其职责是负责在港船舶的锚泊、移泊、编队、解队以及港作拖轮和交通船的调度指挥。调度室摆脱了港口技术作业的烦琐事务，能集中精力从事全港性的调度指挥工作。作业区撤销总调度员，由业务副主任直接领导调度值班主任和库场组长，从而将装卸作业中的效率和质量统一在业务副主任的职责中，使重数量轻质量的状况有所扭转。

社会主义的生产管理工作中，推行计划管理，提高计划的准确性和劳动生产率，仅仅是一个方面；另一个重要方面，还必须同时加强安全和质量的管理工作。

新中国成立后，码头工人和海员在党的教育下，政治觉悟都有所提高，彼此之间的协调配合也有所改善。但码头装卸工人属市搬运公司领导，与港航海员工人分属两个系统；又由于港口设施落后，运输任务繁重，双方都只强调生产效率而忽视生产安全，致使各类事故时有发生。1954年2月25日20时40分，“江岳”轮在大佛寺危险品锚地卸汽油发生爆炸。事故发生后，交通部、长航局、市监察、公安、劳动部门，以及市总工会、市保险公司、搬运公司等单位组成联合调查组，对事故进行认真检查。经调查分析，事故原因是：“江岳”轮在装载和运输过程中疏于检查，大量油桶漏油，船方既未采取补救措施，也未电告重庆港采取防范措施；港口在编制作业计划时，没有卸危险品的安全技术组织措施。直到开舱卸油时才发现舱内油桶严重漏油，汽油挥发的气体充满船舱，气味十分呛人，工人无法作业。现场临时提出用醋来清除油味（此法亦不能消除事故隐患），又由于调度上的疏忽和脱节，未能将醋及时送到现场，经船长同意用电扇在舱口排气，电扇启动产生火花，引起剧烈爆炸。在场人员包括装卸工人、电工及理货人员等，无人幸免。

3月10日，为了妥善处理“江岳”轮事故的善后工作，总结教训，改进工作，袁亚东港长主持召开了危险品安全装卸会议，研究安全设施配置和加强安全管理。会后立即成立了技术安全劳动保护科，负责编制技术安全劳动保护组织措施并监督实施。普遍进行了安全大检查，对于检查出来的问题，要求限期整改。在港口各工种中组织开展每旬的安全日活动，加强对群众的安全教育。重庆港在危险品作业锚地增加系留、消防及通信设施，修建工人临时休息棚，配置装有巨型灭火机的消防艇，有条件的港作拖轮安装了高压水泵并配备消防水龙。重庆港务局还规定，危险品作业时，医务人员必须到现场，在现场设专职安全员，同时制定了《危险品装卸操作注意事项》和《劳动保护用品使用规定》，并将安全生产纳入劳动竞赛的指标。同时，机务部门改变了过去“头痛医头，脚痛医脚”的机务维修管理办法，制订了各种机具船舶的维护修理计划，有重点有步骤地对机具、船舶进行维护修理，并建立了机具每周检查制度和交接班检查制度，从而使重大机务事故发生数量大大减少。

1952年，重庆港颁布了《长江上游轮木船航行安全守则》。同时，港口建立了趸船和船舶安全委员会。在重庆市有关单位的配合下，大力开展水上安全宣传活动。但港口航行的安全监督和宣传工作始终未做到经常化，以致港区海损事故不断发生，港区航行安全未见明显起色。1955年航港管理机构分开后，重庆港成立港务监督机构，重点抓好港区的航行监督和管理工作。

每年洪水季节开始前，重庆港即开展安全大检查活动，洪水期间开展安全月活动；同时，重庆港制定了《保证洪水季港湾安全作业守则》《重庆港轮船拖带规则》《重庆港锚地手册》等文件，又在船只往来频繁的港区中心朝天门嘴和梁沱石梁最高点设立港航监督站，用高音喇叭和雾瘴信号杆指挥船舶航行，港区基本建立起正常的航行秩序。

货运质量是关系港口信誉的大事。1954年7月以前，重庆港还处于港务局、民生公司、川江公司各自经营管理的局面，各类货物的差损案件由3家分别办理。货物发生差损，往往迟迟不能查清处理结案。重庆港的调度、货运、客运实行3家联合办公的同时，长江全线实行了驻港理货制度，货物差损案件由港口统一处理。重庆港组织人员对历年的积案进行清理和处理，计：港务局121案，赔款7324元；民生公司132案，赔款3846元；川江公司56案，赔款3154元。如此严重的货差货损事故，不仅造成巨大的经济损失，更严重损害港口和水运企业的声誉。因此，1955年7月由3家联合办公过渡到港务局统一管理港口后，重庆港立即开展货运安全月活动。首先举办了训练班，学习交通部颁发的《货物运输技术操作规程》和长航局制定的《商务事故处理暂行办法》。经过学习和培训，重庆港拟定了对上述3个文件的实施细则，并大力贯彻执行，使商务货运事故数量大大减少。1956年，全年无重大商务货运事故，属本港责任的一般事故减少到63案，比1955年减少80%。但是，由于港口作业环节多，操作工艺落后，某些货物包装不合要求，以及作业人员爱护货物的思想比较淡泊，野蛮装卸还不同程度地存在着，货运质量还停留在较低水平，货差问题虽得到基本解决，但货损问题仍然是港口生产上的一个薄弱环节。

（三）改革装卸工人的劳动工资制度

重庆港的码头装卸工人长期以来实行的都是“包干作业”劳动制度。这是因为自川江行驶轮船以来，受气候、水位变化和不能夜航的影响，船舶到港时间的准确性差。船舶什么时候到港，工人就什么时候开工；什么时候装卸完毕，工人就什么时候下班。派工人数没有定额依据，不管货物多少、操作难易，都按船型派若干工人去“包干”完成。加之在旧社会封建行帮把持下的码头装卸工人各不相属，操作方法也各不相同，直接影响装卸效率、质量和安全生产。

重庆港根据上级部署，于1954年9月23日组成78人的查定大队，用科学的方法对装卸现场进行技术查定。查定大队总结先进操作法加以推广，并制订平均先进的装卸定额，作为派工和实行计件工资的依据。

查定大队的人员，一般都有一定的文化水平和实际业务知识，经过短期培训之后，深入到各装卸作业现场，对各工序进行观察、测时和记录。在推行现场管理先进经验和先进操作法的基础上，各个装卸队基本统一了现场管理制度和操作方法。通过4个月的技术查定，取得了大量的测时数据，综合整理出不同货种、不同操作过程的定额资料，按平均先进的原则制订了装卸作业技术定额419个，于1955年3月25日批准试行。从4月开始，港口调度室使用定额编制作业计划，作业区按照定额配工，提高了作业计划的质量，克服了配工上的盲目性，重庆港长期存在的“人海战术”有了较大改变。在试行期间，查定办公室修正了偏高或偏低的定额149个，又补充了定额178个，共计597个定额，于7月1日正式施行。

重庆港进行的现场技术查定，不仅为装卸作业开辟了定额管理的道路，提高了作业计划质量，而且挖掘了港口生产潜力。查定前，昼夜装卸量在1万吨左右时，即需向市运输公司借调工人300～400名才能满足配工需要；查定后，昼夜装卸量已达到15万吨左右，也无须向外借调工人。同时，通过现场查定，还培养了一批既有实际业务经验又有科学头脑的业务骨干。这批骨干力量，在重庆港的各项管理工作中发挥了重要作用。

在港口生产迅速发展的同时，码头装卸工人（不包括九龙坡码头的机械装卸工人）的工资收入也随之大幅度上升。1954年，重庆港码头装卸工人人均月工资为65.9元。到1956年，重庆港码头装卸工人人均月工资高达84.45元，最高达150.0元。1954年，重庆港码头装卸工人人均月工资高出重庆市运输公司工人22.4%，高出煤矿井下运输工人50%，比宜昌港码头装卸工人也高出18.9%。当时社会上普遍存在着平均主义思想，码头装卸工人的收入对左邻右舍产生了不同程度的影响。更主要的是：装卸工人工资的增长超过劳动生产率的增长，而且码头装卸工人的工资分配实行"拆账制"，基本上把装卸力资收入分光。以1954年全年计算，力资收入的85.5%支付了工资，劳保费占3.9%，工具费占0.2%，行政管理费占3.2%，税金占2.7%，积累仅占4.5%。积累太少，不仅对改善工人的生活福利不利，而且由于任务不均衡，"旺季胀肚子，淡季饿肚子"，对工人的现实生活安排也是不利的。因此，改革码头装卸工人的工资制度势在必行。

根据上级"积极改革，十分慎重，坚决搞好"的指导方针，1955年4月25日成立了重庆港装卸工人工资改革委员会，抽调党、政、工、团有关人员组成办公室。办公室设政工、定额、工资3个小组。5月21日至25日、6月6日至10日两次召开职工代表大会，参加人数都在200人以上。5月19日、20日召开了家属代表大会。另先后举办了10期各种训练班（包括工资财务干部训练班、定额评级学习班、作业票填写训练班和劳保训练班等），参加学习的人数达600余人次。

为了解决部分工人的实际困难，将装卸工人按体力强弱划分为基本工人和辅助工人，并决定：基本工人从事负荷较重、技术性强的劳动，实行"直接无限制工组计件工资制"；辅助工人从事较轻的劳动，实行"计时工资制"。同时决定在工资改革后，码头装卸工人实行国家统一规定的劳保待遇。工人代表在第二次职工代表大会上一致通过了《工资改革方案》，并决定从当年10月1日开始，全港码头装卸工人正式实行计件工资制。

由于贯彻了"十分慎重"的方针，定额制定和工资测算都较为合理，思想政治工作也做得比较扎实，评级工作也能发扬民主，同一工组的工人评为甲、乙、丙三个级别，按114%、108%、100%三个档次分配工资，并在调整劳动组织时，撤销了中队一级层次，扩大了工组编制，有利于按定额配工和工组的工时工资平衡。这些为实行计件工资制创造了良好条件。因此，正式实行计件工资制，没有发生大的波动。

计件工资制的实行，不仅没有影响生产，反而激发了多数工人的生产积极性和劳动热情。同时，工人对调度、商务和现场管理工作要求越来越高。由于发生船、货、照明、接送工人等脱节而造成窝工，会直接影响工人的工资收入，关系到工人的切身利益，因而工人们敢于监督和批评各级管理人员。这对港口的各项管理工作都有所促进。又由于现场原始记录（作业票）涉及工人的工资核算，作业计划的正确性和及时性得到了提高。

1956年，在全国性工资改革时，由于港口生产任务加大、操作货量增多、定额完成率高，重庆港码头装卸工人的工资水平仍大大超过了重庆市同工种的工资水平。重庆市工资改革委员会作出决定，再次将码头装卸工人的工资调整为月均63元（即降低定额工时的工资值），约相当于国家规定的六级工的工资水平。

重庆港码头装卸工人的工资分配，大体经历了4个阶段，即由不分体力强弱、技术高低、劳动态度好坏，凡是集体劳动的力资收入，人人平均分配的“分账制”，改为根据体力、技术、态度评出6个等级，每个级差5%略有积累的“拆账制”，再改革为直接无限制的工组计件工资制，工组内分甲、乙、丙三级（按114%、108%、100%）分配工资，又再改革为与左邻右舍相近的工资水平，基本符合国家规定的“标准工资制”。实际上，这种工资分配制度没有完全体现“多劳多得，按劳分配”的原则，改革并不彻底，但是，这次工资改革效果较好。因为当时港口装卸作业使用机械不多，操作技术并不复杂，只能根据工人的体力劳动强度和工作量的多少来体现按劳分配的原则。本次改革，有利于增加积累，改善工人的劳保福利，还有利于发现生产管理的薄弱环节，挖掘生产潜力，促进管理工作的改革和提高。

1957年10月，重庆港码头装卸工人改变了长期以来的“包干作业”劳动制度。这是重庆港装卸工人劳动制度上的一项重大改革。工人上班后，集中待命，不能远离集中地点。工人们反映他们成了“活期存款”，随取随用。这样，调度上虽很方便，但却苦了码头装卸工人。工人们没有充分的休息时间，影响身体健康，也不能料理家务，影响家庭生活。一些港口管理人员则认为：重庆港装卸工人“包干作业”劳动制度是客观因素形成的，要改为“分班作业”几乎是不可能的。因为川江绝大多数船舶在重庆港都是傍晚到、第2天早晨发，装卸作业大部分集中夜间进行，如果实行“分班作业”，就会使工人闲忙不均，一方面造成窝工，另一方面导致压船。加以港区码头锚地分散，多在江心或锚地进行船过船作业，工人需要交通船接送，往返和等待接送一般需要1～2个小时，等船等货的时间更无法估计。这样，一班8小时扣除了这些时间就没有多少时间进行作业了。某个现场一班不能完成作业任务，必须再派一班人去接班，一送一接一等，影响装卸作业任务的完成和船舶发航。

1957 年 7 月，重庆港在长航局工作组的直接帮助下，决心解决港口长期存在的“包干作业制”问题。港口抽调了调度、技安、工资、商务等部门的人员组成办公室，专门研究解决这一问题，制定了重庆港码头装卸工人分班作业制方案。

码头装卸工人从 1957 年 10 月实行分班作业劳动制度后，休息定日定时，能较好地安排和处理私人事务，再不像过去那样成天处于待命出发的状态，办点私事也无须提心吊胆了。因此，工人热情高涨，迟到、早退、旷工等现象基本消失，工人主动抓开工，服从指挥，听从调度，并能互相支援完成任务，从而使作业计划得以较好地执行和完成。调度系统的昼夜工作量相对均衡了，现场生产会议不但能准时召开，而且开得很好。开工前的准备工作和安全检查工作有了充裕的时间保证，人身事故和伤亡事故的发生数量也大大减少了。

五、重庆港吞吐量大幅增长

1950 年，中央决定抓紧建成成渝铁路。这是关系西南经济建设和国防建设的一项重大工程。重庆港是当时四川乃至西南地区水上交通的门户，责无旁贷地担负起运输筑路器材和设备的任务。大批的钢坯、钢梁及其他器材设备源源不断地运来重庆港。为使这些物资及时送达铁路施工现场和大渡口 101 轧钢厂，港口广大职工土法上马，克服困难，用 16 人将钢坯从船舱抬上浅水木驳（宜昌式木驳），再用小轮船（俗称“小火轮”）将木驳拖到九龙坡或大渡口码头卸载。拖至九龙坡码头，钢坯经浮式起重机（又称浮吊）和缆车卸至码头口，用撬棍把钢坯拨上小平车，再由人力推到货场卸下堆码。任务紧时，则在码头开辟道路，用人力从码头岸边将钢坯一根一根地硬抬进货场。运来的大件或重件，起卸难度就更大。在码头岸边扎一个人字形的木起重杆，用人力绞车将大重件卸至浅水木驳，一只木驳不能负荷时则用两只木驳横上钢轨，用钢丝绑在一起受载。拖至九龙坡码头后，一辆缆车不能负荷时，则装在两辆缆车上同步运行上坡。而两辆缆车均为蒸汽绞车，不同于电动绞车较易同步运行，稍有差错就可能酿成重大事故。大重件起上码头口再用木起重杆从缆车上卸下来，或装平板车运走。当时码头无机车牵引，平板车需要移位，空车就用人力推，重车就用撬棍拨动。1950 年 9 月 13 日，“沅江”登陆艇第一次运来蒸汽机车及货车等 43 件 3228 吨在九龙坡码头卸载，码头工人苦战 7 个昼夜才完成了卸船任务。到 1951 年 6 月 28 日，码头设施虽有了一些改善，但“峨江”登陆艇运来客车及其他物资，也花了 6 个昼夜才起卸完毕。

为了适应成渝铁路器材设备运输任务的需要，西南交通部责令成渝铁路工程局对九龙坡码头进行初步扩建和设施配套。同时由于装卸工人操作技术日趋熟练，装卸效率不断提高，到 1951 年下半年，满载钢材或其他大件重件的登陆艇卸货时间由原来的

6～7个昼夜缩短为24～36个小时，最快的只用了18个小时。装一辆车皮由原来的4～5个小时缩短为1～2个小时。码头工人还积极提出合理化建议：机车实行解体卸船；利用浮式起重机、趸船绞车配合码头口绞车牵引缆车上坡；浮式起重机、趸船安装浪风钢丝绳，利用绞车旋转式起重机杆方位，以及在绞车上安装电动信号装置等。这些建议对提高效率和保证安全生产起了很大的作用。

1950年6月到1952年6月的两年中，重庆港为成渝铁路起卸器材和设备31万余吨，计钢坯22.5万吨、桥梁构件8.6万吨、蒸汽机车44台、客车55辆、货车273辆。重庆港为建设成渝铁路作出了重大贡献。

1952年7月1日，成渝铁路全线通车。6月26日，西南军政委员会主席刘伯承针对重庆港的重大贡献，特发出了嘉奖令。嘉奖令指出："成渝铁路工程，现已胜利完成，全线通车，对于西南国防建设与经济建设有巨大贡献。你局全体职工及各轮船公司海员，在运输筑路器材及机车车辆等工作中，积极努力，克服困难，超额提前完成任务，保证了筑路工程及各种设备的顺利达成，成绩优良，特此嘉奖。"

从国民经济全面恢复时期到第一个五年计划期间，重庆港的吞吐量年年上升，成倍增长。这一方面是因为全国工农业生产的不断发展，为港口提供了充足的货源；另一方面则是成渝铁路建成通车后，拓宽了港口的经济腹地，扩大了港口的货运量。1957年重庆港货物吞吐量达483.1万吨，为1950年的13.8倍。重庆港1950—1957年主要经济指标统计见表1-3-1。

重庆港1950—1957年主要经济指标统计表 表1-3-1

主要经济指标	年份（年）							
	1950	1951	1952	1953	1954	1955	1956	1957
吞吐量（万吨）	34.9	44.3	62.8	121.7	185.6	306.4	341.9	483.1
出口旅客（万人次）	50.4	57.1	36.4	42.6	27.2	38.6	34.3	34.9
出口货物（万吨）	18.0	16.1	26.6	61.8	97.4	168.4	195.9	267.1
出口粮食（万吨）	4.4	0.2	2.4	25.2	54.8	112.0	135.4	188.9
固定资产（万元）	28.8	56.5	162.5	163.8	207.1	508.9	1290.9	1407.8
职工人数（人）	382	431	476	1314	3092	2151	4045	4603

从表1-3-1可以看出，第一个五年计划于1953年开始实施后，重庆港的吞吐量比1952年翻了将近一番，到1955年又翻了一番多，到1957年则比1952年增加约6.7倍。吞吐量这样高速度的增长，是第一个五年计划国民经济蓬勃发展的反映。但重庆港在此期间的基本建设投资很少，基本上是港口各单位所有设施的"老家底"，港口装卸作业仍然以人力操作为主。从此表中也可以看出，重庆港的职工人数增长速度是比较快的。

因此，港口管理工作的重点，必然是针对人的因素来进行。除了提高码头装卸工人的政治地位、改善其劳动和经济条件以激发广大工人的生产积极性外，大力推广先进操作法、提高劳动生产率、加强调度组织工作、挖掘港口生产潜力也成为当时重庆港完成运输生产任务的关键。

在推广先进操作法的过程中，曾遇到一些阻力，但先进事物终究会代替落后的事物。通过实测，用科学数据说服工人，最终使先进操作法被广大工人所接受。港口技术管理办公室绘制了《重庆港装卸作业技术操作标准图》，普遍推广打方墩装舱法、四角和鱼鳞甲装舱法、袋粮夹运法、肩运转身搭肩法、登陆艇半岩搭跳板法、对钩对拉快速挪驳法、独门单灯赶猪法、门绳提舱法、挑运翻篼上煤法、滑板下舱法、独龙吊杆下舱法、单瓜子下舱法、丁字形搭跳板法、双手挂钩法等。这些先进操作法的推广，在改善工人劳动条件、减轻劳动强度、提高装卸效率和质量、维护安全生产等方面，发挥了明显的作用。独门单灯赶猪法，更是得到了中央领导人的赞赏。

与此同时，重庆港还总结推广了群众创造的理货先进经验，如油漆编号堆码法、先单后货先筹后唛法、货物标牌分堆分码法、木盒隔舱法、插旗分标法、以货隔舱以舱隔货法等。将理货质量订入劳动竞赛的指标，落实到小组或个人，取得了较好的效果。出口货物包装不合规定拒收拒装，转口货物不分清楚不转，进口单货不符不交，做到单货同行、单货相符，发生差错及时到货主仓库清查。“一五”期间，重庆港不仅生产任务完成得好，货运质量也较高，成为新中国成立到“一五”期末这段时间内，港口生产形势最好的一个时期。

“一五”期间，重庆港不但出口货运量成倍增加，进口货运量也大幅度增长，进出口量基本达到平衡，这是 20 世纪 50 年代重庆港的一个特点。当时西南地区的工业还不发达，工业产品还需由其他工业发达的地区进口，加之四川铁路还没有与省外沟通，只能依靠长江水道运进重庆港再转四川和西南各地。

随着全国农业生产合作化高潮和社会主义经济建设高潮的到来，从 1955 年开始，重庆港进出口货运量迅速增加，进口货运量更是猛增。由于重庆港河心船过船作业多的特点，进口货需用木驳接载才能卸出，而木驳上的货物货主不能及时提走，货物长期积压，木驳不能用于卸船接载，以致 1956 年重庆港出现了船货压港的局面。为了扭转港口的被动局面，重庆市人民政府成立了运输指挥部，专门解决压港问题。除强制货主及时提货外，还决定将港口所有水上运输工具统一调度使用，以增加港作木驳接载卸货的能力。这些措施对缓解船货压港起了一定作用。另外，港口还采取了其他一些积极的措施：①向厅航务局租用木船 1000 吨；②在岸边修建临时货棚和货场 9000 平方米；③雇用临时工及时将货物由木驳转上岸边货场，使木驳大量投入卸船接载。长航局也从其他港调来趸船 1 艘（囤货 1000 吨）、甲板驳 2 艘（囤货 2000 吨），以加强重庆港囤存货物的能力。又在长沙、涪陵等地新造木驳33艘(载货2000吨)。木驳投入使用后,港口堵塞问题才得以基本解决。

重庆港在克服1956年压船压货的过程中,还在调度组织方面采取了强有力的措施:在港口劳动力严重不足的情况下,改变原来三级(调度室、作业区、装卸队)配工制为调度室一级配工制,调度作业计划严格按技术操作标准图实行定额配工,虽然加大了作业区和现场的压力,但挖掘出了相当大的生产潜力,对实现发船计划所起的作用是不可低估的。此外,在港口处于严重压船压货的非常时期,调度室将商务货运部门联系货主和配载的工作统管起来,及时催促货主送货或提货,虽然与货主发生过一些矛盾,但调度室对计划变动的应变能力、确保计划完成的能力却大大增强。

经过1956年船货压港的严峻考验,重庆港的调度指挥系统经受了锻炼,为1957年确保国民经济第一个五年计划最后一年港口运输生产任务的完成,打下了坚实的基础。1957年是重庆港提高作业计划质量、强化调度指挥、加强现场管理较为出色的一年,也是港口运输生产任务完成得较好的一年。具体表现在:船舶按计划时间到港率,月均由1956年的77%上升到1957年的96%;驳船平均在港停时为2.64天,比1956年减少10%;专线运输船队全年按计划发船率,按日为100%,按时为96%,"一驳一点"(即一个驳船装运一个到达点的货物,便于解队卸货)发船数占总发船数的85%;港口吞吐量由1956年的341.9万吨增加到1957年的483.1万吨,增长41.3%。

第四节　运输市场恢复和发展

重庆解放初期,航运秩序相当混乱,轮木船普遍失修失养,有的船壳腐烂,有的机器损坏,有的缺乏消防救生设备。运输物资不顾质量,乱要运价,有的偷盗物资,无照驾船、超载冒险航行、沉船死人事故时有发生。因此,加强航运管理,整顿运输秩序,确保运输安全,是当时的一项重要任务。

一、水运市场的恢复

1953年,全国开始执行中央制定的由新民主主义社会向社会主义社会过渡时期的总路线和总任务。根据这一时期总任务,周恩来、陈云主持制定了发展国民经济的第一个五年计划。其中有关交通运输部分规定:"随着国民经济的高涨,相应地发展交通运输业。"并具体阐明:"水运是一种最经济的运输方式,必须积极地提高其在整个运输中的比重。""一五"期间,全国水运交通事业通过生产资料所有制的社会主义改造和提高管理水平,挖掘运输生产潜力,完成少量重点工程建设,使港口、航道、船舶、工厂等相应发展,进而提高了水运生产力和水运在全国交通运输业中的比重。

经过新中国成立初期几年的恢复和发展,自 1953 年起,重庆对长江干流和运输任务重的重要支流航道,有重点地进行了建设。经过整治,重庆至宜昌段的上水运输初步实现夜航,适应了每年 100 多万吨粮食外调和大批工业品进川运输的需要。同时,各地还开辟和整治了许多中小河流,便利了城乡物资交流。特别是根据国家过渡时期总路线的要求,将私营轮船经过公私合营后全部纳入国营,将个体木船经过互助组全部组织入合作社,在全市水上建立了以公有制为主体的社会主义经济。

在国民经济恢复和第一个五年计划建设时期,重庆水运事业发展较为顺利,不仅胜利完成了各项运输任务,也为后来水运的发展打下了坚实的基础。

二、强化通航安全管理工作

重庆境内航道多处于山区,汛期水位变幅大,猛涨猛落,加之时有狂风暴雨等极端天气,严重危及航行安全,海损事故大多发生在汛期。每年夏、秋季节,各级航运管理部门都要将防洪安全当作中心工作来抓。各港普遍成立防洪指挥机构,组织防洪抢险队伍,积极参加防洪抢险。在洪水未到之前,要对码头、船舶、航道、渡口等进行检查,根据不同水位划分各类船舶的安全停泊区,及时疏散低洼地带的堆存物资,增添和加强船舶锚地的系缆、照明与防雨护货设施,加固船闸、码头等通航建筑物。严格值班守夜和水情传递制度,上游涨水,航管站要依次向下游传递,根据水情,必要时采取停航封渡措施,禁止冒险航行。

每年洪水过后,航道码头冲刷淤积严重,航槽滩险变化较大,加以冬季水枯、多雾,船舶触礁、搁浅、碰撞事故较多,航管部门每年都要进行抗枯安全工作。对航道及时进行检查,疏通碍航滩槽,配好航标,加强信号指挥。组织驾引船员对航区内的主要枯水滩险进行调查,摸底排队,弄清滩险变化,制定具体安全操作措施。根据滩槽水情变化,实行水位挂牌制度,严格按航道尺度和船舶技术性能,合理装载、编队。航行时加强瞭望,主动避让,做到文明行船、礼让三先。发现雾情,该扎雾的坚决扎雾,不冒雾航行,以保证航行安全。

当时,重庆内河航道滩多水急,礁石林立,滩险密布,尤其是一些重点险滩对船舶航行威胁很大。如长江最著名的青滩、崆岭滩、泄滩和滟滪堆四大险滩,流速达 6 ~7 米/秒,船舶海损事故大多发生在这些地方。1915 年至 1950 年间,航行川江的轮船共发生各类事故 358 次,其中有 45 艘轮船沉没,仅崆岭滩一处就沉没轮船 6 艘。新中国成立初期仍有轮船沉没。1952 年至 1956 年的 5 年中,在川江上发生了重大事故 6 起,死亡 29 人,直接经济损失 142.7 万元。最严重的是 1954 年 2 月 25 日“江岳”轮在重庆港大佛寺卸桶装汽油爆炸,死亡 26 人;1955 年 12 月 12 日,“人民 15 号”轮渝宜下水,在万县巴阳峡遇雾触礁沉没，死亡3人；1956年2月5日，“江发”轮渝宜下水，在万县兔儿梁触礁，所拖铁驳沉没，损失金额36.9万元。木船在乌江羊角碛、渠江四九滩、嘉陵江石驴子等险滩沉没的更多。因此，加强重点险滩的安全工作非常重要。采取的主要措施：一是增设航标信号。如重庆至宜昌航段1951年至1952年增设航标270座，1954年起又学习苏联经验配置成“锁链”式导航标志。同时在弯曲狭窄航道地方和雾情较多的河段，设置通信信号台和雾信号台，使船舶航行安全得到保障。二是雇请熟悉滩情的驾长、滩师驻守滩头，指挥船舶过滩，或帮助木船放滩。如渠江的四九滩、金滩、丈八滩，均设有滩师。三是在重点险滩安装绞滩机。除改进长江三峡绞滩机外，还在乌江的小角邦、羊角碛等滩推广，使船舶能安全过滩。

为了提高水上职工的法治观念和遵章守纪的自觉性，并使沿江居民和乘船旅客明确安全的重要性，共同维护水运秩序，减少海损事故，四川省各地交通航管部门每年都要开展多次群众性的港航安全宣传教育和大检查活动。特别是元旦、春节、国庆等重大节日和汛期，运用各种方式，在港口、码头、船上张贴安全标语、安全画，组织学习安全法规，向航运职工和群众进行宣传教育。同时进行安全大检查，揭露事故隐患，纠正违章现象，落实整顿措施。长航局重庆分局针对季节变化的特点和船舶海事情况，在1955年至1957年间陆续制定了《川江中、洪、枯水船舶拖驳载量和水位规定》《川江主要滩槽航行法和轮木船避让措施》《川江沿线锚地抛锚法和开靠码头操作法》《川江夜航注意事项》和《轮艇船队航行安全守则》等，使船舶航行有章可循，降低了事故发生率。

对海损事故认真进行处理，查明事故的原因，惩罚肇事者，吸取教训，是减少和防止事故发生、保障运输安全的重要措施。1951年初，西南军政委员会即对海损事故的处理做了明确规定，规定轮木船在川江发生的碰撞、浪沉等海事案件，以长江区航务局重庆分局为主进行处理，人力木船在四川各河流单独发生的海事，由西南内河航务管理局负责处理。对事故处理要严肃认真，必须查清原因，确定责任，审定赔偿数额，提出事故的防范措施。如果当事人不服处理，可申请复议或向法院申诉，航政部门也可将案件移交司法部门处理。

在认真处理海事的同时，还动员开展安全竞赛，树立运输安全典型，推动安全生产。长航局重庆分局制定《船舶安全航行奖励办法》，把航行安全定为劳动竞赛的主要内容和评选先进的首要条件，由此涌现出许多航行安全的先进个人和先进集体。船长兼大引水莫家瑞安全航行25万公里，于1956年获评全国先进生产者，并出席了全国劳模大会。

三、长航公安机构建立完善

新中国成立后，长江干线和主要支流全面恢复通航，却也面临着十分复杂的状况，航行船舶恶性海损事故不断发生。由此，沿江各大城市分别建立航运、航政管理机构。鉴于斗争形势严峻，西南公安部于1950年3月召开会议，确定“在航务局设公安科，统一负责航运系统之保卫工作兼管护航大队的工作”。同年3月，长江航运第一个公安保卫机构——华中航政管理局保卫科成立；同年4月10日，华中航政管理局改组为长江区航务局，并在重庆设分局。1950年8月5日，长江区航务局重庆分局公安科正式成立，标志着在川江航运系统中新的人民公安保卫机构正式成立。

1951年6月，经西南公安部决定，撤销长江区航务局重庆分局公安科，成立保卫科，除负责局本部保卫工作外，兼管私营轮船公司的保卫工作。为适应生产的发展和对敌斗争形势的需要，1952年9月1日，首先在公私合营民生公司成立保卫科。随着川江航运的恢复和发展，重庆航道、民生船厂、宜昌港、万县港、泸州港、民生分公司等单位在1952年至1953年期间相继建立起保卫组织。至此，重庆航运系统的公安保卫组织已经建立。

重庆解放前，国民党68军政训处处长杨亚仙进入民生公司，将民生公司的原有武装扩编为武装护航大队。重庆解放前夕，护航大队表面维护码头、船舶治安秩序，实质是国民党破坏共产党的革命斗争、镇压人民的工具。1950年5月，西南军政委员会公安部二处鉴于当时的情况，决定将192名旧护航武装人员集中起来组织学习。经过7个多月的整训工作，搞清了旧护航队的机构、性质、人员活动情况，清理出军统特务、中统特务、土匪、恶霸等。至此，民生公司旧的护航大队宣告结束。

1950年10月10日，中共中央向全党发出了《关于镇压反革命活动的指示》。长江区航务局重庆分局公安科、护航大队调察股遵照上级指示，组织人员首先清理出隐藏在重庆地区各航运企业内部的敌特分子和反动党团骨干等“五个方面”敌人，随后一场声势浩大的镇压反革命运动在重庆航运系统拉开序幕，沉重打击了国民党隐藏在重庆地区航运系统的残余势力。随后，1951年开始的民主改革和镇压反革命运动中，重庆航运公安对残余反革命分子深入清理和打击，进一步纯洁了职工队伍。

为保证航运安全，重庆航运公安保卫机关于1951年1月22日制定了《各轮船公司及轮船安全组织与安全责任制度（草案）》，在运输过程中，积极协助各军运、粮运船舶保卫干部和武装护航小组做好运输中的安全保卫工作，保证了运输船舶的安全，密切了军民关系。

新中国成立后，人民政府为发展经济、稳定物价、保障人民生活，从1950年起决定从西南调运粮食支援供应紧张的华东地区。根据长江区航务局“保卫粮运任务”指示，公安保卫部门在指挥部领导下，组成了粮运保卫小组，专门负责粮食东运的安全保卫工作。在整个保卫工作中，采取“守重点，打游击，船船见面，发动群众与专门工作相结合”方法，保证了川粮东运的顺利完成。

新中国成立后不久，党中央、政务院即决定修筑成渝铁路，其所需筑路器材和物资都必须通过川江航道运输入川。重庆航运公安保卫部门加强对运输船舶驾驶、轮机部门的安全保卫工作，严防敌人破坏活动，保证航行安全。各轮护航武装人员与广大海员工人一道，为完成筑路物资运输任务日夜战斗。长江区航务局重庆分局及各轮船公司海员受到西南军政委员会主席刘伯承的通令嘉奖。

（一）建立统一管理体系

1953 年 2 月 14 日，中央人民政府交通部长江航运管理局公安局成立，在保留原长江航运管理局重庆分局保卫科的基础上，在万县港成立保卫股。1953 年 6 月 8 日，公安部决定成立长江公安局。但由于长江干线和支流管辖地域难分，水上治安与长航系统内部保卫任务繁杂，不利于集中管理，1954 年撤销长江公安局，另在长江航运管理局内设公安局，统一领导长江航运企业内部保卫工作。1954 年 10 月 12 日，重庆组建长江航运管理局重庆分局经济保卫处，成为川江航运企业统一的公安保卫组织机构。1956 年 8 月 1 日，重庆分局经济保卫处根据上级指示，改组为长江航运管理局重庆分局公安处，行使公安机关职权，既是公安机关派驻企业的机构，又是重庆分局企业内部的保卫组织。至此，长江航运管理局重庆分局公安处担负起具有航运事业保卫工作特点的各项任务。

（二）护航武装改警察建制

1954 年，重庆地区航运系统所属护航武装人员全面集中学习整顿后，长江航运管理局决定护航队由公安部队改为警察建制，撤销原护航队，设立经济警察分队。1956 年，经济警察分队改为经警队，下设港警、航警 2 个分队。公安处成立后，经警队归属民警治安科领导。

（三）完成的主要任务

1955 年，重庆航运系统内的敌特情况较为突出，重庆航运系统肃清暗藏反革命分子运动（肃反运动）全面铺开，整个运动贯彻“肃反、生产两不误”方针。为期两年的肃反运动调动了职工的生产积极性，保证了运输生产的完成。经过肃反运动、镇压反革命运动和民主改革，1957 年重庆分局公安处决定再次对重庆航运系统的反动组织进行清理。4 个多月的清理查证工作，为业务建设积累了资料，摧毁了盘踞在航运企业内部的残余反动势力。

1. 制度建设起步

在清要害、查事故工作中，制定了《川江航运要害部门、部位细则（草案）》；在调查摸底中，配合有关部门修订健全各种规章制度；在8个月时间的清理审查工作中，配合行政单位建立健全了安全生产制度，如船舶交接制度、港口危险品装卸制度、定期不定期开展安全大检查等。

2. 安全保卫意识增强

1954年以来，川江航道开始整治，但由于川江水位变化大，滩多水险，船舶设备陈旧，连续不断发生爆炸、翻沉等重大恶性海损事故。特别是1954年“江岳”轮爆炸燃烧重大事故发生后，重庆分局经济保卫处拟定了“反破坏事故斗争计划”，对所发生的事故及时进行追破和处理，同时制定了《关于确定事故标准的意见》，对保卫运输生产的安全具有长远的历史价值。

3. 公安业务初显水平

1957年5月18日，长江航运管理局重庆分局公安处抽调干部组成工作班子，对重庆航运系统内的敌情进行了全面清理并开展调查研究，开辟专案线索来源。1957年8月起，积极依法开展打击刑事犯罪斗争，公安处组织专门力量对发生的各类案件进行分类排队，开展侦查破案活动。在近8个月时间中，侦破了45起刑事案件，破案率达到92.3%，追回赃款1775元及部分贵重物品，稳定了航运企业内部治安秩序。

四、调动和发挥木帆船业作用

新中国成立初期，国家造船工业落后，运输工具多为传统的木帆船。1949—1952年恢复时期，国家对木帆船实行“充分利用”和“保护和扶持”方针。1950年，航运主管部门对木帆船进行丈量、登记发证，固定船籍港，执行船舶签证制度等。同年3月23日，长江航务局重庆分局公布了《川江木船航行管理暂行办法》，并在重庆港设立3个木船管理站，一个设在嘉陵江的磁器口，另两个设在长江黄沙溪（上）和唐家沱（下），对进出重庆港的木船加强监督和管理。1950年，重庆市有木船5922艘，计70911载重吨。

1951年，国家统一木帆船运价，既保证船工收益，又防止淡季跌价竞运、旺季哄抬运价。按照中央“互助合作化”精神，组织木帆船走集体经营道路。同年，重庆市和江津专区木船运输业经过社会主义改造和所有制变革，建立了木船运输合作社，生产得到了极大发展。这一时期，重庆市和各区县工农业生产、城市建设、人民生活物资，主要是通过木船运输。同时，木帆船还为铁路、轮船、公路集散物资。

1952—1953年间，长江水系航运企业特别是重庆港及广大木帆船运输户在支持川粮东运、支援城乡经济发展与人民生产生活中，发挥了不可替代的作用。1952年4月开始，为了打破西方国家的封锁，稳定华东市场和人民生活，中央决定调拨大量川粮东运。当时四川粮食多储存在乡僻地区，通过水路（主要是木帆船运输）集中至重庆港换装轮船发运出川。经过多次改良调整粮食调度组织方案，川粮东运由 1952 年的 2.4 万吨增长到 1953 年的 25.2 万吨，为完成日益繁重的川粮东运任务打开了新的局面。

1950—1952 年重庆市地方交通营运木船运输统计见表 1-4-1。

1950—1952 年重庆市地方交通营运木船运输统计表 表 1-4-1

年份（年）	木帆船		货运完成	
	数量（艘）	载重（吨）	货运量（万吨）	货物周转量（万吨公里）
1950	5922	70911	36	3022
1951	6117	73623	48.6	4358
1952	5134	74343	70.4	6931

五、恢复和发展轮船客运

轮船是现代化的水上交通运输工具。重庆解放之初，尚无铁路与外界相通，长江是重庆向东的唯一出口，进出川的人员和物资主要靠轮船运输。这一时期，军运任务急迫，城市供应和人员旅行也亟待运输畅通。因此，当时的首要任务是恢复运输。最早恢复客运的是民生公司，自重庆解放后的第三天起，即陆续恢复了各条航线的客运业务。1949 年 12 月 3 日，恢复了重庆到渔洞溪和磁器口的短途客运；12 月 4 日，重庆至合川复航；12 月 5 日，重庆至长寿、江津、北碚 3 条航线恢复；到 12 月底，重庆至泸州、宜宾、涪陵、高家镇等航线也陆续有船行驶。与此同时，重庆港的各轮渡航线得到迅速恢复。12 月 1 日，望龙门至龙门浩、储奇门至海棠溪首先复航；12 月 2 日，朝天门至弹子石复航；接着朝天门至野猫溪、寸滩等航线也相继复航。在 12 月上旬，重庆市区（渝中区）与江北、南岸的水上交通基本恢复。

跨省运输方面，重庆与长江中下游的水上交通运输也相继开通。12 月 15 日，民生公司的“民族”和“民联”两轮，共载客 700 余人、货 400 余吨，由重庆出发，19 日抵汉口。招商局重庆分公司的“201”和“205”登陆艇，于 12 月 16 日出渝。接着强华、合众、华中等公司的轮船也先后复航。到 12 月底，川江已有 60 余艘轮船行驶，航线全部恢复。

自 1950 年 1 月起，川江轮船运输逐渐正常化，先后投入川江运输的轮船公司有 13 家。招商局重庆分公司收归国有，加上私营民生、合众、强华、华中、兴业、新源、济运、协大、永昌、永兴、华孚、佛亨 12 家，共营运 8 条客运航线，其中渝申（上海）、渝汉（口）、渝宜（昌）、渝万（万县）、渝叙（宜宾）为长途航线，渝涪（陵）、渝木（洞）、渝合（川）为短途航线。根据各公司船舶性能、对航道和地区业务的熟悉情况，经营航线仍沿袭历史分工，即渝申航线主要由民生、合众公司经营，间或有招商局重庆分公司和强华、华中公司的客轮投入；渝汉航线运行的班次较密，投入的运力较多，民生、合众、强华、招商局、华中、济运等各大公司都有船只参加营运，而以民生公司为骨干；渝宜航线除上述几家公司外，还有永兴、协大、华孚等公司轮船投入运行；兴业、新源、佛亨等公司的船型较小，参加短航营运。在各条航线运行的客轮共70艘，约1万客座，其中民生公司占46艘，其余12家共24艘（招商局重庆分公司5艘，合众公司4艘，强华公司3艘，华中公司2艘，佛亨公司3艘，永兴、协大、永昌、济运、新源、兴业、华孚7家公司各1艘）。各条客运航线的恢复既维护了正常的交通秩序，保证了水上客流的畅通，也使各公司在客运经营中增加了收入，渡过了经济上的难关。

据统计，1950年至1952年，重庆港运送旅客143.9万余人次（其中1950年为50.4万人次，1951年为57.1万人次，1952年为36.4万人次）。但是，就当时的客运服务质量而言，是不适应新要求的。大部分客船设备陈旧，舱位狭窄，许多还是以煤为燃料，航行速度慢，卫生条件差，经营作风、服务态度尚未完全革除旧社会的那一套陈规陋习，票价偏高，乘船尚属不易。从1950年开始，长航局重庆分局便开始对各公司实行统一领导，对客运工作专门进行了整顿。1950年9月，长江区航务局颁布了《长江客运暂行办法》。同年11月，长航局重庆分局颁布了《长江干线轮船客货运输办法》，通过层层贯彻实施，逐步建立起一套新的客运规章制度，使川江轮船客运逐步走上正轨。特别是1951年至1952年，通过民主改革，深入持久地开展政治思想教育，使广大职工提高了觉悟，资方人员也提高了认识、端正了经营思想、改变了经营作风。由于国民经济的迅速好转，旅客流量逐步增多，1951年重庆港发送客运量增至57.1万人次，比1950年增长16%。成渝铁路1952年建成通车后，渝汉航线下水旅客有所增加，川江客运更加兴旺。

到1957年，长航局重庆分局和四川省重庆轮船公司共有客轮57艘、客座6608个（不含轮渡），其中四川省重庆轮船公司有客轮3艘、客座400个；共完成客运量130.9万人次、旅客周转量2.29亿人公里，比1952年分别增长52.3%和44.1%。其中，长航局重庆分局完成客运量110.9万人次、旅客周转量2.21亿人公里，占总运量的84.7%和96.5%；四川省重庆轮船公司完成客运量20万人次、旅客周转量810万人公里，占总运量的15.3%和3.5%。此外，涪陵轮船公司有5艘小型浅水木质客轮行驶于乌江涪陵至彭水航段，年平均客运量6万人次、旅客周转量600余万人公里。可见，长航局重庆分局是川江客运的主力军，承担了川江水上旅客主要运输任务。

"一五"计划期间，川江客运虽有较大幅度的增长，但仍不能适应发展的要求，突出的矛盾是客源增加太快，运力增加较慢。尤其渝汉航线是进出川的主要通道，从川北、川西和川南各地流动到重庆的旅客，许多人要乘下水船去长江中下游的广大地区，重庆成为旅客汇集点。但渝汉线下水客人多、上水客人少，客船成本增加，亏损较大，阻碍了客船的发展。上水客少的原因是轮船因受急流阻力的影响，航行速度慢于火车、汽车，因此进川旅客多愿乘火车、汽车，而不愿乘轮船。这种上下水客人流量不平衡的矛盾长期无法解决，在节假日尤为突出，造成重庆港内旅客积压。轮船运输部门在每年春节期间，往往都是自上而下的层层布置安排，组织人力和运力，作为特殊任务来完成。轮船客运的上述现象，是事物发展的客观规律，只有通过不断总结创新，才能求得进一步发展。

六、川粮外调和其他物资运输

新中国成立初期，由于华东、华中地区遭受灾害，需要大量的粮食供应。川粮外调是当时粮食部门和运输部门的主要任务，需要调出地区、中转地区和有关部门的密切配合协作。1952 年 10 月，四川粮食部门在重庆设立了川江粮食调运指挥部，下辖泸州、万县、合川 3 个办事处和 7 个转运站。后来又成立了四川省运粮指挥部，由交通、粮食等部门领导组成。各地将分散各点的粮食运到河边，由木船运到重庆，再交轮船转运出川。1957 年以前，宝成铁路尚未通车，外调的粮食大部分走长江。据长航局重庆分局统计，1957 年仅重庆港转运出川的粮食即达 180 万吨。万县港、涪陵港及部分木船直接运出川的粮食就更多了。川粮外调高峰期，重庆港每天装船的粮食数达 1 万吨。朝天门码头以上，西至九龙坡，北至嘉陵江大竹林一带几十公里的停泊区内常有千艘木船云集，数万吨粮食待卸，夜间港区灯火通明，通宵作业，拖轮船队穿梭行驶，盛况空前。

用木船把分散在边远山区的粮食运到重庆，部分运距近 1000 公里，往返一次需 2 个多月。航行中过滩要多次提载，与凶滩恶水搏斗，几经辗转，接力运输，才能到达接运港口。为加快船舶周转，及时完成运输任务，航运部门采取了一系列措施：将小船调往上游，大船调往中下游，分段运输集中在三汇、合川等港口中转；船工不足则推行轮回运输，做到船停工人不停；采取固定船组包干运输办法等。此外，组织合川等港木船直放万县，组织重庆、万县地区木船直放宜昌，减少轮船压力，加快粮食出川。组织木船直放时，都经过编组编队，派干部随船进行思想政治和安全生产教育，战胜凶滩恶水，安全通过三峡。在航行过滩时，船工用自己的被盖把粮袋遮好，表现了高度的爱国主义精神，保质保量完成运粮任务。

1954 年，长江轮船运力急缺，外调粮食任务紧迫，西南财政经济委员会决定用木船直运宜昌粮食 14570 吨。重庆港抽调木船 74 艘、船工 1500 人，进行编组编队，派干部随船运粮食 1245 吨到宜昌，按时完成运粮任务。1955 年 6 月，合川港组织木船装外调粮 5000 多吨，直航万县。巫溪集运至巫山外运粮食 5737 吨，推行包干运输办法后，由巫溪至巫山往返一次，由原 6 天缩短为 4.5 天，船只载量也有所提高。

1952 年，由于国民经济的迅速恢复和发展，货运量猛增。长航重庆分局完成货运量 40 万吨、货物周转量 2.7 亿吨公里。公私合营民生公司完成货运量 48.2 万吨，比 1950 年增长 20%。涪陵公私合营新源航运公司的轮船全部行驶乌江，1952 年完成货运量 5989 万吨。

1953 年至 1957 年，私营轮、木船的社会主义改造逐步完成，工农业生产飞跃发展，重庆内河航运货运量大幅度增长。1957 年，长航局重庆分局完成货运量 352.5 万吨（其中粮食 251.4 万吨）、货物周转量 61.71 亿吨公里，分别比 1952 年增长 7.8 倍和 21.86 倍；涪陵轮船公司 1957 年完成货运量 2.85 万吨，较 1952 年增长 3.7 倍。四川省重庆轮船公司于 1955 年创建，1957 年即完成货运量 22 万吨、货物周转量 4442.7 万吨公里，运量虽然不大，但作为地方国营轮船业的初步发展，具有重要的意义。

随着运输生产的发展，1955 年至 1957 年，长航局重庆分局不断总结经验，加强运输生产的组织管理，开展货源调查，实行计划运输，并根据运输任务改善运输组织，创造了以减少中转、提高运效、降低成本、节约运费为主要目的的多种运输形式，如出川运输、进川运输、区间运输、专线运输等。出川是长航局重庆分局的主要任务。1954 年，西南财政经济委员会决定重庆以上航线主要由四川省航运企业经营，重庆以下的长江航线则主要由长航局经营。从此，凡出川物资由省属轮木船运至重庆后，便由长航局重庆分局接转出川，直达终点，其中以川粮外运为大宗；进川物资由长航局重庆分局运至重庆港后，由省属船只接转上运，以工业交通器材和百杂货为主；区间运输则是以一定运力承担四川省内各专区和县市间的物资运输，以弥补地方运力的不足；专线运输是根据大宗物资比较固定的航线而设置的运输形式，其特点是实行“五定”，即定航线、定船舶、定时间、定货种、定码头，具有货到有船、船到有码头、及时装卸、缩短时间、提高效率等优点，被誉为“一条龙”运输法。

七、支援铁路修建和抗美援朝战争运输

1950 年 6 月 15 日，成渝铁路动工修建。这条连接成都和重庆两大城市的交通干道的建设，不仅对四川、重庆的经济繁荣起着重要的作用，而且对整个西南地区乃至全国政治、经济和军事均具有重大的价值。

成渝铁路东段大部分沿长江渝泸段北岸修筑，筑路所需的水泥、枕木、砂石等土木工程材料，以及筑路大军的食品，大部分由重庆、巴县、江津等地的木船运输。长江中下游运进的筑路器材、机车、货车及其他工业品，由长航局重庆分局和民生公司的轮船运输。1950 年 9 月 3 日，民生公司“沅江”号登陆艇第一次运送成渝铁路机车、货车等 43 件入川（重 3224 吨），安全及时地运抵重庆港。至 1952 年 7 月 1 日成渝铁路全线通车时，在两年的时间内，川江航运业克服了航道条件恶劣和码头、船舶设备差的重重困难，共由轮船运进筑路器材和设备 31 万余吨，其中钢坯 22.5 万吨、桥梁构件 8.6 万吨、蒸汽机车 44 台、客车 55 辆、货车 273 辆。为此，长航局重庆分局受到了西南军政委员会主席刘伯承的嘉奖。

在抗美援朝战争中，有大量的赴朝志愿军和支援战争的物资经重庆运往长江中游，

再由汉口转铁路运至朝鲜。重庆内河航运部门在支援抗美援朝战争中发挥了极为重要的作用。

1950年12月1日，长航局重庆分局、招商局重庆分公司、各私营轮船公司代表共同组成川江轮船运输委员会，统一调配船舶，检查军运执行情况，解决运输过程中所发生的问题。军运的运输计划由长航局重庆分局负责拟定，由运输执行小组执行。除规定各轮运行航线外，还明确规定轮船舱面只准载人，不准载货，以提高军运效率。川江广大航运职工在保家卫国号召的激励下，积极性高涨，在保证安全的前提下，各轮尽量多拖快跑。如"华同""民铎""民协""长春""华康"等轮历年枯水季节渝宜（昌）段每月最多往返三次半，而在军运中，很多轮船都实现了四个往返。

在支援抗美援朝战争的军运任务中，重庆航运部门做到了"随到随运，优先装运，有多少运多少，决不误时，决无损失"。1950年12月至1951年9月，经川江完成了32万人的抗美援朝战争军运任务，以及大量武器、弹药和军需物资运输，有力地支援了前线。这是重庆航运业为保卫国家安全作出的重大贡献。

八、发展地方国营轮船运输业

从国民经济恢复到第一个五年计划实施这一段时期，交通部直属的长航局重庆分局的国营轮船体制建立起来，并逐步拥有较强的运输能力。重庆境内航道众多，由于古老的人力木船运输已远不能适应社会主义生产和建设的需要，长航局船舶又主要是为进出川运输服务，没有更多力量从事省内区间短途运输。因此，建立重庆地方国营轮船业，发展中小河流区间运输成为必然。

轮船运输业生产设备投资较大，建造船舶的材料和技术要求较高，加之船舶驾驶、轮机等主要技术人员缺乏，因此，在解放初期的重庆，建立地方国营轮船运输业绝非易事。重庆于20世纪50年代先后建立起来的两个地方国营轮船公司：一个是从20世纪50年代初通过对私营轮船企业进行扶持、整顿、改造，创造新的条件组建起来的，到20世纪90年代已发展成为具有较大实力的涪陵轮船公司；另一个是私营轮船企业参入公股，后又经过撤销、合并，几经转换后组建发展起来的，到20世纪90年代已发展成为大型骨干企业的四川省重庆轮船公司。

1. 涪陵轮船公司的建立和初步发展

涪陵地处山区，历来交通落后，除长江干流自西向东贯穿全区外，乌江也是本地区的水上交通要道。1947年1月，中共地下党员、原武隆县和平中学校长王朴，在涪陵发起组织武原实业股份有限公司，以发展乌江航运。1948年3月26日，公司正式成立，经招股集资，组织技术力量，于同年6月30日在涪陵建造成功第一艘木质轮船"武原"号

(总长18.45米、船宽3.62米、型深1.2米,总吨位29.05吨,主机为别克汽车发动机2部)。1948年7月,“武原”轮开通了乌江涪陵至羊角镇航线,1949年1月,又开辟了涪陵至高家镇航线,群众称便。1950年4月,武原实业股份有限公司率先实现公私合营,改名为新源航运公司,隶属涪陵专区交通局领导,有木质机动船2艘。1951年,公司又由政府扶持新造浅水轮船4艘,开辟了涪陵至武隆、彭水航线。由于涪陵专区对新源航运公司极为重视,不断给予投资,1953年公股股本已占公司股金总额的98.62%。1954年1月,经涪陵专员公署批准,新源航运公司改名为“地方国营涪陵轮船公司”,由于寿山任经理。涪陵轮船公司在省内私营轮船企业中最先实现国营,由涪陵专署和厅航务局双重领导。1955年3月,该公司又改为四川省属企业。此后,涪陵轮船公司机制逐步健全,船舶运力迅速增加。到1957年,全公司已有轮船9艘,全年完成客运量6.73万人次、旅客周转量789万人公里,完成货运量2.85万吨、货物周转量519万吨公里,对全面开发乌江航线、发展涪陵地区轮船运输起到了推动作用。

2.四川省重庆轮船公司的建立和初步发展

重庆轮船公司在20世纪50年代中期初建时,有部分船舶和人员辗转来自原私营佛亨轮船公司。佛亨轮船公司是成立于重庆解放前的一家小型私营轮船企业,到20世纪50年代初仅有小型客货轮3艘,行驶重庆至巴县木洞的短航线。由于公司基础薄弱,加之经营不善,处境十分困难。为了摆脱困境,该公司于1951年7月向川东人民行政公署交通厅申请参入公股,从而以公私合营形式改名为“川东人民轮船公司”,继续经营(佛亨轮船公司正式定为公私合营是1952年)。1952年10月,为了保证完成四川粮食调运任务,西南船舶运输公司成立,并新造了一大批人力木船。1952年底,川东人民轮船公司撤销,将3艘小轮移交给西南船舶运输公司经营,并增开了重庆至合川航线。

经过周密筹备,由四川省交通厅报请省人民委员会批准,四川省重庆轮船公司于1955年9月5日在重庆正式建立,由胡昭友任经理。公司直属厅航务局领导。原由厅航务局直接经营的9艘轮船、29艘木驳拨交给公司经营;同时将厅航务局直接经办轮运业务的行政、政工干部、船员、工人下放公司。到1955年末,四川省重庆轮船公司已有职工345人,其中干部99人,船员和在岸工人246人,固定资产原值209.7万元。

公司成立初期,运行航线主要是重庆至泸州航线和重庆至合川航线。1955年下半年,陆续在泸州、宜宾、合川3个港口建立了营业站。1956年,又相继开发了岷江宜宾至乐山、金沙江宜宾至屏山航线。当年4月,金沙江航线又延伸至新市镇。

公司成立初期,基础十分薄弱,财力、物力、人力均十分缺乏,企业领导和职工发扬“勤俭办企业”的精神,艰苦奋斗、奋发图强。当时的主要困难是资金短缺,投资建造新船困难,只能充分利用老旧设备,勤检勤修,勉强维持正常运行。此外,技术力量缺乏也是公司成立初期遇到的一大难题。特别是经验丰富的轮船驾驶、引水人员太少，新培养的技术人员对航道水性又不熟悉，安全无保证。当时推行的苏联一列式拖带法是一项新技术，公司职工认真学习，积极钻研，先后在渝泸、渝合航线试拖成功以后，普遍推广，使拖带驳船数和载重量与捆拖法相比呈成倍增加。1955 年下半年每艘拖轮只能拖带1 ~2 艘木驳，到 1956 年，100 千瓦的蒸汽机拖轮下水便可拖 3 ~4 艘 100 ~150 吨级木驳，载重量达 500 吨左右。公司经理胡昭友保持老红军本色，坚持深入群众、深入基层的优良传统，经常在船舶返抵重庆港后便带领科室干部到码头和船上同船员谈心，并现场解决生产和安全中的问题。特别是每当船舶创造了拖带新纪录时，他必定亲自去码头迎接，给船员以很大鼓励。因他经常穿草鞋下河边，群众亲切地称他为"草鞋经理"。

在企业管理上，公司不断进行探索，总结经验，精打细算，降低消耗，节约开支，因而连续几年均实现盈利。经过两年多的奋斗，公司逐步发展，初具规模。1957 年，已拥有轮船 13 艘、总功率 1388 千瓦，驳船 59 艘、载重 7607 吨，固定资产原值 331. 3 万元，职工 705 人。1957 年完成客运量 20 万人次、旅客周转量 810. 9 万人公里，完成货运量 22 万吨、货物周转量 4442. 7 万吨公里，实现利润 38. 2 万元，取得了较好的社会效益和经济效益。

四川省重庆轮船公司的成立，使川江干支流客货运输出现了新局面，活跃了城乡交流，支援了工农业生产，同时为在重庆实现木船机动化创造了条件，在修造船舶、培训技术船员、传播企业管理经验等方面都起到了带动作用。

九、逐步壮大重庆水运中的全民所有制经济实体

重庆港解放前夕，除招商局重庆分公司一家官僚资本航运企业外，还有民生、强华、合众、永昌、永兴、轮渡、渝工、凯华、安孚、华中、新中华、益通、华孚、协昌、安东、新源、庆华、懋泰、佛亨、德大、兴业、泰记、全安、协大、大同、富利、公源泰等 28 家大小私营资本航运企业。重庆港的港口设施，绝大部分控制在各私营航业手中；尤其是民生公司，处于举足轻重的地位，趸船数量占全港 70% 左右，营运船舶总吨占全行业 85% 左右。

1950 年 4 月，经西南军政委员会批准，长航局重庆分局及其所属的重庆港务站代管了英商太古轮船公司的趸船 2 艘（"苏丹"轮和"南山"轮）和英商亚细亚石油公司的趸船 2 艘（"唐家沱 19 号"轮和"唐家沱 20 号"轮）。同年 11 月 6 日，经西南财政经济委员会批准征用了上述趸船，其人员同时转为全民所有制职工。重庆港全民所有制资产共有趸船 6 艘、拖轮 3 艘，初步改变了私营航业在重庆港的垄断局面。

1950 年 7 月，根据第一次长江航务会议的决定，筹组重庆航业设计委员会。委员会

于8月3日正式成立，由政府、工会、国营公司委员8人和私营公司委员9人（民生公司3人、其他公司3人、船员3人）组成，何郝炬任主任委员，陶琦、童少生任副主任委员。重庆航业设计委员会代替了原来的"重庆轮船业同业公会"。从此，重庆港的航业界有了新的行业组织，有利于对私营航业"限制、利用、改造"方针政策的实施。

1950年，重庆市各界人民代表会议根据土地改革法作出决议：重庆港区内的水面停泊权以及重庆水位52.2英尺（约合15.91米）以下的河床，坡岸所有权收归国有。重庆市人民政府责成重庆港务站代表国家向租用方征收水面租金。

1950年，长航局重庆分局对私营航业中的官僚资本性质的股份进行清理。除招商局全部官僚资本予以接管外，这类股份计：民生公司约占总股金的1/4，强华公司约占1/5，合众公司约占1/3，轮渡公司约占3/4，其他私营公司的这类股份甚少，在重庆也无港口设施。清理出来的官僚资本股份，经政府有关部门审批后收归国有，作为公股，并由政府派出公股代表参加各公司董事会，对其生产经营活动进行监督，逐步向公私合营过渡。民生公司于1952年9月1日正式公私合营；1953年9月20日，强华、合众、华中3家公司合并组成公私合营川江轮船公司；轮渡公司则于1952年7月由重庆市公用局接管。1954年7月，民生、川江两公司的港口调度、货运、客运及港辖各办事处、营业站与港务局及其基层单位实行联合办公，以协调港口的生产经营活动。到1955年6—7月，又在联合办公的基础上对各家轮船公司在重庆港的生产设施和生产经营管理实行统一计划、统一调度、统一核算，各公司在港口的人员同时转为全民所有制职工。至此，重庆港基本上成为一个统一的全民所有制的港口经济实体。

十、水路运价的调整变化

新中国成立之初，长江干支流航线的运价仍沿袭新中国成立以前轮船同业公司繁乱复杂的运价。长江航运由华东、中南、西南军区接管后，汉宜、汉渝运价由中南军政委员会交通部核定。为利于国计民生和航运业的恢复，各地对运价做过多次变动，有增有减，基本上随物价升降而上下波动。

1949年11月19日至12月27日，全国首届航务公路会议决定执行"低利多运"的低运价政策。1950年7月，第一次长江航务会议决定由长江区航务局统一掌握长江干线运价。三年中，长江区航务局连续三次统一调低运价。

1950年进行第一次调低运价。国家于当年6月开展重点调查研究，以国营12艘轮船航行成本计算，一般运价高于成本40%；同时研究了铁路运价和长江的货运情况。为扩大西南出口，11月15日对川江33种土特产给予特价优待，平均降低运价38%。

1951年进行第二次调低运价。3月15日，长江干线运价部分调整，货物分等170余种。根据不同江区，选择适航的船舶作为核价基础，并适当照顾议价的习惯，由川东、川南、川西、川北人民行政公署批准公布长航木船运价。其中，汉渝线运价基数降低15%，渝宜线逆水较原来降低20%，顺水较原来降低15%。

1952年进行第三次调低运价。为支持全国大规模经济建设，鼓励土特产外销，长江干线轮船客货运价普遍偏低。同时改革过去不规则的递进递加的计算法，改宜汉、宜渝线每吨公里为计算单位，并且，87种货物降低运价。1952年6月，华东区公布《运价管理规则》；中南区于同年11月研究确定各省与长江运价的原则。由此，各地区内河运价逐步开始统一和降低。

第五节　水运企业整合和发展

一、扶持和整顿私营轮船行业

在国民经济恢复时期，私营工商业占有较大比重。国家十分重视对私营经济各行业的领导和扶持，采取“保护工商业者的财产及其合法的营业不受侵犯”和“发展生产，繁荣经济，公私兼顾，劳资两利”的政策，使私营工商业在国营经济领导下迅速得到恢复并有新的发展。

新中国成立初期，重庆航运企业处境非常困难，不仅一些小型公司因无法维持而停业，就连全国首屈一指的、规模最大、实力最强的民生公司和仅次于民生公司的合众、强华等轮船公司也面临重重困难，濒于破产边缘。

为了发挥私营轮船运输行业的重要作用，人民政府非常重视并采取有力措施对其进行大力扶持，帮助解决困难，恢复运输生产和正常经营，重点扶持的对象是民生、合众、强华、华中和佛亨等几家较大的公司。这些公司的主要困难是资金短缺，无法周转，运输生产部分或大部分停顿，入不敷出。

民生公司在新中国成立初期停航的船只竟占其总吨位的58.3%，从1950年2月下旬起，已无法发放职工的工资。民生公司在国内的各种零星欠款达240亿元（旧人民币），因购造船只在国内的巨额借款和向加拿大借款造船的本息更是无力偿还，债台高筑，只得向人民政府求援。合众公司由于经营情况不佳，入不敷出，1952年其资产仅77余亿元（旧人民币），而负债额达90余亿元（旧人民币），已处于破产的境地。强华公司由于人员多、开支大、经营方式陈旧，甚至违法经营，1952年曾一度宣告破产。华中公司则由于重庆的业务较好，比其他几家公司境况稍好，但亏损亦颇为严重，参加公私合营前，其资产和债务相抵后仅余18亿元（旧人民币）。

此外,各个公司的船用燃料和修船材料缺乏,生产设备维修困难,阻碍了运输生产的发展。加之各公司内部经营管理上存在一系列问题,劳资关系紧张,各种矛盾日益尖锐。在当时的情况下,这些私营公司自身无力解决困难,只有依靠人民政府的领导和扶持才能渡过难关。

为此,人民政府首先在财政十分困难的情况下,给各个私营公司发放贷款,以解燃眉之急。如 1950 年民生公司的员工因未发薪无法过春节,政府即贷款给公司发薪,使员工欢度新中国成立后的第一个春节。其后,又陆续贷款给公司修造铁驳和作为周转资金,使公司迅速恢复生产。政府先后发放给民生公司的各种贷款累计达1600 亿元(旧人民币)。合众公司在经营极端困难的情况下,政府及时投入公股,为其步入公私合营创造了条件,使其免于破产。强华公司则由于负债过多,资不抵债,曾一度破产,后由人民政府投入现金 68 亿元(旧人民币)作为公股,使其起死回生,同时为步入公私合营创造了条件。其他如华中公司、佛亨公司等都是在人民政府的大力扶持下,才得以走出困境,获得新生。

各公司燃料、材料供应不足的问题,由政府调拨加以缓解。如 1950 年前后,中央人民政府政务院交通部(简称"交通部")按较低价格拨出柴油 1200 余吨供应民生公司,并允许分期付款,使民生公司在川江的 8 条航线陆续恢复运行。

对各公司的组织机构、经营管理和运输生产秩序进行比较系统的整顿,主要措施为:一是由政府派出得力干部加强对私营轮船公司的领导。例如,1950 年 9 月,交通部派出于眉、张平之、何郝炬等 7 人作为民生公司董事会的公股代表,直接参与该公司的领导;1952 年,重庆港务局派张杰轩等组成工作组,参与强华和合众两公司的领导工作,从而使两公司面临的困难得以及时解决,扭转了瘫痪或半瘫痪的局面。二是在水上民主改革运动的统一部署下,肃清了混入职工队伍中的反革命分子、封建把头和罪大恶极分子,提高了职工群众的政治思想觉悟和生产积极性。三是精简机构、裁减冗员。如民生公司的岸上人员 1947 年占职工总数的 38%,1952 年降为 14.23%;合众、强华、华中三个公司的岸上人员由 160 人减为 86 人,减少 46%。四是及时解决各公司存在的矛盾,调整劳资关系,解决了员工中同工不同酬的问题。五是对各公司的组织机构、人事安排、生产管理等进行了一系列的整顿和改革。

政府对私营轮船公司进行扶持、整顿,使其迅速改变了面貌,不仅渡过了经济上的难关,步入正常的运输生产,而且使工人提高了觉悟,资方人员提高了认识,调动了生产经营的积极性。民生公司港口码头职工因陋就简,翻新旧设备,添装起重机械,减轻装卸工人的劳动强度,提高了装卸效率。民生机器厂的职工和工程技术人员发扬敢想敢干、自力更生的精神,对新中国成立以前被视为禁区的进口美制机械设备进行修复使用。特别是民生公司行驶长江的"荆门""夔门"等 6 艘小门字号船和"渠江""怒江"等 5 艘登陆艇，系美国机器，配件均靠进口，在抗美援朝战争中遭到美国封锁后零配件断绝来源，面临停航的威胁。民生机器厂接受这种零配件的生产任务后，仔细研究原装配件，经过70多次反复试验，终于攻克难关，成功生产出国产的GM16-78A缸套，耐用性能超过美制原装零件性能，不仅保证了自身船舶的正常运行，更支援了海军部队和兄弟单位。其他私营轮船公司也经过整顿和改革，提高了生产经营的积极性，增加了运量和收入，减少了开支，其中强华公司1952年已开始扭亏为盈。

正是由于一系列得力的扶持工作，重庆私营轮船行业同所有的其他民族工商业一样，在解放后迅速恢复生机并得到初步发展，新的生产关系基本适应了社会生产力解放的需要，为完成社会主义改造和迈入第一个五年计划奠定了良好的基础。

二、创办国营木船公司

随着国民经济的恢复，城乡物资交流扩大，木船货运大幅度上升，不少地区出现船少货多现象，物资积压。如川北地区运力不足，渠江粮食被陈仓积压，形成了运输上的“死角粮”；嘉陵江大批建筑器材运不进去；涪江的盐、煤、化学肥料、原棉亦难以及时上运。

当时，重庆境内除长江干流以外的大小江河，全为私营个体木船运营，船舶质量差，船工与船民系雇佣关系，工人生产情绪不高，运输效率低。部分船民唯利是图，不顾国家利益，抬高运价，挑航线，选货种，造成急需运输的物资积压。又由于当时未进行民主改革，存在旧习陋规，封建把持还未根除，严重阻碍运输生产。鉴于上述情况，根据国营经济要在各条战线占据领导地位的指导思想，西南交通部和川南、川北行署交通厅决定试办地方国营木船运输企业，组建国营西南区船舶运输公司和第二、第三船舶运输公司，经营国营木船，以承担紧急运输任务，起示范作用，带领个体木船完成运输任务。

1952年，西南内河航务管理局报经西南交通部批准，在重庆成立国营西南区船舶运输公司，由西南大区投资建造和购置木船5562只，专营木船运输业务。同年9月将川东轮船公司合并，10月又接管了“利群”轮兼营轮船运输。国营西南区船舶运输公司的成立及其行动，对完成当时繁重的运输任务起了一定作用。

1952年4月，川北行署交通厅在合川成立国营木船运输公司，后改为第三船舶运输公司，并逐步在嘉陵江、涪江、渠江主要港站设置办事处、营业站，经营木船运输业务。西南交通部投资造船经费35亿元（旧人民币），川北行署交通厅拨款18亿元（旧人民币），共计53亿元（旧人民币），分别在达县、三汇、宣汉、平昌、通江、南江、阆中和中坝建立国营造船厂，赶造木船，边造船边投入营运。所建造和购置的木船，分别调配给各地营运站，参加营运。川北行署交通厅还拨出流动资金10.2亿元（旧人民币），供第三船舶运输公司开展业务，公司由小到大，逐步发展，合计共有木船939只、149万吨，职工1137

人。从 1952 年 4 月成立至 1953 年撤销，第三船舶运输公司在营运期间共完成货运量 7.59 万吨、货物周转量 2063.17 万吨公里，对缓解嘉陵江、涪江、渠江的运输紧张局势发挥了积极作用。同时对改革木船运输的弊端也起了示范作用，如带头执行低利多运的运价政策，抵制船民垄断暴利思想和讨价还价作风，在航行中做到安全生产，加快船只周转。公司经营期间，共盈利 17.49 亿元（旧人民币）。

1952 年 7 月成渝铁路通车后，内河运输形势发生了很大变化，货源改道，出现了船多货少、私营木船大批停靠、船工船民生活困难等情况。木船运输工具落后，流动分散，不好管理，国营公司经营中出现很多问题。实践证明，在四川个体木船众多的情况下，国家再经营古老的木船运输是不适当的，只有把个体木船组织起来，通过合作化道路，向木船运输机动化方向发展，同时适当发展国营轮船，才是正确的方向。因此，1953 年经研究决定，三个船舶运输公司逐步撤销。

这三个公司的组建，虽对当时的紧张运输形势有所缓和，完成了紧急运输任务，但由于缺乏调查研究，有很大的盲目性，甚至有些木船刚造好就进行处理，也给国家造成了一定的经济损失。因此，撤销国营木船公司是正确的。

新中国成立前，重庆木船修造厂全为私营，修造船大都集中于每年的冬春两季进行，但一般均无厂房设备，采取露天作业方式，所需工具大多由工人自备，由船户、船厂双方根据船只大小和质量标准，估工估料，协议成交。工人仅在冬春旺季可获工作，淡季仍回乡种田，或挑水卖，或做小商小贩，生活毫无保障。

新中国成立后，为提高工人地位和增加修造船力量，各地逐步将分散的水木工组织起来，成立造船工会，由工会统一承揽安排修造船业务。1954 年各港口成立了航运工会，水木工划归航运工会领导。1956 年全市组建木船运输合作社，水木工同时入社，成为社员。各社将这些人组织起来，成立了木船修造组、队或班，后来又扩大为车间或厂。

三、恢复和发展民生船厂

民生船厂是民生公司总经理卢作孚于 1928 年创办的修造船厂，原名“民生实业股份有限公司民生机器厂”，第一任厂长为赵瑞清。经过艰苦创业，民生船厂发展成为长江上游第一家具有一定规模和修造船能力的厂家。由于它是民生公司的附属企业，又直接服务于民生公司，其盛衰与民生公司休戚相关。新中国成立初期，由于民生公司的生产不景气，民生船厂的修造船业务锐减，困难重重。人民政府在贷款扶持民生公司的同时，也贷款扶持民生船厂恢复生产，使之积极为民生公司和其他轮船公司修造船舶，并为发展重庆的航运创造了有利条件。

民生船厂位于重庆下游 3 公里处长江北岸青草坝，新中国成立前夕厂区面积仅有 468 亩（约合 31.2 万平方米），厂内有机械厂房 3 间，2486 平方米防空洞工场 1 处，翻砂、木样工场2间，以及冷作、红炉工场等，有职工800人左右。当时由于民生公司的船舶大多集中在长江下游和沿海，民生船厂修船任务不足，加上经营管理不善，亏损相当严重。

为了摆脱困境，民生船厂开始扩大经营范围，由原来只承担民生公司船舶修造任务，变为对外来业务也积极承担，再通过组织整顿、结构调整、加强领导和管理，同时集中精力成功建造了内河第一座船坞(450吨)，提高了修船效能，逐步扭转了被动局面。

1952年9月，民生船厂随民生公司同时实现公私合营，1953年10月更名为"公私合营民生轮船股份公司重庆船舶修造厂"(下文仍称"民生船厂")。此时，船厂的主要任务以恢复生产能力为主，人员和设备有所增加。另开始在重庆以下15公里处的长江北岸唐家沱分设修船工地和车间，经过逐年扩建，到1960年7月成为民生船厂的新厂址。实现公私合营后，船厂职工积极性空前高涨，出现了前所未有的大好形势。1953年，船厂除担负民生公司的修船任务外，还承担了长航局重庆分局以及川江其他部门部分船舶的修理业务，完成的修船数比1952年增加一半，成本降低20%。当年计划总产值487亿元，实际完成544亿元(旧人民币)。在恢复生产、扩大修船业务的同时，民生船厂开始承担造船业务。1952年设计建造适应重庆以上航线的浅水拖轮"川航401"轮，船长25.7米、型宽4.8米、型深1.98米、吃水1.6米，装配110千瓦功率的双联式蒸汽机，每小时航速19.4公里。该轮经过实际运行，确认性能良好，后交给厅航务局安排在渝叙和渝合航线营运，拖带量大大超过其他主机功率相同的老式船，被确定为内河优良船型之一。

1954年，为了适应运输生产发展的需要，民生船厂根据交通部对内河系统船舶工厂定点生产的规定，进一步调整组织机构，生产规模逐渐扩大。1954年至1955年，长航局重庆分局安排民生船厂建造6艘适宜川江行驶的大功率拖轮。这是民生船厂自成立以来建造大功率拖轮的开端。这批拖轮根据川江水浅流急的特点，突出船体不宜过大、稳性要强、功率要大、吃水要浅的要求，以利于发挥拖运潜力。其具体规格是：船体总长50.02米、型宽8.85米、型深3.21米，主机装配1470千瓦蒸汽机。这批船舶在第一个五年计划期间陆续建成投产后，性能良好，被定为优良船型，成为长航局重庆分局20世纪五六十年代时在川江的主力船舶，在完成川江运输任务中起了主力军作用。

船用蒸汽机是民生船厂的主要产品之一。早在20世纪40年代，民生船厂便在制造动力锅炉和蒸汽机方面有了一定的基础。新中国成立后，在生产力迅速发展的推动下，该厂的科学技术水平迅速提高，1950年至1952年先后为西南造纸公司、101厂、705厂制造了磨木机、15吨起重行车和立式双缸150.6千瓦蒸汽机。1953年以后，又结合造船任务，生产了功率882.6千瓦单流蒸汽机、147千瓦和264.8千瓦船用蒸汽机和船用辅机。仅1954年便生产各种船舶蒸汽机131部，其中包括为长航局重庆分局制造的1506千瓦拖轮主机和副机、1000吨货轮副机，共61部。1954年底制造华字登陆艇主机汽缸套成功后，机械制造明确向备件生产方面转移，从而形成了独立的机械制造体系。1954年至

1955 年成批地承造了刨木机、摔槽机、夹管机、车床、柴油机备件、华字登陆艇主机缸套、活塞、油头、油泵等，为促进长江和四川航运的发展，以及满足海军舰艇的需要作出了贡献，从而使民生船厂的声誉在国内广泛传播。

1956 年 1 月，民生船厂随民生公司并入长航局重庆分局，成为全民所有制企业，在社会主义道路上不断前进，更加发展壮大。

四、建立和发展四川省重庆船厂

新中国成立初期，四川除重庆的民生船厂外，没有第二家正规的船舶工厂。1956 年，民生船厂并入长江航运管理局后主要为长航局系统的船舶服务，任务繁重，难于顾及地方所需。西南地区和四川发展地方内河航运，需要建立地方国营船舶工厂，以维护和发展地方船舶运力，这就是四川省重庆船厂建立和发展的客观条件。

新中国成立初期，原国民政府设在重庆的“国防部运输署第一船舶修理所”有机器设备 12 台、职工 100 余人，1950 年由重庆市军管会接收，成立“西南交通部川江航运公司船舶工厂”。同年 5 月，西南交通部接收原国民党政府交通部设在重庆龙门浩的船舶修造厂，于 1952 年统一成立“西南交通部内河航务管理局船舶工厂”，当时有职工 418 人，厂长为李福元。1953 年，该厂接管了重庆龙门浩亚细亚火油公司，收购了私营艺华机器厂、合众冷作锅炉厂和建新冷作厂。同时国家又投资为其购置增添了一批机器设备，使其生产规模进一步扩大，并开始新建厂房。1955 年改由四川省交通厅领导，更名为“四川省重庆船舶工厂”。由于这个厂在 1953 年以前还以修造木质驳船为主，1953 年才开始试造小型机动船，为重庆钢铁公司设计建造“钢铁 1 号”拖轮，1954 年又建造“钢铁 2 号”柴油机拖轮，后又陆续建成同类型拖轮 5 艘，并为长寿化工厂新造 550 吨铁驳 1 艘。1955 年采用铆焊结合工艺建成功率为 73 千瓦、载客 80 人的钢质客轮 1 艘。

该厂在实践中不断积累了经验，培训和锻炼了技术人员，修造船舶的水平不断提高。1956 年建造成功 1 艘航道工程钢耙疏浚船。1957 年全部使用焊接工艺，设计建造出功率为 131 千瓦、吃水 0.6 米、双车叶的钢质煤气机拖轮 1 艘。1957 年工业总产值已达 2673.7 万元，约是 1952 年工业总产值 655 万元的 4 倍。但是，由于投资少，机具设备仍较落后。1955 年四川省重庆轮船公司成立，其船舶修理任务主要由重庆船厂承担，而四川大量木船要逐步实现机械化，也需要重庆船厂出力。因此，这家船厂还需进一步扩大，增添技术装备，才能适应重庆航运发展的需要。

五、提高船舶质量管理水平

船舶质量是运输安全的重要因素，抓航运安全首先要抓船舶的质量，制止不合格的船舶参加运输。新中国成立后的全国水上安全工作是从重庆抓起的。1949 年 12 月 11 日，接管后的新政府就发布了《重庆市军管时期船舶管理暂行办法》。此办法对船舶的登记和管理、船员及引水人员的检定做了具体规定。1950 年 1 月开始，长航局重庆分局组织人员，立即贯彻实施，对各轮船公司进行重新认可登记，认可后又对轮船逐个进行检查丈量。

1950 年重庆办理认可登记的轮船公司共有 29 家，其中重庆解放前成立的有民生、强华、合众、华中、庆华、永兴、安孚、新中华、招商局、全安、中福、益通、永昌、德大、富利、佛亨、济运、兴业、懋太、凯华、华孚、泰记、海华、协大、重庆轮渡、渝工轮渡共 26 家，重庆解放后成立的有大同、民主、新源等 3 家。共检丈轮船 99 艘、21987 吨，检丈囤船 56 艘、8149 吨。对轮船检验的重点是船体和锅炉，囤船则着重检查船体。通过检查，确定船舶载重定额，固定船籍港，划定船舶航线，凡质量不合格的船舶，必须修复后才能参加运输。

为对木船加强监督管理，1950 年 3 月，长航局重庆分局在重庆磁器口、唐家沱、黄沙溪及合川、涪陵等重点港区分设 6 个木船管理站，负责对木船的检验、丈量、登记、发证工作。1950 年共检验木船 2234 只、12.57 万吨。

1950 年 11 月，西南交通部内河航务管理局成立，四川省木船的管理划归西南交通部内河航务管理局负责，轮船仍由长航局重庆分局继续管理。按照这个分工，四川所有轮船的检验登记、进出口签证等监督管理工作，均由长航局重庆分局办理。该局在重庆、万县、泸州、涪陵港务局内均设有港航监督机构，负责办理船舶检验和进出口结关签证工作。

新中国成立初期，四川轮船业很不发达，木船是水上的主要运输工具，数量大，分布面广，流动分散，凡有通航河流的地方即有行驶，较难管理。1950 年，四川有木船 3.23 万艘、44.69 万吨，船工 10 万余人。因此，加强木船的安全管理十分重要。然而清朝政府或国民政府时期，木船的运输安全均未能真正管起来，沉船死人及运输物资掺沙、灌水、偷盗等事故屡有发生。

1950 年 12 月，西南交通部颁发了《西南区内河木船检验丈量及勘划载重吃水线暂行办法草案》和《西南区内河木船登记给证暂行实施细则》，规定木船登记初次航行、船身改建、用途重大改变、停船报废等均应检验。各地航管站成立后，首先对木船开展安全检验工作。历史上四川木船无专管机构，除抗日战争时期长江航政局在重庆、泸州、合川设置机构，对少数木船进行检验丈量外，以后再未进行过检验。新中国成立后对所有的木船均作为初次航行检验，同时施行丈量，确定木船载量，并在船身两侧勘划载重吃水线（也叫安全线），规定装运物资不得超过此线，超过吃水线即视为超载航行。1951 年，四川省各地航管站共检验木船 32876 艘、469763 吨，基本上对四川省木船进行了普遍检验。检验后均发给木船证书，作为参加运输生产的执照。自此以后每年检验一次，船舶管理工作得到全面加强。

通过检验，根据木船大小和坚固程度，确定载重量、船籍港和航行区域，划定载重吃水线，使之既能保障航行安全，又能充分发挥其运输效能。

1951 年，交通部在第二届全国航务会议上决定成立中华人民共和国船舶登记局。1952 年，政务院副总理兼财政经济委员会主任陈云批准交通部设立船舶登记局。第二年成立船舶登记局筹备处，开始领导交通部直属港航单位的船舶检验部门，承担起新中国成立初期的船舶安全技术监督检验业务。1952 年 10 月 1 日，长江航务管理局重庆分局改名为长江航务管理局重庆港务局，其中设监督科，科内设船舶技术检验组。

1954 年 3 月 4 日，交通部《关于长江干线与各省内河运输关系的决定》中规定：宜宾以下属长江干线，由长江航运管理局负责经营管理，区间短航可以由四川省交通厅内河航务管理局参加运输。除长江干线外，四川省内的河流统一由该省负责经营管理。

1954 年 8 月 6 日，交通部决定将长江航务管理局重庆港务局改为长江航运管理局重庆分局，管辖范围除重庆港务局业务外还包括万县港、宜昌港及公私合营川江轮船公司。原重庆港务局监督科船检组人员并入长江航运管理局重庆分局机务科成立的船舶检验组。

1954 年 11 月，长江航运管理局重庆分局制定《长江航运管理局重庆分局各科室职掌范围与相互关系》，进一步完善了其中船舶检验组及工作人员的职责：①负责贯彻执行上级颁布之规章办法，执行船舶技术监督；②负责进行船体、主机、锅炉、辅机与港内囤船船体结构以及救生设备、消防设备之技术检验；③负责初审新造、改建船舶之主体、机械等蓝图，并呈报上级批准；④根据上级规定与指示，负责丈量吨位及核定乘客定额；⑤负责办理船舶检验证书及航行船舶签证手续；⑥按时填报船舶检验报告单、检丈统计及建议总结；⑦应会同航务监督科检验装运危险品船舶的机器设备，并提出技术意见，调查船舶事故原因。

1955 年 6 月 20 日，根据交通部“统一领导，分段负责”的指示，长江航运管理局决定将长江航运管理局重庆分局与长江航运管理局重庆港务局分设，恢复重庆港务局建制。长江航运管理局重庆分局内设机务科，机务科下设船舶检验组。根据交通部指示成立的长江航运管理局重庆分局负责对下述船舶进行技术监督检验：①长航系统的船舶；②重庆市各厂矿企业的船舶；③宜宾、泸县、江津、万县等港的船舶。

1956 年 8 月 1 日，交通部在北京正式设立中华人民共和国船舶登记局，公布徽标、船舶载重线标志和主要证书格式。长江航运管理局重庆分局机务科所属船舶检验组按职责负责辖区船舶建造和营运中的法定检验、入级检验、定期检验和必要时的临时检验。

第六节　水运人才和科技支撑

一、规范对船员的培训和管理

重庆实施对轮船人员的考核制度，是民国初年轮船兴起后才实行的。开始是由西方列强控制的重庆海关巡江工司主办，1931 年汉口航政局成立后，才改由航政部门办理。每年都要对轮船驾驶员和轮机人员进行考试，无照不准驾船。

重庆解放初期，轮船人员考核统一由长航局重庆分局负责，省属航管机构只负责木船驾长评考。1956 年以后地方机动船逐步发展起来，才改为长江航政部门主要负责长航轮船人员的考试，地方机动船船员的考试由省属航管机构负责。

重庆刚解放时，船员无证驾船，违章超载，航运秩序相当混乱。长航局重庆分局针对这一情况，狠抓安全工作。在新的航运管理机构刚建立不久，即采取措施，于 1950 年 3 月 1 日起，对轮船的正副驾驶、正副司机和引水进行验证和考试，合格的才准驾船。为考查船员的技术水平，从 1950 年 9 月起，长航局重庆分局每月举办一期船员原级检定，考试前先进行为期约两周的政治和业务学习，至 1951 年 6 月，共举办 7 期，检定船员 724 人。同时还于 1951 年进行了一次船员编级及升级考试，应考 105 人，及格 55 人。此外，还举办了引水员轮训班和船员轮训班，共轮训引水员 170 人、船员 111 人。轮训班的开办和检定工作的实行，使船员的技术水平得到不同程度的提高。

木船驾长考评始于 1939 年，即汉口航政局入川后，公布了《木船船员管理细则》，对木船驾长进行检定，注册发照。人力木船上的工种很多，关键工种为驾长。所谓“船载千斤，掌航一人”，驾长即是舵手，水上航行靠舵手。驾长分前、后驾长，又称“前、后领江”，还有“大太公、二太公”之称。技术检定主要是考核驾长。

在古代，木船驾长受雇于船户，全凭实际操作经验，不需经过考试，由用人方挑选。民国时期，航政局成立后才建立驾长考核制度，但由于当时航政机构尚不健全，力量薄弱。

二、提升码头工人地位

重庆解放后，码头装卸工人和广大搬运工人一道，经过反复的斗争，废除了封建把头制度。1950 年 5 月，重庆市搬运工会筹备委员会（简称“搬运工筹会”）成立，由尹楠如任筹委会主席，领导并组织广大搬运工人同封建势力作斗争。同时，重庆市军管会明令解散码头上的封建行帮“工会”和“支部”。搬运工筹会按原“支部”业务范围成立临时业务组，由工人代表掌握业务领导权。搬运工筹会配合政府有关部门，分批转走了码头上的“野力”（即无组织的搬运劳动者）6000余人，把他们安排到成渝铁路的建筑工地、城市的建筑行业，或回农村务农。“野力”转走后，搬运工筹会对码头装卸工人进行重新登记和编队。码头装卸工人最关心的“饭碗”问题得到了解决。

但是，临时业务组的工人代表文化水平低，不熟悉业务，脱产人员多，增加了工人负担。重庆解放初期装卸业务清淡，各码头业务又不均衡，工人工资相差悬殊。这时，封建把头趁机挑动工人争业务，制造纠纷，甚至发生斗殴。1950年9月，重庆市公安局对1000多个大小把头进行逐一登记审查。搬运工筹会及时组织和领导工人开展评议把头的活动。根据把头的不同情况，实行不同的管制方法，挂牌公布，按月评议。把头的威风被打下去了，工人的情绪高涨起来，码头上的纠纷斗殴事件数量大大减少，生产秩序有了初步好转。但是，还有个别把头仍不甘心失败，收买拉拢少数“工人代表”用以监视工人群众，不准工人接近政府工作人员，有的还造谣惑众，威胁工人。重庆市政法部门根据群众的检举揭发，经过查证，依法逮捕了兴风作浪不思悔改的把头100余人，本着“打击少数，改造多数”的原则，镇压了罪大恶极的把头。码头工人与封建势力的斗争，经历了“评”“管”“拔”三个阶段，在一年多的时间内，搬运工筹会和政法部门召开大会70余次，对封建把头及其爪牙进行控诉、清算、评议、公审。清算把头剥削的钱财5亿余元（旧人民币），由法院判决退还工人，举办集体福利事业。

重庆市搬运公司筹备处是与搬运工筹会同时成立的，为了划分码头装卸与街道搬运业务，1950年7月成立了装卸总站筹备处。1952年1月，重庆市搬运公司筹备处撤销，成立重庆市运输公司，同时成立装卸总站。装卸总站统一调剂各码头的业务，统一调度各码头的装卸工人，初步解决了各码头业务不均衡和工人收入差距悬殊的问题。码头工人不但在政治上翻了身，经济状况也得到了改善。随着生产的发展，码头工人的政治地位和经济待遇相应地得到提高和改善，其劳动热情亦空前高涨。

搬运工筹会成立初期，除了领导工人同封建势力作斗争外，还因时因地制宜，为改善工人的劳动和生活条件做了不少工作。

搬运公司筹备处成立之前，码头装卸工人实行“分账制”，基本没有积累福利基金。工人的病伤残亡，临时由工人集资解决。工人生病、受伤或致残，仍然照常分账，死亡则由大家凑钱安葬，有的码头还发给家属补助金；工人居住的房屋，被火烧或被水淹时，也是由工人互相关照或集资解决迁居问题；甚至码头设置的茶水站和理发室，也是由工人集资兴办的。

搬运公司筹备处成立后，每月按工资总额的3%拨交搬运工筹会作为劳保福利资金。搬运工筹会有了经费，于1950年6月开办了一个医疗门诊所，并在千厮门、菜园坝、南岸、江北设立4个医疗站，方便工人看病就医。同时在各码头建立休息棚，作为工人休息、学习及文化娱乐的场所。搬运工筹会和搬运公司筹备处联系城建部门翻修码头道路、安装路灯，以保障工人安全生产。这些设施虽然不够完善，但对于码头装卸工人来说，是生活及劳动条件的很大改善。

搬运工会会同搬运公司正式作出规定：工人在一华里距离内单人负重不得超过50公斤，以防止工人超体力劳动。公司统一制发背心、风帽、手套、口罩等劳保用品，以及装卸危险用品的防护服装、鞋袜等，以保护工人健康。工会和公司贯彻执行1950年中国搬运工会全国委员会制定的《搬运工人病伤残亡待遇办法》。1951年，工会和公司又在《搬运工人病伤残亡待遇办法》的基础上修订了搬运工人的病伤残亡待遇，修订后的待遇比中国搬运工会全国委员会制定的标准平均提高4.5倍；同时确定了两个原则，即因工与非因工区别对待原则、各项劳保待遇均不得高于出勤工人的工资收入原则。码头装卸工人长期存在的生、老、病、死问题初步得到解决。

1951年10月，在医疗门诊所的基础上成立了搬运工人医院。医务人员由原来的13人增加到88人，有病床100张，并增设4个医疗站和12个急救站。码头工人看病就医的问题得到进一步解决。1950年至1951年期间，开办了工人消费合作社，90%以上的工人都入了股。办起了集体食堂19个、澡堂1个，码头工人的饮食和卫生条件得到初步改善。

1951年由政府拨款一部分，加上工人积累的资金，新建了搬运大厦影剧院和俱乐部（这是当时重庆市首屈一指的影剧院，曾用于接待捷克斯洛伐克国家歌舞团的演出）。同时修建工人宿舍35幢，其中1幢革命村千人宿舍，主要供单身装卸工人住宿。

码头装卸工人的工资分配，从原来“平劳平分”的“分账制”改为“拆账制”。即按工人体力、技术、态度评出6个等级，每个等级差距5%，初步打破了绝对平均的工资分配制度，调动了工人的劳动积极性。

长江各港的码头装卸工人在反封建斗争胜利后，都成立或加入搬运公司，港口装卸作业由港务局委托搬运公司完成。这既不利于港口作业的统一调度管理，也不利于港口作业任务的完成。中央财政经济委员会于1953年3月指示各大行政区和地方财委主持长江各港码头装卸工人的转移工作，由搬运公司将码头装卸工人移交港务局领导。1954年3月，长航局召开长江第二次运输会议，决定按照中央指示，各港立即进行接收码头装卸工人的工作。同年4月5日，长航局发布长江各港接收码头装卸工人的文件。

1954年4月23日，重庆市人民政府市长办公会议作出决定，在城市建设委员会的领导下，成立装卸工人交接委员会，并确定由市政府秘书长兼城建委副主任陈筹担任交接委员会主任，市交通局、财政局、劳动局以及交接双方的行政和工会负责人为委员。交接双方党、政、工、团派员参加工作组，共同商定交接的具体事宜。交接双方经过多次协商，确定了交接的三项原则：①一切从有利于生产出发；②业务随工人转移；③对工人生活福利负责。凡是交接双方有争议的地方,都按上述三项原则处理。因此,拟订交接方案较为顺利。

1954 年 7 月 1 日,职工大会在搬运大厦影剧院(节约街)召开,会上正式宣布方案生效。1600 名码头装卸工人,19 名干部,当日起即由重庆市搬运公司转移至港务局领导。港务局在码头装卸工人中提拔作业区主任、副主任级和主办科员级干部数十人参加港口管理工作,从而大大改善了港口的调度管理体系。港口的经济效益与码头装卸工人的切身利益形成紧密联系,码头装卸工人的劳动积极性进一步提高。交接前后,工人出勤率 6 月为 66.8%,7 月为 72.3%;工班效率 6 月为 6055 吨,7 月为 7434 吨。

第二章　迂回调整、曲折发展
（1958—1965）

第一节　概　　述

1958 年至 1965 年的 8 年，是重庆水运发展的曲折时期，受“左”倾错误的影响，1957 年冬季拉开的“大跃进”序幕和 1958 年达到高潮的人民公社化运动，使原本发展顺利的重庆水运业受到了严重的挫折，以致出现 1961 年以后的运输大滑坡。随后在 1961 年以后的调整中，认真总结了经验教训，使“大跃进”中的错误部分得到纠正，生产迅速恢复，水运形势全面好转。在此期间，国家投入巨资，重点推进航标灯电气化改造，整治川江航道，布局港口码头建设，改善通航条件，提升装卸、运输能力。并花大力气调整院校设置，规划专业布局，培养港航建设和水路运输专门人才。

在国民经济恢复和社会主义改造时期，重庆水运发展较为顺利，各项任务都完成得比较好，被称为水运的“黄金时期”，为国家作出了贡献，也为重庆水运的发展打下了基础。第二个五年计划本可取得更大的成就，但由于“左”倾错误的影响，铸成了以高指标、瞎指挥、浮夸风和“共产风”为主要标志的严重错误，使水运事业的发展受到了挫折。但 1961 年以后迅速进行了调整，水运生产形势全面好转。

1958 年至 1965 年，重庆水运发展在曲折中前行。在前期，为了适应国民经济的“大跃进”，为经济发展当好先行官，保证“钢铁元帅升帐”，不断“反右倾”斗争、鼓干劲，在火线整风的“左”倾错误指导下，重庆水运出现了许多失误。

运输上，不讲科学，拼人力，拼设备，层层加码放“卫星”、夺“高产”。轮船超负荷拖带，超负荷运转，人力木船也盲目搞拖带化，搞“船吨月产千吨公里”活动。采取这些措施，虽然水运的钢铁、焦煤、矿石和外调粮食等运输任务一时还完成得好，对保钢支农作出了贡献，但由于只顾完成运输任务，船舶失修失养，苦拖硬跑，运力遭受严重损失，技术状况普遍下降，全市木船完好率由 90% 下降为 50%，轮船完好率也由 90% 下降为 60% 左右，以致出现 1961 年以后的运输大滑坡。

木船运输业所有制上，由于受人民公社化运动的影响，刚建立不久的水运合作社的优越性尚未发挥，就一哄而起，全部升级为国营水运公司，取消了集体和个体所有制，经济上搞“平调”，刮“共产风”，分配上搞平均主义，吃大锅饭，从而严重挫伤了群众的积极性，导致企业普遍亏损。

在水运管理上，错误地认为水运管理是搞“管、卡、压”，束缚了生产力的发展，因而使许多水运管理机构被撤销，有的并入交通局，有的并入航运公司，人员被调走，放松了安全管理。盲目搞运力加番，造成海损事故不断增加。在“大跃进”中，轮木船所发生的事故件数、损失金额和死亡人数，普遍增加1～2倍，为新中国成立以来最严重的3年。

“大跃进”运动期间，重庆发动群众整治了许多航道，开辟和渠化不少小河支流，修建了一些港口、码头，发展了一些国营轮船，增强了船厂的修造能力，同时还搞了一些技术革新，客观上促进了重庆水运的发展。

第二节　水运管理体制调整变化

一、管理机构的削弱与恢复

在“大跃进”期间，盲目追求高指标，片面追求船舶多装快跑，不考虑安全生产。这对港航监督管理工作产生了偏见，认为各级航运管理机构是搞“管、卡、压”的，是“绊脚石”，过去制定的规章制度大都不利于运输生产的发展。1958年四川省木船运输合作社都实行了国营，成为全民所有制，航运管理机构被认为没有存在的必要。因此，从1958年下半年起，各地对航运管理机构进行了大刀阔斧的精简裁撤，有三种情况：

一是把专区、市所在地中心航运管理站、县航运管理站统统撤销，其业务并入地、市、县交通局。重庆、涪陵的航管干部多数下放航运公司，少数调交通局，港航监督工作基本停滞。

二是把中心航运管理站、县航运管理站撤销，其干部调专区、县航运公司，港航监督工作完全停顿。江津专区属这种类型。

三是有个别地区没有撤销航运管理机构，但绝大多数干部都被调去搞中心工作，港航监督工作大为削弱。

在许多航管机构被撤销的同时，大部分规章制度被废弛。如船舶进出港签证制度，是保证安全生产的有效措施，也于1958年8月由交通部发文废止，船舶检验、船员考试制度也停止执行。这为船舶违章超载、冒险航行开了“绿灯”，海损事故发生率大幅度上升。1958年至1960年，长航局重庆分局共发生海损事故444次，沉船9艘，死亡43人，直接经济损失达415万元，是新中国成立以来海损事故最严重的3年。

为了解决“大跃进”以来航运管理机构削弱、海损事故增多、损失严重的问题，四川省交通厅根据中央和省委关于调整管理体制的精神，首先对航运管理机构予以调整加强，将厅内河处、航道处合并，改为四川省交通厅内河航务管理局，局内设木船、轮船、航道三个职能处，对四川省航运加强管理。

1962 年重庆港航监督站成立，将过去委托长江航政部门代管的内河机动船，收回自行管理。“大跃进”中废除的船舶进出口签证、船员考试、船舶检验等规章制度，都逐步恢复和健全，从而使港航监督工作逐步走上正轨。各港航监督站成立之后迅速开展船舶检验相关工作；并派员去江津、长寿、綦江等地进行船舶检验发证；还进行驻厂制造检验，并对船舶设计图纸和主要原材料进行审查，加强了施工制造检验，初步建立了船舶技术档案。

新中国成立初期，轮船船员考试全部由长江航政部门负责，1956 年四川省将地方轮船船员考试权收回后，只举办一期考试。之后，由于“大跃进”运动被中断，1962 年才予恢复。经过调查研究，针对四川省机动船发展的实际情况，1961 年 11 月，四川省交通厅公布了《四川省内河机动船船员考试办法》，规定考试科目和考试方法，由省属港航监督部门执行，1962 年先后在重庆、涪陵等地进行，1964 年又在重庆、涪陵分别设考区，基本上满足了机动船发展的需要。

长航局重庆分局在调整期间，认真贯彻“安全生产第一”的方针，恢复与健全各项规章制度，开展经常性的安全大检查，从 1961 年下半年开始，航行安全状况差的局面迅速扭转。1962 年至 1965 年的 4 年间，杜绝了沉船死人事故，安全工作取得成效，损失金额由 1961 年的 117 万元降为 5.5 万元。

二、长航局在渝机构的下放与回收

国民经济恢复到第一个五年计划时期，长江航运已有长足发展，长江航运管理局在四川已形成了一套较为完善的运输生产管理体制。对私营轮船业完成社会主义改造后，1956 年 1 月又合并了拥有成套组织机构和较多船只的民生、川江轮船公司，其管理机构和运力大量增加，为发展长江航运起了积极的推动作用。“大跃进”运动中，为了发挥中央和地方两个积极性，有利于长航局重庆分局集中力量担负繁重的进出川运输任务，交通部决定将长航局重庆分局所管辖的一部分机构和船只下放四川省地方经营管理。

1958 年 5 月 2 日，川江航道整治工程处与重庆航道区合并，成立长江航运管理局川江航道处。1964 年 2 月 25 日，川江航道处更名为重庆航道区。

经长航局重庆分局与四川省交通厅、重庆市和万县专区议定：从 1958 年 8 月起陆续办理下放和接管手续。下放给重庆市接管的有重庆港务局，交万县专区接管的有万县港务局；交四川省交通厅接管的有民生船厂、重庆航务工程学校、渝叙段航道工程队；交四川省重庆轮船公司接管的有泸州港务局、宜宾办事处、涪陵轮船办事处以及这三个港口的基层站和职工，同时下放给该公司航行渝叙、渝涪、渝万、渝合等航线的机动船舶32艘（其中客货轮27艘、拖轮5艘，载货量5302吨，载客量6250座，总功率13366千瓦）、驳船28艘（载货量7672吨），并下放有关业务管理人员和船员1625人。下放的机构基本上是按其原单位建制下放，下放的船舶则绝大部分是民生、强华、合众公司的老船。这些船舶虽然陈旧，但都正常营运，在20世纪60年代的运输中发挥余力。

长航局重庆分局将部分机构和船舶下放地方以后，对于轮船运输基础还很薄弱的重庆来说，是很大的支持，调动了地方发展轮船运输的积极性。四川省交通厅接管民生船厂后，即将该厂与四川省重庆船厂合并，改称"四川省重庆船厂"，并根据地方轮船运输发展的需要和特点，着手制定发展规划，调整生产结构，以便更好地为川江航运提供运力。尤其是轮船运输机构、船舶和人员由四川省重庆轮船公司接管后，运力成倍增长，大大加强了区间的客货运输力量，客货运量成倍增长，对发展重庆地方航运、促进城乡交流、配合长航局重庆分局的出川运输起到了积极作用。但是，港口下放地方后，虽然有利于地方统一规划、建设和管理，由于港航分管，部分业务脱节，产生了多头管理的问题，尤其是在装卸任务紧张时，往往出现装卸不及时和向港口要运力的矛盾。

长航局在渝机构的下放，其主流是正确的，但当时缺乏经验，下放多了一些，放过了头。经过一年的实践，发现在与长江干线运输生产密切相关的川江船舶修造、技术力量培训以及渝涪、渝万航线的共同经营上产生了一些新的问题。因此，从发展长江航运的实际需要出发，交通部决定将下放的部分机构重新收归长航局管理。经长航局与四川省交通厅协商，于1959年2月首先按原建制收回民生船厂，于是原四川省重庆船厂与民生船厂再度分开，各自恢复原来的名称，并各归原系统管理。1961年7月，根据中共中央《关于改变部分交通运输、事业单位领导体制的通知》，长航局收回重庆港，将重庆市港务局更名为"重庆港务管理局"，同年8月又收回万县港务局，使这两个港口重点为长航局的运输生产服务，同时也为地方航运服务。1962年9月，长航局收回重庆航务工程学校，面向社会招生，培养川江技术船员。1964年12月，又收回渝木、渝涪、渝万航线和行驶该航线的大中型船舶5艘以及涪陵港口机构。从此，重庆以下航线全部由长航局重庆分局统一经营，重庆以上长江干线及各支流航线则由四川地方经营。这种航线的分工，一直持续到1978年交通部对长江航线全面向地方开放时为止。

1958年长航局在渝机构的下放和以后的回收，只是管理权的转移。下放是交地方行政部门管理，并未将权交给企业；回收是将管理权集中到交通部，也未触及企业内部的经营机制。在当时计划经济体制下，政企不分家的总体情况没有发生改变。

三、港口管理权的下放与回收

1958年开始，“大跃进”运动浪潮在全国兴起。7月1日，根据上级的决定，重庆港下放地方管理，实行以地方为主、中央为辅的双重领导体制。

重庆港下放前，长航系统船舶的签证、检验、海事处理等，一部分归长航局重庆分局，一部分归重庆港务局；地方内河船舶的监督管理归重庆市中心航管站。重庆港务局既对长航系统船舶无全面的监督管理职能，又对地方船舶无有效的监督管理职能，对港口水域、陆域的港政管理职能也很薄弱。重庆港务局实际上是长航系统的一个港埠企业。

港口下放后，港口管理机构名称改为重庆市港务局。港政管理职能得到重庆市人民政府的支持和各单位的承认。为了使港务局有效地行使港口管理职能，统一管理港口，重庆市决定把地方的内河船舶（包括木船）、港口的水域和陆域以及长航系统在港和进出港的船舶，统一归港务局监督管理。从而基本消除了重庆港政出多门、条块分割的弊端。

“大跃进”运动给港口运输生产带来了极大的冲击和压力。大办钢铁，土洋高炉相继点火，进港的矿石、生铁猛增，压港待卸铁驳最多时达54艘，月进口最高量达11万吨，日卸生铁最高量达3000吨以上，比平时增加9倍。面对这样巨大的任务，港口、工厂及市运输单位的劳动力、驳船、拖轮、库场都承受很大的压力。为了确保“钢铁元帅升帐”，重庆市成立了运输指挥部，协调关系、建立制度、组织运输。港务局、市物资管理处、钢厂、市水运公司等单位联合制定每日生铁卸船运输计划，通力协作，以解决运输工具不足、钢厂码头卸船秩序混乱、组织社会劳力突击装卸等问题。

1959年1月31日，重庆市为了适应“大跃进”的需要，决定将原市属朝天门和铜罐驿两个搬运站划归港务局领导。朝天门搬运站与第二作业区联合办公，铜罐驿搬运站改名为港务局第四作业区。从此，港务局作业范围扩大，生产任务激增。在全港完成的总操作量中，第四作业区的焦炭运输占44.7%，朝天门搬运站的杂货运输占6.9%。尤其是第四作业区的焦炭运输是重庆市交通运输必须保证的钢厂重点物资，受到重庆市人民政府的特别重视。

1959年，重庆市运输指挥部把疏通港口作为工作重点，以港口和铁路为龙头，组织各运输单位和主要物资部门，开展“一条龙”大协作运输，取得了明显的效果。第四作业区焦炭运输，由日均7800吨上升到最高24400吨。九龙坡作业区在第四季度通过缩短车船在港停泊时间的办法，增加车船运力3.6万吨。此外，还组成了长寿至重钢的矽铁“一条龙”运输、合川至重庆的粮食“一条龙”运输和重钢至汉申的钢材“一条龙”运输等35条“一条龙”运输线，实现了合理运输，并扩大了服务范围，取得了较好的经济效益和社会效益。

重庆港下放后，按市里定员标准，对港口职工进行定编，压缩干部4%，压缩勤杂人员6%，精简二、三线人员313人充实生产第一线。港口部分干部与市属单位交流对调，使人尽其才，提高了机关工作效率，密切了城港关系。

港口下放期间，出现了港口基本建设投资减少、港航工作脱节等问题。由于地方财力有限，不可能对港口基建大规模投资，港口只能“以港养港”维持生产。如“大跃进”中匆匆上马的千厮门缆车作业线，地处闹市区要冲，与市区公路衔接，交通极为方便，应该使之配套完善。但仅仅因为部分拆迁费用和修建仓库的投资无法解决，这条作业线长期因只有200平方米的货棚而常常爆满，无法正常发挥作用，最终报废。此外，港口下放后，虽名为多重领导体制，实际上是港航大分家，运力安排、船港衔接、财务结算和质量监督等方面都出现了矛盾，一旦问题发生，各执己见，无法裁决。上述问题，不利于港口功能的发挥。

1961年，交通部根据党的八届九中全会提出的对国民经济实行“调整、巩固、充实、提高”的八字方针，于7月15日收回了重庆港的管理权，实现以交通部为主、地方为辅的双重领导体制。此后，四川省交通厅内河航务管理局于1962年在重庆设立重庆港航监督站；重庆市交通局先后在重庆两江沿岸设立26个码头管理站（朝天门等公用码头24个、二钢厂等专用码头2个）。这些新建立的地方港航管理部门取代了重庆港务管理局部分管理权，港口陆域的港政管理和水域的港务监督，又出现了政出多门的局面。

四、港口管理的调整和恢复

1961年8月，长江全线港长会议决定，今后几年内，港口基本建设的原则是巩固现有运输力，保护现有生产力，维护正常性的生产；分轻重缓急，填平补齐，配套成龙。重庆港根据上述决定，把投资重点放在添置水上作业设备方面，建造拖轮、浮式起重机、趸船等，以增加必要的水上作业能力。同时对码头的配套设施也适当投资建设，其中效益较好的工程有江北作业区建设的衔接市区的简易公路（全长556米），1964年竣工通车，使梁沱码头和锚地进出货物的集疏运能力大大增强，从而减轻了木驳受载接运的压力。这条公路仅投资7.1万元，由港口自行设计，自行组织力量施工，历时14个月完成。这条公路的建设，对开发江北梁沱岸壁码头起到了重要作用。此外，1964年九龙坡作业区添置了四码头的机械设备，修建了盐巴货棚、重件料场、起重机车道、港区围墙、工人休息室等，共投资35万元，使九龙坡作业区的生产、生活配套设施更加完善。

重庆港下放重庆市后，港口接收了市属的铜罐驿搬运站和朝天门搬运站，港口作业伸延到市区街道，生产规模扩大，港口职工人数剧增，由1957年的4603人增加到1959年的8057人。但自1961年开始，生产任务下降，港口综合通过能力大大超过了实际需要。因此，在贯彻八字方针期间，港务局精简机构，压缩编制，调整机具设备，压缩人员。

1963 年,在调整压缩港口生产规模的同时,整理、恢复或重新制定了一些规章制度,使生产秩序逐步走向正常化。

港口的生产工作是以调度为中心进行的。因此,重庆港首先恢复或制定了调度系统各种规章制度,包括《重庆港装卸作业计划编制贯彻规程》《港、区、队三级调度系统责任制》《码头、锚地使用办法》《气象、水位布置检查规定》《调度工作请示报告制度》《特种物资装卸规定》《重庆港调度岗位责任制》等。这些规章制度的贯彻实施,对强化调度指挥起了很大作用。

港口的货运质量问题,一直是比较突出的问题,1958—1960 年共发生各类商务事故 509 案。属于操作不当、违章作业的有 450 案,占事故总数的 88%。其中机械操作不当产生的货损事故尤为突出,如起重杆起卸货物在舱口碰撞、皮带机作业时货物摔损,以及拴系不牢、堆码做工不好造成的货损事故等。为了迅速改变货运质量低劣的状况,根据 1961 年交通部提出的"安全、质量第一"的方针,重庆港开始推行工组理货制,即由装卸工组的工人来维护货运质量。严格规定工人操作时,禁用手钩、禁止高往下甩、禁止作业现场吸烟,做到货物不损、粮食不漏、残损不上堆、装卸不留山、码堆不吃垛、拆堆不挖井,堆垛基脚平整,装舱先里后外,库场堆码要铺垫、怕脏货物要择堆,按票堆码要整齐、交接手续要严格,货损责任要判明等,并实行工组理货质量签证单,便于检查货物质量和事故责任。重庆港还实行了港港交接、船港共同负责制,推广维护货运质量的 34 种先进操作方法,取得了较好的效果。

1964 年 3 月,南充专区农业局为提取 3 包谷种,到朝天门作业区 4 次、交货组 5 次、商务科 3 次、局办公室 1 次、电话联系无数次,费了不少周折,跑了不少冤枉路,甚至投书报社,批评重庆港办事效率低,没有树立全心全意为农业生产服务的观点。这件事引起了重庆港务局党委的重视。局长马伯儒认为必须透过"3 包谷种"的典型事例,结合近年来在重庆港发生的"货 8144"驳纯碱混装事故、棉种错运等货运事故整理成专题资料,有针对性地对全港职工进行提高货运质量和服务质量的教育。经过反复讨论后,制定了提高货运质量与改进服务的措施,即:装卸作业 12 条不准、拖轮调度 20 条不准和全面提高服务质量 30 条。4 月中旬,港务局派出工作组,深入九龙坡作业区开展"三化"(堆码标准化、操作工艺化、管理制度化)综合治理的试点工作。经过 8 个月的努力,制出货物堆码图 69 张、装卸技术操作图 26 张,建立理货、水手、司机、装卸等 17 个工种的责任制。从试行前后 5 个月情况比较,工伤事故下降 55.8%,货差、货损事故也大大减少,如水泥破包率下降 57.3%,水陆联运货物换装期缩短 0.6%,每操作吨单位成本下降 17.5%。

在加强技术管理方面,先后完成了 92% 机械的查定工作。摸清了技术状况,确定了每台(艘)机械的技术类别,鉴定出应修、应改造、应报废、应调出的设备,制定出燃润物料、维修材料、维修工具、易损配件、安全负荷、维修周期、维修工时、维修费用8种技术定额，为编制各项技术计划和考核技术工作提供了科学依据。各基层也建立了一些制度，如：九龙坡作业区的三级保养制度、交接班制度、检查制度和技术操作规程；朝天门作业区的“五不准”，即不准拆东补西改变机具性能，不准随意变动维修保养计划，不准违章冒险作业，不准拆卸安全装置和先进设备，不准马虎对待维修保养和原始记录；停泊区的“事前准备、明确分工、全面检查、正规操作、严格交接、做好记录”24字规定。根据这些制度，重庆港统一制定了以技术责任制为中心的《修船条例》《预防检修制度》《修理规程》《技术安全十大纪律》《交接班十大守则》《三级保养制》等制度。1963年还推行了“三环一包”制度，“三环一包”指抓修前准备、修中监督、修后验收三个环节和包机修理。全年共维修保养各类船舶机械693台（艘）次，在港机船舶195台（艘）中，技术状况达一类、二类的占65.2%。1964年全港开展“五好”设备试点工作，制定了“五好”技术标准和几项技术责任制。到年末，船、机技术状况达一类、二类的上升到68.2%。1965年全港普遍推广“五好”设备达标活动，大练基本功，扩大自检自修范围，使船、机技术状况达一类、二类的上升到74.6%。

第三节 基础建设步伐艰辛曲折

1957年开始的“大跃进”运动促使运量急剧增长，运力严重不足，而当时铁路、公路又少，充分利用水运就成为当务之急。为此，四川省确定交通发展的方针是水陆并举，有河流的地方优先发展水运。

1958年初，由四川省交通厅副厅长赵理负责，抽调干部30多人组成四川省内河航运规划办公室，对四川省河流及重点港口进行了调查研究，历时1年多。通过调查研究，以交通厅名义向上级提出了《四川省水运规划简要报告（草案）》，作为四川航运建设的一幅蓝图。在这个总规划的指导下，还对四川省航道建设做了具体规划，先后编制出《四川内河嘉、浩、峨、沱、乌江等主要干流整治规划意见》《四川省小河渠化的十年规划意见》《渠江航道规划》等，为四川航道、港口建设提供了依据。

一、航道建设进入快速发展阶段

1958年，在“全民大办交通”“充分利用水运”的形势下，一个群众性的航道建设高潮出现了。长江航运管理局和四川省交通厅先后对长江干流航道进行了大规模整治，并增加绞滩、航标、信号台等助航设施，对嘉陵江南（充）渝（重庆）段进行了大整治，对渠江航道开始进行渠化，对乌江进行炸滩与绞滩，渠化了许多小河，通航里程增长较快。但由于“大跃进”的失误，航道建设遭受挫折。1962 年开始对国民经济进行调整，“大跃进”中整治和开辟的河流，有的工程下马，有的因缺乏使用价值放弃了维护，故通航里程又逐步下降。

（一）长江航道的全面治理

为从根本上改善川江滩险水恶的航道状况，改变“日航困难、夜航危险”地段，以适应大宗货物的运输，满足船舶上下水全面夜航的需要，“大跃进”期间，以长航局川江航道整治工程处为主，厅长江航道养护段、省轮船公司、厅挖泥船队及沿江各地航管站等单位参加，对川江进行了大规模的整治，川江航道得到全面治理，在碍航严重的重点滩险的整治和航标电气化方面取得了重大成就。

1. 长江航道整治深入实施

根据“大跃进”期间运输对航道的要求，首先整治重庆至宜昌航段的主要险滩和有碍夜航的所有滩险，为上下水全面夜航开辟道路，然后延伸到重庆至宜宾航段的整治。

（1）重庆至宜昌段（渝宜段）航道整治

重庆至宜昌段，长 660 公里，是进出川的主要通道，为运输最繁忙的河段。同时也是船舶航行最险的河段，水急滩险，长江三峡位于其间，素有“川江咽喉，长江锁钥”之称。在“大跃进”期间，以水上、水下炸礁和疏浚等措施征服凶滩恶水，改善险情和水流，使航行船舶畅通无阻，实现上下水全面夜航。据长江航道局重庆航道区统计，1958 年至 1965 年在重庆至宜昌段航道整治的滩险总计有 211 处，其中新开凿治滩 78 处、重复治滩 133 处，完成工程总量 278 万立方米，总共耗资 1406 万元。通过大规模整治，航道条件有很大改善，重庆至宜昌段航宽由原 33 米增加为最小宽度单向 50 米、双向 100 米；弯曲半径由原 500 米增加到 750 米；最浅维护水深可达 2.9 米，加之灯标与信号台的增设，千吨级船队可直航重庆，上下水全线实现夜航。

（2）重庆至宜宾段（渝叙段）航道整治

重庆至宜宾段，长 384 公里，地处川南浅丘陵地区，河床开阔，枯水时河宽一般有 400 米，洪水时河宽可达到 1.5 公里，航道条件较渝宜段好，岸坡缓坦，滩沱相间。河床底质多为卵石或基岩，有滩险 60 处，多为浅滩，其中小南海、连石三滩、小米滩和筲箕背等为最险。为改善该段航道条件，重点整治了以上 4 座大滩外，还整治了神背咀、莲石滩、小米滩、铜鼓滩等险滩。通过整治，航道条件有了很大改善，航宽增加为单向 40 米、双向 70 米，弯曲半径 220 米，枯水期航深最浅可达 1.75 米。终年可通行功率为 294 千瓦的拖轮，拖带 800 吨的驳子。

2. 长江航标电气化的初步实现

长江上游段航标经过 1953 年至 1956 年的改革，建立了新的锁链式助航标志，标志的制式和配布方法有了很大的改进，共设灯2854座。但是，大多数灯标是燃点煤油，需要人工进行点灯、收灯，航标工人劳动时间长、强度大，在滩险急流和风大浪急的河段，维护工作又很困难，甚至不能发光。因此，在航标改革之后，实现标灯的电气化是必然趋势。

1958年3月29日，毛泽东主席乘“江峡”轮由重庆顺江东下视察川江，提出“航标灯为什么不能用电”等问题。在场的人回答：过去试过干电池，易受潮，亮度没有保证。毛主席表示：那还要很好改进。[1] 这次讲话成为实现航标灯电气化的契机。川江航道处根据毛泽东主席谈话的精神，研究制定了航标向电气化迈进的方案，于1958年9月首先在朝天门、寸滩和唐家沱3段计18公里航道进行试点，当月底设电气化灯标61座。接着又在重庆航道段全段及丰都段的鹞子碛，万县段的沱口、巨鱼沱，奉节段的臭盐碛，宜昌段的西坝等地进行第二次试点，至1958年12月20日完成，总里程186.39公里，设置电气化灯标711座。经过两次试点，在取得经验的基础上，航标电气化工作采取统一领导、分段包干办法，于1959年9月5日全部完成，使重庆至宜昌段实现了航标电气化，共设置电气灯标2364座，发光里程为681.2公里。1959年9月1日，重庆至宜昌段航线正式开放了上下水全面夜航，为川江航道谱写了新的篇章。

重庆至宜宾段航道的整治管理工作原由长江航道部门负责，因1958年水运体制下放时将重庆大渡口至宜宾353公里航道下放由四川省管理，故航标电气化工作亦由四川省负责组织实施。该段航道在省管期间，由于体制几经变动，经费不足，加之航运任务亦不及渝宜段繁忙，因而航标电气化工作没有在全河段推行，仅于1960年4月在泸州、蓝田、瓦窑滩3个航标站计28公里航道上建立电气化标灯，其余仍使用油灯维护通航。1959年至1960年间，渝叙段航道仅在部分河段上实现了航标电气化。

科学技术的进步推动了生产的发展。灯标所用电源开始主要是蓄电池，次为空气干电池，自建27个充电站（船）进行充电。灯泡为6.3伏和1.5伏的立丝螺口式拉线开关，每天早晚均需人工拉动，才能保证灯标白天灭、晚上亮。后经不断研究革新，于1959年11月在电气标灯上全部安装了各式自动开闭器，初步实现开关自动化。自动开关的种类有：①钟表式自动开关。这种开关利用发条制动，按照预先拨定时间，自动控制灯的灭亮。②电动钟表式开关。钟表式开关虽能定时自动控制标灯的灭亮，使用较为方便，但防潮性能差，而且每隔7～10天须上一次发条，影响使用效果。之后又改进，试制成功电动钟表式开关，但易于发生故障，未能广泛使用。③液体日光阀。这种开关由上海航标仪器厂制造，全称为“CK-87型液体日光阀”，工作原理是利用液体在日光辐射下产生的压力而自动控制标灯的灭亮。此种开关使用效果好，每座标灯可省电40%左右。而后，

[1] 黄强，孙新华．黄金水道：长江航运七十年［M］．武汉：长江出版社，2019.

采取“土洋结合”的方法，研制成功铝铁片、锌铁片、钢瓦钢片自动开关。但由于此项工作于1958年仓促上马，航道工人未来得及培训，缺乏电气知识和管理技能，加之摊子铺得太大，战线拉得过长，因而出现灯光质量下降、维护成本增加问题。故在1962年调整中将渝宜段电气化灯标由681.2公里压缩为60.3公里，灯标数量由2364座减少至187座，其余均恢复油灯发光维护。后经总结经验，培训技术工人，提高使用和维护水平，在宜昌至重庆大渡口间固定579.9公里为发光河段，恢复了电气灯标，其余101.3公里为昼标河段，根据航运需要，实行机动发光，使用油灯维护。川江航标电气化得以巩固，结束了“日航夜泊”的历史。经过改革，上千座电气化夜航灯标闪耀在川江河段，像万点繁星，铺满了黄金水路。

3. 长江绞滩设施的改进

绞滩设备是长江航道建设的一个重要组成部分，在山区河道急流滩险上被广泛采用。绞滩，是在滩险的上游设置绞滩机（卷扬机）或其他牵引设备，船舶在滩下系上钢缆后，开动绞滩机牵引船舶过滩。它优于人力拉滩，既减轻了人的劳动强度，又提高了船舶的过滩效率，航效突出，是制服激流险滩的好办法。川江绞滩，始于清末民初，它经历着人力绞—畜力绞—水力绞—机械绞的逐步发展过程。到抗日战争时期，川江绞滩总站在长江上游设置绞滩机达21处，包括在金沙江下游锁滩、石溪滩和鸡肝滩设立的3处绞滩站。到四川解放前夕仍保留13处。但部分滩站设备陈旧，难以满足重载船舶的绞滩需要。新中国成立后，不断改进完善，增加机械设备，因地制宜实施单绞或双绞。对重点滩青滩绞滩站的蒸汽锅炉进行更新，逐步将东洋子、兴隆滩2处绞滩站改人力绞滩为机械绞滩，增设二道溪、安坪、高桅子、八斗滩4处绞滩站，新建斗笠子站人力绞盘机和油榨碛、小庙基、冷水碛等站的绞船石桩，使长江重庆至宜昌航段绞滩机增至23处。

为进一步改善绞滩的落后状况，1954年，重庆航道工程区制定了《船舶绞滩规则》，详细规定了绞滩方法、互相联系的汽笛声号和旗号的使用、轮船绞滩须知等，这是新中国成立后制定的第一部绞滩管理办法。1956年，长航局重庆航道工程区在青滩、泄滩原有机械设施的基础上改装建造双机和单机3艘绞滩船舶，可视水位涨落灵活移动施绞船舶，使绞滩技术上了新台阶。“大跃进”运动中，为了适应施绞船舶日益增多的需要，改进绞滩机用工制度，经长航局、湖北省、四川省研究决定，将原雇用的季节性临时工通过整顿后，转为正式的绞滩工，绞滩所需费用暂由国家财政拨款支出。1959年起又先后建造5艘机械绞滩船，绞滩船数量增加到8艘，可根据不同绞滩水位，移动至13处滩险绞滩。每绞一艘船，平均仅需7分钟，较人力施绞效率提高4倍左右，基本满足了船舶过滩的需要。1958年至1965年，共施绞船舶3.61万艘次、载量739.87万吨，其中绞木船1.91万艘次、载量28.71万吨，绞轮船1.70万艘次、载量711.16万吨，有效保证运输任务的顺利完成。

（二）嘉陵江南渝段航道整治

嘉陵江是长江的一条重要支流，纵贯四川盆地北部地区，上邻陕西、甘肃两省，与宝成铁路、川陕公路相连，下与长江干流相通，是川北到川东天然的交通干线。嘉陵江全长1119公里，流域面积16万平方公里，沿江物产资源丰富，自古以来就是四川与西北各省份联系的一条重要通道，在历史上曾发挥过重大作用。

嘉陵江在重庆境内航道里程为172公里，其中桐子壕船闸至合川77公里河段属嘉陵江中游段，合川至重庆95公里河段为下游。

在长江支流中，嘉陵江的长度仅次于汉水，流量仅次于岷江，最小流量为249立方米/秒（北碚），是四川通航里程最长的一条河流。由于流域内盛产粮食、丝绸、柑橘和煤炭等，历代均有治导。嘉陵江的航道整治始于汉代，唐宋以后，疏凿嘉陵江之记载颇多，较大规模的整治是在抗日战争时期。那时，为了开展川陕联运，国民政府曾调江汉工程局、扬子江水利委员会、川江绞滩委员会等单位，进行了5年的治理。整治后，航道水深一般提高0.3～0.4米，可行驶25～50吨木船，小轮船在中洪水期可由重庆直航南充。抗日战争结束后，由于缺乏维护管理，航道条件又趋恶化。

新中国成立后，人民政府十分重视嘉陵江航道的开发。1952年至1953年，西南内河航务管理局第三分局负责治理维护嘉陵江等航道，并在沿河各地、县、市成立航运管理站，对全江进行规划与勘测、整治与维护。每年枯水季节，都要进行“抗枯”。沿江各县成立淘漕委员会，进行淘漕检滩，并炸除了巨梁滩等险滩，使嘉陵江航道的航行条件有了初步改善。

在“大跃进”期间，为改变嘉陵江水运落后面貌，1959年6月四川省交通厅嘉陵江南渝航道养护段在南充成立，下设南充、武胜、合川、重庆等工程队，共有职工320人，专门负责管理南充至重庆320公里航道的维护、建设等工作。先后在重庆至合川95公里航道上，设置和维护一等航标140座，在沙溪、处门、金刚背、庙咀、三圣庙、利滩、黑羊石、蹇家梁、石门等处设立信号台9座，指导船舶安全航行。并对浅滩进行疏浚淘漕，以增加航道水深，将人力拿着钢耙在水中淘漕的落后方法改为船上执耙、岸上拉纤进行淘漕，避免寒冬季节仍需水下作业。后来经过技术革新，采用水力横、机动横、顺耙疏浚。顺耙将卵石由浅区耙至深沱，横耙将卵石耙至漕边，以增加水深。横耙每组6～8人，顺耙每组9～11人。每年枯水季节到来之前，先做好航道调查工作，根据浅滩的变化情况，确定淘漕的范围，以先后次序合理安排横耙、顺耙施工滩险。

过去，曾用拖轮拖带钢耙在江底纵横抓耙，使沙石松动，利用水力冲向下游。江底出现较大的石块，钢耙拉不动，则在上游抛洒圆滑的铁砂，使它深入石块下部，然后再来抓耙。1962年以后，改用绞车或卷扬机带动，省去了人力淘滩。随后，淘漕工作经过革新全部实现机械化，疏浚效率大大提高。

绞滩机是帮助上行船过滩的一项重要助航设施。1960年10月，四川省交通厅嘉陵江南渝航道养护段大力推广唐天文创造的缆车式水力绞滩机。唐天文是绵阳涪江船舶运输公司造船厂木工。他创造的缆车式水力绞滩机，由绞船（4～5吨）、木绞盘（直径1米，高1.3米）、挡水板（或叫水箱，用旧船板钉成）和绞绳四部分构成，在滩口上游安装木绞盘，绞绳两端各连接着绞船一只，并在绞船后面装上挡水板。工作时，将需要上滩的货船系在一只绞船旁边，提起挡水板，绞盘另一端绞船放下挡水板，让急流冲着绞盘直下，由于挡水板产生的抬升作用，即可带动货船上滩。为了使缆车式水力绞滩机迅速在四川省推广，省交通厅于1959年7月在绵阳召开四川省现场会议。介绍推广后，各地掀起了大搞绞滩机的高潮。至1960年1月底，南充县航运公司共在县内安装了16部缆车式水力绞滩机，使原来由武胜到南充一个航次的时间由8天缩短到5天，提高效率37.5%。在皂角树、李家坎、张帝庙、南溪口、红庙、牛脑壳、柑子园、乌木滩、溪头坝、白沙滩、锻锅浩、牯牛石、解放滩、铁炉滩、土地滩、上裥滩、青杠滩、石梁滩、香炉滩、青滩浩、巷耳子、乱门、利滩、马安石、黄盘石等20多处急流险滩上设立缆车式水力绞滩机，并做了技术上改进，绞船改为10吨，提高稳性，挡水板改为弧形等，既可施绞木船，也能施绞轮船与驳船。

1958年，为了开发川中石油，以及保证煤炭、粮食等物资的运输，四川省委指示，对嘉陵江南（充）渝（重庆）段320公里航道进行大整治，整治的标准合川以上为1.3米×30米×300米（水深×航宽×弯曲半径，下同），通航100～200吨船；合川以下为1.5米×40米×400米，通航300吨船，全部工程要求在1959年完成。于是，以长航局川江航道处为主，由省交通厅，南充、江津地区及重庆市参加组成嘉陵江南渝段整治工程指挥部，由南充专署专员吴治中任指挥长，沿江各县、市成立分指挥部，下设9个工程大队，并由长航局调来抓扬1号、海狸、海鹰、海豹、海獭5个机械挖泥船队，另组建3个炸礁队，抽调技术人员和管理人员430人，组织4个测量组、4个设计组，并调集民工1.28万人担负整治任务。整治工程于1958年10月1日开工，1959年4月30日竣工。短短7个月时间，完成筑坝、疏浚、水上炸礁、水下炸礁、检滩等工程量总计114.16万立方米，共用工程费341.79万元，平均每公里1.06万元。此工程由交通部投资，共整治滩险113处，完成筑顺坝56座、丁坝86座、堵坝27座、格坝5座，总计174座，总长4.62万米，约30万立方米，合川以上水深1.3米，合川以下水深1.5米。整治工程的实施，使南充至重庆段航道航行条件大为改善，航行安全有所保障，轮驳船运输畅行无阻。同时，还在合川港兴建了小南门到鸭嘴长500米斜坡式客货码头，便于水陆衔接。

1959年4月16日至23日，由四川省交通厅、长航局、南充和江津两专区交通局和重庆市交通局共同组成验收组，对主要滩险进行竣工验收。整治后，大多数河段的航道水深已达 1.3 米以上，航宽 40 米，弯曲半径大于 400 米，基本上符合六级航道标准。为了维护这个航道标准，20 世纪 60 年代初，四川省交通厅嘉陵江南渝航道养护段、南充和重庆轮船公司又先后整治马家滩、童子浩、北门滩、此门、瓦窑滩、南溪口、松林浩、傲角、大较场等一批重点险滩，终于使南充至合川段可常年通行 174.2 千瓦拖轮和 100～150 吨级的驳船顶推或吊拖船队；合川以下可终年行驶 117.7～220.7 千瓦和 100～250 吨级的驳船顶推或吊拖船队（中洪水季节船舶吨位还要增大），从南充下行至重庆只需 3 天左右的时间，从重庆上行至南充需 5～6 天，基本实现了机动化运输。

（三）乌江的滩险整治与绞滩机械化

“大跃进”运动开始后，乌江运输日益繁忙，航道条件远不能满足需求，行船还需“量水装载，险滩出客（即旅客下船过滩再上船），停船摸漕”，贵州下运物资经龚滩必须减载运输。为改善乌江航道条件，经西南协作区报请交通部同意投资，1959 年至 1960 年间，对乌江进行了一次全面整治，以打通潮砥、新滩、龚滩三大断航滩险为重点，驯服凶滩恶水，彻底改变“逆航六百三，舟行数十天，路在人肩上，纤夫背拉弯”的状况，实现千里乌江一船通。此工程堪称乌江航道建设历史上的壮举。

1. 滩险大整治

经西南协作区商定，四川省负责龚滩至涪陵段工程，贵州负责龚滩以上工程。1959 年 6 月，在涪陵成立乌江整治工程委员会，组织施工。首先主攻著名的五里长滩羊角碛中的黄板石礁石。黄板石是清乾隆五十一年（1786 年）六月十五日因左岸崩岩形成的，长 9.5 米、宽 4.7 米、高 3.5 米，总体积约 156 立方米，石梗横卧江心，坡陡浪大，阻塞航道，滩段的局部比降最大可达 19.48‰。上下水船只必须在此提驳空载，然后连续 3 次绞滩助航，每次绞滩 30 分钟以上，事故时有发生。对黄板石进行大爆破，铲除“拦路虎”，使行船过滩大为安全。当时，涪龚段整治的重点滩险有 24 处，第一期整治 9 处，以龚滩、羊角碛、新滩、鹿角子为重点，1959 年 10 月先后开工，至 1960 年 4 月全线完工，共完成水上炸礁 2.75 万立方米、水下炸礁 4.65 万立方米，淘漕 948 立方米，建黄角、手扒岩、张家碛、川石、鲁嘴子等处顺坝 5 条，共投资 32.07 万元。

龚滩滩长 400 米，乱石嵯峨，急流如瀑，声震如雷，人称“滩王”，又称“天险之天堑”，隔断川黔水运。1959 年冬，四川省在该滩炸除了部分礁石。紧接着，贵州省交通部门对该滩进行大规模的炸礁工程，炸除碍航巨石，拓宽了航漕，流速减缓，辅以绞滩助航。1960 年元旦，千百年来卡住乌江下游咽喉的天险——龚滩被打通，过去船只隔滩相望、分段通航的局面由此结束。1965 年，为进一步改善龚滩航道，贵州又沿航道右侧开挖 110 米长的上水航道，延长了通航期，适应了上下水船舶的航行需要。

龚滩以下到涪陵 188 公里的峡江航道上，潜藏着无数的暗礁和险滩。涪陵地区曾反复进行整治。1963 年 1 月，乌江出现 20 年来最枯水位，羊角碛、大石溪、黄角碥、牛屎碛等滩险水深仅 0.8～1.0 米，轮船曾一度断航，木船减载 60%。涪陵中心航管站成立专业的乌江航道养护队，从木船社抽调船工 200 余人、木船 10 只，以航道养护队为骨干，组成 7 个施工组对麻柳咀、牛屎碛、大石溪、羊角碛、下塘口等 15 处重点碍航滩险进行了整治。共完成条石顺坝 1 条，下塘口竹笼卵石顺坝补观 244 立方米，水下炸礁 2127 立方米，水上炸礁 1591 立方米，淘漕 496 立方米，涪陵至彭水段最枯水深达到 1.1 米，确保了机动船和浅水客轮的正常航行。

为改变“舟车之所不至，负贩之所不通”的险状，在弯曲狭窄的单行航道上设置信号台 20 多座，还在浅窄航段上配布三等航标。1964 年初，涪陵航道养护队又对碍航的张家碛、磨寨、沿滩等 12 处滩险进行了整治。其中张家碛险滩经过几次整治，枯水水深达到 1.4 米，是乌江滩险整治较为成功的一例。

1965 年，四川省交通厅将乌江航道纳入国家基本建设项目。同年 1 月，涪陵中心航管站在羊角碛设立乌江航道整治办公室，组成 2 个筑坝施工队和 2 个炸礁组，于 1965 年 1 月至 12 月对打碗石、牛屎碛、杨家滩至黄角碥、三门子、黄草新滩、磨寨等 14 处滩险进行了整治。打碗石等 4 处浅滩筑坝后均增加水深 0.3～0.6 米；羊角碛、武隆滩水下炸礁后，航漕加宽 6 米左右，比降减小，流速降低，漕宽增至 30 米以上；晒尸滩将对口改错口滩后，不再需绞滩助航。

2. 实施绞滩机械化、电动化

乌江滩多水急，航道流速一般都在 4 米/秒以上，龚滩流速达 7.33 米/秒，羊角碛流速达 6.5 米/秒，滩口多形成跌水，急如瀑布，单靠船只本身之力难以过滩。在历史上，逆水行船全靠“换棕”，或雇人拉滩，纤工匍匐江岸，在悬崖陡壁上攀爬负纤，进尺退寸，呵唷之声山鸣谷应。有时竭一日之力，仅能过一座险滩。拉滩时间占航行时间的三分之一。羊角碛、小角邦、武隆滩、鹿角子等特大滩，载重 30 吨的木船过滩需 150 多人拉纤，仅羊角碛一处靠拉滩为生的即达 400～500 人，就这样尚不能满足需要，过往船只上水得排队拉滩，下水得排队放滩。因此，解决船只过滩是乌江运输中的突出问题。涪陵航管部门从 1957 年起，即在乌江的各主要滩险之处设置绞滩机，施绞船舶过滩，将安装绞滩设施作为综合治理乌江航道的一项重要内容。绞滩机由最初的人力绞滩机改为畜力绞滩机，后来又走向机动、电动绞滩机，节约了不少劳动力，提高了航效，解决了上水行船的困难。

（1）人力绞滩机。1956 年冬至 1957 年春，涪陵轮船公司在武隆县境的小角邦成功安设第一台人力绞滩机，后即在乌江全面推广。到 1958 年底，共安装 12 台，使涪陵至彭水航段拉滩工人由 1200 人减为 572 人。

（2）畜力绞滩机。1957 年“大跃进”运动开始，乌江运量激增，原有绞滩设施已不能满足运输需要。从1959年起将人力推动绞关改为黄牛拖带绞关转动，每台绞滩机配黄牛6～8头，全江共改建和新建羊角、鹿角、黄草、新滩、小角邦、新老下连等畜力绞滩机20处，绞滩工人由843人减少为496人，节约了众多劳动力。但黄牛管理饲养多有不便，出现一些新问题。

（3）机动、电动绞滩机。人畜力绞滩虽较过去拉滩优越，但有时由于力不胜任，会发生船只后退打张、翻船死人事故。尤其是随着乌江船舶不断增加，运输任务日益加重，畜力绞滩无法适应航运发展，故决定将畜力绞滩改为机动、电动绞滩。涪陵中心航管站组织技术力量经过2年多的试验，于1962年4月8日在羊角碛的凉水井安装第一台立轴悬臂涡轮绞滩机试绞成功。1962年10月又在羊角碛的新滩、坳角、出老头、钱粮铺安装4台电动绞滩机，使五里长滩羊角碛首先实现了绞滩电动化。为解决绞滩用电问题，涪陵中心航管站获省交通厅航运局投资在土坎修建1座小型电站，解决了绞滩机的动力问题，并于1964年建成武隆滩、土脑子滩电力绞滩机。同时将武隆以上的鹿角子、新老下连、黄角碥、磨寨、红志等6处畜力绞滩机改建为机动绞滩机。1967年3月，最后1台机组在纯洞滩试车成功。从此，全江共设绞滩13处，涪陵至龚滩188公里航道全线实现绞滩机（电）动化。

（四）航道渠化工程稳步实施

1. 渠江渠化工程

渠江位于四川东北部边缘地区，是长江的二级支流、嘉陵江的一级支流。渠江上游的巴河和州河在渠县三汇镇汇合后称渠江。河流向南流经四川的渠县、广安市、华蓥市、岳池县，于合川县城上游8公里的渠河咀注入嘉陵江。渠江河段从支流州河达县到渠河咀全长390公里。干流三汇至渠河段全长301公里，落差51米，平均比降0.16‰，有滩险115处，主要滩险31处。枯水年平均流量336立方米/秒（1959年），最小流量16.5立方米/秒（广安罗渡溪水文站1960年1月19日实测最小流量23.0立方米/秒），航道水深仅0.6～0.8米，航道宽度6～10米，弯道半径30米，只能通行20～30吨木船。

渠江流域钇、铁、石油、盐和天然气等矿产资源丰富。渠江具有悠久的通航历史，历来是川东北的交通干线，是达县地区对外物资交流的重要通道之一。交通部门非常重视渠江的开发，20世纪50年代初开始，即对渠江干支流河道进行三次大整治，重点整治南洋滩、鹅公滩、四九滩等大小滩险百余处，打通了梗阻的航道，提高了船只通过能力。并在主要河段设置助航设施浮鼓或锚桩，安设发光与不发光灯标，在部分险滩上安装了绞滩机，从而取消了雇请滩工拉滩和“滩师”放船，减少了枯水期提驳和洪水期入槽困难的现象。年运量由新中国成立初期的10万吨提高到40余万吨。

1958年，为了解决钇、铁和粮食运输，四川省政府决定渠化渠江。同年，四川省交通厅航运规划办公室拟定了从达县到渠河咀359公里渠化梯级布置方案，几经调整和修改，1961年确定采用低坝9级渠化布置方案。州河布置河市坝、金盘子和舵石鼓3级，渠江干流布置南阳滩、风洞子、凉滩、四九滩、富流滩和花滩子6级。规划达县至广安河段为四级航道，航道尺度为吃水1.8米、航宽45米、弯曲半径400米，通航2×500吨级船队，船闸有效尺度为闸室长160米、宽12米、槛上水深2.5米，年通过能力300万吨；广安至合川河段为三级航道，通航2×1000吨级船队，船闸有效尺度为闸室长190米、宽16米、槛上水深3.0米，年通过能力540万吨。

渠江渠化工程由四川内河规划测设队设计。1958年，省地结合成立渠江渠化工程局。1959年1月先后开工6个梯级，1961年经调整，只建成南阳滩、凉滩、舵石鼓3个梯级，投资2819万元。3个梯级建成后，形成不连续渠化航道94公里。

2. 清流河航道渠化（安岳—荣昌—内江）

清流河为沱江主要支流，有大、小清流河之分。大清流河发源于安岳县马龙岩金光寺，经清流、天宝、天林及内江县之永福、苏家、石子乡纳小清流河，入荣昌县之吴家镇、铜梁镇，再转入内江县之顺河、郭北，于内江下游9公里的大河口注入沱江，全长123公里，自黑窝子至大河口段终年通航。

大小清流河，自古通航舟楫，清末民初在此河修建有几座石堤堰，主要用于灌溉田亩，次为航运，但水源全赖降雨。为综合利用此河，1942年，四川省水利局对清流河进行渠化，计划修建14处船闸，但仅完成桂林堤、七星堰、大响滩、桐车堰4处，且为单级船闸。故清流河航道历史上始终没有全线畅通，只能分段通航。

清流河是安岳、内江、荣昌三县区间物资交往的要道，沿岸物产丰富，下行货物为煤、盐及百货，运出货物以粮食、甘蔗为大宗，有木船上千只，运输繁忙。20世纪50年代初期，国家提出大力开辟小河支流、充分利用水运的方针，对清流河制定了全线渠化、修建船闸的计划。在内江地区领导重视、沿河县区的参加下，1958年至1966年间，先后改建或修建了石板滩、一泗滩、洗马池、观音滩、小坑、大坑、桐车堰、桂林堤等21座闸坝，使大、小清流河全部渠化，与沱江沟通。

3. 小安溪航道渠化（荣昌—大足—永川—铜梁—合川）

小安溪是涪江下游的一条支流，发源于荣昌县境，经大足县部分辖区，折而东流至永川县，再由南向北流经铜梁县的永加、火庙、虎峰、蒲吕、旧县，于张渡口入合川境，在合川县城北汇入涪江，全长162公里。上下游河床较陡，中游河床平缓，可分段航行。

小安溪处于华蓥山支脉西温泉山岳之间，有丰富的煤炭资源，并盛产楠竹、茶叶、柑橘，两岸河谷是永川、铜梁、合川三县的重要产粮区。沿河有大小煤矿20多个，并有纸厂、铁厂、茶厂、化肥厂、碗厂及国防工厂40多家。流域内有成渝铁路经永川双石镇连接水运。

小安溪航运历史悠久，清末民初以筏运为主，后船运兴起，到抗日战争，全河有船1000余只，年运量约达2万吨。但抗日战争胜利后，工农业生产逐步萧条，木船运输也由兴转衰。至1949年，木船减少为300余只、500多载重吨。

新中国成立后，人民政府对小安溪进行了整治和渠化。首先整治双石至龙桥108公里的中游段，1958年为保钢运输，请来重庆航务工程学校师生30余人，对此河进行测设，并设计绘出图纸。1959年至1968年，在交通厅支持下由永川县、铜梁县先后建造船闸11座，船闸长40米、宽10米、门宽3.3米、槛上水深1.1～1.2米，渠化航道108公里，可全年通航17.7千瓦机动船，常年运量6万多吨，下水以运输煤、纸、百货、化肥等货物为主。

下游河床较陡，其中龙桥至箭滩11公里落差达55米，不能通航；箭滩至河口18公里，已建小型水电站3座，没有通航设施，致使小安溪船只不能与涪江直通，给水运带来极大的不便。

经过10多年的努力，小安溪全河建闸坝11座，渠化航道108公里，保持了永川双石至铜梁龙桥间常年通航，群众反映称"河道渠化水路通，惊涛骇浪顿无踪"。20世纪60年代以来，因水利部门和乡镇企业在永嘉、安溪、大庙、虎峰、蒲吕等船闸大坝上开渠引水，修建电站，致使水位常年低于闸坝门槛设计水位以下，船舶航行困难。

4. 濑溪河航道渠化（大足—荣昌—泸县）

濑溪河是沱江下游的重要支流，发源于大足县中敖镇天台山铜子沟，流经大足、荣昌和泸县，在泸县胡市镇注入沱江。濑溪河全长200公里，通航152公里，其中大足30公里、荣昌58公里、泸县64公里，流域面积3030平方公里。河流中游年均流量12.8立方米/秒，下游河口年均流量42立方米/秒。河流两岸台地发育，良田肥沃。沿河有多处岩石陡滩，总落差达160米。

濑溪河流域是重庆、泸县两地主要粮食产地，盛产水稻、小麦等粮食作物和棉花、麻、花生等经济作物，钇、铁、石油、天然气等矿产资源丰富，探明钇的储量4.0亿吨以上，菱铁矿储量2000万吨以上。

濑溪河通航历史悠久，自古以来是大足、荣昌和泸县重要的交通运输线。清朝、民国时期，从大足中敖镇至荣昌界路孔的57.4公里航段上，共修筑堤堰9座，平缓水势，以利航运。同时，沿河农民在落差集中的工部滩、毛公滩、乱串子、鸭兜滩、大石磊和洞子上修筑石坝，抬高水位，满足农田灌溉，改善通航条件。但因无过坝建筑物，只能分段通航，物资靠人力搬运过坝。

20世纪50年代，地方交通部门集资整治部分滩险，通航条件有一定改善。20世纪60年代初，四川省水电厅和泸州专区电力局、交通局规划提出玉滩至河口11级低坝渠化方案，后又调整为12级布置方案，各梯级分别是路孔、沙堡、高梯、邓滩、高洞、激滩、福集、毛公滩、乱串子、大石磊、洞子上和龙口子等，各梯级水位衔接，全面渠化濑溪河。规划玉滩至福集航道等级为八级，通航30吨级船舶，航道水深1.0米、航宽12米、弯曲半径80米，船闸尺度为闸室长40米、宽10米、闸首口门宽4.0米、槛上水深1.0米；福集至胡市航道等级为七级，通航50吨级船舶，航道水深1.2米、航宽15米、弯曲半径110米，船闸尺度为闸室长60米、宽12米、闸首口门宽5.4米、槛上水深1.2米。

1975年前后，四川省交通厅内河航务管理局陆续投资修建荣昌境内的路孔、沙堡、高洞、邓滩4座船闸，渠化航道61.0公里，船闸闸室长40米、宽10米、闸首口门宽4.0米、槛上水深1.2米。枯水航道水深1.0米，航宽4.0～8.0米，可通行15～30吨级船舶和小型机动船。并在泸县境内修建了乱串子、洞子上和龙口子3座船闸，分段渠化航道约26.0公里。洞子上船闸闸室长42米、宽10米、闸首口门宽4.0米、槛上水深0.9米。龙口子船闸闸室长32米、宽8.0米、闸首口门宽4.0米、槛上水深0.9米。但濑溪河尚未全线渠化，只能分段通航。

二、港口建设逐渐起步

1958年，“大跃进”运动迅速发展，长江上游航运日趋繁忙，进出川物资源源不断涌向重庆、宜宾、涪陵、万县等港口中转、集散。这些港口码头自然坡岸陡，设施落后，泊位少，吞吐量较小，船舶时常发生堵塞，无法满足国民经济发展的需要。为了扩大港口的通过能力，改变港口的落后面貌，在“大跃进”和调整时期，长江宜宾至万县段四大港口的建设加快。

（一）重庆港的建设

重庆港，长江上起江津县羊石盘，下至长寿县黄草峡247公里；嘉陵江上起合川县，下至朝天门近百公里。港区陆域面积910万平方米，水域面积1222万平方米，航运历史悠久。明清时期，重庆港已发展成为四川水运的中心，有朝天、东水、太平、储奇、金紫、南纪、通远、临江、千厮9道城门，建有码头通道，码头名称沿用至今。

“大跃进”以后，重庆港口客货量猛增，1958年全港吞吐量达395.4万吨，客运量达47.7万人次。此时港口码头结构以斜坡式、浮式、自然岸坡为主，只有少量直立式码头，设施落后，与装卸任务很不适应。为此，根据长航局重庆分局部署，决定加快港口码头建设，全港上下建立了技术革新机构。1958年5月，重庆港朝天门客运大楼竣工。1959年，唐家沱石油码头建成，各类油料皆用坠车滚柱滑道运输，提高效率，实现半机械化。此时技术革新和技术革命（简称“双革”）运动进一步开展，要求实现“搬运轨道车子化、坡道滑板缆车化、出舱堆码机械化、机械作业联动化”的“四化”目标。经过港口工人的努力,全港在"双革"中共建成土洋缆车 12 座,梭槽 2100 米,下河公路 1160 米,手推车 256 部。实践证明,"双革"运动只有尊重科学,制定项目与生产薄弱环节相结合才会有成效。至 1965 年,港区内航道和港池经过整治后能通过吃水 2.5 米以上的船舶。

重庆港有计划地对港区内的主要浅窄航道和港池进行整治开始于 1957 年上半年枯水季节。整治工程由川江航道整治工程处所属的川江航道整治工程总队施工。首先对猪儿碛、九龙滩、砖灶子、礁巴滩等处进行整治。但是,除猪儿碛基本达到设计要求外,其余各处均未达到设计要求,当年下半年枯水季节又继续施工,此后,每年枯水季节都需进行维护性整治。到 1965 年底,港区内航道和港池都能终年通过吃水 2.5 米以上的船舶(如中型登陆艇)。猪儿碛历年共计疏挖土石 12.1 万立方米,枯水季南北漕航道水深均可达 3~5 米,宽可达 65~70 米。九龙滩历年炸漕疏挖土石 10 万立方米,枯水季南北漕航道水深可达 2.7 米,宽可达 50 米,九龙坡港区码头前沿港池水深可达 2.5~2.7 米。砖灶子历年炸礁疏挖土石计 1.46 万立方米,枯水季航道水深可达 2.5 米,宽可达 60 米。礁巴滩历年炸礁 0.31 万立方米,枯水季航道水深可达到 3.8 米,宽可达 50 米,码头前沿港池水深也可达 2.7 米。大型船舶终年可直驶九龙坡作业区作业,无须先在港内轻载或转运,这既便利了水陆联运货物的衔接作业,又大大减少了港口作业量和装卸成本。港池基本上能适应安全泊离作业的需要。不过,猪儿碛、九龙滩、砖灶子等航道,每年都容易淤积,必须常年进行维护性疏浚,才能使航道畅通。1963 年初又对母猪碛的黑石子进行整治,计疏挖土石 0.21 万立方米,枯水季航道水深达到 3.5 米,宽达到 70~100 米,经过整治之后再未淤积。同年 12 月中旬对嘉陵江口的航道和港池进行疏浚,计疏挖泥沙 1.64 万立方米,使客货班轮在枯水季能停泊嘉陵江口各码头。嘉陵江口并不是每年都淤积,当嘉陵江洪水比长江洪水晚收时,江口泥沙被冲刷,就无疏浚的必要了。

1958 年 10 月 1 日,重庆航道局在重庆港区进行电气化航标试点。长江自大兴场至港中心羊角滩 16 公里、嘉陵江口至千厮门 1 公里,共计 17 公里,安设了电气化航标灯 63 处。其中 28 处浮标和 16 处岸标,以空气干电池为电源,并有 10 处浮标安装了钟表开关,有 12 处浮标为水力自动发电,有 7 处岸标为市电电源。航标试点取得了良好的夜航效果。同年 12 月 20 日开始,在川江全面推行锁链式电气化航标,为整个川江全面夜航提供了良好的条件。

重庆港九龙坡港区有计划的改建与扩建工程,是交通部 1957 年列入基建计划内的单项工程,要求当年完成投产。这项工程是重庆港解放后港埠建设第一个大的工程,其规模仅次于芜湖港裕溪口作业区,为长江第二项大的港口基建工程。这样大的工程,匆匆上马,准备工作不充分,加上设计单位和施工单位缺乏建港经验,以致多次修改设计,施工进度迟缓,又由于港区铁路专用线与九龙坡铁路枢纽站布局之间的矛盾迟迟得不到解决,以及征地拆迁、材料供应、机械订货和反右派斗争的影响,1957 年只完成部分土石方工程，仅占投资量的30%左右，其余工程量全部跨到1958年度。除因工程延误造成运输生产上的损失无法计算外，经交通部检查组核实，总计损失和浪费87548元，其中属港方责任者23867元，属施工方责任者21201元，属双方责任者42480元。为此受到交通部的通报批评。

1958年，九龙坡基建工程进度大大加快。第二季度开始边建设边投产，到当年年底，完成总投资量的75%左右。计建成缆车作业线杂货码头1座，链板机作业线粮食码头1座，货棚2幢（1万平方米），货场9000平方米，增设铁路专线1000余米，增设供电、充电、给排水系统、油库、修理车间以及生产、生活用房等设施，并配置蒸汽机车1台、平板货车5辆、电瓶拖车16部。上述设施投产后，九龙坡港区年通过能力由11万吨增加到80万吨。

1959年继续完成了上年跨下来的调车专用线900余米的建设任务。5吨起重船和15吨起重船各1艘，也相继投产。但因5吨双浮式起重船系由民生船厂用2台5吨门式起重机在“大跃进”运动期间改装而成，有质量问题，后经交通部仲裁，由港厂双方出资80余万元，返工修理后，才基本适应生产要求。1959年投资118万元建煤码头1座，年通过能力为40万～50万吨。1960年10月至1961年6月投资42.5万元，改建杂货码头1座和货棚1幢，年通过能力为50万吨。1963年10月至1964年5月投资17.2万元，将货棚改建为仓库。到1965年，九龙坡港区共有码头6座、仓库4幢（约2万平方米），并陆续配置了料场起重车等设备，年通过能力达到210万吨。但因当时货源不足，港区的通过能力只利用50%左右。

这一时期，在港口中心区还先后增添了浮式起重机5台，水上作业的年通过能力扩大了约60万吨。朝天门磨儿石码头缆车及新仓库于1958年正式投入生产，客运站候船售票厅及办公大楼也于1958年第四季度交付使用。

在“大跃进”中，市政建设部门也对港区朝天门、千厮门、东水门、望龙门、太平门、储奇门、菜园坝，南岸的弹子石、玄坛庙、龙门浩、海棠溪，江北的保定门、觐阳门等码头进行简易扩建或道路翻修。拆除了码头附近的捆绑房屋和危险建筑，市内公路也延伸到码头或码头附近。一座沟通江北与市中区的嘉陵江大桥正在加紧施工，这是重庆市的一项重大市政建设项目，关系到港口梁沱锚地与市区的公路连接。港口中心区各码头不但改善了船舶作业的条件，也大大方便了客货的上下，重庆港的面貌有了明显改观。

（二）涪陵港的建设

涪陵港，长江上起李渡空洞桥，下至清溪大渡河口，全长23.2公里；乌江上起白涛，下至河口，长14公里。港区水域面积15.2平方公里，陆域面积7.8平方公里，岸线长43公里。由长江上可至重庆，下可至宜昌等地；乌江上至彭水、龚滩和贵州沿河等地都有客货班轮。

“大跃进”运动开始后，涪陵港的运量发生了较大的变化，货物吞吐量由1957年的28.5万吨猛增到35.5万吨。为提高港口疏运能力，1959年，在“全党全民办交通”方针的指引下，涪陵地区交通局组织人力修建了1条沿河公路。这条公路东起乌江大东门码头，西至龙王沱码头与原下河线衔接，全长1275米，属双车道6级公路，于1960年春完工。同时，在涪陵地委的领导下，大搞码头机械化，工程在荔枝园—龙王沱—大东门3个点进行，荔枝园是重点，经过半年的施工，修建了动力缆车道6条（长670米）、下河公路1条（长290米）、装卸平台1处（1200平方米）。另外还制成一批装卸机具，如土吊车、索道等，提高了港口通过能力。

1960年，四川省交通厅调拨给涪陵2台0.5吨少先吊，这是涪陵港最先出现的动力装卸机械。这一年，港务局还有了通信设备。1962年，四川省交通厅拨款修建荔枝园码头前方仓库。1965年，长航局投资180万元，在荔枝园新建码头1座，设计年通过能力20.6万吨，1967年建成投产。1970年，将荔枝园原简易仓库改建成杂货码头，设计年通过能力7万吨，1971年11月竣工。

1965年，涪陵港务管理局划归重庆港直接领导，为了适应地方经济建设和港口发展的需要，重庆港务局于6月将朝天门作业区浮吊7号调至涪陵港。浮吊7号使用蒸汽机作动力，最大起重量为5吨，这是涪陵港出现的第一台大型起重设备。此外，涪陵港还增配6米皮带输送机4台、涡轮出舱机1台，港口装卸作业能力有了很大的提高。

涪陵港客货运码头主要分布在乌江口、关码头、龙王沱、荔枝园等处。按码头使用情况可划分为以下4类：①客货运作业区：位于市中区长江、乌江交汇处附近，占长江岸线800米、乌江岸线400米。②散货重件作业区：主要集中在荔枝园，长航大型货船在此停泊装卸，占长江岸线800米。③中转货物作业区：主要集中在乌江东岸，泊位4个，占岸线长400米。④危险品作业区：位于黄角咀，即石油公司码头。随着港口的不断建设，涪陵地区已形成一个以涪陵港为枢纽的四通八达的交通网络。

（三）万县港的建设

万县港地处川东，自古以来就是四川舟船进出、货物集散的主要港口，对促进川东地区经济繁荣起着重要作用。新中国成立后，万县港走上了稳步发展的轨道。经过“一五”计划的建设与川粮东运的实施，对港口设施进行局部改造，划分了轮船、木船锚泊地，扩大港口靠泊能力，使港口吞吐量年年递增。至1957年，万县港吞吐量达38.4万吨，与新中国成立前相比，翻了两番。

1958年，受“大跃进”运动影响，货源激增，万县港年吞吐量由30多万吨上升到50万吨。根据码头坡度陡、江水落差大的独特地理形势，开展“双革”运动，先后试制革新风动缆车、起重车、风动出舱机、手摇轨道机、出渣机等。万县市搬运公司在下沱柑子园、新码头和胜利路末尾各安装下河货道(滑板)。1960 年,该公司在柑子园建成第一座电动双缆车道码头,并于下端设 2 艘可泊 300 吨级船舶的木质囤船。随后,一些地方航运企业也纷纷设置囤船。

20 世纪 50 年代,万县港形成三家分管的局面:1952 年 7 月成立的万县港务局主管港务及航政监督工作,万县航运管理站主管万县境内的私营木船及内河航务工作,万县市搬运公司承担港口装卸业务。各单位之间既有分工,又有业务联系。这种格局在当时是与生产力发展需要相适应的。1960 年 6 月,由万县港务局、中心航管站、航道段及主要物资托运单位共同组成万县市码头管理委员会,负责协调码头划分、栅栈堆场设置及调解纠纷等,更好地为港口服务,促进港口生产的发展。

为适应机动船迅速发展的需要,一些地方航业、货主单位及地方交通企业,在 1958 年以后,向机动化、拖带化过渡,并纷纷设置浮囤,修建码头。至 1965 年底,万县港共有电动缆车道 6 条、浮式码头 10 座,总长 253.2 米,最大靠泊能力为 500 吨级;有自然泊位的缆车码头 3 座,最大负荷 5 吨。浮式码头及通往各地主要码头公路的修建,使港口运输能力有所提高,结束了轮船旅客用木划递漂接送的历史。

经过“大跃进”和调整时期的码头建设,万县港全港运输基本上实现了机动化、拖带化,吞吐量逐年增加。到 1965 年,全港货物吞吐量达 56.43 万吨,在支援抗美援朝战争、支援荆江分洪等项运输任务中充分发挥作用。

第四节　运输发展的起伏波折

一、航运生产的大起大落

交通运输受社会生产力的推动和制约,随着国民经济形势的变化而变化。1958 年“大跃进”运动迅猛发展,党中央提出钢产量翻番,要达到 1070 万吨,比 1957 年的 535 万吨增加一倍。

在“以钢为纲”带动一切、全面“跃进”的形势下,水路货运量快速增长。后来,由于国民经济进行调整,缩短基建战线,货运量又急剧减少。在国民经济宏观不断变化的情况下,水上运输生产大起大落。1958 年至 1960 年是“大起”,1961 年至 1963 年是“大落”。

在“大跃进”运动中,煤炭、钢铁、矿石、建筑材料等运量猛增,每年达两三千万吨,加之支援上海、北京、天津等城市的外调粮食每年 190 多万吨,运输任务非常繁重,时间要求又急。内河航运部门为了当好先行官，以运保钢，及时将炼钢原材料运到重庆钢铁厂、武汉钢铁厂和四川各地、市的大小钢铁厂进行生产，并及时把外调粮食运到需要的城市，提出“分秒必争，斤两不压”的战斗口号，昼夜奋战，赶运钢铁、粮食，完成的运输量逐年大幅度上升。

尽管1958年武汉总局将长航局重庆分局行驶川江的大型客货轮11艘、货轮5艘、铁驳150艘调走，又将行驶渝叙（宜宾）和渝万（万县）航线的32艘轮船和部分驳船下放给四川省重庆轮船公司经营，使分局本身的轮船由101艘减少到53艘，驳船由286艘减少到110艘，运力减少一半，但在“大跃进”的影响下，完成的货运量并没有大的下降。1958年完成货运量327万吨、货物周转量551207万吨公里，只比1957年分别下降7.24%和10.67%。1959年完成货运量325.5万吨、货物周转量598854万吨公里，分别比1958年下降0.44%和上升8.63%，仍是高产水平。1960年起，由于职工对超限度“疲劳战术”的承受力逐渐下降，船舶大多被拖垮，运输开始滑坡，仅完成货运量259.6万吨、货物周转量433919万吨公里，比1959年分别下降20.25%和27.54%。

在20世纪50年代，重庆水上物资主要依靠木船运输。全市人民生活必需品和工业生产用品，都是依靠木船运输的，在大小江河上呈现出千帆竞发、万舟建功的运输繁忙景象。重庆钢铁厂有60%的焦炭、矿石和生铁是由木船运去的。在粮食外调中，由木船集运到重庆交长航局轮船接转的粮食就占60%以上。每年仅从嘉陵江、涪江、渠江运出的粮食就有六七十万吨之多。重庆200多万人民所吃的粮食，就有50%以上是通过木船从各地运来的。

川粮东运在第一个五年计划的最后一年（即1957年）达到顶峰，计189万吨。“二五”计划开始，“大跃进”运动席卷全国，四川农村卷入了大炼钢铁的群众运动之中，不少农民弃农炼钢。人民公社化运动大刮“共产风”，农村搞“五集体”，办“伙食团”，严重挫伤了农民生产的积极性，加之连续几年大面积干旱，粮食大幅度减少。1958年出川粮食比上年减少61万吨，而且逐年锐减，到“二五”计划期末的1962年，只运出粮食3万吨。国民经济调整时期虽有所回升，但1963年至1965年平均每年出川粮食还不到8万吨，比1958年至1960年平均每年少运出114.6万吨。这是重庆港自1961年以来长期处于困境的一个重要原因。川粮东运运量在国民经济调整期间及以后，仍然处于很低的水平，也有其他一些原因。一方面是四川人口增加，粮食供应紧张；另一方面则是华东等地区粮食生产和供应情况已有所好转。这说明全国贯彻八字方针，按农、轻、重的顺序调整国民经济大抓农业生产取得较好成果。

重庆港除粮食之外的其他出川物资，1961年以后也比“大跃进”期间有所减少。1958年至1960年，平均每年为74.7万吨，而1961年至1965年，平均每年为50.8万吨，每年少运出近25万吨。这主要是因为全国性的调整，重工业物资出口减少，1958年至

1960年，重工业物资出口年均为58.7万吨，而1961年至1965年，重工业物资出口年均减少至45.2万吨；轻工业物资出口虽有所增加，1958年至1960年，轻工业物资出口年均为16.1万吨，而1961年至1965年，轻工业物资出口年均为20.2万吨，与重工业物资出口减少量相比，可以说是微不足道的。

进川工业物资在“大跃进”之后大幅度减少。1958年至1960年，重庆港此类物资运输量年均为180万吨。1961年至1965年，年均为94万吨，每年减少约86万吨。减少的原因虽然主要在于全国性调整后，物资流通的减少，但同时也有经过“一五”计划和“大跃进”之后，四川及西南地区的工业逐渐发展，过去来源于华东及其他工业发达地区的日用工业产品，如纺织品、文化用品、钢铁制品等进川数量减少的因素。

不难看出，重庆港吞吐量大起大落的直接原因是“大跃进”的急速膨胀和调整期间的急剧收缩。但重庆港吞吐量在“大跃进”后的大幅度下降，也有其良性方面的原因，即经过“一五”计划的实施和“大跃进”之后八字方针的贯彻，西南地区的工业发展起来了，华东和中南等地区的农业也发展起来了，因而华东等地区的工业产品进川和西南地区的农业产品出川，不同于以往大进大出的势态。

除了上述原因之外，1956年7月宝成铁路建成通车后，成渝铁路与全国铁路网相连，重庆港的经济腹地（如岷江和沱江的上游川西平原、嘉陵江的上游陕南和川北）进出口货源被铁路分流，也是影响重庆港吞吐量下降的一个重要原因。宝成铁路通车前，川西平原和铁路沿线的进出物资都在重庆港转运，成渝铁路极大地促进了重庆港货物运输量的增长；宝成铁路通车后，川西平原和成渝铁路沿线的进出物资，一部分弃水走陆，重庆港的货物运输量因此受到较大影响。

从1961年起，国民经济进行调整，基本建设战线缩短，水上货源随之减少，加上“大跃进”中船舶损坏严重，造成内河运输的大幅下落，货运量连续3年下降。1961年，长航局重庆分局仅完成货运量165.3万吨、货物周转量19.2亿吨公里，比1960年分别下降36.6%和55.8%；1962年又下降为货运量101.6万吨、货物周转量11.06亿吨公里，比1961年分别下降38.6%和42.4%；1963年货运量继续下降，完成85.3万吨，比1962年下降16.1%，货物周转量略有提高，完成12.23亿吨公里，比1962年上升10.6%。实践证明，运输上的“高指标”是不能持久的，它必然使运输生产力遭受破坏，造成运输的大起大落。

二、高指标、瞎指挥的危害

这一时期，为了加快社会主义建设，改变祖国“一穷二白”的落后面貌，重庆航运职工以饱满的政治热情，发挥艰苦创业的精神，以辛勤的劳动，出色地完成了运输任务。但同时在“左”倾错误的影响下，以赶超为目的，以大搞群众运动为方法，片面强调人的主观能动性，没有把革命热情与科学的求实态度很好地结合起来，以行政命令和政治口号代替经济规律指挥生产，又导致生产力的破坏和运输的大起大落。

长航局重庆分局航行重庆至汉口的拖轮，要求原拖 3 驳的增为 6 驳，原拖 6 驳的增为 13 驳。虽然这些“卫星”是放出来了，但全是靠拼体力、拼设备搞出来的，是无推广价值的。同时，不顾客观实际要求，轮船跑得越快越好，甚至没有灯标的河段也要求夜航，迫使船员只有借助月光、星光和探照灯夜航，破坏性地加速轮驳周转。例如，重庆轮船公司的轮船行驶长江重庆至泸州航段(249 公里)由原 4 ~5 天缩短为 2 ~3 天往返一趟，嘉陵江重庆至合川航段(94 公里)也由原 2 天往返缩短为 1 天。船员劳动时间在 16 个小时左右，有时苦战通宵，群众反映这种疲劳战术是“苦战三年，少活十年”。职工对疲劳战术只能暂时承受，是不可能持久的。

按照生产设备维修规定，长航局重庆分局的轮船，一般是一年一小修，四年一中修，十年一大修。在“大跃进”中，为实现高产，错误地提出“三年不进厂”“两年不小修”“洗检不停航”等不符合科学规律的口号。将小修改为 2 ~3 年，中修改为 6 ~8 年，大修改为 10 ~20 年。同时，预防检修也由过去的蒸汽机船每季度停检 6 天，柴油机船每 4 个月停检 10 天，改为不停航检修。因船舶修期大量削减，致使船舶技术状况不断恶化，1960 年 12 月的统计显示，有 40.68% 的船舶带病航行。船厂为创高产，也盲目压缩修期，提出“苦干加巧干，修期砍一半”的口号，使修船质量得不到保证，船舶航行事故不断发生。

重庆、涪陵轮船公司的轮船完好率，1957 年均在 90% 以上。在“大跃进”中，由于只用不保，造成船舶疲劳运转，带病航行，每况愈下，损坏程度越来越严重，特别是 1960 年以后，很多船舶“病入膏肓”，完好率下降到 50% 左右，有的船被迫停封，有的船作报废处理，运力不断减少，企业由盈利变为亏损。如重庆轮船公司原来一直是盈利，从 1961 年起连续 3 年亏损，1961 年至 1963 年共亏损 600 万元；涪陵轮船公司原来一直是盈利，从 1959 年起出现亏损，1959 年至 1961 年共亏损 63.3 万元。

由于搞疲劳战术，船舶超负荷拖带，苦拖硬跑，冒险航行，导致海损事故增多。1959 年海损事故更为严重，但因许多航监人员被调走，或去做其他工作，连海损事故数量也无人统计，故这一年四川省无海损事故统计资料。

在“大跃进”期间，长航局重庆分局系统海损事故一年比一年严重。尤其是 1960 年，58 艘大型船舶即有 42 艘发生了事故，事故面高达 72.41%。特别是沉船 4 艘，占“大跃进”3 年沉船总量(9 艘)的 44.4%。

盲目提倡“破除迷信，解放思想”，冲破“束缚生产力的规章制度”，载重量不受限制，超载越多越好，是海损事故数量增多的一个重要原因。据长航局重庆分局 1960 年 7 月和 8 月的统计，在川江行驶的 12 艘客轮，航行 173 个航次，就有 101 次超载。拖轮超负荷拖带更为严重，超拖量一般都在 1 倍左右。如重庆轮船公司“川航 408”轮由泸州至重庆拖带木驳 16 艘，装载粮食、生铁等物资 2100 吨，行至泸县境内神背咀滩触礁，沉没木驳4艘，造成重大损失。

不顾当时技术力量薄弱、物质基础差的客观实际，乱搞技术革新，也是海损事故数量增多的原因之一。重庆轮船公司1959年在“江都”轮上开展“驾机操作六合一”的新技术尝试，以迎接省外代表团参观。虽在公司和船上技术人员的共同努力下，勉强完成了设计和安装，但操纵经常失灵，不利于安全，很快就拆除了。在船用燃料方面，搞“煤中加石灰石”和“柴油掺水”等革新，不但未能节约燃料，反而成为安全上的一大隐患。

为了克服“大跃进”造成的困难，党的八届九中全会决定从1961年起对国民经济实行“调整、巩固、充实、提高”的八字方针，通称八字方针。根据八字方针，全国经过调整，国民经济形势不断好转。内河航运事业也和全国一样，经过3年的调整，总结了“高指标、瞎指挥”的危害，纠正了工作中不实事求是的作风。长航局重庆分局1964年完成货运量114.5万吨、货物周转量17.37亿吨公里，比1963年分别上升了34.2%和41.9%，升幅较大；1965年完成货运量127.8万吨、货物周转量13.07亿吨公里，货运量比1964年上升11.6%，但货物周转量却下降了24.7%。

三、港口吞吐量激增及应急措施

由于“大跃进”的影响，重庆港吞吐量急剧增加，港口的经济效益虽有大幅度的提高（1958年至1960年共盈利1067万元），但港口的昼夜装卸能力只有1.2万吨左右，而实际每昼夜装卸的货物经常在2万吨左右，港口装卸能力与装卸任务很不适应。

港口面临着以下一些困难：

（1）货物流向发生变化，进口量比重增加。1957年进口货物量占吞吐量的21.5%，进港空驳多，在装卸组织上只管装不管卸。但1958年至1960年进口量的比重逐年上升，分别占当年吞吐量的32.3%、40.1%、63%，卸进口货比装出口货困难，效率要低40%左右。

（2）货种发生变化，难操作货物的比重增加。在“全民大办钢铁”的号召下，矿石、生铁进口量剧增，不仅卸货效率低，而且劳动强度大。这种难操作货类占吞吐量的比重，1957年仅为2.7%，而1958年上升至27.3%，1959年上升至36%，1960年又上升至45%。1958年全年进口矿石、生铁32万吨，比1957年增加4.2倍，其中9月至12月集中到港21万吨，给港口装卸、库场、码头、驳运等造成了巨大压力。

（3）省内外运输量发生变化，短途运输量增加。由于大炼钢铁的需要，仅是地处江口的第四作业区，运往市内各大钢厂的焦炭，每年约达16万吨以上，占短途运量的35%；加之三江钢厂的物资设备、川黔铁路的大批器材，都需要在江口换装，江口成了“瓶子口”，经常受到压港威胁。再加上川中油田的钢管器材，涪、万、泸地区的日用工业品、食盐和支农物资的运输量都在增长，因此，1958年至1960年省内短途货运量分别为1957年的127.2%、367.5%、372.8%。四川省各地方轮船公司无能力承受如此巨大的运输量，港口驳船又忙于进口接载，造成区间短途运输货物大量压港、压库。

对于这些困难，港务局先后采取了各种应急措施，起了暂时的缓解作用。

一是开展各种类型的劳动竞赛活动，以激发广大群众的劳动热情，作为提高劳动生产率的特殊手段。1958 年以前，港内开展增产节约运动，曾经采用过劳动竞赛的方式，而“大跃进”期间的劳动竞赛，不仅赛得频繁而且名目繁多。提出“开门红”“月月红”“季季红”“红到底”的竞赛，又提出区与区、队与队、现场与现场、船与船、舱口与舱口、上班与下班、个人与个人的对手赛，此外还有技术表演赛、“一条龙”协作赛、“巧姑娘”竞赛等。以上这些，对生产虽起了短暂的刺激作用，但由于竞赛数量过多、名目过繁，广大群众高度紧张，过于劳累，一些竞赛流于形式。

二是大放高产“卫星”。港口频繁地组织“突击日”“高产周”“跃进月”活动。用“不计报酬、不讲时间、不计成本”的方法，大打“人海战术”（二、三线的后勤服务部门和机关干部参加放“卫星”劳动），搞所谓“鸭儿翻田坎”（即做完一个现场，接着又做一个现场，延长作业时间）。后来又逐步升级，推行“千吨班”“万吨作业区”，即通过有意识的特殊安排，以好卸好装的货、好的泊位码头、好的设备，达到高指标。1958 年 9 月 27 日，第三作业区放出昼夜高产 13488 吨的“卫星”，次日第二作业区也放出昼夜 12377 吨的“卫星”。这些“卫星”的工作量比平时高 1.4 ~2 倍，大型班轮每小时装卸效率达 218 吨，比平时提高 47%。1959 年 12 月 4 日，第四作业区借“反右倾”之风，放出日产 24404 吨的“卫星”，但 5 日、6 日每天生产降到 8000 吨左右。停泊区仅有 360 马力（约 264.78 千瓦）的“生新”轮，由江口超负荷拖 20 艘满载焦炭的宜式木驳，驶过白沙沱长江大桥，接着又拖 2000 立方米的木排，闯险滩、过三峡，抵达宜昌。这些高产纪录是靠拼体力、拼设备、超消耗突击出来的，不是生产能力的真正提高。

在“大跃进”的形势下，1958 年港口提出了“高举红旗、跨上火箭、分秒必争、为钢而战、斤两不压”的口号，紧接着又提出“任务翻一番，成本减一半”等口号。1959 年更进一步提出“货不落地、吨不过分、车不过点、大船不过天、小船不过班”“能力翻番、停时砍半”等口号。这些口号，不但缺乏科学根据，而且超越了港口实际能力，盲目冒进。如船舶在港平均停泊时间 1958 年为每艘 1.79 天，到 1960 年不但未“砍半”，反而增为 2.68 天。

1958 年 12 月 4 日，重庆港务局决定废除码头装卸工人的计件超额奖励工资制，实行计时工资制。港口装卸作业使用机械不多，装卸工人操作技术并不复杂，主要是体力劳动强度的大小，每个人的劳动成果按件按吨计算是合理的；计件工资把劳动量和劳动强度同报酬量直接挂钩，使工人从物质利益上关心自己的劳动成果，调动他们的劳动积极性，提高劳动生产率。废除计件工资制后，接着又废除了单船作业计划和定额配工，倒退到实行分区、分队、分船的“包干作业制”，导致港口计划管理混乱，一部分工人的积极性受到挫伤。

编制计划，违背“实事求是、稳妥可靠、留有余地”的基本要求，层层加码，提高指标。1958年港口制订的出口货源“跃进”计划，全年货运量定为2742878吨，执行结果只完成2361688吨，落空381190吨。由于四川省的劳动力和短途运输工具受大炼钢铁运动的影响，货物集运十分困难；物资单位的实际产销情况与调运计划有很大出入。例如，四川省粮食厅计划外调川粮250万吨，其中长航局运180万吨，但中央有关部门下达的计划，要求长航局运230万吨，这样的“跃进”计划必然落空。又如，1959年港口计划要求放高产“卫星”180个，先进船次（安全、准点、满载、高效）达到作业船次的70%。实践结果则是，没有一个作业区能完成这个计划。更有甚者，港口“大跃进”计划提出“苦战一年，力争成为‘四无’港口”（“四无”即无工伤，无落水，无商务、海损、机损事故，无延误发船）。这完全是凭主观意志提出的过高要求，助长了“浮夸风”的蔓延。

安全质量下降，各类事故增多。“大跃进”期间，港口一些行之有效的规章制度名存实亡。装卸工人在“高指标”“瞎指挥”的压力下，被迫超时间、超体力劳动，这样不可避免地出现野蛮操作状况，导致各类事故发生。其中重大事故有“长江311”轮触礁、“华渝”轮在打鱼湾沉没、民主德国展品水湿受损，以及其他严重的伤亡事故等。

四、港口生产调整后出现好转

由于国民经济的调整，全国工农业生产开始好转。重庆港贯彻执行八字方针，港口生产开始回升，但仍保持在一个较低的水平。成都铁路局决定将重庆菜园坝车站改为客运站，不承担货运业务，水陆联运物资的换装移至九龙坡码头。再加上九龙坡站扩建，原承担的部分工业用煤的装卸业务移至重庆港九龙坡码头。1965年进入九龙坡作业区的各种物资达69万吨，占港口吞吐量的66%，其中，煤炭达24万吨，生铁达20万吨。

通过调整，重庆港港口生产形势有了好转，1965年完成的货物吞吐量比1964年增加29%，装卸工人劳动生产率等亦有所提高。

港口生产情况好转还表现在以下两个方面：

（1）专线运输进一步发展。1965年朝天门作业区煤炭装卸任务增大，浮式起重机起重能力不足，为了保证专线运输船舶不因装卸延误发航，港口决定把全港浮式起重机集中在朝天门作业区，由2艘增为5艘，并租用涪陵港浮吊7号充实机械作业力量。作业班次从6个班增至14个班。因而，月装卸量由年初的2.2万吨逐月上升到最高8.1万吨，解决了进川物资压船问题。港口组织二线职工成立60人扫舱队，组织300名家属担任库场作业，又从九龙坡作业区、涪陵港调来70名工人支援朝天门作业区。同时，港口又将朝天门作业区的千厮门、磨儿石、打鱼湾3条缆车作业线专卸重载港驳，以加速港驳周转。九龙坡作业区也在计划安排上先卸联运货的港驳，使港作木驳周转率大大提高，基本满足接卸专线船舶进口货的需要。在提高装卸效率方面，港口发动群众献计献策。

朝天门作业区卸铁驳煤炭效率很低，针对这个问题，共采纳合理化建议50多条，采用抓斗、皮带机配套、多机多路、定点作业等工艺，卸煤台时效率由29吨很快上升到50吨，并创台天产量1002吨的高产纪录。九龙坡作业区三码头实行“汉渝人民”号登陆艇钢材成组运输，使装钢材台时效率由原来的51吨上升到75吨。此外，还在所有专线船驳装卸作业上采取“一点”（固定吊杆作业点）“两面”（多开通路，里外同时作业或一边卸、一边装）“多机”（集中两艘浮式起重机装卸一艘船）的作业方案，取得了良好效果。1965年一年中有10多艘次比计划时间迟进港的船舶，经过努力压缩装卸时间，仍能按专线规定时间发航，使得专线运输得以巩固和发展。

（2）提高了计划和调度工作的质量。将原来单独编制的九龙坡作业区昼夜作业计划纳入全局计划，解决九龙坡作业区与其他作业区的脱节问题，避免了长航船驳与地方船驳争码头的现象，大大缩短了长航船驳等待码头的非生产停泊时间。船舶平均停时由1963年的0.83天降到1965年的0.09天。1965年由于进口货物增加，港作木驳缺口很大（全年约差20万吨），加之进川物资多集中在下半年进港，港作木驳尤为紧张。港口从调度计划上紧紧抓住这一薄弱环节，采取增加货主对提对装、扩大上岸堆存、送货上门、及时转驳并驳等措施，全年船过船、车船直取货物8万吨，利用河滩坡岸自然堆场，堆存货物达1.5万吨，解决了木驳紧缺的问题。又由于运输任务增加，船舶进出密度增大，铁驳进口载量由原来每船250吨增大到550吨，港作拖轮严重不足，港口除加强拖轮计划安排外，并派调度员跟船调度指挥，做到少空航、多重航、合理使用。1965年完成拖运总量206万吨，其营运率、重载航行率分别达到79.1%和82.5%；在港船驳等待港作拖轮的非生产性停泊时间1965年平均为0.03天/艘，比1964年降低87.5%。

此外，港务局、四川省轮船公司、重庆市煤炭建筑公司、重庆市水上运输公司建立每日碰头会议，集中精力解决每日卸船问题，通力协作消除了港口堵塞问题。港口贯彻“长短（航）并重，固定作业码头，固定作业劳动力”的办法，1965年四川省轮船公司货运量完成年计划的155.8%，是与港口的配合分不开的。

第五节　水运企业的不断发展

一、国营轮船公司的发展壮大

（一）长江轮船公司重庆分公司

长江轮船公司重庆分公司前身为1950年1月成立的长江航务局重庆分局。1951

年原招商局重庆分公司并入重庆分局，1956 年民生公司、川江轮船公司并入重庆分局，形成“政企合一，港航统管，条块结合”的管理体制。

1958 年至 1965 年，虽经不断调整，但国民经济比例仍严重失调，运输生产逐年下降。1962 年，重庆分局出川货运量下降到 60.9 万吨，仅为 1957 年的 18.92%。这是运输生产上的第一个低谷。面对困难，重庆分局广大职工认真贯彻中央“调整、巩固、充实、提高”八字方针要求，货运量逐步回升，1965 年出川货运量达到 80.5 万吨，比 1962 年提高约 32.1%。此外，还创造了渝宜下水夜航、川江驾引合一、川江下水拖木排等新技术，运输生产又蓬勃发展。

1964 年 12 月，长江航运试办“托拉斯”，长江航运管理局撤销，成立长江航运公司和长江轮船公司。在重庆，成立长江航运公司西南办事处，管理港、厂等长航在川单位；成立长江轮船公司重庆分公司，专营重庆至宜昌的客货运输。1965 年 12 月 1 日，长江航运公司西南办事处及长江轮船公司重庆分公司撤销，成立长江航运公司重庆分公司，统管长航在川单位，同时经营客货运输。

（二）四川省重庆轮船公司

1955 年，四川省重庆轮船公司创立初期，面临基础薄弱、设备简陋、船只少而老旧、资金短缺、周转困难、技术力量缺乏等困难。公司领导带领全体职工艰苦奋斗，自力更生，一方面建造新船，增添运力；另一方面组织船舶试航岷江、金沙江，延长运输线路，同时加强职工的技术、业务培训，建立健全各项规章制度，在短期内便有了较大的发展。

1958 年“大跃进”运动全面开展以来，为了发挥中央和地方发展轮船运输的“两个积极性”，同时也使交通部直属的长航局重庆分局能集中主要力量经营和发展出川的客货运输，交通部决定对长江航运管理局实行部分体制下放，从 1958 年 8 月起将长航局重庆分局的部分机构、船舶、设备、港口、船厂、航校及有关人员下放四川省管理。四川省交通厅即将下放的轮船运输部分交四川省重庆轮船公司接管经营，计有行驶渝叙、渝泸、渝涪、渝万、渝合航线的机动船 32 艘（其中客货轮 27 艘、拖轮 5 艘），共计载货量 5302 吨、载客量 6250 座、总功率 13366 千瓦，驳船 28 艘、载重量 7672 吨，随船船员和业务管理人员 1624 人，以及泸州港务局、宜宾营业站、涪陵办事处和这三个港口所辖的基层站点单位。同时，为了发展专县地区轮船运输，以利于实现木船机动化，四川省交通厅又从四川省重庆轮船公司调出小型轮船 11 艘（其中客货轮 5 艘、拖轮 6 艘）拨交万县、涪陵、江津、泸州、宜宾、南充等专区接管使用。

根据重庆市关于港口统一规划管理的决定，重庆轮船公司所属重庆港内的贺家码头、千厮门盐码头等 4 个囤船码头和装卸工人交重庆港务局管理。同年 11 月，四川省交通厅决定将重庆轮船公司所属南充营业站移交南充专区交通局接管。经过这一系列重大变更，四川省重庆轮船公司企业规模明显壮大，经营航线、运输能力、机构人员、客货运输生产量等都成倍增加。到1958年末，经营航线达1076.5公里，比1957年增加328.5公里，扩大43.9%；实有轮船34艘（其中客货轮24艘、拖轮10艘），载货量2789吨、载客量5702座、总功率16678千瓦，比1957年分别增加2.16倍（数量）、50.7倍（载货量）、14.2倍（载客量）、12倍（功率）；运输驳船128艘、载货量19315吨，比1957年分别增加2.16倍（数量）、2.53倍（载货量）；职工2300余人，比1957年增加3.28倍。长航局重庆分局下放给重庆轮船公司的船舶中，除"江都"客轮是新船及"生勤""生俭"两艘拖轮是20世纪50年代所造的外，其他绝大部分轮驳船都是原民生、强华、合众公司的老船，其中以民生公司的船最多，有的还是20世纪20年代所造，包括民生公司的第一条起家船"民生"轮在内。这些船舶以蒸汽机船为多，在20世纪50—60年代曾发挥重要作用，到20世纪60年代末至70年代初，随着生产设备的更新改造，这批船舶便陆续报废了。

由于企业规模扩大，船舶大量增加，1958年重庆轮船公司完成客运量126.8万人次、旅客周转量4254万人公里，比1957年分别增加6.3倍和5.25倍；完成货运量160.9万吨、货物周转量3.6亿吨公里，比1957年分别增加7.31倍和8.1倍；实现利润143万元，比1957年增加3.76倍。这说明，重庆轮船公司在运力大量增加后，加强了企业的经营管理，促使运输能力得以充分发挥。

长航局重庆分局以较多的船舶下放省属企业，极大地支持了地方轮船运输业的发展。事实证明这一措施利多弊少，使重庆水上运输出现了崭新的局面。

重庆轮船公司的迅速成长壮大，对省内运输作出了贡献，也为长航局发展进出川运输起了积极作用。同时，为重庆逐步实现木船机动化起了带动作用。

"大跃进"中，由于疲劳作战，大批老旧船舶陆续报废，基建又未跟上，致使企业后劲不足，因而在20世纪60年代发展缓慢。1964年，长航局重庆分局船舶经过下放5年的实践，深感渝涪、渝万航线由地方经营后，与长航局船舶和港口作业发生多头联系，有所不便，乃经上级批准将渝万、渝涪航线和船只6艘（客货班轮5艘、拖轮1艘）及随船船员由长航局重庆分局收回经营，重庆轮船公司即专营重庆以上长江干线及金沙江、岷江、嘉陵江三江支流航线。

到1965年末，重庆轮船公司实有轮船45艘、总功率8471千瓦，比1958年末分别增长32.3%和减少49.2%，驳船112艘、载货量25608吨，比1958年末分别减少12.5%和增长32.5%，职工由1962年的3345人减少到2777人，减少17%。虽然由于客轮和船舶总功率减少，加之"大跃进"后运量的大幅度下降，造成客货运量的降低，但在贯彻"调整、巩固、充实、提高"八字方针后，船舶质量上升，人员素质提高，运量稳定，公司逐步步入正常发展的轨道。

（三）四川省涪陵专区轮船公司

涪陵轮船公司1955年改为省属企业，更名为四川省涪陵轮船公司，1958年再下放涪陵地区，更名为四川省涪陵专区轮船公司（简称“涪陵轮船公司”）。此时，公司仅有小型机动船9艘，船舶少，基础薄弱，但全体职工团结努力，走自力更生、艰苦奋斗的道路，自建船厂，发展造船工业，不断革新，以少量的资金自己造出轮船，增加了运力，为公司的发展奠定了较好的基础。

乌江从涪陵至龚滩188公里，自1953年试航轮船以后，由于航道条件恶劣，于1955年又中断了轮运班船，只能行驶涪陵至彭水航线。“大跃进”期间，由于客货运量的大幅度增长，对乌江航道进行了大规模整治，在通航的全程设置航标，建立信号台18处，将人力绞滩机改为畜力绞滩机，并炸除滩险暗礁，全面疏浚航道，使涪陵至龚滩段基本上满足常年通行100吨级轮船的需要。涪陵轮船公司在这两年中新造轮船12艘，恢复了涪陵至龚滩航段的客货运输。1961年至1963年，羊角和小角帮2处畜力绞滩改为机动绞滩，不久，在土坎水电站建成的基础上，羊角碛等5个主要碍航滩险又实现了电动绞滩，更进一步促进了轮船运输的发展。至1963年底，涪陵轮船公司已有轮船22艘，载重量557吨、载客量1598座、总功率2748千瓦，有木质驳船12艘，载货量1029吨，并代营木船合作社的机动船12艘，载重量590吨、载客量784座、总功率1440千瓦。在新船建造中，针对乌江航道的特点，对船型进行改造，取得了载量增加、吃水变浅、航速加快的良好效果。

随着运输能力的增强，运量增长较快。1958年至1962年的5年中共完成客运量66.3万人次、旅客周转量6184万人公里，比第一个五年计划时期分别增长113.74%和106.88%；完成货运量35.4万吨、货物周转量5434.2万吨公里，比第一个五年计划时期分别增长261.45%和254.54%。“大跃进”的错误，反映在涪陵轮船公司上是只注重完成生产任务，不讲经济效益，加之内部经营管理上存在一些问题，1961年生产有所下降，亏损11.65万元。

1962年至1963年，涪陵轮船公司在贯彻八字方针中，认真总结经验教训，发动群众开展增产节约运动，狠抓客运服务质量，大力组织货源，加强企业内部管理，取得了较好的效益。1962年货运量虽然仍在下降，但客运量却有较大的增长，使企业扭亏为盈，实现盈利21.3万元。1962年下半年，涪陵轮船公司又收归省管，根据几年来生产的徘徊情况和企业管理上存在的问题，及时采取有效措施，推动了运输生产的发展，创造了更好的经济效益。

（四）重庆市港务局

1958 年 7 月 1 日，根据中央决定，重庆港下放地方管理，实行以地方为主、中央为辅的双重领导体制，改称“重庆市港务局”，并将下放前已经分拨的行政管理职能重新划转港务局，重庆市决定把地方的内河船舶、港口的水域和陆域及长航系统在港和进出港的船舶，统一归港务局监督管理。从而基本上消除了重庆港政出多门、条块分割的弊病。

1961 年 7 月 13 日，根据中央决定，长江航运管理局收回重庆港，更名为“重庆港务管理局”，再一次实行以交通部为主、地方为辅的双重领导体制。1962 年，四川省交通厅在重庆设立重庆港航监督站，重庆市交通局先后在重庆两江沿岸设立 26 个码头管理站，取代了重庆港务管理局的部分管理权，水域和陆域都出现了政出多门的局面。

1964 年，国家决定在长江进行“托拉斯”试点工作；长江航运管理局撤销，成立长江航运公司和长江轮船公司。重庆港参与“托拉斯”试点工作，港口权限渐次削弱。

1965 年 2 月 6 日，重庆港务管理局改名为“重庆港务局”，3 月 1 日上级决定将涪陵港划归重庆港领导，称“重庆港务局涪陵分局”，后于“文革”中脱钩。

二、船舶工业的发展

（一）民生船厂的发展

1957 年，民生船厂在重庆江北青草坝的老厂址虽然厂区面积已经扩展到 35.9 万平方米，但受地形条件及水域的限制，无法继续进行扩建。因此，1957 年，该厂在重庆下游 15 公里处的唐家沱设立了修船车间及木工、铆焊车间所属的临时工场。1958 年位于唐家沱铜钱坝的原四十一医院迁走后，民生船厂在唐家沱的占地面积即由 1957 年的 10 万平方米扩展到 37 万平方米，厂房面积由 5243 平方米增至 3.76 万平方米。1959 年由长航局投资在新厂区建设新的铆焊、锻压、港机 3 个车间和氧气站，建筑面积共达 2.04 万平方米。1960 年 7 月，民生船厂正式迁到唐家沱新址（原青草坝老厂区转让给四川省重庆船厂）。1964 年，交通部投资 496 万元，新建船体、铸工车间及职工宿舍等；1965 年又对船体、铸工车间进行了扩建，分别增加面积 900 平方米和 4610 平方米，同时新建临时铆焊工棚 1100 平方米，新建镀铬、热处理车间、缆车码头及厂区交通要道、公路桥梁、油库，以及职工宿舍、子弟校等。

随着工厂的扩建和生产设备的大量增加，民生船厂总结修造船工作经验，在技术设计和生产工艺上了也进行了重大的改革，并取得了显著成效。

在修船方面，过去在蒸汽机船和登陆艇修理技术上存在许多困难，1958 年后，经过反复试验，掌握了登陆艇主机汽缸盖旧件焊补修复、活塞环旧件镀铬及 GM16-278 主机汽缸套掺炭等项新技术。这些新技术的应用，缓解了备件不足的困难局面，同时也是修船技术水平提高的体现。1961年以后，又成立了修船指挥部，充实了修船力量和设备，完善了修船工作的组织管理，并形成了一整套的修船体系，真正体现了“以修为主”的方针，改变了1958年以来“造船大于修船”的状况。为了缩短修期，船厂还组织了专业人员，陆续对川江主要机动船舶的易损零件进行了测绘，收集和积累技术资料，逐步制定了铸钢件焊接、舵杆堆焊、船体施焊、锅炉挖补等通用修船工艺；并加强了半成品的预制工作，这种预制件在“江阴”“人民27号”和“长江2004”等轮的修理中应用率达到94%～100%，这是民生船厂修船史上的一个重大进步，为缩短船舶修理时间，及时为长江航运提供充足运力发挥了极大作用。

由于技术水平的提高和设备的更新，造船工程也取得了很大成效。1960年，民生船厂建造了当时我国内河最大的举船设施1200吨级浮坞。1963年下半年，根据交通部的决定，为了解决川江汽油运输问题，由民生船厂担任800吨级油轮的建造任务。生产过程中，在技术上进行了重大改革，如改低胎架整体组装方法为分段建造（即内底首、尾部分预制成小立体，分段在墩上合龙），并采取了完整的船体建造焊接工艺，大量使用自动焊和半自动切割，大大提高了生产效率和构件质量。1965年1月，“建华801”油轮建成，但在停泊试验中，发现轴系有强烈扭震现象，经长江航运公司派员来厂组织技术攻关，得以解决。这艘由长航局设计院设计、民生船厂建造的油轮的建成，开创了我国自行设计并完全采用国产机器设备建造内河专用油轮的先例，对改变川江运油的落后面貌具有重要意义。除油轮外，民生船厂在这段时期还先后设计建造了14种类型的运输船舶和各种专用船舶，如221千瓦客轮、353千瓦油机客轮、441千瓦油机拖轮和1470千瓦蒸汽机拖轮，以及挖泥船、起重船等，产品品种之多、产量之大，创造了历史最高水平。

（二）重庆船厂的发展

内河航运的发展，对船舶修造业也提出了更高的要求，促进了修造船厂的发展。四川省重庆船厂建厂初期，全厂生产车间仅573平方米，技术设备极其落后，许多车间工段都是以工棚代替厂房或露天作业，厂内外的交通运输也主要靠人力搬运，在当时修船任务十分繁重的情况下，显得极不适应。

为了满足“大跃进”运动期间客货运量迅速增加的需要，重庆船厂进行了较大规模的扩建。1959年，厂区面积增至7万平方米，较新中国成立初期扩大12.8倍，至1960年，全厂建筑面积达2.2万平方米。民生船厂迁至唐家沱后，重庆船厂迁至民生船厂原厂区，面积达到9.4万平方米，其中生产面积3.4万平方米、建筑面积3.7万平方米。1965年，厂区人防工事根据“平战结合”的原则，又增加使用面积5000平方米。在机具设备上，由于进入20世纪60年代以后，钢质船逐渐取代了木质船、内燃机取代了蒸汽机，造船工艺上电焊取代了铆焊，而原有的机具设备较为落后。在这段时期，重庆船厂陆续装备了各种机床70余台以及锻压铸造设备，对保证产品质量、提高工效、降低成本均有显著成效。

随着运输船舶机械化的发展，重庆船厂的生产也逐渐由以修为主发展到能造各种类型的机动船舶。20世纪60年代初，内河运输拖带化逐渐向各江区中上游发展，点多面广线长，掀起了造船、改船的热潮。在这个时期，重庆船厂担负了牙箱、车叶、尾轴、套筒等水线以下工程的配套件和协作件的制造，仅1962年就为地方船舶制造配件4517件。同时还试制了“6110型”（44千瓦）和“4135型”（59千瓦）柴油机，并制成一批55千瓦蒸汽机、“JC4”锅炉、66千瓦煤气机及“先锋号”浅水拖轮，有力地支援了轮船运输的发展。

第六节　支持保障系统的起步发展

一、船舶检验体系的变革

1958年6月1日，中华人民共和国船舶登记局改名为中华人民共和国船舶检验局。1958年7月1日，按中央决定水运企业体制下放要求，重庆港下放重庆市更名为“重庆市港务局”。1958年12月，根据全国船检工作会议决定，长江航运管理局重庆分局部分验船机构移交给重庆市港务局。1959年1月15日，为统一港航监督和船舶检验，重庆市政府批准市交通局航监科与重庆市港务局航监科合并成立港航监督科（含船检）。

1959年1月18日，长江航运管理局重庆分局及重庆市港务局协商决定：①长江航运管理局重庆分局只负责对长航系统的船舶进行检验；②原重庆分局负责的重庆各厂矿企事业单位船舶的检验工作移交重庆市港务局负责办理；③原重庆分局负责的宜宾、泸县、江津、万县等港的船舶检验工作，根据职权下放精神移交当地交通管理部门负责执行技术监督检验。

1959年，涪陵出现了几艘木船机动船，主要由四川省交通厅重庆港航监督站检验并发证。1959年底，陈志德调涪陵港务局航监科，负责涪陵地区机动船舶的检验发证工作。1960年7月，交通部在长江航运管理局内设立中华人民共和国船舶检验局长江区办事处（未对外挂牌），对沿江各港口的船检工作与地方实行双重领导。1960年，涪陵开始出现两个船舶检验部门，即涪陵港务局航监科和涪陵中心航运管理站航检部门。下半年，涪陵中心航运管理站的船检业务并入涪陵港务局航监科，负责涪陵地区的船检工作以及贵州省航行乌江船舶的检验工作，并启用“涪陵港务管理局船舶检验”印章。

1961 年 7 月 13 日，在贯彻调整中重庆市港务局改称重庆港务管理局，重新由交通部长江航运管理局领导。重庆港务管理局内船舶检验组对外挂牌称“重庆船舶检验”，业务上受长江航运管理局港航监督室（中华人民共和国船舶检验局长江区办事处）领导。1961 年 10 月 10 日，万县港务局撤销船舶管理科，分别成立港航监督科（含船检）及机务科。港航监督科编制共 3 人，其中船检人员 1 人。1961 年 11 月 18 日，按重庆市交通运输管理局要求，重庆港务管理局港航监督科将除长航系统外的木驳及竹木排筏的有关检验和驾长考核发证工作，移交重庆内河航运管理站办理。同时，原重庆市交通运输管理局航监科的验船人员全部调回重庆内河航运管理站。

1962 年 4 月 16 日，船检局局长办转发船检局安船（62）字第 95 号文批准“现统一刻制各港验船部门检验专用章下达各港”，万县港务局港航监督科船检部门开始使用“船舶检验局长江区办事处万县港船舶检验”检验专用章。根据交通部交船河（63）字第 524 号《关于船舶检验局长江区办事处成为独立企事业单位的决定》，重庆、万县两港船检组于 1964 年 9 月合并成立重庆船舶检验站，万县港船检人员仍设在万县港务局港航监督科内，实有检验人员 1 人。1962 年 5 月 1 日起，重庆、万县、宜昌、武汉、黄石、九江、芜湖、南京各港统一使用刻有“船舶检验局长江区办事处 × ×港船舶检验”的船舶检验签章、技术设计审图章、施工设计审图章及船用产品检验钢印。1963 年 3 月，交通部印发《关于长江直属港口安全监督检验工作统一管理方案》，明确了长江直属港与地方船检分工：①长江直属港验船部门负责检验中央企业、事业单位船舶，港区和市区内一切工矿企业、事业单位船舶；市属航运企业船舶；外省来港船舶。之外的其他船舶由地方检验。②驻厂检验分工：船舶进厂检修或建造，不论承修或承造厂属于中央或地方，一律按照该船原属分工检验范围，由长江直属港或地方驻厂检验，检验标准按照中央统一的验船规范办理。

1963 年 10 月，涪陵港务局航监科改名为“四川省内河局涪陵港航监督站”。1963 年 11 月，由长航局设计院设计的“建华 801”（后改为“大庆 401”）一级油轮，在民生船厂（今东风船厂）开工建造。1963 年 12 月，按交通部《关于船舶检验局长江区办事处成为独立企事业单位的决定》，船舶检验局长江区办事处改为独立企事业单位，收归交通部船舶检验局直接领导。办事处本部设在武汉，下设重庆、宜昌、南京 3 个检验站。

二、重庆航运公安机构的调整健全

（一）组建长航公安局重庆分局

1965 年 3 月，长航公安局通知，将长江航运管理局重庆分局公安处改名为长江航运公安局重庆分局，并于 3 月 5 日正式宣布成立，负责维护长江港口、码头和船舶运输生产安全。同年，万县港保卫科改为长江航运公安局重庆分局万县港派出所。这不仅是组织名称的变化，而且提高了工作职权，扩大了工作范围，把长航公安保卫工作实质性统一领导起来，更有利于打击各种犯罪活动，管理治安秩序。

（二）该时期主要任务

1960 年，国家正处于经济困难时期，长航公安局提出了“把对敌斗争搞得紧一些”的方针，长航公安局重庆分局按照战备时期工作部署，加强侦破“三类”案件。1962 年 1 月 7 日，成立了反敌特破坏斗争小组，在公安处内设办公室，同时提出了各单位的重点保卫目标，在加强保卫工作基础上，开展专政对象清理，为落实战备措施创造了条件，有力地促进和保卫了运输生产安全。同时，加强安全防护措施，狠抓治安保卫，全面推广了反灾害事故经验。

1. 治保工作进一步强化

1959 年 12 月 31 日，长航局重庆分局公安处召开了川江全线治保工作先进单位表彰大会，总结交流了经验。会上，“江发”轮治保会介绍了预防重大海损、机务事故的经验，并分发“民太”轮治保会协助公安保卫部门查破案件的经验材料。同时，就如何做好治保工作制定了 6 条措施。1960 年春季，刑事治安案件增多，海损事故不断发生，公安处提出了加强川江航运公安保卫工作的措施，并根据措施组织力量，查事故、破刑案、打犯罪、整顿企业内部治安秩序，抽调公安干警和干部 56 人，参与重点基础单位的安全检查工作，并开展了调查研究和案件侦破工作。治安秩序得到进一步整顿。

2. 船舶航行安全得到进一步加强

自实现航标电气化后，所设标志被盗、被破坏事件逐渐增多，威胁船舶航行安全。1961 年 9 月 5 日，川江航道整治工程处保卫科提出了《关于加强航道标志器材保卫工作的意见》，在地方公安保卫部门的大力协助下，经航道保卫部门主动工作，川江航标、信号、通信、绞滩等助航设施被盗窃、被损坏的案件大大减少，有效保证了航行船舶的安全。

第七节　水运人才和科技支撑

一、港口技术革新与机械化发展

“大跃进”开始时，重庆港的装卸作业一般只有杠子、绳子、箩筐、扁担等工具，占用劳动力多，劳动强度大，工效低，远远不能满足当时生产的需要，广大职工向往机械化作业，期望早日摆脱肩抬背扛的工作环境，积极投入了“双革”运动。

1958年根据上级的部署，全港上下建立了技术革新机构，局有船技革办公室，区有四化办公室，装卸队有技革小组，都由主管领导人负责，配有专职干部。在“土法上马，土洋并举，由土到洋，逐步提高”口号的鼓动下，从10月开始到年底完成各种土洋机具设备革新109项200件。

1959年，“双革”运动进一步深入，要求实现“搬运轨道车子化、坡道滑板缆车化、出舱堆码机械化、机械作业联动化”的“四化”目标。全年完成各种土洋设备革新和先进技术总结162项1596件。

1959年，全港“双革”共建成土洋缆车12座、梭槽2100米、刮板机600米、木轨道270米、下河公路1160米、手推车256部；同时第一作业区建成180米水磨石梭槽，代替了下坡运粮的链板机；并改装电瓶车，使其在轨道上代替人力拖平板货车，又在杂货与钢铁码头之间建成一座起卸生铁的码头，对缓解生铁卸载起了重要作用。实践证明，“双革”运动只要尊重科学，做到专业与群众相结合、制造与推广相结合、选定项目与生产薄弱环节相结合，就能取得成功。

1960年，“双革”运动进入巩固成果阶段，注重实际效果，保存完善好用的机具。第三作业区按照自己河心作业多的特点，制造出具有重庆港特色的第一艘四用船（发电、照明、垫当、吊货），船上配有小型皮带机和钢扣、铁络、跳板等工具，能够灵活机动地在河心进行装卸作业，很快成为装卸工人喜爱的机具，并受到上级部门的奖励。

1961年以后，“双革”热潮逐渐降温，开始向节约人力、物力、财力方向发展。到1965年，共提出革新建议253项，实现189项，其中装卸工艺85项、设备维修44项、维护安全质量33项、其他方面27项。这些项目针对性强、见效快。装卸工艺有煤炭卸船、杂货出趸、磷矿装船、成组装卸等，机具改革有雨天作业防雨、缆车安全挂钩、缆车自动断电等。这些革新成果，为港口挖掘生产潜力起了明显作用。又如第一作业区煤码头，由于煤炭的计量问题长期未解决，直接影响煤炭的销售和运输的正确计量，常常发生争执，甚至影响货源改道。二工段机具管理员唐荣森决心对煤炭计量工具进行探索，他在粮店木质漏斗计量米的启发下，和维修组工人一道，经过3个月共计40次的试验，终于制出一次能称煤炭500千克且只需1人操作的煤炭计量器1台。该项革新，每班节约劳动力15人，每年节约箩筐费4396元，减少装卸时间51%，增加码头通过量1.9万吨，全年总计增收节支1.8万元。此外，唐荣森还创造了刮板机双机头联动、汽车装煤漏斗等项目，其中刮板机双机头联动一年可为国家节约1.3万元，提高码头通过能力约1倍。

通过“双革”和“基建”，重庆港装卸操作的机械化、半机械化程度由1957年的5.9%增长到1965年的45.4%，装卸工人劳动生产率由1957年的1792吨增长到1965年的2424吨。与此同时，地方管辖的几个重点码头也进行了技术革新。

菜园坝码头，靠近成渝、川黔铁路的始发站——菜园坝车站，有公路与市区相通，担负着衔接水陆运输的任务。由人力搬运改用独轮车、板车、滑车、少先吊、梭槽等运输工具，1958 年至 1960 年，修建了 6 条绞车线，在搬运作业中实现了半机械化。

九渡口码头，位于长江北岸，距成渝铁路的九龙坡车站仅 3 公里，也是连接长江两岸的汽车渡口，关系到中央和省市区属 87 个工业企业的物资运输。通过技术革新，在码头上建造电动绞车线 6 条、土坠车线 5 条、联动线 5 条、起重杆 18 台、轨道车和漏斗车 30 多辆，使该码头的装卸运输初步实现了机械化。

储奇门码头，位于长江北岸，岸线长约 300 米，水深 3 米以上，全年可以泊船作业，为市中区地方船舶停靠装卸的重点码头。1963 年使用起重 3 吨的电动双滚筒卷扬机 1 台，一天可通过货物 400 余吨；还修建了 S 形下河公路，并配备 5 吨起重车和叉车。重庆市中区一般货物和重件货物上下码头的装卸作业初步实现了机械化。

由重庆通往贵阳的川黔铁路，1958 年开始修建。1960 年 12 月，重庆白沙沱长江大桥建成通车。这座全长 820 米的双轨铁路桥，北接成渝铁路，南连川黔铁路。1965 年 7 月，川黔铁路全线通车，重庆港九龙坡作业区辐射范围扩大，水陆联运货物大大增加。

重庆港的“双革”运动是伴随着“大跃进”期间“左”倾影响而开展起来的。一项建议只求敢想敢做，不求缜密研究，甚至不允许工程技术人员提出半点相反意见。很多项目，只要求尽快实现，而不管是否适用，如大办卫星厂、大办电力、大办超声波、大办煤气炉等。在“双革”运动中，尽管一部分机具设备发挥了一定的作用，但有些革新“成果”质量低劣，甚至有的机具刚报了捷就成了废品。

“大跃进”期间，港口的“双革”和“基建”加快了港口机械化的进程，为提高港口通过能力、解决任务增长与装卸方式落后之间的矛盾起了一定作用。1957 年，重庆港港作拖轮及交通船仅 7 艘 2059 马力（约 1514.39 千瓦），到 1965 年增加到 10 艘 3074 马力（约 2260.92 千瓦）；1957 年装卸机械仅有 8 台，到 1965 年则增加到 144 台（含汽车、铁路机车等）。在港口机械迅猛增长的情况下，技术管理工作没有跟上，加以“双革”项目大多属粗糙的设备，技术性能较差，存在的问题不少；另外港口长期存在着生产管理与技术管理脱节问题，管生产的干部不懂技术，管技术的干部不懂生产，矛盾突出。

二、水运专业高等教育的建立

1956 年，交通部航务工程学校成立，隶属交通部，开设航道工程专业 10 个班，共计 400 人。1957 年将航道工程专业拆分为河船驾驶 4 个班、轮机管理 4 个班、航道工程 2 个班。1958 年至 1960 年间，更名为四川省重庆航务学校，隶属四川省交通厅，1959 年新增水工专业，1962 年新增船体、船机和财会 3 个专业。1962 年，更名为重庆河运学校，隶属交通部长江航运管理局。

1961 年，根据国家“调整、巩固、充实、提高”八字方针，四川省高教局决定将西南交通专科学校升为大学，改名为“重庆交通学院”。1961 年全国高校院系调整，经交通部和教育部批准，学院设立水道与港口水工建筑专业。同年，成都工学院水利系部分教师调入重庆交通学院。

1963 年，武汉水运工程学院水工系 21 名教师和航道专业 22 名学生及相关图书资料调整到重庆交通学院，充实和改善了办学条件，形成初具规模的水港工程系，在校学生 3 个班约 90 余人。

第三章　十年“文革”、负重前行（1966—1976）

第一节　概　　述

十年“文化大革命”内乱给内河航运事业带来了灾难。尤其是1967年7月至1969年8月，情况最为严重，各级生产指挥系统被打乱。在这种情况下，重庆航运发展几乎陷入瘫痪和半瘫痪状态，航线中断，运输堵塞，工厂停产，航道无人养护，企业亏损，事故增多。

直到1969年9月以后，重庆“文化大革命”前期的无政府状态基本结束，大批领导干部得以“解放”，被安排到工作岗位上，致力于抓生产。客货运输量随着重庆经济的回升而逐步增长。特别是内河系统的领导干部被“解放”后，一般都被安排到重要岗位上，与重庆航运职工一道坚持搞生产，对干扰进行了抵制，因此内河运输没有受到大的影响。在此6年中，长江航运公司重庆分公司的货物运输常年保持在货运量140万吨至170万吨、货物周转量15亿吨公里至20亿吨公里的水平，无大的起伏。

“文化大革命”期间，重庆内河航运在动乱中求发展。各地集体航运企业自力更生，艰苦奋斗，发展机动船舶，使重庆70%的木船实现了运输机械化，并由此带动了水运工业的迅速发展，很快便在重庆建成了大中小相结合、协作配套的水运工业体系。长江航运公司重庆分公司和四川省省属轮船公司，还克服航道弯曲水浅、船小设备大等困难，将四川、泸州、赤水、云南4个天然气化工厂从日本、美国、荷兰引进的成套大件设备5套、55057吨安全运进厂，保证了及时投产。

十年“文化大革命”内乱席卷全国，也给重庆航道建设造成了很大损失。尤其在“文化大革命”初期，许多施工机构瘫痪，部分职工离开岗位，工程时停时建，延误了工期，航道不能畅通，影响运输任务的完成。但另一方面，广大航道职工忌邪扶正，坚持生产，积极响应搞好三线建设的号召，千方百计排除干扰，坚持整治和养护航道，取得显著成就。较为突出的是对长江渝兰段航道和嘉陵江南广段航道进行了大整治，对乌江涪陵至白涛段航道进行了整治，还兴建了当时最高水头的小江船闸和第一座高升船机。同时积极开展重庆兰家沱码头、猫儿沱码头、朱杨溪码头，以及九龙坡、朝天门、江北等作业区的改造与扩建。

虽然这一时期重庆航运事业受“批林批孔”运动和“反击右倾翻案风”等的干扰较大，但由于内河航运系统广大干部、技术人员和工人，以党和人民的利益为重，排除干扰、坚守岗位，搞生产、搞运输，不仅使内河航运减少了损失，更是在重点物资运输、航道建设、港口建设、木船技术改造、轮船更新换代、水运工业等方面做出了优异的成绩，使内河航运在内乱中有所发展，为国家经济建设作出了贡献。

第二节　水运管理机制废弛

1966 年，中共中央“五一六通知”下达，“文化大革命”在全国各地、各行各业中开展起来。1966 年 8 月，中共八届十一中全会通过《中国共产党中央委员会关于无产阶级文化大革命的决定》，随后运动迅速由党政领导机关发展到工厂、企事业单位。在这种形势的影响下，重庆水运生产指挥系统被搞乱了，只抓革命，不抓生产，许多单位陷入瘫痪和半瘫痪状态，生产停顿，秩序混乱不堪。加之当时武斗严重，不少航线中断，交通阻塞，运输生产接连下降，1967 年至 1968 年的两年时间里最为严重，航运生产动荡最大。

1967 年 1 月，上海的“一月风暴”迅速蔓延到重庆港，港口生产管理处于瘫痪状态。港口的运输生产虽未停止运转，但“软、散、懒、乱”的现象比比皆是。一些行之有效的规章制度，长期积累下来的有益经验，遭到批判，搅乱了广大职工的思想，重庆港陷入一片混乱。

港口职工大量脱离生产。根据 1966 年至 1976 年不完全统计（其中缺 1967 年至 1970 年的资料），全港装卸工人出勤率为 80.47%，实际上出勤率比这个数字低得多。朝天门作业区装卸队编制 200 多人，实际出勤每日仅 40 人左右，一艘汉渝班轮进出不足 200 吨的装卸量，派不出装卸工人。这本来就够严重了，可又经常出现到港船舶不均衡的情况，任务忽多忽少，不是工人窝工待时，就是派不出工。1972 年，全港装卸工人无任务待时占总工时的 60%。以各种名义抽调生产工人共计 40086 人天，相当于 131 人全年未上班，另平均每天还有病、伤、事假 294 人，两项合计等于每天有 425 名生产工人离开生产岗位，给港口生产带来严重影响。1968 年，装卸工人劳动生产率仅 815 吨/人，比“文化大革命”前的 1965 年降低 70%。1974 年工时利用率为 37.7%，比 1965 年降低 35.2%。两项均为新中国成立至“文化大革命”结束期间的最低水平。

在此期间撤销专管货运质量的港口商务监督站，致使港口货运质量的办法和制度废弛,出现了许多令人不能容忍的现象。1969 年,由于货物在装卸储存中,不按票、不按港、不按收货人分堆分码,导致本口、转口、联运货混卸一驳,无法交提,翻舱整理达 87 艘次,浪费大量劳动力。有的现场,用皮带机卸鸡蛋,用绳网卸百杂货,造成货物大量破损。1970 年 3 月 12 日,由于理货员、现场队长都不了解新货种泡沫混凝土砖的性质和作业要求,指挥工人蛮干,用皮带机装舱。结果泡沫混凝土砖破损率达 70% 左右,赔偿金额 1 万余元。根据 1967 年至 1976 年的统计,共发生货差 1865 票 9197 件、货损 4259 票 10700 件,赔偿金额 51.9 万元。

在货运管理上,1970 年,造反派废除货物交提程序(即先提计划,缴费办手续,然后提货的制度)。重庆市第一商业局干部直接参加码头作业劳动,边劳动、边提货、边分配,以致多次发生货物交接错乱事故。1971 年,又将理货管理中“分趸进账、账货统一”制度废弃,以致分工不明、责任不清,全港仅 1971 年当年发生在理货交接上的事故就有 287 票。又由于理货制度的废弛,造成货运票据流转不及时,催提工作薄弱,货物交提缓慢,港作木驳周转期长达每艘 11 天,港口 5 艘大趸船平均每月只进出货物 154 吨,朝天门新仓库、红岩岸、千厮门绞车作业线日均码头通过量只有 85 吨。1972 年 1 月 7 日,“甲 1014”驳进口重庆热工仪表厂水泵 1 件,卸船时误作转口货,将水泵装四川省轮船公司“川航 302”铁驳运到了宜宾。发现后,3 月 20 日又由宜宾装“川驳 123 号”运回重庆,卸货时又将水泵当成万县货转到“货 8161”驳运至万县,后又由万县运回重庆。这样运来运去往返多次,耽搁了半年多时间,使仪表厂全套设备独缺水泵,不能及时安装投产。当年仅发生错误运到泸县的货物就有 34 起 132 件。

岗位责任制和安全操作规程被束之高阁,违章作业时有发生,交接班制度马虎敷衍。1969 年 6 月 2 日,朝天门作业区浮吊 13 号正在卸木驳上的棉布,由于机器长期未保养,作业前也未认真检查,以致机器在操作中突然失去控制,起重臂反向急速旋转,司机应急不当,造成打货板急速下降,将一名工人压死。1971 年 6 月 15 日,九龙坡作业区 12 号起重机司机组织纪律松弛,工作不负责任,已发现有翻车征兆,但未采取措施,弃车逃跑,造成重大翻车事故,停产大修,直接经济损失达 1 万余元。机具维修管理制度未做到严格执行,一台机具修理前不检查、不准备,直到修理解体后,才发现问题,导致不是等材料就是等配件加工,不但延长了修理时间,而且修理质量还无法保证。按规定,大型起重机大修不超过 3 个月。然而,1970 年大修的 5 台起重机,平均每台修期都在 6 个月以上。九龙坡作业区的 4 号起重机,总修期长达 10 个月,返修 3 次,仍不能彻底修好,带病作业。当年,港口 11 艘拖轮航行率只有 46%,比 1965 年下降 16.4%,实际从事生产的时间不到一半。江北作业区 5 台浮式起重船,平均使用率仅为 42%,比 1965 年下降 26%,台时效率下降 50% 以上。由于无政府主义思潮的影响，港机修理厂自行扩大对外加工业务（占总产值的55%），挤掉港机计划修理项目，使港口设备长期失修失养，元气大伤，到1976年港机的技术状况日益恶化。仅就1972年至1975年的统计（其余年份在内乱中无统计资料），全港共发生机务、海损事故达476次之多。

第三节　水运生产陷入“沼泽”

1966年上半年“文化大革命”尚未波及基层时，四川航运生产发展呈上升趋势，较为正常。下半年运动虽已向下扩展，但对行驶在生产第一线的船舶影响还不大。因此，1966年四川省内河航运任务仍完成得很好。省属航运系统共完成货运量1590万吨、货物周转量11.53亿吨公里，均比1965年有所上升；长江航运公司重庆分公司也完成得很好，共完成货运量139.5万吨、货物周转量25.90亿吨公里，比1965年上升37.3%和34%。自1967年起，“文化大革命”波及行船、工地、车间，航运生产开始下降，省属航运系统共完成货运量1432万吨、货物周转量10.90亿吨公里，比1966年下降9.9%和5.5%；长江航运公司重庆分公司完成货运量109.1万吨、货物周转量26.68亿吨公里，比1966年分别下降21.8%和上升3.01%。1968年航运生产下降最为严重，省属航运系统仅完成货运量1031万吨、货物周转量8.49亿吨公里，比1967年下降28%和22%；长江航运公司重庆分公司完成货运量79.1万吨、货物周转量15.72亿吨公里，比1967年下降27.5%和41%。从1969年下半年起，党中央调整了四川省的领导班子，纠正了一些错误，逐步制止了武斗，“解放”了一大批领导干部，让他们抓生产。

1969年省属航运系统共完成货运量1170万吨、货物周转量10.06亿吨公里，比1968年上升13.5%和18.4%；长江航运公司重庆分公司完成货运量87.4万吨、货物周转量19.43亿吨公里，比1968年上升10.5%和23.6%。1970年上升得更多，省属航运系统共完成货运量1483万吨、货物周转量12.95亿吨公里，比1969年上升26.8%和28.8%，超过了“文化大革命”前1965年的生产水平；长江航运公司重庆分公司完成货运量119万吨、货物周转量23.95亿吨公里，比1969年上升36.2%和23.3%，大大超过了“文化大革命”前1965年的生产水平。

“文化大革命”中除运输生产受影响外，海损事故也很严重。许多有效的规章制度被废除，有的船长、轮机长也被打成“资产阶级技术权威”，被赶下生产岗位，导致海损事故数量大量增加。如四川省重庆轮船公司在1965年发生海损事故40次，损失金额9.8万元，海损率每万吨公里为5.87元；而到1966年，事故多至79次，较1965年增长97.5%，损失金额21.8万元，增长122.5%，海损率每万吨公里为

11.48元,上升95.6%。1970年,海损金额增至40万元,海损率每万吨公里高达25元,为历史最高纪录,当年“工农18”号轮船沉没,1971年又沉没“红卫22”号轮船。恶性事故不断发生。1967年5月6日,“东方红111”客轮在重庆朝天门的呼归石与“轮渡108”轮相撞,造成轮渡翻沉,227人落水,131人死亡。1969年9月3日,“前卫103”轮在重庆象鼻子翻沉,淹死船员6人,损失金额20余万元。1971年12月29日,“东方红104”轮在长江庙基子触礁沉没,造成旅客6人、船员1人死亡,损失金额10余万元。

一、港口生产的停滞和整顿

(一)生产几乎停滞

1966年,重庆港出现了3次不同程度的积压堵塞。

第一次发生在4月4日。港口积压水转水到宜宾、泸州的各类日用工业品共计5010吨,重庆市的待运叙泸物资3275吨。这些货平均在港待运时间长达20天以上,港口5艘千吨级趸船全部爆满,几十条木船被压死。主要原因是运力不适应,使货物压港越积越多。

第二次发生在7月3日。九龙坡作业区在港待卸水转陆的联运货物有28294吨。积压原因主要是红卫兵大串连的影响,部分限制口发生梗阻,铁路派车困难,连续4个月铁路派车仅达计划的二分之一。作业区到处堆满各种货物,连仓库的部分通道也被堵死,料场钢坯堆上创纪录的高度(高8.5米),使港区严重堵塞。

第三次发生在12月4日。九龙坡作业区积压联运物资51211吨(在库22484吨,在船28727吨),铁路向港口排送的空车不及计划的三分之一,装卸工人和机械司机脱产闹“革命”,出勤工人极少。港口组织局机关和长航分局机关二、三线力量突击抢卸抢装,港口堵塞才逐渐缓和。

重庆港1967年一季度的吞吐量只有47.9万吨,而船舶在港平均停港时间每艘达9.2天,在锚地待卸铁驳最高达54艘,压在铁驳上的货物18415吨。1968年船舶在港平均停时上升到每艘11.69天,为重庆港有记载以来所罕见。1969年1月29日,“货901”驳在武汉港装重庆建筑材料公司石棉板120件20吨,装舱时严重破损,船到港货主拒绝提货,导致无休止的谈判、扯皮。直到9月22日,在港口承认赔偿的条件下,货主才将货提走,货物压港达8个月之久。“货842”驳在武汉港装重庆百货,全部混装互压,破烂严重,无法交付,经过整理后才交出,使驳船在港停留时间长达62天。最为严重的是箱装圆钉,装在乱七八糟的生铁上,木箱经过乱丢乱摔,破烂不堪,大量圆钉撒漏在铁缝里,卸货既不安全,扫集又很困难,增加了船驳停时。

1967年5月11日，国务院、中央军委发出“关于集中力量，把重庆港口、车站、码头积压物资尽快输送出去”的电报指示。市里动员部队、学生等社会力量3686人次，用18天时间，进行了两次港口工人与群众联合的大突击，共卸船驳102艘、港驳332艘，装卸货物59287吨，使港口暂时畅通。6月24日，国务院、中央军委向重庆港发来电报予以勉励。但是，内乱不止，祸根未除，压船、压车、压货仍然时有发生。九龙坡作业区与朝天门地区被两个造反组织分别占据。7月12日、8月8日、9月25日，重庆港区发生大规模的武斗，外来造反派也为武斗推波助澜，击沉“人民28”货轮、“渝港207”轮，撞毁“上游0017”机车头，造成数十名职工伤亡，仓库物资也遭受损失。九龙坡作业区停产3个多月，职工纷纷被迫出走。生产运输接近瘫痪，3个多月的码头通过量仅4.8万吨，还不及正常情况下1个月通过量的二分之一，客运船舶相继停航，汉渝班轮停航3天，渝长班轮停航68天，渝涪班轮停航71天，压港旅客8000余人。

1968年1月4日，长江全线实行军事管制。2月8日，军管人员进驻重庆港，从此，军队介入重庆港的“文化大革命”运动。10月22日，为了解决港口堵塞问题，重庆港成立了突击积压领导小组，制订突击计划。决定机关干部由每周劳动一天改为两天，并固定抽出28人组成突击队，确定九龙坡、朝天门和江北作业区在突击期间互相调剂装卸劳动力。

12月12日，重庆港务局革命委员会成立。1970年，提出“以大批判开路，推动港口大会战”。仅在上半年就打了5次“大会战”，1971年又断断续续打了9次“大会战”。每次“大会战”总是伴随一阵“大批判”，如批判“专家治厂”“奖金挂帅”“业务技术第一”“物质刺激”等，并宣扬“一人顶两人，连续干两班，带病坚持干，轻伤不下班”等超体力蛮干的口号。尽管在一阵又一阵“大会战”中出现了一些“新纪录”，但突击一过，港口又出现堵塞。1974年，港口又出现多次堵塞，全年只完成吞吐量131万吨，为年计划的70.4%。1966年至1975年期间，重庆港开展突击疏港、抢卸、抢装“大会战”共28次，突击后又堵塞，堵塞后又突击，如此恶性循环，打乱了港口正常的生产秩序。

1967年，重庆市武斗全面升级，愈演愈烈，港区冲突不断，经常停工停产，港口吞吐量由上年的239.2万吨降到157.1万吨，由上年亏损36.5万元增至亏损311.1万元。1968年，重庆港虽实行了军事管制，但港口生产持续下降，年吞吐量仅102.4万吨，是国民经济第一个五年计划实施以来的最低水平，年亏损达476.9万元。1969年，重庆港务局革命委员会奉行极左路线，不但没有把港口生产搞上去，而且亏损更加严重。总之，从1966年“文化大革命”开始，到1976年粉碎“四人帮”，重庆港的吞吐量最高年为239.2万吨，最低年为102.4万吨，11年平均仅170万吨，还不到“二五”期年平均的一半。然而港口职工却比1965年增加2400余人,固定资产增加3000多万元,累计亏损达3231万元,成为长江全线的重灾区。

(二)成功完成重大件运输

1973年至1974年,国家从国外引进13项化工产品全套设备,列为全国的重点建设项目,其中有5套设备必须经过重庆港转运西南各地。这批设备共55057吨,其中“四超”(超重、超长、超宽、超高)件有2000多件,最重365吨,最长40米,最宽8米多,最高6米多,都是由国外装海轮运至上海港再运至重庆港换装或换拖的。这是重庆港有史以来换装换拖大件数量最多、持续时间最长、投入人力和物力最大的一次。为了保证按时、安全、保质、保量地完成这一重大任务,重庆港组成25人的大件设备接运领导小组,由港务局卢海泉任组长,下设大件运输办公室,具体负责大件运输的组织指挥工作。并在九龙坡作业区、江北作业区、船舶大队建立大件作业领导小组,形成上下对口的工作体系。针对这批设备不同的特性与要求,制定每次作业的方案,周密布置,认真检查。这批设备,有水水接运换装的,有水陆接运换装的,有原驳换拖的,有拖大型浮式起重机到厂卸载的。

在两年多的时间里,重庆港自始至终认真对待成套大件运输工作,不论是编解队、驳船移泊、原驳换拖、过驳换装,还是卸船装车等,都做到从严要求,一丝不苟。装卸操作技术方面求精,设备工属具方面求好。各级领导坚持亲自检查要害设备与关键工序,亲自解决作业中存在的重大问题,亲自总结经验教训。严禁现场人员违章作业,严格保卫保密,严守组织纪律。作业中定人、定位、定责、定操作、定船车、定点停车泊船。1975年3月,重庆水位仅0.2米,四川维尼纶厂急需大型浮式起重机,趁枯水季节抢时间卸船和安装水下吸水头,要求将大型浮式起重机安全拖至长寿,但需通过三角碛、上洛碛等险要航道。重庆港多次召开会议,会上大家出谋献策,制定措施。港务局革委会副主任徐志高亲自督阵,承担责任。确定由唐俊船长负责技术总指挥,“长江1024”轮主拖,“长江1011”轮护航,“长江804”轮引航,甚至把遇难抢险的应急措施都做了安排,精心组织,群策群力。本次任务顺利完成,为四川维尼纶厂投厂开工赢得了宝贵的时间,创造了枯水拖船的纪录。

重庆港从1965年开始,首先在九龙坡作业区开展成组装卸运输,到1976年,成组装卸运输经历了一个兴起—停滞—恢复—发展的过程。

1965年至1966年,首先在汉渝线中型登陆艇实行钢材、钢坯、生铁的成组运输试点。实践证明,可以提高装卸效率,减轻工人劳动强度。不到一年时间,渝汉线7艘中型登陆艇普遍推广了成组运输。接着发展到涪陵至重庆航线的重晶石、木材成组,港内作业区之间矿石倒运也用集货斗成组,并组织试验贵州开阳至九龙坡磷矿火车网络成组。

1967年至1970年间,港口生产秩序极不正常,成组装卸运输处于停滞状态,只有汉渝线成组运输勉强维持。

1973年3月29日,长江航运公司召开成组运输工作会议,强调这一先进工艺在运输中的重要性和必要性,并决定成组工具费用由长江航运公司包干供给,成组装卸运输才在长江各港得到恢复和发展。重庆港确定局、区调度部门主管这项工作,配备了专职干部和工人,建立了成组工具加工组和储存工具的库房,并将成组运输纳入年、季、月的生产计划进行统计检查。重庆港在生产"大会战"中,每次都把成组运输作为完成任务的措施之一。每年长江航运公司还要召开全线成组工作会议,进行总结并交流经验,同时组织港口间互相参观学习。这一时期,重庆港的成组装卸运输发展较快,1967年至1973年,完成成组运量29.4万吨,1976年全年完成6.9万吨,比1971年增加4.7倍。各作业区普遍推行了区内成组装卸,货种有生铁、水泥、盐、粮、圆木、铁坯、尿素、条石等共9种,组成工具有钢扣、铁网、木扣、腰扣、棕络、货板、垫木、尿素包皮等11种。成组航线发展到涪、万、宜、沙、城、汉、浔、宁、澄、申等10个港口。成组运输备受各方的欢迎和好评。1974年重庆运万县物资局的支农水泥,成组前由于破损严重,影响装卸,浪费运力,增加货主负担;通过货板成组实行专线运输后,不仅使水泥单船月运量提高1.5倍,节约了运力,而且由6次操作工序变成3次操作工序,货板连同水泥直送货主仓库,卸完后再返回工具,既提高效率,又提高质量。运6000吨水泥,货主可节省调运、包装、整理、损耗等费用2.77万元。重庆至万县的食盐、棕络成组专线运输,运4万吨袋盐,仅破包装散落的灰渣盐一项就减少损失2600元。在支援厂矿运输中,1975年重庆钢铁公司的矿石、条坯,厂内卸车效率低,压车严重,铁路运力损失很大,成了老、大、难问题。铁路局与重庆钢铁公司要求港口配合解决这一问题。港口不计较自身的得失,投入劳动力为他们组织矿石、条坯整车成组发运,为厂内卸车创造了条件,解决了压车及损坏车皮问题(因条坯不成组,起卸时用铁橇套钢扣,容易损坏车皮)。卸车工时效率提高82.4%,劳动力节约47%(50吨矿石由8个人卸3个小时变为4个人卸20分钟,50吨条坯由6个人卸3个小时变为4个人卸15分钟)。因而,在成都爱车会议上,重庆港受到钢厂和铁路局的好评。

(三)生产整顿的两起两落

1971年10月,周恩来同志主持党中央日常工作,使得各方面工作有了明显起色。1972年4月,国务院召开全国交通工作会议,作出整顿企业、加强企业7项管理的指示。在整顿中,重庆港启用了66名副科级以上干部,撤销革委会的4个大组,恢复机关原有科室。同年11—12月,又先后恢复了江北作业区和朝天门作业区的建制。全港开展了清资产、查安全质量、清生产力、挖生产设备潜力的工作。核定港口企业固定资产总值为4934.8万元，流动资金165.4万元，初步摸清港口家底，并清查出价值95.2万元的多余物资，经过处理收回59.6万元。同时恢复调度、计划、技术、财务、供应等管理制度，并恢复实施港口安全十项措施，使港口生产出现了好的势头。

1973年，由于受极左路线的干扰，重庆港生产又出现了反复，年吞吐量只完成167万吨，比1972年下降26%。1974年“批林批孔”运动，又刮起批判“唯生产力论”的歪风，进川货物大幅度下降，月均进川驳船35.9艘，比1973年月均少13.2艘，月均进川货物3.4万吨，比1973年下降22%。

1975年2月，邓小平同志主持国务院日常工作。7月，开始主持党中央日常工作。主持工作期间，对各条战线进行全面整顿工作。11月1日，交通部和长航局组成联合工作组进驻重庆港，再次进行整顿，制定重庆港3年生产翻番规划。这次整顿极大地鼓舞了港口职工，盼望苦战3年后，实现产量翻番。重庆港广大职工在工作组的帮助下，联系实际，学习贯彻中央精神，在短短1个月内，提出切中时弊的整顿意见126条，其中整顿领导班子“软、散、懒”的有40条，消除派性的有30条，工作生活作风的有21条，加强企业管理的有35条。这次整顿使港口出现了新的转机。如猫儿沱新港区一次试投产成功，开始换装贵州开阳的磷矿，又如全港第一艘45米长的水泥趸船在白沙沱驳船厂建造出厂；兰家沱作业区10吨浮式起重机采用10吨门式起重机安装在15吨船体上，成为长江第一艘组合起重船；九龙坡作业区装卸四队在煤码头装千吨级甲板驳，一昼夜完成3172吨；设备维修初战告捷，一个小战役（14天）保质保量完成71项475台（艘）的修理任务等。

1975年港口吞吐量完成150万吨，比1974年提高14.5%。装卸工人劳动生产率年均1206吨/人，比1974年提高10%。船舶在港平均停泊时间为5.25天，比1974年减少70%。整顿给港口带来希望，注入了新的活力。

不久，“四人帮”加紧展开“反击右倾翻案风”运动，重庆港再度陷于混乱，生产陡然下降。1976年吞吐量只完成136.2万吨，为年计划的66%，比1975年下降10%。直到1976年10月粉碎了“四人帮”，重庆港才踏上新的征程。

二、武斗对航运生产的重大影响

重庆武斗时间长，规模大，对水运的破坏最为严重。许多航运职工被迫出走，不敢上班，造成重庆至汉口的客轮停航3天，重庆至长寿的客轮停航68天，重庆至涪陵的客轮停航71天，港口积压旅客8000余人。

重庆地区武斗对水上运输的影响长达3年之久，重庆港的生产情况可以充分说明此问题。重庆港的货物吞吐量1967年为157.1万吨，比1966年下降52%，亏损金额311万元。1968年货物吞吐量仅102.4万吨，亏损金额达476.9万元，为货物吞吐量最少、亏损金额最多的一年。1969年货物吞吐量上升到1967年的水平，为156.5万吨，但亏损金额达455.6万元，仍很严重。由于武斗，职工不敢上班，或脱产闹"革命"或参加各种学习班，出勤率极低，造成港口物资积压，船舶不能按时出港，货物积压多时达5万吨以上，积压时间长达20多天，船舶到港10多天装不上货，不仅物资运不走，而且严重浪费运力。当时，重庆港成为长江全线的重灾区。

重庆地区的武斗，不仅使内河运输受到极大影响，也使水运工业陷入瘫痪。长江航运公司东风船厂，1968年仅修船22艘、造船5艘，分别为1966年的35.4%和14.7%，由1966年盈利188.9万元变为亏损102.6万元。省属重庆船厂1968年只造船1艘、修船11艘，全年产值79.6万元，不到1966年的六分之一。

1968年7月，重庆至宜昌线发生8次袭击船舶事件，其中7次在万县地区，尤其万县地区的小江、兴隆滩袭击船舶特别严重，一个月内即有10艘轮船卡在万县两头，不敢经过港口，以致长江航线一度中断。万县、云阳、奉节等港绑架旅客的事件也时有发生。据长江航运公司1968年3个月的不完全统计，有90余人遭到绑架。长江航运公司"东方红107"轮于1968年4月30日路过万县港停泊时，被造反派强行搜查，有30多名旅客被抓，致使该轮不敢开船，停航达13天之久。

涪陵地区的武斗，使乌江航运受到严重影响。1967年下半年涪陵发生大规模武斗，乌江航运中断97天。涪陵轮船公司遭受损失最大，有22名职工丧生，另被烧毁机动船2艘、囤船2艘、木船2艘，财产损失达60多万元。客货运量也大幅度下降，1967年只完成客运计划的73%、货运计划的65.5%，总收入比1965年下降27.23%。涪陵短航线也受到严重损失，被烧毁木质机动船3艘、木质囤船1艘，直接经济损失达20多万元。武斗使涪陵变成一座死港，有将近3个月水路交通基本断绝，本港轮船全部停产，重庆至武汉的路过轮船也不敢进港停靠上下客人。

三、航运生产的艰难恢复

"文化大革命"使内河航运遭受了严重损失，运输生产连年下降，海损事故增多，企业连年亏损，职工生活困难。在这种严峻的形势下，在周恩来、邓小平等老一辈革命家对林彪、"四人帮"破坏的抵制和抗争下，广大航运职工为了国家和人民的利益，排除"批林批孔""反击右倾翻案风"等干扰，坚守生产岗位，坚持搞运输生产，积极完成了支农、支重等重点物资的运输，受到了各方面的赞誉。

1970年初，四川武斗还没有完全制止住，从长江中下游调粮入川的运输任务，由四川省革命委员会布置给水运部门承担。四川省重庆轮船公司于1970年2月派拖轮8

艘、铁驳26艘，由船员们冒着生命危险，从重庆开往武汉突击运输大批粮食进川，对稳定四川局势、保证人民生活起到了一定作用，受到省革委会的嘉奖。

1974年起，长江航运公司重庆分公司和四川省省属重庆轮船公司职工排除“批林批孔”和“反击右倾翻案风”的干扰，克服运距长、换装次数多、航道弯曲水浅、船小设备大等困难，从上海装船运至重庆港换拖或换装。将四川、泸州、赤水、云南4个天然气化工厂从日本、美国、荷兰等国引进的成套大件设备5套、55057吨安全运进了厂，完成党中央领导对此项任务的批示要求。

涪陵轮船公司除1967年下半年发生大规模武斗停产几个月外，其余年份，广大职工均能坚持生产，年年超额完成运输计划，年年盈利。特别是1975年邓小平主持党中央和国务院工作以后，通过企业整顿，职工干劲倍增，生产效率提高，当年提前63天完成全年任务，超年计划25.57%，创利润60万元。1969年，南充轮船公司职工排除干扰，努力生产，开辟嘉陵江南充以上航线和派船到武汉运输出川蚕茧和进川元钢，使货运量逐年增加。1970年起扭转了连续3年的亏损，直至粉碎“四人帮”的1976年，除1974年因嘉陵江货源发生重大变化亏损外，其余5年均实现盈利。

长航局东风船厂（原民生船厂，1966年更为此名）在“文化大革命”初期生产受到极大破坏，但在“文化大革命”后期，全厂职工积极响应为实现“四个现代化”而奋斗的号召，冲破层层阻力，开展以新建“东方红120”轮为主攻方向的大会战，使全厂生产迅速好转。1975年月产值突破100万元大关，结束了连续18个月完不成任务的局面。省属重庆船厂自1970年以后生产逐年上升，生产产值由武斗最严重时1968年的79.6万元上升到1975年的567.9万元，创历史较好水平。同时，该厂还排除“文化大革命”内乱干扰，按照“人防工事平战结合”的原则，利用厂房后山有利地形，开挖防空洞6500平方米，安装机械设备110余台，又在洞内安装发电机组和建立制氧站，解决了本厂用氧用电。宜宾船厂于1965年开始筹建，正式建厂正处于“文化大革命”期间，宜宾又是四川武斗最严重的地区，所受影响极大。但是由于该厂职工力排干扰，坚持建厂，仅用1年多时间，即将土建工程基本完成，边建设边生产。1967年开始试产，造船1艘、修船1艘，创产值50.8万元。1968年9月，各地先后成立革命委员会，在一定程度上结束了“文化大革命”前期无政府状态，但宜宾武斗仍很厉害。即便这样，1968年至1970年的3年中，共造船16艘、修船23艘，创产值279.5万元。1971年以后产值逐年增加，1975年达到212.1万元。

安全生产工作自1970年起也开始恢复，尤其是1973年四川省水运的主管机关厅内河管理处恢复后，安全生产工作明显加强，海损事故有所减少。1974年，厅内河管理处组织力量，大力开展安全宣传工作，纠正内乱造成的无政府状态，编印水上安全生产经验画1万本，水上宣传张贴画6万张，农副业、渡口船安全生产经验选编2万册，港航规章选编2.8万册，发给各地宣传学习；并制定了《四川省轮船技术船员管理办法》，对四川省13个重点水运地区90%以上的轮船船员进行了考试发证，提高了船员的驾驶技术，促进了安全运输。

四、重点物资的运输

（一）大件运输

为了大力开发利用西南地区丰富的天然气资源，建立和扩大化肥、化工生产基地，发展西南地区的农业和轻纺工业，1973年3月经国务院批准，从日本、美国、荷兰等国引进了一批化肥、化工生产成套设备。分配给云贵川三省5套设备共55057吨，其中超大件2000多件，最重件达365吨，最长件40米，最宽件8米多，最高件6米多。这次大件的运输，在我国内河航运史上尚无先例。长江航运公司重庆分公司由主要领导葛景洲主持，主管运输生产的领导李本可负责，成立了由调度、安全、拖轮、驳船、公安部门参加的大件专运领导小组，制定了切实可行的分段联合运输方案和措施，具体安排了人员、船只、安全、后勤等各方面的工作。重庆港务局为了安全完成在重庆港的换拖换装任务，成立了以管生产的领导卢海泉为组长的大件设备接运领导小组，并对港口作业进行了周密部署。1974年7月上旬，首批大件设备从上海开始向川江起运。长江航运公司重庆分公司以3个船队投入运输，即"长江4004"轮拖2艘1000吨级甲板驳，"长江2001"轮拖1000吨级甲板驳和大型货驳各1艘，"长江2017"轮拖大型货驳1艘。这三个船队于7月22日安全抵达重庆港，由四川省重庆轮船公司在重庆港接运，较为顺利地完成了首批大件运输工作。其他大件即按既定方案陆续从上海运至重庆后转运各厂。如1975年9月贵州赤水天然气化工厂大件设备共11500吨经长江航运公司重庆分公司运至重庆后，一部分由四川省重庆轮船公司转运至合江港，另一部分则由赤水航运公司接拖。

（二）化肥运输

西南地区由于具有丰富的天然气资源，成为全国化肥（尿素）生产重要基地之一。四川省重庆轮船公司和长江航运公司重庆分公司主要承担的是四川泸州天然气化工厂和部分贵州赤水天然气化工厂的化肥产品。20世纪60年代，四川泸州天然气化工厂的产品大部分由四川省重庆轮船公司承运；1976年该厂引进进口设备投产，化肥年产量猛增至50万吨以上。经四川省计经委批准，将四川泸州天然气化工厂生产的化肥产品列为四川省重庆轮船公司定点定线大宗运输物资。按指令性计划，四川省重庆轮船公司每年承担四川泸州天然气化工厂45万吨左右的化肥运输任务，使化肥运量占公司总货运量的三分之一以上。

（三）木材运输

木材是西南地区重要物产资源之一。国家各项建设、建筑工程、工农业生产以及人民日常生活都需求大量的木材供应。自20世纪50年代以来，西南所产木材除供应腹地之需外，还大量外调出川，供应武汉、镇江、南京、上海等地。1956年四川省重庆轮船公司开辟金沙江宜宾至新市镇108公里航线后，主要依靠拖轮拖运完成木材运输，每年约1万~2万吨（立方米）。随着国家对木材需求量的急剧增加，原始的人工排放方式已远不能适应形势发展的需要，长航局重庆分局首先提出轮船拖运木排的方案；后综合考虑航道、操作技术、停泊锚地和系缆设备等因素，选择以367千瓦蒸汽机拖轮“生俭”轮由宜宾拖运至重庆港成功，首创川江轮船拖运木排的新纪录，从而结束了长江干线上人工放排的历史，也为川江轮船运输开辟了一项大宗货源。1958年以后，四川省重庆轮船公司、长航局重庆分局在川江联合进行的拖排运输量逐年增加，每年运出的木材数量不断增加。根据四川省重庆轮船公司在宜宾至重庆航线拖排统计，1958年为5.8万立方米，1959年为10.2万立方米，1960年猛增至31.2万立方米，1966年则达54.9万立方米。1968年至1971年因“文化大革命”运动的干扰，有4年木排停运。1972年至1976年，共拖运木排815张，计129.9万立方米，平均每年拖25.9万立方米。

（四）支农运输

支农物资包括农用机械、农具、农田水利机械设备、化肥、畜肥、农药、种子等。这些物资运输的特点是运距短、批量小、运价低、要求急、停靠装卸码头多、涉及地区广。20世纪60—70年代，国家执行“以农业为基础，以工业为主导”的发展国民经济的总方针，要求一切工作按照“农、轻、重”的次序安排，各行各业都要大力支援农业。轮船运输肩负着城乡交流的重要使命。

为加强支农运输组织，做好支农运输运力安排。长航局重庆分局（长江航运公司重庆分公司）、四川省重庆轮船公司和涪陵轮船公司等运输单位均树立以支农为重的思想，凡是支农物资，不论数量多少、运距长短，都按“四优先”（优先安排、优先配载、优先运输、优先装卸）的原则，做到随到随运，有多少运多少，不论运价高低。同时，长航局重庆分局在20世纪60年代初期便成立了支农短航调度组，专办支农物资运输业务，抽调吃水较浅的294千瓦拖轮4艘行驶区间小码头，专门拖带支农粪船。1970年开辟了重庆至巫山、万县至巫山2条支农专线；为了使支农物资及时运到各区县，增加了停靠码头，沿途停靠13个站点。1977年又开辟了重庆至涪陵、重庆至万县的化肥运输专线。四川省重庆轮船公司主要担负渝叙航线和各支流航线的区间运输。据长航局重庆分局（长江航运公司重庆分公司）的货运统计，1966年至1976年，共运输支农物资32.52万吨,平均每年3.25万吨,最多的1968年达9.90万吨。

五、木船运输的机动化改造

木船运输在长期的生产过程中,都离不开工人上水背绳拉纤,下水推桡摇橹。无论严寒酷暑,都得顶风曝日,踩沟过濠,生产条件十分艰苦。繁重的体力劳动折磨着世世代代的劳动船工,特别是重庆地处川江航道,水流滩多,对船工的生命安全产生巨大威胁。

新中国成立初期,船工在政治上翻了身,生活有一定改善,但生产方式改变不大,仍靠人力拉船推船来完成运输任务。广大航运工人日夜盼望能早日摆脱繁重的体力劳动。由于缺乏机器,他们想办法改革生产工具,谋求减轻劳动强度。20世纪50年代初,合川县盐井木船社曾制造翻水板木船,用两个水车明轮及一根横轴,轴上安上脚踏板,装于船尾内舷,人踩踏板转动水轮,推动木船前进;后又造了畜力翻水板船,用一头牛像碾米似的走圆圈带动竖轴推动水轮使木船前进。这些革新船在平缓河段尚能行驶,但在陡滩急流或流向复杂的航道中,就无法发挥作用,甚至影响安全,难以推广。尽管这种革新未能成功,但它充分说明航运工人渴望改变落后的生产方式。因此,实现木船运输机动化,是劳动人民的深切愿望。

新中国成立后,政府不断投资整治内河航道。据统计,从1950年至1976年,累计投资1亿余元,先后整治了乌江、长江、嘉陵江、渠江等航道,大力开辟、渠化小河支流,并将历年征收养河费的大部分用于航道养护。经过多年努力,航道得以加深、加宽、改直,并辅以绞滩机、助航标志,航道航行条件得到很大改善,为木船运输机动化创造了有利条件。

木船运输业原为个体经济,一家一户为一个生产单位,经济力量薄弱,没有力量发展机动船。1956年重庆实现木船运输合作化,木船运输业由个体变为集体,生产水平不断提高,公共积累不断增加,财力、物力、人力可以集中使用,为木船运输机动化提供了必要的资金支持。

随着国家工业化的发展,钢材和机器设备生产逐年增多,为木船运输机动化提供了物质基础。有了广大航运职工实现运输机动化的强烈愿望和积极性、创造性,充分利用改善了的航道和积累的资金,再加以正确的引导和扶持,实现木船运输机动化是完全可能的。

(一)机动化的探索之路

早在20世纪50年代初期,重庆就开始探索如何对木船进行技术改造。1952年首先从“天险”乌江开始,以“新原”和“武原”两轮试航涪陵至彭水航段。同年,在嘉陵江的合川县,建成“建国”号客轮,开通合川至南充航线。1953年又建成“和平”号客轮,投入营运。实践证明，在重庆发展机动船，实现机动化运输，是完全可能的。但由于当时的木船运输业尚属个体经济，资金和技术力量都很薄弱，虽然试航成功，但发展机动船仍很困难。为探索内河航运向机动化方向发展，又曾推行轮木结合运输，即以全民所有制的轮船拖带个体所有制（后期为集体所有制）的木船，1954 年在嘉陵江的合川至重庆航段试拖，1955 年在长江的泸州至重庆航段试拖。当时为配合轮木结合运输，全市实施木船改船，将木船加固，作轮木结合的被拖驳船。轮木结合运输的实践，被证明是不可行的。因轮船只拖下水载重木船，上水空船仍由船工拉回原港，劳动强度未减轻，劳动力未减少，且木船工人在生产中不上机动船，不能学技术，加之被拖木船易损坏，而木船仅得运费的 30%（按木三轮七分配），不足以支撑成本。1956 年后，即停止了轮木结合运输。

重庆木船运输机动化首先从涪陵开始，1956 年下半年，涪陵县的先锋、胜利、和平、民主 4 个木船社，联合筹集资金，选用国营轮船公司行驶乌江的优良船型图纸，采取土法上马，经过将近一年的时间建造出 3 艘客货轮，每艘船安装 3 台大道奇汽车引擎，计 88.2 千瓦，以钢炭、白煤作燃料。虽质量不高，但较木船更为先进。涪陵至龚滩，过去行驶的“歪屁股”木船，往返一次要 45 天，机动船只要 4～5 天，航效提高 10 倍，且一艘机动船可顶十多只木船的运量，而劳动力却减少 70% 左右。机动船的使用，使船工摆脱了几千年来的繁重体力劳动，工人将其称为“第二次解放”，因而发展机动船的积极性很高。1956 年到 1963 年的 8 年间，他们自力更生，积累资金 100 多万元，共建造了 19 艘简易的木质机动船，基本实现了木船运输机动化。

（二）全市实现木船运输机动化

从 20 世纪 50 年代开始，为谋求实现机动化运输，代替船工繁重的体力劳动，经过探索、试制、推广，木船运输业发展逐步加快。涪陵会议推动了长江干流和较大港口机动船的发展。苍溪会议后，小河支流的机动船也迅速发展起来。在发展过程中，国家不仅从机器设备、造船材料的供应上进行扶持，还在税收政策上给予照顾。1963 年以来，根据集体航运企业的实际情况，实施了减征所得税的措施。1974 年，除长江和嘉陵江南充以下河段的合作社外，减征所得税 30%。运价上也予照顾，1963 年规定，集体所有制的机动船运价按木船运价 90% 计算，略高于国营轮船运价，以利于集体企业机动船的巩固和发展。还及时组织进行经验交流，互相观摩学习，不断为集体航运企业培训各类技术人员，提高航运职工的素质，以适应机动化发展的需要。通过不懈的努力，在“文化大革命”期间，重庆木船机动化取得了突出的成绩。

由于机动船逐年增加，轮、木船运输量的比重发生了很大变化，改变了昔日重庆航运主要靠木船运输的局面。至 1978 年，轮驳船完成的货运量已占总货运量的 58.1%，占内河总货物周转量的 76.3%，全市基本实现了木船运输机动化。

木船运输机动化的实现，使航运生产得到发展，航行效率普遍提高2～3倍，劳动力节约50%以上，运输费用降低10%以上，从根本上改变了重庆木船运输的落后面貌，此举是成功的。虽然机动船在20世纪70年代发展较快，但所造船舶质量不高，技术状况不好，船型机型复杂。据1977年调查，四川省集体航运企业船舶机型达41种，大部分为淘汰机型，船型更为复杂，多数为一船一型，且60%为木壳。因此，自1979年起，着重抓了船舶的更新改造，即将杂牌机器改为国家定型机器，将木质船、水泥船改为钢质船，将笨重船改为轻便船，并使拖头与驳船配套，更好地发挥其经济效益。

六、航运企业的发展

（一）四川省重庆轮船公司

1967年3月，四川省重庆轮船公司实行军事管制，设立军事管制委员会。1968年11月，四川省重庆轮船公司革命委员会成立，下设政工、生产、后勤3个组，分别替代原科室职能。1973年1月恢复科室编制，7月撤销军事管制委员会。

20世纪70年代，四川省重庆轮船公司进入恢复期，由国家投资的一批化肥专用轮船和配套驳船开始陆续建成投用，化肥的运量亦开始大幅增加。四川省重庆轮船公司为了“万无一失”地完成大件化肥生产设备运输任务，设立了专门运输机构，制定运输方案，抽调最强技术力量，于1974年7月至1975年9月胜利地完成了重庆以上航段的运输任务，为支援重点建设作出了应有的贡献。

党的十一届三中全会以后，在“改革、开放、搞活”方针的指引下，长江航运业开始缓慢复苏。四川省重庆轮船公司也于1978年7月组织了第一个船队出川，打破了江域界限，实现了跨省运输，从此闯出了新路。经营航线延伸到长江全线，加上上游各大支流，航线总长达到3400多公里，为当时拥有长江最长航线运输的企业。

（二）长江航运管理局重庆分局

1966年3月，交通部决定将原来的重庆航道区分离出去，成立661工程指挥部（后来改为航道一处）。1966年全国掀起“文化大革命”运动，公司遭受严重灾难，1968年仅完成货运量79.1万吨，比1965年下降61.94%。1969年出川运量降为38万吨，为1965年的42.4%，出现运输生产上的第二个低谷。1973年后运输生产又有起色。同时，新建和扩建了港区、船厂；架设了新通信线路；建造了一批新型轮、驳，使川江的通过能力有了一定的提高。但由于“文化大革命”的干扰破坏，建设周期长，投资浪费大，经济效益低。1975年10月，贯彻中央整顿方针，撤销长江航运公司及下属单位重庆分公司，恢复长江航运管理局及下属单位重庆分局。分局实行政企合一，港航统管，并经营客货运输。

第四节　水运基础设施建设艰难推进

一、航道建设的实施

（一）长江航道建设

1. 整治长江渝兰段航道

重庆至江津县兰家沱段（即“渝兰段”）航道长81公里。这段航道的猫儿沱、兰家沱两个码头分别与成渝、川黔铁路相连，是水陆联运的重要衔接点，但无装卸设施，处于自然状态。在“三五”期间，为了备战、支农及西南三线建设的需要，经国家计委批准，重庆港务局猫儿沱和兰家沱新建两个作业区，以担负贵州省开阳磷矿磷肥及钢铁、重件和杂货水陆联运的任务。但该段航道状况极差，枯水水深只有1.8米，需要大力整治才能与重庆以下航道尺度保持一致，以适应新港区的建设和货物转运。

1966年4月，交通部指示渝兰段航道由长江航道局的661工程指挥部负责设计施工整治，航道尺度须达到航深2.9米、航宽60米、弯曲半径750米的要求。渝兰段以枯水浅滩为主，有滩险13处，即猪儿碛、铜元局、九龙滩、蕉巴滩、砖灶子、胡家滩、巫木桩、渣角、小南海、红眼碛、飘灯碛、苦竹碛、燕子碛。其中，砖灶子、小南海是川江上段著名的浅水滩（地形复杂，河床不稳定）。这13处浅滩除巫木桩采取设标措施外，其余均需重点整治，猪儿碛、九龙滩、砖灶子、渣角、小南海、红眼碛6个复杂浅滩，水深不足，同时兼有急和险两重性。为选定经济、合理、可靠的整治方案，对砖灶子、渣角、小南海3个主要碍航滩险，分别委托西南水运工程科学研究所和南京水利科学研究所，进行河工模型试验，以确定最佳整治方案。

渝兰段航道整治是在“文化大革命”期间进行的，从1969年下半年起开始施工。一般滩险，以修整建筑物为主，辅以爆破、疏浚，以改变河道中的水流结构，改善水流形态，增加航道水深。对于比较复杂的滩险，除了必要的炸礁与疏浚等措施外，则需修建多座整治建筑物才能奏效。对于大滩险，则列为重点整治：①小南海滩，该滩江中有小南海与车亭子江心洲分水流为左、右、中三槽，变化频繁，既浅又险。新中国成立前后虽经多次整治，收效甚微。此次经过西南水运工程科学研究所河工模型试验，在车亭子筑成岛尾坝，并修补了原建筑物，以多组不同类型的坝体，改变水流结构，调整流量，增加航深，最终获得成功。②渣角滩，该滩为枯水弯险河段，河中有中堆碛脑将枯水分成左右槽，流量不均且出现较强的横流碍航。1974年西南水运工程科学研究所模型试验后，即挖出中堆碛脑边滩1.64万立方米并筑460米长的碛头坝，拦截横流，主流顶冲点下移至渣角滩以下消除险情，效果良好。③砖灶子滩，该滩弯、浅、险俱全，水流分左右两汊，冲淤变化较大，并有铁门坎碍航。1967年南京水利科学研究所模型试验后，661工程指挥部就对此滩进行整治，邀请长航局重庆分局、港务局、航道局、重庆水运公司等单位派员现场观察，研讨方案，与会代表一致同意封闭左槽，接长铁门坎丁坝，实施后避免淤积；又采取多条丁坝和堵塞支槽的方法，改变了弯、浅、险的状况。上述小南海、渣角滩、砖灶子滩滩险整治，运用科研模式指导工程实践，成为治滩成功的典范。渝兰段航道整治，从1969年起至1978年止，历时近9年方得以竣工。共整治13处滩险，完成工程量54.15万立方米，其中水上炸礁1.29万立方米，水下炸礁2.78万立方米，筑坝15.0万立方米，疏浚31.56万立方米，清渣2.54万立方米。通过整治，除少数几处浅滩航槽较窄外，其余均已达到航深2.9米、航宽60米、弯曲半径750米，基本上满足800吨级大型船舶的航行需求。

其间，还在渝兰段增设助航设施。由重庆航道局配布航标179座，其中岸标39座、浮标140座，平均标志密度达到2.88座/公里。同时在杨村荡、佛耳岩、铜罐驿、泥壁沱、黄[illegible]、黑龙潭等处设立6个航道站，分段负责维护管理工作，并新造58.8千瓦航标艇5艘、88.2千瓦航标艇1艘，分别配属上述6个航道站使用；又新建造了6艘水泥航标船，作为机艇靠泊和船员居住使用。

信号设施对于航道畅通有着重要作用。渝兰段的控制河段由3处增设为6处，即青岩子、窝鱼嘴、高家沱、车停子、青石尾、苦竹碛。信号台由4座增设到9座。经过2年的努力，完成了信号台台房的新建、扩建工作，渝兰段的航标、信号得到改善。

为加强该段河道通信设施，长江航道局664工程指挥部于1970年10月动工架设有线电话线路，至翌年元月完成。但有的站、台仍没有接通，无法进行通话，直至1979年长航局通讯总站又组织技术力量再度施工，至1980年完成杆路40公里、线路51公里、过江飞缆线3处，并在舀鱼背、小南海、黑龙潭3处各装10门磁石机1部，才完成了渝兰段通信线路的建设。

渝兰段航道原由四川省交通厅长江航道养护段负责维护管理工作，该段航道整治后，交通部指示交长江航道局统一管理。1976年3月17日，四川省交通厅长江航道养护段与重庆航道局在江津签订了《渝兰段航道交接协议书》，办理了交接手续。双方确定，自1976年3月26日起，渝兰段航道正式由长江航道局重庆航道局负责维护管理。从此，长江江津兰家沱至宜昌742.2公里航道由重庆航道局负责维护，兰家沱至宜宾301.8公里航道仍由四川省交通厅长江航道养护段负责维护管理。

2. 恢复和完善长江电气化航标

用电气航标灯取代煤油标灯，实现航标电气化，是一项重大的技术革新，是航标向现代化发展的方向。在“大跃进”中搞长江航标电气化，其方向是完全正确的。但由于当时违背了经济发展的客观规律，盲目“跃进”，急于求成，不顾客观的实际可能，在器材质量、发光灯泡和开关控制等关键技术没有得到解决的情况下，就仓促上马，突击安装，限期完成使用，以致因蓄电池、灯泡和金属开关等器材质量低劣，技术不过关，造成航标灯发光失常，器材浪费严重，船舶航行安全也受到影响。

因此，在1962年国民经济调整时，不得不缩短战线，大刀阔斧地压缩电气化标灯的数量和里程，渝宜段电气化标灯的里程由683.79公里压缩为60.3公里，标灯数量由2364座减少至187座，分别减少了91%和92%。压缩是为了继续前进，把电气化航标搞得更好。1964年，长江航道局组成由各航道局和南京灯标厂参加的标灯电气化试验研究小组，对长江全线航标电气化工作进行调查研究，总结经验教训，针对存在的问题，对标灯使用的电源、自动开关、灯泡等进行研究比较，确定了电气化标灯的定型产品，并对航标管理人员进行了培训。重庆航道局在长江航道局标灯电气化试验研究小组的帮助下，于1966年首先在万县小舟溪至野土地、丰都唐土坝至涪陵计105公里航道上恢复了电气化标灯，加上原有60.3公里，渝宜航段共有165.3公里航道恢复了航标电气化。正在进行之际，“文化大革命”开始了，此项工作被迫中断，直到1969年，由于西南三线建设和战备的需要，以及形势相对稳定，生产秩序有所好转，又于渝宜段的下马滩至白马滩35.2公里、东洋子至小舟溪51公里、狐滩至顺溪55.4公里和黄草峡至长寿8.5公里，合计150.1公里航道上恢复电气化标灯。由此，川江渝宜段电气化里程由原165.3公里增加到315.4公里，占渝宜段间固定发光河段的45.8%。

1970年，宜昌航道段的电气化工作也开始上马，在宜昌港十三码头至平善坝20公里、青石洞至上马滩21公里和白马滩至东洋子52公里，共93公里航道上恢复了电气化标灯，使川江电气化里程共达408.4公里，占渝宜段固定发光河段的59.3%。余下的渝宜段从宜昌港十三码头至重庆大渡口279.9公里（含嘉陵江1.2公里）固定发光河段的电气化恢复建立工作，于1971年12月17日全部完成（其中有101.3公里河段，仍根据行轮需要而实行机动发光，使用油灯维护）。渝叙段的航标电气化工作，于1974年由四川省交通厅长江航道养护段首先在纳溪至小米滩32公里航道上进行了试点。至1977年9月20日，完成了纳溪至泸州小米滩和斗笠子至白沙下渡口两段共73公里夜航河段航标的电气化工作。至此，川江航标电气化的全面恢复工作基本完成，“下马”近十年的航段又重新放射出夜航光彩，改变了航道工人“日暮点灯，日出熄灯”的落后状况。

航标标灯电源，主要使用的是蓄电池和空气干电池两种。丰都、万县航道段的电气标灯全部用上海蓄电池厂特别生产的2B-120型蓄电池，由4伏120安时单电池串联组成，15天轮换充电一次。宜昌、奉节、重庆航道段使用的是河南省新乡电池厂生产的3QR4C-2型空气干电池。这种电池开始电压为4.2伏，在标灯上可根据不同情况采取二组或三组并联方式使用。在岸标和不易失常的浮标上,可采取三组串联使用,以增大容量稳定电流,延长使用时间。对于易失常、易碰损的浮标,则采取二组并联使用以减少损失。一般在夏季可达60标天,冬季为46标天,年平均为153标天。若以三组并联使用,夏季为60标天,冬季为80标天,年平均可达170标天。空气干电池虽较蓄电池使用时间长,但干电池只能使用一次,成本较高,不如蓄电池可循环充电,连续使用。

电气灯具,全部采用南京灯标厂生产的150毫米自控电气标灯。标灯灯管全部改用上海霓虹灯厂生产的产品,淘汰了原使用的立丝螺口式的灯泡。在电气化标灯的自动开关上,淘汰了原使用的各种自动开关,全部采用新技术产品——硫化镉光导管半导体和硅光电池半导体开关。这两种自动开关结构小、轻便防震、灵敏度高、稳定性强、使用寿命长,有助于提高标灯维护质量。

在恢复渝宜段电气化航标的同时,对航标的配布也进行了改进。原来以深水沿岸航道为主航道,配布锁链式航标,常与上行轮船航线不吻合,以致有些较密的标志没有发挥作用,而上行轮船较多的航线上,配布的标志却很稀。标志的配布不尽合理,还需改进。

1966年9月10日,重庆航道局在万县高围子至顺溪段73公里航道上开始改进航标配布的试点工作,然后在渝宜段全面展开。由于"文化大革命"的影响,这项工作直至1971年才基本完成。在此期间,重庆航道局与长江航运公司重庆分公司领导和技术人员曾先后5次到现场研究和调查航标配布,并且根据川江航道具体情况和驾引操作特点,取消了导标,用三角岸标取代了接岸标。到1972年,渝宜段最大设标数为2228座(其中岸标1038座、浮标1190座),比1965年最大设标数减少293座。这次标志配布技术的改进,符合川江航道特点和驾引航行的实际。

与此同时,又在航标制式方面做了必要的修改,使航标配布更能适应船舶航行的需要。其修改后的航行标志分为:①过河标:用以标示上行轮船跨河航道的起点和终点,其形状为三角锥体。②三角标:用以标示露出水面或水下障碍物及突出岸咀,其形状为三角锥体。③圆柱标:设置在视野开阔的沿岸、岛礁、港湾、险要碍航物或其旁边,警告船只远离航行。④左右通航标:其岸标设立在两侧可以通航的露出水面的礁石上或石梁的首尾处。而浮标则标示两侧可以通航的水下障碍物及航道的起讫点。

1966年11月25日至1967年2月,重庆航道局和四川省交通厅长江航道养护段对川江信号按照"通行"和"雾情"两种不同职能的信号进行了改革,对信号旗式及悬挂方法也做了必要的修改变更,使信号工作更趋完善统一。其修改后的信号规定:

①信号杆。分通行信号杆和雾情信号杆两种。通行信号杆,不分左右岸均为黑白相

间的横纹，横木同岸线垂直。雾情信号杆，设在多雾河段，标身为白色。

②信号旗分为8种。

轮船信号：为箭头形，其箭头为红色，箭杆为白色。允许上水轮船通行时，昼夜以箭头信号尖向上悬挂于横木朝岸一端；夜间则悬挂红（在上）、绿（在下）色灯各一盏表示。当允许下水轮船通行时，其昼夜间悬挂信号与上水轮船信号反之。

排筏信号：为黑色菱体形。当排筏即将进入控制河段时，菱体信号悬挂在“满杆”高度上；当排筏正在控制河段时，菱体信号则悬挂于“半杆”高度上表示。

拖排船队信号：在轮船信号下加一菱体信号组合悬挂，当允许下水拖排船队通过控制河段时，昼夜即将这两种信号悬挂表示。

小轮信号：为红色三角锥体。当控制河段有小轮行驶时，昼夜用尖端向上的红色三角锥体一个，悬挂于信号杆横木朝岸一端表示，以向轮船揭示控制河段内有对驶的“小轮”，警告双方互相采取避让措施，夜间悬挂红色定光灯一盏。

非机动船信号：为红色球形。悬挂于信号杆横木朝河一端，当上游有即将驶入控制河段的非机动船时，红色圆球信号悬挂在“满杆”高度上；当下游非机动船正行驶在控制河段时，红色圆球信号则悬挂于“半杆”高度上表示。

禁航信号：为两个红色三角锥体。昼夜悬挂于信号杆朝河一端，夜间则垂直悬挂红色定光灯两盏，表示禁止船舶通过。

电话失灵信号：为红色正方形。当遇电话失灵，不能执行通行指挥时，昼夜在信号杆横木朝河一端悬挂正方形信号，夜间则垂直挂红色定光灯三盏表示。

雾情信号：为红色或白色菱形体，当发现有轻雾（能见度1000～1500米）时，昼夜悬挂信号一个，夜间悬挂白色灯一盏；当有中雾（能见度500～1000米）时，昼夜悬挂信号两个，夜间悬挂白色灯两盏；当有浓雾（能见度500米以内）时，昼夜悬挂信号三个，夜间悬挂白色灯三盏表示。

（二）乌江涪白段航道整治

涪陵至白涛27公里航道，地处乌江下游末端，峡堰相间，深沱与滩险相继，是与长江连接的重要河段。

20世纪60年代中期，国家进行三线建设，将沿海一些工厂迁至大西南。由于乌江流域地势险要，江高峡急，山重水复，是三线建设的理想之地。第六机械工业部和第八机械工业部两个系统，就在乌江沿岸安排不少建厂项目。新建的中央厂矿就坐落在涪白段江畔。为了解决该厂的运输需要，国家计委投资207.85万元，整治涪陵麻柳咀至白涛27公里航道。要求整治后航道尺度达到枯水最小水深1.5米、漕宽25米、弯曲半径250米，并实现夜航。这对工矿企业的建设，对改变涪陵地区交通落后面貌，都具有十分重要的意义。

1967 年冬，涪陵中心航管站开始了工程的筹备工作，同年 11 月，四川省交通厅内河规划测设队派人对涪陵至白涛段采用 1∶2000 比例，对滩险地形、水深、流态及水下障碍物等进行了测绘，并进行整治设计。当年底，经四川省革委会生产指挥部批准，遂在涪陵成立航道工程指挥部，由涪陵军分区副司令员任成宣任指挥长，四川省交通厅内河局航道科科长艾国贤、涪陵军分区后勤科科长李永珍、涪陵地区物资局科长臧中喜、涪陵县武装部部长季长福 4 人任副指挥长，指挥部设技术、行政、计财、材料 4 个组，并下设 3 个工区、1 个炸礁队。以涪陵地区为主，四川省交通厅负责技术指导，抽调厅挖泥船队、厅第二航道工程处、厅嘉陵江航道养护段等单位技术人员参与，由当地组织民工 1000 余人，共同征服乌江天险航道。整治工程于 1967 年 12 月开工，至 1969 年 8 月，完成大部分滩险炸礁、筑坝整治任务。为使工程及时交付使用，发挥其整治效益，交由涪陵中心航管站继续完成未完工程和进行维护管理。至 1971 年，航道整治工程全部竣工，历经 5 个寒暑，工程耗资 247.52 万元。在涪陵至白涛段重点整治碍航险滩 17 处，建筑顺坝 7 条，计 3589 立方米，水上炸礁 1.74 万立方米，水下炸礁 1.41 万立方米，疏浚 1.5 万立方米，工程超过预期要求，使航道尺度实际达到最枯水位水深 1.5～1.6 米，航槽宽度在 25 米以上，弯曲半径大于 250 米；修建了小石溪、三门子 2 座信号台，改建了麻柳咀信号台；架设了专用通信线路 27 公里，建造了一批航道养护专用设备，计有 176.4 千瓦机动钢耙船 1 艘、176.4 千瓦拖轮 1 艘、58.8 千瓦航标艇 4 艘。此外，还整治了钱粮铺、小角邦等 26 处滩险，使乌江大动脉流通。涪陵至白涛段完工后可终年通行 300 吨级船队，保证了中国核工业 816 厂的重件、大件运输需要。

在此期间，涪陵地区航管部门整治乌江航道战略战术有所改变。1972 年以后，由过去大兵团作战降服天险，改变为以专业航道养护工程队负责完成基建和维护工程任务，遇特殊情况如抢险工程，则在涪陵中心航管站所属滩险段范围内调人来施工，有针对性地进行整治。对工程项目也有所侧重，不再搞全线开花，普遍轰滩，而是注重近期维护与导治工程相结合，重点整治急流险滩，扩大滩口段泄水面，消除陡比降，征服汹滩恶水，以减少绞滩机数量，提高航行效率。1975 年至 1977 年间，整治红志滩险，炸礁石 2150 立方米，还炸除出老头、沿滩、新老下连 4 处滩险礁石 1.46 万立方米，并抛筑顺坝和丁坝，大大地减缓了流速，绞滩机也由 1966 年的 18 座减少至 1979 年的 11 座，节省了财力、物力，使航道工程上了新台阶。

通过炸礁石、疏浅槽、筑石坝、安绞关等整治措施相互配合使用，扫除江上绊脚石，拓宽航槽，通正水道，为乌江轮船运输发展提供了条件，使之成为四川省内河航运实现机动化最早的一条江。1975 年 9 月，由成都话剧团以乌江治滩为题材编写的《九龙滩》话剧，比较真实地反映了征服羊角碛大险滩的整治，后经西安电影制片厂来乌江拍摄成电影。《四川日报》《成都晚报》和《人民日报》都曾报道“乌江天险变通途”的事迹。

（三）兴建高水头小江船闸

小江为长江上游北岸的一条小支流，发源于开县东北家梁山麓，流经开县、云阳，在云阳县境双江镇注入长江，河流全长 174 公里。小江航运历史悠久，是川东地区特别是开县重要的水运通道，主要承担开县、云阳的煤、粮食及农副产品的运输。

小江枯水 1 月份平均流量仅 13 立方米/秒。由于枯水流量小，航道水深约 0.6 米，一般通航 10 吨左右木船。新中国成立后，四川省交通厅第一分局对河道进行过疏浚整治，航道条件有较大改善。

1970 年万县地区为了解决工农业生产用电，投资 2700 万元，在河口双江镇上游 28 公里的青树子兴建小江电站和船闸。工程于 1976 年完成。

小江船闸按四级标准，由四川省交通厅内河航务管理局规划设计，投资 400 万元。船闸最大水级 23.11 米，是四川省内第一座高水头船闸。船闸采用井式船闸，短廊道输水，闸室长 53 米、宽 11 米，闸首口门宽 4.0 米，槛上水深 1.2 米。一次可过闸 6×100 吨木船，年通过能力 15 万吨。水库回水至开县渠口镇，渠化航道 45 公里。

由于小江电站和船闸分岸布置，电站布置在左岸，船闸布置在右岸，电站发电引水造成船闸下引航道水深不能满足通航要求，严重影响通航。

二、重点港口码头建设

港口是水陆运输的枢纽。在“文化大革命”期间，四川港口码头建设起伏较大。一方面是“文化大革命”运动席卷全国，造成港口管理混乱，吞吐量在低水平上徘徊，给港口生产造成了严重损失。另一方面是国家对西南三线的建设，尤其是在周恩来总理作出的“三年改变港口面貌”指示的推动下，重庆兰家沱码头、猫儿沱码头、朱杨溪码头、四川维尼纶厂黄様中转码头等工程相继上马，改善了码头泊位生产条件，提高了港口装卸机械化程度，加快了船舶的周转。

（一）重庆兰家沱码头建设

兰家沱码头，位于重庆市江津县境内的德感镇，在长江北岸，距重庆朝天门 81 公里，地处成渝铁路江津站附近，有 2.5 公里铁路专线与成渝铁路古家沱车站接轨，并有港区公路与成渝公路相通。兰家沱港区江面宽阔，水深约 2 米，水势平缓，终年可通行和停靠 1000 吨级船舶，是云、贵、川水陆联运的中转枢纽。

兰家沱港区上起石板桥，下至中渡街，全长 25 公里，水域面积 771 万平方米，陆域面积 22 万平方米。新中国成立前德感镇有渡口载客，直至建港前，兰家沱与外界的陆路交通仅有简易公路一条，水路交通比较滞后。“文化大革命”期间，兰家沱港区已开始承担部分水陆联运物资，主要是食盐、尿素、矿石等货物的换装。

1965 年 4 月 12 日，中共中央发出关于加强战备工作的指示。翌年，交通部决定把兰家沱码头纳入三线建设中交通运输的重点，投资 1437 万元，兴建 3 座水陆联运码头。码头工程由长江航道局 662 工程指挥部负责全面建设，交通部第二水运工程设计院设计，第二航务工程局三处施工，于 1966 年 12 月破土动工，至 1972 年 6 月 30 日竣工，历时 5 年又 6 个月，1973 年 3 月正式交付营运。全港区先后建成机械化或半机械化码头 3 座，设计年通过能力为 84 万吨，工艺流程全部采用浮式起重机，斜坡缆车运输。配置浮式起重机、缆车、行车、牵引车、起重车等 22 台（辆），并铺设专用铁路线 7 条，总长度为 8279 米，其中作业线长 1158 米；还修建仓库 3 座，有效堆存面积 1.31 万平方米，容量为 1.60 万吨；此外，还建有供水、供电、通信系统和生活福利设施以及供战备使用的下河公路和锚地设施。

兰家沱码头工程建设，是在“文化大革命”这个特殊环境下进行的，出现设计上不够合理和施工质量差等问题，留下不少后遗症。如港区仓库出现裂缝，投产后不久，就有 100 余处漏水。又如动力电缆未设电缆沟，仅用弃土掩埋，发生故障难以排除。再如杂货码头上游 100 米处未砌护岸堡坎，久经江水冲刷，造成垮塌流失，危及仓库和宿舍的安全。还有框架出现严重锈蚀等问题。与此同时，港址选择也不合理，当时只强调战时需要而没有考虑与平时运输生产相结合，致使长期靠分运九龙坡港区的货源来维持生产。

兰家沱以上 58 公里是朱杨溪港区，以下 66 公里是九龙坡港区，都与成渝铁路相通，都有水陆联运码头。兰家沱夹在其中，货源被上下截流，投产以来，亏损严重。1974 年通过量为 10.4 万吨，亏损 16.9 万元，翌年通过量为 14.7 万吨，亏损 23 万元。每年平均的货物通过量仅为码头设计能力的 19.8%，设备闲置，完不成生产任务。

1977 年以后，兰家沱港区开展了“设备维修会战”，对“文化大革命”期间进行或完工的不合格工程进行清理，调整安装钢铁码头的绞车和 10 吨浮式起重机，形成配套的机械化作业线，提高了码头通过能力；修筑码头堡坎，加固建筑物地基，以确保房屋安全；新建尿素货场，修整仓库屋顶，设置电缆沟槽，使港区安全生产有了保证。随着贵州赤水天然气化工厂和四川泸州天然气化工厂的投产，以及各港之间生产布局的调整，兰家沱港区的货源数量开始上升。1984 年，将钢铁码头改进为散货码头，安装散货运输带 241 米，取得良好的运输效益。

到 1985 年，兰家沱港区已拥有仓库 3 座（面积 1.1 万平方米，容量 1.5 万余吨）、堆场 3 处（1.35 万平方米），有装卸机械 21 台，并配机修车间 11 间，可维修一般中、小型装卸机械。港区设有码头 4 座，即钢铁码头、综合码头、杂货码头、引道码头。4 座码头前沿枯水水深不低于 2.9 米，均可供千吨级船舶终年作业。全港区经过 20 世纪 70 年代后期的调整改建，1985 年货物吞吐量已达到 34.43 万吨，其中进口 14.18 万吨，主要是化肥，出口 20.24 万吨，主要是煤炭、磷矿。兰家沱码头发挥的作用越来越大。

（二）重庆猫儿沱码头建设

猫儿沱港区位于江津县境内，处于长江、綦江汇合处，下至重庆朝天门 50 公里，通过港区公路与重庆市公路网相连，港区有专用铁路与川黔、成渝、襄渝铁路相通。该港既是重庆在长江南岸唯一的水陆联运作业区，又是贵州、云南两省物资走长江的重要门户。

猫儿沱港区水势平缓，利于船舶停靠，陆域辽阔，利于商贸往来。早在清雍正七年（1729 年），川盐即开始通过猫儿沱港区进入綦江运销贵州省。清光绪二年（1876 年），四川总督丁宝桢为利川盐运输，曾疏通长江与綦江交汇处航道。抗日战争前后，港区腹地煤炭等货运由綦江、笋溪河船只在此周转运输。1946 年綦江铁路通至猫儿沱，猫儿沱便成为长江上游水路与铁路联运最早的口岸。

新中国成立后，随着工农业生产的发展，綦江与长江交汇处地带的物资均在猫儿沱港区中转。南桐、东林、鱼田堡、松藻、砍石台等煤矿以及重庆钢铁厂的铁矿石都通过猫儿沱港区装船转至重庆，綦江县和毗邻贵州各县的食盐、百货也在港区进行水陆换装。到 1958 年底，在港运输船舶达 300 余艘，有港口工人近万名。为适应港区运输事业的需要，江津县人民政府专门成立了“江津县猫儿沱镇”，并相应组建了航运管理站。当时港区帆樯如林，航运达到鼎盛阶段。1960 年 12 月，白沙沱长江大桥建成通车，川黔铁路与成渝铁路直接贯通。从此，川黔物资很少在港区中转，货源大量减少，航运生产日渐萎缩。

1965 年 4 月 12 日，中共中央发出关于加强战备工作的指示。翌年，国家把猫儿沱纳入三线建设，长航局规划办公室即对云南和贵州两省的磷矿产量进行调查。由于受“文化大革命”的影响，缺乏严谨的科学论证，错误地认为云南、贵州两省入川的磷矿年产运量在 300 万吨以上，因而交通部于 1966 年 11 月决定，在猫儿沱港区新建 1 座年通过能力为 250 万吨的机械化磷矿作业码头和综合码头，以及与之配套的专用铁路线、港区库场及港口机械设备等，总投资达 2762 万元。

猫儿沱港区建设，由交通部第二水运工程设计院设计，第二航务工程局三处及 662 工程指挥部施工，港区建磷矿码头 1 座，设计年通过能力为 250 万吨，以推矿机 16 台卸车，以总长为 883.9 米的皮带运输机、装船机作为装船或进入货场的运输。河下设囤船 1 艘，上置皮带装船机，可旋转 180°，作业灵活方便。在自然斜坡上因地制宜建成双台阶货场 2400 平方米，一次最大堆存量为 7 万吨。另新建综合码头 1 座，设计年通过能力为 30 万吨，河下配置起重 15 吨的浮式起重机及囤船，货物经车上码头后，由轮胎式起重机、叉车等装卸机械 27 台装车或进入货场。货场有效面积 4686 平方米，可一次堆存

3980 吨尿素。港区修建 7 公里的铁路专线与川黔铁路小南垭车站接轨，全区占地面积 302 亩（约 20.13 万平方米）。因工程建设正处于“文化大革命”期间，从 1966 年 11 月开工，至 1975 年 10 月才勉强竣工。1976 年 9 月 26 日开始试运磷矿。

猫儿沱港区的货物吞吐量，一是来自贵州开阳和云南昆阳的磷矿，通过川黔铁路到达重庆市江津县和小南垭车站，然后通过猫儿沱区专用铁路，将磷矿装船运往长江下游南京、江阴各港；二是贵州省赤水天然气化工厂的尿素，由赤水河航运 190 公里至猫儿沱港区，换装火车运至贵州各地以及广西、湖南和四川部分地区。其货物运输量和机械化作业程度都比较高，而且双向进出的磷矿和化肥（尿素）可以使铁路车辆重载进出。港区的磷矿码头由 16 台卸车推矿机、1 架浮式装船机和 1 条长 883.89 米、宽 1 米、功率为 384 千瓦的皮带机作业线组成。1977 年，重庆港务局在猫儿沱增设 1 条下河引道，使综合码头的化肥通过能力达到每年 36 万吨，从而使猫儿沱港区再度兴旺，成为云、贵两省与长江干线连接的交通枢纽。

猫儿沱港区的兴建，正处于“文化大革命”期间，港区工程停停建建，工期长达 9 年，加之修建时对磷矿货源的估计过高，磷矿码头的设计通过能力过大，造成一定损失。经过认真调查，贵州开阳磷矿的总产量仅为 150 万吨，而且大部分由铁路运往长江下游地区；云南昆阳磷矿由于种种原因，也不通过猫儿沱换装，因而造成部分设施的闲置。

尽管如此，猫儿沱港区的建成，也为川、滇、黔三省物资中转起重要作用。到 1985 年，猫儿沱港区拥有各类装卸机械 30 台，其中起重机 6 台、输送机械 2 台、装卸搬运机械 12 台、专用机械 10 台；拥有堆场 1.43 万平方米，容量 7.67 万吨，其中磷矿堆场 2400 平方米，容量 5.86 万吨，煤炭堆场 1600 平方米，容量 6200 吨，综合堆场 6300 平方米，容量 4600 吨，其他功能堆场 4000 平方米，容量 7300 吨。有矿码头 5 座，有泊位 2 个，靠泊能力为 1000 吨级，输送机械通过能力每小时可达 500 吨，主要用于矿石运输；综合码头有泊位 1 个，靠泊能力为 700 吨级，主要用于散杂货运输；公路引道码头有泊位 1 个，靠泊能力为 300 吨级，主要用于件杂货运输；烧碱码头有泊位 1 个，靠泊能力为 200 吨级，由 40 千瓦电机组成的管道每小时可运输液体碱 50 吨；工作船码头有泊位 1 个，靠泊能力为 200 吨级，主要用于港作船舶停靠。至 1985 年，全港吞吐量为 37.25 万吨，其中，出口货物 23.87 万吨，主要是磷矿和煤炭，进口货物 13.37 万吨，主要是化肥。猫儿沱码头的装卸操作，经过不断的建设革新，已由机械取代了人力，完全实现机械化。

（三）重庆朱杨溪码头建设

朱杨溪码头位于江津县境内的长江北岸，背靠成渝铁路火车站，地形似一个漏斗状，码头的位置，就在这个漏斗的颈口上。港区岸线总长 3 公里，上起大吉脑，下接黑石碛，陆域面积 42 万平方米，水域面积 63 万平方米，航道终年可通行 800 吨级船舶。港区内有徐家嘴码头公路经吴市与成渝公路相连，长江南岸有公路可通往合江县、贵州省赤水县等地，辐射面广。朱杨溪码头是长江上游水陆联运的中转港。

1952年成渝铁路通车后，设朱杨溪火车站，同年江津县搬运公司朱杨站成立，有码头工人、民工千余人。此后，朱杨溪码头水陆交通逐渐繁忙，发展成为一个客运、货运和揽载船码头。当时码头上下物资主要是木材、水泥、食盐、楠竹、建筑材料和各地土特产，港区货物运输全靠人力搬运。1958年后，码头进行技术革新，港口作业才有了梭槽、鸡公车、木绞盘等简易的半机械化设备，港区日趋繁荣。

1965年以后，朱杨溪港区在省地县各级领导部门的关注下加强基础设施建设，机械化程度逐步提高。1966年8月，在上中沱安装第一台绞车，供绞运木材用。国营川顺转运站为了适应红光化工厂军工原料的转运，修造了铁路专线。港区公路接通码头，安装了卷扬机、绞车轨道、起重机、爬坡机、皮带运输机等机械化设施，装卸能力大为提高。全港装卸作业划分为上沱、上中沱、中沱、下中沱四大区域，码头拥有6个泊位，可停靠700吨级驳船，装卸作业由江津县搬运公司朱杨站承担，长途客运由四川省轮船公司经营，货运和短途揽载由朱杨航运社经营。

1976年以后，朱杨溪码头上又建成了货运缆车5台、行车1台，投资添置皮带运输机、货物起重机，并设置100千瓦发电机供港区动力和照明用电。1978年，铁道部和交通部把朱杨溪定为四川省的一个水铁联运港。

1978年，四川省供销社为解决四川泸州天然气化工厂和贵州赤水天然气化工厂生产的尿素运输问题，由长江运至朱杨溪，再经铁路转运各地，在朱杨溪修建化肥转运码头。由四川内河规划测设队承担码头工程设计，布置仓库、货场及铁路专用线等。码头吞吐量为40万吨，拟设2个缆车泊位，确定仓库、货场面积为2.1万平方米，实际只完成码头前沿部分挡土墙。与此同时，重庆市农资公司于1978年也在朱杨溪修建化肥专用码头，设置货运缆车和铁路专用线。四川省重庆轮船公司和贵州赤水航运公司也分别在朱杨溪港区建客运站，设置客运囤船。该港区有客运站2座，客运候船室面积240平方米，货物仓库面积7900平方米，堆场面积1500平方米，港区拥有各类装卸运输机械21台，其中150米皮带机10台，负荷能力5吨的货运缆车5台，起重能力5吨的起重机6台。该码头历年货运量约为40万吨，其中化肥（尿素）20万吨、煤炭6万吨、木材8万吨、杂货6万吨。

1985年经商业部批准，由重庆市农资公司投资续建10万吨的化肥码头，仍由厅内河勘察规划设计院设计。码头泊位船型为500吨敞口驳和750吨甲板驳，泊位长度为1000米。同年，码头上拥有各类装卸运输机械37台，有装卸工和司机490人。经过新中国成立后不断的技术改造和扩建，朱杨溪港区码头泊位规模日益扩大，全港区已发展有货运和客运码头18个，最大靠泊能力为800吨级。众多的码头形成后，促使朱杨溪港兴城旺，中央、省、地、市、县转运机构就有70多家。

1985年,朱杨溪港客运量为23万人次,货物吞吐量已达54.98万吨,其中进口货物42.6万吨、出口货物12.38万吨。主要货源是泸州天然气化工厂和赤水天然气化工厂的尿素,运销广西、湖北、湖南、陕西及四川各地;其次是军工器材、粮食、煤炭、木材、百货、杂货等,出口的百杂货运销合江、赤水等县,煤炭运销长江下游。朱杨溪货运港区已成为川东南的水陆交通枢纽。

(四)码头的改造与扩建

1.九龙坡作业区

重庆港九龙坡作业区是当时西南地区最大的水陆联运码头,它的吞吐量占全港的70%以上,是港口能否完成任务的关键作业区。1965年7月,川黔铁路全线通车,南桐矿区的煤炭大量进入重庆港,九龙坡作业区煤码头的装卸任务剧增,市内125个工厂的生产用煤和部分地区的居民用煤,必须保证装卸和运输,同时还要为煤炭出川提供转口服务。而煤码头只有一条人力卸车并通过刮板机、溜筒、皮带机装船的作业线,远远不能完成这一任务。因此,交通部投资291.9万元,安排由交通部第二航务工程局设计并施工,历时1年5个月,于1966年6月竣工建成一条全机械化的散货作业线。这条作业线装卸工艺合理,平面布置紧凑,适应高水位差作业,机械化程度达100%。

改造后的煤码头,河下趸船设简易装船机,可前后移动并能变更倾煤角度。在长112.5米、斜率为1∶45的斜坡上,配上两段长50米、宽2米的皮带运输机。码头口水平运输与斜坡运输衔接处设1台漏斗称计量。料场安置7台宽0.8米、共长349米的固定皮带机。料场供料及卸火车、装汽车配置起重5吨、跨距40米的桥式起重机2台。此外,还设有装汽车煤漏斗及汽车地磅等。卸车线147米为高架铁路栈桥,一次可卸煤车10辆,栈桥上为斜坡式储煤槽;堆场有效使用面积达7640平方米,一次堆存量为3.8万吨(煤1.4万吨、磷矿2.4万吨)。全线配装卸工13人、机械司机8人,形成年堆存70万吨、卸车97万吨、装船87万吨的通过能力,与扩建前码头通过能力相比,提高74%。改造后的煤码头,1967年完成煤炭换装任务17.8万吨,1968年因受武斗影响只完成4.2万吨,1969年开始回升到13.5万吨。由于"文化大革命"的影响,整个社会生产流通处于不正常状态,煤炭时多时少,任务时紧时松,码头设备利用率只有16%左右。

1970年,九龙坡作业区各个码头任务极不平衡,忙闲不均,不得不在专业化码头上搞综合利用。经过缜密研究,对煤码头采取了一些切实可行的综合利用措施,主要是调整料场总体布局,改革装卸工艺,在未增添任何设备的情况下,装卸货物的品种由烟煤1个货种,增加为烟煤、白煤、磷矿共3个货种,使设备利用率提高1倍多,码头通过量增长2.76倍。作业船型由100吨级的铁（木）驳，发展到千吨级的甲板驳。作业线的效率稳定在每小时220吨左右，持续出现班产千吨的纪录。在此基础上，又进行配套改进，解放薄弱环节。1972年针对料场汽车装煤作业影响船车同时作业问题，改单一装船的煤漏斗为装船装车两用漏斗，使装船、装车互不干扰。解放牌汽车装煤4吨由过去20分钟缩短为2分钟，提高装车效率9倍。经过改造后的煤码头，做到外调煤、本口煤装卸船车两不误，不压车、不压船。有利于水运开辟定驳、定拖、定周期、定停时的煤运专线，铁路开出定车数、定车次、定车停的煤运专列，使港口出色地完成了煤运任务，创造月通过41658吨和年通过354778吨的新纪录，比1966年翻了一番多。

在改造煤码头的启发下，1970年，九龙坡作业区又在专业性强的件杂货码头（四码头）进行装卸工艺的技术改造，配置了集货斗、铁网等工属具，配备了足够的牵引车和平板车，拓宽了码头口前沿缆车平台，便于平板车直接牵引上缆车。后坝料场配备了轮胎式起重车，直接可以装卸敞车。经过改造和调整，由过去单一的百杂货发展到钢坯、生铁、矿石等多货种作业，可分担重件码头的任务，效果显著。码头通过量节节上升，1970年完成15.5万吨，1971年完成19.2万吨，1972年完成21.8万吨，挖掘了码头的潜力。

九龙坡作业区还充分利用自己的施工力量，扩大五码头卸车能力，耗资3.5万元，用时50天，新建一条99.2米长的皮带机坑道输送槽，增加了卸车线，使五码头增加14万吨的年通过能力，比改造前增加1倍左右，满足了装卸金河磷矿的需要。

根据交通部的指示，九龙坡重件码头按平战结合和大重件、中小件结合的原则扩建。交通部投资475万元，在原二码头5吨缆车道的上首，建造长江第一座机械化配套的特大重件码头，起重能力为180吨，建成后既可卸车装船，又可卸船装车，80吨的大型浮式起重机还可拖移到港内外其他地点作业。这个码头的土建工程由交通部第二航务工程局设计，交通部航务工程局第二工程处施工，共投资55万元，1965年2月1日破土施工，1966年12月27日竣工。180吨级半旋转桅杆式的浮式起重机和岸式起重机，由第六机械工业部七院八所为主进行设计，长航局派船体设计师、北京船舶设计院派轮机和港机设计师参加，上海港机厂、上海船厂也参加设计。以重庆东风船厂为主施工，协作单位有3个：江南船厂制造卷扬机、电动绞盘，上海重型机械厂制造大型铸锻件，新钢船厂制造小型铸钢件。由东风船厂、重庆港务局、长江航运公司、交通部水运局会同成立建造工作组驻厂，负责解决施工过程中发生的问题。这个涉及单位多、技术复杂的庞然大物，从1965年2月开工，至1966年9月25日完工，共计19个月，投资220万元。

这套设备是在“文化大革命”前夕比较安定的政治环境中设计和着手制造的。各个单位通力协作、分工包干，整套设备是广大工程技术人员和工人智慧的结晶，完全是自行设计、自行施工，采用国产材料，闯过设计、船体制造、大件焊接、机械制造和总装试吊五大难关，一次取得成功的。通过技术鉴定，主要技术参数符合设计要求。静负荷试验起重 217.14 吨，动负荷试验起重 198.94 吨。各部件工作正常，技术状况良好。大型浮式起重机（浮吊 10 号）长 57 米、宽 21 米、型深 3 米、吃水 1.4 米，稳性倾角 4°～5°，主钩起重 180 吨，幅度 15.4 米，副钩起重 30 吨，幅度 29.7 米，最大起升速度主钩 1.5 米/分、副钩 7 米/分，最大回转角度 190°，回转时间 5.5 分钟。这是长江全线港口唯一的一套特大起重设备。九龙坡特大起重设备自投产以来，便发挥了极大作用。湖南湘潭发电厂一台 90 吨重的大型变压器，以及从国外引进的 5 套成套设备的长重大件，都是在这个码头装卸的，取得很好的社会效益和经济效益。特别是大型浮式起重机，机动灵活，转战大江上下，屡立战功。“文化大革命”期间，该套起重设备，为四川维尼纶厂安装江底水下吸水头，为川江驳船厂安装水下大滑梁，在港内呼归石打捞翻沉江底的重庆轮渡公司“108 号”轮渡，在虾子梁打捞触礁沉没的“工农 26 号”轮等，都出色地完成了任务。

通过几个主要码头的技术改造和扩建，九龙坡作业区机械化程度上升到 92% 左右。码头年通过能力达到 211 万吨，其中一码头（煤炭）年通过能力为 87 万吨，二码头（重件）年通过能力为 25 万吨，三码头（钢铁）年通过能力为 30 万吨，四码头（杂货）年通过能力为 25 万吨，五码头（磷矿）年通过能力为 30 万吨，六码头（杂货）年通过能力为 14 万吨。1971 年，九龙坡作业区出现新的生产纪录：1 月 26 日全区码头昼夜通过量达到 20646 吨，装卸火车 206 列。

2. 朝天门作业区

朝天门作业区的红岩仓库绞车作业线是为输运港驳百杂货至仓库，便于物资单位用汽车提货而设计的。1965 年开始兴建，1967 年 11 月建成投产。红岩仓库地处朝天门、嘉陵江与长江汇合口附近，码头前沿水深常年保持在 3 米左右。设计年通过能力 125 万吨，由交通部第二航务工程局设计，交通部航务工程局第二工程处施工，总投资 113.3 万元。与作业线配套有 3 层仓库，总面积 5524 平方米，堆存面积 2190 平方米（一楼 540 平方米、二楼 910 平方米、三楼 740 平方米），一次堆存能力 1073 吨（能堆存百杂货 500～600 吨），一个月堆存能力为 6440 吨左右。投产使用以来，一条绞车作业线平均一个工班上绞袋粮 200～250 吨、百杂货 60～80 吨，最高达 120 吨。出库每工班可作业袋粮 250 吨、百杂货 60～80 吨，最高达 120 吨。出库装车每工班可作业袋粮 250 吨、百杂货 100 吨。工艺流程是船至库或船至车，设备有浮吊 13 号（长×宽×高为 54 米×9.5 米×3.2 米）、2 台旋转桅杆起重机（额定起重量 3 吨，跨幅心 5～13 米）和 4 台缆车，桥墩式缆车道全长 98 米，坡长 1:2.7，缆车道分别与仓库底层和二层楼面相接，缆车上的平板车由电瓶车牵引拖入仓库底层或二层（进入二层仓库的货物可减少一道垂直运输的操作过程），三层库房设有 3 吨行车 3 台、2 吨电瓶牵引车 6 台、2 吨电瓶叉车 4 台。这条作业线的投产，对缓解港作木驳的压力，方便货主提货，发挥了一定的作用。但由于设计上的缺陷，存在不少先天性的弱点，影响效能的发挥：如两条作业线不能同时上下；浮式起重机全长54米、宽9.5米，两起重杆间距25米，靠泊作业的港驳长50米、宽8米，作业最大跨距仅10米，两驳并排作业时，船面不能为起重杆跨幅全部覆盖，两驳前后作业时，由于进度不一，上下移动十分困难；货物绞至仓库后全部作业在库内进行，库内通道狭窄，对牵引车和叉车的干扰很大；库内行车不能直接到位取送货，要用电瓶牵引车、平板车等中间倒运；仓库不少面积被通道占用，既浪费人力、物力又容易发生胀库停产。此外，这条作业线最突出的弱点是操作环节多（6个操作过程）、使用机械多（16台）、配工人数多（司机57人），是一条低效率、高成本的作业线。1971年至1976年年均通过量为22518吨，其中1971年最高，为3.1万吨，但也只达到设计能力的25%。加之长期货运任务不足、汽车衔接不正常、百杂货运价偏低等原因，造成每操作吨单位成本高达2.46元。

3. 江北作业区

江北作业区长期使用4艘浮式起重机在河心船过船作业，成本极高，又不安全。20世纪60年代后期，在广大职工的建议下，冲出河心作业的禁锢，设想利用梁沱天然港池和内外梁条件进行靠岸作业。

由国家投资和港口自筹资金，对梁沱港池、岸壁、石坎进行改造。1986年，由港口基建科设计，土建维修队施工，在外梁建成2座直立式岸壁码头。每座码头长约120米，因地制宜，就地开采条石砌成码头堡坎和通道，岸上设有石柱、石墩等系缆装置，不需要设趸船，可同时泊2艘千吨级铁驳作业。每年中枯水季节可使用8个月左右。码头岸上配有轮胎式起重车，可进行车船对过作业。这两座码头从1968年10月开工建设到1969年5月完成，总投资46.57万元，成为重庆港首例直立式岸壁码头。由于该码头作业工序少、配工少、设备少，并为物资单位汽车提货或送货提供了方便，受到港口工人和货主的普遍欢迎。1975年2月，长航首批Z5型50个5吨集装箱共装杂货130吨，就是在该码头装“人民5号”“人民6号”运武汉的。这是重庆港第一次集装箱装卸作业。

为了使梁沱发挥更多更大的作用，1968年至1970年先后投资59.36万元，进行了一些配套项目的建设：①填平腰岔子，修建梁沱货场至作业区的简易公路，与作业区至江北的城市公路接通；②建立编解队锚地和梁沱锚地指挥中心；③建成灌口3孔混凝土公路桥，可通过载重60吨拖挂车，这是梁沱货场连通市区公路的关键，桥面预制板在洪水期可拆除，使流水冲刷沱内的淤沙，以防沉积；④将码头附近凸出的石梁削高补低，开辟露天货场5200平方米，可预收出口货物和囤存进口货物。

重庆港利用天然港池因地制宜建设直立式岸壁码头和整个梁沱的改造工程是富有创造性的，曾受到上级单位和兄弟港的赞赏。万县港的盘石码头仿效梁沱进行改建，取得了较好的效果。特别是嘉陵江大桥建成通车后，重庆市区的汽车可直驶梁沱码头，无须绕道石门车渡过江，缩短路程20公里，更发挥了梁沱码头的功能。

由于航行川江的船型从800吨级发展到1000～1500吨级的甲板驳、矿砂驳，船型越来越大，加之兰家沱、猫儿沱新港区相继投产，港作拖轮航线越拉越长，原有小马力拖轮已不能胜任。1969年至1974年港口先后建造的大、中型拖轮有“长江1010”等共6艘合计9580马力(约7046.10千瓦)，为港口增强了移泊和编解队作业的能力。

但“文化大革命”期间基建工程受到各种干扰，出现不少问题。1970年白沙沱航修站工程，因盲目定址，急于求成，再加施工不当，使港口蒙受直接经济损失5.2万元，被迫修改设计重新选址。朝天门红岩二库工程发生一件严重的责任事故：港口工程队未经工程技术人员的允许，擅自修改设计，改变基础梁的配料，使承受力减弱，工程完工验收时，未被发觉，直到房屋加层时重新钻孔检查才发现问题，只得重新加强基础梁的承受力，浪费了大量材料，延长了工期，造成直接经济损失4万元以上。

第五节　支持保障系统逐步健全

一、水运工业的新发展

重庆内河轮船的发展，为水运工业的同步发展创造了有利条件。为了加强船舶修造能力，20世纪60—70年代，国家不断对专业船厂给予投资进行扩建，增添设备，扩大生产规模，使之成为重庆修造船的骨干企业。同时，各轮船公司为适应本企业生产发展需要，办起了自己的修造船厂、所。各地集体航运企业木船实现机动化后，也将原来的木船修造厂或车间改建为机动船修造厂，并增加设备，培训技术力量，逐步担负起本企业船舶的修造任务。到20世纪80年代，重庆各港逐步建成了多家大中小相结合、协作配套的水运工业体系，形成了重庆船舶能够自造自修，不必再出省的新局面。

(一)国营专业船厂的扩建

1. 东风船厂的扩建

长航局东风船厂(原名民生船厂，1966年更为此名，1984年又更名为长江轮船总公司东风船厂)，从“大跃进”到国民经济调整时期进行了大规模的扩建以后，修船、造船、造机、配件生产能力和技术水平有很大提高。在“文化大革命”内乱中，广大干部、工人和工程技术人员坚守工作岗位，同“左”倾错误进行坚决斗争，坚持生产建设，使工厂得到进一步扩建，生产规模扩大，造船、造机能力得到发展。1967年为了生产需要，筹建以生产锚链、锚为主的炼钢分厂。1970年至1971年，新建了铸钢、锚链车间；1972年为试造船机，投资对造机加工车间进行了扩建；1977年新建4000平方米的修船、轮机车间厂房。至此，船厂的生产设备条件已达更加完善的地步，成为长江上游最大的修造船厂家，能够设计制造适应川江运输需要的各种类型客轮、货轮、拖轮及高档豪华旅游船舶。

2. 重庆船厂的扩建

四川省重庆船厂从1965年起，按照“人防工事平战结合”的原则，利用厂房后山大石梁的有利地形，开山挖洞，构筑人防工事，每年不断挖凿，进度很快。1972年在洞内建了100立方米的制氧站，年产氧气3.18万瓶，纯度达到98%，除供车间使用外，还售给外单位，年得氧气收入5万余元。1971年至1976年新建钢筋混凝土船台3座，装配有行车和主滑道，改变了过去用木材、油滑板以人力进行船舶下墩的操作方法，使造船工作中的水线安装和对线工作可以一次完成。既能同时建造2艘小型拖轮，又能承担588～882千瓦的中型拖轮的建造，并缩短造船工期，节省木材和劳动力，降低成本。在此期间，还新建船用齿轮箱车间、排锯车间、模型车间、造船加工场等生产设施和办公大楼；并装备了大型车床、钻床、镗床、刨床、齿轮机、铸造设备13台，砂处理装置、铸造清理设备和电焊、切割设备89台，以及高频炼钢电炉、剪板、弯板、弯管、水火弯板等船体工艺设备。生产设施得到进一步完善，为提高修造船能力和质量创造了更好的条件。

（二）国营轮船企业自办船厂的建立

这一时期，在重庆水运工业中，国营专业船厂始终处于主导地位，起着骨干作用。但由于轮船是较复杂的机械化运输工具，除具有主机外，还需有各种副机，如发电机、舵机、锚机、油泵、水泵等，技术标准和安全系数都具有较高的要求；加之船舶在营运过程中随时都有可能发生各种机械故障，小故障可以由轮机人员随时检修排除，而较大的故障就必须停航进厂修理。在重庆这样的航运大市场背景下，仅有的几个专业船厂远远不能满足航运发展的需要，因此，有条件的轮船运输企业都逐步创办了自己的附属船厂。运输企业有了自办船厂后，除大中型船舶的建造和较复杂的修理仍需委托专业船厂承担外，一般中小型船舶的建造和修理都可以由自办船厂承担，使企业有了修造船舶自主权，并缩短了工期，降低了成本，使船舶能及时投入营运，对提高船舶完好率和营运率起到了积极作用，有利于轮船运输企业的经营和发展。

重庆、涪陵和重庆水运公司3家地方国营轮船运输企业，在20世纪50年代以后都相继设立了各自的船舶修理厂（所），这些修理厂（所）随着公司的壮大和发展也逐步扩大，修造船能力逐步提高，从船舶小修到大修，从修木质船到修钢质船，从修囤船到修机动船，并进一步发展到能承担造船工程，从造囤驳船到造机动船，从造小型船舶到造中型船舶。

（三）修造船技术工艺的进步

这一时期，随着船舶工厂的扩建、新设备的增加、技术队伍的培训和高新科技的运用，重庆大中小船舶工厂修造技术工艺发生了很大变化，修造船能力和质量步上了新的台阶。四川省重庆船厂用浮船坞上下墩修理水线以下部分，代替了以往落后的黄油水枋滑动船体绞拉上下墩。东风船厂建造了1000吨级大型浮船坞，解决了大型船舶的上坞修理和建造问题。一些小型船厂则采用气囊上下墩的先进方法，代替了人工拉船上下墩，提高效率，节省材料，减轻了劳动强度。船体大面积除锈，以机器代替手工操作。船体组合用焊接工艺代替落后的铆钉连接，节省时间和材料，降低成本，提高质量，减轻船体质量，减少航行阻力。

在船舶部件修理和船体组合上，20世纪70年代，东风船厂创造了“成套换修”，即根据船上部件规格制成备件，需要换件时，整套以旧换新，大大节省了修船时间。东风船厂在组合大型船舶时，对船体分段预制成立体，并用起重机在墩上合拢，效率显著提高。在船体技术设计工艺上，有抗沉性好的双层底，有纵流型双尾浅水船体，有平流型浅水驳船。同时，各船厂还自行对舵机、锚机进行改进，如体积小、操纵轻便灵活的液压舵、电舵、自动绞锚机等。

二、船舶检验体系沿革

1965年9月，按国务院要求成立由交通部直接领导的长江航政管理局，统一管理长江干线航政、船检业务。长江航政管理局重庆分局在万县、宜昌设航政管理处，在涪陵设航政管理站。长江干线各船检部门设在长江航政管理局内，撤销船舶检验局长江区办事处及所属船舶检验站和检验组。重庆船舶检验站改名为长江航政管理局重庆分局船检科，共有验船人员18人（含万县1人、涪陵1人、宜昌2人），办公地址仍在重庆市朝天门信义街1号。长江航政管理局万县航政管理处由长江航政管理局重庆分局领导，统管万县港务监督、航政管理及船舶检验。

长江航政管理局成立以后，原涪陵港航监督站改称为长江航政管理局重庆分局涪陵航政管理站（后改为航政管理处），负责涪陵地区的船舶检验，但航行乌江的涪陵地区轮船公司、乌江社、武隆、彭水、酉阳、秀山的船检业务转交给涪陵中心航管站办理。自此，涪陵港又出现一港两个验船部门的情况。1971年，交通部发文《关于船舶检验工作中几个具体问题的意见》，明确长江航政管理局及其所属分局负责江苏、南京、安徽、湖南、湖北、四川、云南、贵州的产品检验工作；对外轮和出国船用产品签发证书仍使用“中华人民共和国船舶检验局长江区办事处”印章。

1972年1月，由东风船厂设计并建造的第一艘800马力（约588.40千瓦）拖轮“长江808”轮建成，该轮采用齿轮转动襟翼，大大提高舵效，这是在川江第一次使用襟翼舵。1974年3月，“东方红119”（船长68米）区间客货轮竣工，由东风船厂设计并建造，由长江航政管理局重庆分局船检科进行技术监督检验。1967年2月13日，长江航政管理局重庆分局船检科对东方电机厂生产的ZFJ-250-6直流发电机、红岩机器厂生产的6250ZCD柴油机进行机组配套检验与试验，这是长江航政管理局重庆分局船检科历史上首次对发电机组进行检验。

“文化大革命”期间，凡有船单位申请检验，重庆船检部门便进行检验，从未停止过工作。“文化大革命”期间，共收集了138艘机动船技术资料及90艘船舶图纸，整理成709卷档案。

三、“文化大革命”期间航运公安机构的破坏与恢复

（一）机关陷入瘫痪

1966年5月，“文化大革命”开始，11月下旬，在公安分局开展了对所谓资产阶级反动路线的批判。公安分局的各级领导干部失去指挥职能，导致干警队伍思想混乱，业务无人管，机关工作陷于瘫痪。

（二）公安机关实行军事管制

1968年2月16日，重庆警备区派出官兵，对长航公安局重庆分局实行军事管制，成立了长江航运公安局重庆分局军事管制委员会，并开始启用“中国人民解放军长江航运公安局重庆分局军事管制委员会”新印章。1969年长江航运公司重庆分公司革委会成立后，在公安分局军管会内设置了人民保卫组，实行两块牌子一套班子、统一领导。1969年6月10日，长航公安局重庆分局军管会决定撤销业务领导小组，恢复各行政业务科室建制，在公安分局军管会直接领导下进行工作。

（三）治安保卫组织的重建

为了适应新的斗争形势，1970年5月7日，长航公安局重庆分局发出通知，要求迅速把治安保卫委员会（组）建立起来。经过近半年的重建工作，船岸各单位共重建治安保卫委员会（组）198个，成员1162人。为了提高治保人员的政策水平和业务水平，决定以县团级为单位组织集中训练。

（四）恢复公安保卫体制

1973年3月，长航公安局重庆分局军管会奉命撤销。1974年1月25日，中共长航

重庆公安分局临时党委会建立，这对领导班子的建设、行政管理体制的恢复具有重要意义。

（五）“文化大革命”时期主要工作成绩

1. 强化了治安管理工作

长航公安局重庆分局为认真搞好川江沿线码头和运输船舶的治安秩序，印发了《加强港口码头、运输船舶治安管理的通告》。在整顿治安秩序期间，长航公安局重庆分局组织了14名干警，建立“侦破案件，打击现行”的专门班子，开展对3起较大的盗窃、诈骗案件的侦办。经过一年的反复整顿，初步扭转了治安秩序混乱的被动局面，维护了企业内部、港口码头、客货船舶的治安秩序和运输生产安全。

2. 保卫了运输生产安全

由于“文化大革命”的影响，正常的管理、保卫制度遭到破坏。因航标不正常造成夜航船舶撞标、搁浅事故时有发生。1972年1月14日，“东方红105”轮在万县航段鲤鱼碛因4号浮标灯光熄灭发生撞标事故。1973年8月20日，“长江4002”轮在万县航段老关碛因1号灯标熄灭造成搁浅。1973年，重庆航道局保卫科对万县航道段进行了调查，查出作案人员22人。经过航道局全体保卫干部一年多的积极努力，川江航道助航设施严重损坏、被盗窃、被破坏的局面大为改变。1974年7月，长江航运公司重庆分公司接受了国家在四川建设的四川化工厂、泸州天然气化工厂、四川维尼纶厂从国外进口的大型成套设备的运输任务。长航公安局重庆分局结合川江运输、港口码头、作业区的实际情况，制订了详尽的计划，严防敌人的破坏，保证设备部件不被盗窃和丢失，杜绝运输事故的发生。为保证运输中的绝对安全，确定参加运输的有“长江4004”轮、“长江2011”轮、“长江2017”轮3艘船舶，制定了运行时刻表和值勤人员表。参加运输警卫的全体公安干警和保卫干部，经过近3个月的艰苦努力，顺利完成了保卫35000余吨进口成套设备的运输任务，保证了国家重点建设工程按计划施工。川江航运公安、保卫战线的干警，又一次为祖国的社会主义建设事业作出了光荣贡献。

3. 有效打击了刑事犯罪

1973年10月24日至25日，长航公安局重庆分局召开了川江全线公安、保卫科、所长会议，传达贯彻了长航公安局召开的长江全线刑侦工作会议精神和重庆市公安局关于加强治安管理、打击刑事犯罪的工作部署，制订了开展“打刑”斗争的计划。“文化大革命”以来，重庆地区长航所属各单位重大盗窃案件不断发生，重庆港的刑事案件，特别是流氓、盗窃、诈骗案件较多，而且案发后不能及时破案，在旅客和职工中造成极坏影响。

公安科和派出所坚持执行“一值二勤三出击”的工作方法，加强值班巡逻，突出重点，兼顾一般，对客运站、候船室反复进行整顿。并组织民兵、治保人员在港口码头日夜值班巡逻，对治安危险分子进行了严密控制，治安秩序大大好转，刑事案件的发案率显著下降。1975年，为进一步加强交通运输公安保卫工作，对破坏运输秩序、盗窃国家和乘船旅客财物的，流窜于川江沿线船岸作案的涉嫌犯罪人员进行了一次集中清查和打击。长航公安局重庆分局根据长航公安局和省市公安机关关于坚决打击流窜犯的统一部署，在局党委的领导下，召开了川江全线各单位派出所所长、保卫科科长会议，传达贯彻了这次统一行动，狠狠打击了流窜犯罪分子。

四、航政机构的变革

（一）航政机构变革

从新中国成立初期至1965年，长江航运政企合一，安全管理工作局限于航运企业内部。1965年9月，根据《国务院关于同意交通部建立长江航政管理局的批复》（国经字（65）332号），交通部长江航政管理局组建成立，下设重庆等4个分局，党、政仍属长江航运公司领导。由于受到“文化大革命”的冲击，航政管理机构不久便被撤销，于1970年才得以恢复，回到长江航运系统。1974年6月，根据交通部长江航政管理局下发的《关于长江全线航政体制和领导关系的通知》（航政〔1974〕62号），长江航政管理局重庆分局正式命名成立，行政从航运企业中分开。

（二）重特大事故

1972年7月，涪陵遭遇连续数日高温天气。21日13时20分，三峡轮司（时名“短航社”）涪陵至李渡班船“红航13号”轮从李渡启航下行返涪。14时10分左右，“红航13号”轮航行至长江锯子梁处时，风云突变，闪电、雷鸣、暴雨同时袭来，猛烈的旋风吹得“红航13号”船上的人迈不开步子，甚至噎住了呼吸，驾驶台的遮阳板和船顶幅背迅即被大风掀掉，船身也随之翻入江中。整个过程不过1分钟。

“红航13号”轮额定载客288人，事发时船上有旅客138人、船员9人，共147人，全部随着船只倾覆落入江中。经过当时在事故地点不远处的涪陵地区轮船公司“红阳8号”和涪陵县搬运公司“307号”等船只的救援，147人中有91人生还（其中旅客82人），56人遇难。

事故发生后，涪陵地、县领导立即向交通部和四川省交通厅做了汇报，并紧急抽调各方面干部110人组成“七二一海事委员会”，负责处理善后工作。

7月23日，交通部、四川省交通厅、内河局领导赶到涪陵，与涪陵地、县两级革命委员会相关领导及交通、航监、气象等部门人员组成联合调查组，对事故进行全面调查和分析。根据涪陵地区气象部门提供的资料，“红航13号”轮在7月21日14时10分时遭遇的是一次陆上罕见的龙卷风，风力猛（10级以上）、风面窄、时间短、破坏力强，且是旋转性的上下翻滚，不易预测。在“红航13号”出事附近的狭小区域里，陆上有20间房屋被摧垮，7处建筑物被破坏，2棵大树（其中1棵黄桷树直径达78厘米）从根部被吹断。联合调查组最后对本次事故所做结论是特大自然事故。

涪陵地区革命委员会特别为本次事故的善后处理制定了相关文件。文件第一条规定：在“七二一”事故中遇难的旅客，由事故单位付给每个成人客运保险金1500元、每个半票儿童客运保险金750元、每个免票儿童安葬补助费100元。在本次遇难的56人中，成人48人，半票儿童1人，免票儿童7人，共支付客运保险金及安葬补助费73450元。文件第二条规定：凡在这次事故中损失的衣服、钱、粮、物品等，经调查属实，酌情予以赔偿。前往登记物资损失的有121人。经登记人所属区、社或单位审查确认，由公司与当事人协商折价，共赔偿物资损失费7650.88元。其中，现金损失5345.92元（公款3748.39元，私款1597.53元），手表11只折价981.50元，衣服191件折价765.99元，其他物品138件折价557.47元。文件第三条规定：死者家属办理后事的车船费、食宿费以及受伤人员的医药费等，均据实向事故单位报销。此项费用共支付4576.57元。

此外，本次事故还支付了打捞费11218.61元、棺木费4733.73元（其中3074.35元已在支付客运保险金时扣除），加上“红航13号”轮的残值，“七二一”事故直接经济损失达143062.29元。全部善后工作于9月15日基本结束，共捞获遇难者遗体50具，死者家属认领33具。

由于本次事故系人力不可抗拒的自然灾害造成，因此未对公司和“红航13号”轮船员进行处分。

五、水运专业高等教育的发展

重庆西南水运工程科学研究所系20世纪60年代水利电力部、交通部根据中央作出的在三线地区开展以战备为中心的大规模建设工业、交通、国防、科技设施重大战略决策而成立的水利水运科研机构。

1965年7月，水利电力部、交通部根据中央战略决策，成立“水利电力部、交通部西南水利水运科学研究所筹备处”。1966年4月，水利电力部、交通部西南水利水运科学研究所成立，受水利电力部、交通部双重领导。其编制和业务领导以交通部为主，中共党组织关系受宜宾地委领导；人员编制111人，骨干研究人员由南京水利科学研究所、水利水电科学研究院、南京军事学院抽调，并由大专院校分配应届毕业生等。单位的主要任务是研究西南水利水运生产建设中的科学技术问题，开展水运方面的研究工作，并以山区河流通航的研究为重点。

1972 年重庆交通学院与重庆建筑工程学院合并，水港系随之隶属于重庆建筑工程学院，到 1976 年，共招收五届工农兵学员。

1974 年 1 月，交通部根据周恩来总理“三年改变港口面貌”的指示精神，将西南水利水运科学研究所与天津新港洄淤研究站合并，成立交通部天津水运工程科学研究所。原西南水利水运科学研究所改为交通部天津水运工程科学研究所宜宾留守处，继续开展水运工程研究工作。

第四章　改革开放、稳步发展
（1977—1986）

第一节　概　　述

1976年10月，党中央粉碎"四人帮"，结束了"文化大革命"，为重庆航运进入新的历史时期奠定了基础。1978年12月，党的十一届三中全会开启了中国改革开放和社会主义现代化建设的历史新时期，启动了我国从高度集中和封闭、半封闭状态，到全面改革和全方位开放的伟大历史转折，全国政治、经济出现了崭新局面。

1978年12月，党的十一届三中全会在北京召开，从根本上冲破了长期"左"倾错误的严重束缚，重新确立了马克思主义的思想路线、政治路线和组织路线。通过彻底清理"文化大革命"的流毒和认真贯彻改革开放的方针，重庆航运迎来发展的"东风"。按照政企分开、港航分管的原则，长江航运体制改革成效显著。运输市场全面开放，"有河大家走船"，川江航运打破了江区分割的局面，激发了川江航运市场的活力，各行业对水路交通的运输需求迅速扩大，川江运输迅猛发展，古老的历史文化名城重新焕发出勃勃生机，坐落于两江汇合之地的山城再次因水而兴，步入了稳定、健康发展的轨道。

通过拨乱反正，企事业整顿，航运生产得到了较快的恢复和发展。四川省属航运系统1977年完成货运量突破了2000万吨大关，1978年达到2342.2万吨，比1976年增长25.97%。长江航政管理局重庆分局（简称"长航局重庆分局"，后更名为重庆长江轮船公司）1978年完成货运量276万吨，利润1200万元，为1967年至1978年间最高水平。

重庆航运通过彻底清理"文化大革命"的流毒和认真贯彻改革开放的方针，步入了稳定、健康发展的轨道。运输市场全面开放，航运打破了江区分割的局面，促进了长江进出川运输的迅猛发展。1979年起，重庆地方船队大批出川，当年出川货运量只有10万吨，到1986年达446.5万吨，是1979年的44.65倍。重庆山河壮观，风光瑰丽，名胜古迹众多，大江小河都积极发展旅游运输。1992年以后，在邓小平南方谈话的鼓舞和指引下，旅游运输迅猛发展。长江大三峡和大宁河小三峡的中外游客数量大幅度上升。各种类型的豪华游船和中低档的普通游船，以及高速气垫船、水翼船争相投入生产，实现了长途客运旅游化、区间客运高速化。

1983年2月8日，中共中央、国务院正式批准《关于在重庆进行经济体制综合改革试点意见的报告》，重庆市成为计划单列市，赋予其省级经济管理权限。同时批准重庆市成为独立对外的内河通商口岸，直接对外贸易。自此，重庆作为中央选定的第一个试点大城市被推上了全国城市经济改革的前沿。中国共产党第十二届中央委员会第六次全体会议于1986年9月28日在北京举行。全会首次提出“社会主义现代化建设总体布局”这个新概念并明确界定其具体内容，即“以经济建设为中心，坚定不移地进行经济体制改革，坚定不移地进行政治体制改革，坚定不移地加强精神文明建设，并使这几个方面互相配合，互相促进”。

这一时期，航道、港口建设步伐加快，争取各方面投资，航电结合，共同建设受益。整治了长江宜宾至巴东、乌江涪陵至龚滩和大宁河等重点航道工程；修建了涪江和嘉陵江部分碍航闸坝的船闸；建设和完善了重庆、涪陵、万县等吞吐量大的港口码头，重庆港改革开放后投入3亿多元资金进行建设，面貌变化很大。船舶更新改造进展迅速，全市实现了船体钢质化、动力内燃机化和机型系列化，涌现出一批节能、高效、美观的优良船型；多种经营深入发展，收入已占航运企业总收入的一半，有的产品获得全国和省、市质量优秀称号；科技教育取得硕果，职工素质提高，一批科研项目荣获全国及省科技进步奖、优秀成果奖；航运管理体制和航运企业经营机制改革不断深化，重庆航运呈现出生机与活力。

在改革进程中，对内对外开放的大门逐步打开，打破了所有制单一、封闭的交通运输经济格局。1983年，交通部提出“有河大家走船，有路大家走车”；1985年，又提出“各部门、各行业、各地区一起干，国营、集体、个人以及各种运输工具一起上”。自此，我国水路交通运输业突破所有制的束缚，掀起了社会办交通的热潮，集体、个体和中外合资运输业户纷纷涌入交通行业，对缓解交通运输紧张状况起到了重要作用。

在计划经济向市场经济转化的过程中，由于产业结构和交通运输结构发生了变化，以及航道碍航断航等原因，致使部分河流航运发展呈现衰退局面，航运企业经营困难，谋求在改革中寻出路。

第二节 水运管理体制改革

一、重庆水运管理体制改革的背景

党的十一届三中全会召开以前，我国水路交通管理体制存在很多弊端，主要表现为：所有制形式单一，政企职责不分，政府直接管理企业的具体生产事务等。新中国成立后,全国交通运输管理体制虽有过多次调整,但只是局限于权力的上收和下放,并未触及管理体制的实质问题,结果一收就死、一放就乱,水路交通缺乏活力和效率。实行改革开放政策后,随着我国国民经济和对外贸易发展步伐的加快,进出口货物运输急剧增长,各行各业对水路交通的运输需求迅速扩大,水运生产能力严重不足,港口压船、压港、压货现象屡屡发生,水路交通成为严重制约国民经济发展的"瓶颈"。

为适应国民经济和社会发展需要,针对水运经济体制存在的弊端,从解放和发展运输生产力出发,20 世纪 80 年代初,交通部先后提出了一系列放宽搞活的政策:打破单一所有制限制,开放水路运输市场和建设市场,努力把水路交通搞通、搞活、搞上去。

按照政企分开、港航分管的原则,1982 年 5 月,交通部提出了长江航运体制改革方案。经国务院批准,交通部于 1984 年 1 月撤销了长江航运管理局,分别组建了长江航务管理局和长江轮船总公司。长江航务管理局为交通部派出机构,按照交通部的授权对长江航运实施行政和行业管理。长江轮船总公司为交通部直属一级航运企业,负责经营长江干线的客货运输和船舶修造业务。

26 个长江干线重点港口全部下放到所在城市,实行交通部和所在地政府"双重领导,地方为主"的管理体制,加强了港口所在地城市政府对港口工作的领导,扩大了港口经营自主权,增强了港口自我改造和自我发展能力。

交通部按照"加强交通宏观管理、增强交通企业活力"的要求,转变交通管理部门职能,加强行业管理。明确提出以"转、分、放"和"两个转变"为主要内容的交通行政改革,转变政府职能,实行政企分开,把应该下放的企业放到中心城市,实现从主要抓直属企业转变到面向整个交通运输行业,从直接抓企业的具体生产经营活动转变到抓好行政管理。在水路交通行业管理上,突出体现为定规划、出法规、促改革三个方面。

定规划:1981 年 11 月提出振兴航运事业 10 项任务。1985 年 6 月明确港口建设 7 条方针政策。1986 年 12 月发布加快发展内河航运 5 项措施和扶持政策。1989 年 2 月提出"在发展以综合运输体系为主轴的交通业的总方针指导下,统筹规划,条块结合,分层负责,建设公路主骨架、水运主通道、港站主枢纽"。1990 年 2 月提出加快支持保障系统建设,确立"三主一支持"交通基础设施发展长远规划设想。政府交通部门对水路交通发展的宏观指导逐步落到实处。

出法规:20 世纪 80 年代,陆续发布了《中华人民共和国海上交通安全法》《船舶装载危险货物监督管理规则》《关于中外合资建设港口码头优惠待遇的暂行规定》《港口建设费征收办法》《水路货物运输合同实施细则》《中华人民共和国内河交通安全管理条例》《中华人民共和国水路运输管理条例》《中华人民共和国航道管理条例》《水运工程施工招投标管理办法》等法律法规和配套管理规章。面对逐步开放的水路运输市场,基本搭建起水路交通法规体系框架。政府交通部门对水路交通行业的行政管理逐步得到加强。

促改革:1983 年至 1986 年,交通部直属企业分两步完成了利改税改革。1987 年,交通部对部直属企业和双重领导的港口分别实行了经营承包责任制和“以收抵支,财务包干”的财务体制改革。1986 年 4 月发布《关于推进交通科技体制改革的若干意见》,9 月对交通科技管理办法进行重大改革。1988 年 3 月下发《深化改革,强化救助职能的十项措施》。1989 年 2 月颁布实施《关于整顿治理道路、水路运输市场的决定》。在水路交通运输企业推行全面质量管理。政府交通部门促进水路交通运输发展的作用得到更加充分的体现。

二、重庆港航管理体制逐步恢复

(一)航运管理体制的调整与改革

改革开放以来,随着市场经济的建立,运输生产和管理任务发生了变化,原有的管理体制已开始束缚航运生产的发展。主要弊端有:机构重叠、条块分割、忙闲不均、政企不分,人权与财权分管,矛盾较多;港口码头管理混乱,职责不明,长期处于落后状态等。为此,1980 年 3 月,四川省交通厅内河管理处(后更名为四川省交通厅航运局)在成都召开的四川省航运工作会议上,首先对航管机构存在的忙闲不均情况提出了调整意见。本着精简的原则,撤销没有业务的航管站,紧缩业务量减少的航管站,加强业务繁忙的航管站。在各中心航管站提出具体方案的基础上,1983 年 8 月,四川省交通厅航运局(简称“厅航运局”,后更名为四川省交通厅航务管理局,简称“厅航务局”)在成都召开的四川省航运工作会议上,提出《关于撤销和调整部分航管机构的意见》,交会议讨论修改。后经四川交通厅批准,撤销了成都、新津中心航管站等 8 个业务少的航管站。

1984 年 2 月,在厅航运局召开的四川省航运工作会议上,又对四川省航运管理体制的改革进行酝酿讨论。会后,根据交通部和省政府有关体制改革的指示精神,多次深入基层进行调查研究,广泛征求意见,制定了《关于加强四川省航运管理工作的意见》。1985 年 12 月 12 日,四川省交通厅转发各市地试行。1986 年 5 月 12 日,四川省交通厅又下发了各市地航运管理处人员控制数的通知,四川省控制人数 2030 人,其中管理人员 750 人。

《关于加强四川省航运管理工作的意见》总的指导思想是:政企职责分开,简政放权,由部门管理逐步转向行业管理。总的要求是:打破条块分割,打破所有制界限,调整管理职能,实行政企分开,国营、集体、个体统一管理,把航管机构真正建成政府管理水运行业的职能部门。要求各级航管机构要实行两个转变,即从主要管理企业过渡到管好行业,从主要管生产业务转为管方针政策、宏观决策。有关生产业务由企业在国家计划指导下独立经营。

《关于加强四川省航运管理工作的意见》中对原来航管机构的名称做了修改。即将重庆、涪陵、万县中心航管站统一改为“四川省××地区（市）航运管理处”，处内根据工作需要和精简原则设立科室。县（市、区）航管站统一改为“四川省××县（市、区）航运管理站”。个体、联户船发展较多的区镇，可成立航管工作组或代办组。为了充实和加强航政机构，该意见规定，各地可视工作需要，将航管处内的港监科改为港监所，由一名副处长兼所长，实行内科外所、相对独立的航监体制。

《关于加强四川省航运管理工作的意见》对航管机构管理职能做了比较大的调整。明确规定，各市地航管机构要面向全行业，不再分企业隶属关系和所有制界限，不再直接组织指挥日常生产活动，而是管好行业的方针政策，做好统筹、协调、监督、服务工作。具体任务是：①研究和贯彻航运工作的方针政策；②负责航道、港口、船舶、运输的规划、建设和管理工作；③负责水上安全、港航监督、船员考核、船舶检验等航政工作；④执行船舶技术政策，负责船舶更新改造和水运科技管理工作；⑤征收养河费；⑥负责航运生产的统筹、协调、计统和提供信息等其他服务工作。县航运管理站主要负责航政管理、支小河流航道养护和养河费征收工作；对集体航运企业和个体、联户船的生产，只有统筹、协调职能。航管人员不在运输企业兼职，不直接参与企业的经营与生产活动。

关于编制、经费和管理权限问题，《关于加强四川省航运管理工作的意见》规定，各市地航管机构人员编制、经费开支继续由省管理，航管业务受省主管部门指导。航运管理处（站）的人事和党的关系仍由当地管理，领导干部任免和人员进出，由县（市、区）征求市地主管部门的意见后，再予办理；航运业务和养河费收支，受市地航运管理处统一管理。

航管体制改革后，水运行业管理得到了加强。1986 年 9 月，四川省航运局设立了港口科。11 月，制定了《航运局工作职责范围》和局机关各科、处、室工作职责。

但是，上述航管体制，并没有完全解决历史遗留下来的弊端，主要存在：①对市地航管机构实行省、市（地）双重领导，即省管财权、编制权，市地管党政人事权，矛盾较多，往往造成超编，人员素质难以提高，市（地）县航管机构存在的一些具体问题也难以解决；②市地航管机构内的航监科管集体航运企业船舶和个体、联户船，条块分割，不利于加强航政管理；③港口码头虽已明确由航管部门管理，但已经成立码管站的地方，仍是多头管理。为此，《关于加强四川省航运管理工作的意见》经过两年多时间的试行，在取得初步成效的基础上，又继续向前深化改革。

（二）配合重庆市经济体制改革，省管机构下放

1983 年，中央批准重庆市为全国经济体制综合改革试点城市。这是继农村改革获得巨大成功之后，进一步在全国城市中开展改革的又一重大决策。这对于发挥大城市

在组织经济活动，组织生产和流通，逐步形成以城市为依托的各种规模和各种类型的经济区，特别是对加快四川经济发展，具有十分重要的意义。为此，1983 年 4 月 23 日，省政府作出了关于省属在渝企事业、科研机构和学校下放重庆市管的决定，将在渝的省属企事业、科研机构、学校，除少数关系四川省比较大的单位暂作保留外，其余均下放给重庆市统一管理。其中内河系统有重庆船厂、重庆轮船公司、重庆中心航管站、重庆港航监督站、重庆内河航运技工学校、合川中心航管站 6 个单位。7 月 28 日，四川省建设银行、财政厅、四川省交通厅联合发出了《关于下放在渝省属交通企事业基建单位有关财务问题的通知》，决定从 1984 年起，养路、养河费实行分成办法，养路费按总收入上交省 30%，留市 70%；养河费按总收入上交省 73%，留市 27%。

四川省交通厅和厅航运局十分支持省属企事业、科研机构和学校的下放工作，召开了体制下放交接会议，要求下放单位的领导和职工认真学习和领会省政府文件精神，并以改革、创新的精神做好下放交接工作，尊重和服从重庆市主管局的领导。这次下放交接工作在较短的时间内便顺利完成。

在渝省属企事业、科研机构和学校下放重庆市管是正确的。虽然个别单位下放后也产生了一些具体问题，如重庆轮船公司主要承担上至岷江、金沙江，下至上海的四川省性和跨省、市范围广阔的客货运输任务，其分支机构遍及上至乐山、新市镇，下至上海的长江全线。原由省管的时候，与各分支机构所在地的关系可以由四川省交通厅和厅航运局进行协调，货源也可以在四川省范围内安排。划归重庆市管以后，由重庆市出面与外地协调业务工作和货源组织曾经一度出现困难。但在四川省交通厅和厅航运局的继续支持和重庆市政府、市交通局的努力下，这些问题逐步得到了解决。

（三）长航局在渝单位管理体制的改革

1979 年元月，长江航道局决定将宜昌航道段由重庆航道区划出去，成立宜昌航道区。1986 年 7 月 9 日，根据长江航道局航道劳〔1986〕288 号文件精神，重庆航道区在单位级别不动、内部管理体制不变的情况下，改名为“长江航道局重庆航道分局”（仍为县团级单位）。职能范围和上级隶属关系不变，新印章从 1986 年 8 月 1 日起启用。

新中国成立后直到 20 世纪 80 年代初期，长江航政管理局重庆分局一直是实行港航统管、政企合一的体制。这种集中统一管理的体制，在当时的历史条件下，曾发挥过积极作用。到了 20 世纪 80 年代，随着改革开放的深入贯彻，长江航运原有的体制已不能适应航运发展的需要。

为此，1983 年 3 月 25 日，国务院正式批准《交通部关于长江航运体制改革方案》。根据这一方案，1984 年 1 月 1 日，长江航运体制实行了重大改革。撤销了长江航运管理局，成立了长江航务管理局（简称“长航局”）和长江轮船总公司，长航局被授权代表交通部直接负责长江干线行政、港政、航道、通信、公安等部门管理和航运的行政与行业管理，担负水系航运的统筹、协调、监督、服务工作；长江轮船总公司即为交通部直属以经营长江干线客货运输和船舶修造业务，并承担干支直达、江海直达的物资运输及外贸运输业务为主的一级独立核算的大型运输企业。

（四）重庆长江轮船公司管理体制的改革

随着长航局体制改革的开展，1984 年 2 月 1 日，撤销长航局重庆分局，成立重庆长江轮船公司。它是长江轮船总公司下属的二级公司，按照"港航分管，政企分开"的原则，原由重庆分局管理的重庆、涪陵、万县三港，改为由交通部长航局和当地政府双重领导、以长航局为主的领导体制。

长江航政管理局重庆分局、长江航道局重庆分局、长江航道局第一工程处等单位也不归重庆长江轮船公司代管，而是直接归长航局管理。从此，重庆长江轮船公司转变为以船舶运输为主的生产经营型企业，主要经营泸州至上海航线的客货运输业务。

（五）重庆港管理体制的改革

1983 年 3 月，国务院在批转《交通部关于长江航运体制改革方案》中明确指出："长江航运体制改革，一定要确保水系航运的畅通，促进航运事业的发展，提高经济效益，调动各方面建设和利用长江航运的积极性。"交通部根据批转方案的精神，在长江航运体制改革中对政企不分的长江沿线管理体制，实行港航分管、政企分开、港口下放地方的全面改革。同时提出了"有河大家行船、有港大家靠船"的开放措施，也就是后来被航运界称为"人民长江人民走，港口为多家船公司服务"。重庆港务管理局原在长航局重庆分局的领导下，港口业务仅为长航局的船舶服务。1983 年，按照航运体制改革的精神，重庆港务管理局从原体制中分离出来，改制为交通部重庆港口管理局，实行交通部和重庆市双重领导，以交通部为主，业务方面实行开放，为多家船公司服务。1984 年 2 月，长航局重庆分局实行政企分开，改制为重庆长江轮船公司，为大型国有企业。

长江航运体制改革后，长江开放了，改变了原来航线分割、航区封闭的状况。重庆地方水运行业开始向市场经济迈进，原省、市、县属的航运企业船舶，纷纷由长江上游、支流、区间运输，进入长江干线运输，有的企业开始江海直达运输。为适应长江开放的新形势，重庆地方航运在四川省交通厅的领导下，随着经济体制改革的深入进行，进入了调整和改革阶段。改革中，一方面开始对航运集体企业进行整顿，主要依靠各级政府进行；另一方面对航运管理部门的机构、职能进行归并，进一步适应地方航运的发展，成立新的管理部门。

1983 年初，在长江全线尚未实施《交通部关于长江航运体制改革方案》之前，重庆港为与重庆市经济体制综合改革试点同步,率先进行了体制改革,按照“一城一港”的原则,组建重庆港口管理局。不再隶属于长航局重庆分局,而实行交通部和重庆市政府双重领导、以交通部管理为主的领导体制。5 月 11 日,重庆港口管理局正式成立,原港务局直属的作业区、船舶队、工程队等基层单位,按政企分工、专业管理的原则,组建成企业性公司,成为相对独立的经济实体。装卸运输业务由多家港埠公司经营,为多家船舶公司服务。

1984 年 2 月,经交通部和重庆市政府批准,重庆市码头管理站按建制划归重庆港口管理局,成立码头管理处,港口初步实现了对辖区 91 座公用码头和 1700 米岸线的统一管理,在长江首先实行了“一城一港”的管理体制。至此,重庆港口管理局与重庆长江轮船公司,除业务上的联系外,行政关系完全脱钩。与此同时,中共重庆市委决定,将原长航局重庆分局党委归口管理的长江航政管理局重庆分局、长江航道局重庆分局、长江航道局第一工程处等单位党的关系交重庆港口管理局党委归口代管。1984 年,经重庆市人民政府第 136 号文件批准,重庆中心航管站、合川中心航管站、四川省交通厅重庆港航监督站合并,成立重庆市航运管理处。

三、新时期港口体制的改革

1983 年,全国经济体制改革由农村转入城市,中央批准重庆市为全国经济体制综合改革试点城市。重庆港为了与重庆市同步,在长江全线率先进行体制改革。中央对重庆的经济体制综合改革给予极大的重视与支持,有关各部委均派出工作组到重庆参加 3 月 2 日至 11 日召开的重庆市经济体制综合改革会议,交通部派出以内河局局长王英为首的工作组参加了会议。在会上,工作组与省市有关部门研究制定了《关于重庆水上运输管理体制改革方案》。这个方案包括了重庆市辖区范围内的航运、航政、航道和港口等方面的体制改革。其中,港口体制改革主要是依据《交通部关于长江航运体制改革方案》(后经国务院批准)“一城一港”的精神制定的。一城一港,即一个城市只设立一个港口管理机构,这个机构实行以交通部为主、地方政府为辅的双重领导体制。在长江全线尚未实施《长江航运体制改革方案》之前,重庆港先实行“港航分管、政企分工、专业管理”的港口体制改革。

5 月 11 日,交通部通知决定,在原重庆港务管理局(县团级)的基础上,组建地师级的重庆港口管理局;重庆港口管理局不再隶属于长航局重庆分局,而实行由交通部和重庆市人民政府双重领导、以交通部为主的领导体制,以便实施“港航分管”。为使港口统一政令、统一规划、统一管理,实现“一城一港”的体制,重庆市决定将市属的码头管理站按原建制划归新组建的重庆港口管理局,成立码头管理处。原重庆港务管理局直属的作业区、船舶队、工程队等基层单位,按“专业管理”的原则组建成为企业性公司,实现

"政企分工"。

交通部派工作组对原重庆港务管理局领导班子进行了考核，并征求重庆市委、市政府同意后，于1983年8月2日调整并任命了重庆港口管理局新的党政领导。冯江任党委书记，王机任副书记，刘扬鸿任局长，徐子清、叶何章、王国光任副局长。新班子比原班子减少5人，平均年龄46岁（比原班子下降9.2岁，50岁以上的仅1人），大专中专文化程度5人，占班子总人数的83%（原班子仅占45%）。6月1日，交通部重庆港口管理局正式组建，新老班子开始进行交接。交接过程中，基本上保持了港口工作不断不乱，从而加快了港口新体制实施的进程。当年第四季度，在新班子的主持下，拟定了《重庆港口管理局机构设置和组建港埠企业的方案》，上报交通部和重庆市政府审批同意。

1984年1月1日，长江航运体制实行重大改革，按照"政企分开、港航分管"的原则，分别成立长江航务管理局和长江轮船总公司，新组建的长航局受权代表交通部直接领导港口的工作。2月1日，重庆市码头管理站移交重庆港口管理局，成立重庆港口管理局码头管理处，基本上实现了全港公用运输码头的统一管理，在全长江首先实现了"一城一港"的管理体制。至此，重庆港口管理局与重庆长江轮船公司，除业务上的联系外，行政关系完全脱钩，"港航分管"的体制在重庆港得以全面实施。与此同时，中共重庆市委决定，将原长航局重庆分局党委归口管理的长江航政管理局重庆分局、长江航道局重庆分局、长江航道局第一工程处、重庆河运学校、川江港机厂、重庆通讯导航处以及交通部重庆物资管理处等单位党的关系交重庆港口管理局党委归口代管。

重庆港在实行"港航分管"体制前，港区内的公用运输码头由中央（长航局）和地方（重庆市）分别管理，其他厂矿企事业单位也设有专用码头，港口形成"条块分割、块块分割"、各自为政的局面。重庆港务管理局实际成了一个企业局，它直属的码头主要为长航系统的船舶服务，重庆市码头管理站所属的码头主要为地方船舶或木船服务，货主专用码头则主要为其本单位的船舶运输服务。港口管理体制改革后，港区内的公用运输码头划归重庆港口管理局统一管理，统一规划建设，为所有进出港口的船舶服务。由于长江航运体制改革刺激了地方航运事业的发展，1984年，重庆港公用运输码头除为重庆长江轮船公司船舶服务外，还为19个单位的船舶服务，它们是：重庆、民生、涪陵、南充轮船公司，赤水、彭水航运公司，重庆、巴县、江北、长寿、綦江、江津、乐山、邻水水运公司，816厂、川江驳船厂、四川染织厂、天原化工厂、四川维尼纶厂船队。这些船舶进出口吞吐量，全年达到75万吨，占重庆港总吞吐量的24.3%，与1983年相比，吞吐量增长26.5%，从而使港口的经济效益和社会效益有了较大的提高。

"港航分管"体制的实施，由于港航体改不配套，各方面的关系尚未理顺，出现了"只分不联"的问题，突出表现为运力与货源发生矛盾时较难协调平衡。另外，为了实施"港航分管”体制，港口新组建了港口公安局，设立了港口医院，组织机构和管理人员增加了，1985 年的港口管理费和营业外支出与 1983 年相比，也各增加了 100 万余元。加上港航分管时，在港航资产（包括文化、卫生设施等）和码头锚地的划分上，存在着一些问题，使港口增加了不少开支，从而加重了港口企业的经济负担。

（一）港口政企初步分开

重庆港的港口基础设施，其固定资产占全港固定资产总值的 42.8%，其中码头资产占 21.9%，锚地资产占 1.7%，铁路专用线资产占 16.2%，其他资产占 3%；港口基础设施的管理人员占全港职工总数的 9.6%。其折旧、维修和管理费一向都列入港口的生产成本，使港口企业背上沉重的包袱，不利于企业搞活经营。1984 年，在上级的统一部署下，重庆港将港务和港企的资产分开，两者的收支分别列账，港务资产不提折旧基金，其维修费和管理费不列入港口企业的生产成本，船舶港务费和货物港务费也不作为港口企业的收入。港务管理的收入上缴、开支下拨，与港口企业的收支不纠缠在一起。这是港口实行政企分开走出的第一步。1984 年，重庆港实现利润 282 万元，这与 1983 年以前实现的利润相比，其统计口径是不一致的。按港务港企统一核算，则当年重庆港只盈利 38.3 万元。港口基础设施如按以往提取折旧基金，则 1984 年重庆港仍然处于亏损状态。

根据交通部对重庆港组建企业性公司报告的批示，1984 年二、三季度，重庆港对原港务局直属的作业区等基层单位，按“专业管理”的原则，调整了朝天门作业区、江北作业区、船舶大队及客运站等单位的生产结构和组织机构。朝天门作业区和客运站合并组建成为重庆港客运总站，主要担负客运班轮的客货运作业；组建江北港埠公司，主要担负除客货班轮以外的货物装卸作业（大部为锚地船过船作业）；组建轮驳公司，主要担负船舶编解队、移泊作业以及港内港外的拖驳运输和交通船管理。港口还将九龙坡、猫儿沱、兰家沱 3 个作业区建成为 3 个港埠公司，主要担负港口水陆联运货物的装卸作业；将工程队组建为重庆港开发公司（后改名为建筑工程公司），主要担负港口土木建筑工程的基本建设和维护修理；在供应科的基础上组建重庆航运物资供应公司，主要担负港口计划内外的燃物料供应；另外，新组建了重庆航运服务中心，主要为港口各种经济成分、不同隶属关系的轮船公司、港埠公司、物资单位衔接产运销，提供船港货信息和服务；港口还直属一个船舶港机修造厂，主要负责港作船舶和港机的修造。此外，港口还成立了集体所有制的劳动服务公司，为旅客提供食、住、行、游，为货主办理货物转运等。

上述公司的组建，首先在九龙坡作业区进行试点。1984 年 5 月 25 日，九龙坡作业区经过民主选举，由党委任命了作业区主任（后改为港埠公司经理）。由经理聘任副经理和部室负责人，于 8 月 15 日正式成立了重庆港九龙坡港埠公司。公司机关设三部二室（经营部、技术部、行管部、办公室、调度室）。其后陆续组建的其他公司，没有完全照搬九龙坡港埠公司的经验，公司的经理和副经理由重庆港口管理局党委任命，各公司根据自己的实际情况设立科室，科室负责人由经理聘任。九龙坡、猫儿沱、兰家沱3个港埠公司设立的三部二室，因对外联系和上下对口不配套，运转不灵，实行不到半年即改设若干科室。

重庆港口管理局除设上述直属的企业性公司外，还设3个直属事业单位，即码头管理处、港口公安局和港口医院。港口管理局与直属的企业、事业单位在组织机构上是相对独立的，各单位具有一定的人、财、物管理权和一定的自主经营权，多数具有法人资格。但由于各单位地理和历史因素的差异，有的单位盈利，有的单位亏损，有的单位“旱涝保收”，有的单位“朝不保夕”。港口管理局不得不适当填平补齐。因此各单位不能完全做到独立核算，自负盈亏。加之港务收入不能维持港政管理的开支，而必须向港口企业提取管理费，因此港口政企之间、企业之间在财务上仍然处于统一核算、政企不分的状态，各港埠企业的生产管理也由港口管理局统一指挥，港口政企职责实际上没有完全分开。

（二）调整各级组织的领导干部

体制改革前的重庆港务管理局，基本上是一个企业单位，是一个企业管理机构而不是行政管理机构。机关设置的科室多，业务交叉多，分工不明，职责不清，本来一个部门能办的事，往往要几个部门来办，部门之间有时互相“踢皮球”，上交矛盾，局领导成了解决矛盾的“大科长”。有的人无事干，有的事无人干，中层以上干部占干部总数的五分之一以上，办事效率低。因此，机构改革的过程也是整顿机关工作的过程。

体制改革后的重庆港口管理局，由于港口组建了若干企业性公司，下放了一些职权，机关的管理工作有所减少，局机关由原27个科室改组为16个处室。为了适应组建新机构的需要，港口管理局党委经过考核，任命了基层单位的领导班子和处室领导干部。基层领导班子平均年龄为41.5岁，比原班子下降3.9岁，高中中专以上文化程度23人，占班子总数的62.2%（原班子为52.5%）；处室领导干部平均年龄为45岁，比原来下降了3.7岁，高中中专以上文化程度28人，占领导干部总人数的84.8%。新任命的中层领导干部，在年龄结构和知识结构上有了一些变化，但在实践中也有个别不符合干部“四化”要求的，逐步进行了调整。由于基层企业性公司的职权扩大了，担子相应加重了，各公司先后都聘任了一些科室干部，其中也有个别单位失控，聘任过多。体制改革前，全港有科级和副科级干部101人，处级干部12人。体制改革后，由于机构升格，处职以上干部上升到100人，基层公司聘任的科职干部则为数更多。

根据中共中央和国务院《关于国营企业进行全面整顿的决定》，各单位、各部门、各岗位必须制定分工职责和建立规章制度。重庆港在全面整顿中虽也制定了不少规章制度和分工职责，但写得多，做得少，实效甚微。根据上级的统一部署，重庆港成立了以“包、保、核”（包经济技术指标的完成，保安全质量，层层进行严格考核）为主要内容的经济责任制；500多个岗位分别制定了岗位责任制；并将责任制与奖金挂钩，适当拉开奖金分配的档次。但是，由于各项经济技术指标的记录不全，有的指标的内容不够具体，增加了考核的难度，加之分配中仍存在平均主义，不能真正充分调动职工的积极性。

（三）调整与改革港口费收制度

由于固定资产不断扩大，职工人数增多，职工工资增加，燃物料价格上涨，以及各种名目的开支增多，重庆港生产成本逐年增高，而港口费率则几次降低。这是重庆港长期亏损的一个重要原因。改革开放出现的社会主义商品经济，客观上要求各行各业必须按经济规律办事，减少行政性干预。因此，合理调整港口费率、改革港口费收制度，是港口经济体制改革的一项重要内容。这是一项政策性强、牵涉面广的改革，交通部十分重视这项工作，责成长江各港作出缜密的测算资料上报。

经测算，1979年至1982年是重庆港运输生产恢复正常的4年。由于港务港企资产统在一起，“文化大革命”中新建兰家沱和猫儿沱两个作业区，扩大了港口的固定资产近4000万元，由于“文化大革命”内乱产生的无产值费用，虚增了固定资产原值703.34万元，致使港口固定资产折旧基金大大膨胀。加之基本建设土木工程造价提高1～5倍，铁路专线维修费提高70%左右，港口固定资产折旧和修理基金提成占港口生产总成本的40%左右；职工调资及附加工资（地区差、粮贴、副食品补贴、奖金等）人平年净增达216.26元；新招大集体工人1931人，港口每年要让出120万元以上的收入给大集体；再加上子弟学校、公安费用和离退休职工逐年增加（离退休职工与在职职工的比例为1:2.67）等营业外支出，占港口总收入的23.72%；职工福利费提成由原来工资总额的2.5%增加到6%，以及燃料提价20%以上等原因，重庆港每装卸自然吨净亏0.7425元。

1963年至1982年的20年间，重庆港货源严重不足，年吞吐量从未突破300万吨，比“二五”期间年平均减少50%以上，港口通过能力浪费50%左右。而重庆港的装卸费率基本上是1957年10月11日制定的，后来虽经过1965年、1972年和1976年3次调整，不但未调高，反而有所调低。如原煤船过船每吨1957年为0.50元，1965年调低为0.41元；粮食船到库每吨1957年为1.70元，1965年调低为1.60元，以后则未变动。

交通部会同国家物价局对部属水运企业货物运价和港口费率进行了一次调整。1983年11月21日，交通部颁布《直属水运企业货物运价规则》和《港口费收规则》，自同年12月1日起施行。新的港口费率分为港务管理和港口服务两大类别，原港方向航方收取的吞吐量服务费，作为港口企业的收入；此外，港方还向船方收取船舶港务费，向货方收取货物港务费，这两项港务费收入，不作为港口企业的收入，而作为港务管理的收入。这是港口费收制度上的一次重大改革。以 1983 年重庆港的吞吐量为基数进行概算，港口新费率比原费率综合提高 29% 左右。

长期以来，重庆港在九龙坡作业区换装的水陆联运货物，计费里程是以港口中心朝天门为起止点，九龙坡至朝天门 15 公里的运费，港航双方均漏收。重庆港报请交通部同意，于 1983 年 7 月 1 日起，每吨收这段运距的港口驳运费 1.1 ~ 1.7 元。这项费收同时也列入部颁的《港口费收规则》之中。重庆港从 12 月 1 日起实行新费率仅一个月时间，加上 7 月 1 日起补收九龙坡至朝天门的港口驳运费 70 余万元，1983 年重庆港由计划亏损 280 万元变为盈利 102.8 万元。但长江全线的水运新运价与原运价综合测算，新运价提高 11% 左右，尤其是长江上游（川江）水运运价高出铁路运价一倍左右，货源从此大量弃水走陆，由此，重庆港货源短缺，举步维艰。

（四）“一城一港”体制向纵深发展

根据国务院 1983 年关于长江航运体制改革的精神，重庆港实行由交通部和重庆市人民政府双重领导、以部为主的领导体制后，通过各方面的努力，城港关系有了进一步的发展，“一城一港”的体制得以逐步深入。重庆市区（不包括部分市辖县）的公用运输码头，基本上实现了由港口管理局归口管理，这在长江各港的体制改革中是首屈一指的。重庆港的公用运输码头未实行统一管理以前，港口码头分别隶属于中央和地方管理，港口的吞吐量由中央和地方分别统计，而且统计口径不一致，即使两个吞吐量加在一起，也不能准确反映重庆港的吞吐量。因为原属地方的公用运输码头统计的吞吐量，实际上是各码头进出货物的通过值，不完全是进出港口的吞吐量。因此，重庆港自重庆解放以来历年的吞吐量，都是长航局所属运输码头的吞吐量，并不包括地方所属码头的吞吐量。

从 1984 年开始，全港公用运输码头按同一口径统计吞吐量后，当年全港的吞吐量则由原长航局所属码头 259 万吨，加上原地方所属码头 154 万吨所组成的，共计 413.4 万吨。这是重庆解放以来重庆港公用运输码头第一个基本准确的吞吐量数据，但还不包括其他交通运输部门的专业运输码头和货主专用码头的吞吐量。

1984 年 12 月 12 日，重庆市人民政府决定成立重庆港口委员会，以加强城港之间的协作。由黄冶副市长任主任委员，市计委、经委、城乡建委和港口局的负责人为副主任委员，规划局、城建局、交通局、公用局、工商行政管理局、环境保护局、公安局等单位负责人为委员会委员；委员会办公室设在港口管理局，由港口管理局局长兼任办公室主任；并明确港口委员会负责城港建设规划和港口行政管理等问题的指导和协调工作。港口委员会的成立，对改善城港关系起了积极作用。

根据重庆市委、市政府和交通部领导同志关于要“以法治港”的指示，为了加强重庆港的行政管理工作,重庆港口管理局从1984年开始,积极着手进行重庆地方性港口管理法规的起草工作。港口管理局先后约请市政府有关委、局和长江航政管理等部门进行座谈讨论,征求意见,拟定了《重庆港口管理暂行条例(草案)》,并于1985年2月18日由黄冶副市长主持召开重庆港口委员会全体会议,对条例草案进行审议。港口管理局根据审议提出的意见,对条例草案进行了较大的修改后,于6月3日就条例的颁布与实施等问题向市体改委和市经委做了专题汇报。条例草案内容包括总则、港口管理机构、港区水域和陆域的划分与管理、港口规费、港政管理、码头管理、港口运输市场管理和港埠企业管理以及条例的执行与奖罚、附则等9章32条。条例草案于6月12日上报重庆市人民政府审批。

(五)逐步完善港口企业机制

重庆港于1984年二、三季度组建了企业分公司之后,重庆港口管理局由原港务管理局直接从事生产经营的企业单位,逐步转变为管理型的事业单位,将部分人、财、物权下放给下属企业,企业具有一定的自主经营权和法人资格,改变了原港务管理局包揽一切的局面,为企业"松绑""搞活"创造了有利条件。但是,由于长期形成的传统观念、上下职责关系以及各方面的配套改革跟不上,在一段时间里,有的权"放得过多"(如财权),有的权"统得过死"(如人权)。又由于传统形成的"对上一个头,对下一个漏斗,对外一个窗口"的格局一时还不能打破,上级单位、兄弟港口和货主只认港口管理局不认公司,加之各公司一时尚难实行独立核算,自负盈亏,还必须由港口管理局统筹平衡,填平补齐;各公司交叉作业,还必须由港口管理局统一调度指挥,这些都是港口体制改革必须解决的问题。为了探索港口深化改革的途径,逐步克服港口企业吃"大锅饭"的弊端,首先改革了企业间的分配制度。

重庆港于1984年参照重庆市建筑行业的经验,在4个港埠公司和客运总站试行"百元收入工资含量包干"的分配制度。即根据各企业不同的条件和成本高低等因素,以上年的收入为基数,分别订出不同的工资(包括奖金)含量指数(猫儿沱25.6%、九龙坡26%、江北33%、兰家沱33.9%、客运总站42.5%),基数以外的收入,其工资含量指数分别定为23%~25%。这个办法可以刺激各企业积极创收。职工除固定工资外,收入多的企业,职工所得奖金就多,反之,所得奖金就少。因此,各企业努力开辟货源,搞多种经营,力争扩大企业的收入,以增加工资含量。如江北、兰家沱两公司各组织计划外货源近20万吨,客运总站对旅客开展"一条龙"服务,代办货物中转等,取得了较好的经济效益。

为了完善港口企业机制,重庆港在企业内部推行了经济责任制。其主要内容是:在产量、劳动生产率、安全、质量、燃料物消耗、设备维修等方面订出责任指标进行奖罚,并与奖金分配挂钩。经济责任制对调动职工的生产积极性起到一定作用，但因考核不准确，奖金档距拉不开，收效不大。1985 年，猫儿沱港埠公司首先在装卸工人（包括司机）中实行“底薪加计件”工资制。这是重庆港从“大跃进”中废除装卸工人计件工资以来，按经济规律办事的一次工资分配制度的改革。将装卸工人基本工资的 60% 作计件分配，40% 作固定工资，收到“奖勤罚懒”的效果。后来九龙坡港埠公司也在装卸队中推行了这一工资制度。其余各公司，则在一线工人中先后实行超额劳动评分计奖办法，逐步拉开了奖金分配的档距（九龙坡、江北等公司的最高和最低奖金差距多达 70 余元）。但是，二、三线职工（尤其是机关职工）横向档距不明显，纵向档距又很小，加上考核上存在一些问题，各部门、各岗位人员之间仍然存在着不同程度的平均主义，影响企业内部活力的发挥。

重庆港埠企业对外的竞争机制和对内的协作机制，长期以来受封闭型生产和“大锅饭”的影响，经营观念淡漠，市场意识薄弱，存在着不同程度的“靠天吃饭”和“守株待兔”的经营思想。然而，当港口企业有了自主权后，企业之间又互相封锁信息，互相杀价，形成恶性竞争。为此，港口管理局于 1985 年 4 月 1 日向各公司发出《关于搞好港口企业生产经营活动的通知》，要求各企业在自主经营活动中顾全大局，既要考虑港口的整体利益，又要考虑货主的利益，港埠企业之间的竞争应当受到协作的制约，不能盲目竞争，不能为了“百元收入工资含量包干”做赔本生意。同年，交通部废止了“百元收入工资含量包干”的分配办法，而代之以利润（减亏）留成的办法。这虽然刹住了港埠企业的某些不良倾向，却挫伤了企业的积极性。问题在于，各企业之间不平衡因素没有得到根本性的消除，生产结构没有得到合理的调整，因此，港埠企业的竞争机制，或者出现畸形，或者出现萎缩，甚至在资金上“打埋伏”，以保持竞争的优势。港埠企业之间较少发挥联合优势和群体优势，因而企业还缺乏活力和应变能力。

第三节　水运发展的“再度起航”

粉碎“四人帮”后，为了改变航运企事业管理的混乱局面，根据中央和四川省的部署，重庆航运部门深入揭批“四人帮”，以“一批两整顿”（揭批“四人帮”和思想整顿、组织整顿）为中心，加强了企业管理，开展了工业学大庆运动和社会主义劳动竞赛，努力恢复发展航运生产。

1977 年 7 月，四川省交通局（1978 年 5 月恢复为四川省交通厅）内河管理处（1981 年 1 月更名为四川省交通厅航运局），根据中共中央召开的全国工业学大庆会议精神和四川省交通工作会议的部署，制定并下发了《四川省内河航运深入开展工业学大庆普及大庆式企业规划》。规划提出了到 1980 年四川省内河运输、水运工业、航道码头、木船机动化、水泥船、安全质量、上缴税利、劳动生产率、设计科研9项奋斗目标和7条措施，要求各航运企事业单位要抓好运输持续高产、扭亏增盈、船舶设备维修、安全生产四个方面的工作，广泛开展以“七赛七比”（赛学习、比方向，赛团结、比班子，赛队伍、比作风，赛协作、比风格，赛安全、比质量，赛管理、比指标，赛干劲、比贡献）为主要内容的社会主义劳动竞赛。规划下发后，各航运企事业单位普遍结合实际，制定了自己的规划，并成立了学大庆办公室，迅速掀起了工业学大庆运动高潮，涌现了一批学大庆的先进单位和先进个人。1978年上半年，交通部认定重庆轮船公司“工农1号”轮、涪陵地区轮船公司“红阳5号”轮、重庆市水运公司二驳船站、巫山大宁河船队为先进单位。

长航局重庆分局也于1977年2月召开了工业学大庆会议，对开展工业学大庆运动进行了动员，并制定了重庆分局3年办成大庆式企业规划。之后，重庆分局所属各单位相继召开党委会、职工大会、誓师大会，表决心，提保证，出现了你追我赶、人人为创办大庆式企业作贡献的局面。1978年9月26日，重庆分局党委召开工业学大庆表彰大会，对82个学大庆先进单位、先进集体和36名先进个人分别授予锦旗、奖状。同年12月，中共重庆市委和长航局党委组织工业学大庆检查团，对重庆分局创办大庆式企业进行检查验收。在重庆分局直属生产单位中，重庆港务局、东风船厂、第一航道工程处、重庆航道分局、西南物管处、万县港务局、重庆航修站和船舶配件厂8个单位被评为大庆式企业，占总数的61.1%。在分局70艘机动船舶中，有49艘进入大庆式先进行列，占比达70%。

通过开展“一批两整顿”、工业学大庆和劳动竞赛等活动，尤其是党的十一届三中全会以后，开始把工作重点转移到经济建设上来，重庆水运运输生产得到了较快的恢复，技术经济指标有一定提高。1980年和1981年水运完成的产值达到了历史最高水平。1979年至1980年，重庆船厂上缴利润105万元，长航局重庆分局1977年完成利润224.6万元，提前60天完成利润计划，摘掉了1974年以来连年亏损的“帽子”。

当时重庆航运企事业单位的整顿仅是初步的，整顿工作的进展也不平衡。总的来看，有些航运企事业单位仍然程度不同地存在管理混乱、纪律松弛、领导班子软弱涣散等问题，主要技术经济指标有的还没有恢复到本单位历史最高水平。因此，对全市航运企事业单位进一步进行全面整顿、综合治理，是十分必要和极为迫切的。

1982年2月和7月，厅航运局根据中共四川省委、省人民政府《关于贯彻执行中共中央、国务院〈关于国营工业企业进行全面整顿的决定〉的通知》精神，先后两次召开了企业整顿会议，对省属航运企事业单位的整顿工作进行了部署。从1982年二季度开始，重庆轮船公司和重庆船厂率先开展了企业整顿。厅航运局还派出了蹲点调查组，到重庆轮船公司协助企业整顿。1983年9月起，重庆省属水运企事业单位的整顿工作全面铺开。集体航运企业的整顿工作，主要依靠地、市、县负责开展，但对有关政策性问题，则由省进行指导。到1985年上半年,重庆省属航运企事业单位整顿工作全部结束,先后经厅航运局和重庆交通主管部门联合组成的验收组验收,并报四川省交通厅批准后,颁发了合格证。

这次整顿,重点抓了领导班子的调整和规章制度的建立,同时整顿了劳动组织、劳动纪律和财经纪律,取得了明显效果。重庆轮船公司1981年亏损266万元,1982年亏损86.6万元,1983年盈利350万元。嘉陵江航道养护段,在整顿中围绕提高经济效益,建立了各种形式的经济责任制,调动了职工的生产积极性,所担负的施工、养护等任务,数量增加,费用降低,质量提高。

长航局重庆分局从1979年起,把企业整顿的重点转向以运输生产为中心、加强企业管理上来。建立健全了科室分工职责、分局三级管理体制和运输船舶七大管理细则,整顿了客运工作,开展了“五好三化”(安全生产好、餐食服务质量好、船风船容好、职工队伍好、领导班子好,工作制度化、设备规格化、操作程序化)活动和文明船活动。由于企业管理加强,客运面貌发生了显著变化,旅客表扬信件1983年比1981年增加3.2倍,旅客消费(餐务、小营)收入1981年为277.5万元,1983年上升为464.9万元,比1981年增长67.5%。

一、重庆水运生产的调整

“文化大革命”结束后的前两年,重庆内河航运得到了较快的恢复和发展,但由于水路运输组织管理和港口建设没有跟上,运力大于运量的矛盾突显,四川省集体航运企业的船舶运力达7万多吨,富余劳力2.4万余人,企业亏损面上升。

针对四川省内河航运出现的新情况和新问题,四川省交通厅内河管理处于1979年6月26日至7月2日,召开了内河航运工作座谈会,根据中共中央对国民经济提出的“调整、改革、整顿、提高”方针,提出了一系列调整意见和措施:

在运力发展上,根据船多货少的实际,提出了四川省总体不再增加货船,着重是挖潜、革新、改造。合理调整运力,对多余船舶,采取停封、转让、报废处理;提倡开展直达运输、“一条龙”运输,组织出川运输,发展短途运输;开辟新的客运航线,扩大服务项目,发展快速班船;对厂矿船、农副业船参加社会运输加强管理。1981年,涪陵轮船公司的客船冲出乌江支流,跨入长江干线,实现了彭水至重庆的干支直达运输;短途客运迅速发展,1979年江津等地区新辟短途航线32条,增设小码头170多个,新开客船30多艘,促进了城乡交流,增加了企业收入。运输船舶明显减少,1984年与1979年比较:机动船艘数减少9.8%,其中拖轮艘数减少13.5%,驳船艘数减少30.6%。经过调整,运力大于运量的矛盾得到了缓解。

水运工业方面,提出了“修造并举,以修为主”的方针,把工作重点转到船舶更新改造和修理方面来，同时搞好企业内部的挖潜、革新、改造。对船舶修造实行合理分工，重庆船厂主要承担588千瓦（800马力）拖轮、600吨浮船坞制造和重庆轮船公司机动船的大中修，以及航道挖泥船和船坞的修理等任务。

航道建设方面，调整的重点是加强管理，提高质量，降低成本，充分挖掘人员、资金、设备潜力，养好管好全市航道。认真清理了在建项目，新上建设工程严格按规定程序办事；同时做好航道普查，加强航道施工维护管理，建立健全了管理制度、技术标准和消耗定额，严格经济技术指标考核；对干支流航道的规划测设工作，省和地市进行了分工，明确了职责。

集体航运企业方面，提出要搞好船舶配套，提高质量，抓好经营管理，安排好富余人员，处理好积累和消费的关系，巩固和发展集体经济。加强了船舶更新改造，逐步把木质船改为钢质船或水泥船，深水船改为浅水船，笨重船改为轻便船；进一步搞好支流小河和短途运输机动化，对濑溪河、汤溪河等货运量大的河流及重点渡口，因地制宜，继续发展机动船，同时大力推广驾机合一、小机惯性增压等先进技术；广开生产门路，举办多种经营，提倡办灰砂砖厂、水泥厂、港搬队，搞砂石生产或服务性行业等，并坚持民主办社方针。

基本建设方面，提出了认真贯彻集中力量打歼灭战的方针，加强计划、财务管理和经济技术指标考核，严禁搞计划外工程，努力提高工程质量，节约开支，降低造价，充分发挥投资效益。

科技工作方面，提出了围绕航运生产，立足现有条件，开展科学研究。运输上做好船型机型的选型定型，研究试制适合浅水急流的机动船舶，采用先进推进方式，发展分节驳顶推运输，研究水泥船工艺，发展港口机械化、半机械化；工业上推广分段造船新工艺，研究推广油压传动和射流新技术在船上的应用，改进船舶操作性能；航道上进行了钢耙船使用效率研究，攻克水下基础施工难关，实现夜航灯标电气化和开展水工试验等。

这次调整，由于工作部署具体，调整任务明确，贯彻执行得力，航运生产加快发展。

二、水运企业经营管理改革

（一）扩大企业自主权试点

1979年，四川省交通厅内河管理处协同有关市地委，根据中共四川省委颁发的扩大企业自主权的有关规定，分别在重庆轮船公司、重庆船厂和涪陵轮船公司进行了扩权试点。通过扩权，企业发展有了内在的经济动力，职工的物质利益开始同企业的经营成果挂钩。试点企业在提高运输质量、增加生产、增加积累、完成国家计划等方面都取得了积极效果。

重庆船厂用经济办法管理企业，贯彻按劳分配原则，组织工会与行政签订一条龙竞赛合同，实行“小指标百分奖”和扩大工人管理企业的民主权利等方法，效果很好。1979年，8项技术经济指标全面超额完成，其中工业总产值、上缴利润、全员劳动生产率和造船吨位4项指标都超历史最好成绩。造船周期大大缩短，如建造一艘588千瓦（800马力）拖轮，过去最长需46个月，而1979年仅用了7.5个月。在保证国家多收的前提下，做到了企业多留，职工多得。1979年，该厂上缴国家利润100万元，比上年增加1.3倍；企业留成14万元，比上年增加1.6倍；职工人均得奖152.8元，比上年增加127.8元。

重庆轮船公司狠抓货运质量，增强竞争能力，并利用枯水期组织大功率拖轮开展出川运输，变被动为主动，1980年1—2月第一次实现了盈利。重庆轮船公司从1981年7月1日起，将部分船舶和人员下放给宜宾分公司和乐山运输站经营，加强了内部经济核算，克服吃“大锅饭”状况，做到合理使用运力。涪陵轮船公司试行扩权后，在大力改进服务态度、积极组织货源的同时，抓好安全、质量两个关，健全以岗位责任制为中心的7项制度和原始记录，建立了各项定额，认真抓了船、站、班组经济核算，管理工作越做越细，1979年完成货运量和货物周转量分别超年计划2.6%和31.8%，全年上缴利润45万元。1980年以后，省属南充轮船公司和宜宾船厂等企业，也先后按省委颁发的扩权规定，开展了扩权试点工作。

（二）实行投资、预算包干

从1980年起，嘉陵江航道养护段和中心航管站等单位试行了“预算包干”“结余留用”办法。这两个办法，实际就是改变过去管得过死、吃“大锅饭”状况，给各单位自主权力，以调动单位和职工的积极性。处、段、队、站对所属基层单位也试行了分级包干。试行单位在保证完成国家计划的前提下，都积极通过挖掘内部潜力、对外承包工程、参加社会运输、出租机具设备等方式，努力增产增收。结余留用和广开门路收入的资金，除按中央和省规定的专项资金专项使用外，其余由单位自行支配。原则上，60%用于本单位改善生产、工作条件，40%用于职工集体福利，改善生活条件和职工奖励。

嘉陵江航道养护段试行预算包干后，建立健全了财务管理制度和航道养护经费包干使用办法，航道养护任务完成出色，养护经费实现结余。1980年在经费少、任务重的情况下，实现了结余资金10万余元；1983年至1984年两年，广开门路收入达8万余元。

（三）实行利润、亏损包干

1980年8月，四川省交通厅内河管理处根据省人民政府关于工交系统在整顿企业、落实经济责任制中实行盈亏包干的通知精神和省经委、交通厅关于逐步试行经济责任制的意见，对省属重庆轮船公司和重庆船厂推行了经济责任制，实行了利润包干或亏损包干，取得了较好的经济效益。

重庆轮船公司于当年9月上旬，就制定了所属分公司、办事处、港站、船厂、轮驳船等单位分层包干的具体办法，之后又制定了公司及基层单位的经济责任制，建立了各级领导、职能部门和各种生产、工作人员的岗位责任制，实行了人定岗、岗定责、责定分、分计奖，层层包，环环保，责、权、利紧密结合的"包、保、奖"办法，船舶航行效率普遍提高，生产逐年上升，经济效益明显。

重庆船厂在企业内部推行了"联产联责计奖"的经济责任制，实行"六定六包"（定产品完成期，包完成生产月度计划；定产品质量，包产品符合技术要求；定主要原材料消耗，包原材料不超耗；定车间经费控制计划，包经费不超支；定劳动量，包不超过定单总产值人工时；定不出重大人身伤亡事故和机器设备事故，包安全文明生产），并把各级责任制与按劳分配直接挂钩。

企业经济责任制的推行，促使企业盈利增加，亏损减少，经济效益明显提高。1982年，重庆轮船公司亏损86.6万元，比省下达亏损包干指标节亏33.4万元，比上年减亏180.3万元；重庆船厂亏损72万元，比省下达亏损包干指标节亏8万元，比上年减亏44.2万元。

（四）集体航运企业经济责任制的推行

1980年3月，四川省交通厅内河管理处根据中共四川省委地市委书记会议精神，在四川省航运工作会议上，对集体航运企业提出在全力抓好运输生产的同时，要突出抓好民主管理和收益分配，尊重企业自主权，贯彻按劳分配原则，改进收益分配办法，改月工资和固定津贴为基本工资加奖励，或计件工资，或包产到组、定额上交，或其他有利于促进生产调动积极性的办法。会后，各市地航运企业普遍结合实际，在落实企业经营管理权、改革收益分配制度和推行多种形式经济责任制等方面进行了有益探索。

忠县航运公司从1980年起制定了各部门岗位责任制和职工劳动纪律12条，对水上运输职工实行职务津贴和利润分成责任制；对所属船厂、车间实行"五定一奖惩"（定时间、定工日、定人员、定安全质量、定材物料，根据任务完成情况实行奖惩）责任制，运输生产上升，船舶修造周期缩短一半。

彭水苗族土家族自治县轮船公司先于1981年实行"超定额计件"责任制，后又于1984年11月改为"成本包干，收入分档次分成"经济责任制，两相比较，百元收入成本降低24.6%，利润增长2.3倍。

重庆市江北县洛碛水上运输站从1981年10月起实行"营运收入四六分成，单船核算盈奖亏惩"经济责任制，企业扭亏为盈，职工收入增加，1982年盈利近7万元，上缴所得税1.5万元，年终人均分红17元；1983年盈利11.5万元，上缴所得税2.7万元，年终人均分红 38 元。

涪陵市航运公司从 1983 年起，改公司一级核算为公司、站、船三级核算，实行“超定额分成”经济责任制，当年收入比上年净增万元，油耗下降，成本降低，效益明显。

为了交流各地推行经济责任制的情况和经验，1983 年 3 月，在江津召开了集体航运企业座谈会。1984 年 6 月在忠县又召开了集体航运企业致富经营座谈会，交流了推行承包责任制、改进企业管理、提高经济效益、发展运输生产等方面的经验。会后拟定了《关于搞活集体航运企业的 10 条改革意见》，发给各地试行，提出了集体航运企业要在“清‘左’、放宽、改制、搞活”八个字上做文章，要推行各项经营承包责任制，坚持按劳付酬原则，改革束缚生产力发展的领导人事制度、劳动用工制度和企业经营方式等，充分发挥集体经济的优越性，使企业和职工尽快地富裕起来。

三、长江干线区域间运输量显著增加

新中国成立前，重庆交通十分落后。当时的粮、盐等大宗物资出川，以及滇铜、黔铅等物资的转运主要靠长江水运。新中国成立初期，支援抗美援朝战争的兵员和物资运输，支援华东等地的大批粮食运输，以及支援修建成渝铁路的进出川物资运输等，也是靠长江水运。长江历来是进出川运输的一条重要通道。

一段时间，由于历史的原因，长江运输被人为割断，重庆船舶被困于四川省内。1954 年 3 月，交通部在处理长江干线与各省内河运输关系中规定：宜宾以下属长江干线，由长航局经营管理，区间短航四川省地方航运企业可以参加运输，除长江干线外，四川省境内的河流统一由省内河局管理。这一规定，即将四川省的运输船舶限制在四川境内经营，进出川物资运输均要在重庆中转，重庆以下统一交长航局接运。1958 年，交通部虽曾将长航局重庆分局经营的重庆至宜宾航线及船舶和重庆至宜昌、重庆至万县、重庆至涪陵航线的部分客货运输船舶下放给四川省重庆轮船公司经营管理，但到 1964 年下半年又将下放的重庆至宜(昌)、万、涪 3 条航线和船舶收回，进出川物资运输仍经重庆中转或换拖。四川省地方客运也限制在只能经营省境内河流航线。这种江区分割、分江段运行的运输方式，持续时间长达 20 余年，严重制约了长江流域经济的发展和水运优势的发挥。

党的十一届三中全会以后，随着改革开放大潮的兴起，江区分割、分江段运行的局面被打破，重庆船队进出川运输迅猛发展，重庆航运发生了翻天覆地的历史性变化。

（一）进出川货运迅速增长

1. 江区分割的局面被打破

党的十一届三中全会以前，重庆、万县等市地虽曾有过零星船舶出川，但当时长江江区分割、分江段运行的局面并未冲破。1975年5月，重庆轮船公司从有利于发展航运生产和物资运输的实际出发，首先进行了组织出川物资运输的尝试。1978年7月15日，该司“四川801”轮，拖“川航508”“川航510”2艘驳船，装载生铁1000吨，由重庆试航湖北省公安县成功，揭开了重庆船队进出川物资运输的序幕。接着，四川省其他市地的航运企业也相继开船出川，长江全线江区分割、分江段运行的局面开始被冲破。

1980年5月，国务院在听取交通部、邮电部汇报时，提出长江支流船舶可以进入长江。同年11月，四川航运部门参加了长江六省一市航运部门在上海召开的航运联席会议。会议商定互相代理长江干线运输，每年召开一次联席会议（1984年由水系协商会代替）。1983年3月25日，国务院在批转《交通部关于长江航运体制改革方案》中明确指出：“长江航运体制改革，一定要确保水系航运的畅通，促进航运事业的发展，提高经济效益，调动各方面建设和利用长江航运的积极性。”不久，交通部根据中央领导同志的指示精神，调整了长江航运方针，提出了“有河大家行船，有港大家靠船”，鼓励各部门、各行业、各地区一起干，国营、集体、个体一起上，发展联营、联运和直达运输，从而彻底打破了长江全线江区分割、分江段运行的局面。从此，重庆船队进出川运输得到了较快发展。

2. 重庆跨区域运输的发展

重庆经营长江进出川物资运输是从重庆轮船公司试航开始的。该司继1978年7月15日“四川801”轮试航湖北省公安县成功以后，同年9月19日，“四川801”轮又拖4艘驳船，装载生铁2000吨直航上海港。1979年，重庆轮船公司抽出拖轮8艘、5148.5千瓦，驳船30艘、1.5万吨，投入重庆至上海长江各港运输。1982年，重庆轮船公司发出川船队28个航次，1983年发展到58个航次。1984年，重庆轮船公司确立了“立足四川，服务西南，走出长江，奔向海洋”的经营方针，先后在上海、南京、武汉、宜昌、万县、成都、张家港等地设立办事处，大力拓展长江进出川运输业务。1985年，该司出川拖轮增至13艘，驳船增至40余艘，发出川船队49个航次。同年4月，重庆轮船公司建立了海运分公司，9月又与香港琪祥船务有限公司合资成立庆丰海运有限公司，购买了民主德国“罗斯托克”号海轮，定名“庆荣”轮，经营以中日为主的近洋航线，直接办理进出口外贸物资运输业务，承接江海联运物资，代办中转，实行一票到底，全程负责运输。1986年春，重庆轮船公司“四川802”轮船队两次装运2500吨货物，通过“九曲十一湾”抵达崇明岛。同年，“四川801”“四川803”和“四川804”轮首次拖运大型木排穿越三峡直抵南京，使木排分江段运输成为历史。

万县地区地处长江三峡地带，紧邻湖北，航运出川有悠久历史。但当时出川运距较短，运量不大，1983年进出川货运量仅34.7万吨。随着改革开放方针的深入贯彻，出川船队逐年增多，运量迅速发展。

涪陵地区货运出川是从涪陵轮船公司1981年1月冲出乌江支流，跨入长江以后，相继成立货运船队担任出川运输开始的。1981 年有出川拖轮 2 艘、510 千瓦，驳船 8 艘、1210 吨，开始承担一些零星货物运输。1983 年 1 月，涪陵轮船公司成立了出川货运船队，由“红阳 1 号”“红阳 4 号”“红阳 9 号”轮承担出川货物运输，开始有计划地组织货物出川。1985 年，涪陵轮船公司出川货运船队更名为三峡船队。

3. 重庆长江轮船公司逐步成长

长江全线的开放，促使四川省航运部门与重庆长江轮船公司相互竞争，给川江航运带来了繁荣。1984 年后，重庆长江轮船公司针对外有优势的火车与之赔本竞争、内有崛起的地方航运新军与之争夺客货源的严峻形势，实施了“西进东延”的发展战略，并坚持“为货主服务，方便货主”的宗旨，不断调整运行组织，千方百计扩大进出川运输量，尽量发挥自身在西南的水运骨干作用。为了解决运力不足的问题，公司加快造船速度，缩短船舶修期，增加运输船舶；为了解决驳船同运输货物种类的矛盾，公司建造了各类甲板驳、盖舱驳等；为了减少中转环节，缩短运输周期，公司开辟了重庆至铜陵、重庆至南京、重庆至南通、重庆至上海的直达专线。

1985 年 10 月，重庆长江轮船公司船舶开始向西挺进，开辟了重庆至泸州航线。1990 年，又开辟了九江至上海黄沙专线。企业生存空间扩展，竞争能力增强，经济效益提高。1986 年至 1988 年，重庆长江轮船公司共承运川南及云、贵部分地区物资 23 万余吨，由于执行了地方运价，该线一跃成为公司经济效益最佳的航线，公司进出川货运量有较快增长。与此同时，也产生了明显的社会效益，1985 年底至 1987 年，原驳直达运送泸州市石油约 17 万吨，缩短了运输周期，保证了当地的石油供应；直达运送出川煤炭 4.2 万吨，减少货主费用开支 17.5 万元，为川南及云、贵部分地区的煤海开发创造了有利条件。

长江进出川运输的发展，产生了巨大的社会效益和经济效益，繁荣了省际的物资交流。长江中下游省市缺乏的煤炭、木材、农副土特产品等物资得到了补充，内地缺少的石油、五金交电、日用百货等产品得到了供应。

①为铁路分流了大量物资。尤其在超重、超长、超宽、超高件的进出川运输方面，更起到了陆运无法取代的作用。

②促进了沿江地区经济的发展。过去重庆的农副土特产品和沿江乡镇企业生产的商品，因运输困难，常有大量积压，影响了地方经济的发展。组织水运出川后，每年有大批农副土特产品和煤炭、木材、磷矿等物资运往湖北、湖南、江西、安徽、江苏、上海等省份。如万县市年均运出农副土特产品约 5 万吨，运出煤炭约 200 万吨。又如省内通过水运的 18 家地方小煤窑，每年调给湖北、江苏、上海等省份的煤炭就有 80 多万吨。再如宜宾地区到 1990 年底止，共运出木材、煤炭、茶叶、蚕茧、烤烟、粮油、轻化等土特产品 39.66 万吨，搞活了地区经济。

③发挥了水运优势。出川运输平均运距在1500公里左右，有的长达2800公里，船队平均载货量1800吨左右，有的高达4000吨，水运"腿长肚大"的优势得到了充分发挥。川船较小，适应性强，调度灵活，不计批量，不择码头，可以实现干支直达，将货物原船运达目的地，减少了中转环节，加速了船舶周转，缩短了运输时间，节约了运输费用，保证了运输质量，深受货主和用户欢迎。

④搞活了航运企业。进出川货物周转量占四川省水运货物的总周转量，由1979年的7.58%上升到1990年的80.34%。进出川货运收入成了航运企业收入的重要支柱。航运企业由于抓了进出川运输，收入增加，效益提高，有的更是摆脱了困境。

（二）解决出川船队的困难

这一时期，重庆船队出川后遇到的困难主要有四个方面：

一是途中加油难。当时的船用燃料是由各地凭票供应，不能跨省购买，因此船队出发时必须带足往返需用的燃料油。一艘353千瓦拖1000吨的拖轮，从宜宾到上海，需要带45吨燃油才够往返。出川船队所带的燃油，通常占了运输量的5%～10%。而这些燃油又是从武汉、上海运来四川的，出川船队为了途中不加油，又用船载回武汉、上海使用。这样不仅减少了出川船队的载货量，也使燃料油倒流，造成很大的浪费。

二是请引水员难。长江线路长，航道复杂多变，从宜宾到上海，需要分4段引航，即宜宾至重庆、重庆至武汉、武汉至南京、南京至上海。重庆船队对长江中下游的航道不熟悉，必须聘请引水员，但引水员很难聘请到。即使聘到也是漫天要价，从重庆到上海往返一次就要2000～4500元。一个船队除去燃油、职工工资，再加上这笔引水开支，往往无利可图，甚至亏本。

三是通过船闸难。船到葛洲坝，所有地方船舶都必须首先向湖北省地方船舶过闸管理处报到，再由其转报大坝船闸管理处编排过闸计划，然后船倒回锚地，等待过闸通知书。据当时四川驻宜昌过闸工作组登记的数据，下行船队平均待闸20多个小时，上行船队平均待闸55个小时以上。待闸一天，一般经济损失达2000多元，个别船队待闸时间长达138小时，直接经济损失1.1万余元。

四是要求绞滩难。葛洲坝截流后，巫山以下的险滩已经消除，但巫山以上仍有10处险滩，是地方船队通过的"拦路虎"。设在这些险滩上的绞滩船属长航局管理，他们对地方船舶上滩的困难，往往熟视无睹，有的甚至大敲竹杠。

针对这些困难，1984年4月29日，中共中央总书记胡耀邦作出批示，要求限期解决。为了贯彻胡耀邦同志的批示，交通部于5月15日至17日，召集长江航务管理局和湖北、四川省交通厅等单位开会，专门研究解决出川船队"四难"问题，并作出了《关于加强出川船队服务工作的决定》。做法是：

一是对解决途中加油难问题，交通部与商业部商定，由各地航运部门申请全国通用油票，凭票供油。在大面额油票实行前，用转油单代替。长航局设的重庆、万县、宜昌、沙市、城陵矶、武汉、芜湖、九江、安庆、南京、镇江、南通、上海13个供油站点和沿长江的石油部门均向出川船队开放，提供方便，就地加油，价格按当地石油批发价结算。鉴于高价油已敞开，沿江石油部门实行免票供应。其他省市对跨省份的船舶用油也比照此精神办理，从6月1日起执行。

二是对解决引水难问题，除省市主管部门和企业抓紧对出川驾引人员培训外，交通部所属的大专院校也给予支持。不足的由长江航政局负责，在重庆、宜昌、武汉、九江、芜湖、南京成立引水站，对出川船舶开展引航服务业务，从7月1日起开始办理引航，价格由长航局根据船队大小有别的原则，提出调整方案，报部审批。

三是对解决过闸难问题，采取了两条措施：一是改革船闸管理体制，由长航局统一管理。在未改变前，由有船队过闸的省市，派人参加湖北地方船闸处工作，共同商定过闸事宜。并派代表直接参加长航局船闸处的日调度会议。二是不分船舶隶属关系和所有制性质，均一视同仁，按先客货班轮后一般船舶，先防洪救灾及鲜货物资后一般物资，以及按报到的先后次序安排过闸。

四是对解决绞滩难问题，除充分利用现有绞滩设备为地方船队服务外，长航局还投资了230万元，由长江航道局在川江10个险滩上安装了绞滩机，为地方船舶绞滩。此外，长航局还开办了航运贸易中心，为地方船舶提供信息服务；成立了船舶服务中心，协助地方船舶解决修船难问题。

上述措施和服务，使动态清样反映的问题和意见基本得到了解决，对重庆地方出川船队的发展起了促进作用。

（三）组建进出川联运服务公司

为了有计划、有步骤地组织好进出川物资运输，做好出川运输的统筹、协调、联运、服务工作，1984年3月，经四川省计经委同意，四川省交通厅批准成立了四川省水上进出川物资联运服务公司。四川省水上进出川物资联运服务公司由担负出川运输任务较重的市地中心航管站、轮船运输企业等单位组成，直属厅航运局领导。6月2日至6日，四川省水上进出川物资联运服务公司在忠县召开了进出川运输会议。会议对进出川物资运输的组织领导、机构设置和今后任务进行了讨论并作出了决定，成立了由省交通厅、厅航运局、省计经委交通处和担负出川运输任务较重的市地交通、航管部门及重点企业领导共23人组成的四川省水上进出川联运领导小组，并拟定了《四川省水上进出川物资联运合作运输试行办法》，明确了四川省水上进出川物资联运服务公司任务。为了更好地给物资部门和运输企业提供方便和有利于省际的联运协作，四川省水上进出川物资联运服务公司经商得重庆轮船公司同意，决定在重庆轮船公司已派驻宜昌、武汉、南京、上海工作组的基础上，充实力量，受省委托，对外洽谈办理有关进出川物资联运业务。其工作范围：一是办理到发港船货计划的衔接；二是组织回程货源；三是传递船位动态；四是协助处理海损、货运事故及运输遗留问题。

四川省水上进出川物资联运服务公司（分公司）成立后，为了全面开展联运服务工作，切实把各市地进出川的物资运输工作抓好，根据《四川省水上进出川物资联运合作运输试行办法》，决定对担负进出川运输量较大并有条件的市地，以就近港站为依托，在当地交通主管部门的领导下，组建市地水上进出川物资联运服务分公司，实行以市地管理为主、省管业务的双重领导。

省和有关市地水上进出川物资联运服务公司（分公司）成立后，坚持“放宽搞活，内联外引，运贸结合，全面服务”的宗旨，在为航运企业和物资部门服务、开发联合运输、分流铁路物资、沟通省内外产供销信息、组织出川驾引人员培训、协调出川运价等方面做了大量工作。他们既为物资部门选择经济合理的运输线路，组织运输工具，提供中转换装条件，又为运输部门组织货源，协调运输衔接，发展产、供、销“一条龙”服务。

重庆水上进出川物资联运服务分公司，坚持“货主船主是上帝，二元服务是宗旨”的方向，在公司开办后的4年多时间里，为航运企业组织货源30多万吨，并组织合理运输和多家合作运输，将急需物资安全及时运抵目的地。

开展省际的横向经济联系、搞好信息服务，是四川省水上进出川物资联运服务公司做的一项重点工作。1985年4月，四川省水上进出川物资联运服务公司将省境内可提供外销的各类物资的产地、规格、数量、价格（含运价）等商品信息，编印成《物资销售信息简讯》，发到长江中下游及辽宁、广东、上海等省份的56个航运和物资单位开展信息服务，建立了业务联系。同时与沿江各省市商定，在宜昌、沙市、武汉、岳阳、贵池、芜湖、九江、扬州等市，设立长江航运信息网点，开展全面服务。

（四）货物运输服务质量的提高

1. 产、购、运、销“一条龙”服务

产、购、运、销连成一体，实行生产和代购、代运、代销“一条龙”服务，是重庆地方航运企业在激烈的市场竞争中走出的一条新路。

1984年9月，万县地区奉节县东风航运公司为了改变货源不稳定的被动局面，在四川省首先经营煤炭出川，开展购、运、销“一条龙”服务。当时公司与8个乡镇企业签订了购煤合同，又与江苏、浙江等省份的13个单位签订了销售合同，仅两年时间，就为航运企业提供货源4.6万吨，增加收入133万元。之后，公司又投资200万元，联合开发了几个优质煤矿，扩展为产、购、运、销“一条龙”服务，到1994年，公司共销售煤炭80余万吨。

此后，四川省航运部门产、购、运、销“一条龙”服务普遍开展了起来。各航运企业随时掌握市场行情，为买卖双方牵线搭桥。

在开展产、购、运、销“一条龙”服务中，各地航运企业普遍采取了两种方式：一是主动派出业务人员走访用户、货主，牵线搭桥，组织承运；二是请用户到现场看货或利用交流会之机为买卖双方牵线搭桥，成交物资，组织承运。

2. 多式联运的初步发展

开展水水、水陆和江海联运，是提高货物运输服务质量、促进长江进出川运输发展的一种好形式。

江海联运业务开展最早的企业是重庆市的民生轮船公司，该司承担了当时四川省60%的江海联运任务。1984 年公司重建后，先后完成了四川江油电厂、重庆珞璜电厂、江苏利港电厂、湖北鄂州电厂、涪陵 816 电厂、贵州开阳磷矿和昆明三聚磷酸钠公司等大型成套设备及物资的进出口运输任务。1993 年 10 月，公司又与民生国际集装箱运输有限公司联合，开辟了重庆到上海转出口的集装箱定期班轮运输航线，开展江、海、铁、公国际集装箱多式联运，促进了进出口运输的发展。

1986 年 9 月，重庆轮船公司也与海运企业联合开展了江海联运，在张家港转海轮出口。到 1988 年 8 月底，公司先后向印度尼西亚、泰国、马来西亚、菲律宾运去硫黄 12 万吨，创汇 1400 多万美元；向意大利、日本等国运去天青石 3 万吨，创汇 300 多万美元。1985 年 9 月 21 日至 10 月 21 日，公司与重庆环球（集团）有限公司、中国远洋运输公司联合，开展江海联运，为重庆建设机床厂从日本清水港运回摩托车部件 6320 立方米、14 万台套。1990 年 11 月 21 日，公司船舶又将 600 吨聚氯乙烯化工原料从宜宾港起程，通过江海联运方式，运抵韩国仁川港。与此同时，重庆轮船公司在 1985 年与香港合资创办的庆丰海运有限公司，也开展了以中日航线为主的近洋国际海运业务。其“庆丰”海轮于 1990 年国庆前夕，装运天青石、钢材 6241 吨，安全运达日本大阪港，首次实现了公司船舶江海全程联运。1993 年 3 月 28 日至 4 月 7 日，该轮又将在天津装运的 5200 吨援柬物资，安全运达柬埔寨磅逊港，受到柬埔寨政府和人民的欢迎。

（五）航运经济联合体的建立

1986 年，涪陵轮船公司（长天轮船公司前身）与武汉水运工程学院、中国船舶总公司708 研究所，联合研制成功纵流双尾新型客船，得到了旅客好评。重庆轮船公司与武汉水运工程学院结成生产、科研、教学联合体，开展“川江船型船队技术经济可行性论证”“江海直达成本技术工业性试验”“浮动修船厂”等科研工作，促进了生产、教学和科研。川犍轮船公司与有关单位联合办电石厂、粉末冶金厂、金红石、膨润土、盾化石灰等项目，又与新都、重庆、南京、西安、贵阳等地公园以收入分成、租赁场地等形式，联合经营电动游船旅游服务业，深受游客青睐。

四、水路客运的发展

（一）地方航运企业客运发展

这一时期，万县地区（后更名万县市，今为万州区）几家轮船公司先后在长江开展了短途旅客运输。1983 年 1 月 13 日，万州轮船公司“万州 3 号”轮开始经营万县至巫山客运航线；6 月，公司又与忠县轮船公司对开万县至忠县客运班船。1985 年 5 月 28 日，川东轮船公司“川东 8 号”轮首航万县至宜昌取得成功；6 月至 7 月，“川东 2 号”“川东 9 号”轮，又先后投入这条航线运输，拉开了四川地方船舶经营省际客运航线的序幕。

涪陵轮船公司冲出乌江，跨入长江之后，在巩固彭渝客运直达航线的同时，针对长江重庆以下中短途旅客不断增加，长航局运力不能适应的实际，也不失时机地将客运重心从乌江转向长江，参与长江中短途客运市场的竞争。1984 年 1 月，公司开辟了重庆至丰都的旅游航线；1985 年 1 月，该航线延伸到高家镇；9 月开辟了重庆至万县的客运航线。1986 年 1 月，又将航线延伸到宜昌，实现了四川地方客轮首次从重庆直达宜昌，从而打破了出川长途客运由重庆长江轮船公司独家经营的历史。同年，公司又开辟了重庆至武隆干支直达客运航线。随后，涪陵市轮船公司、丰都轮船公司和万州轮船公司也分别将重庆至高家镇、重庆至丰都和万县至巫山航线延伸至宜昌。

（二）高速客船的兴起

高速客船的发展起于重庆轮船公司。重庆轮船公司继 1971 年接收由上海沪东造船厂建造的 717 型侧壁式气垫船“金沙江”号在长江进行运行试验后，1984 年 10 月，由重庆船厂建造的同类型气垫船“岷江”号也在长江试航成功，并于同年 12 月 25 日起，由该司正式投入重庆至泸州、宜宾航线营运，这是四川长江高速客船正式营运之始。“岷江”号船功率为 441 千瓦，时速为 46 公里，客位 54 个，投入营运后，颇受旅客欢迎。与此同时，1984 年 10 月，重庆市轮渡公司也从杭州东风船厂购进 1 艘 441 千瓦、70 客位的气垫船“重庆”号，于 12 月投入重庆至长寿航线营运。1985 年 8 月 26 日，将航线延伸至丰都。

五、水路旅游业的兴起

重庆江河众多，沿江两岸旅游资源极其丰富。闻名遐迩的长江三峡、大足石刻、丰都鬼城、奉节白帝城、大宁河小三峡等自然、人文景观，令海内外旅游者流连忘返，其中长江三峡一线景观对旅游者尤具吸引力。

水上交通与沿江旅游相结合的水上旅游运输，是改革开放时期航运部门为适应形势发展的一大创举，对满足旅客需要、发展旅游事业、繁荣沿江经济、促进水路客运发展起了重要作用，产生了巨大的社会效益和企业经济效益。

（一）重庆长江三峡旅游运输的兴起

长江，特别是地处重庆境内的上游的川江，蕴藏着十分丰富的旅游资源，是发展旅游运输的理想之地。以长江三峡为中心的优美独特的自然风光和丰富多彩的人文景观，吸引着无数的中外游客。但是，在改革开放以前，自费游览长江三峡者极少。据长航局统计，1972 年至 1978 年的 7 年间，游览长江三峡的总计约 9000 余人，平均每年仅千余人，且大都为我国政府部门邀请的代表团体。

1979 年，长江重庆至上海全线对外开放后，游览观光长江三峡的外宾、港澳台同胞和海外侨胞纷至沓来，国内旅游者也大量增加。从此，长江旅游运输迅速兴起。

1. 长航局重庆分局旅游运输的发展

长航局重庆分局旅游运输起步较早，发展较快，且主要接待外宾、港澳台同胞和海外侨胞。1978 年 7 月 1 日，长航局重庆分局的客轮开始正式接待海外游客。1979 年 10 月，中央决定长江对外开放，允许外国人到长江旅游、参观、访问，以及进行业务考察、技术合作交流谈判。此后，到长江旅游的海外游客逐年递增，1978 年下半年到 1981 年，仅重庆市接待的海外旅游者即达 3.7 万余人。

鉴于长航局重庆分局的旅游接待任务日趋繁重，为了适应开展长江外事旅游的需要，1980 年 1 月 1 日，中国国际旅行社长江重庆支社成立，业门负责上受中国国际旅行社和中国国际旅行社长江分社指导。1984 年 3 月，中国旅行社长江重庆支社成立，专门负责来长江旅游的港澳台同胞和海外侨胞的接待事宜。同年，长航局重庆分局成立了旅游管理处，由职能部门变为对外行使职能的二级单位。1985 年，民办公助、合资经营的重庆长江旅游公司成立，专为国内旅游者提供安全优质的旅行服务。

随着旅游运输的发展，海外游客迅速增加，船少、舱位不足的矛盾变得更加突出。为了缓解舱位紧张状况，长航局重庆分局决定将“东方红 123”和“东方红 124”轮三楼甲板前半部改设二等舱，共 6 个双人间。同时，将航行渝汉线的“东方红 46”型客轮的二等舱也用于接待外国旅游者。1979 年 10 月以后，长航局重庆分局又将普通客船二等舱的大部分甚至部分三等舱也用来接待海外客人，但仍满足不了需要。为此，长航局重庆分局又投资 70 多万元，从 1979 年下半年开始，逐步对“东方红 46”型干线客轮进行改舱。把三楼前半部三等舱全部改为二等舱，使原来每船的 12 个二等舱房间 24 个客位增加到 22 个二等舱房间 44 个客位，并增设了浴室、厕所，在餐厅安装了空调。到 1982 年 1 月，13

艘干线客轮全部改舱完毕。1982 年接待海外游客 23214 人，比 1979 年的 5321 人增加 3.36 倍。与此同时，国家旅游局、交通部还控制国外游客从重庆乘船下游的日流量，安排一部分游客从武汉或宜昌乘船上游，以减轻重庆下水舱位不足的压力，满足外宾游览三峡的需要。

长航局重庆分局实施了上述改舱措施，但船少、舱位不足的问题仍很突出。当时长江只有一艘高级旅游客轮“昆仑”号，仅有 39 个舱位，远不能适应需要。为了改变这种局面，1979 年底，经交通部批准，长航局委托东风船厂设计建造我国内河第一艘专用旅游客轮“神女”号及其姊妹船“三峡”号，两轮船各有 33 个房间、66 个客位，分别于 1981 年 9 月和 1982 年 5 月投入营运，航行于渝汉线，途中停靠石宝寨、白帝城、巫山（小三峡）、宜昌、沙市（含荆州）等旅游点。

由于当时长航局重庆分局没有海外销售窗口，缺乏知名度，若以售票方式经营难以保证收入，因此决定采取包租形式。通过 1980 年和 1981 年两年直接与外商接触、谈判，1982 年将“神女”轮以每天外汇券人民币 8400 元包租给美国宇宙旅行社，“三峡”轮以外汇券人民币每天 8800 元包租给澳大利亚特拉乌曼旅行社，后又转租给美国泛亚旅行社。通过旅游船的包租业务，长航局重庆分局打通了海外旅游关系，并与一些海外旅行社建立了业务关系。

1984 年，东风船厂又建了两艘单头双尾大型高级旅游船“峨眉”号及其姊妹船“巴山”号，两轮各有 50 个房间、100 个客位，并增加了游泳池、健身房等设施，服务条件更加完善。“峨眉”号和“巴山”号于 1984 年 6 月和 1985 年 3 月相继投入营运，其航线及停靠点与“神女”轮、“三峡”轮大体相同。根据旅游业务的发展，上述两轮决定采取订票方式，排出航次，分旺、平、淡三季，确定每种舱位的价格，由外商自行认购。这种办法在价格上比包租稍高一些，经营比较灵活，也能适应外商的需要。它比包租形式又进了一步，为旅游船的经营打开了路子，并成为以后经营的主要方式。

随着旅游运输的发展，提高旅游接待服务质量，是长江旅游运输工作的重点，长航局重庆分局着重抓人员培训、规章制度建立和优质服务活动。如在开办旅游运输初期，翻译导游仅有 1 人，后通过选送职工到外语学院学习等多种途径，逐步解决了翻译导游短缺的问题。到 1983 年，已拥有英、法、德、日四大语种的翻译导游 10 多人。1982 年至 1983 年，长航局重庆分局抽调 200 多名旅游船客运员、餐饮服务员、“东方红”号客轮的二等服务员及部分管理干部到北京、广州的高级宾馆、饭店进行观摩学习，提高业务知识和技能。与此同时，建立了一系列规章制度，如翻译导游人员管理办法、外汇管理规定、礼品管理办法等，并广泛开展了优质服务活动，婉拒客人赠送礼品，拾金不昧蔚然成风。仅 1984 年就收到旅客表扬信 44504 件，比 1983 年增加 1.51 倍；批评信 878 件，比 1983 年减少 50%。1985 年曾捡到钱包 7 起，内装外汇券 2486 元、外币数千元，拾到相机、耳环、项链等价值数万余元，均已物归原主，获得游客的普遍赞扬。美国白宫办公厅主任迪费先生乘坐“神女”轮时不禁称赞：“真没想到长江有这样好的船和这样良好的服务！”上述旅游船圆满地完成了历次接待任务，多次受到上级嘉奖。

2. 地方航运企业旅游运输的发展

1981年2月1日，涪陵轮船公司（后更名为涪陵地区轮船公司、国营四川涪陵轮船总公司、长江天府旅游轮船股份有限公司）“红阳25号”轮率先冲出乌江，跨入长江，开辟了彭水至重庆的支干直达客运航线，实现了“朝彭暮涪晨抵渝，长江乌江一船通”。当年公司即盈利30多万元，为后来发展长江客运和旅游运输奠定了基础。1985年5月，彭水苗族土家族自治县轮船公司（后更名为黔江地区轮船公司）“鸿运13”“鸿运14”“鸿运15”“鸿运16”4艘客轮，也开始经营这条直达航线。

1982年3月，涪陵市轮船公司（后更名为涪陵市轮船旅游总公司、重庆三峡轮船股份有限公司）率先在川江开辟涪陵至丰都一日游，这是四川地方客轮在长江开辟旅游运输之始。接着公司又于1983年初和1984年6月1日，先后开辟了长寿至丰都一日游和重庆至高家镇客运航线。1984年，公司又率先在川江探索客轮下水夜航获得成功，为以后实现具有昼游夜航特色的旅游运输奠定了基础。1985年10月和1986年4月，公司开辟了重庆至石宝寨两日游和重庆至丰都一日游，这两条航线深受旅游者的青睐。1993年12月，公司又将渝丰航线延伸到忠县。

1986年10月15日，涪陵市轮船公司在对长江三峡旅游景点进行实地考察、精心选择了6个最负盛名景点的基础上，率先开辟了重庆至宜昌“一线六点”（丰都、石宝寨、张飞庙、白帝城、三游洞、葛洲坝）旅游客运航线，客轮在旅游景点停靠2～11个小时，让游客有充足时间上岸游览，身临其境，饱览川江的名胜古迹及三峡的秀丽风光。该条航线花费不多，耗时不长，普通游客都能承受。这条旅游航线的开辟，实现了交通与旅游的紧密结合，深受国内外广大旅客的欢迎，后为多家航运企业仿效。

（二）大宁河水上旅游运输的兴起

大宁河风景区位于重庆市，大宁河小三峡（龙门峡、巴雾峡、滴翠峡）南起重庆巫山，北至重庆巫溪大昌，全长41公里。由于大宁河小三峡景观具有山奇雄、峰奇秀、石奇美、滩奇险、水奇清、景奇幽等特点，主要景点又多达39个，因此，于1982年10月23日开始对外开放。同年10月底，在国务院批准长江三峡为全国重点名胜风景保护区的文中特别提到：长江支流大宁河的小三峡，山清水秀，奇峰壁立，林木葱葱，猿声阵阵，饶有野趣。充分体现了国家对开发大宁河小三峡旅游事业的重视和支持。

为了适应旅游运输的需要，对大宁河航道进行了整治，船舶也进行了改造。将原来的头尾翘、船身狭长、木质的人推“竹叶小舟”，改为尖平头、黄瓜底、方型座、功率17.65～

30.89千瓦的钢质或玻璃钢质机动船,使巫山上行巫溪74公里由原来3天缩短为1天,下行只需半天。游览小三峡,上午10时从巫山出发,下午5时就可返港,这就方便了游客,为大宁河旅游业的发展创造了条件。

1983年5月7日,由国家旅游局等单位联合组织的美、英、日、法、德等9个国家和香港共32家旅行社的总裁和正副经理34人,国内有关领导专家46人,共80人的长江沿途旅游景点考察团,到小三峡进行了实地考察。他们对幽、雄、险、神、怪、美、绝的小三峡给予了很高的评价。考察团对长江沿途13个新、老旅游景点进行了实地考察后,在武汉总评投票时,唯有小三峡获票满堂红独占鳌头。从此,巫山县政府和有关部门,抓住发展机遇,大做旅游文章。在峡区内修建了一批古色古香的人文景观,为峡区迎客猴建立了"安乐窝",还建成了外宾餐馆、宾馆,成立了国际旅行社,形成了吃、住、行、游、娱、购服务"一条龙"。1985年,小三峡开始成批接待国外游客,当年就接待外籍客人676人。

(三)嘉陵江水上旅游运输的兴起

嘉陵江发源于秦岭北麓的陕西省凤县代王山。干流流经陕西省、甘肃省、四川省、重庆市,在重庆市朝天门汇入长江,主要支流有八渡河、西汉水、白龙江、渠江、涪江等。因此,嘉陵江因在重庆汇入长江,成为重庆市重要的航道。嘉陵江下游合川至重庆北碚沿线,有国务院命名的全国重点旅游区钓鱼城,还有沥鼻峡、温汤峡、观音峡、古圣寺、缙云山、北温泉、龙洞等旅游区。重庆市区内更有众多的名胜古迹。1982年12月,合川县盐井航运公司以自建的一艘74千瓦、250客座"沥鼻峡"号旅游船率先经营合川至钓鱼城、北碚旅游运输航线。之后,又先后建造了59千瓦、250客座的"钓鱼城"轮,118千瓦、295客座的"北温泉"轮和74千瓦、264客座的"小三峡"轮,均投入了该航线旅游运输。并安排了53千瓦、11客座的"旅行者"号游览船,在嘉陵江温汤峡水域,为游览北温泉游客服务。1980年以后,北碚区航运公司也以73.4千瓦、162客座的7号客轮,开辟了北碚至钓鱼城之间的季节性旅游运输。

六、港航企业的发展

(一)民生公司的重建

党的十一届三中全会后,改革开放的大潮又推动了民生公司的重建。1984年2月8日,卢作孚先生之子卢国纪和一部分民生公司老员工,为了富强国家,振兴中华,上书重庆市政府,申请重建民生公司。同年2月20日,由卢国纪、周承涑、江昌绪等11人组成民生公司筹备处,开始了重建民生公司的工作。

筹备处人员在极其艰苦的条件下,做了3项工作:第一,试办航运,租借其他单位船舶，组建了2个合营船队。在此基础上，把长江沿线的分支机构建立起来。1984年3月31日，第一个合营船队“东风5号”拖3艘驳船，装载1400吨煤炭，由重庆首航江苏省高港，重庆市长于汉卿亲往朝天门码头送行，揭开了民生船队重返长江的序幕。第二，建造自己的船队，用第一批银行贷款，在重庆4家船厂建造2艘588.4千瓦拖轮和6艘750吨级驳船，历时仅4.5个月，于9月下旬全部建成。第三，制定公司的章程和各项管理制度，于6月底按期完成。

1984年10月1日，民生公司在重庆港务局大楼召开成立大会，中央、省、市各级领导和各界贵宾以及民生公司新老员工共600余人出席。这是继老民生公司在新中国成立初期通过社会主义改造实行国营后，为适应新形势的需要，再度重建和崛起的一家新型民营企业。同日，民生公司自己的“生振”“生兴”两个船队，各拖两艘满载钢坯的驳船，由重庆首航湖北省鄂城。从此，民生公司踏上了新的历史征程。

重建的民生公司，继承和发扬了老民生公司艰苦创业的优良传统。公司筹建时只有11人，在重庆市工商联借了一间16平方米的房子，由民生公司职工江昌绪拿出300元生活补助费，买了4张办公桌和4把椅子供11人使用。没有薪金，没有补贴，出差由自己掏差旅费，在外吃干粮加开水，住最便宜的旅店，甚至坐在上海屋檐下过夜，办公只买最简单、最基本的文具用品。后来办公场所搬迁了6次，直至1992年9月才搬进自己修建的办公楼。

民生公司重建后，继承和发扬了老民生公司的宗旨和服务精神，坚持把国家和社会利益放在第一位，坚持优质、快速运输，勇于开拓，成功地开辟了江海联运，实现了航运界多年来从未实现的愿望，成为重庆第一家开展江海陆联运的公司。1986年，利用自己的江船和海船江海联运成套进口设备，创造了从日本到重庆19天的最快纪录。

重建的民生公司是一个在人、财、物以及经营管理上具有完全自主的民营企业。它既继承了老民生公司的优良传统，又吸取了现代企业管理的成功经验。机构、人事、规章制度等的建立，都是根据公司的实际情况，并借鉴国内外企业的经验，逐步探索出的一套自身独有的经营管理模式。总公司机关机构精干，在创办初期只设计财、业务、船务、综合4个处。机关人员很少，许多人身兼数职，一人干几个人的工作。用工制度实行老民生公司的“大才过找，小才过考”的办法。新进人员必须首先了解民生公司史和民生精神，明确进民生公司是拼搏奉献，而不是索取。经考核合格后才能进公司，并要经3个月的试用，合格者才能正式录用。工资制度是实行“小步快跑”的60级工资制，级差小，表现好的每年都可晋升一级，并与职务挂钩，能升能降，能进能出，不搞终身制，不端“铁饭碗”。同时，公司坚持以“爱国主义、集体主义、艰苦创业、拼搏奉献”的民生精神教育职工，经常举办民生精神学习班，开展业务培训。

（二）组建重庆港口管理局

1978 年 7 月 1 日，重庆港务局革命委员会撤销，恢复“重庆港务管理局”名称。1983 年 3 月 2 日至 11 日，根据中央决定在重庆进行经济体制综合改革试点的精神，交通部派出了以内河局局长王英为首的工作组，参与制定了《关于重庆水上运输管理体制改革方案》，其中港口体制改革是依据已上报国务院候批的《交通部关于长江航运体制改革方案》中“一城一港”的精神制定的。5 月 11 日交通部通知决定，在原重庆港务管理局（县团级）的基础上，组建地师级的重庆港口管理局，实行由交通部和重庆市人民政府双重领导、以交通部为主的领导体制。1984 年 1 月 1 日，经国务院批准，长江航运体制实行重大改革，实行港航分管，新组建交通部长江航务管理局，重庆港务管理局组建为“交通部重庆港口管理局”。

1984 年 2 月 1 日，重庆市交通局所属重庆市码头管理站按原建制移交重庆港口管理局。3 月 9 日，交通部决定，重庆港口管理局隶属新组建的长江航务管理局，与重庆市人民政府实行部地双重领导，计划单列，重庆港口管理局下属各作业区，先后组建为港埠公司。12 月 12 日，重庆市人民政府决定成立港口委员会，由副市长任主任委员会，港口局局长任办公室主任。

1986 年 7 月 5 日，重庆市人民政府颁发《重庆市港口管理暂行规定》，重庆港口管理局受交通部和重庆市人民政府双重领导，既是交通部管理重庆港口的派出机构，又是重庆市人民政府管理港口的职能部门。重庆港口管理局“政企合一”的体制在法规上予以了确认，在长江港口中首先实行了“一城一港”。

（三）四川省重庆轮船公司

20 世纪 80 年代，四川省重庆轮船公司进入了一个重要的发展时期，公司在上级的指导下，自筹资金和争取贷款，对老旧船舶进行技术改造和更新，一批“八”字头 800 匹马力（1 匹马力约合 0.735 千瓦）和 1200 匹马力拖轮相继投入使用，进一步增强了整体运输实力。进而提出了“立足四川、服务西南、走出长江、奔向海洋”的经营方针，增大了进出川货物运输，全面推行经理负责制，加强了企业管理，推行了内部承包经营责任制，取得了丰硕的成果。“七五”期末，四川省重庆轮船公司客运吃、住、行和货运购、运、销“一条龙”服务已初具规模，并基本形成开放型、综合型、多功能型的经营格局。

1978 年，公司革委会撤销，恢复四川省重庆轮船公司名称。1979 年 12 月，四川省人民政府决定将四川省重庆轮船公司作为四川省扩权试点单位。1983 年 5 月，公司由四川省交通厅下发重庆市交通局领导。1988 年 4 月，经重庆市公安局批准，成立重庆市公安局四川省重庆轮船公司分局。1989 年 2 月，经上级批准，四川省重庆轮船公司更名为国营四川省重庆轮船总公司。1991 年 1 月，重庆市人民政府复文市交通局，同意由四川省重庆轮船总公司兼并重庆市水运总公司，以重庆轮船总公司为企业法人统一对外经营。

1980 年 7 月，江苏省农村发生灾情，公司接四川省计委指示，积极组织运力，突击抢运 5000 吨化肥到江苏省，保证了农业用肥的需要。同年 9 月 15 日，江苏省人民政府致电四川省人民政府表示感谢，同时也对四川省重庆轮船总公司克服困难作出的积极努力致谢。

1984 年，葛洲坝电站进入紧张的施工阶段，水电部夹江水电工厂为葛洲坝工程局建造的二期工程所用大件 2 号船闸反向弧门、1 号船闸首事故检修门急需运往建设工地。公司接到任务后，制定详细工作方案，加派护航船。6 月 30 日从乐山港起运，7 月 13 日，66 吨大件安全运到葛洲坝，保证了大坝二期工程正常进行，开创了四川大件产品经岷江入长江的出川纪录。

1984 年 12 月，“岷江”号气垫船建成并投入营运，投入到泸州至重庆航线。新型气垫船比传统客运船舶节省时间 60% 以上，大大拉近了两地的时间距离。时任国务院副总理李鹏、中央有关部门和省市领导亲自乘坐，并积极建议发展气垫船客运。原中央组织部部长陈野苹写了“乘风破浪”的题词。

从 1978 年到 1987 年，公司有 5 艘客轮分别被评为交通部、重庆市、重庆市交通局“文明客船”和“优质服务先进集体”。

（四）重庆长江轮船公司

1984 年 1 月，长江航运管理局体制改革实行政企分开、港航分管，分别成立交通部长江航务管理局和交通部长江轮船总公司。

在全国改革不断深入的形势下，1984 年 2 月 1 日，企业管理体制进行重大改革，港航分设，长航局重庆分局更名为重庆长江轮船公司。面对新的形势，重庆长江轮船公司坚持两个文明一起抓的方针，积极深化改革，改革干部管理制度，实行聘任制，在总公司系统率先实行经理负责制；劳动、人事工资制度、住房制度和医疗制度改革也不断深入。强化企业管理，推行现代化管理方式，努力提高企业素质，增强企业的活力，节能科技成绩出色，安全质量成效显著，促进了运输生产和经济效益的提高。1989 年生产、利润、效率、消耗等主要考核指标，创造最好成绩，重庆长江轮船公司先后荣获 1989 年度全国思想政治工作优秀企业、国家二级企业、重庆市文明单位、国家一级节能企业、交通部节能样板企业、四川省先进单位、全国计划生育协会先进集体、交通部质量管理奖等荣誉。

(五)重庆东方轮船公司

重庆东方轮船公司成立于1967年,为一家以经营重庆至南京长江干线涉外旅游船、普通客船运输为主,兼营码头、修造船业务、物供贸易、房地产开发、旅游服务的国有中型企业。重庆东方轮船公司最初为单一的拖轮货驳运输生产机构,1980—1985年,公司通过技术改造,将16艘木质货驳船改为1000吨级、2000吨级钢质驳船。经过长期发展,在20世纪90年代初期通过巨额的银行贷款发展长江干线客运。

七、重庆港恢复性整顿与对外开放

(一)港口生产秩序的恢复

重庆港在结束了“文化大革命”内乱之后,全港处于百废待兴的局面。1977年新年伊始,港党委提出“狠抓三大会战,促进港口生产大上快上”的口号。港口职工心情振奋,决心把内乱耽误的时间夺回来,积极投入港口运输生产、设备维修和基本建设各项恢复和发展生产的大会战。

运输生产大会战,以快装快卸、安全优质、缩短车船在港停时为主攻方向。恢复了港口各级年、季、月、旬计划的编制和原始记录的填报,同时努力克服生产上的无政府状态和各级领导“软、散、懒”的作风,逐步加强了调度指挥。港口积极组织流向稳定、流量较大的货源,以区间短途运输作为干线长途运输任务的补充。抽出港口拖轮和驳船,充实区间短航运力,进行“小运转”。

1977年,“小运转”为干线长航运输提供64.5万吨货源,占整个出川货运量的86%,比1976年增长80.4%。这一年港口吞吐量比上年猛增63.7%,干线长航货运量比上年增长39.4%,省、市的物资得以及时发运出川。

为了扩大港口通过能力,港口调度系统努力扩大船过船作业量。1979年进口货物的船过船作业量为32.9万吨,占进口总量的86%,驳船周转期由年初的11.29天缩短为年末的7.24天。同时,为了避免内乱时期出现港口堵塞,调度货运部门还大力组织疏港工作。1977年货物在港堆存期由年初的9.59天缩短为年末的4.66天;船舶平均在港停时,由1976年的5.35天缩短为1977年的3.58天。

开展运输生产大会战,还特别注意安全和质量。交通部和长航局分别在上海和芜湖召开了货运质量和安全生产现场会议。重庆港抓紧时机贯彻两个会议精神,建立各级安全质量领导小组,配备了专职或兼职人员,并建立了定期的检查制度。1977年开展了4次安全质量大检查(查领导、查思想、查纪律、查制度、查设备),全港工伤、机损、车祸、海损、货损、货差等事故,比之“文化大革命”期间有明显减少。

开展设备维修大会战,主要是弥补"文化大革命"期间设备维修的欠账。1976年底,全港能正常使用的设备,起重机不到三分之一,拖轮不到二分之一,驳船不到四分之一。港口生产秩序开始恢复正常后,设备维修,不仅是刻不容缓的任务,而且有了人力、物力、财力的支撑条件。为此,组织了两次设备维修大会战。第一次为1976年12月到1977年3月底,抢修了部分急需的设备。第二次为1977年4月到12月,有计划地安排维修了各类设备。两次会战共修理港机3686台次、船舶140艘次(其中大修81台次和110艘次),1977年一、二类设备比重,港机由66.8%上升到83.4%,机动船舶由60%上升到90%,驳船由73.4%上升到87.6%,设备完好率由72.6%上升到86.7%。

设备维修大会战,打的不只是技术仗,也是一场志气仗。港口多数维修工人对"文化大革命"中不顾设备维修保养的状况很有意见。粉碎"四人帮"后,维修部门与生产部门加强了协作配合,急生产所急,随到随修,送修上门。努力提高维修质量,缩短修理时间,降低修理费用。起重机大修由6个月缩短为3个月,汽车、牵引车二级保养由7天缩短为3天,铁驳检修由5天缩短为1~2天。修理质量一般都能一次检验合格或一次试车成功,修理费用港机平均降低54%,船舶平均降低24%。

1978年,设备维修大会战进入技术管理和技术练兵的新阶段。设备维修推行群养群修与专业力量相结合的方法,对高、大、难设备进行维修保养。群养群修完成项目551台(艘)次,占总维修保养项目的80%,参加人员在千人次以上。大型浮式起重机、大型岸边起重机、大型囤船、大型桥式起重机等设备43台,皮带机1486米全部敲锈保养,面貌焕然一新。技术管理方面,开展红旗设备活动,推广九龙坡作业区16号起重机"定时、定位、定人"进行润滑、紧固、清洗、整修、交接、检查的经验,做到精心操作,安全运转,记录齐全,全港60%的港机、船舶、机床成为信得过的过硬设备。重庆港务管理局制定了燃润料定额34种76个,按月统计检查评比,对节约燃润料起了促进作用。技术练兵采取干啥学啥、缺啥补啥、能者为师、就地取材、岗位练兵、业余教学、短期培训等方式,全年培训司机、水手、维修工、指挥手、船员等875人次,为港口技术队伍素质的提高打下了基础。在此期间,还举行技术表演8次,计25个工种、158个项目、1635人参加。

1978年9月2日,在九龙坡作业区举行了全港技术表演比赛,有157人参加,计53个项目,达到技术标准的有50项142人,其中突破技术标准的有60人,占参赛人数的42.3%。与此同时,港口还开展了"双革"(技术革新、技术革命)运动和"双法"(统筹法、优选法)活动,取得82项成果,创造的价值达28.3万元。

1978年下半年,港口设备维修工作不断发展,设在九龙坡作业区范围内的港机修理厂,由于区、厂挤在一起,相互影响,港领导决定,将机修厂迁至白沙沱与木船厂合并,成立港机船舶修理厂。这样,虽然设备基本配套,工种比较齐全,技术力量较强,具有大、中修理及建造能力,但是,由于迁厂合并没有经过周密的论证,仓促拍板,急于求成,最突出的交通运输问题不能得到解决,职工的生活设施也没有跟上,以致影响职工的生产积极性。由于交通不便,各作业区只能加强自身的维修力量,各自为战,致使机修厂生产任务不足,常年处于亏损状态。

基本建设大会战是重庆港在"四人帮"被粉碎后出现的新事物。1976 年港口基本建设只完成投资额的35.5%,基建项目只完成25%,工程造价超过批准数20%。在基本建设大会战中,首先对"文化大革命"期间的"胡子工程"兰家沱作业区工程进行补账。调整安装了钢铁码头的绞车和 10 吨浮式起重机,加固了河岸堡坎,新建了尿素货场,对生产生活用房进行维修补漏,从而使兰家沱作业区能够正常进行生产。1978 年洪水期到来之前,又抓紧完成了江北作业区打鱼湾码头缆车道土建工程和朝天门作业区象鼻子码头下河混凝土公路工程。在江北作业区安装 14 号浮式起重机,设置 15 吨起重机,初步实现了梁沱外梁码头和打鱼湾码头的机械化作业。在朝天门作业区新建长 45 米水泥船两艘(1979 年又建造长 45 米和长 65 米趸船各一艘)。1978 年 11 月猫儿沱作业区尿素码头正式投产前,做了大量的港机改装调试和排除故障等工作。

基本建设大会战还包括职工生活福利设施的建设。1978 年,港口委托施工单位在 7 个月内完成 4 幢职工家属宿舍 8048 平方米的建设,港口自行组织力量完成职工家属宿舍 6472 平方米的建设,创历史上一年修建职工家属宿舍一万多平方米的最高纪录。

1977 年,基本建设项目完成投资额的 103%,项目完成 100%,工程造价大部低于批准数。1978 年基本建设项目和投资额提前一个季度完成,第四季度又增加投资 43%,也于年底按计划完成。

经过恢复性整顿,重庆港的劳动生产率提高了,成本降低了。1979 年吞吐量与 1977 年基本持平,但 1977 年亏损,1979 年盈利。从 1978 年开始,重庆港结束了连续 15 年亏损的局面。1979 年 5 月 20 日,四川省委、省政府认定重庆港务管理局为"四川省大庆式企业"。

(二)排除"左"的影响,调动积极因素

重庆港在恢复整顿期间,根据党的十一届三中全会精神,按照实事求是的原则,进行拨乱反正,成立了落实政策办公室,复查了数百件冤假错案,大都进行了平反改正,使不少人长期被埋没了的才智得以施展,长期受压抑的生产积极性得以发挥,这是港口生产力的又一次解放。

在纠正冤假错案的同时,重庆港还抓了落实知识分子政策的工作。20 世纪 50 年代,重庆港曾经在青年知识分子中选拔了一批德才兼备的干部,把他们提拔到中层领导岗位上,对改善当时的干部结构、提高干部队伍的素质、加强港口管理工作发挥过积极的作用,曾受到上级的赞赏。但是,从 1957 年反右派斗争以后,"左"的思想的影响逐步

升级，曾被冠以“知识分子”头衔的技术、业务骨干，大都因为历史或社会等所谓的“政治”原因而长期得不到合理使用。粉碎“四人帮”后，“左”的思想的影响逐步得到排除，港党委除对知识分子在政治上落实政策外，还将过去一些未得到合理使用的技术、业务骨干，提拔到适当的岗位上。

1978 年到 1983 年间，即港口体制综合改革之前，重庆港在中专毕业以上的知识分子中发展共产党员 47 人，提拔到副科长级以上岗位 62 人（其中进入局级领导班子 2 人），初步扭转了过去只注意在工农出身的干部和党员干部中选拔领导干部的倾向。此外，在技术职称评定工作尚未正式开展的 1978 年，重庆港还以任命方式，将资历较深的技术人员和财会人员各 3 人，分别任命为工程师和会计师。

1980 年至 1981 年，重庆港按上级的统一部署，开展了该港自新中国成立以来第一次技术职称评定工作。此次职称评定，共评定工程师 18 人、助理工程师 55 人（包括当时已退休的 8 人）、技术员 10 人和相当于助理工程师级的技师 8 人（包括当时已退休的 4 人）。1981 年 3 月 14 日，长江航运管理局给 18 名工程师颁发了中华人民共和国工程师证书。1978 年以来的任命和职称评定，不仅调动了工程技术人员学习钻研和生产实践的积极性，也为港口合理使用技术干部创造了条件。

（三）重庆港成为外贸港口

1979 年 12 月 24 日，国家经委、交通部、外贸部、公安部、卫生部、农业部联合向国务院提出《关于开办长江对外贸易运输港口的报告》。1980 年 2 月 14 日，国务院决定长江开办张家港、南通、南京、芜湖、九江、武汉、城陵矶、重庆 8 个港口。

重庆港对外开放得到四川省和重庆市的极大关怀和重视，时任交通部副部长彭德清、外贸部党组副书记周化民来重庆检查布置开港工作，四川省外贸局也派负责干部来重庆筹备开港事宜。重庆市长于汉卿于 1980 年 7 月 7 日作出批示，由重庆市进出口管理委员会牵头，长航局重庆分局、重庆港务管理局、重庆市外贸局等单位组成开港领导小组，进行开港筹备工作。8 月 28 日，四川省副省长牟海秀为开港剪彩，于汉卿市长在开港典礼上做讲话，交通部和上海港发来贺电。“人民 17 号”轮及 3 艘千吨级驳船组成一个船队，装载转运去香港的钢材 4400 吨，启航东下。重庆港正式对外开放为外贸口岸。

重庆港对外开放，成为长江上游唯一的外贸口岸，也是当时四川省唯一的外贸口岸。中国外轮代理总公司在重庆港设立了分公司，业务关系受总公司领导，行政关系隶属重庆港务管理局。重庆海关、重庆商品检验局及重庆检疫站等机构也相继成立，以适应外贸口岸各项业务的需要。由于川江航道条件和港口设施等条件限制，海轮不能直接进出，重庆港只办理二程外贸运输，外贸出口的货物，可在重庆港一次办完出口和结汇手续，通过水运到长江下游外贸港中转出口。

重庆港对外开放，引起了亚洲和太平洋地区发展中国家的极大兴趣。1981 年 9 月 1 日，联合国亚太经济社会委员会与我国交通部联合组织的内河码头和装卸设施技术考察交流代表团来重庆港进行了考察交流活动。联合国亚太经济社会委员会的 3 名法国专家和泰国、印度、斯里兰卡、孟加拉国、巴基斯坦、缅甸、马来西亚、菲律宾、巴布亚新几内亚等国的内河航运和港口的高级官员和专家一行 18 人，在交通部和长航局有关领导的陪同下来到重庆港。考察团重点参观了九龙坡作业区，并举行了座谈会。这是重庆港解放以来接待外国内河港航官员和专家人数较多、规格最高的一次国际性考察交流活动。外宾在参观座谈中，对九龙坡作业区煤炭码头的机械化配套设施的经济实用性给予了较高的评价，对水路运输与铁路运输的协作配合以及九龙坡码头水陆联运货物的迅速增长等表示赞赏。考察团成员普遍认为，在长江上游的重庆港九龙坡码头处于中国内河的纵深部位，其生产设施、生产规模和生产管理等方面，基本上具备了对外开放的条件。

经重庆港出口的外贸物资数量虽逐年增加，运程也越来越远，但在四川省和重庆市外贸出口中所占的比重是很小的。到 1985 年，重庆港外贸出口仅 6998 吨，进口仅 755 吨。

（四）港口企业由生产型转向生产经营型

重庆港在体制改革前，主体业务是为长航系统的船舶服务的，港口生产基本上是封闭型的。财务上由长航局统一核算，整个长航系统捆在一起“吃大锅饭”。1982 年 1 月 2 日，中共中央、国务院作出《关于国营工业企业进行全面整顿的决定》，要求企业既要重视社会效益，也要重视经济效益，二者不可偏废。港口必须“转轨变型”，由封闭生产型转为生产经营型，实行“面向社会、全面服务、专业为主、多种经营”的方针。

重庆港所属的各个企业，都在不同程度上改变过去封闭型和生产型的束缚，在货运方面采取产、运、销“一条龙”服务，即不单纯只办理货物承运，还要为买方找卖方、为卖方找买方，以扩大港口货源，提高港口的社会效益和经济效益。在客运方面采取吃、住、行、游“一条龙”服务，即为旅客提供食宿、旅游和交通工具服务，以方便旅客并增加收入。同时，对进入长江干线营运的地方船舶提供方便，一视同仁。港口提供服务的轮船公司和运输专业户，由 1983 年的 19 家扩大到 1986 年的 30 余家。港口还利用港作拖轮的多余运力，开展港区内外的送货上门服务，既方便货主，又增加收入。港口还增加了服务项目，扩大了服务范围，出口货物过去是临时驳运或车运集港装船，既容易发生船货脱节影响船舶及时装载发航，又增加货主的麻烦和经济负担；港口利用库场、趸驳船的富余能力，实行货物随到随收，预收囤存，集中装运，收到了船货衔接、货主称便、港口增收“一举三得”的效果。零星的水陆联运、干（线）支（流）联运货物，货主不必派人来港口收交，而由港口代办转运，港口收取一定数额的代办费。为了避免旅客住宿旅馆清晨上船拥挤和不方便，港口利用趸船的部分舱位开设水上旅馆解决旅客食宿。并实行发船前一天晚上旅客先上船住宿的办法，收取价格比旅馆更低的住宿费，为旅客提供方便。

自1980年开始，重庆港又出现亏损。1983年港口体制综合改革后，情况有所好转，吞吐量也有所回升，开始扭亏为盈。1984年，重庆港由于“转轨变型”，与1983年相比，两年的港口吞吐量基本持平，而利润则增长1.7倍（增加180万元）。除了港口费率调高29%的因素外，港口企业从生产型走向生产经营型，是提高港口经济效益的一个重要因素。1985年，重庆港利润尽管达到315万元，但吞吐量因货源不足，利润额还是比1984年减少17%，主要是因为港口装卸费和港务费收入降幅在500万元以上，再加上受普调增加工资、能源加价，以及当年长江轮船公司船舶在重庆港的出口货运量只占出口总货运量的53.5%等因素的影响。由于港口执行了“面向社会、全面服务、专业为主、多种经营”的方针，显露出较大的活力。但是，长江轮船公司船舶出川货运量的增长始终是重庆港经济效益增长的重要支柱，其运量减少是“港航分管”新体制出现的新问题。

（五）襄渝铁路大量分流重庆港货源

1980年，重庆港的吞吐量由上年的220.4万吨下降为132.2万吨，出川货运量由上年的200.2万吨下降为170.2万吨，由上年盈利40万元变为亏损176万元。除了其他因素之外，一条耗资数十亿元修筑的襄渝铁路全线正式投入营运，大量分流重庆港的货源，是使重庆港陷入困境的最主要因素。襄渝铁路连接汉丹铁路，西起重庆，东至武汉，基本上和长江水运平行，加之铁路是实行全国统一的运价，而水运运价则是分区分段制定的，长江上游（川江）水运运价平均高出铁路运价一倍左右，货物大量弃水走陆，形成铁路吃不了、水运吃不饱的局面。襄渝铁路分流重庆港的货源，在长江葛洲坝截流期间及以后，更为突出。

1980年4月25日至28日，国家经委召集交通、水利、铁路等部，四川、云南、贵州、湖北等省的经委以及军队的有关负责人，开会研究葛洲坝截流断航的运输问题。会议决定水运出川的货物，主要交襄渝铁路运输。重庆港从当年10月起不再承办新的出川货运业务，已承运的出川物资，要在截流前运送出去。因此，重庆港的吞吐量从10月开始逐月下降，即由9月的25万吨下降为19.7万吨，11月下降为10.7万吨，12月再下降为9.9万吨。

1981年1月4日，葛洲坝大江截流合龙，重庆港2月吞吐量下降到7.8万吨的最低水平。截流期间与上年同期相比，重庆港吞吐量每月减少10万吨以上。1981年6月15日，葛洲坝船闸开始试通航，但时通时断，又遇百年罕见的特大洪水，航运很不正常，直到

9 月,重庆港的吞吐量才回升到 20 万吨左右。从当年看,重庆港受截流断航的影响,出川货运量由上年的 170.2 万吨下降为 96.4 万吨,国家给予了政策性亏损补贴,但从长远看,重庆港货源受截流改道的影响是十分严重的。改道走襄渝铁路的货物,由于货主已经在铁路沿线投资兴建了一些储运设施,并与铁路建立了往来联系,加之运价的差距悬殊,葛洲坝复航后,分流的货源并未转为水运。从此,重庆港的货源短缺,出川货运量一直处于较低的水平,到 1985 年竟下降到 92.1 万吨。这就是重庆港出现新困境的一个重要原因。

第四节　水运基础设施得到改善

改革开放后,四川在航道建设中总结了自新中国成立以来的相关经验,加强了统筹规划,注重了航道建设的经济效益和综合开发利用,把资金集中投入到作用大、使用价值高的河流上。首先是对进出川运输、大件运输、旅游运输繁忙的长江、乌江、大宁河、大渡河等进行了重点整治,在实现“保深、保标、保畅通”方面取得了良好的效果。尤其是对云阳鸡扒子山体滑坡和武隆县上边滩岩崩自然灾害,投入大量资金和人力及时进行了治理,疏通了航道,化险为夷,使运输未受大的影响,得到了国家科委和省政府的赞誉。其次,各地对河流综合开发日益重视。航电枢纽工程较多的渠江、嘉陵江、沱江等则配合水电部门,搞电航结合,共同投资建设,共同受益。再次就是对过去因综合利用不好形成的碍航闸坝,按综合利用有关政策与水利部门商榷,使其早日建闸复航。此外,还对航道进行了普查,分等定级,并对航道管理进行了法治建设,加强航道管理,在一定程度上遏制了人为毁坏航道的行为。

一、航道建设工作有序推进

(一)长江航道的整治

1. 兰叙段航道整治

兰叙段(重庆兰家沱至宜宾段)全长 304 公里,横贯四川盆地,流经宜宾、江安、南溪、纳溪、泸州、合江、江津等七市、县,腹地广阔,物产富饶。宜宾以上与金沙江、岷江相连,向下至泸州有沱江汇入,再下至合江,又有赤水河汇合,是连接川、滇、黔三省交通大动脉、造福西南的主航道。

兰叙段航道两岸为丘陵地带,航道以急、浅、弯、险、变著称,水势复杂,有滩险 49 处,需要整治的滩险有 31 处。枯水期 700 吨级船舶需减载 40% ~50% ,洪水期急流汹涌,船舶常扎水停航，制约了航运的发展。

改革开放前仅有过一些零星整治，通航能力很低，助航标志太少，通信设施落后，航道基本处于自然状态。

1978年11月3日至8日，长江航道局和四川省交通厅共同在成都召开设计审批会，强调要继续整治兰叙段航道。首先整治著名浅滩秤杆碛，该滩由于水浅河段太长，每年回淤又快，妨碍通航，影响泸州天然气化工厂的生产运输。为此，四川省交通厅内河规划测设队对此滩进行了周密勘察、精心设计，决定在该滩的左岸筑顺坝一座长710米，右岸筑丁坝两座计2895.7米，整治线宽360米，以多坝治滩的办法来增加水深。由四川省交通厅第二、第三航道工程处负责施工。整治工程于1978年1月15日开工，奋战一个枯水季节，于1979年4月23日竣工，完成工程量2.95万立方米。本次整治效果较好，使枯水期泸州以下航道水深保持在1.8米。

1978年至1985年，航道整治重点转入兰家沱至宜宾河段。交通部要求对兰叙段航道进行系统整治，将航道尺度（深×宽×弯曲半径，下同）由开放前的1.8米×40米×400米提高到2.7米×50米×560米，使千吨级船队从上海能直达宜宾港。

兰叙段战线长，施工点多，工程量大。由长江航道局一处和四川省交通厅第二、第三航道工程处，以及四川省交通厅挖泥船队联合施工，计划整治滩险27处，工程量113.97万立方米，建设工期为4年（1978—1981年）。经过参建各方的协作，于1978年全面动工。上马整治火焰碛、秤杆碛、小米滩、冰盘碛、莲石滩等11处险滩。但到1979年下半年，因国民经济调整，航道整治工程下马缓建。至1981年春，实际竣工5处，完成工程量27.70万立方米。

2.鸡扒子滑坡的治理

长江鸡扒子位于云阳县城下游1公里左岸，与支流汤溪河毗邻。两岸为壁立的黄石碧崖，岩层褶皱易于崩裂。历史上这一地区曾发生过多次岩崩和滑坡。1982年7月又发生大规模山体滑坡，梗阻峡江航道，对长江航运产生严重影响。

山体滑坡是由连降暴雨引起的。1982年7月16日至18日，云阳县城一带猛降暴雨，地面流水从被堵塞的沟堰，大量渗入地下，诱发了山体古滑坡复活，大量山体滑入长江鸡扒子河段。滑坡总量1300万立方米，其中180万立方米滑入江中，由此，长江北岸枯水岸线向江心推移50余米，河床填高30余米，形成3道水埂，使枯水河床过水断面由原来的2700平方米缩小为320平方米，枯水位的有效航道宽度由120米缩窄为40米，水深由40米以上降至9米左右，流速每秒高达7米以上。原来河宽、顺直、水深、流缓的鸡扒子航道陡然成为波涛滚滚、泡漩汹涌的急流大险滩。长江航运面临中断的灾情电波传向四面八方。国务院、中央有关部委和四川省政府领导对此十分关注，分别做了批示和安排，拨出了救灾专款，要求交通部门尽快打通长江，排除鸡扒子滑坡障碍，确保川江航运畅通。

(1)鸡扒子滑坡对川江航运的影响

1982 年 8 月 8 日,云阳水位涨至 24.3 米时,江流汹涌,船队已不能自航上滩。船队上行解队轻装或用其他大功率轮船助拖,方能勉强过滩。为航行安全起见,8 月 10 日,鸡扒子航道停止客轮夜间通过。次日滩情进一步恶化,客轮受阻,其时水面最大流速为 6.3 米/秒,局部水面最大比降达 10.4‰。由于水流太急,产生水跃、泡漩、回流,滩势险恶,严重阻碍了进出川航运。仅万县地区的进出川运输物资,约有 80% 受到影响。云阳至奉节、固陵、新津口 3 条短航客货班轮亦已中断。云阳磷肥厂积压 8000 多吨磷肥待运。仅 8 月 16 日一天,地方船队被堵截在鸡扒子滩下的就达 12 个船队,驳船 3455 吨。8 月 17 日,所有大型客货班轮均已无法自行过滩。下游运油船队因不能通过鸡扒子而停止向上游发航,四川油料供应受到影响。

(2)鸡扒子通航抢险应急措施

鸡扒子滑坡成滩后,航运部门曾采取一系列紧急措施,以维护滩段的通航,包括轮船助航、减载过滩、解队分拖和绞滩等措施。但随着水位下降,落差越来越大,航行越来越困难,长江航运面临断航的危险。中央对此高度重视,要求迅速打通长江航运。

1982 年 8 月 26 日,长航局重庆分局向四川省经委汇报了鸡扒子滩碍航日趋恶化情况;长航局也向交通部做了汇报。四川省经委指出:目前宝成铁路不通,如果鸡扒子再不通航,将对四川省的运输造成影响,要立即组织抢险。交通部决定:继续采取措施,抓紧设置绞滩,突击抢运出川货物和进川石油,千方百计争取不断航。做好准备,一旦断航,实行客运翻滩运输。安排长江航道一处进行航道整治,争取全年通航。并向国务院提出鸡扒子滑坡综合整治方案。

国务院批准了交通部的综合整治方案。由国家经委牵头,国家计委、交通部、财政部、水利电力部、地质矿产部、商业部、国家物资局与四川省政府于 10 月 11 日,共同组成鸡扒子滑坡整治工程领导小组,交通部副部长钱永昌、四川省副省长刘星分别任正副组长,统一安排和领导鸡扒子滑坡整治工程。交通部又决定成立长江鸡扒子滑坡整治工程现场指挥部,由长航局副局长顾永怀任指挥,万县地区行政公署副专员冯金魁、长江航道局第一航道工程处党委书记陈国桢任副指挥,有长航局重庆分局、四川省交通厅航运局、云阳县政府、奉节县政府、万县港务局等单位参加。各单位通力合作,认真贯彻交通部综合整治方案,以最大努力缩短断航期。实行整治与通航并重,并做好绞滩的紧急措施。1982 年 12 月,长江航道局第一航道工程处开始组织 500 多人投入施工,夜以继日,战凶滩斗恶浪,采取绞滩助航,从宜昌航道局调来 13 号双机绞滩船一艘到鸡扒子南岸,供双绞使用。1982 年 12 月 17 日,恢复了上下水夜航,28 日恢复油运。与此同时,继续加强水下炸礁,保证了整治工程顺利开展。

(3)鸡扒子航道整治工程

鸡扒子治理是一项艰苦而复杂的工程，主要由技术实力雄厚的长江航道局第一航道工程处担任，工程分两期进行，于1982年10月20日动工。

第一期工程为应急抢险工程(1982年11月至1983年4月)，任务是千方百计争取不断航。采取水陆并进、多工种协调配合、人力与机械并重、统一指挥与合理分工相结合的施工方法，先炸除一、二道石埂和南岸令牌石凸咀，以解决局部乱流，增宽航道，降低流速，便于绞滩，争取全年通航。第一航道工程处调动一切设备，组织了近2000人的建设大军(含民工在内)投入抢险战斗。至1983年4月5日，一期工程圆满竣工，计完成水下炸礁3.6万立方米，水上炸礁15.2万立方米，水下清渣3.44万立方米。通过整治，最小过水断面由滑坡后的320平方米扩大到820平方米，4米以上水深航道宽度由40米增宽至84米，最大流速由7.3米/秒减小至5米/秒，河心比降由10.4‰降为5‰，从而滩势减弱，保证了绞滩的顺利进行，达到了既整治又不断航的预期目的。1982年12月，相继恢复了上下水夜航与原油运输，实现了当年投资整治，当年受益。

第二期工程为根治工程(1983年11月至1986年3月)，任务是恢复正常通航条件。即保持航道畅通，大小船舶昼夜通航，拖轮船队恢复以往运载水平。经现场指挥部实地勘察，反复论证，制定了“开挖北岸，扩大过水断面，平整南岸岸体，以进一步改善整个滩段水流结构条件，减缓流速，降低比降，消除绞滩，保证全年正常通航”的方案。方案很快得到长航局批准，于1983年11月24日动工，至1986年3月30日胜利竣工。历经3个枯水期的努力，完成水上炸礁18.5万立方米，水下炸礁8.06万立方米，水下清渣7.9万立方米，合计工程量34.46万立方米。过水断面由一期工程的820平方米扩大为1032平方米，4米以上水深航道宽度由一期的84米扩宽为128米，河心比降由5‰降为2.93‰，最大流速由一期的5米/秒减小为4.1米/秒，全面完成设计要求的各项工程技术指标，航道通过能力已恢复到滑坡前的水平。

(4)鸡扒子抢险治坡工程

鸡扒子地势山高坡陡，岩层褶皱，山体稳定性较差。要治水、治滩，还须治山。岩崩、滑坡、泥石流已成为川江不容忽视的“三害”。因此，在整治航道的同时，对鸡扒子滑坡区的治理也同时进行。

鸡扒子治坡，由云阳县政府负责组织勘测、设计和施工。整个治坡工程也分两期进行：第一期为应急治坡工程，先后修通了石板沟、西拦堰，疏通了中心沟、新塘沟及4条小支沟，完成排水工程总长3438米。第二期工程，以最大限度地减少地表水对滑坡体的诱发作用为目的。即以拦、排地表水为主，确保拦、排水系统的可靠有效和自身稳定，先后完成拦山堰3条、排导渠6条等12项工程，新增沟道长4515米。至1984年8月止，共完成工程量44.6万立方米，修筑拦、排水沟堰总长达7953米，总投资410万元。通过两期工程的治坡,促进了水流排泄沟畅通,保证了滑坡体的稳定。

为治理鸡扒子航道,国家先后投资8300余万元(含四川省防洪指挥部援救86万余元),其中用于航道整治、维护和治坡等费用达3140余万元,约占总投资的37.8%。两期航道大整治是很有成效的,于1984年10月7日获国家科学技术进步奖三等奖。

(二)涪江的闸坝碍航与复航

涪江是嘉陵江右岸一级支流,发源于四川省松潘县境内岷山东麓三舍驿的红星岩,自西北向南流经平武、江油、绵阳、三台、射洪、遂宁、潼南至合川县汇入嘉陵江。干流全长670公里,流域面积3.64万平方公里。涪江经潼南流入重庆市境内,全长136公里,属涪江下游河段。

涪江是川东北地区主要水运通道。自古以来,涪江水运兴旺,遂宁以上地区的粮、棉、油及土特产下运重庆地区,重庆地区的煤和工业产品上运遂宁以上各县,对流域的经济社会发展产生了重大影响。

20世纪60年代初,由于条块分离管理,水电部门单一开发涪江水能资源,没有考虑航运需求,在涪江修建电站和电灌站11座,形成碍航闸坝,致使涪江航运萎缩。涪江航运企业职工弃水上陆,谋求生活。1969年,国务院96号文件要求河流开发要"全面规划、统筹兼顾、综合治理、一水共用",但地方任其发展,形成中央管不到、省市管不了的现象。为了解决涪江碍航问题,1983年四川省政府125号文件要求,从碍航闸坝电站的盈利中提取经费,但未全面贯彻执行。

20世纪70—80年代,中央和地方政府非常重视河流综合利用和碍航闸坝的复航问题。1974年开始,四川省水电、交通部门开始进行涪江综合开发规划,并编制了《四川省涪江综合利用规划报告》和《涪江综合利用规划补充说明》。报告指出,涪江干流绵阳以下为通航河段,按照低坝渠化开发,规划22座梯级。重庆市境内潼南至合川布置有双江、三块石、富金坝、安居、渭沱等梯级。1983年,四川省交通厅445号文件确定,涪江绵阳至合川河段为Ⅴ(3)型航道,通航160吨级船舶,船闸有效尺度为闸室长100米、宽12米、槛上水深2.5米。1986年,四川省政府113号文件指出"航电结合、综合开发、共同受益、按股分红",把碍航闸坝同复航与开发结合起来。1988年,交通部462号文件《关于作好碍航闸坝规划的意见》中强调,内河是国家的宝贵资源,要综合开发利用,并提出了谁修建、谁受益,航电结合、一水多用的要求。

潼南三块石电站位于县城下游1.0公里处。1976年,四川省计委以川革计〔1976〕366号文《关于下达潼南三块石电站设计任务的通知》指出,同意采用混合式开发的方式,为解决发电与通航的矛盾,有利于航运改善,同意引水渠道通航,并在引水渠进出口修建船闸。1979年,三块石电站建成发电,但通航问题没有解决,成为碍航闸坝。

1984年至1986年,交通部拨款补助。1984年,重庆市计委印发《关于同意潼南三块石电站复航船闸工程进行施工图设计的批复》(重计委能〔1984〕119号)。重庆市交通局以重交涪发〔1984〕106号文件批复开工修建。工程于1988年建成,电站引水渠进口为三块石船闸,出口为莲花寺船闸,船闸有效尺度为长100米、宽12米、闸首口门宽8米、槛上水深2.0米,通航100吨级驳船,年通过能力50万吨。

(三)大宁河航道的整治

大宁河别称盐水,是毗连长江三峡北岸的一条小山溪。源出大巴山南麓,奔流于巫溪、巫山两县境的云崖险峰之间,至巫峡口注入长江,全长165公里。河流虽小,但名扬全国。主要是它有山水奇秀、峡谷幽深、大峡套小峡、风景如诗如画的龙门、巴雾、滴翠小三峡。1982年10月23日,小三峡景区对外开放,从此,大宁河被开发为旅游航道。

改革开放以来,为了发展和繁荣旅游事业,大宁河的航道建设被列入四川省开发重点工程项目。在此之前,为了解决山区人民的所需物资的运输,1963年巫山、巫溪两县分别成立航道养河队;1965年至1987年省里投资180多万元,曾对大宁河航道进行过整治,设置了一些简易航标,疏浚了一些浅滩,通航条件有所改善。然而,由于经费不足,航道面貌变化不大,仅能行驶5吨左右“神驳子”小船。改革开放后才引起省和市县各级领导重视,把大宁河的建设提上议事日程。

在大宁河全长165公里的航道中,只有巫溪县城至巫山县长江口74公里为常年通航河段,著名的小三峡即位于其间。然而,此河段迂回曲折,一里三弯,弯弯见滩,滩多水急,共有大小滩险200余处,主要碍航险滩48处。由于河段受丛山峻岭影响,朝云暮雨,变化无穷。夏秋山洪暴发,巨浪滔滔,流量高达5000立方米/秒,惊涛裂岸,无法行船。冬春雨量少时,最小流量每秒仅约7立方米,枯水时涉足深不没踝。水落石出,滩险密布,船在乱石中绕行,宛如置身于高楼窄巷之中,随时有遇难之险。

(四)第二次航道普查及分等定级

到了20世纪70年代后期,又经20余年的风雨沧桑,各地河流航道发生变迁,有的江段因冲刷和沙石的淤积,出现了不少新的滩险;有的水土流失,河岸岩崩,航道发生恶化;还有因拦河筑坝增加了人为的碍航建筑物;或因沿河公路通车,物资流向改道,缩短航道里程。特别是在木船实现机动化和轮船运输加快发展的新形势下,对航道建设提出了更高的要求。为此,开展河流航道调查十分必要。1979年,交通部以交计995号文件《关于布置全国公路、内河航道普查的通知》下达到省,要求开展航道普查。

1979年7月下旬,在四川省交通厅内河管理处的主持下,组织了四川省第二次航道普查。厅内河管理处召集成都、重庆、绵阳、达县、乐山、宜宾、涪陵、万县等13个中心航管站和渠江、嘉陵江、泸州3个航道养护段，长江航道局第一航道工程处、厅内河规划测设队等单位技术干部参加航道普查工作会议，并成立四川省内河航道普查办公室，组织队伍，布置工作，确定以通航河流为重点，对嘉、涪、渠、岷、沱、乌、金、长等八大河流及通航支流开展普查。从1979年8月下旬开始，四川省共动员276人，配备勘测工具、工程船艇投入普查。这项工作以厅内河规划测设队为主，各养护段配合进行；其他一般支流由各中心航管站按辖区负责普查，并将资料报省内河航道普查办公室审查汇总。

广大航道职工，在普查工作中历尽艰辛，走遍巴山蜀水，采取内查历史档案、外调河流现状相结合的方法，对轮船航道、木船航道枯水水深在0.3米以上的航道、里程、分段与季节通航情况、碍航闸坝、跨河建筑物等逐条核实，编辑出版了《四川航道情况普查汇编》。此次普查结果为：通航河流多数分布于盆地中心，四川省215个县市，有135个通航，23个省地直辖市在水边。四川省有通航河流98条、8253公里，其中通行机动船航道4669公里，较1957年第一次普查的通航河流的116条减少18条，通航里程较1957年第一次普查时的12108公里减少3855公里。减少的原因主要是对水资源综合利用不够，修电站不修船闸，拦断河流，引水灌溉等。如四川省普查出的亟待处置使河流复航的碍航闸坝达51处，这些碍航闸坝断航1151公里。但另一方面，经过重点整治，现有的通航河流等级提高，通航条件得到改善，1957年四川省通机动船的航道里程只有1821公里，而1979年即增加为4669公里，增长1.5倍多。由于航道改善，造船工业发展，省内干流和部分支流已实现运输机动化。

搞好航道分等定级工作，据之加强建设和管理，利于船型标准化，协调与其他水利建设部门及跨河设施等之间的配合条件，这是合理利用河流水资源、保护航道畅通、振兴水运的重要措施之一。早在1963年，国家计委即以交计顾字第62号文转发《全国内河通航试行标准》，要求各省（区、市）着手进行此项工作，但因多种原因，未能实施。

改革开放后，国家对1963年所发《全国内河通航试行标准》进行修订，将通航50～3000吨级船舶的全国内河航道划分为7个等级，相应地修订了各级航道标准尺度，并通知各省（区、市）对所属内河有计划、有步骤地开展规划定级工作。四川在普查航道的基础上，充分利用了新中国成立30多年来积累的各江航道技术资料、流域经济及航运发展资料，于1986年开始对四川的通航河流进行了分等定级工作。当年，厅航运局提出了《四川省主要河流航道分等定级（征求意见稿）》，1987年，根据《中华人民共和国航道管理条例》有关航道划分技术等级的规定，交通部于1994年底部署开展全国内河航道技术等级评定工作，四川省交通厅按照交通部《内河航道技术等级评定工作大纲》要求，在四川省范围内开展了此项工作。经过10多年的试行实践，延续至1997年方由四川省航道定级领导小组办公室、厅内河勘察规划设计院正式将《四川内河航道技术等级》进行评定。

按照《全国内河通航试行标准》（(63)计交顾字62号），四川航道符合国家标准七级以上航道有3065公里，其中二级航道594公里、三级航道303公里、四级航道348公里、五级航道331公里、六级航道1197公里、七级航道292公里。不上等级的航道达4839公里，占通航河道里程总数的61%。由此不难看出，四川航道情况是比较差的，但潜力较大。

二、港口建设进一步开展

（一）港口建设的总体规划与局部实施

港口体制改革，为港口建设的全面规划提供了有利的条件。改革前，港口建设受投资渠道和管理体制的影响，城港建设规划不衔接不配套，港口基础设施问题不少，原属地方管理的码头60%处于自然状态；港区航道和港池的一些区段，水域的深度和宽度不够，梁沱、木关沱、嘉陵江口等处淤沙，泊位逐年减少；港口堆存能力不足，不能适应码头通过能力的需要，港口客运设施落后，不能满足日益增长的客运需要等。

上述问题的产生，主要是多年来城港建设规划不统一，港口“条块分割”“块块分割”、各自为政的结果。全港公用运输码头实行统一管理后，当务之急就是对港口建设与市政建设统一规划，衔接配套。1984年10月，重庆港制定了“七五”及二〇〇〇年港口基本建设规划，使城市工业和仓储的布点与港口设施有机结合，使港口形成城市水陆交通的枢纽。散货作业逐步实现高效化，件货作业逐步实现成组装卸和集装箱运输，逐步实现“三内”（船舱内、车厢内、仓库内）作业机械化，建设适应大水位差的新型码头和装卸工艺，发展多用途型的中、小码头，逐步实现雾天导航和全天候作业，逐步应用电子计算机管理港口生产。

重庆港主城港区的建设规划确定以市中区朝天门区域为港口管理中枢和客运中心。在此区域新建或改建各类客货班轮码头，新建便利旅客上下码头的机械化配套设施，新建客运服务大楼，使这一区域成为重庆港和重庆市蔚为壮观的门户。

上述规划已开始局部实施。九龙坡港区6号码头仓库的改建工程，投资443万元，由重庆钢铁设计院设计，重庆市第一建筑工程公司施工，于1984年8月2日动工，建筑面积12404平方米，仓库面积11996平方米，一次堆存量5338吨，年堆存量约29万吨。库内安装25.5米跨距的双梁行车6台，可以直接装卸火（汽）车货物。1984年投资43.5万元，改造弹子石码头，由港口管理局设计室设计，码头管理处建筑队施工，基本上改善了该码头的泊位和道路；这是原地方所属码头划归港口管理局管理后投资改建的第一座码头。当年还投资68万元在兰家沱散货码头安装皮带运输241米，取得了良好的输运效果。1984—1985 年，投资 377 万元新建客运趸船 2 艘、拖轮 1 艘，投资 7.3 万元购置 2 台电子计算机（另有上级奖励 1 台，共 3 台），其中 1 台于 1984 年第 4 季度开始，由计划统计部门用于编制月、季、年度统计报表。1985 年，港口委托交通部上海船舶运输科学研究所对重庆港计算机管理系统进行可行性研究，分析了重庆港在工人管理方面的若干问题，提出了相应的建议。重庆港使用电子计算机管理仅仅用于经济管理系统中的统计子系统的一部分，远远不能适应现代化管理的需要；从发展的观点来看，还必须分期投资在港口形成分布式的微型计算机网络系统，使港口逐步走向现代化管理。

1980 年 10 月 31 日，由重庆天原化工厂投资在猫儿沱新建储量为 250 吨的贮罐 2 个，并配装有电泵和管道。由此，天原化工厂的工业废水（碱水）变废为宝，成为贵州铝厂的工业原料，既避免该厂对环境造成污染，又增加港厂的经济效益。这是重庆港公用运输码头第一座管道卸货码头。1985 年 4 月，由南川县煤建公司投资 30 万元，扩建了猫儿沱磷矿码头的货场及坑道，接长皮带运输机 73.6 米。该公司的煤炭在此码头卸车、堆存和装船外运，港口应收的装卸费和堆存费作为补偿投资。

在此期间，重庆市进行了与港口相关的项目建设。港区内横跨南北的长江公路大桥于 1980 年 7 月 1 日建成通车，它与嘉陵江大桥经向阳隧道沟通了两江两岸的公路交通，使成渝、川黔、川湘等公路在港区内连为一体，形成了重庆闹市区的外环公路，减轻了港区内车渡和轮渡的压力。横跨嘉陵江的索道于 1982 年 1 月 1 日建成通车，并于 1985 年筹建横跨长江的索道；这不仅进一步缓解港区轮渡的压力，还能解除重庆多雾气候旅客渡江的困难。朝天门码头客运缆车于 1984 年 9 月 1 日竣工通车，为枯水季节旅客上下提供了方便。但此项建设的基础工程，使嘉陵江的流沙受阻淤积，影响码头前沿的水深和水域；又因中洪水季节码头坡距缩短上下客人不多，缆车效益不能发挥，利少而弊多。这是港口体制改革前城市规划建设的一项隐患工程。此外，1985 年重庆市还在石门新建跨嘉陵江的第二座公路大桥，使汉渝公路直接与各公路干线沟通。又在江北两路新建江北机场和通往市区的一级公路，改善了重庆市的航空、公路、铁路、水运的立体交通网络，对港口交通起了配套建设的作用。

（二）重庆港的发展与开放

历史悠久的重庆港，是我国西南地区最重要的水上门户。新中国成立后，特别是改革开放以后，重庆港的水运蓬勃发展。1980 年，重庆港被列为长江 8 个对外贸易港口之一。大量铁路、公路、航空和水运的旅客换乘和货物换装均在重庆港进行，致使该港的客货运输日趋繁忙。1996 年，重庆港客运量达 722.6 万人次，货物吞吐量达 733.6 万吨。全港口有 8000 余名职工，为大西南水陆交通运输服务，充分发挥长江上游“主枢纽”港口的重要作用。

1. 港口基础设施概况

重庆港以嘉陵江与长江交汇处为坐标，依山环水，辐射两江码头岸线长300余公里，共有兰家沱、猫儿沱、九龙坡、朝天门等大小码头160座，泊位300余处。港池前沿水深一般为3～4米，有可停靠3000吨级船舶的码头泊位8个，可停靠1000～1500吨级船舶的码头泊位85个。

除地方、厂矿专用码头外，主要由重庆港务局管理。新中国成立以来，重庆港务局对九龙坡、兰家沱、猫儿沱和朝天门客货码头不断进行建设，形成较大的生产规模和吞吐能力。但由于改革开放后长江进出川运输和旅游运输的迅猛发展，以及港口的全方位开放，通过重庆港的客货吞吐量急剧上升，港口原有的设施落后（如20世纪20年代的囤船、20世纪40年代的起重机仍在使用），有三分之一的设备超期服役，码头泊位严重不足，仓库堆存能力过小，客运设施陈旧，远不能适应客货运输发展的需要，迫切要求加快港口建设的步伐。"七五"计划以后，此问题引起交通部的极大关注，先后投入2亿多元的资金支持重庆港进行建设。

1985年1月投资改造了弹子石码头，增添了拖轮及交通船9艘、驳船36艘、锚泊船8艘，同时还对千厮门、东水门、望龙门、太平门、储奇门、菜园坝、玄坛庙、龙门浩、海棠溪、保定门、觐阳门等码头进行了扩建和道路翻修，拆除了码头附近的捆绑房屋和危险建筑，市内公路也延伸到码头泊位，各区县码头和工矿企业码头也进行了设备更新和技术改造。

2. 港口全方位开放

在改革开放前，重庆港是一座封闭型港口，只单纯为长航局系统的船舶服务，港口的发展受到了很大制约。党的十一届三中全会后，长江开放，给重庆港的发展带来了难得的机遇。

一是由封闭型变为开放型，实行以市场为主导、"面向社会、全面服务"的方针。由单纯为长航局系统的船舶服务，改成为所有航运公司进出港的船舶服务，从而把港口搞活，客货吞吐量大幅度上升。

二是对外开放。1980年，国务院批准重庆港对外开放，将其列为长江8个对外贸易港口之一。经过筹备，于当年8月28日举行了开港典礼，四川省副省长牟海秀为开港剪彩，重庆市市长于汉卿作讲话。当日，由长航局"人民7号"轮及3艘千吨级驳船组成的一个船队，装载4400吨钢材启航东下，至武汉转运香港。从此，重庆港正式开放为外贸口岸。外贸货物，可在重庆港一次办完出口和结汇手续，由轮船运到长江下游港中转出口。重庆港与数十条外运航线联结，将西南地区的各类物资运往世界各地，主要航线有：中国至日本、中国至美国东海岸和中国香港至美国西海岸的集装箱班轮航线，中国至东南亚等地的集装箱、杂货、冷藏等班轮航线。

（三）涪陵港的扩建

涪陵港素有“川东第二门户”之称，历史上舟楫辐辏，商贾云集。该港在新中国成立初期由长航局管理，1958 年下放四川，1960 年成立涪陵港务局，1965 年又收归长航局管理。港口管理虽有变动，但港口建设却不断进行，从 1964 年起，港务局就开始使用机械装卸，继后又在荔枝园、龙王沱、大东门修建了一些缆车道、下河公路、装卸平台和仓库、货场，以及浮式起重机、岸边起重机等装卸机械，基本上适应了港口的生产需要。

从 20 世纪 70 年代起，涪陵地区经济有较大发展，客货吞吐量大增，原有码头、仓库不适应需要，经常造成积压。因此，涪陵及外地航运、厂矿物资部门先后在该港设囤船、修仓库、建专业码头和系泊设施，成立办事机构，承揽货运；并逐步形成包括长航局、地方航运、厂矿物资部门各自管理码头的状况。1984 年 7 月，涪陵港务局对港口通过能力进行了调查，全港有码头 34 座、泊位 35 个（多为地方航运企业所有），有仓库 5314 平方米，堆场 2.57 万平方米；有港区道路 5488 米，港作船舶 56 艘，候船室 2 处 397 平方米，锚地 53.6 平方米，可靠泊 2000 吨级船舶；有各类装卸机械 14 台（其中最大起重能力 20 吨），缆车 35 条。装卸工艺除荔枝园 3 个码头为机械作业外，其余港区内码头多为人力装卸。为了改变港口的落后面貌，适应长江、乌江航运发展的需要，改革开放后，由交通部和四川省交通厅分别投资对港口进行了重点建设。

（四）万县港区码头的扩建

万县为长江上游的第二大港，是川东的重要门户。长江大三峡和大宁河小三峡又在此区域内，因此万县港成为川东的重要旅游中心和进出川船舶中继港和夜泊港，所处地位十分重要。新中国成立后，人民政府重视万县港口建设，修建了客运码头和电动缆车道，以及仓库、货场等。但改革开放后，随着进出川运输和旅游运输的迅猛发展，仍不能适应运输的需要，迫切需要扩建、改建或新建。

1. 扩建城区的客运码头

1979 年，国务院批准万县市为对外开放城市。为适应客运量日益增加的需要，1984 年开辟了一座能靠泊 1000 吨级船舶的旅游客运码头，修建了港区下河引道、石梯、停车场、码头公路，方便旅客上下，缓解了长航局客轮与地方客轮混靠的紧张状态。1984 年至 1985 年，建成 8 层高的客运大楼一座，大大改变了港口面貌。

2. 改建杨家街口码头

1966 年投资 209 万元新建杨家街口码头，当年竣工投产。功能以装卸大件货物为主，是港内第一座机械化装卸码头，年通过能力14万吨。到20世纪80年代初，此码头又进行了改建，更新缆车，改立式滑轮为卧式滑轮；更新钢引桥，以扩大通过能力。

3. 扩建盘石码头

此码头以装卸原煤为主。1965年修建货场4000平方米，安装1.5载重吨的双轮电动缆车，设置400吨级铁驳2艘作囤船，添置船用起重机、叉车、牵引车等港口机械，到1970年全部建成投产，年通过能力达到16.6万吨。20世纪80年代初，又对此码头进行扩建，扩充7.11万平方米的货场，扩建350米长的3级公路，改善了装卸货场的条件。

4. 扩建沱口码头

1970年，港口投资80万元新建沱口码头，主要设施为堆场、牵引车、缆车、浮式起重机等，两年后竣工投产，用于煤炭、氮肥、粮食、日用百货装卸，年通过能力11万吨。20世纪80年代初进行改建时，增设3个梯形堆场，总面积1.32万平方米，配备了铲车、浮式起重机等设备，适应了货运的需要。

（五）嘉陵江北碚黄桷树码头建设

北碚黄桷树码头，位于重庆市北碚区嘉陵江下游南岸，距重庆朝天门约50公里，距襄渝铁路磨心坡车站4公里、北碚车站5公里，均有公路连接。码头水、陆域面积较大，装卸岸线较长，河床稳定，全年均适宜船舶停靠作业。由于港区靠近著名的天府煤矿和其他小煤矿，故黄桷树码头转运物资以煤炭为主，但装卸却很原始。

新中国成立后，航管部门对黄桷树码头进行过修整，修建下河引道，使水陆运输衔接，车船相依。但码头吞吐能力太小，泊位不足，货场狭窄，加之装卸主要靠人力操作，效率低，时间长，不能适应运输需要。1973年襄渝铁路通车后，水陆中转物资有较大增长，迫切需要改造老码头。因此，20世纪70年代后期，由国家投资对黄桷树码头进行建设。

码头设计：设计年吞吐能力为30万吨。靠泊200吨级船舶。港池水深与嘉陵江下段航道水深一致，为1.9米。码头形式为囤船—斜坡式码头。在斜坡道上布置皮带车钢轨，用卷扬机牵引皮带车，进行装卸作业。码头岸线长度为500米，堆煤场面积为3360平方米。

码头施工：由厅第二航道工程处负责设计施工，1977年9月动工，1979年底建成黄桷树斜坡架空式轨道皮带车煤炭码头，总投资168万元。

码头机械化装船作业线采用集中程序控制电子计量先进技术，效率提高显著，每小时可通过120～150吨，充分发挥了投资效益。

黄桷树码头竣工后，使用情况较好。1985年全港货物吞吐量达到95万吨，对发展嘉陵江下游水运和铁、公、水联运都曾起过重要作用。

第五节　支持保障系统逐步完善

一、水上交通安全工作逐步加强

交通安全是关系到人民生命财产的大事，党中央和国务院历来很重视。早在新中国成立初期，国家就制定了"安全第一、预防为主"的方针。这一时期，重庆水上交通安全监督管理工作不断得到加强，但其发展是曲折的，在"大跃进"和"文化大革命"期间，遭受过两次大的变动。1958 年"大跃进"时，在解放思想、破除迷信、创高产的压力下，许多航管机构被撤销，港监人员被调走，大部分规章制度被废弛，安全工作大为削弱，沉船死人事故层出不穷。重庆水上交通安全监督工作从 1961 年开始进行调整，各级航管机构得以恢复，并成立了港航监督站，加强对水上轮木船的安全管理，海损事故得以遏制。然而在"文化大革命"中又旧事重演，把正常的监督管理当成"管、卡、压"，把行之有效的船舶签证、船员考试等规章制度当成绊脚石，不仅内河局和部分航管站被撤销，而且有的船长、轮机长也被打成"资产阶级技术权威"，被赶下生产岗位，无证也可以驾船，导致海损事故大量增加。

1976 年"文化大革命"结束后，党中央和国务院针对事故多的情况发出了一系列加强安全工作的指示。1983 年，国务院国发 85 号文件指出，在"安全第一，预防为主"的思想指导下，搞好安全生产，是经营管理、生产管理部门和企业领导的本职工作，也是不可推卸的责任。1986 年，国务院又发布《中华人民共和国内河交通安全管理条例》，明确港航监督机构是对内河交通安全实施统一监督管理的主管机关。随着改革深化，1993 年，国务院国发 50 号文件指出，在发展社会主义市场经济过程中，各有关部门和单位要强化搞好安全生产的职责，实行企业负责、行业管理、国家监察和群众监督的安全生产管理制。

党中央和国务院接连发出指示，要求加强安全工作。这说明不仅过去安全工作大为削弱，欠账较多，而且改革开放后又出现了一些新的情况，加大了安全工作的任务，反映在水上有以下几点：第一，打破了行政区划界限，有河大家行船，促使进出川运输迅猛发展，"出三峡、过宜昌、走洞庭、入鄱阳、到沿海"，许多船舶没有走过这些新航线，不熟悉那里的航道滩险情况。第二，以长江三峡为中心的旅游运输迅速兴起，各地新建了大批不同类型的旅游船，游客安全是一个不可忽视的大问题。第三，改革开放为农村富余劳动力拓宽了门路，掀起"民工潮""出川热"。经水路外出打工的民工，每年达数十万，尤以春运时期，下川东一带形成民工运输高潮，潜伏着事故的隐患。第四，改革开放给乡镇船舶的发展增加了活力，个体客、货船大量涌入江河参加社会营运。这部分船分布面广，流动分散，难以管理。第五，兴修水利，形成一些新的水域，四川省有各型水库、湖泊达8000多座。由于湖泊、水库内群众的生产、生活需要和旅游业的兴起，建造了许多客、货船和旅游船。紧靠成都的龙泉湖、三岔湖、朝阳湖和邻近重庆的长寿湖、大足龙水湖以及仁寿黑龙滩、雅安百丈湖等，都成为休闲度假的好去处，需要对新发展起来的旅游船进行安全监督。

这些新情况的出现，反映了改革开放后，国家的兴旺、生产的发展和人民生活水平的提高。但也给水上交通安全管理和港航监督工作增加了任务，尤其是增大了管理的难度。有的航运企业、个体船户重生产、轻安全，重效益、轻管理等现象突出。重大沉船、死人事故不断发生。

为了贯彻党中央和国务院的指示，做好交通安全工作，交通部从1979年开始，每年都召开一次全国性的交通安全工作会议，总结、检查和部署工作。四川省交通厅先后在泸州、绵阳、成都等地开会进行传达贯彻，并于1989年成立了交通安全委员会，由厅长任组长，主管安全工作的副厅长任副组长，有关局、处负责人为成员；交通安全委员会设办公室，承办交通安全事宜。特别是按照国务院"要充实安全监督监察机构"和交通部"要迅速健全港航监督机构"等指示，对航运管理体制进行了改革，成立了四川省交通厅港航监督局。该局成立后，逐步充实了监督力量，培训了监督人员，增加了监督设施，强化了监督手段，在短期内取得了明显的成效。具体来说，改革开放后主要从以下几个方面来加强安全工作：

一是广泛进行安全宣传。为了使安全深入人心，各地每年都要运用多种方式进行宣传活动，编印安全画，张贴安全标语，办安全板报，开展安全知识竞赛。尤其是20世纪80年代后期以来，采用现代化的手段，摄制安全电视剧、电视小品、电视新闻等，取得良好效果。万县地区交通局、港监处与长江港监部门联合摄制了《隐患》电视剧。云阳县交通局与县广播站签订合同，每周播放两次交通安全宣传节目。

二是大力开展安全检查。各地在每年的汛期、春运等安全活动中，以"巡回""交叉"的形式开展检查。随着水上交通安全工作的深化，从"七五"期起，不少县（市）政府领导亲自参加水上交通安全检查。涪陵市市长、分管副市长深入白涛区、城郊区，同区、乡镇领导一起研究水上安全工作；万县分管副县长带领交通、港监干部下河检查船舶。春运更是水上交通安全检查的重点时段之一。1983年，重庆轮船公司在春运期间，查堵旅客携带鞭炮上船。

三是认真做好季节性安全工作。重庆河流属山区河流，滩多水浅，航道弯曲，洪枯水位变幅大，船舶易造成触礁、搁浅、碰撞等事故。做好这两个季节的防汛、抗枯工作，至为重要，并应形成制度。早在20世纪50年代，重庆就重视了防洪和抗枯工作，改革开放后,此项工作又有所加强。每到洪水季节,各航运、航管单位均在当地防洪指挥部的统一领导下,成立防洪组织和抢险队伍,建立严格的值班守夜、水情传递、气象预报等制度,制定船舶安全停泊区,及时做好灾害性预防。遇到涨水则采取停航措施,禁止冒险航行和摆渡,并制定相应的过滩措施。1981 年,万县中心航管站作出了长江万县至宜昌航段,不同水位上水 49 处、下水 50 处险滩,必须由船长引航或兼航的规定。抗枯工作是季节性安全的又一重点。洪水过后,航道部门及时对航道进行检查,疏通碍航滩漕,安设和调整好航标,并加强信号指挥,以保证船舶航行安全。航运企业及时组织驾引船员,对航区内的主要枯水险滩进行调查,弄清航漕变化,结合本企业船舶特点,制定安全措施。航行中加强瞭望,主动避让,服从信号指挥,不争漕抢航,不冒险会船,不冒雾航行。

四是重视企业安全生产工作。航运企业安全,是水上交通安全工作的重点。1986 年,交通部发布了《关于加强内河航运企业安全工作若干规定》,对加强责任制、巩固安全活动制、严格科学管理和提高船员素质四个方面做了规定。

(一)港航监督管理工作的加强

充实监督设施,强化安全管理。加强了船舶进出港签证。船舶进出港签证制度,是保证安全生产的有效措施,早在 20 世纪 50 年代初就开始实行,但在“大跃进”和“文化大革命”中曾两度被当作“管、卡、压”而被废除,1973 年才又恢复。船舶进出四川各港,均应到港航监督部门办理签证。改革开放后此项工作得到加强。

(二)船员考试工作的加强

重庆的船员考试工作,在“文化大革命”中曾一度中断,1974 年内河管理机构恢复,才又重新开始。经过试点和调查研究,由四川省交通局制定了《四川省轮船技术船员管理办法(试行)》,规定对持有证书的技术船员,每两年进行一次审验,审验时如发现有身体条件、技术能力不能适应者,则不予职务签证,改变了过去只要持有证书,就长期甚至终身有效的做法。

1979 年,交通部印发《中华人民共和国轮船船员考试发证办法》,使船员考试工作得到进一步加强。1982 年 3 月 9 日,厅航运局对四川省轮船技术船员进行考试审验,录取和换证共 8576 人。1986 年 5 月,万县、涪陵、重庆成立了 5 个船员考试片区考委会。

四川省里还编写出版了《船员考试问答(驾驶部分)》和《船员考试问答(轮机部分)》,共计 60 万字,为船员培训、学习、考试提供了参考,使船员素质有所提高。1992 年 4 月,交通部第 34 号令发布《内河船舶船员考试发证规则》,对船舶等级、船员职务、资历要求、考试科目、申请考试和发证等,进一步做了明确。四川省交通厅港监局结合四川实际,制定了《内河船舶船员考试发证规则》的实施细则。

二、船舶技术改造的深入实施

受制于川江航道限制的影响，重庆船舶基础条件、技术状况较差，不适应改革开放后重庆航运形势的发展需要。内河运输船舶的技术改造，涉及国家能源、资源、科技和航道等诸多方面。如内河航道的整治、钢铁工业的发展、石油资源的开发、水运科技的进步等，都是船舶技术改造的必要条件，单靠主观努力是不够的。重庆运输船舶的技术改造，从20世纪50年代开始就不断进行探索，每走一步都受到当时客观条件的制约，进展比较缓慢。直到改革开放后，社会生产力得到进一步解放，经济、技术和物质生产条件迅猛进步，从而加快了船舶技术改造的进程。运输船舶技术改造，主要涉及船型、机型（动力装置）和船体质量三个科学技术性很强的重要方面。

（一）船舶更新和船型的技术改造

新中国成立初期，重庆轮船大都在长江上游干线行驶。这些轮船是新中国成立前20多家私营轮船运输业遗留下来的，其中以老民生公司为最多，而且绝大多数是20世纪20—30年代建造的老旧船舶，并以烧煤的蒸汽机船为最多。此外，从20世纪50年代中期起到20世纪60年代，为了增添新的运力，四川陆续建造了一些新船，基本上是老蒸汽机船型。当时就所有的性能而言，船型复杂而落后，其基本缺陷是：线形差，船体重，载量少，航行阻力大，航速慢，吃水深，运效低。然而，就是这些轮船，在20世纪50年代到20世纪70年代的20多年中，对完成重庆水上运输任务起到了很大的作用，作出了不可磨灭的贡献。

到20世纪70年代中后期，老旧船舶已经陆续报废，需要大量增添新的运力，而在“文化大革命”期间，各地自行设计建造的一些小型机动船，在船型结构上又很不规范，形成一船一型。在新老船舶交替换代的20世纪70年代，重庆极为重视运输船舶的技术改造，并且投入很大的力量研究和实施船型的技术改造问题。

1974年，由四川省交通局组织调查组，对四川省船型和机型做了较全面的考察，如在80多艘177千瓦的拖轮中，有30种以上船型；在40多艘199千瓦的拖轮中，有20种以上船型；还有不少企业在建造新船时，采用某一艘船的母型，放样时变更主尺度，从而派生出不同的船型。经过认真的调查研究和分析对比，选出了优良船型17艘，其中客货轮和客轮4艘、货轮1艘、拖轮7艘、驳船5艘，作为当时定型设计的母型。

党的十一届三中全会后，随着改革开放方针的深入贯彻，重庆水运贯彻了“有河大家行船”方针，运输船舶发展迅猛。船舶在发展中，也逐步由计划经济体制向市场经济体制过渡，由政府部门组织开发到各航运企业自觉要求开发，从“数量型”向“质量型”发展，对更新改造和新开发的船舶普遍进行技术和效益论证，以求获得少投入、多产出的经济效益。不少航运企业主动与船舶科研部门和大专院校联合,共同研制开发出一批新型船舶。

改革开放后,重庆水上旅游运输蓬勃兴起。各航运企业为竞争需要,相继与武汉水运工程学院、华中工学院、武汉长江船舶设计院、中国船舶总公司708研究所等科研院校合作研制和开发新船型,提高船舶的快速性和舒适性。

涪陵地区轮船公司(原为经营乌江航线的地方国营企业)进入长江后,与武汉水运工程学院合作,研制出第一代“川陵55号”系列、第二代“天府号”系列、第三代“天锦号”系列平头双尾客船,逐步将船长由55米延长至67米,航速由22公里/小时提高至30.5公里/小时;舱室设备也逐步舒适化、高档化。涪陵市轮船公司与武汉水运工程学院、中国船舶总公司708研究所合作,研制开发出新船型“涪州28号”系列及“圣宴”号双体侧壁式气垫船,从而在重庆航运界确立了“客运中坚”企业的地位。丰都县轮船公司,原为一小型县办集体航运企业,长期处于亏损边缘,1988年与华中工学院合作研制出第一代“丰都18号”系列和第二代“伯爵号”系列平头涡尾客船后,扭亏为盈,成长为客运骨干企业。

此外,万县东方轮船公司与东风船厂合作研制“东方”系列客船;川东轮船公司与武汉水运工程学院合作研制“川东”系列和“大为号”系列客船;巫山县驳运公司与武汉长江船舶设计院合作研制“巫山”号尖头双尾客船。

黔江地区长江轮船公司与武汉水运工程学院合作开发的“太升”系列客船等,均由于采用了先进的船型及设施,使企业获得了巨大的经济效益,逐步走向繁荣。

除长江干线发展了一批大型客船外,其他旅游地区也发展了一批游船。1982年巫山县境内的小三峡被国家批准对外开放后,慕名前来的游客与日俱增,游小三峡的“柳叶舟”,蓬勃兴起,1995年已达159艘。具有代表性的船型有“神女”“小三峡”和“昭君”系列,它们的主尺度差异不大,总长16米左右,船宽不超过2.7米,吃水仅0.4米,载客40人,主机均为单机,多数采用495型柴油机。

高速客船(气垫船)在重庆的发展经历了一个漫长过程,早在1971年,交通部就将上海沪东造船厂建造的第一艘“金沙江”号侧壁式气垫船给四川省重庆轮船公司试用。该船总长22.37米,型宽6.44米,载客80人,主机采用12V135型柴油机,总功率838千瓦。但由于当时受工业技术水平、价格体系、旅客对运价接受能力和思想观念等诸多因素的影响,气垫船作为水上高速客运工具未能得到推广应用。“金沙江”号被长期停封。直至20世纪80年代中期,随着旅游业的兴起和人们工作、生活节奏的加快,高速客船才得到发展。1984年以后,重庆轮船公司在重庆船厂和泸州船厂分别建造了第一次试制的气垫船,1989年增加为4艘。

在货船方面,重庆轮船总公司与华中工学院合作研制的441千瓦平头涡尾大径深比拖轮,巫山县轮船公司与武汉水运工程学院合作研制的661千瓦平头双尾推轮,奉节江海航运公司与华中工学院合作研制的三机三桨三球尾1000吨级集散两用货轮等,都取得了较好的效果。驳船的发展亦逐步趋向大型化。重庆轮船总公司先后建造了一批620吨舱口双壳驳和800吨甲板驳;民生公司重建后也十分重视船型的选择,因而生产效率高,经济效益好。

重庆长江轮船公司(原长航局重庆分局)船型技术改造也取得了显著成效。1974年,由长航局东风船厂(原民生船厂)设计建造的"东方红119"轮取得成功,获交通部内河船型设计一等奖。这艘新型客货轮为该司的川江定型船舶,随后陆续建造了4艘投入川江客货运输。此种船型总长68.5米,型宽13.2米,型深3.5米,吃水2.6米,航速27.8公里/小时,载客800人,双层底,襟翼舵,抗沉性和稳定性均较好。拖轮船型则以长航设计院1975年设计建造的"长江2044"号推轮为定型船舶,并投入批量生产。此种船型总长41.64米,型宽10.4米,型深3.5米,吃水2.5米,主机选用民主德国生产柴油机,双机功率1942千瓦,双层底,航速23.7公里/小时,以此解决了拖轮更新换代问题。

(二)船舶动力装置的技术改造

重庆运输机动船动力装置的选择和发展,自20世纪50年代以来,大致可分为4个阶段:第一阶段是20世纪50年代中期到末期,新建船舶一般均用蒸汽机作动力。省重庆船厂和重庆民生船厂在1955年至1960年新造349千瓦的拖轮都是以蒸汽机为主机;上海几家船厂和民生船厂在1958年还建造了一批151千瓦浅水蒸汽机拖轮,成为当时重庆轮船运输的主力。第二阶段是从20世纪60年代初到20世纪70年代初。由于国内柴油机制造工业有所发展,新建小型船舶便采用了无锡和常州生产的4120型和4110型柴油机(均为44千瓦),仅1960年就建造了近100艘小型柴油机船,以后又逐步增加。第三阶段20世纪70年代初开始,新造船舶停止使用蒸汽机,原有蒸汽机船则逐步更换为柴油机,这是一个由蒸汽机过渡到内燃机的时期。第四阶段从20世纪80年代初开始,结合船舶更新改造,淘汰杂牌柴油机和老旧机型,逐步实现了机型系列化。

船舶动力装置的改造过程,与我国燃料来源、燃料价格变化对运输成本的影响息息相关,特别是我国柴油机制造工业的发展和技术进步,为船舶动力装置的更新换代,为运输船舶赶上世界先进水平创造了必要的条件。20世纪50年代,重庆烟煤资源丰富,产量亦多,而燃油全靠进口,每吨轻柴油比每吨烟煤价格高出20多倍。四川省重庆轮船公司每千吨公里燃料费,蒸汽机船为8元左右,内燃机船为15元左右,燃油比燃煤高87.5%。其后,由于我国石油资源开发,燃油逐步可以自给,油价下降,加上柴油机生产的发展,可供船舶装置;而蒸汽机船存在机体重、自带燃煤多、生火工人多、劳动强度大、船上不清洁等问题，并且每航行600～800小时，便要停航3～5天洗一次锅炉，显然内燃机船比蒸汽机船优越得多。因此，内燃机船就成了运输船舶技术改造的方向。

在内燃机选择上，根据重庆山区航道水浅流急的特点，对船用主机的要求是体积小、重量轻、功率大；一般中功率采用四冲程高速柴油机，大功率采用中速柴油机。20世纪70年代末，船用主机中高速机占80%，中速机占20%。高速柴油机一般以2:1或32:1减速齿轮箱配套。20世纪60年代和70年代，船用柴油机供需矛盾突出，造船因无主机受到极大困扰。有的船体造好后，因无主机，长期搁置，各地航运企业通过各种渠道寻找，只要是机器能用就装上船，所以在很长一段时期内，船舶主机机型复杂，给生产、维修和管理工作造成很大困难，不少船舶由于缺少配件，经常走走停停。

为改变造船无主机的被动局面，交通部从国外进口了一批船用柴油机分配给各省份。1965年至1966年，从瑞典进口D10R80柴油机，每台功率99千瓦，分配给重庆一些；1968年至1970年，从波兰进口一批DM150（俗称"小波兰"）柴油机和DVMA150（俗称"大波兰"）柴油机，"小波兰"每台功率110千瓦，"大波兰"每台功率220千瓦，共分配给四川204台，其中"小波兰"190台、"大波兰"14台。这批柴油机除少数用于新船外，多数用于更换杂牌机型。波兰柴油机价格高，每台3万多元，而与之功率相当的国产6135型柴油机，每台仅1万多元，相差1倍；同时，波兰柴油机还存在机油耗量大、修理时配件供应困难且价格昂贵等缺点。在国产柴油机供不应求的情况下，瑞典柴油机和波兰柴油机维持使用了10年左右。

20世纪60年代后期，四川省交通主管部门决定用"自力更生"办法，自己生产柴油机。1971年安排省重庆船厂生产X4105型柴油机，1973年生产出样机，1974年开始小批量生产，年产30台。至1980年，两种机型各生产100多台，对解决燃眉之急起了一定作用。但由于生产规模小，制造工艺落后，技术水平低，生产成本高，质量差，与机械部门专业生产厂相比，毫无竞争能力。随着专业厂生产能力扩大，产量增加，市场上供需矛盾日趋缓和。20世纪80年代初，该生产线停产。

长航局重庆分局在20世纪60—70年代，对船舶主机的更新换代做了很大的努力，先选用陕西柴油机厂生产的D39型柴油机为主机，双机功率2647千瓦，但机器振动大，常出故障，乃停止使用。其后选用东风船厂（原民生船厂）生产的柴油机，双机功率3012千瓦，又存在轴系扭振严重、油耗高、燃气串气、故障率高等致命弱点，长期停封到20世纪70年代末80年代初。在建造新推轮时，选用民主德国进口的8NVD48A-2V型柴油机为主机，双机功率1940千瓦，获得成功，成为拖轮的统一机型。建造新客轮时，选用捷克斯洛伐克进口的柴油机为主机，双机功率1430千瓦，获得良好效果，成为长江干线区间客货轮的统一机型。到20世纪80年代中期至90年代，新建大型旅游船，也采用民主德国进口机器，效果也很好。

三、船舶检验工作逐步规范

船舶检验工作的目的，是为了把好船舶建造质量关，监督营运中船舶的技术状况，保障船舶的航行安全。船舶检验部门，是国家对船舶进行技术监督而设置的机构，其主要职责是负责贯彻执行国家颁发的章程、规范、规则，具体办理船舶图纸审查，对船舶进行检验发证、监督，以及参与重大水上交通事故、机务事故的调查和鉴定等。

（一）船检机构的建立和完善

新中国成立后，重庆的船舶检验工作是按照内河航运管理分工进行的。交通部长航系统的船舶，由长江航务局港航监督部门负责检验（1984 年改为长江船检局负责）。重庆地方系统的船舶，其检验工作由地方港航监督部门负责。但在 20 世纪 50 年代，因省属船舶不多，加之船舶检验技术力量缺乏，曾委托长江港航监督部门代管，当时重庆地方船检的任务主要是管理木船。20 世纪 60 年代以来，随着机动船的迅速发展，重庆建立了港航监督站，加强了检验船舶的技术力量，各地中心航管站也配备了检验轮船的人员。从 1982 年起，地方的机动船即全部改由省属港航监督部门检验。

1983 年 1 月 19 日，交通部发出《关于加强地方验船工作的通知》，要求各省（区、市）建立船检机构。四川在交通厅航运局内设立船舶检验处（内科外处）。重庆航管处内设立船舶检验所，配备专职或兼职人员，负责船舶检验工作，既检验机动船，又检验非机动船。船检机构虽是航管或港监机构中的职能科室，没有独立，但人员得到充实，机构较为完善。1984 年 4 月，交通部在昆明召开的全国内河验船情报网会议上，提出了“加强基础、健全体系、适应发展、面向全国、走向世界”的二十字方针。据此，四川省交通厅发出通知，对船检部门职责、核发船舶证书、审查船舶设计图纸、船用产品检验、船舶电焊工考试等问题进行了明确。

1986 年 1 月 1 日，交通部颁布《中国船级社章程》，认定中国船级社（CCS）是中华人民共和国船舶检验局内负责入级检验机构，从事船舶和海上设施的入级检验和有关的公正检验，与船舶检验局一个机构两块牌子。1987 年 7 月，首届中国船级社董事会成立。同年 8 月 30 日，中国船级社重庆分社正式成立，下设船舶检验部、产品检验部、技术开发部、财务部、总务部。

（二）船检工作的强化

要做好船舶检验工作，首先必须提高对船舶质量检验的认识。由于重庆港监部门检验船舶起步较晚，对船舶的检验曾一度认识不足，把关不严，在船舶的建造上出现过边设计、边备料、边施工、边修改的“四边”错误做法，集体航运企业较为严重，而港监部门对此习以为常，以致造船质量发生不少问题。为了提高船舶质量，四川省交通厅于1983年颁布了《四川省船舶质量管理办法》，强调以下几点：

一是规定船舶设计单位，必须经过审批，取得“船舶设计证书”，才能设计船舶图纸；未经审批的图纸，船厂不予建造。

二是必须认真贯彻船舶检验规范。从20世纪50年代起，交通部就公布了一系列船舶检验规章制度，党的十一届三中全会以来，交通部更是不断出台新办法。1978年公布《长江水系钢船建造规范》，1980年公布《长江水系船舶稳性和载重线规范》，1981年公布《内河船舶乘客定额与舱室设备规范》，1982年公布《长江水系营运船舶检验规程》，1983年公布《船用产品检验规则》，1984年公布《船舶建造检验规程》，1985年公布《长江水系小型钢船建造规范》，1986年公布《内河船舶吨位丈量规范》和《内河航区分级规范》。这些规范既是强化技术监督检验的重要依据，也是船舶设计、建造、修理等工作的共同准则。为了更好地贯彻实施上述规范，“八五”期间，四川省交通厅结合实际，制定了《四川省摩托快艇检验暂行办法》《大宁河安全管理办法》《四川省快速船安全管理办法》和《四川省游览船检验暂行规定》。此外，四川省交通厅港监局还制定了《四川省木质船舶检验规定》；重庆市还制定了《重庆市小型机动船舶检验暂行规定》，并由交通厅转发各地（市）试行。

三是把好审图关。船舶是庞大、复杂的水上建筑物，而水上环境恶劣，各季水位、风、雾等自然因素，直接威胁到船舶和人民生命财产安全。因此，船舶设计图纸必须经船检部门审查合格，才能按图施工。由于客运发展，旅游兴起，大型、豪华客船相继建造，增加了审图的难度。

四是严格检验关。根据“谁检验谁负责”和“一检二帮三把关”的原则，船检人员严格把关，不合格不准出厂。涪陵地区轮船公司建造63米纵流双尾大型客船，采用射线拍片，查出焊缝不符合要求，坚持重刨重焊。涪陵市轮船公司所造“涪州21号”客轮已竣工，船检人员发现中间轴与法兰连接处不符合技术要求，影响轴系运转，令其对整个轴系加工后再装。

五是充分利用先进设备验船。省船检部门在利用微型计算机进行静水力计算和稳性校核的基础上，开发利用微型计算机进行船检业务管理。微型计算机的开发和先进检测工具的采用，极大地改变了过去目测、手摸、耳听等落后的检验方式。

（三）开展船舶焊工考试

船舶焊工素质的高低对船舶建造质量关系极大，船舶脆断事故相当数量都是从焊缝处开始的，焊接质量直接影响船舶质量。1985年，国家船检局颁布了《电焊工考试规则》，对焊工管理、焊接技术等都做了规定。

为了提高焊工的技术水平，自1985年起对全市船舶焊工普遍进行了考试。厅航运局内成立焊工考试领导小组，重庆、涪陵成立焊工片区考试委员会，具体办理焊工考试工作。

（四）船用产品检验开始起步

1991年，四川省交通厅发出《关于对船用产品实施监督检验的通知》，厅港监局安排了专人办理这项工作，并制定了船用产品监督检验、船用产品证书和产品分类编号的规定，建立了检验程序等。

“八五”期间，四川省审批船用产品图纸19套，并对200艘玻璃钢艇、200只蓄电池进行了检验。四川省船检部门于1993年10月在《四川日报》上，对13个厂家生产的31种合格产品进行了公布。

四、航运公安体制机制逐步完善

1978年4月25日，川江公安保卫工作会议召开，传达了长航公安会议精神，揭批了“四人帮”的罪行，讨论研究了重庆航运公安保卫体制和整顿建设公安队伍的问题。会后，长航公安局重庆分局向长航局重庆分局党委呈报了“关于贯彻第17次全国公安会议精神，执行双重领导，以公安为主体制，调整我局组织机构”的请示报告。经长航局重庆分局党委和长航公安局批准后，开始分阶段实施。首先召开了全局党员大会，选举产生了中共长航公安局重庆分局党委，并经上级党委批准。其次是对于急需补充的公安干警，经长航局重庆分局党委批准，分两批在职工中选调了95名，经过短期培训后充实到科室和各基层派出所、船舶工作，为川江航运公安保卫工作的发展打下坚实的基础。

随着全国政治、经济体制改革形势的发展，按照“政企分开，港航分管”的原则，1984年，长江航运系统实行体制改革，分别成立了长江航务管理局和长江轮船总公司。原长航局重庆分局更名为重庆长江轮船公司，重庆港口管理局划归重庆市，受交通部和重庆市双重领导。因此，长航重庆的公安组织也进行了组织机构和职能的调整。长航公安局重庆分局只为重庆长江轮船公司所辖船岸各单位服务。重庆公安分局机关也进行了调整，增设了政治处、装备科、船舶保卫科、警卫科和重庆长江轮船公司机关保卫科。1984年7月，公安分局领导班子也进行了调整。为了适应“港航分管”的原则，长航公安局根据交通部的决定，在原重庆公安分局管辖的重庆港公安科基础上另设了与重庆公安分局职权相同的港口公安局，万县港也设了相应的港口公安局，涪陵港仍为公安派出所，由长航公安局和地方公安机关双重领导。1985年1月1日，重庆、万县两个港口局正式挂牌办公。

1985 年,交通部公安局批复同意,成立重庆港公安局川江港机厂公安派出所。这一时期主要开展了以下工作,包括:综合治理;加强秘书内勤工作;推行安全保卫责任制;全面出击打击流窜犯,经过近 8 个月的战斗,共破获各类刑事案件 191 起;开展严打斗争,川江全线的严打斗争从 1983 年 8 月 10 日开始至 1984 年 10 月 10 日结束,稳、狠、准地打击了刑事犯罪,保卫了运输生产安全。

五、航政机构沿革

1983 年 3 月,国务院批转交通部《关于长江航运体制改革方案》(国发〔1983〕50 号),组建长江航务管理局,统一负责长江干线的航政、港政、航道整治管理,发展规划,船舶监督检查,船员考试发证,水域防污,船舶救助,港航事故处理和运输市场的行政管理工作,协调解决部门间、企业间的相互关系。按国发〔1983〕50 号文件精神,航政机构于 1984 年 3 月进行了调整,长江航务管理局重庆分局党委成立。至此,长江航运体制实行政企分开,长江航务管理局重庆分局正式担负起保护和促进川江航运生产力发展的重任,监管工作步入正轨。1984 年秋,长江航务管理局重庆分局内设的船舶检验科分离出来,单独成立船检分局,属国家船检局领导,船舶检验和丈量不再属航政范围。

长江航务管理局重庆分局是对所辖内河通航水域交通安全实施统一监督管理的主管机关,是交通部长江航务管理局直属的正处级事业单位,负责统一管理重庆长江干线以及长江航运公司重庆分公司经营的几条支线的航政工作。其职责是:船舶登记、船员考试、季节性安全管理、防污染管理、通航管理、水上水下施工管理并维护长江水上的航行秩序和负责处理海损纠纷事故等,但木帆船的检验、签证、海事处理、驾长考评等仍由各有关省航政机构办理。长江航务管理局重庆分局管辖自江津九层岩至川鄂交界的编鱼溪 671 公里的长江干线以及嘉陵江河口以上 1.2 公里水域。

第六节　科 技 支 撑

一、水运专业高等教育的稳步发展

1977 年,在邓小平推动下,中共中央和国务院决定恢复高考招生制度,水港系在重庆建筑工程学院招收了 77 级和 78 级两届学生。

1978 年党的十一届三中全会以后,党中央和国务院决定恢复和增设一批普通高等学校,重庆交通学院被列为首批恢复的院校,并直属交通部管辖。因此,重庆交通学院从重庆建筑工程学院分离出来。由于南岸校址已由重庆第三师范学校占用,为完成交通部港航人才培养计划，重庆交通学院水港系在大坪交通技校招收了79级至81级三届学生。1981年以后，南岸小区恢复建设完成，重庆交通学院水港专业才步入正常建设和发展之路。

交通部非常重视港航人才的培养，1986年前后拨款1000多万元，在重庆交通学院建成水港综合实验室，为全面完善实验教学和教师科学研究创造了条件。

1985年，港口与航道工程学科也相继被批准开始招收研究生；1986年，原属交通部管辖的西南水运工程科学研究所划归重庆交通学院，加强了学校水利高等教育的教学和科研实力；1988年，成立了投资经济教研室，举办了投资经济（水运经济招投标和概预算）专业，并开始招生。

从1992年开始，学校通过制定“育才计划”，实行弹性培养模式，全面推进面向21世纪的教育教学改革，水港系也步入稳步发展时期。

二、船舶科技迅速发展

这一时期的航运科技事业发展历程，可分为两个阶段：一是起步阶段，二是发展阶段。

起步阶段为“七五”期以前，这一时期的主要任务是实施船舶机动化和钢质化。由于当时国家还处于计划经济时期，其科技工作主要是由行业主管部门牵头、出资、组织的。如把各相关企事业单位的技术力量，组成科技攻关课题组，进行项目攻关，研究出的先进科技成果，供企事业单位无偿采用。中国船舶总公司708研究所研制的我国最早的气垫船“金沙江”号、四川省交通厅航运局设计研究的220千瓦浅吃水大径深比拖轮和山区浅水急流船——180吨双尾机动驳，都是无偿地将技术与图纸交给企业建造使用。这些科技成果的推广使用，均产生了良好的经济效益，使企业逐步认识到科技进步对企业的生存与发展的重要性，从而积极开展科技工作。

“七五”期开始为发展阶段。随着市场经济的建立，竞争日益激烈，各航运企业普遍认识到只有依靠科技进步，不断采用新技术，提高经济效益，才能在竞争中立于不败之地，发展壮大自己。这就促使各航运企业由被动变主动，由牵着走变为主动与科研院所合作，积极投入大量资金，联合开发新技术，研制新产品。1986年，涪陵地区轮船公司率先与武汉水运工程学院合作，开发研制出“川陵55号”系列、“天府号”系列、“天龙号”系列、“天锦号”系列旅游客轮，使船舶的快速性和舒适性大大提高，为企业创造了巨大的经济效益。随后，丰都县轮船公司与华中工学院合作，开发研制“伯爵号”和“银河号”旅游客轮；巫山县轮船公司与武汉长江船舶设计院合作，研制“巫山”号旅游客轮；涪陵市轮船公司与中国船舶总公司708研究所合作研制“圣宴”号双体气垫船。在市场经济驱动下，航运科技进步出现了你追我赶、奋勇争先的形势。

三、重庆水运通信的更新发展

（一）长航局在渝单位通信的发展

长航局在渝单位通信导航技术发展较早，早在1951年至1952年，长航局就在兴隆滩绞滩站至兴隆滩信号台及青滩绞滩站至庙河水位牌两处各架设了一条简易的单线有线电话。尽管线路里程很短，但它揭开了川江航道有线通信网路建设的序幕。

1953年，长江航线重庆至上海2517公里租杆挂线线路建成，可同时开通3路载波电话。1956年至1963年，在川江渝宜（昌）段除设有89.77公里无线电话线路外，并累计架设了590.23公里航道的电话线路，约占渝宜全程的86.79%，同时还架设了过江电话线18处，基本形成了川江航道的有线通信网。1960年又在川江渝宜段的部分雾信号台上首次安装了电子管无线电报话机。到1965年底，已先后在青滩、东洋子、王家滩等28个信号台上安装了无线电报话机，方便了台、船之间的通信联系，对促进船舶安全航行起到了积极作用。1965年至1971年，又利用自建和租杆挂线线路，先后增开了重庆至汉口、汉口至上海的12路载波电话，在重庆港设有载波电话终端机。1973年11月，汉渝有线通信扩建工程动工兴建，1980年8月完成线路968公里，全线开通汉口至奉节、万县、忠县、涪陵、长寿、重庆等地3路载波电话和汉口至沙市、沙市至万县、万县至重庆之间12路载波电话。从1982年起，长航局重庆分局又引进美国D72甚高频无线电话，逐步淘汰老式DH-5无线电话。

为了提高电话通信质量，长航局通信导航部门对原有通信线路进行了全面技术改造。1983年，涪陵至丰都之间原架设的铁线已被铜线所替换，在涪陵安装了12路环路载波终端机和90门自动电话交换机，在川江8个信号台、丰都港务站和航道段安装了环路载波分机，从而使涪陵至丰都53公里航段具有自动接续等功能。从1983年起，重庆至碚石通信线路也进行了技术改造，长航局重庆分局投资99.5万元，将3毫米铁线全面换成3毫米铜线，在重庆、长寿、涪陵、忠县、万县、奉节安装了环路载波设备及相应的附属设备。通过技术改造，有线通信通话质量明显提高，各航道台、站均能通过汉渝线长途电话与沿江各港、厂、航道及各生产调度部门直接通话，为保证运输畅通发挥了积极作用。

在发展长江航运通信的同时，导航雷达也开始应用。早在1973年，长江航运公司重庆分公司（后更名为重庆长江轮船公司）就开始在川江客班船上试用导航雷达。到1983年，雷达总数达到50台（其中渝申线、渝汉线客轮和直达船队均配备2台雷达）。导航雷达的普及与应用，对船舶航行安全起了很大作用。

（二）地方航运系统通信的发展

重庆航运系统，虽早在20世纪50年代末期就开展了航运通信工作，但当时只是在港区内备有少数的电话机，港与港之间的联系均系借用邮电部门的长途电话，而港与船间则完全没有通信联系。随着内河航运事业的发展，特别是改革开放以后长江进出川运输迅猛发展和行业管理的加强，四川省航管、航道部门和较大的航运企业都相继发展了航运通信。重庆、涪陵、黔江、万县等航务管理处设有二级指挥监察台，乌江全线设有无线电通信设备。

1989年上半年，随着港航监督机构独立设置，港监系统也开始配备无线电通信设备；航运企业除国营轮船公司、船厂较早配有无线电通信设备外，较大的集体航运企业也陆续配备了无线电通信设备。重庆轮船公司在20世纪60年代初，仅有5套电台设备，1974年以后，由于运输大型进口化肥生产设备需要，陆续在367千瓦(500马力)以上船舶和主要客货轮上设置了电台，并在重庆、泸州、宜宾、乐山等主要港站设置了江岸电台。

万县地区23个航运企业，从1986年设置无线电通信设备开始，到1989年，先后在进出川船队和客船上配置有甚高频54台、单边带24台、手提式对讲机62台，对保证船舶航行安全、促进企业经济效益提高起到了积极作用。

四、航运教育科研事业的快速发展

（一）重庆河运学校

改革开放前，重庆航运职工的教育工作，主要依靠订立师徒合同、随船教练方式进行实地培训。1954年，长航重庆轮船公司在重庆长江南岸5公里处，开办了内河航运培训班，主要培训驾引、轮机人员，1956年改为内河航运技工学校，归口交通部管理。这个培训班所培训的人员，后来都成为该公司的主要技术力量和管理人员。1972年新增港机专业，1985年新增水运管理专业。

改革开放后，随着航运事业的发展和人才缺乏的实际，重庆航运职工的教育培训工作也得到了较快的发展。1980年4月，四川省交通运输技工学校内河分校在重庆成立(1982年3月更名为四川省内河航运技工学校)。1983年3月，该校随重庆市经济体制综合改革试点下放重庆市管理。

与此同时，重庆各航运企事业单位，也积极引进和采取委托培训与在职培训等方式，大量培养航运急需人才。如从20世纪80年代末开始，仅重庆河运学校分配到四川交通航运部门的学生就达428人。

(二)西南水运工程科学研究所

1977 年 9 月,为加强长江中上游及山区河流航道整治工程的通航科学试验工作,根据国家计划委员会意见,经四川省革命委员会同意,交通部决定恢复续建交通部西南水运工程科学研究所[《关于西南水运工程科学研究所的领导关系和续建问题的通知》(77)交人字 42 号],人员编制控制在 150 人以内,由长航局领导,党组织管理隶属宜宾地委。1978 年 8 月,长江航道局下达《加强科技管理工作若干规定的通知》,明确了西南水运工程科学研究所的发展方向和性质任务。通知指出:西南水运工程科学研究所是长江航道局领导下的航道专业科研机构,负责承担长江航道的科研任务,解决航道建设中的关键技术问题,着重进行山区航道整治、渠化的研究,河工、水工模型试验及其有关理论的探讨和山区航道整治的施工机械化研究等。并明确到 1980 年人员编制扩充至 150 人。这一时期,西南水运工程科学研究所先后承担了川江小米滩、神背嘴、鸡扒子滩、九龙滩等航道整治模型试验及千金岩港区河工模型试验,四川涪江永安电航枢纽、铜街子水电站筏闸及嘉陵江马回电航工程船模试验,船闸侧墙廊道多短支管输水系统试验,研制了小比尺自航船舶模型、HD-3 型流速仪等模型测试仪器,并开展了川江整治技术经验总结。

截至 1986 年,西南水运工程科学研究所先后独立或合作完成各类航道、水工模型试验课题和仪器研制项目 44 项,主要成果获全国科技大会奖 1 项、国家科技进步奖三等奖 1 项(合作)、交通部科技成果三等奖 2 项、局级科技成果奖 1 项,为确保金沙江航道和长江干线航道的畅通、促进经济社会发展起到了重要作用。

第五章　多种经营、共同发展（1987—1996）

第一节　概　　述

20 世纪 80 年代，以政企分开为核心的改革实践，触及了水运管理体制的实质问题，改革取得显著成果。进入 20 世纪 90 年代，水路交通改革的中心任务就是按照建立社会主义市场经济体制的目标，深化水路交通体制改革，进一步解放和发展水运生产力，推动我国水路交通事业进入快速发展的历史轨道。1996 年，国务院审查并批准交通部提交的《深化水运管理体制改革方案》。根据改革方案，交通部对水路交通管理体制进行深化改革。

20 世纪 90 年代，随着国民经济高速增长和改革开放的深入，航运生产逐步从计划经济模式向市场经济轨道转型，市场对运输服务的快速高效要求越来越强烈。由于公路、铁路运输高效快捷，适应市场需求，促使水运运输格局向公路、铁路倾斜。而水运因初期建设资金投入大、收益慢、经济效果不明显等缺陷，在竞争中处于劣势。加之国家对长江黄金水道投入不足，沿江工业布局未充分利用水运优势，水运发展环境恶化。20 世纪 90 年代后期，面对公路、铁路的外部竞争和水运业自身运力过剩而激烈竞争的局面，企业大范围亏损，客运、货运均面临经济效益下滑的困境。

这一时期，水运基础设施建设进一步加快，重点开展了长江航道的整治、乌江航道的整治、上边滩岩崩阻航的治理、嘉陵江航电枢纽工程建设、涪江的闸坝碍航与复航、渠江渠化的综合开发、大宁河航道的整治等航道项目，以及重庆港朝天门码头、九龙坡码头、兰家沱码头、猫儿沱码头、涪陵港客运大楼、大东门码头、白涛专用码头、丰都客货码头、荔枝园大水位差码头、万县港牌楼作业区、青草背码头、柑子园码头、红花地码头、奉节关庙沱煤码头、忠县港码头、云阳港小南门客运码头等一批港口码头项目。基础设施项目的建设，加快了这一时期水运经济的发展。

随着社会主义市场经济体制的建立和“八五”计划、“九五”计划的实施，重庆航运生产逐步从计划经济模式向市场经济轨道转型。通过加强管理、加快建设、降低成本、技术更新，重庆水运经济增长方式逐步开始由粗放型向集约型转变。

第二节 水运管理体制改革

一、国家水运管理体制的改革

水路交通管理体制是水路交通改革的重点。这一时期，水运体制改革的总体思路体现在以下四个方面。

（一）深化港口管理体制改革

按政企分开原则，设立港口行政管理机构，作为当地政府的职能部门，负责当地政府辖区内港口规划和岸线管理，港埠企业、货主码头的归口管理，归口规费的征收，港口和陆域环境保护管理等。将政企合一的港务局改组为港埠企业，成为自主经营、自负盈亏、自我发展、自我约束的经济实体，依法从事装卸、仓储、堆存等经营活动及港口的归口改造、维护。各港的客货代理、船舶代理、船舶供应、理货、引航等服务水路运输的机构，从港埠装卸企业中分离，组建独立公司或社团法人从事经营活动。

改革“以港养港、以收抵支”的财务制度，并与国家新税收制度接轨。改革水运建设投融资制度，扩大港口建设费征收范围和标准，试行港口水下基础设施、防波堤、锚地、出海航道等公用设施基本建设投资改由国家投入为主，装卸设备、库场等上部设施由港口经营人投入并负责还本付息。推行项目资本金制度，由中央投资形成的资产和实行“以港养港”期间以养港资金形成的资产，属于中央管理的，由交通部根据《国有资产监督管理条例》及其实施细则进行具体监管。

（二）深化长江航运管理体制改革

设立长江航务管理局作为交通部在长江水系的派出机构，归口管理长江水系航运的日常工作。改革长江港航公安体制，实行统一管理。长江干线主要港口、长江水上安全监督和船舶检验管理体制改革，借鉴沿海模式并结合长江航运实情进行。成立长江航运管理委员会，由交通部牵头，水系各省（区、市）人民政府参加，统筹协调长江水系航运发展和管理重大事项，由长江航务管理局兼任日常办事机构。

（三）改革船舶检验管理体制

按照《深化水运管理体制改革方案》确定的“政事分开，划清职责，统一政令，理顺关系”的改革思路，将国家船检局与中国船级社分开，国家船检局作为交通部职能部门履行行政管理职能，中国船级社作为交通部一级事业单位，按照市场经济原则和国际通行做法，有偿承接船舶检验等业务。理顺中央与地方船检管理体制，解决同一水域船检机构重复设置、重复检验和重复收费等问题。

二、重庆港航管理体制改革

（一）航监体制的调整与改革

1987 年，四川省航管部门对国务院发布的《化学危险品安全管理条例》《中华人民共和国水路运输管理条例》和《中华人民共和国航道管理条例》3 个管理条例进行了认真学习贯彻，拟订了实施办法，对安全、水运、航道加强了管理。与此同时，修订、完善了四川省内河航运“八五”期和 2000 年发展规划，加强了全行业的调查和统计工作，调整了航管内部人员结构，充实了港监力量，并加强了全行业的精神文明建设。

1988 年 9 月，经四川省编委同意，交通厅将省属的南充、宜宾港航监督站和泸州港航监督工作组分别与南充、宜宾、泸州航运管理处合并。合并后与航管处内的港监科联合组建为处属的港航监督所，实现了一港一个监督机构，避免了多头管理。1991 年 2 月 2 日，省政府发布了《四川省港口管理办法》，明确了各地港口管理机构与航务管理机构合署办公，实行一套班子、两块牌子。此后，港口码头逐步统归航务部门管理。

在航管体制改革继续深化的同时，进一步加强了行业管理，重点抓了法制建设和基础工作。在深入贯彻国务院发布的安全、水运、航道 3 个管理条例中，结合实际，拟订了一系列办法、通知、规定和意见。安全方面，省政府在 1987 年颁布《关于保障客（渡）船安全管理办法》的基础上，1988 年以后又颁布了《关于贯彻国务院加强内河乡镇运输船舶安全管理的补充通知》。经四川省政府批准，四川省交通厅颁发了《四川省违反水上交通安全法规处理办法》《四川省船员职务规则》《四川省航运企业客船安全管理若干规定》和《四川省水上交通事故调查处理赔偿暂行办法》等法规。运输方面，对贯彻《中华人民共和国水路运输管理条例》和《水路运输管理条例实施细则》提出了具体贯彻意见、补充说明和若干问题的答复；完成了四川省水路运输企业和运输船舶的统一登记发证工作；严格了新办企业和新开航线的审批制度；统一发放了运政人员检查证章，加强了水运市场监督。航道方面，宣传贯彻了《中华人民共和国水法》和《中华人民共和国航道管理条例》，有的地区行署还发了贯彻《中华人民共和国航道管理条例》的通知，使航道规划、建设和保护得到了各级政府和有关部门的重视和支持。港口方面，根据《四川省港口管理办法》，四川省交通厅与有关部门又联合发布了《四川省港埠企业管理办法》《四川省港口专用码头管理办法》《四川省港口费征收管理办法》和《关于港口管理机构设置和工作职责的意见（试行）》等办法和规定，促进了港口管理工作的加强。

重庆内河航运管理机构在1989年以前，其航运、航政、航道、港口都由一个机构统一管理，即实行“三航一港”体制。这种体制既管生产经营，又管安全监督，在当时船舶少、生产力低、以木帆船和小轮船为主的时代是适应的，对航运发展起了重要作用。但随着生产发展，运输船舶特别是轮船大量增加，安全监督任务日益繁重，尤其是在航管机构职能尚未完全转变的情况下，这种体制就不适应航运安全监督工作的开展。港监部门没有独立的执法权威，尤其在安全与生产发生矛盾时，往往迁就生产与效益，使安全监督职能难于发挥，遗留严重事故隐患，恶性事故时有发生。针对上述弊端，四川省交通厅及厅航运局曾对港航监督体制改革进行过较长时间的酝酿与讨论。早在1985年9月，厅航运局党委就曾根据省交通厅党组的指示，召开党委扩大会议，就四川省航监体制改革提出3种方案，分析了利弊，并向省交通厅党组写了《关于对我省航监体制的意见》的汇报。由于当时意见未曾统一，所以航监体制大的调整一直没有进行。1988年12月22日，交通部和重庆市人民政府举行签字仪式，交通部重庆港口管理局成建制下放重庆市，仍实行部、市双重领导，但以重庆市为主，更名为重庆港口管理局，投资及财务体制不变，资产仍在中央。

1988年初，国内的民航、铁路系统连续发生了几起严重恶性事故，使交通安全成为当时全社会普遍议论和关心的大事。国务院在当年一季度连续4次召开常务会议和办公会议，讨论研究如何进一步强化交通安全问题。6月上旬，国务院又在北京召开了全国交通安全工作会议。省政府和交通部也为此专门召开安全会议和下发通知，强调抓好水上交通安全的重要性。就在当时各级政府和全社会普遍关心和极为重视交通安全的情况下，7月21日，重庆轮船公司乐山分公司“川运24号”客货轮发生翻沉的特大事故。该轮从宜宾上驶乐山，行至犍为县新民乡岷江峰子湾水道翻沉，全船322人（含船员21人）全部落水，死亡失踪166人（含船员5人），直接经济损失达180余万元。时隔3天，7月25日又发生了船舶碰撞翻沉特大事故，云阳县长江航运公司“云航24号”客渡船从云阳双江上驶万县，航行到长江巴阳峡雪石子附近，与同向行驶的万县港务局“万港拖802”船队发生碰撞，“云航24号”翻沉，死亡77人，直接经济损失达223万余元。这两起连续发生的特大沉船责任事故，给国家和人民生命财产造成了巨大损失，政治上也造成了不良影响。究其原因是多方面的，但从管理上看，机构不健全，力量薄弱，手段落后，监督不力是重要因素。为此，根据国务院在《关于加强交通运输安全工作的决定》中指出：要“充实安全监督监察机构”，应“加强领导，深化改革，抓好基础，严格管理，建立科学的管理体系”。交通部在贯彻全国交通安全工作会议精神的通知中规定，港航监督部门是国家管理水上安全工作的主管机关，各省份一定要认真建设好，要迅速健全机构，理顺关系，充实人员，强化手段。在体制上要下决心解决政企不分的问题，不能一个机构又揽货、又归口管航运企业，同时又监督又船检；政企不分，就不能起到安全监督管理的作用。考虑到1987年四川省水上交通安全状况不好（死亡人数比上年上升44.7%）和1988年水上交通安全状况更为严峻的实际，四川省交通厅于1988年9月2日向四川省政府写了《关于强化水上交通安全管理、改革港航监督体制的报告》，省政府很快在1988年11月21日发文批准了省交通厅的报告。这个文件，对港航监督机构的名称、性质、级别、职责、经费等都明确做了规定：

①机构：将厅航运局中的港航监督任务，连人带编分出，组建四川省交通厅港航监督局（属县级事业单位），地（市）组建港航监督处（属副县级事业单位），县组建港航监督所（属区、科级）。

②领导关系：港航监督局由省交通厅领导；各地港航监督处由省交通厅和地（市）交通局双重领导，以地（市）为主；各县港航监督所则由地（市）和县交通局双重领导，以地（市）为主。

③机构性质和职责：各级港航监督机构，是对内河交通安全实施统一监督管理的主管机关，代表政府行使港监、船检职权，其主要职责是：贯彻执行水上交通安全法令、法规、方针、政策；办理船员考试，船舶检验，港航安全监督，调查、调解水上交通事故；征收养河费（后改由厅航务局征收）和船舶港务费等。

④编制和经费：编制由省机构编制委员会和省交通厅联合下达。经费按国务院和省政府规定，由开征船舶港务费解决部分，不足部分由省交通厅在养河费及其他事业费中解决。

⑤改善装备：港监部门要逐步增加监督手段，配备港监艇、车和现场监察通信及船检设备等。

这个文件同时也提出了港航监督机构单设后，各级航务管理机构也应转变职能，同企业脱钩，真正成为政府的行业管理职能部门。按照国务院颁发的《中华人民共和国水路运输管理条例》和《中华人民共和国航道管理条例》规定，加强宏观指导，负责水运市场、船舶技改、港口管理、科技信息和航道、码头的规划、建设、养护工作。

省政府批转的报告下达后，省交通厅认真进行了贯彻。1989年1月29日，在四川省交通工作会议上，交通厅副厅长陈铃就《关于贯彻省府改革港航监督体制的通知实施意见》做了讲话，提出了具体的贯彻意见和实施办法，要求各地（市）县交通局加强领导，主要领导亲自抓，将之作为当年上半年一项重点工作具体组织实施，做到稳定、团结，调整与工作两不误。并要求体改后安全监督、规费征收、航运管理都要有新的起色，用改革推动各项工作。1989年1月31日，省交通厅下发了《关于成立四川省交通厅港航监督局的通知》，编制50人，从2月1日起挂牌并启用印章。经省机构编制委员会批准，同时下发了《关于四川省交通厅航运局更名的通知》，即将四川省交通厅航运局更名为四川省交通厅航务管理局。厅港航监督局成立后，局机关设港航监督科、船舶检验科、财务科、政策研究室和办公室。港航监督科和船舶检验科实行内科外处，人、财、物关系从4月1日划断。局机关人员，成立时为32人，到1996年增为40人。对下属的港航监督机构，经与各地（市）政府商量，分别针对不同情况进行了设置：

①对万县、涪陵等地（市），组建独立的港航监督处，组建县级港航监督所，此任务于1989年6月底前全部完成。

②对重庆、黔江地（市），实行港监、航务两块牌子、一套班子，确定一名领导分管港监工作，加强港监职能。

省航务与港监机构分设后，为了促进机关职能转变，改进机关工作，两局按照省政府和省交通厅要求，从1989年起，对所属企事业单位进行了目标管理考核。考核内容主要有运输生产、安全监督、船舶检验、规费征收、港航建设、体制改革、基础工作、精神文明建设等指标。其中安全指标具有否定作用，发生重大伤亡事故的，即取消考评资格。年终按百分制进行检查评比，对目标任务完成好的先进单位给予表彰奖励。1993年，四川省交通厅港航监督局获省交通厅目标管理考核一等奖；1995年，厅航务管理局被省交通厅评为目标管理先进单位；厅港航监督局被省交通厅评为“全面完成目标任务单位”，获交通部授予的“全国水上安全监督系统先进集体”称号。

到1996年，由于四川行政区域调整，中央决定成立重庆直辖市，将万县、涪陵、黔江三市地交重庆市管辖，四川内河管理范围缩小很多。为了精兵简政，根据省政府决定，1996年12月4日，四川省交通厅航务管理局和四川省交通厅港航监督局合并，名称为四川省交通厅航务管理局，对外保留四川省交通厅港航监督局牌子。

省航务与港监机构分设、业务分管，是四川内河航运管理体制的一次大的改革。这次改革使安全监督与航务管理都得到了加强，港监部门可以集中精力做好水运安全监督，航务部门也能集中精力做好水运行业管理。改革后的实践也证明了水上安全状况确有明显好转，水运的行业管理也得到了加强。当然，也有反映说，机构分设后，增加了人员，增大了经费开支，增加了协调难度，影响了力量集中调剂使用。如采取转变职能，充实港监、船检业务力量，统一加强水运行业管理和安全监督，也是可行的。

1988年5月，行政区划调整，成立黔江地区，以乌江木棕河为界，上归黔江地区管辖，下归涪陵地区航务管理处乌江航道段管理。依照当时地区行政管辖区划，成立了黔江地区航运管理处彭水乌江航道段，负责乌江武隆县江口镇木棕河航段以上至酉阳县龚滩镇79公里乌江航道的维护、建设和管理工作。涪陵地区航运管理处涪陵乌江航道段负责乌江涪陵河口至武隆县木棕河以下109公里乌江航道的维护、建设和管理工作。1992年，四川省交通厅下达涪陵乌江航道段控编数114人。涪陵地区航运管理处涪陵乌江航道段，下设武隆航道分段及航道整治工程队，机构规格为正科级。

原永川地区合川中心航运管理站小安溪船闸管理站1986年1月1日起，人、财、物由重庆市航运管理处直接管理。有在职职工70人(其中管理干部2人、工人68人),退休职工26人。管理范围和职责是:琼江河铜梁安居河口至潼南观音滩32公里航道(4座船闸)和小安溪永川双石至铜梁龙桥108公里航道(11座船闸)的养护、船闸管理、航养费和运管费征收;检查船舶技术状况及设备、定员、证照,向船工宣传航运安全规章制度等。

1996年1月25日,原由重庆港监局代管的万县长江港监局,改由长江港监局直接领导。

(二)嘉陵江航道管理处的下放

随着航道管理体制改革的深入和四川行政区域的调整,嘉陵江航道管理处的下放也提上了议事日程。

1996年11月21日,经省政府同意,省政府办公厅发出了《关于重庆市代管涪、万、黔三市地后调整我省水运管理体制的复函》。函中指出,嘉陵江航道养护工作,除重庆和合川段行政区域调整划归重庆市管理外,同意将嘉陵江其余航道按河段分别下放给广元市、南充市和广安地区管理,省属嘉陵江航道管理处按隶属关系分别交所属地市管理,由省里给予适当补贴。

嘉陵江等江区航道下放工作的全面实施,是中央和省对内河航运实行"以陆补水"政策的结果,这对精简航道管理机构人员,充分调动市地维护、管理好航道的积极性起到了促进作用。

(三)重庆、涪陵、万县三港下放地方管理

随着长航局港口管理体制改革的深化,交通部决定将重庆、涪陵、万县三港下放地方管理。

1988年12月6日,四川省副省长蒲海清会见交通部长江航务管理局局长唐国英,就重庆、涪陵、万县三港下放问题交换了意见,省交通厅和厅航务管理局的领导及省计经委有关处室的同志参加了会议。1989年2月8日,省政府印发议事纪要,主要内容为:

①省政府支持重庆、涪陵、万县三个港口的下放,一步到位,放到市、地。

②涪陵、万县港口下放,由地区行署接交,由地区交通局归口管理。

③省政府责成交通厅组成监交小组,协助地方做好交接工作。

鉴于涪陵、万县属贫困地区,请部在港口下放时,对港口发展规划、建设、还贷、油料供应及财务补贴等给予帮助和照顾,并继续对重庆、万县、涪陵等港口的工作给予指导。会后,交通部与涪陵、万县地区行署进行了充分协商,在取得一致意见的基础上,于12月

12日和12月15日，由唐国英局长代表交通部分别与涪陵地区行署白在林专员、万县地区行署唐章锦专员签署了港口管理的交接协议书。12月22日，重庆港下放交接仪式在重庆市渝州宾馆举行。至此，上述三港即正式下放地方管理，实行交通部与地方双重领导、以地方为主的管理体制。

三、重庆航政及公安机构改革

（一）航政机构改革

1989年8月1日，根据交通部交人劳字（89）338号文、长航劳（89）358号文及航政人教字（89）141号文《关于长江航政系统机构更名的通知》等相关文件精神，长江航务管理局重庆分局正式更名为重庆长江港航监督局，是隶属于交通部长江港航监督局的正处级事业单位。

重庆长江港航监督局继承了长江航务管理局重庆分局的职能，管辖范围仍为江津九层岩至川鄂交界的鳊鱼溪671公里长江干线以及嘉陵江河口以上1.2公里水域。

重庆长江港航监督局内设党办、组织科、工会、团委、局办、航保科、监督科、考试科、船技科9个科室；下设万县长江港航监督局、重庆长江港航监督局涪陵处以及南纪门、朝天门、白沙沱、长寿、涪陵、丰都、巫山、奉节、云阳、万县、忠县11个监督站。

1996年，根据交通部交人劳字（89）338号文和长督人字（96）35号文精神，将原由重庆长江港航监督局代管的万县长江港航监督局，明确为交通部长江港航监督局直属局，成为交通部设置在重庆市万县主管长江干线忠县叉溪口至川鄂交界的鳊鱼溪共389公里的长江干线水上交通安全的国家行政管理机关。万县长江港航监督局内设党办、局办、安全科、通保科、监督科、证件科、装备科、财务科8个科室，下设巫山、奉节、云阳、万县、忠县5个监督站。

1986年至1993年期间，重庆市内河船员考试发证工作都是根据1979年6月12日交通部颁发的《中华人民共和国轮船船员考试发证办法》（同年10月1日施行）执行。交通部及其他部委直属企事业单位的船员考试发证工作由长江港监机构负责；省属和地方航运企业及个体船舶船员的考试发证工作由地方港监机构负责，木帆船的考试发证工作也由地方港监机构负责。

（二）公安机构改革

1990年1月23日，长航公安局决定，将原长航公安局重庆、武汉分局负责旅游船舶的公安保卫工作移交给长江轮船海外旅游总公司，并着手筹建公安机构。4月30日，交通部公安局批复同意，组建长江轮船海外旅游总公司公安科，公安业务由长航公安局直接领导，暂定编10人（不含乘警）。

1993年12月4日，交通部正式批复长江干线消防系统工程初步设计，同意建立重庆、宜昌、九江、芜湖、南京、南通6个水上消防站和武汉消防指挥中心（含武汉站）。

第三节　水路运输格局的变化发展

一、货运市场格局的变化

（一）进出川航运迅速发展

重庆市水运公司于1980年3月开办了出川货运业务，所属“市运121”轮拖带8艘驳船，装运522吨聚乙烯醇，从四川维尼纶厂运达江西鄱阳湖畔的江西维尼纶厂。1982年，公司提出了“巩固市内，发展出川”的经营方针，大力发展出川运输，并先后在宜昌、武汉、江阴等地设立办事机构。

1994年和1995年，四川省重庆轮船总公司得到贷款融资，进一步壮大发展。1995年，重庆轮船总公司完成进川货运量14.76万吨、货物周转量3.43亿吨公里，完成出川货运量32.47万吨、货物周转量6.97亿吨公里。市属各区县航运企业也陆续组建出川船队，经营进出川运输业务，并在川设立办事机构。到1996年，全市21个航运企业，已有出川船队84个，计拖轮84艘、3.65万千瓦，驳船499艘、20.57万吨；完成进出川货运量168.8万吨、货物周转量34.19亿吨公里，分别比1978年增长72.39倍和162.6倍。

民生轮船公司于1984年重建后，也积极投入进出川物资运输。市属各区县航运企业也陆续组建出川船队，经营进出川运输业务，并在川外设立办事机构。

万县市（原为万县地区）地处长江三峡地带，紧邻湖北，航运出川有悠久历史。但当时出川运距较短，运量不大，1983年进出川货运量仅34.7万吨。随着改革开放方针的深入贯彻，出川船队逐年增多，运量迅速发展。到1996年，全市26个航运企业，已有出川船队58个，计拖轮58艘、2.07万千瓦，驳船275艘、196万吨；完成进出川货运量202.6万吨、货物周转量23.36亿吨公里，货运量比1983年增长4.84倍，货物周转量比1984年增长4.86倍。

涪陵地区货运出川，是从涪陵轮船公司1981年1月冲出乌江支流，跨入长江以后，相继成立货运船队担任出川运输开始的。1981年有出川拖轮2艘、510千瓦，驳船8艘、1210吨，开始承担一些零星货物运输。1983年1月，公司成立了出川货运船队，由“红阳

1号”“红阳4号”和“红阳9号”轮承担出川货物运输，开始有计划地组织货物出川。1985年，公司出川货运船队更名为三峡船队。1996年，全地区4个航运企业，已有出川船队25个，计拖轮25艘、6636千瓦，驳船195艘、4.95万吨；完成进出川货运量15.4万吨、货物周转量2.06亿吨公里，货运量比1982年增长4.5倍，货物周转量比1984年增长3.11倍。

到1996年，重庆全市26个航运企业，已有出川船队58个，计拖轮58艘、2.07万千瓦，驳船275艘、11.96万吨；完成进出川货运量202.6万吨、货物周转量23.36亿吨公里，分别比1983年增长4.84倍和4.86倍。

（二）多式联运的初步发展

开展水水、水陆和江海联运，是提高货物运输服务质量、促进长江进出川运输发展的一种很好的形式。

江海联运业务开展最早的企业是重庆市的民生轮船公司，该司承担了当时四川省60%的江海联运任务。1984年公司重建后，先后完成了四川江油电厂、重庆珞璜电厂、江苏利港电厂、湖北鄂州电厂、涪陵816电厂、贵州开阳磷矿和昆明三聚磷酸钠公司等大型成套设备及物资的进出口运输任务。

1986年9月，重庆轮船公司（1989年更名为四川省重庆轮船总公司）也与海运企业联合开展了江海联运，在张家港转海轮出口。到1988年8月底，公司先后向印度尼西亚、泰国、马来西亚、菲律宾运送硫黄12万吨，创汇1400多万美元；向意大利、日本等国运去天青石3万吨，创汇300多万美元。1985年9月21日至10月21日，公司与重庆环球（集团）有限公司、中国远洋运输公司联合，开展江海联运，为重庆建设机床厂从日本清水港运回摩托车部件6320立方米、14万台（套）。1990年11月21日，公司船舶又将600吨聚氯乙烯化工原料从宜宾港起程，通过江海联运方式，运抵韩国仁川港。与此同时，重庆轮船公司在1985年与香港合资创办的庆丰海运有限公司，也开展了以中日航线为主的近洋国际海运业务。其“庆丰”海轮于1990年国庆前夕，装运天青石、钢材6241吨，安全运达日本大阪港，首次实现了公司船舶江海全程联运。1993年3月28日至4月7日，“庆丰”轮又在天津装运5200吨援柬物资，安全运达柬埔寨磅逊港，受到柬埔寨政府和人民的欢迎。

（三）集装箱运输初步发展

集装箱运输以其优质、快速、高效和门到门服务的独特优势，得到广泛运用。重庆发展集装箱运输具有得天独厚的综合优势，长江流域全方位的开放格局，推动沿江外向型经济快速发展；外贸集装箱运量急剧增长，长江成为中国20世纪90年代集装箱运输发展最快的地区之一。集装箱运输成为重庆港航企业发展新的经济增长点，尤其是在水运业滞后、运输结构不合理的状况下，发展长江集装箱运输更显必要。1993年10月，四川省重庆轮船总公司又与民生国际集装箱运输有限公司联合，开辟了重庆到上海转出口的集装箱定期班轮运输航线，开展江、海、铁、公国际集装箱多式联运，促进了进出口运输的发展。20世纪90年代后期，重庆集装箱运输开始步入发展快车道，1999年重庆集装箱运量与货运量达到0.9万标准箱、9万吨，2000年达到1.8万标准箱、18万吨。

（四）航运经济联合体的建立

1986年，涪陵轮船公司（长天轮船公司前身）与武汉水运工程学院、中国船舶总公司708研究所，联合研制成功纵流双尾新型客船，得到了旅客好评。重庆轮船公司与武汉水运工程学院结成生产、科研、教学联合体，开展“川江船型船队技术经济可行性论证”“江海直达成本技术工业性试验”“浮动修船厂”等科研工作，促进了生产、教学和科研。川犍轮船公司与有关单位联合办电石厂、粉末冶金厂、金红石、膨润土、盾化石灰等项目，又与新都、重庆、南京、西安、贵阳等地企业以收入分成、租赁场地等形式，联合经营电动游船旅游服务业，深受游客青睐。

1993年，巫山、巫溪两县航运企业成立的、按比例投入旅游船运力的松散型联合体，实行统一调度、分企业独立核算、自负盈亏的办法，维护了旅游客运市场秩序，使客船实载率提高了30%～50%。1988年至1994年间，重庆、涪陵、万县等市地航运企业，联合成立信息联络小组、航运企业经理联系会、航运企业协会等松散型联合体，对航运企业沟通信息、争取货源、统一运价、维护运输市场秩序、保护企业自身利益、提高航运企业在市场中的竞争能力均起到了积极作用。

到1994年，重庆长江轮船公司共销售煤炭80余万吨，此后带动了四川省航运部门产、购、运、销“一条龙”服务的普遍开展。面对重庆等地优质煤需求缺口大的情况，采取代购代运代销方式，与重庆三钢厂、电厂、电缆厂等13个厂家签订了供需合同，共计煤炭1.6万吨，一票到底、包干负责，将煤炭按时保质运到目的地。

（五）承包经营责任制的推行

1987年3月，交通部在全国交通系统厅、局长会议上，对交通企业提出了推行两个层次承包经营责任制的要求，即第一个层次的承包重点解决企业与国家的关系问题，第二层次的承包重点解决企业与职工的关系问题。同年7月，交通部在西安又召开了搞活地方交通企业研讨会，研究了地方交通企业承包的形式、内容、方法、要求与措施。10月6日至8日，四川省交通厅在渠县召开了四川省航运企业承包经营责任制座谈会，传达了交通部西安会议精神，总结交流了四川省航运企业推行承包经营责任制的经验，研究了存在的问题和解决措施。会后，重庆国营航运企业承包经营责任制开始普遍推行，集体航运企业承包经营责任制得到了深化和完善。重庆多数航运企业均实行了两个层次承包，即企业向主管局承包，所属单位、船队向企业承包。

（六）国营航运企业承包情况

国营航运企业在20世纪80年代初期实行利润、亏损包干经营责任制的基础上，普遍推行了任期目标承包经营责任制。承包形式主要有4种：一是对盈利企业实行包死基数、递增包干；二是对盈利企业实行包死基数、超收分成；三是对微利企业实行包死基数、超收全留；四是对亏损企业实行亏损包干、减亏全留。其包干基数一般是按本企业上年或前3年的利润水平来确定，多数国营航运企业第一轮承包期从1988年开始。

重庆轮船总公司从1989年开始，在与市交通局签订了承包合同后，全面推行了“收支包干，据实核算”的承包办法。对乐山分公司、泸州分公司、宜宾分公司、驳运分公司和南通物资转运站实行了“全额收支平衡，亏损不补，超定额利润二八分成”的承包形式，对附属工业厂实行“全额收支平衡，亏损补贴包干，超亏不补，节亏二八分成”的承包形式，对其他二级单位和多种经营单位实行“全额收支包干，定额利润上缴，超额利润分成”的承包形式，促使各单位把定额利润这一最终考核指标放在衡量经营效果的首位，认真组织生产，一举扭转了多年亏损局面，全年实现利润1054.4万元。

涪陵轮船公司1988年实行第一轮承包，与地区交通局签订了为期3年的承包经营责任制合同。在承包期中，公司积极开拓旅游运输市场，开辟了重庆至湖南岳阳旅游客运航线，广泛开展了横向经济联合，取得了显著的经济效益，各项承包指标均超额完成。如利润指标，3年承包数为90万元，实际完成417.54万元，为承包数的4.64倍。

万县东方轮船公司于1988年采取投标和缴纳风险抵押金方式，与万县市交通局签订了为期3年的承包经营合同。承包3年企业跨了三大步，年平均利润为62万元，其中1989年利润达150万元。其他国营航运企业也普遍实行了利润或亏损包干，超利润分成或全留和减亏全留承包办法，承包期限为1年至4年不等。

（七）集体航运企业承包情况

集体航运企业在20世纪80年代初期实行多种形式经济责任制的基础上，逐步发展到推行多种形式的承包经营责任制。1987年以后，在推行两个层次承包中，根据国务院提出的搞好“配套、完善、深化、发展”的方针，又逐步实行了招标承包和风险抵押承包经济责任制。企业内部承包形式主要包含收入分成制、超利分成制、纯利分成制、除本分成制、包成本节奖超惩制、单船或个人承包责任制、包干制7种形式。

承包经营责任制的推行，使集体航运企业在建立激励机制、竞争机制、风险机制、约束机制等方面前进了一大步，有力地促进了企业经济效益提高，固定资产增值，职工收入实现较快增长。

到1990年底，重庆多数航运企业第一轮承包合同已经到期，1991年普遍进入第二轮承包。第二轮承包是在认真总结第一轮承包经验的基础上，按照“大稳定调整”的原则，针对企业实际和存在的问题，对承包形式、制度、内容等方面进行了完善和发展。普遍推行了领导班子集体承包和全员风险抵押承包，建立和强化了风险机制。部分条件较好的集体航运企业还推出了“个人高额风险抵押承包”形式，或者改承包经营责任制为目标管理。

万县地区25家航运企业到1990年底已有22家签订了第二轮承包合同，普遍实行了企业领导集体滚动承包，消除了第一轮承包弊端，促进了经济效益再上新台阶。如川东轮船公司在1991年至1993年的第二轮承包中，累计完成营运收入4916.6万元，上缴国家税费762万元，比前3年第一轮承包分别增长1.02倍和2.23倍，公司发展呈现欣欣向荣之势。

涪陵市轮船公司经两轮承包经营后，企业发生巨大变化。1994年，在向国家缴纳按营运收入3.24%的营业税和按利润55%的所得税后，实现利润440万元。

二、水路客运市场的巨大变化

（一）重庆长江三峡涉外旅游客运蓬勃发展

进入20世纪90年代，在国家政策激励下，长江三峡涉外旅游蓬勃发展，为促进改革开放和沿江地区经济发展，给国家创汇，增加航运企业收入发挥了重要作用。

1988年2月，涪陵市轮船公司控股，与重庆外贸进出口公司及华建公司合资组建涪陵江州轮船股份有限公司，建造了长江第一艘地方涉外游船“太白”号，并于当年9月30日满载日本游客、港澳台同胞及国家旅游局代表在重庆至宜昌长江三峡“一线六点”航线首航，开创了地方航运企业经营长江涉外旅游之先河。日本《读卖新闻》和我国《人民中国》杂志均报道了此次“太白”号首航新闻。许多海外游客在该船的留言簿上写下了热情洋溢的诗文、楹联或赞美词语。一个由台湾大学校长、教授组成的旅游团向“太白”轮赠送了一块题为“观光有赖”的匾额，澳门贸易商会旅游团送给“太白”轮一个镌刻着“发展经济，振兴中华”文字的纪念牌。长江第一艘地方涉外游轮首航取得圆满成功。

“太白”号的成功投运，激励了重庆广大地方航运企业发展长江涉外旅游运输的积极性。很快，地方涉外游船的数量如雨后春笋般不断增加。

1992年4月，涪陵轮船公司自行设计、建成“天龙”轮，投入到重庆至沙市涉外旅游运输中。

1993 年 5 月,丰都轮船公司改建“伯爵”轮,由重庆中侨船务公司租赁经营重庆至岳阳航线。

1993 年 4 月,涪陵市轮船公司与香港国旅发展有限公司经交通部批准,合资成立了中外合资四川涪陵金龙轮船有限公司,于 1994 年 5 月建成第二艘涉外游轮“长江金龙”号,投入重庆至武汉涉外旅游运输。

经营重庆至武汉航线的涉外游轮还有:

1992 年 12 月,涪陵轮船公司与东方国际影视广告有限公司合资成立新公司开展旅游业务;1993 年 5 月,涪陵轮船公司将股份转让给重庆东方科技实业有限公司,成立“长江三峡东方国际旅游轮船有限公司”,并建成“天仙”轮和“天女”轮投运。

1993 年 12 月,东方轮船公司自建“东方王朝”轮投入重庆至南京涉外旅游运输,这是四川地方涉外旅游运输经营的最长航线(但该轮实际还是在长江三峡区段营运)。

1994 年 3 月和 12 月,重庆轮船总公司与西安中国国际旅行社、重庆市海外旅游公司合资成立的重庆市长江三峡旅游轮船有限公司,建成“中华荣耀”轮和“中国之梦”轮投运;4 月,万州轮船公司“万津”轮建成投运;5 月,重庆侨丰实业(集团)有限公司组建的重庆侨丰游船旅游公司建成“侨丰”轮投运;9 月,重庆环球轮船公司以租赁方式,向中国农业银行重庆信托投资公司贷款 750 万元建成的“玉祥”轮投运。

1995 年 2 月,重庆轮船总公司、四川省旅游总公司、中国工商银行四川省分行、四川省海外旅游公司、中国银行重庆市分行、中国国际旅行社万县支社、中国长江轮船总公司东风船厂等 7 家企业与香港悦兴国际有限公司、香港利泽实业有限公司合资成立的重庆大有游船有限公司,建成“北斗”轮投运;3 月,重庆中侨船务公司与长发重庆公司、重庆市中区房屋开发公司共同筹资 4000 万元建成的“女王”轮投运;5 月,邮电部邮政运输局、四川省长海实业总公司、重庆市邮电局、重庆鸿雁旅游公司合资成立的重庆鸿雁轮船有限公司,建成“中驿”轮投运。

上述涉外旅游客轮船形新颖,装饰豪华,设施完善,深受海外游客赞赏,经济效益和社会效益均十分显著。

长江三峡涉外旅游虽然发展迅猛,但由于缺乏统一规划和管理,一些企业盲目造船,致使经营秩序混乱,安全措施不健全,服务质量下降。为保证长江三峡涉外旅游业健康发展,1995 年 2 月 27 日,国务院办公厅印发《关于进一步加强长江三峡涉外旅游船舶管理问题的通知》(国办发〔1995〕13 号),决定由交通部会同国家旅游局、公安部等部门,在当年 6 月底前对长江三峡涉外旅游运输企业及船舶进行认真清理整顿,严格规范企业审批、安全管理、船舶检验、登记、签证、船员考试发证、公安治安、服务质量等项目,要求符合条件的企业和船舶进行重新登记签证,不符合条件的限期整改,经过整改仍不符合条件的,则取消其经营资格。整顿结束后,交通部和国家旅游局重新颁布了长江三峡涉外旅游企业及船舶名单,并在此后较长一段时期内,未再审批新的长江涉外游船,这对长江三峡涉外旅游运力、运量的基本平衡和协调发展起到了积极的作用。

(二)长江三峡国内旅游升级成“长江游”

重庆长江三峡涉外旅游蓬勃发展的同时,国内旅游航运也方兴未艾,“三峡游”被逐渐升级为“长江游”。

时间进入20世纪90年代,“三峡游”虽然已是长江旅游的经典航线,但游客需求已发生巨大变化,他们不满足只在600公里长的三峡和川江上转悠,希望能够将上、中、下游贯通一气,一次出游便能将长江美景览尽无余;此时,重庆水路客运旅游企业的发展也到了需要进一步扩大业务范畴、提升经营档次的阶段,且船只的设施、设备及营销条件、技术人才、管理手段、外部环境等都已基本成熟。于是,重庆三峡轮船股份有限公司(原涪陵市轮船公司,简称“三峡轮司”)适时率先组织人员对长江下游的旅游资源进行专题调研,统筹设计了重庆至南京一线的游览观光及船舶运行方案,决定将经营了7年多的“三峡游”升级为重庆至南京的“长江游”。

“长江游”的具体安排是:客人在重庆港上船(也可在客轮停靠的其他港口上船),先按长江三峡“一线六点”运行模式游览三峡景点,出大三峡后往下则新增岳阳楼、九江、庐山、黄山、九华山、小孤山及南京的中山陵、梅园新村和总统府等景点。这样,长江沿线的顶级风景名胜基本上可尽收眼底。客轮返航上行时则与三峡旅游客运一样,按照班船规矩停靠沿江主要城市的港口码头。

与7年前相似,三峡轮司策划的“长江游”仍然面临长江上游地方航运企业不得进入中下游客运市场老规矩的束缚,也面临沿途停靠地交通主管机关和港口是否同意停靠的问题,申请办理新航线的营运手续非常麻烦。1年多后,在四川省交通厅和厅航务管理局领导的大力支持、协调和帮助下,才终于拿到了长江航务管理局同意三峡轮司经营长江中下游客运的批件,取得了走通长江的资质。

但是,要将600多公里长的航线延伸至2000余公里,从长江上游到中游再到下游,实现三级跳,就必须对所需的硬件、软件进行一次全面升级。

①从20世纪80年代中期开始,三峡轮司致力于开发能够适应全长江运行的新型双尾客轮;同时,在新客轮上增添超长客运需要的导航、通信等先进船用设备,按星级宾馆标准增添旅客服务设施,全方位提升船舶档次,为走通全长江备好了运输工具。

②强化船员培训,着意培养锻炼船长及高级船员独当一面的能力,创造条件让船员熟悉长江中下游的航道、水情、气象,让他们能驾驭中游航道的浅水及频繁变迁,适应下游的大风、大雾及低温气候;同时培养服务人员,提高服务水平和服务能力,真正按旅游船标准开展规范化服务。

③增加驻外机构,提升公司总部及各驻外办事机构的管理水平和协调能力。

在各项准备都到位后,1994 年 3 月 28 日,三峡轮司独家开辟的又一条旅游客运新线——重庆至南京正式首航。这是川渝地方水运企业首次走通长江上、中、下游客运的创举,因而受到四川省交通厅、沿江政府及港口的高度重视。《中国交通报》《中国河运报》《南京日报》《扬子晚报》《金陵晚报》以及江苏电视台、南京电视台等媒体分别对首航情况做了报道,赞誉此举是"争了上游争下游",是"战略转移冲出川江"。担任本次首航的三峡轮司"涪州 32 号"轮虽然遇到不少阻力,但仍然安全抵达南京,受到南京港及市民的热烈欢迎。南京市民们在码头上放了大量鞭炮,还举行了隆重的欢迎仪式和新闻发布会。"涪州 32 号"从南京返回重庆时,四川省交通厅副厅长胡培根带领交通厅有关局、处负责人专程到重庆码头迎接。胡厅长代表省交通厅对三峡轮司为长江航运及长江旅游事业所作的贡献做了充分肯定,感谢公司为四川人民争了光。

根据三峡轮司搜集到的游客(其中包括 3 位美国留学生)留言,大家对"长江游"的感觉和反映主要集中在以下两点:

①重庆至南京"长江游"是中国乃至世界少有的"旅游盛宴"。在一次航行和游览中,有山、有水、有名胜、有古迹、有自然景观、有人文景观,而且样样精彩;远道前来的客人更有一番特别感受,他们说,长江本身就是一道看不够的风景,如此出游一趟真可以大饱眼福。

②乘船游比其他任何形式的旅游更舒适。重庆至南京 2000 余公里,景点 10 多个,行程 4 天多,却无须转车转船换宾馆。客轮便是流动宾馆,吃住玩乐一应俱全,下船可以游览景点,上船边吃边喝边闲聊也可观赏两岸风光,还可到船上的酒吧、舞厅休闲。这条旅游线路后来吸引了许多老年团队,并从传统的下水单面游发展到上、下水双面游。

重庆至南京旅游客运航线正式开航的第二年,涪陵天府轮船股份有限公司(原涪陵轮船公司)的"天"字系列游船、万县东方轮船公司的"东方"系列游船、四川轮船公司(泸州轮船公司)的"华"字系列游船也将客运航线延伸到了南京,加入并逐渐形成了渝宁每日一班的发班状态;但三峡轮司的"山"字系列游船则一直占据着该条航线的半壁市场。除以上 4 家公司外,丰都轮船公司、万州轮船公司、川东轮船公司也先后将客运航线延伸到岳阳、武汉或九江,"长江游"真正成了三峡旅游的升级版。

重庆至南京航线是迄今为止川渝地方航运企业经营过的最长旅游客运航线,也是全长江地方航运企业船舶运行过的最长客运航线。它的开辟和经营是重庆水路客运发展的又一次飞跃,标志着"长江游"的正式兴起,因此在中国水路旅游客运发展史上占据了极为重要的位置。这条航线开辟和正常营运后,重庆水路客运、旅游事业进入了历史上最为鼎盛的时期。

（三）高速客运的发展

重庆地方水路客运，长期以来都用普通客船运送旅客，由于船舶航行速度慢，旅客在途时间长，因此在与铁路、公路的竞争中处于劣势，影响了水路客运的发展。为了改变这种状况，在改革开放初期，重庆地方航运部门就开始发展高速客船。1993 年底，重庆至宜昌航段有高速客船 7 艘，1994 年底发展到 20 余艘，1995 年底猛增到 42 艘、4400 余客座。

高速客船的发展起于重庆轮船公司。重庆轮船公司于 1971 年接收由上海沪东造船厂建造的 717 型侧壁式气垫船“金沙江”号在长江运行试验。1984 年 10 月，由重庆船厂建造的同类型气垫船“岷江”号也在长江试航成功，并从同年 12 月 25 日起由重庆轮船公司正式投入重庆至泸州、宜宾航线营运。这是四川省内长江高速客船正式营运的开始。“岷江”号船功率为 441 千瓦，时速为 46 公里，客位 54 个，投入营运后，颇受旅客欢迎。到 1995 年，该公司已有气垫船 9 艘。1989 年 9 月，气垫船“岷江”号改为经营重庆至涪陵航线。1991 年，重庆轮船总公司又购置了 1 艘豪华式高速气垫船“渠江”号，于当年 2 月 2 日投入重庆至涪陵航线营运。“渠江”号船长 22.4 米，型宽 6.7 米，主机功率 882 千瓦，时速下水 55 公里、上水 40 公里，载客 80 人。与此同时，1984 年 10 月，重庆市轮渡公司也从杭州东风船厂购进 1 艘 441 千瓦、70 客位的气垫船“重庆”号，于 12 月投入重庆至长寿航线营运。1985 年 8 月 26 日，将航线延伸至丰都。1987 年 1 月 14 日，又将航线延伸至万县。1993 年 6 月，长江经济联合发展股份有限公司重庆公司与香港民生股份有限公司合资组建的重庆长发船务有限公司，也从俄罗斯购进了“长龙”“长飞”“长凤”“长舞”水翼船 4 艘，各载客 129 人，临时经营重庆至涪陵航线。1994 年 5 月 27 日，重庆长发船务有限公司又新增“长平”“长安”“长春”水翼船 3 艘，正式经营重庆至万县、重庆至涪陵航线。

1993 年 10 月，涪陵市轮船公司与中国船舶总公司 708 所和杭州造船厂合作，建成双体气垫船“圣宴”号（后更名为“北极星”），投入了重庆至涪陵航线营运。同年，涪陵地区综合运输贸易公司也购进了玻璃钢高速船“飞鱼”号、“飞雁”号，经营重庆至涪陵和重庆至丰都航线。1996 年，该公司又购进“金港”号高速船，经营重庆至乌江白涛航线，并曾试航至武隆江口及彭水港，后因经营不善而停止该航线营运。1994 年 10 月，重庆客轮总公司购进俄罗斯水翼船“神风”号，也经营重庆至涪陵航线。以后该司又陆续购进俄罗斯水翼船“神通”“神翼”“神龙”和“神彩”号，从 1995 年 8 月 25 日起，先后经营重庆至丰都和重庆至万县航线。

1995 年，重庆鸿雁轮船有限公司（后更名为重庆邮政船务公司）购进俄罗斯水翼船“鸿飞 1”号、“鸿飞 2”号，于当年 6 月投入了重庆至丰都航线营运。7 月，万州轮船公司也购进了俄罗斯水翼船“华龙 1”号和“华龙 2”号，投入了重庆至巫山、重庆至万县航线运输。1997 年 5 月，涪陵港务局“慕”字系列 4 艘快船正式投入重庆至涪陵航线运输。1996 年，涪陵轮船公司“天欧 1”号、“天欧 2”号、“天欧 3”号（后更名为“渝平”号、“渝发”号、“渝安”号）水翼船营运重庆至万县航线。

重庆轮船总公司从 1993 年开始，先后在所属泸州船厂建造了新一代钢质侧壁式气垫船“康平 1”号、“康平 2”号、“康平 7”号、“康平 8”号，各载客 128 人，“康平 9”号载客 300 人，于 1995 年 8 月投入重庆至宜昌航线营运，从而开启了高速客船出川的历史。同年，重庆鸿雁轮船有限公司购进俄罗斯水翼船“飞驿 4”号、“飞驿 6”号，也投入了这条省际航线运输。

此外，长江沿线部分地市航运管理部门也批准了少数航运企业经营区间短途高速客运航线。如重庆市航运管理处批准重庆长寿旅游客船有限责任公司购进玻璃钢高速船“银燕”号、“青州”号，经营重庆至长寿航线。万县市航务管理处批准万县市港埠公司“金翔”号快艇经营万县至奉节航线，批准云阳三峡旅行社“云旅”号快艇经营万县至云阳航线。

高速水翼船与气垫船相比，航速更快，噪声较小，航行时产生的波浪更小，更安全。所以随着水翼船的大量进入，气垫船逐步退出了重庆水运市场。

高速客船载客率较高，航速较快，平均载客率下水达 50% ~60%、上水达 80% ~100%，日运输旅客总量在 6000 人左右。高峰时仅重庆港航线就有重庆至长寿、涪陵、万县、奉节、巫山、宜昌、彭水等，日发达 20 多班。由于高速客船航速较快，如高速水翼船在省内长江平均每小时航速上水 55 公里、下水 65 公里，比普通客船航速快 2 倍和 1 倍多，所以颇受旅客欢迎。

（四）支流客运的发展

1. 大宁河水上旅游运输的发展

1992 年 7 月大宁河支流马渡河小小三峡旅游资源开发后，大宁河旅游航程由 50 公里延伸到 60 公里，游人可乘坐仿古小木划或橡皮艇漂流马渡河，欣赏小小三峡的幽深峡谷、秀丽山石和玉液琼浆般的溪流，以致游客络绎不绝。1992 年冬季，大宁河小三峡出现了旅游热，每天游客多达 2000 余人。1993 年 5 月 1 日，游客高达 5000 余人。大宁河游船由 1992 年的 67 艘发展到 1995 年的 159 艘。马渡河小小三峡漂流船只由 1992 年的 8 艘发展到 1994 年的 47 艘。1994 年，大宁河小三峡接待中外游客 57 万人次，1995 年增至 80 万人次。大宁河小三峡同长江三峡双双登上了“中国旅游胜地 40 佳”金榜。

为了充分利用风景资源，发展大宁河小三峡旅游热线，1988 年万县地区航运企业开辟了奉节—巫溪—巫山“金三角”旅游线路，开展了二日游和三日游。1993 年，巫山县轮船公司还开展了大小三峡同游，实行吃、住、行、游“一条龙”服务，为游客提供了方便。

担负大宁河小三峡旅游运输的航运企业，重视运输安全和服务质量的提高，在不断改善游船和运输设备的同时，开展了多项服务。船工们主动担任义务向导，向游客解说沿途风景名胜，并做到扶老携幼，迎送旅客，代拿行李，送药送水，文明服务，游客普遍感到满意。一外宾题词称赞：“小三峡美，小三峡船工更美，OK。”

后来由于游客迅速增加，经营旅游运输的企业和游船也随之增多，管理工作未跟上，一度也出现了运输秩序混乱、服务质量下降、事故隐患增多、宰客和治安问题突出等问题，影响了旅游业的声誉。1995 年 9 月 11 日，四川省政府办公厅向万县市及所属各区、县人民政府、省政府有关部门发出了《关于加强大宁河客运管理的通知》，对严格经营审批制度，加强客运安全管理，强化治安管理，规范经营行为，加强收费管理和航道、港口建设，规范旅游服务企业的经营，以及对经营大宁河水上旅游运输的有关企业（船舶）进行清理整顿等做了明确规定。经过认真贯彻，大宁河客运秩序有了明显好转。

大宁河小三峡旅游运输的发展，不仅给航运企业带来了可观的经济效益，同时也促进了当地经济的大发展。如由万县市旅游局与巫山县旅游局自筹资金联合开发的小小三峡，经过 4 年多时间的边开发边经营，资产由开发初期的 120 万元增值到 280 万元，并为当地安排库区移民近 300 人。又如，1995 年巫山县已拥有与旅游配套服务的运输客车 48 辆；国营、个体兴办的宾馆、餐馆、旅馆 104 家，比 10 年前增长 5.77 倍；经国家批准的涉外餐馆 3 家，国内旅游定点餐馆 16 家，从业人员 1500 余人，营业额在 1200 万元以上。据 1994 年统计，巫山全县旅游服务从业人员多达 4500 余人，以旅游为龙头的第三产业纳税额达 500 余万元，风景区财务收入 1000 余万元，两项收入占全县财政收入的四分之一。旅游已成为当地经济发展的支柱产业之一。

2. 其他支流水上旅游运输的发展

1990 年底，航运部门在嘉陵江下游开辟有合川至钓鱼城，合川至北温泉、北碚，北碚至钓鱼城和嘉陵江温汤峡水域等 4 条旅游航线，共有旅游船 5 艘、398.4 千瓦、1221 客座，游览船 1 艘、53 千瓦、11 客座。

清代诗人翁若梅赞誉“蜀中山水奇，应推此第一”的乌江，旅游资源正在开发。随着“周末旅游”的升温，乌江以其别具特色的风景名胜，成为新的旅游热点。地处乌江与长江汇合处的长天轮船公司，在积极发展长江旅游运输的同时，开始实施回首乌江的重大举措。1992 年 11 月 27 日，该司耗资 50 万元建成的“乌江之星”旅游客轮，率先驶进乌江，开始了乌江的旅游运输。1994 年至 1995 年，该司一方面加大乌江旅游宣传力度，另一方面集中技术力量，加速了乌江旅游高速客船的研制和武隆、江口镇的旅游配套服务设施的建设，并于 1995 年 9 月开始接待游客。长天轮船公司将拓展的乌江、芙蓉洞、芙蓉江等旅游景点与张家界风景区、长江大小三峡、荆州三国古战场、八百里洞庭湖连接起来，形成新的环形旅游线，以促进水上旅游业的发展。

此外，涪江、沱江、渠江与众多支流小河及水库湖泊地区，也普遍开展了短途旅游运输和库区旅游运输。黔江苗族土家族自治县建立的冯家旅游工业开发区，从冯家、官渡河至舟白15公里旅游区，有各类船舶供游客游览，观赏库区江面、江水翻坝、冉土司墓遗址、神秘大溶洞、官渡河小三峡、神岩庙和舟白渡险关等景点，节假日来此游客达千余人。

三、航运公司的发展

（一）民生公司

民生公司在以轮船货运业务为主的基础上，依照老民生公司的模式，办成了民生实业有限公司。1988年8月，首先成立了民生对外贸易进出口公司，主要经营各项进出口贸易业务，直接对外谈判、成交、签约、结汇，已与亚洲、美洲、大洋洲许多国家和地区的250多家客户建立了贸易关系和业务联系，涉及五金矿产、机械、机电、医药、化工、轻工、仪器、仪表等门类产品，并建立了出口产品基地。

1990年10月，民生公司成立了民生国际货物运输代理公司和上海、武汉、广州分公司（均为国家一级货物运输代理公司），主要经营国际货物运输代理业务，直接签发全程联运提单和直接对外报价并结算运费。代理公司成立后，充分发挥既有海船又有江船以及全程货物运输代理的优势，除代理运输大量从中国到世界的出口商品外，还先后代理运输了一批进口成套设备和重庆从日本进口的摩托车、汽车散件。为了开展业务，代理公司又在我国沿海各重要城市和长江沿线各主要港口设立了分公司，并设有报关、保险代理和商检业务人员，代办中转、报关、监管、商检报验、运输保险业务和提供各类货物包装咨询服务。业务范围已扩展到世界各地，与海内外多家船公司和货运代理公司建立了密切的业务联系，并建立了代理处。1995年11月24日，重庆海关与民生公司正式签订了关于长江《二程船转关运输监管货物风险备忘录》，规定对进出口的大宗货物，如出口的碳酸锶、榨菜、矿石、钢材（不含许可证），可在海关查验后，委托公司监装封箱，凭记录向海关办理放行手续；进口的机械设备、集装箱、汽车散件、钢材类等，海关可凭水运单签章卸船。这既标志着重庆海关率先在西南地区对江海联运转关运输监管货物实行重大改革，也标志着重庆海关对承载60%江海联运物资的民生公司的充分信任，从而加强了长江进出口的转关活动。

1993年2月，民生公司成立了民生国际集装箱运输有限公司，主要经营国际集装箱运输，包括堆存、转运、装箱、拆箱、包储、租赁业务，直接签发全程联运提单。该公司与民生轮船公司结合，已拥有江海集装箱船舶17艘，其中长江全集装箱船舶12艘，总载量480个标准箱，航行重庆至上海航线；海船5艘，总载量1000个标准箱，航行至日本、中国香港航线。同时，还在重庆拥有集装箱拖车，开展陆路特别是成渝高速公路集装箱运输。除此以外，公司还代办中转，提供报关、商检、保险服务，承担国内各地至世界各地集装箱江海陆联运及一票到底的门对门运输。该公司成立后，于1993年开辟了重庆至上海长江集装箱运输班轮航线，成为长江上游唯一开辟集装箱运输班轮航线的公司，结束了长江上游没有集装箱运输班轮的历史。长江集装箱班轮开航后，由每月两班增为周班，沿途停靠长江各主要港口，经上海连接世界各地。仅1993年3个月所运集装箱，就比1992年全年经长江水路运输出口的总量增加了6倍，促进了重庆及西南地区对外经济贸易的发展。公司提供的全方位服务，直接在重庆签单、结汇，极大地方便了货主。

1993年9月，民生公司成立了民生国际船务代理公司，主要经营国际船舶代理及其相关业务。公司成立后，已承办了大量航行国际、国内航线各类船舶在上海港的代理业务，并与许多船务公司建立了联系。民生公司还先后在上海、广州、武汉、成都、天津、北京、宜昌、张家港等主要城市设立了分公司；在长江沿线的涪陵、万县、南京、南通、无锡等主要港口和城市设立了办事处，在新加坡、中国香港设立了总代理。到1996年底，全公司共有职工1600余人。

此外，民生公司还先后合资和投资兴办了奥明光电技术有限公司、重庆大达轮船有限公司、重庆民生电力股份有限公司、民生神原海运有限公司等企业，使公司成为既有航运，又有外贸、国际货代、国际船代、国际集装箱运输和合资企业的大型民营企业集团。

重建的民生公司是一个在人、财、物以及经营管理上具有完全自主的民营企业。它既继承了老民生公司的优良传统，又吸取了现代企业管理的成功经验。从机构、人事到规章制度等方面的建立，都是根据公司的实际情况，并借鉴国内外企业的经验，逐步探索出一套自身独有的经营管理模式。总公司机关机构精干，在创办初期只设计财、业务、船务、综合4个处；到1996年底，公司已有很大发展，但机构仅有总经理室和计财、综合、人事、企业管理等7个处。机关人员很少，许多人身兼数职，一人干几个人的工作。用工制度实行老民生公司的“大才过找，小才过考”的办法。新进人员必须首先了解民生公司史和民生精神，明确进民生公司是拼搏奉献，而不是索取。经考核合格后才能进公司，并要经3个月的试用，合格者才能正式录用。工资制度是实行“小步快跑”的60级工资制，级差小，表现好的每年都可晋升一级，并与职务挂钩，能升能降，能进能出，不搞终身制，不端“铁饭碗”。同时，公司坚持以“爱国主义、集体主义、艰苦创业、拼搏奉献”的民生精神教育职工，经常举办民生精神学习班和开展业务培训。仅1996年，总公司就举办民生精神学习班36期，先后有731人次参加学习。

进入20世纪90年代以后，随着社会经济的初步转型和长江航运的快速发展，民生公司围绕长江航运这一中心平台，逐渐发展国际货代、国际船代和公路运输，并对货源结构进行重大调整，提升长江运力水平，进入全面发展时期。

民生公司在全面发展时期，尽管领域涉及国际货代、国际船代和公路运输，但其长江航运这个中心平台并没有改变，其他多元化经营内容，也都是以这个平台为基础，并为这个平台服务的，其中心目的仍然是更好、更全面地为社会提供优质服务。同时，民生公司还积极开展油化品运输业务。

1. 开展长江集装箱运输

（1）开启长江上游集装箱运输新时期

更好地为重庆和西部地区的外贸经济和发展服务，20 世纪 90 年代初，民生公司将服务中心从散杂货开始向集装箱方向转变，并着手集装箱运输的有关准备工作。1990 年 10 月，民生公司购买了集装箱。同年 11 月，经国家对外经济贸易部批准，民生国际货物运输代理公司成立。次年 2 月 6 日，民生公司“生蓉”船队运输 19 个集装箱计 318 吨新西兰进口羊毛，从上海抵达重庆，首次批量运输集装箱，开启了长江上游集装箱运输的新时期。但是，这个时期民生公司的集装箱运输主要是少量、零星、非班轮化的运输，货主的“一关三检”手续都需要在上海等第一口岸完成，不能在重庆提前签单结汇。同时，货运质量管理战线太长，口岸发现问题也不容易解决。

（2）开辟长江上游集装箱班轮

1992 年 9 月，民生公司为了圆多年长江上游航运的难圆之梦，决心开通重庆至上海长江集装箱运输班轮。为此，民生公司选拔一批青年骨干，开始组建民生国际集装箱运输有限公司。经过 5 个多月的艰苦筹备，1993 年 2 月 26 日，经交通部批准，民生国际集装箱运输有限公司成立，主要经营集装箱运输、堆存、转运、装箱、仓储和租赁等业务。1992 年 12 月 29 日，民生公司与江南造船厂合作组建长江集装箱运输联营船队，为长江集装箱班轮运输的后续发展做好了运力准备。1993 年 8 月 5 日，在民生国际集装箱运输有限公司的全力推动之下，重庆市口岸办牵头召开了有海关、商检、动检、卫检等部门参加的联检工作会，口岸办当场决定在九龙坡码头设立联检办公室，使“一关三检”可在重庆一地完成。与此同时，民生公司建立了 2 个集装箱船队，运力得到了保证。至此，民生公司开通重庆至上海集装箱班轮的各种条件准备就绪。

1993 年 10 月 5 日，民生公司首辟重庆至上海集装箱运输班轮航线在重庆举行了首航仪式。重庆市领导滕久明、章必果、陈之惠、陈元虎及中外来宾 300 多人出席了首航仪式。民生国际集装箱运输班轮的开航，不但标志着民生公司的发展，也标志着长江上游集装箱班轮运输的开启。民生国际集装箱运输长江班轮的开航，不仅是民生公司的大事，也是重庆市、四川省乃至长江航运史上的一件大事，对促进重庆及西南地区的对外开放、强化重庆的口岸作用具有重要的意义。

（3）集装箱运输管理及运量

随着长江集装箱运量的增长，民生公司重庆至上海集装箱运输班轮班次和航线也不断增加。1993年刚开始时为半月一班，次年上半年增加为旬班，同年下半年又增加为周班；1997年8月，增加为每周两班，沿途挂靠长江沿线各港口；2000年6月8日，由每周两班增加为每周三班；同时，开启了内贸集装箱运输，扩大了服务领域。此后，经交通部批准，民生公司对长江内支线集装箱班轮进行再次调整，发航密度由每周三班增加至每周五班，从而满足了客户对集装箱不同时间的发运需求，并开辟了泸州至上海集装箱班轮航线，将集装箱班轮航线向长江上游进一步延伸。2000年1月，民生公司开辟了重庆至上海集装箱自航船快班轮服务，大大提高了运行速度。表5-3-1反映了民生公司长江集装箱快速发展的历程。

民生公司长江集装箱历年运量统计

表5-3-1

年份（年）	箱量（标准箱）	年份（年）	箱量（标准箱）	年份（年）	箱量（标准箱）
1993	550	1999	9000	2005	117900
1994	2200	2000	16900	2006	155200
1995	4200	2001	21700	2007	190100
1996	5000	2002	51000	2008	222100
1997	6000	2003	61500	2009	215900
1998	6600	2004	95900	2010	250100

2. 开展长江商品汽车滚装物流

（1）长江商品汽车运输的背景

汽车产业作为重庆的第一支柱产业，是重庆市最有力的经济增长点。为支持重庆及长江沿线汽车工业的发展，民生公司成为我国最早进入长江商品汽车整车运输领域的公司。在20世纪90年代初，民生公司即利用甲板驳船承运重庆长安厂各种类型的商品汽车到南京、上海等地，以后又将甲板驳改为专门运输商品车的滚装驳船，第一个利用甲板驳船采取滚装运输的方式承运上海大众公司的桑塔纳轿车从上海到武汉、重庆等城市。进入20世纪90年代，先后承运了庆铃五十铃各类货车、长安微车、昌河面包车、富康轿车、东南得利卡面包车、金杯面包车、奇瑞轿车、长城皮卡及各种进口轿车，以及红岩大货车、考斯特中型客车、重庆大客车和各种工程车。从1999年开始，民生公司又先后开始为庆铃公司、长安集团、长安福特马自达、长安铃木、奇瑞轿车、昌河汽车、力帆汽车等汽车制造企业做"大物流"，通过商品车陆运车队开展水陆联运，实现"门到门"的全程物流服务，逐步发展成为长江上最大、最先进的商品汽车水陆联运物流企业。

（2）长江商品汽车滚装运输的起步及管理

商品汽车滚装运输作为一种先进的汽车运输方式，具有运输能力强、安全、环保和节约资源的优势。为了配合中国汽车工业尤其是西南地区大型汽车企业对汽车物流服务的需求，1999 年 9 月 30 日，民生公司改造的 2 艘商品汽车滚装驳“民甲 806”和“民甲 846”投入营运，标志着民生公司长江商品汽车滚装物流的起步。随后，民生公司投资组建了重庆龙生汽车运输有限公司，主要经营各类商品汽车公路运输，开始全面发展商品汽车运输业务。

民生公司在发展长江商品汽车滚装运输的同时，非常注重加强陆上配套服务体系的建设和发展。在长江商品车滚装运输初期，民生公司主要进行商品车长江水路运输服务，从重庆运输到武汉庆铃汽车公司的整车库房。随着对长江水路滚装运输的认可，汽车厂商加大了水路发运量，并要求民生公司负责整车发售的全程运输服务。在这种背景下，民生公司先后在武汉、岳阳和南京成立了庆铃汽车中转库，并分别成立相应的转运车队，而后在西安、沈阳增设中转库。1999 年 8 月 26 日，民生公司专门成立了商品汽车专用运输车队，成为长江商品汽车滚装运输发展的一个有力支撑。民生公司开展商品汽车运输，不仅丰富了长江航运的形式和内容，而且为西部地区汽车工业的发展提供了有力的支撑和后续保障。

3. 开展海运集装箱班轮运输

（1）开辟沿海集装箱班轮航线

1985 年 11 月 10 日，民生公司广州到香港的集装箱航线由“生哲”轮和“民生 1201”驳开通，到 1996 年，民生公司的海运集装箱运输进入了新的发展阶段。当年，民生公司广州分公司与长荣海运的穗港集装箱支线运输协议签署，开始承运长荣海运香港与黄埔之间的进出口中转集装箱，同时又与阳明海运、东方海外、德国胜利等船公司签署了支线船运输协议，为其提供穗港集装箱中转业务及其他码头操作和货运代理业务，除解决了自有船舶“民生 1201”的货源外，还开始向同行船务公司租用舱位。为保证服务质量，民生公司广州分公司在黄埔旧港外运仓码头设立现场联络处，负责现场集装箱发放、港内装拆箱业务、报关报检业务和船舶作业现场跟踪。

2000 年以前，广州黄埔各码头集装箱装卸能力明显不足，民生公司有自卸能力的“民生 1201”驳发挥了很大的作用，可根据需要选择港机作业还是船机作业，大大缩短了在港等待时间，经营效益显著。但随着集装箱运输的发展，黄埔各港口的装卸能力及装卸效率逐渐提高，“民生 1201”驳自带装卸起重机的优势逐渐失去，加上船机老化、燃油成本逐年上升及船员的管理成本和管理风险的增加，“民生 1201”驳的经营效益逐渐转负。因此，民生公司退租拖轮，将“民生 1201”驳停航，随后卖掉，采用长租和短租结合的方式，以及通过与同行公司互换舱位等形式进行经营。

2000 年 3 月 18 日，民生公司沿海内支线上海至厦门集装箱班轮航线开航，这是民生公司 1984 年重建后开通的第一条沿海内支线，标志着民生公司集装箱班轮开始了新的发展。

（2）开辟大陆至台湾集装箱班轮航线

1998 年，民生轮船有限公司获得中华人民共和国交通部核准，取得了大陆至台湾的集装箱班轮航线航权，航线为：上海—石垣岛—基隆—台中—高雄—石垣岛—上海。同年 11 月 6 日，民生公司在上海港十区集装箱码头举行首航仪式，大陆至台湾集装箱班轮航线正式开通，开始了大陆至台湾集装箱班轮航线的经营。重庆市人大常委会副主任章必果、上海市人大常委会副主任厉无畏、上海市政协副主席陈正兴等领导出席首航仪式并讲话，对民生公司开通大陆至台湾集装箱班轮航线作出了高度评价。大陆至台湾航线的开通，民生公司通过长江和海上的集装箱班轮，把长江上游经济中心城市重庆、长江经济带与宝岛台湾紧密地联系起来，对海峡两岸加深交往、扩大交流、加强合作、促进经贸发展具有十分重要的意义。

（3）开辟日本集装箱班轮航线

1994 年后，民生轮船公司先以合营形式经营中国至日本地方港集装箱班轮航线。同年 5 月，民生轮船公司与日本神原汽船确认合作。次年 1 月 19 日，民生轮船公司与神原汽船合作的中日集装箱班轮在上海首航，航线是上海—日本松永—日本志布—上海，每周 1 班，租用 1 艘 270 标准箱的集装箱船。民生轮船公司负责中国国内的揽货、船舶代理、单证制作、运费收取等业务；神原汽船负责日本的揽货、船舶管理和运行、集装箱管理等业务。1995 年 6 月，又开辟了大连—上海—日本新潟—大连的集装箱班轮航线。

在开辟航线的同时，民生轮船公司与神原汽船积极筹备成立合资公司。1995 年，民生轮船公司副董事长卢国纪与神原汽船代表神原真人，在重庆民生公司总部签署了《民生轮船公司、神原汽船株式会社合资经营民生神原国际海运有限公司协议书》。同年 9 月 4 日，交通部下发《关于中外合资筹建民生神原国际海运有限公司的批复》（交水发〔1995〕817 号），同意筹建民生神原国际海运有限公司，在重庆登记注册，合资年限 15 年，总投资 800 万美元，其中中方占 51%，外方占 49%。同年 10 月 25 日，重庆市经济委员会根据交通部的批复下发《关于对中外合资重庆民生神原国际海运有限公司项目可行性研究报告的批复》（重经发〔1995〕外 58 号），要求民生轮船公司抓紧办理有关手续，争取早日投入运营。

民生轮船公司根据交通部、重庆市经济委员会的批复，与神原汽船共同起草了《民生神原国际海运有限公司合同》《民生神原国际海运有限公司章程》，经民生轮船公司卢国纪总经理、神原汽船神原真人社长共同签字后上报重庆市对外经济贸易委员会。1996 年 3 月 27 日，重庆市对外经济贸易委员会下发《关于同意重庆民生神原海运有限公司合同、章程的批复》（重经贸〔1996〕79 号）。

次年，民生神原国际海运有限公司正式成立，借助于神原汽船株式会社在日本的本土优势及其在集装箱运输上的经验，进行中国—日本集装箱班轮运输。随着中国海洋运输政策的放开，2000 年后，神原汽船株式会社开始独立开辟中国—日本集装箱班轮航线，民生神原国际海运有限公司宣告解散，民生公司开始独立经营中国—日本集装箱班轮航线。

（二）重庆轮船总公司

1989 年底，重庆轮船总公司实有客货轮 24 艘、8532 客座。

1991 年 9 月 6 日，经重庆市旅游事业管理局批复，同意成立四川省重庆轮船总公司客运旅游分公司，推动传统客运走向新局面。

1991 年，重庆轮船总公司认真贯彻党的十三届七中全会和中央工作会议精神，按照市政府决定，实施了兼并重庆市水上运输总公司的工作。经过一年多的艰苦努力和精心策划，基本做到了平稳过渡，将原水上运输总公司的 4200 多名在册职工和 2347 名离退休职工以及资产设备纳入统一管理。在企业配套改革中，按多元化经济、集团化管理的模式，确立了运输生产"战略东移"，调整生产经营结构，大力发展多种经营，重塑企业形象，取得了积极成效。在此期间，重庆轮船总公司与武汉水运工程学院建立生产、科研、教学联合体，结合水运发展趋势进行了实用性研究。1992 年 8 月，共同承担的"内河快速客船研制（300 客位长江型侧壁式钢质气垫船）"被列为国家"八五"重点科技攻关项目。

1993 年底，公司拥有职工 12659 人，其中，在册职工 8457 人、离退休职工 4202 人。共有机动船 77 艘，7410 客位，拖轮功率 22022 千瓦，总功率 30098 千瓦；驳船 363 艘，105477 吨位。1997 年，重庆直辖，四川省重庆轮船总公司更名为重庆轮船总公司。

在业务领域方面，1992 年 7 月 5 日，乐山至宜昌客运航线正式开通，是水上客运业务的重大拓展。

1994 年，经国家计委批准，四川省重庆轮船总公司向德国政府优惠贷款 7560 万马克（年利息 3.25%，还贷期 11 年、限期 1 年），自筹 840 万马克，合计 8400 万马克，在德国克鲁格船厂建造 5000 吨级 332 箱集装箱多用途货船 4 艘。同年 10 月与克鲁格船厂签订造船合同；11 月成立海运筹备组。1995 年 10 月 23 日，经交通部批准，同意筹建四川省海运有限责任公司，由四川省重庆轮船总公司、重庆金川航运物资供应公司和四川省九光实业公司合资，经营以四川省外贸进出口货物运输为主的近洋国际航线。

后在重庆市政府的大力支持下，经国家计委批准，又争取到优惠贷款 7200 万马克，自筹 945 万马克，合计 8145 万马克，在德国大众船厂建造了 672 箱集装箱多用途货船 2 艘。1994 年 3 月和 9 月，第一艘海船"金满江"号和第二艘海船"金满河"号分别建成投产。至此，四川省海运有限责任公司已拥有海船 6 艘，总造价 16545 万马克。1996 年，按照重庆市政府的安排，四川省重庆轮船总公司成立组建海运公司，利用德国低息贷款建造了6艘海船,用于近海集装箱运输。

进入20世纪90年代中后期,随着企业船型老旧、包袱沉重等问题的集中暴露,企业经营极度困难,面临着倒闭的风险。在此期间,公司进行了痛苦的转型之路,职工总数由高峰时期的1.2万余人裁减至2300余人,老旧船舶被逐步拆解,运力规模大幅减少,历史欠账集中解决和清理,正因为这些艰难的抉择和阵痛才为企业以后的轻装上阵奠定基础。

(三)重庆长江轮船公司

1989年,重庆长江轮船公司在生产、利润、效率、消耗等主要考核指标方面创造了历史最好成绩,公司先后荣获1989年度全国思想政治工作优秀企业、国家二级企业、重庆市文明单位、国家一级节能企业、交通部节能样板企业、四川省先进单位、全国计划生育协会先进集体、交通部质量管理奖等荣誉。

1992年12月,经国务院批准,以长江轮船总公司为核心成员组建了中国长江航运集团,后1996年核心企业更名为中国长江航运(集团)总公司(简称“长航集团”)。1984年2月,撤销长江航运管理局重庆分局,成立重庆长江轮船公司(简称“重庆长航”),专事经营长江客货运输业务。

长航集团在市场经济中探索发展。1992年,邓小平南方谈话和党的十四大召开,确立了社会主义市场经济体制,国家的经济建设、改革开放进入了一个新时期。在传统的计划经济向社会主义市场经济转型时期,重庆长航深入贯彻执行国务院《全民所有制工业企业转换经营机制条例》,带领全司职工解放思想,深化改革,转变观念,转机建制,争取经营自主权,实施“争水登陆”战略,实现“苦战三年,改变面貌”的预期目标。“八五”期,公司完成客货换算周转量341亿吨公里,比“七五”期增长13.36%;完成货运量1527.8万吨,比“七五”期增长3.42%,完成货物周转量258.8亿吨公里,比“七五”期增长13.70%;完成客运量1630.5万人次,比“七五”期下降14.75%,完成旅客周转量82.25亿人公里,比“七五”期增长12.35%。1995年至1997年的三年苦战,运输收入大幅增长,控亏减亏成效明显,1997年运输收入达到5.4735亿元,比1994年的3.6582亿元增长49.62%,亏损总额从1994年的1.19亿元减至1997年的2988万元,3年累计减亏8912万元,减亏幅度达75%。

在深化改革中夯实发展基础。1998年至2002年,公司抓住世纪之交的历史机遇,进一步深化改革,调整组织机构,优化产业结构,探索发展多种生产方式,拓宽效益增长渠道,寻求新的效益增长点。公司由单一的水路运输,逐步转型为旅游客运、集装箱运输、船舶工业、汽车服务、房地产开发等水陆产业并举的综合性地区公司。这5年,公司面对1998年长江特大洪水灾害、亚洲金融危机、燃油价格连续大幅上涨、激烈的客货运输市场竞争，采取有力措施积极应对，保持了生产经营平稳运行。通过实施减员措施，公司在册职工总数由1997年底的11604人减少到2002年底的10561人，实现绝对减员1043人，降低了人工成本。公司固定资产总额达到22亿元，年收入达到8.5亿元，企业综合实力得到增强，居西部地区同行业领先地位，为企业的持续发展奠定了良好的基础。

四、水路运输服务业的发展

1984年以前，水路运输服务主要由港口理货部门承担，负责货物的组织与交付业务。同时，为了有计划、有步骤地组织好进出川物资运输，做好出川运输的统筹、协调、联运、服务工作，1984年3月，经四川省计经委同意，四川省交通厅批准成立了四川省水上进出川物资联运服务公司。经商得重庆轮船公司同意，决定在重庆轮船公司已派驻宜昌、武汉、南京、上海工作组的基础上，充实力量，对外洽谈办理有关进出川物资联运业务。其工作范围：一是办理到发港船货计划的衔接；二是组织回程货源：三是传递船位动态；四是协助处理海损、货运事故及运输遗留问题。

重庆也成立了重庆进出川公司，坚持“货主船主是‘上帝’，二元服务是宗旨”的方向。在公司开办后的4年多时间里，为航运企业组织货源30多万吨，并组织合理运输和多家合作运输，将急需物资安全及时运抵目的地。如1988年2月春节前夕，上海急需猪肉，公司组织了7家航运企业，专船专运，日夜兼程，赶在春节前三天运达上海，受到上海市政府的赞扬。后来随着航管部门对水上行业管理职能的加强，为了避免机构重叠、管理多头，1992年8月28日，省交通厅决定撤销省进出川公司，下属市地进出川公司、联运站、经营部等亦同时脱钩并撤销。

第四节　水运基础设施建设进一步开展

一、航道建设工作的开展

（一）长江航道的整治

1.长江兰叙段航道整治

到20世纪80年代后期，交通部又将兰叙段航道整治作为重点工程投资建设。按全年通航千吨级船队标准进行整治，分两期进行。一期先整治兰家沱至纳溪94公里航道内的11处滩险（其余15处滩险整治列入二期工程）。1987年动工，至1990年底竣工，整治工程量40.89万立方米，共投资1659万元。这次整治的一个特点是建筑物多样化、以往以丁坝为主，而这次除丁坝外，还有顺坝，如丁顺坝、碛头坝、潜坝、勾丁坝、碛头顺坝等，绝大部分滩险取得了预期的效果。一、二类滩险大部分被驯服，取消了渝泸航线上斗笠子绞滩站，千吨级船队可自航过滩。1991年3月上旬，由交通部、长航局、省交通厅、泸州建设银行等单位组成的验收委员会，从泸州至重庆顺江而下，对兰叙段一期航道整治工程建设项目进行了实地察看，并顺利地通过验收。航道整治工程项目质量评为优良。

1989年，在一期整治工程即将全面竣工时，交通部决定继续进行兰叙段航道二期整治工程，计划整治滩险15处，总投资5458.57万元。1990年3月，二期工程开工，由长江航道局重庆航道分局、泸州航道分局、重庆航道工程局等单位先后投入5个工程处、4个挖泥船队，整治15处滩险（纳溪以上7处，纳溪以下8处），工程量63.29万立方米；建设航道站房8处、信号台6处，以及航标、通信设施建设项目。到1992年2月，分别完成了纳溪以下母猪碛、石门滩、大吉脑滩、红花碛、秤杆碛、冰盘碛、螃蟹碛、鸡心石8处滩险的整治和航标、通信设施建设。1992年11月，交通部组织验收委员会进行了验收，并进行了千吨级船队通航实船试验，效果良好。至此，开通了长江兰纳段千吨级船队航道。

2. 长江兰巴段航道的整治

兰巴段（重庆兰家沱至湖北巴东），航道全长627公里，由西向东，流经江津、巴县、重庆、江北、长寿、涪陵、丰都、忠县、石柱、万县、云阳、奉节、巫山至湖北巴东县。

该段跨川鄂两省，属下川江峡谷地带，著名长江三峡就在四川奉节至湖北宜昌之间，是一段险象环生的河流。河床狭窄，江河奔腾澎湃，每公里平均落差2米，舟船航行十分艰难，故有“长江之险莫过于川江，川江之险莫过峡江”之说。新中国成立后，先后整治滩险100余处。特别是经1966年至1978年大规模整治后，扩宽了航道，增加了航深；安装锁链式航标指引轮木船航向，利济舟楫。然而这条“黄金水道”仍然存在重重障碍，不少滩险自然变化无常，很难一次性根治。交通部曾多次投资对兰巴段航道进行整治，至1990年，航道尺度达到2.9米×60米×750米标准，基本满足了航运的需要。但随着进出川运输的迅猛发展，通航船队不断增大增多，加之航道的自然变迁，老的滩险被征服，新的滩险又恶化，尤其是一些溪口急流险滩受水位涨落影响，对船舶航行安全威胁较大，海损事故时有发生。因此，各船舶运输部门多次提出再次整治兰巴段航道滩险的要求，缩短航行周期以确保船舶航行安全。

1994年12月14日，举世瞩目的三峡工程开工，为整治兰巴段航道带来契机。支援三峡建设，满足大件物资通过这段航道，就成为交通部门的主要任务。长江航务管理局、长江航道局、重庆航道工程局、长航设计单位等多次对兰巴段进行现场踏勘研究，对该段航道存在的碍航问题和重点滩险，精心设计，多次论证，提出重点滩险整治的可行性方案。1996 年 10 月，交通部批准兰巴段航道整治初步设计，建设标准为：兰家沱至重庆段 2.7 米×50 米×560 米，重庆至巴东段 2.9 米×60 米×750 米，兰家沱至鱼洞溪段按二类航标建设，鱼洞溪至娄溪沟段按一类航标建设。整治工程是从 1996 年至 1997 年两个枯水期进行，首先整治著名的东洋子滩和胡家滩 2 处大滩险，由重庆航道工程局承担，东洋子滩于 1996 年 12 月初开工，胡家滩于 1997 年 3 月初开工。当年底，胡家滩按计划竣工，并进行了验收；东洋子滩水上炸礁及筑坝亦已胜利完工，水下炸礁于 1997 年底完成 90% 的工程量，清渣完成 37% 的工程量。其余庙基子、油榨碛、铁滩、折桅子、洛碛等滩的整治正按计划进行，以期达到不断扩大川江通过能力之目的。

（二）乌江航道的整治及上边滩岩崩阻航的治理

1. 乌江航道大整治

新中国成立后，为改善乌江水运条件，对涪陵至龚滩段 188 公里河段先后进行过 7 次整治。整治过的航道已由一条原始的木船航道，逐步变成常年通行 100 吨级轮船的六级航道，航运事业获得长足发展。随着改革开放进程的推进，乌江客货运量与日俱增。贵州沿河、四川涪陵和黔江地区的物资 90% 以上靠乌江运输。客货运量以每年 11.8% 和 18.8% 的速度递增。然而乌江虽经历年整治，其航道滩险仍待改善，航道的小半径、大比降、高流速、恶流态仍较突出，限制乌江航运通过能力。为此，国家把对乌江航道建设纳入了基建项目。从 20 世纪 70 年代末至 20 世纪 90 年代初，对乌江与长江的汇合口的浅滩及乌江涪陵至龚滩航段进行了大整治。涪龚段航道自下而上分两期整治，第一期整治涪陵至白马 45 公里，1989 年开工，1991 年完成；第二期整治白马至龚滩 143 公里，1993 年底动工，1997 年完成，总计耗资 5058 万元。整治后，乌江涪龚段航道等级由六级提高到五级，通航条件大为改善。

2. 乌江口浅滩的整治

乌江口位于涪陵港区，系与长江汇合而形成的河口石质浅滩，受两江水位涨落影响，滩险多变，枯水期碍航。船舶进出乌江时需减载航行，曾多次发生事故。虽在 1965 年做了扩建，但回淤出浅碍航仍未得到根除。改革开放以来，转江船舶日益增多，客货运量成倍增长，船舶吨级也在不断扩大，原有航道尺度已不能满足运输需要，彻底整治乌江口航道势在必行。

为此，涪陵港务局于 1987 年向长江航务管理局建议，在乌江口新开港区航漕，获得批准，由长江航道局第一航道工程处勘察设计，整治投资控制在 300 万元以内。经反复论证，终于找到河口滩的症结，因势利导开挖一条 300 米长的新“中槽”，其扩建航道尺度为 12 米×40 米×300 米（水深×宽度×弯曲半径），以满足枯水期通行 368 千瓦拖轮组成的300吨级船队，于1988年11月15日正式施工，至1990年2月26日竣工，终于制服这个“老大难”的河口滩。总计完成工程量5.23万立方米，总计投资328.5万元。

1990年3月10日，在涪陵举行了工程验收交接会，验收合格，被评为优良工程，并移交地区交通部门维护。乌江口中槽整治通航成功，使枯水期原只能走100吨级船加大到可通行300吨级船队，改变了过去进出乌江船舶减载状况，实现了长江、乌江干支直达，这对涪陵地区经济发展起较大的作用。

3. 涪陵至白马段航道的整治

涪陵至白马45公里河段，两岸工厂及乡镇企业较多，运输繁忙。1985年水运量就达108.6万吨，客运量达145万人次，1996年客运量上升到174万人次。涪陵地区的化肥、水泥、煤炭、轻纺工业产品多云集此河段。尤其是军工816厂年产30万吨合成氨、50万吨尿素，以及白马煤炭年出口量30万吨等大宗货物80%都经过水路运至长江沿岸各地。为适应运输的需要，在“七五”期间，对涪白段航道进行大规模整治。

1988年，省交通厅决定涪陵至白马段按五级航道标准建设，需投资700万元，交通部补助500万元，省地自筹200万元。由四川省交通厅内河勘察规划设计院勘测设计，主要解决浅、弯、急、险问题，扩大通过能力，加快运输发展。

涪陵至白马45公里航道，航道狭窄弯曲，只能走百吨左右小船，运输效率低，尤其在中洪水期，滩陡流急，海损事故时有发生。这段航道共有大小滩险43处。本次着重整治碍航严重滩险16处，即磨船背、小角邦、曲石子、庙门滩、大角邦、上下边滩、郭母子、横梁子、狮子口、梳背碛、手抓岩、黄角碥、钮子石、磨溪角、牛屎碛、白浪滩。通过整治，要求航道尺度达到水深1.6米、槽宽30米、弯曲半径300米，通行2×300吨级机动驳船和500客位客货轮。

对乌江航道整治，省交通厅和涪陵地区十分重视，成立了四川省涪陵地区乌江航道整治工程指挥部，指挥长由地区副专员屈志豪兼任，参加施工单位有厅第一、第二航道工程处及涪陵乌江航道工程队等单位。从1989年起，利用两个枯水季节施工，于1990年胜利完成任务，共完成工程量达15万立方米。其中，筑坝4.53万立方米，护坝3424立方米，水上炸礁2.61万立方米，水下炸礁1.72万立方米，疏浚4.59万立方米，拆旧坝6773立方米，挖基1.14万立方米，连同增置机具共完成投资748万元。省交通厅于1992年3月对工程进行了验收，航道尺度达到了设计要求。1992年3月31日，由2艘350吨级驳船和1艘368千瓦拖轮组成的船队载煤400多吨，在整治后的涪陵至白马航段实船试航成功，结束了此前该航段只能通航1～2艘100吨至200吨级船队的历史。航道经过整治，绞滩机的数量大为减少，提高了船舶航行效率，对山区人民搞活经济、脱贫致富起了极其重要的作用。

4. 白马至龚滩段航道的整治

白马至龚滩段航道长 143 公里，上连贵州省下通长江，是乌江的主航段。“八五”期间，国家投入 4200 万元专款整治该段航道，共整治 51 处滩险，主要由四川省交通厅内河勘察规划设计院勘测设计，上段木棕河至龚滩 85 公里由黔江地区负责施工，整治 28 处滩险；下段木棕河至白马 58 公里，由涪陵地区承担，整治 23 处滩险，按五级航道建设。

（1）黔江地区整治的滩险

1993 年 10 月，黔江地区乌江航道整治工程指挥部正式挂牌办公。当年 11 月，对乌江老虎口、三洞碛炸礁、疏浚和筑坝工程的施工实行公开招标。省交通厅第一航道工程处承担老虎口滩的炸礁工程和三洞碛滩的疏浚工程，黔江地区航务处彭水航道段工程队承担三洞碛的筑坝工程。12 月中旬，三洞碛、老虎口工程相继开工。至 1994 年 4 月 10 日，3 项工程全部竣工，共完成投资 130 万元，完成工程量 2.29 万立方米。两滩整治后，航道条件有很大改善，最枯水深从 0.7 米增大到 1.5 米以上，为船舶安全航行提供了保障。

1994 年底，又开始对磨寨滩、黄角碥进行炸礁、拆坝，以及对杨家溪、红志滩的筑坝、捡滩工程，工程仍由省交通厅第一航道工程处和黔江地区航务处彭水航道段工程队分别承担，至 1995 年 4 月 10 日，磨寨滩、黄角碥工程完成水下炸礁 1.3 万立方米，水上炸礁 1138 立方米，水下拆旧坝 1052 立方米，水上拆旧坝 360 立方米。杨家溪、红志滩工程完成抬运坝石 6700 立方米，坝面平整 480 立方米。4 项工程共完成投资 280 万元。经省地县联合验收，被评为优良工程。

（2）涪陵地区整治的滩险

白马至木棕河 58 公里航段，由涪陵地区乌江航道整治工程指挥部统筹施工，其中涪陵航道工程队整治 20 处滩险；四川省交通厅第三航道工程处整治棉花坝、川石 2 处滩险；四川省交通厅第一航道工程处整治江口的通天漕。至 1997 年底竣工，完成 18.7 万立方米，共投资 1442 万元。

“五里长滩乱石横”的羊角碛，由饯粮铺、出老头、琐角、凉水井、新滩 5 个滩组成，滩群长 1869 米，是乌江天险中的“天堑”，也是这次大整治的重点。从 1993 年冬开工，至 1996 年春竣工，将江中大石夷平，终于驯服凶滩恶水，取消新滩、琐角、饯粮铺、出老头绞滩机，只留凉水井 1 处绞滩，缩短了船舶过滩时间，提高了航道标准。航道最小尺度为水深 1.5 米、漕宽 25 米、弯曲半径 180 米，可通行 367 千瓦、500 客位客货轮和 180 吨级单船机动驳，通过能力大幅度提高。

乌江白马至龚滩段航道，从 1993 年开工，至 1997 年 5 月竣工，历时四载有余，在黔江、涪陵两工程指挥部协同作战下，通过疏浚、炸礁、筑坝等手段整治 51 处滩险，达到了五级航道标准。经省交通厅组织涪陵、黔江、厅内河勘察规划设计院及水运质监站等单位进行验收和实船试验符合标准。涪陵至龚滩最枯水深由0.8～1.2米增加到1.5～1.6米，漕宽由10～20米增加到25～30米，弯曲半径由80～90米增加到200～300米；由行驶100吨级货船提高到200吨级货轮和365千瓦、500客位的客货轮，比整治前增加1倍。并在各信号台、绞滩站和航运管理机构安设了无线电台，使乌江成为一个具有无线电通信网络的河流。由于滩势险情减缓，绞滩机的数量由最初的18座减少为2座。通过这次大的整治，各种类型船只逐步升级换代，客货运载能力不断增强，现已有各种类船舶153艘、3.02万千瓦、2.2万吨、7300客位，为新中国成立初期的100倍以上。

新中国成立初期，从涪陵到龚滩木船往返少则20余日，多则1月，最多达73天。20世纪50年代轮船初通时每航次也得6～7天，整治后只需1～2天，缩短航行周期，提高营运效益。1993年，客运量达270万人次、货运量220万吨，较新中国成立初期增加上百倍。昔日的乌江"天险"，已成为沟通川黔的黄金水道。

5. 乌江上边滩岩崩的治理

乌江上边滩，在涪陵以上35公里处，属武隆县兴顺乡鸡冠岭段。1994年4月30日，鸡冠岭突然发生特大山体岩崩，左岸离江面800米高处山岩断裂崩塌，崩塌岩体30余万立方米，使乌江宽80米、深1.5米的河槽堵塞，造成上、下游水位8米多高的"水门坎"落差。不久又因天降暴雨，使上边滩岩崩堆积体在山洪冲击下形成强大的泥石流涌入江中，急流滩段长达800米，中断了乌江航运，给黔江、涪陵地区的运输造成巨大困难和经济损失。这次岩崩自然灾害，成为四川人民关注的焦点，各级领导迅速反应全力抢险救灾。

（1）上边滩岩崩堵江对航运的影响

据测定：上边滩岩崩纵向长320米，跌水段140米，落差9米，平均比降64‰，平均流速7米/秒，浪高达3～5米，中断了航运，给乌江流域内川、鄂、湘、黔4省16个城市造成重大经济损失，严重影响了8万多平方公里范围内2000万人民的生产和生活必需品的供应。山体崩塌时毁损房屋13259平方米，年产6万吨煤的兴隆煤矿被掀入江中；2艘渔船被巨浪击翻；丰都县"水运3号""水运7号"拖轮和"武隆16号"渡船遇难；3艘煤船全部沉入江底；11人葬身江底；修建双白公路的民工1人当场被崩岩砸死。上下船队只能隔滩相望，关在岩堆体上游航船38艘。上下游停航船舶共200余艘，其中四川140余艘、贵州60余艘。沿江停产企业71家，半停产企业159家。乌江航运中断，造成武隆、彭水、酉阳、黔江等地物资断缺，物价上涨，工矿企业原料供应困难停产，直接经济损失达1000多万元，间接损失上亿元。

（2）疏通航道的紧急措施

上边滩岩崩造成乌江断航后，中央和省政府非常重视，分别做了批示和安排，要求抓紧抢险救灾，交通部和省交通厅、厅航务局、厅内河勘察规划设计院先后派人至乌江查勘现场，调查分析断航造成的灾难性影响，并分别写了专题报告和应急抢险措施。

1994 年 5 月 6 日，时任交通部副部长在北京听取了四川省副省长甘宇平、四川省交通厅副厅长胡培根等人的汇报。随即，国务院副秘书长及国家计委、经贸委、民政部等有关部门负责人又听取了甘宇平副省长对灾情及救治措施的汇报。李副秘书长指示：各方面应共同努力，协同作战，从国务院到省、地、县及交通部门都要各负其责，把善后事情办好，及早疏通乌江航道，保一方平安。6 月 14 日，省委书记谢世杰和省长肖秧先后亲赴上边滩岩崩现场视察做了重要指示。乌江特大岩崩是一次非常事件，灾害无情，党和政府有情，各级领导必须以非常手段处置，尽快让乌江航运畅通。四川省交通厅、涪陵行署、地区交通部门对此进行了专题研究，迅速果断地制定出了疏通航道的方案，经省政府同意，下达执行抢险工程分两期实施：第一期工程从 1994 年 6 月 20 日开始，工期 9 个月，力争 1995 年 2 月恢复航运，全年保证 9 个月通航。在此基础上，开展第二期工程前期工作，力争 3 年内达到原有通航标准。上边滩岩崩整治工程由主体、辅助、配套三大项目组成，整个工程概算总投资为 4851 万元。按项分期下达，及时到位。

第一期工程于 1994 年 7 月 5 日开工，主要由涪陵地区航道工程队承担施工任务，从山顶、山腰到山脚，施工场地全面铺开，昼夜奋战，经过半年的努力，至 1994 年底即炸除了江中陡坎顽石，减弱了惊涛大浪，降低了落差，缩短了急流航段，拓宽了航道。右岸江中岩崩体及左岸水上部分乱石基本清除，消失在滚滚波涛中。辅助工程的绞滩船、绞滩机、信号台、通信设施也在逐步完善，基本满足施绞上滩的通航条件，提前实现航道初通。

整治后急流滩段由 800 米缩短到 500 米，比降由 64‰降至 13.5‰，流速由大于 7 米/秒降到 6 米/秒以下。一期工程初战告捷的项目有：①在右岸修建 1 条便道，长 2093 米、宽 2 米，工程量 2000 立方米。②修建简易码头 3 座，工程量 2000 立方米。③水下炸礁 7.28 万立方米。④水上炸礁、挖填 4.29 万立方米。⑤完成绞滩船和导航设施。与此同时，还完成了右岸宽 1.5 米、长 1850 米上下游客船对接的人行便道和 3 个临时滩位码头等辅助工程。第一期工程共完成投资 1760 万元，其中中央补助 1450 万元、省自筹 310 万元。

1994 年 12 月 23 日至 26 日，由乌江岩崩堵江航道抢险工程指挥部主持，进行了上水客货轮试绞及下水客货轮试航。共试航 16 艘船舶及船队，其中下水 9 艘、上水 7 艘，载重 60 ~ 130 吨货船顺利通过上边滩新航道，船舶过滩基本正常。

1994 年 12 月 30 日，省政府在乌江岩崩现场举行了隆重的初通复航仪式。省长肖秧、副省长甘宇平参加仪式，肖秧省长说：乌江岩崩堵江的打通，是一个十分令人鼓舞的胜利，这一胜利来之不易。希望认真总结经验，以利明后年继续施工，扩大战果。

1996 年，交通部批准乌江岩崩堵江航道抢险二期工程列项。工程总投资为 3600 万元，交通部补助 3000 万元。建设主要内容是：爆破河床礁石和疏浚，开挖岩崩堆体陆上土石方,工程总量68.5万立方米。通过拓宽航道,调整比降,减缓流速,改善水流条件,使2艘300吨级驳船组成的船队能自航上滩。

省交通厅为了加强二期航道工程施工,要求工程严格按基建程序管理。确定厅航务管理局为建设业主单位,乌江航道整治工程指挥部为实施单位。通过招标,由省交通厅第二航道工程处负责施工,于1996年9月开工,至1997年4月底,已完成土石方28万立方米,占总工程量的40%。重庆成为中央直辖市后,经与重庆市交通局协商,工程继续由四川建设,计划于1998年底竣工验收,恢复原五级航道标准,实现船舶自航上滩。

(三)嘉陵江航电枢纽工程

改革开放给嘉陵江建设带来了机遇。1989年,交通部门与水电部门共同组织力量,对嘉陵江进行梯级规划,全江布置为16个梯级,计有水东坝、亭子口、苍溪、沙溪、金银台、红岩子、新政、金溪、马回、凤仪、小龙门、青居、东西关、桐子壕、花滩子、井口等。渠化后航道等级可由现在的五六级提高到三四级,通行船舶由100~300吨级提高到500~1000吨级。

(四)涪江的闸坝碍航与复航

涪江系嘉陵江右岸最大支流,全长776公里,流域面积3.66万平方公里。重庆境内航道130.3公里,由部分库区和天然航道组成,其中库区航道63.3公里、天然航道67公里,平均比降0.5‰,有滩险79处,这一时期航道等级为七级,航道尺度为0.8米×12米×100米。

涪江,在历史上通航已久,早在汉代就成为兵家必争之地。三国时刘备入蜀就是乘高舰从内水(涪江)到成都的。流域内所有物资皆依赖水运。在绵阳(涪城)以上江段,水浅滩多,枯水水深仅0.4米,浅处深不没踝,浅险为害,遇山洪暴发,水流奔腾澎湃,航行其间跬步皆险,故只能季节性的行走10余吨小木船。绵阳至合川375公里航道为主要通航河段,枯水期水深0.6米,漕宽8~10米,可通行30吨左右木船,对繁荣涪江流域经济起过重要作用。

涪江多为泥沙卵石河床,滩漕多变。新中国成立后,沿河各县航运管理站设有专职航道员负责航道工作,每年枯水期雇请民工开展淘漕检滩外,还发动船工义务淘漕。从1961年起,各县建立了常年专业航道养护队,他们在淘漕检滩过程中,由人力手耙改为机动钢耙,由船工拉滩改为缆车式水力绞滩,减轻了劳动强度,提高了工效。经过不间断常年疏浚,绵阳至合川段共整治滩险70处,建筑顺坝、丁坝、堵坝等,共计143座,改善了航道条件,航道水深为0.6~0.8米,漕宽10~15米,弯曲半径100~150米,可通行35~59千瓦小机动船,拖带30~50吨级驳船。后来随着沿河公路的发展和沿江小型水电站的兴建,水运事业滑坡,已看不见昔日粮棉外运、盐出煤归的繁荣景象。

从20世纪60年代初开始,涪江沿线利用天然航道落差,在绵阳至合川375公里航道上，先后修建了永安、东风、螺丝池、红江、龙凤、洋溪6座无坝引水式电站和潼南三块石低坝引水式电站；灌溉渠6条，共大小提灌站181处。由于缺乏统筹规划，重电轻航，在修建电站时未与交通部门协商，装机引用流量均大大超过枯水流量，将涪江航道分割成7段，影响河段共计177公里，在71个受影响的滩漕上，航道水深比修建电站前下降0.3～0.4米，甚至干涸无水，严重地破坏了涪江通航条件。

涪江的闸坝碍航，在四川通航河流上开始最早，影响面最大：迫使船舶减载40%～50%，由走50吨级以上船舶改小为50吨级以下小船，遇浅滩还需提驳过滩，每年碍航时间长达4～5个月；造成水运环节多，成本高，迫使大批合理运输的水运物资转由陆运，从绵阳地区20世纪70年代初与20世纪80年代的情况比较，运量下降64%，运力下降57%，遂宁地区仅保存了十分之一的水运工具从事区间的季节性运输。航运生产萎缩，船工转业改行，偌大的一条江河因闸坝碍航，基本上处于断航状态。

改革开放为四川航运带来了建设的春天，1986年省政府113号文件指出“航电结合、综合开发、共同受益、按股分红”，把改造碍航同复航与开发结合起来。交通部门以此为契机，着手解决涪江水电站碍航问题，恢复航运，使这一条重要水运线复苏。

1988年，交通部以462号文件《关于作好碍航闸坝规划的意见》，提出了谁修建、谁受益，航电结合、一水多用的要求，强调内河是国家的宝贵资源，要综合开发。上至国务院、下至省地市各级领导都越来越关注碍航闸坝处理问题。为此，四川省对全川碍航闸坝进行了调查，提出了有51座闸坝碍航亟待复航，尤其是涪江闸坝碍航，亟待改造。省里有关部门与当地水利、水电、交通及各个用水部门多次协商解决涪江碍航闸坝问题，改造引水电站单一开发形式，从20世纪80年代开始陆续改造涪江碍航闸坝。

三块石闸坝位于潼南县城下游1公里处，1976年电站建成投产。1984年至1986年，交通部拨款补助，建成潼南三块石船闸，有效尺度为长100米、宽12米、槛上水深2米，可通行100吨级驳船，年通过能力50万吨，共投资900万元。

涪江碍航闸坝改造，除以上4处复航工程外，经过水电、交通部门和沿江各地努力，还先后修建了开元、文峰、安居、渭沱等电航枢纽，为六级标准的通航船闸。涪江水资源综合利用已引起省、市有关方面的重视，“八五”期间，还拟建涪江中下游的三台、蓬溪红江、遂宁龙凤等枢纽船闸，让涪江航运畅通，这将对四川经济发展起积极作用。

（五）渠江渠化的综合开发

渠江渠化在20世纪60年代就曾进行规划，拟定了9个航运梯级，对上起川北重镇达县，下至三江汇流的合川360公里江段进行渠化梯级布置，按四级航道标准建设。这9个梯级是河市坝、金盘子、舵石鼓、南洋滩、风洞子、凉滩、四九滩、富流滩、鸡心子。

1958年至1962年，由四川省交通厅主持修建了南洋滩、凉滩、舵石鼓3个梯级，渠化了

94公里。后因国民经济调整,工程下马,有6个梯级没有修建,渠江渠化未能贯通,效益未得到发挥。改革开放后,渠江流域各县要求加速渠江渠化,以期取得航、电综合效益。

从“七五”计划开始,交通部同意将渠江渠化续建工程作为综合开发水利资源试点河流。按照“航电结合、综合开发、共同投资、共同受益”的精神,拟分期实施,先把广安的四九滩、渠县的风洞子、达县的金盘子航电枢纽建起来。1985年6月5日,四川省政府向国务院报送了《渠江综合开发工程项目建议书》。同年12月,交通部计统局批准了渠江航道建设第一期工程可行性研究工作经费。同年12月,原四川省委顾问委员会常委杨超带领省计经委、交通厅的技术干部考察了渠江水电枢纽坝址,在合川召开了座谈会,到会的有渠江腹地一市二地七县的领导,杨超同志在会议上提出了“把渠江综合开发工程搞上去,直到最后胜利”的建议。

1987年初,四川省交通厅内河勘察规划设计院提出了渠江建设可行性研究报告,同年5月下旬由省计经委主持,省、地有关部门等51个单位117人参加会议,在达县审议通过。随后,四九滩、金盘子航电结合枢纽工程先后动工兴建。

(六)大宁河航道的整治

随着大宁河旅游事业的发展,中外游客越来越多,船舶也越来越大,对航道的要求越来越高。在省交通厅和市县的重视下,万县市航管处组织力量,对大宁河进行了全面勘察与规划,航道整治开始实质性启动。因该河受长江三峡水利枢纽工程回水的影响,这次航道整治仅制定了15年规划,即1986年至2000年。重点是治理巫山至巫溪74公里旅游航道,按九级航道标准建设。通航尺度为水深0.5~0.7米、槽宽8米、弯曲半径70米,能通行8~12吨小功率机动船。亟待整治滩险48处,需修建巫山的龙门、双龙、水口、巫溪4个旅游码头,并建设必要的通信导航设施。

大宁河航道规划获得省里的认可,逐年给予拨款。1986年至1995年,省里共投资1158万元(包括粮棉布和以工代赈扶贫粮),其中用于整治航道558.5万元,港口建设560万元,通信设施40万元。到1995年,航道筑坝8万立方米,疏浚5万立方米,炸礁1.3万立方米,护岸1万立方米,并在巫山龙门、双龙、水口和巫溪县城4处修建了码头。通过整治,使河道通航水深达到0.5米,槽宽4~6米,弯曲半径70米,终年能行驶3~6吨机动船,基本适应了旅游运输的需要。

二、港口建设工作的开展

(一)重庆港的建设

1975年至1985年,重庆市大规模的港口建设一度停止。其原因,一是国家对港口建设资金从计划经济时期拨款改为改革开放初期的“拨改贷”和资本金制度；二是三峡工程建设正处在论证时期，港口建设中码头选址是一个难题。此时，在长江沿线港口加快建设提高机械化程度的情况下，重庆港口码头设施相对落后。1985 年，交通部印发《关于补助地方交通建设投资管理暂行办法》，决定对困难的重要地方交通建设项目给予补助，重点仍然是长江沿线 25 个港口。同时采取在部分港口开征建设附加费等方式筹集资金，加强水运基础设施建设，重庆、涪陵、万县等交通部所属的港口建设因此受益，同时一些地方码头也得到相应投资。

1987 年开始，交通部投资 3 亿元对重庆九龙坡、兰家沱、猫儿沱等重点作业区进行技术改造，修建朝天门现代化客运大楼和客运码头。1991 年至 1994 年间，由交通部和四川省交通厅投资 6000 多万元修建万州牌楼、青草背、柑子园、红花地等客货运码头；投资 8000 多万元修建涪陵荔枝园、大东门、龙王沱、白涛等码头；投资 250 万元修建丰都客货码头；投资 2000 万元修建奉节关庙沱、忠县下渡口栈桥、烟泡滩煤码头、云阳小南门客运码头。从 20 世纪 80 年代中期开始，各地政府根据国家有关交通扶贫的政策，还采用用粮食或工业品折价在贫困地区开展以工代赈的方式，修建巫山、奉节、云阳、万州、忠县、石柱、涪陵、彭水等区县的一批小型客货码头。同时，一些工矿企业专用码头也自筹资金对码头进行设备更新和技术改造。

1. 朝天门码头的建设

朝天门老客运设施启用于 1958 年，设备陈旧简陋，加之重庆江段水位落差大，尤其是从客轮上下的旅客要行走 100 米左右的斜坡石梯道，使很多到重庆的旅客望而生畏。为解决重庆港客运码头泊位不足、候船室窄小、旅客乘船不方便、存在安全隐患的问题，1986 年，在交通部、长江航务管理局和中共重庆市委、市人民政府的支持下，重庆港开始客运设施建设前期工作，组织编制了朝天门客运设施工程可行性报告。重庆港口管理局于 1987 年 11 月 25 日以渝港筹〔1987〕367 号文将该项目上报长江航务管理局，长江航务管理局以长航计〔1987〕881 号文转报交通部。经过多方论证，1989 年 6 月 30 日，交通部以《关于重庆港朝天门客运设施工程设计计划任务书》文件正式批复：同意在客运站原地新建客运站，在嘉陵江出口段右岸 3 号、4 号码头区域间建设 3 个千吨级客运泊位、2 组封闭双缆横拉缆车及相应的配套设施。该缆车工艺是解决长江高水位落差码头旅客上下难题的首创，客车车厢采用 4 米 ×9 米横向单点牵引，每次载客 60 人或载重 6 吨，设有超载保护、钢绳断缆保护、防倾斜装置，是长江客运较为先进的设施。1991 年 3 月 8 日，国家交通投资公司以交投水〔1991〕24 号文件批复了朝天门客运设施工程初步设计，同年 7 月 8 日，国家交通投资公司批准同意开工建设。

工程经过招投标，码头建设部分由交通部第二航务工程局承建，客运站由重庆市第八建筑工程公司承建，1991 年 11 月 20 日正式开工建设，工程实际总投资为 8316.2 万元。新建的重庆港朝天门客运设施工程是当时中国内河港口最大的客运基础工程，有3个千吨级的泊位、1个机械化客运缆车码头，配有3艘可停靠千吨级客轮的钢质趸船、4部斜坡式客运缆车及检票厅、旅客观光台等设施，裙楼面积1.78万平方米，年通过能力490万人，客运缆车每小时可疏运旅客进出港2500人，最大旅客聚集量达6000人。1994年9月，交通部委托长江航务管理局对工程进行验收，同意投入试生产。

1994年10月14日11时25分，中共中央总书记、国家主席、中央军委主席江泽民在中央书记处书记温家宝、交通部部长黄镇东、四川省省长肖秧、成都军区司令员李九龙上将等人的陪同下，通过新建的候船大厅乘坐新建的客运缆车，登上“巴山”号旅游船。

1995年9月20日，中共中央政治局常委、中央书记处书记胡锦涛在省市领导的陪同下，先后两次乘坐三码头客运缆车。

客运设施建成后，旅客上下船可通过宽敞舒适的载客缆车从趸船直达客运大楼，改变了长期以来旅客上下船只能露天步行陡坡梯道的困难局面，改变了旅客候船难、上船难的现状，免去了上坡爬坎之苦。

2. 九龙坡码头的建设

九龙坡码头是重庆港主要的装卸作业区，新中国成立后经过1950年至1960年两次大规模建设，年货物通过能力达到181万吨。随着社会主义经济建设的不断发展，码头生产能力已不适应发展需要。重庆港1985年9月编制完成《九龙坡码头总体技术改造一期工程计划书》，1986年10月13日，交通部以交计字〔1986〕772号文批复，同意对现有煤码头、重件码头、件杂货码头进行技术改造和装卸机械配套，续建原来未完成的进口码头为散货码头，改造港区公路、铁路及锚泊地、材料供应库、港外公路、生活设施等。工程由交通部第二航务工程勘察设计院设计，于1987年5月完成初步设计上报，同年9月26日至28日由交通部基本建设局在重庆主持召开九龙坡码头总体技术改造工程初步设计审查会。1987年10月16日，交通部以交港字〔1987〕737号文批复同意九龙坡码头总体技术改造一期工程初步设计，工程概算5719.92万元，由交通部第二航务工程局航务二公司、重庆港建筑工程公司承建。工程于1988年12月动工，历时4年多，于1992年底基本完工。工程于1994年4月16日通过交通部竣工验收，工程质量总体为优良，工程总投资为7412.58万元。一期工程完成后，九龙坡年通过能力由181万吨提高到265万吨，新增84万吨，改造千吨级码头泊位6个，新增大中型设备59台(件)；对煤码头及二、三、四、五码头进行了总体技术改造，新增堆场57537平方米、道路19251平方米、铁路线5240米；增加主要设备有10吨×30米门机2台、10吨×25米门机2台、40吨×22米台架式起重机1台、5吨×35米及10吨×35米门式起重机各1台和煤码头皮带机、装船机、装卸桥、电子轨道衡等。

3. 猫儿沱码头的建设

猫儿沱作业区是重庆港务集团水陆联运作业区之一，位于江津区珞璜镇顺江境内，在长江右岸，长江与綦江交汇处下游500米，下距宜昌航道里程711.8～713.8公里，水文零点174.291米，岸线高程202.6米。作业区拥有码头5个，泊位6个，各类作业机械52台，其中，起重机械8台，最大起重能力16吨；输送机械12台，长915.94米；水平搬运机械23台，最大运载能力5吨；专用机械9台，最大功率1500马力（约合1103.25千瓦）。

猫儿沱作业区于1966年开始兴建，1974年正式投产。1966年11月，国家计委、交通部批文恢复建设年通过能力250万吨的皮带机输送磷矿码头和年通过能力30万吨的综合货运码头，扩大云、贵矿产物资经水外运的通道。建有铁路专线11513米，现有蒸汽机车连接渝黔铁路，与川黔（渝黔）铁路小岚垭站接轨，有货场2万平方米及其作业机械，总投资2762万元。港区公路经渝津公路连接重庆市内外环高速公路，沟通黔、滇、川、桂、湘、渝等经济腹地。腹地内矿藏资源丰富，商贸流通发达，主要有磷矿、煤矿、化肥、钢材、建材、化工原料等。

由于是在"文化大革命"期间设计建成的老港区，存在港区平面布局不合理、堆场面积不足、铁路与磷矿装船线不适应、设备陈旧老化、磷矿码头斜坡道危及安全等问题。根据1991年全国磷矿会议所确定的磷矿运输格局和确保运输安全，重庆港口管理局委托长江航运规划设计院完成猫儿沱港区改扩建工程可行性研究报告。1991年11月，重庆港口管理局编制了该工程项目建议书上报。1992年2月22日，交通部以交计发〔1992〕117号文件对重庆港猫儿沱港区改扩建工程项目建议书进行了批复，同意改扩建1000吨级磷矿码头1座，主要对原磷矿皮带机作业线、皮带机轨道斜坡、皮带机系统进行改造，改扩建1000吨级综合码头1座，主要对码头口、缆车进行改造，扩大堆场等。为加快该工程前期工作，1992年11月，重庆港口管理局编制上报了该工程可行性研究报告。1993年5月24日，交通部以交计发〔1993〕546号文件批复了猫儿沱港区改扩建工程可行性研究报告。

重庆港口管理局根据交通部批复组织进行了初步设计工作，1993年10月由长江航运规划设计院完成初步设计并上报。1994年5月5日至6日，国家交通投资公司在重庆组织召开重庆港猫儿沱港区改扩建工程初步设计审查会，会议认为重庆港口管理局所报设计符合交通部对该工程的可行性研究报告批复精神，原则同意报审初步方案。1994年5月21日，国家交通投资公司以交投水〔1994〕41号文件批复该工程初步设计。该工程主要施工单位有重庆港建筑工程公司、交通部第二航务工程造船安装工程公司。工程于1994年12月20日开工建设，1996年12月31日竣工，并通过交通部验收委员会竣工验收，工程质量总评为优良。猫儿沱港区改扩建工程总投资4165.33万元，改造千吨级码头2座,年新增通过能力68万吨。

（二）涪陵港的建设

1988年,涪陵港在长江体制改革中下放涪陵地区领导。为了改变港口的落后面貌,适应长江、乌江航运发展的需要,改革开放后,由交通部和四川省交通厅分别投资对港口进行了重点建设。

1. 兴建涪陵港客运大楼

为开发两江水运,1988年12月,由长江航务管理局投资在官码头沿江公路外侧兴建1座客运大楼,1990年10月31日开工,1993年9月竣工,投资835万元,总面积6698平方米。大楼共17层,楼内设售票大厅、旅客候船厅、招待所,并配有闭路电视监控、电动船舶动态显示屏、通信导航等先进设施。客运大楼造型新颖,集旅客候船、餐饮、娱乐服务为一体,从港口形象和服务功能上大大改变了涪陵港的面貌。

2. 兴建大东门码头

大东门码头位于乌江与长江汇合处,是干支流联运中转港口,在涪陵地区交通运输中起主导作用,90%的外运物资都要通过大东门码头作业区。由于41%的泊位都集中在此水域,造成码头泊位拥挤不堪,囤船首尾相接,相互干扰。且乌江河口每年有1～1.5个月受长江回水影响,造成港区淤积,枯水期部分码头前沿水深仅1米以下。1988年,四川省交通厅决定对大东门码头进行基础设施建设。由厅第一航道工程处承建,当年10月开工,翌年冬竣工,投资300万元,从而增大了乌江的通过能力,可通行300吨级船队,对涪陵地区经济发展具有较大作用。

3. 兴建白涛专用码头

白涛专用化肥码头,地处乌江下游河段,距涪陵市26公里。20世纪60年代中期,国家进行三线建设,在此新建816大型军工厂。改革开放后,军工厂改为民用化肥厂。1991年7月,交通部批准涪陵港务局在白涛镇右岸建设化肥专用码头1处,年吞吐能力为50万吨。该工程于1991年11月破土动工,由交通部第二航道工程处武汉港机厂承建,1993年9月竣工。总投资140.6万元,建设规模为新增300吨级驳船泊位2个(其中洪水位可停靠2艘500吨级驳船)及相应的装船设备和生产生活配套设施。投产后,对化肥运输起了巨大作用。

4. 兴建丰都客货码头

丰都鬼城是国家首批AAAA级风景名胜区,是长江旅游线上的一个重要景点,景观独特,驰名中外。改革开放以后,游客络绎不绝,水上交通却显得滞后。为方便旅客及货运需要,经长航局批准由涪陵港务局在丰都兴建客货码头,于1991年4月15日开工,

1992年7月竣工。建成500吨级泊位1个，客货运综合楼2875平方米，仓库544.5平方米，货场3100平方米，年通过能力为客运60万人次、货运5万吨，总投资249万元。丰都客货码头建成后，缓解了船舶停靠和旅客上下船困难的问题，基本适应了丰都名城旅游业的发展。

5. 修建荔枝园大水位差码头

在川江上建设大水位差码头是一项新科技工程，技术难度大，造价高。按水工规范，“凡水位差在17米以上的码头均称为大水位差码头”。涪陵港最大水位差37.6米，属大水位差之列。在“七五”国家重点科技项目中，交通部确定，在涪陵荔枝园建设大水位差码头。由长江航务管理局负责，涪陵港务局组织实施。1988年8月，完成了新型缆车和自动调位靠船设施系统方案设计，并通过专家评审。工程总投资495万元。

1991年1月，在荔枝园码头上施工，进行新型缆车和自动调位靠船设施系统联动调试：缆车运行速度提高到0.24～1.74米/秒；囤船调位时间缩短50%以上，一次调位时间不超过10分钟。囤船自动调位靠船设施系统能自动调整囤船的涨落、错位、歪斜，使囤船随水位变化自动调位；研制成功的新型缆车系统具有断缆保护功能，解决了缆车安全保护的难题，使缆车运行速度提高了1倍，码头通过能力提高30%。

1991年3月3日，由国家计委、交通部、国家交通投资公司、长江航务管理局的有关领导、专家组成的验收鉴定组，对涪陵港荔枝园大水位差码头装卸技术及装备的研制进行验收鉴定，认为该项目的囤船自动调位靠船设施系统达到国际先进水平；新型缆车系统达到本行业国内先进水平；新型缆车安全保护装置、板簧式和组合碟簧式锚链张力传感器填补了国内空白。总体水平处于国内领先地位，为我国内河大水位差码头结构形式及装卸工艺的选择提供了依据，对内河港口建设具有重要意义。

1991年3月13日晚，中央电视台新闻联播节目中对此工程做了报道。同年6月2日，在交通部召开的“七五”期科技攻关或成果总结表彰会上，涪陵港大水位差斜坡式码头工程荣获交通部“七五”科技攻关成果二等奖。

从综合经济效益上看，荔枝园是涪陵港最大的货运码头，大水位差码头经过4年建设，工程投入使用后，既适合川江水位变幅大的特点，又能使涪陵港重件码头年通过能力由原来的23万吨提高到33万吨，每年新增产值约100万元，新增利税约70万元。装卸成本有较大的下降，加快了货物的周转，船舶在港停泊时间减少了三分之一。

（三）万县港的建设

在交通部和四川省交通厅的重视下，投入不少资金，尤其是交通部投入较多款项，对万县港城区的码头进行了较大规模的新建、扩建。省里也投入一些款项对万县辖区重点县的码头进行了建设，均收到良好的效益。

1. 万县城区码头的建设

(1)新建牌楼作业区

由交通部投资5100万元,1994年在牌楼建成年通过能力为30万吨的作业区,成为深水良港。有1000吨级泊位2个、缆车作业线3条、15吨电气门式起重机1台,成为多功能作业的码头。

(2)新建青草背码头

青草背在万县城区下游9公里,前沿水深5米,有100吨级、500吨级、1000吨级泊位各1个。1991年至1992年进行建设,总投资203万元。建成后,货物年吞吐能力达30万吨,客运量达25万人次,对天城工业区的开发起了较大作用。

(3)新建柑子园码头

此码头位于城区下游长江北岸,1993年至1995年进行建设。结构为直立分级式,年设计能力为45万吨,1993年一期工程修建中枯水平台500吨泊位1个、100吨泊位2个、平台6000平方米;1995年二期工程扩建货场1.25万平方米、500吨泊位1个、100吨泊位2个,修建了下河引道,总投资325万元。投产后,年货物吞吐量达40万吨以上,缓解了中心港区压力,起到了分流作用,经济效益居当地码头前列。

(4)新建红花地码头

此码头在城区上游长江北岸,岸线长320米,1991年动工建设,1994年基本完工。其后又投入620万元,建设大件码头及修建1000吨级泊位1个、500吨级泊位1个、200吨级泊位2个,下河引道450米,枯水平台1200平方米,中水平台1200平方米,是万县最好的深水良港,年吞吐量达45万吨。

此外,地方航运企业还自行投资在城区修建了码头泊位30多个,缓和了港口泊位不足的压力。

万县港通过不断建设,港口面貌有很大改观。到1994年,港口岸线总长度由新中国成立前的3.2公里扩大到26公里,港辖区拥有大小码头96座、泊位113个,可靠泊3000吨级船舶,仓库面积2699平方米,堆场面积12.78万平方米,缆车12座,囤船57艘,储货容量达4万多吨,装卸机械化程度达90%以上。万县港真正成为进出川船舶的夜泊良港和中继大港。

2. 港辖区重点县城码头的建设

(1)奉节关庙沱煤码头建设

此码头在万县下游119公里处,居瞿塘峡口与梅溪河出口之间,是奉节主要货运码头。1990年,奉节港货物吞吐量为187万吨,其中煤占58%,但码头全系自然坡岸,装卸全赖人力。为改变落后运输方式,1992年经省里批准列为“八五”期交通建设重点工程,总投资1105万元。1994年4月5日开工，由奉节建筑总公司施工，修建两级平台加卸车平台和斜坡道、固定皮带机、钢引桥、装卸机、囤船等，于1995年竣工。1996年煤炭出口量达63万吨，创收200多万元。

(2)忠县港码头建设

忠县是长江三峡库区水陆联运的重要港口，出川物资以煤为大宗。1987年经省计委批准，投资93.5万元建设下渡口栈桥煤码头，有枯水1000吨级泊位2个，中、洪水1000吨级泊位各1个，枯水货场5000平方米，中水货场1600平方米，洪水货场2000平方米，岸线长400米，于1993年底竣工，当年完成吞吐量27万吨。之后，又于1990年投资120万元修建烟泡滩煤码头，建下河公路引道长110米，回车场、货场1100平方米，煤仓4个，梭筒栈桥1座，1000吨泊位1个，年吞吐量20万吨。1996年，投资98.8万元，在原基础上续建水泥、化肥、木材1000吨级泊位1个，岸线长200米，下河公路400米，枯水作业平台2540平方米，中洪水平台1400平方米，年吞吐量12万吨。

(3)云阳港小南门客运码头建设

该码头濒临长江三峡，北岸有汤溪河，南岸有张飞庙，舟楫往来，水运繁忙。1989年，经省计经委批准投资438万元修建小南门码头，包括客运综合楼1295平方米、下河梯道133米、停车场250平方米、囤船等4个项目，于1995年3月竣工。1996年，客运吞吐量达到30.08万人次。

第五节　支持保障系统进一步加强

一、乡镇船舶安全工作的加强

1987年，继国家经委等八部委通知后，11月国务院又印发《关于加强内河乡镇运输船舶安全管理的通知》(国发〔1987〕98号)，指出“内河乡镇运输船舶的安全管理是一项社会性强、涉及面广的工作，必须在各级人民政府统一领导下，组织有关部门进行综合治理”，同时还严肃指出：“今后，凡因管理不善造成重大事故的，要追究有关领导和管理人员的责任。”

为了认真贯彻国务院指示，1988年，四川省政府发出了《关于贯彻国务院内河乡镇运输船舶安全管理的补充通知》，提出了10条贯彻意见，规定乡镇运输船舶在长江、乌江等急流航段，载客必须在5吨以上，载货必须在3吨以上；其他静水河流、水库、湖泊载客在3吨以上，载货在2吨以上，凡达不到最小吨位的船舶，一律不准装载客、货；明确了乡镇人民政府，应视乡镇船舶的数量，设立管理机构和配备专、兼职管船人员，解决管船经费等问题。

涪陵地区行署在1987年7月，针对该地区水上交通事故不断发生的情况，发出了《关于立即采取措施，制止水上交通重大事故发生的紧急通知》，提出乡镇船舶的安全管理一律由县、区、乡（镇）政府负责，对那些长期不服管理，非法从事客、渡运输者，要坚决取缔等措施。涪陵市政府要求船向村、村向乡（镇）、乡（镇）向区、区向市政府层层签订安全责任书，由各级党政一把手和分管水上交通安全的领导，在责任书上签字盖章，有的还进行了公证。涪陵市政府还颁布了《乡镇船舶管理试行办法》，明确政府对乡镇船舶管理的职责、权限和港航监督机关的管理范围等。涪陵地区的这些做法，得到了省政府和交通部的肯定。

重庆市人民政府于1989年10月发布了《加强乡镇船舶安全管理的通告》，规定从事客、渡运输的乡镇船舶，必须严格按定航线、定航班、定码头、定船员、定定额的"五定"营运；并规定"十不准"，即不准无证驾船，不准酒后驾船，不准超额超载，不准非客、渡船搭客，不准客、货混装，不准人、畜混装，不准超越航线，不准抢漕抢航，不准在无灯标航段夜航，不准在封航水位开航。

合川县政府认真吸取乡镇船从1987年起3年相继发生3次重大沉船事故，死亡75人的教训，连续发布4个文件，并对经营客渡船的乡镇船舶，采取纳入航运企业管理、乡镇企业管理、渡口和短航管理3种管理模式，基本消除争客源、抢码头等隐患，做到了"四满意、两有利"，即：乡（镇）政府满意，航运企业满意，乡镇船户满意，乘客满意，有利于运政管理，有利于安全监督管理。

重庆市政府于1987年建立了以副市长李长春为组长的"重庆市乡镇船舶整顿领导小组"，开展扎实的工作，扭转了乡镇船失管、失控的状况，制定了乡镇运输船舶从申请建造到参加营运、从航行到停泊各个环节一系列规章制度。涪陵市乡镇船经治理整顿，船舶质量有了提高，一类船由17.1%提高到36.4%，二类船由54.7%提高到56.4%，三类船由28.2%下降到7.3%，消灭了四类船。

二、水运法治化建设的发展

1992年11月7日，全国人大常委会审议通过《中华人民共和国海商法》，自1993年7月1日起施行。作为调整海上运输法律关系的基本法律，《中华人民共和国海商法》的颁布和施行，为我国构建水路交通法规体系奠定了重要基础。《中华人民共和国海商法》明确了船舶的取得、登记、管理，船员的调度、职责、权利和义务，客货的运送，船舶的租赁、碰撞与拖带，海上救助，共同海损，海上保险等法律规定，成为指导我国水路交通法制建设的基本准则。

20世纪90年代期间，以颁布实施《中华人民共和国海商法》为标志，一系列规范水路运输管理、水运工程建设、水路运输服务的法律规章先后出台。国家颁布或修订后重新颁布了《中华人民共和国船舶登记条例》《中华人民共和国航标条例》《中华人民共和国船舶和海上设施检验条例》等行政法规。交通部发布或修订后重新发布了《水路旅客运输规则》《水路货物运输规则》《水路货物运输管理规则》《水路包装危险货物运输规则》《水运工程建设市场管理办法》《交通部港口建设项目(工程)竣工验收办法》《中华人民共和国水路运输服务业管理规定》等规章。这些法律和规章对水路交通依法行政,建立社会主义市场经济体制,提供了重要的法制保障。

第六节　科技支撑

一、水运通信的发展

重庆航运系统,虽早在20世纪50年代末期就开展了航运通信工作,但当时只是在港区内备有少数的电话机,港与港之间的联系均系借用邮电部门的长途电话,而港与船间则完全没有通信联系。随着内河航运事业的发展,特别是改革开放以后长江进出川运输的迅猛发展和行业管理的加强,四川省航管、航道部门和较大的航运企业都相继发展了航运通信。重庆、涪陵、黔江、万县等航务管理处设有二级指挥监察台,乌江全线设有无线电通信设备。

1989年上半年,随着港航监督机构独立设置,港监系统也开始配备有无线电通信设备;航运企业除国营轮船公司、船厂较早配有无线电通信设备外,较大的集体航运企业也陆续配备了无线电通信设备。重庆轮船公司在20世纪60年代初仅有5套电台设备,1974年以后,由于运输大型进口化肥生产设备需要,陆续在367千瓦(500马力)以上船舶和主要客货轮上设置了电台,并在重庆、泸州、宜宾、乐山等主要港站设置了江岸电台。

万县地区23个航运企业,从1986年设置无线电通信设备开始,到1989年,先后在进出川船队和客船上配置有甚高频54台、单边带24台、手提式对讲机62台,对保证船舶航行安全,促进企业经济效益提高起到了积极作用。

二、水运科研事业的发展

1986年6月,交通部根据交通体制改革的总体部署,为实行科研与教学相结合,决定将交通部西南水运工程科学研究所并入重庆交通学院,仍保留“交通部西南水运工程科学研究所”的名称,为部属二级科研机构,隶属重庆交通学院领导管理。组织机构仍为1984年9月长江航道局对西南水运工程科学研究所机构调整后的设置,即五室两办:

航道研究室、水工研究室、仪器研究室、情报资料室、计划基建室、行政办公室和党委办公室。

20 世纪 90 年代初期，为了满足市场需求，更好地为工程提供技术服务，西南水运工程科学研究所取得了港口河海工程专业乙级工程咨询资格证书。

这一时期，西南水运工程科学研究所先后承担了“七五”国家重点攻关项目“两坝间（葛洲坝—三峡）通航水流技术标准试验研究”、“八五”国家重点攻关项目“三峡工程蓄水位问题及施工期导流通航问题研究”和省部级项目“乌江上边滩崩岸航道整治研究”“通天槽（浅、险滩）航道整治研究”。其中，“两坝间（葛洲坝—三峡）通航水流技术标准试验研究”成果回答了三峡工程建设论证期间工程对航运影响的问题，为国家决策三峡工程是否修建提供了重要的技术支撑；“三峡工程蓄水位问题及施工期导流通航问题研究”成果将施工期通航流量从 20000 立方米/秒提高至 35000 立方米/秒以上，延长了施工通航 2 ~ 2.5 个月，取得了显著的社会经济效益，为国家节省了约 10 亿元的投资；“乌江上边滩崩岸航道整治研究”成果解决了乌江的复航问题。

西南水运工程科学研究所自主研发的“HD-4 型电脑流速仪”获得了交通部科技进步三等奖（获奖时间为 1989 年 9 月）；“七五”国家重点攻关项目“两坝间（葛洲坝—三峡）通航水流技术标准试验研究”获得了交通部“七五”科技攻关成果奖（获奖时间为 1991 年 6 月）；西南水运工程科学研究所自主研发的小比尺船模研究成果“山区航道船模及测试技术研究”获得了交通部科技进步三等奖（获奖时间为 1994 年 10 月）。

第六章　规范管理、快速发展
（1997—2002）

第一节　概　　述

1997年6月18日，重庆直辖市正式挂牌，成为继北京、天津、上海之后的第四个直辖市。伴随经济社会发展格局的改变，重庆航运发展迎来了一个新的历史时期。在党中央和国务院的领导和关怀下，重庆市委、市政府高度重视航运事业的发展，高瞻远瞩、科学规划、合理布局、统筹推进重庆航运事业各项工作。中央决定成立重庆直辖市的三条原因中，三峡工程的建设是促使重庆直辖的一个重要的客观因素。三峡工程在长江经济带建设中的战略地位和重要作用举足轻重，这一世纪工程于1994年12月14日正式开工；1997年10月6日，人工开挖的3.5公里长、可供大型船队航行的三峡工程导流明渠正式通航；1997年11月8日，三峡工程实现大江截流；1998年5月1日，临时船闸通航；2002年11月6日，导流明渠截流合龙。三峡水库实现175米水位蓄水以后，将消除坝址至重庆之间139处滩险、41处单行控制河段和25处重载货轮需牵引段，宜昌至重庆航道维护水深从2.9米提高到3.4～4.5米，实现全年全线昼夜通航，从根本上改善长江中上游航道条件，促进长江航运的快速发展。可以说，正是因为三峡工程的建设，才有了重庆水运的新发展。

2002年，按照中共重庆市委、重庆市人民政府关于“建设长江上游航运中心”的决策，在时任中共重庆市委书记黄镇东同志的关心指导下，重庆市编制完成了《重庆航运中心发展规划》。同年12月，中共重庆市委常委会议审议通过《重庆航运中心发展规划》，规划提出加快把重庆建设成长江上游航运中心。《重庆航运中心发展规划》为重庆水运建设发展奠定了坚实基础，为重庆航运中心的未来发展指明了方向。

这一时期，重庆航运管理新机构相继改革，重庆航运开始脱离四川管辖。直辖以后，重庆水运发展迅速，到2002年，全市完成水路货运量1907.01万吨，同比增长3.7%，货物周转量1442723万吨公里，同比增长6.9%；完成客运量2046.63万人次，同比下降0.6%，旅客周转量278209万人公里，同比增长7.9%。港口完成内贸货物吞吐量3004万吨，同比增长5.8%；外贸货物吞吐量81.53万吨，同比增长105%；集装箱吞吐量

8.75 万标准箱，同比增长 118.5%；完成旅客吞吐量 2484 万人次，基本与上年持平。在全行业管理部门的共同努力下，规费征收全年完成了 5266 万元，同比增长 10%，为港航建设和管理提供了资金保障。从此，重庆水运发展迈入一个崭新的历史时期！

第二节　水运管理体制改革

一、重庆港航管理体制的改革

改革开放以来，为了适应航运开放搞活的经济形势，为了适应重庆成为直辖市的区划调整，为了适应三峡库区蓄水给航运带来的变化，重庆市港航管理体制在 1986 年至 2002 年期间进行了多次明确职责的机构调整与改革。

（一）港航监督与管理体制的改革

1997 年重庆市成为中国第四个直辖市，原四川省省属在渝事业单位划转重庆市对口的各部门管理。四川省交通厅将嘉陵江航道处、合川航道段、重庆航道段、广安航道处在合川航道的管理及人员划转重庆市航运管理处。同时，重庆市航运管理处对涪陵航务、港监处，万县航务、港监处，黔江航务管理处行使行业管理。

1997 年 6 月 18 日，重庆直辖市正式挂牌，重庆市航运管理处接收原对口单位，并将涪陵、万县和黔江纳入行业管理。根据国办发〔1999〕90 号文的决定，国家按照“一水一监、一港一监”的原则，实施水监体制改革，直辖后的重庆市成立在市级交通部门主管下的地方海事局，逐步建立起反应迅速、办事高效和适应国际通行准则的海事管理机构。

2000 年 8 月，根据重庆市委、市政府《关于重庆市党政机构改革方案的实施意见》（渝委发〔2000〕18 号）文件精神，并经重庆市编制委员会同意，将重庆市航运管理处与重庆港口管理局的港政职能及有关人员合并，组建重庆市港航管理局，为重庆市交通委员会直属的具有行政管理职能的处级事业单位。2002 年 7 月，组建重庆市地方海事局、重庆市船舶检验局，与重庆市港航管理局实行一门三牌，为重庆市交通委员会直属事业单位。

2001 年 1 月 1 日起，万州、涪陵、黔江的港航管理职能，只能在本行政区划范围内行使。同时，重庆市港航管理局开始对全市各区县（市）港航管理部门行使行业管理职能。

2001 年 12 月，根据渝编〔2001〕83 号文件精神，将黔江开发区航务管理处、彭水航道段、涪陵区航务管理处和乌江航道段合并，成建制划转重庆市港航管理局，组建重庆市港航管理局乌江航道管理段，为重庆市港航管理局直属事业单位。

2002年3月31日，根据《国务院办公厅关于转发交通部水上安全监督管理体制改革实施方案的通知》（国办发〔1999〕54号）、《关于印发〈交通部　重庆市人民政府关于实施水上安全监督管理体制改革协议〉的通知》（交人劳发〔2001〕61号）和部市联合工作组第一次会议精神，长江上6个原地方设置的港监部门（涪陵、丰都、忠县、万州、云阳、奉节等地方海事机构）成建制划转交通部长江重庆海事局管理，其他10个地方港监部门（港航管理局机关、长寿、江律、永川、渝北、巴南、石柱、巫山、涪陵港监处机关、万州港监处机关）部分划转交通部长江重庆海事局管理，重庆市港航管理系统共划转385名（含区市县）人员到交通部长江重庆海事局管理，其中：在职人员266名，离退休人员104名，遗属15名。

2002年7月，经重庆市机构编制委员会渝编〔2002〕56号文件批准，重庆市港航管理局机构规格由正处级升格为副厅（局）级。

经过不断理顺和调整，形成了市和区县交通行政主管部门主管本行政区域内的港航行政管理，各港航管理机构在当地交通主管部门的领导下，负责本行政区域内港航管理具体工作。重庆海事局、重庆长江航道局、中国船级社重庆分社等交通部在重庆的部门，负责长江干线的海事监督工作；长江干线航道的管理工作和相关的船舶检验工作，在重庆市境内的工作接受重庆市交通委员会的协调。

（二）港航管理机构变革

1. 重庆市航运管理处

重庆市航运管理处内设12个科室，下辖合川、江津、潼南、铜梁、北碚、江北、长寿、巴县、綦江9个航运管理站，以及小安溪船闸管理站、涪江航道养护队和合川运销站。重庆市航运管理处除管理直属单位外，对各区县行使行业管理职能。在当地交通主管部门的领导下，具体负责所辖区域内水路运输市场、运输企业及运输服务企业管理，水上交通安全、维护水上交通秩序及船员和船舶管理，船舶检验、修造船市场管理，航道建设、航道维护管理，港口建设、港口规划及港口企业管理，征收国家制定的有关规费等。2000年8月，重庆市航运管理处与重庆港口管理局的港政职能及有关人员合并，组建重庆市港航管理局。

2. 重庆市港航管理局

2000年8月，根据重庆市委、市政府《关于重庆市党政机构改革方案的实施意见》（渝委发〔2000〕18号）文件，组建重庆市港航管理局。2002年7月，重庆市港航管理局机构规格由正处级升格为副厅（局）级，同时挂“重庆市船舶检验局”和“重庆市地方海事局”的牌子，实行三块牌子、一套班子、统一定编、合署办公，内设11个处室。

下属直属机构有：

(1)重庆市港航管理局水路客运市场管理处

重庆市港航管理局水路客运市场管理处是2001年3月经重庆市编办《关于同意重庆市港航管理局增挂重庆市水路客运市场管理处牌子的批复》(渝编办〔2001〕14号)批准成立的。人员编制为12人。为处级事业单位，经费自收自支。2002年9月，重庆市编委以渝编〔2002〕72号文件批复重庆市港航管理局不再挂重庆市水路客运市场管理处牌子，独立设置重庆市水路客运市场管理处，为重庆市港航管理局直属处级事业单位，人员编制12人，其中处级领导职数2人，经费渠道为自收自支。

(2)重庆市港航管理局直属处

重庆市港航管理局直属处前身是主城区港航管理总站。2001年12月，重庆市港航管理局成立了主城区港航管理总站(发文字号：重港航发〔2001〕303号)。2003年1月，重庆市港航管理局将港航管理总站更名为重庆市港航管理局直属处(发文字号：渝港航发〔2003〕22号)。

(3)重庆市港航管理局嘉陵江航道管理段

1986年时，单位属于四川省交通厅嘉陵江航道管理处管理，原名四川省交通厅嘉陵江航道管理处重庆航道段，属事业单位，主要职能为嘉陵江临江门至草街68公里航道的维护、管理，在职职工115人，离退休人员60人。1997年1月划转重庆市管理，单位移交重庆后，其管理、职能、范围不变，机构名称(吊牌、印章)也未变，但习惯上以“重庆市航运管理处嘉陵江航道管理段”单位名称对外办公。在职职工114人，离退休人员47人。2000年重庆市港航管理局组建后，重庆市交通委员会《关于航道体制改革的批复》(渝交委〔2000〕362号)文件将四川省交通厅嘉陵江航道管理处重庆航道段更名为重庆市港航管理局嘉陵江航道管理段。

(4)重庆市港航管理局合川航道管理段

2000年10月实施航道体制改革后，在合并四川省交通厅嘉陵江航道管理处合川航道段、四川省渠江合川航道段、重庆市航运管理处涪江航道段三个单位职能的基础上组建重庆市港航管理局合川航道管理段。为正科级事业单位，隶属重庆市港航管理局管理。2000年11月13日，合川航道管理段以重合航发〔2000〕13号文通知从即日启用新印章，主要担负嘉陵江、渠江、涪江三江水系计226公里航道的管理、建设、养护工作。

(5)重庆市乌江航道管理段

2001年12月，根据重庆市编委《关于理顺乌江航道管理体制的批复》(渝编〔2001〕83号)，将涪陵航务管理处涪陵乌江航道管理段、黔江航运管理处彭水乌江航道管理段成建制划转重庆市港航管理局管理，人员编制为251人，机构规格为正科级。机构名称为重庆市港航管理局乌江航道管理段。2002年9月，根据重庆市编委《关于重庆市港航管理局机构设置和人员编制的批复》（渝编〔2002〕72 号）文件精神，重庆市港航管理局乌江航道管理段更名为重庆市乌江航道管理段，机构规格为处级事业单位，为重庆市港航管理局直属事业单位，核定人员编制 251 人，其中处级领导职数 3 人，经费渠道为自收自支。重庆市乌江航道管理段内设办公室、生产技术科、安全设备科、航政科、财务科、彭水航道管理所、武隆航道管理所。

（6）重庆市港航管理局船闸管理所

2000 年 8 月组建重庆市港航管理局后，重庆市交通委员会《关于航道体制改革的批复》（渝交委〔2000〕362 号）文件将重庆市航运管理处小安溪船闸管理站更名为重庆市港航管理局船闸管理所。

3. 重庆港口管理局

1999 年 8 月，根据《关于重庆港口管理局河道采沙管理划转给市水利局有关问题的协调会议纪要》（重庆市政府专题会议纪要〔1999〕43 号），重庆市码头管理处将河道沙石资源管理职能移交给重庆市水利局，划转人员 40 人。重庆市码头管理处于 1999 年 8 月起不再对河道沙石资源进行管理，停止征收沙石采掘管理费。

2000 年 8 月，为了进一步理顺职责，根据重庆市委、市政府《关于重庆市党政机构改革方案的实施意见》（渝委发〔2008〕18 号）文件，组建重庆市交通委员会。在港航管理方面，将重庆市航运管理处与重庆港口管理局政企分开，分离出来的港政职能及有关人员合并，组建重庆市港航管理局，其中重庆市码头管理处成建制划转，原重庆港口管理局改制为企业。

2001 年 2 月 27 日，交通部副部长洪善祥和重庆市副市长吴家农草签《交通部、重庆市人民政府关于万州、涪陵、重庆港管理体制深化改革的纪要》，交通部原投资建设港口的资产全部交给重庆市，并和长江航务管理局彻底脱钩。同年 6 月 20 日，重庆市企业工委以渝委企〔2001〕128 号文，对重庆港口管理局实行改制，建立董事会、监事会，正式更名为“重庆港务（集团）有限责任公司”。

港口的计划管理由中央计划管理改为地方管理后，财务管理由“以港养港，以收抵支”改为“收支两条线”，取消港口企业定额上缴、以收抵支的办法。同时，按规定征缴港口企业所得税。港口下放后，除交由国家开发投资公司管理的资产外，港口的资产无偿划转地方管理，在保证中央必要的港口建设费支出的前提下，适当提高各港港口建设费的留成比例。同时，地方人民政府应多方筹措港口建设资金，制定有利于港口发展的政策，为港口发展创造良好条件，全面放开国内水路运输价格和港口内贸货物装卸作业价格。

4. 重庆市水路客运市场交易中心

重庆市水路客运市场交易中心于 1998 年 7 月开始筹建，12 月正式挂牌成立，隶属市经委交通处管理。2000年机构改革，成立重庆市交通委员会，市经委交通处职能划转给市交通委员会，重庆市水路客运市场交易中心也一并划归市交通委员会管理。2001年8月，为加强水路客运市场管理工作，经市人事局、编制委员会批准，在重庆市港航管理局的基础上增挂重庆市水路客运市场管理处牌子，作为朝天门地区水路旅客运输的管理单位。

二、交通部在渝管理机构的发展

（一）海事机构

重庆海事局全称中华人民共和国重庆海事局，是交通部海事局直属长江航务管理局派出机构。按照交通部和重庆市地方政府关于水监管理体制分工要求，重庆海事局和重庆市地方海事局，在各自的职责范围内相互协作，从事重庆市水上交通监督管理工作。

重庆海事局是在长江航政局重庆分局、重庆长江港航监督局的基础上，经过逐步改革完善组建的。2002年按照国务院实行"一水一监、一港一监"，统一布局、统一监督管理，建立起与社会主义市场经济相适应的分工负责、运转协调、行为规范、办事高效、执法统一的安全监督管理"新体制"。根据中央机构编制委员会办公室《关于交通部长江海事局黑龙江海事局分支机构设置方案的批复》（中央编办复字〔2002〕32号）和交通部《关于印发〈交通部直属海事机构设置指导意见〉的通知》（交人劳发〔2000〕180号）的有关规定，决定筹建中华人民共和国重庆海事局。将重庆长江港航监督局、万县长江港航监督局和重庆市港航管理局部分安全监督机构合并，于2002年10月18日正式挂牌成立中华人民共和国重庆海事局，属中华人民共和国长江海事局的分支机构（副厅级）。

重庆海事局局机关内设11个职能处室，下设11个海事处作为派出机构，11个海事处为江津海事处、巴南海事处、朝天门海事处、长寿海事处、涪陵海事处、丰都海事处、忠县海事处、万州海事处、奉节海事处、云阳海事处、巫山海事处。其职能职责为：负责长江干线重庆段的水上安全监督管理工作，履行国家水上交通安全管理、防止船舶污染水域及航行保障的法律、法规赋予的职责。新增搜救职能，成立重庆水上搜救中心，设置重庆海事局万州水上搜救中心办公室，负责重庆至巫山辖段水上搜救指挥工作。管辖范围包括长江干线上界为界石盘（长江上游航道里程824.7公里）—五马判（长江上游航道里程824.7公里）连线，下界为省界沟（长江上游航道里程144公里）—鳊鱼溪（长江上游航道里程145公里），全长680.7公里、交汇支流水域41.5公里和汊河道46.2公里。

（二）航道管理机构

1. 长江重庆航道局

长江重庆航道局的前身是长江航道局重庆航道分局，长江航道局重庆航道分局的前身是长江航道局重庆航道区，1986年至2003年期间，局机构名称做了两次变更。

1998年2月17日，长江航道局以航道人〔1998〕66号文件通知：为进一步推进航道体制改革，加强航道维护和管理，保持航道机构名称的统一性，以及便于对外开展工作，将重庆航道分局更名为“长江重庆航道局”。行政、党委印章全称是“长江重庆航道局”和“中国共产党长江重庆航道局委员会”。印章从1998年5月1日起正式启用。1986年和1998年两次更名，但其职能范围和上级业务隶属关系不变，级别不变，经费渠道不变。

长江重庆航道局2003年末拥有职工208人，其中，拥有中高级、初级技术职称人员112人。长江重庆航道局机关编制76人，其中局领导职数9人，科级领导职数33人，内设18个机关科室。拥有多种类型配套齐全的航道工作船舶179艘，陆地修造船施工设备110台套。

2. 长江重庆航道工程局

长江重庆航道工程局成立于1953年9月，隶属交通部长江航道局，在职职工1000余人，有各类中高级专业人才200余人，固定资产14亿余元。拥有港口与航道工程施工总承包特级、市政公用工程施工总承包一级、水利水电工程施工总承包二级，以及航道工程、河湖整治工程、港口与海岸工程、公路路基路面工程、建筑机电安装工程、地基基础工程专业承包，爆破作业设计施工、安全评估、安全监理（一级）等各类资质，拥有技术先进、种类齐全的绞吸式、耙吸式、抓斗类挖泥船及江海两用铺排船、钻爆船、环保疏浚船等一大批水上专业施工设备，具备港口航道、市政路桥、水利水电、疏浚吹填、河湖整治、地灾治理等多门类、多领域的施工能力。

3. 重庆长江通信导航局

重庆长江通信导航局是隶属交通部在渝事业单位，代部组织管理长江沿岸通信网络，组织实施部颁通信政令法规，担负长江干流通信的规划、设计、建设、管理、维护任务。管辖范围上自江津兰家沱，下至巫山碚石镇，全长600多公里。局下设重庆、涪陵、万县3个通信导航处，以及长寿、丰都、云阳、忠县、奉节、巫山6个通信导航站，共有各类专业技术人员121人，其中中高级技术人员24人，拥有有线、无线、甚高频、单边带、程控、微波、载波、电力、电台等设备设施，固定资产5000余万元。

随着长江通信体制改革，根据交通部（84）河信字89号文件精神，1985年2月由原重庆长江轮船公司通信站分离出来，正式成立长江航务重庆通信导航区，建立党委及行政组织，设立6个内设机构等。1992年5月，根据交通部批复，导航区正式更名为长江通信导航局重庆分局，职能级别不变。1999年12月，根据长江航务管理局批复，正式更名为重庆长江通信导航局，职能、级别、隶属关系均不变。

4. 长江重庆公安局

2002 年，国务院印发《关于长江港航公安管理体制改革有关问题的批复》（国函〔2002〕1 号），原则同意交通部报送的《长江港航公安管理体制改革方案》，明确了长江港航公安机构作为国家治安行政力量和刑事司法力量的重要组成部分，行使跨区域的中央管理水域的公安管理事权。明确长航公安民警纳入国家行政编制，所需经费由中央财政负担，长江航运公安机关从此纳入国家行政机构的范畴。

（三）船舶检验机构

中国船级社重庆分社是中国船级社（CCS）在重庆的分支机构，1998 年底，中国船检体制进行了重大改革，中国船级社与中华人民共和国船舶检验局实行了“局社、政事”分开。中华人民共和国船舶检验局的行政管理职能移交部海事局，中国船级社重庆分社不再使用中华人民共和国重庆船舶检验局的名称。

中国船级社重庆分社有 6 个内设机构，下设涪陵办事处、万州办事处。主要负责重庆市和四川省、云南省、贵州省辖区内政府主管机关授权的船舶法定检验和船舶入级检验，以及船用产品的认可和日常检验发证工作。

三、水运市场监管能力得到新的提高

面对点多线长的港口、航道，面对十分活跃的水运市场，面对发展迅速的港航事业，加强港航监督与管理具有十分重要的意义。根据港航管理多年经验和有关法律、法规的要求，重庆市港航监督与管理由海事管理、船舶检验管理、港口管理、航道管理及运输管理五个方面组成，并且是交通部在渝单位与重庆市港航部门一起，在各自的职能及管理范围内互相协作、紧密配合构成的全市港航监督与管理。通过实施以上管理，水上交通安全得到保障，水上交通秩序得到了维护；船舶修造质量得到保证，船舶技术得到推动；港口航道基础设施建设得到了前瞻的规划和有序实施；港口及航运市场得到了规范，港口及航运企业的发展得到了指导和支持。实施港航监督与管理，在促进重庆市水运经济建设、推动重庆市港航事业发展方面，起到了统筹协调、保驾护航的作用，市场秩序明显好转，统一开放、竞争有序的水运市场逐步形成。

1. 旅游客运市场秩序不断规范

把朝天门客运市场作为监管重点，通过加大现场监管力度，严厉打击票贩子，充分发挥行业协会的自律作用，各船公司的经营行为得到规范，高额“回扣”现象得到遏制，基本实现了客运市场的规范化，解决了存在多年的“夜游”三峡的问题，启动了“阳光三峡游”。

2. 汽车滚装运输市场秩序不断规范

制定并实施了《重庆市滚装运输服务规范》和《重庆市滚装码头服务规范》，与湖北省港航局建立了联席会议制度，每半年召开一次会议，管理部门、船公司及滚装码头共同参加，对存在的问题进行研究，并提出解决的办法及措施，共同遵守实施。经过5年的不懈努力，汽车滚装运输市场秩序趋于规范，成为三峡库区经济效益最好的水路运输方式。

3. 港口码头经营秩序进一步规范

以《中华人民共和国港口法》和《重庆市港口条例》的实施为契机，加强港口码头管理。严格执行港口规划，把好岸线资源利用审查关，保证有限的岸线资源得以合理、充分利用；加强港口经营企业的资质管理，把好市场准入关，规范港口经营秩序；加大港口安全监督管理力度，把好港口码头安全生产关，认真督促各区县港航管理部门加强对港口区域内危险货物、旅客上下集中、货物装卸量较大或者有特殊用途的码头进行定期或不定期重点督查，对已建码头的安全现状进行评价，确保港口安全生产。

4. 船舶检验质量得到进一步提高

努力推进ISO 9000质量管理体系认证，在检验中严格执行检验规范，坚决杜绝大船小证；严把图纸审查关，从源头上杜绝低质量船舶的审批；针对“四客一危”船舶，在检验中重点核查船舶的结构、稳性、安全设施配备和技术资料的正确性及完整性；大力开展低质量船舶专项治理活动，对564艘砂石船舶进行了附加检验，淘汰砂石船8艘，专项治理工作顺利通过了国家四部委的检查验收。

5. 依法行政能力得到进一步提高

印发了《重庆市水路运输管理条例》《重庆市水上交通安全管理条例》《重庆市港口管理条例》，制定了《重庆市乡镇船舶安全管理办法》《重庆市客船上下乘客数额登记报告制度》等31个规范性文件；进一步简化审批程序，对现行15项行政许可的办理流程等进行了统一、规范、公示，对取消和权限下放的行政许可项目加强后续监管；政务大厅的“一站式”服务做到为民、便民、利民，坚持急事急办、特事特办、执政为民、服务发展。

第三节 三峡大坝碍航及断航对重庆水运的影响

一、碍航及断航对重庆水运的影响

举世瞩目的长江三峡工程，是一项具有防洪、发电、航运等综合效益的特大型水利枢纽工程。1992年4月3日，第七届全国人民代表大会第五次会议通过关于兴建长江三峡工程的决议。从1993年开始，经过近2年准备，三峡工程于1994年12月14日正式开工。1997年10月6日，人工开挖的3.5公里长、可供大型船队航行的三峡工程导流明渠正式通航。1997年11月8日，三峡工程实现大江截流。1998年5月1日，临时船闸通航。2002年11月6日，导流明渠截流合龙。2003年4月至6月，临时船闸关闭全面断航，双线五级船闸等待蓄水至135米运行。

根据三峡工程建设进度安排，三峡工程建设施工对长江航运形成3个碍断航时期，对重庆水运业和经济建设影响较大。一是1997年11月至2002年10月长江三峡工程大江截流后，导流明渠和临时船闸通航时期；二是2002年10月至2003年6月三峡工程135米蓄水施工期；三是2006年9月至2007年5月三峡工程156米蓄水及船闸完建期。

（一）导流明渠和临时船闸通航时期的影响

1997年7月至9月，三峡工程导流明渠开始试通航。此间，主河道和导流明渠都能通航。9月下旬，二期围堰继续向河心进占。1997年10月6日，主河道完全被截断，明渠正式通航。此后，客、货运输船只全部由导流明渠通过坝址，一直持续到1998年4月底。1998年5月1日，临时船闸建成并投入运行。此后，客、货运输船舶可由导流明渠和临时船闸两种途径通过坝址。

导流明渠受流量、流速的限制，临时船闸受平面尺度的影响，造成客、货运输不畅。当流量达到和超过4.5万立方米/秒时，临时船闸和导流明渠就全面关闭，形成断航。原先，有关部门预测每年断航时间仅为6天左右。但实际使用第一年（1998年）断航时间就达52天，1999年为20天，2000年为9天，都超过了预测的断航天数。同时，在此期间碍航的影响也十分明显。如船公司为了满足明渠的通航规定、稳定规定、航速规定，增大拖带力，不得不投入大量资金对船舶进行改造，加重了企业的负担；另一方面，当流量超过一定值后明渠断航，临时船闸成为唯一的通航设施，其通航能力不能满足运输的需要。加之流态紊乱，航道条件恶劣，等待过闸的船舶停泊无序，延长了过闸时间，降低了过闸能力。

在此阶段，主要是由交通部长江航务管理局、中国长江三峡工程开发总公司等单位针对导流明渠的通航条件，采取了有效提高船舶通过能力的措施，如绞滩、助推等。在断航情况下，有关方面在借鉴葛洲坝枢纽工程建设时期组织翻坝转运工作经验基础上，组织客、货运输船舶实施翻坝转运。

（二）135米蓄水过程的影响

2002年11月1日，导流明渠开始截流，结束了其过渡性的使命。此时，客、货运输的船舶全部由临时船闸通过坝址。据有关部门测算，临时船闸通过能力不到长江正常通过能力的四分之一。加之临时检修和定期修理，临时船闸通航能力进一步削弱，长江航道通而不畅，使重庆水运行业遭受十分严重的损失。

2003年4月10日至6月16日，双线五级船闸等待水库蓄水至135米之前共67天，过坝运输没有过船的通道，船舶断航，主要依靠右岸的临时陆运翻坝设施解决过坝运输问题。

(三)对水运企业的影响

三峡库区的移民迁建共分为城迁、工迁、农迁和专业设施复建4个类别。水运企业附属的船厂可以归入工迁，而水运企业自身却没有类别可以归属，移民榜上无名，因此也就不能享受到相应的政策优惠与扶持。其职工虽然因船舶不适航、码头淹没复建封港等三峡工程的直接影响而下岗失业，但水运企业职工的移民身份却一直没有确认。1992年，国家为建立三峡库区移民信息库进行摸底调查时，有关部门对水运企业的船舶下了“水涨船高”的定论，因此，对移民水运企业的船舶不予补偿。但是，三峡成库后，航道条件得到极大的改善，原按急流浅水航道设计的船舶失去经营价值，因此，多数企业被迫关闭破产，绝大多数职工无处进行移民登记，享受不到三峡移民的优惠政策。

二、建设期及初期蓄水的应对措施

为将三峡工程建设碍航、断航对重庆水运的影响减至最小，确保重庆籍船舶翻坝转运有序进行，重庆市人民政府、重庆市交通委员会、重庆市港航管理局等部门和有关企业积极应对。

1. 前期工作

2000年9月，重庆市交通委员会、重庆市港航管理局会同重庆长航、民生轮船有限公司、重庆港口管理局正式启动了应对三峡工程135米蓄水施工期断航、碍航的影响研究论证等前期工作。重庆市港航管理局成立专门工作机构，组织有关方面研究三峡工程建设对重庆水运的影响及应对措施。

2000年12月12日，重庆市人民政府发展研究中心、重庆市交通委员会、重庆市港航管理局共同完成了《三峡工程建设对重庆水运行业的影响及建议》。在此基础上，于2001年3月，形成了重庆市交通委员会的《三峡工程建设对重庆水运行业的影响及建议》专题报告。其主要内容：一是分析了碍航、断航时间，预测了三峡工程135米蓄水期客、货运量分别为400万人次、1300万吨，预计断航、碍航对重庆市水运行业造成的经济损失共11亿元。二是提出了应对的措施和建议。建议国务院责成国家经贸委牵头会同国务院三峡工程建设委员会办公室、交通部、财政部、劳动和社会保障部等有关部门，在充分听取水运企业意见的基础上，专题研究解决三峡工程施工期对重庆水运行业因断航、碍航造成的损失和影响，制定相关政策和措施；希望有关部门对三峡工程建设给重庆水运企业造成的经济损失予以审查、确认和补偿，以利于社会稳定；水运企业享受国家“三峡工程库区移民、西部大开发等”若干政策，支持水运企业发展。

2. 翻坝转运工作

根据三峡工程施工进度的安排，2002 年 11 月 1 日导流明渠截流至 2003 年 6 月 16 日永久船闸正式通航为航运的碍断航期。按照国务院要求，这期间水路客、货运输采取陆上分流和翻坝转运相结合的方案，解决水路运输问题。并成立了由中国长江三峡工程开发总公司牵头，长江航务管理局、宜昌市人民政府及交通主管部门等单位组成的三峡工程蓄水碍断航期翻坝转运指挥部。

由于重庆市进出渝客运及货运占总过坝量的 70% 以上，直接关系到全市经济建设及水运行业的稳定，重庆市人民政府、市交通委员会、市港航管理局高度重视。为做好三峡工程碍断航期客、货运输协调工作，重庆市交通委员会决定成立重庆市碍断航期客货运输翻坝转运工作领导小组，由重庆市交通委员会副主任任组长，领导小组办公室设在重庆市港航管理局，负责处理日常事务。同时成立了由重庆市港航管理局牵头，涪陵区港航管理局、万州区港口航务管理局为成员单位的坝前工作组，协助配合三峡工程蓄水碍断航期翻坝转运指挥部做好翻坝转运工作。此举得到翻坝转运指挥部的肯定和欢迎，并安排重庆市坝前工作组与指挥部办公室合署办公。工作组于 2002 年 11 月 1 日晚抵达茅坪港，进驻茅坪凤凰宾馆办公，坝前工作组的工作正式启动。在翻坝转运期间，重庆市交通委员会翻坝转运工作领导小组及坝前工作组协作配合指挥部解决了转运中的大量问题，为保障翻坝转运顺利进行做了卓有成效的工作。一是解决了客运翻坝转运票据及水陆费用的解缴问题。2002 年 10 月 27 日，重庆市交通委员会、重庆市港航管理局、宜昌市港航管理局与重庆市水路客运协会及港航企业形成了“一票制，不加价，含茅坪翻坝运输”的方案。10 月 28 日，重庆市港航管理局主持召开有 14 家新闻单位参加的三峡翻坝运输情况通报会，公布了长江水路客运翻坝运输的有关事项，用一张船票解决所有问题，方便了旅客，维护水路市场客源稳定。二是做好水运企业的稳定工作，督促水运企业遵照执行翻坝转运有关规定。协同指挥部办公室解决了茅坪港水域执法出现多头管理、重复签证、重复收取船方港务费，安全责任不明，茅坪港水域航运秩序混乱等许多水运企业反映的问题，使全市水运企业实现了“安全、平稳、有序、通畅”的转运工作目标。三是确保滚装船运输市场的稳定。协同宜昌市港航管理局、茅坪港埠公司等单位向翻坝转运指挥部建议将滚装码头移至三峡坝区红线内野背处，对旅客、滚装运输车辆进行分流。使滚装运输并未因三峡工程碍断航期而运辆减少，同比反而有所上升，日最高转运量达 998 辆次。四是加强组织协调，协助指挥部做好春运期间翻坝转运工作。春运期间安全、顺利转运旅客 507979 人次，日转运旅客 12700 人次。通过陆上转运 387128 人次，通过临时船闸分流客船 320 艘次，分流旅客 120851 人次，实现了“走得了、走得好、安全无滞留”春运转运工作目标。五是保证了碍断航期进出坝区水路运输重点物资及集装箱得以疏运。在三峡工程碍断航期，由于临时船闸通过能力有限，难以满足船舶交通流量的需求，致使坝区水域船舶大量滞留。坝前工作组积极努力同翻坝转运指挥部和三峡通航局协调，使得载运重庆市在建桥梁大件和生产建设重点物资的船舶及时通过临时船闸，确保了重庆市重点工程建设在三峡工程碍断航期顺利进行。在断航期前，重庆市港航管理局向国家经贸委反映：要求翻坝转运指挥部将集装箱与商品车翻坝转运纳入统一管理、统一协调，要求中国长江三峡工程开发总公司开通三峡专用公路转运企业自主翻坝的货物。国家经贸委在 4 月 1 日印发的《关于解决三峡工程断航期有关问题的通知》中明确将集装箱、商品车纳入翻坝转运范围。在断航期间，工作组与转运参与各单位通力合作，采取得力措施，协调解决了陆上道路、码头影响转运的问题，使重庆市集装箱、商品车翻坝转运得以顺利疏转，超过了设计的日转运目标。同时还有大量没有统计的农副产品、鲜活物资等从地方码头通过三峡专用公路转运，保证了重庆市工农业发展、人民群众生活需要和港航企业生产运输的正常有序进行。

翻坝转运期间，坝区累计转运旅客 1203136 人次，转运客车 39342 辆次，转运客船 8605 艘次，转运滚装船 4860 艘次，转运滚装车辆 117180 辆次。自 2003 年 4 月 10 日至 5 月 20 日，共转运集装箱 9410 标准箱，转运商品车 6820 辆次，转运件杂货物 11690 吨，圆满完成了 2002—2003 年三峡工程蓄水坝区碍断航期翻坝转运工作，实现了国务院提出的“安全、畅通、有序”的总体目标。

三、135 米蓄水造成的碍航及断航补偿

2000 年 5 月，国务院要求三峡工程建设委员会提出断航分流方案，当年 9 月进行了专家审查。2001 年 4 月，重庆市人民政府根据分流方案，结合重庆市实际，向国务院上报《关于三峡工程建设对重庆水运业的影响有关问题的请示》，向国务院专题请示，国家经贸委按照国务院办公厅的批示，经商国家计委、财政部、交通部、国务院三峡工程建设委员会办公室后，以《关于三峡工程建设及重庆水运业有关政策问题的复函》就重庆市请示的有关问题给予答复，其中明确“关于 1997 年大江截流后因三峡工程建设施工和今后蓄水断航给你市水运企业造成的损失，依据《中华人民共和国水法》和《中华人民共和国航道管理条例》，应由建设单位补偿”的原则意见。

2002 年 8 月，国务院有关部门组织对分流方案审查时提出经济补偿，9 月副总理吴邦国要求制定补偿方案。

为了认真做好补偿方案，由国务院三峡工程建设委员会办公室、国家计委综合运输

研究所组成的三峡工程建设断航期经济补偿方案调研组先后3次到重庆调研。其中,2003年1月15日抵达重庆进行了为期7天的断航期经济补偿方案调研。分别对重钢、庆铃、长安等大型工业企业进行了调研,对重点港航企业重庆长航、重庆港务(集团)有限责任公司、民生轮船有限公司、重庆轮船总公司、重庆长江水运股份有限公司进行了集中座谈调研,还分别到涪陵、万州、奉节进行了调研。调研的重点是工业企业与港航企业在断航期间存在的问题、造成的损失、采取的措施及要求等。在重庆市的调研中,调研组基本确定了补偿方案:经济补偿确定的时间为断航期,即2003年4月10日至6月15日;补偿的对象为受影响的工业企业和港航企业;补偿的原则是国家、地方、企业共同负担一部分,采取国家补偿、企业自己消化相结合,且只对直接受影响企业的货运直接损失进行部分补偿。

2003年6月10日,根据国务院三峡工程建设委员会制定的《关于三峡工程断航期经济补偿问题的意见》和重庆市领导的指示精神,结合重庆市水运行业的实际情况,确定补偿分配以有利于社会稳定、切实解决水运职工群众生活问题为指导思想,遵循公开、公正、合理的原则,对因三峡工程断航而造成经济损失的重庆市港航企业,在企业自行消化的基础上,给予一次性补偿。补偿的重点是断航期间因进出渝货物运输受到影响所造成的直接经济损失。客运、载货汽车滚装运输、市内运输以及个体运输户未予以补偿。同时要求受补偿的水运企业应将补偿资金优先用于补交欠缴的社会保险金、补助欠发职工的生活费,也可用于弥补断航损失,发展生产。

此次补偿,国家给予重庆市因三峡工程断航而造成经济损失的港航企业的补偿总额为2596.75万元,其中航运企业1802.35万元、港口企业794.4万元。重庆市港航管理局对各水运企业干线运输的历史资料进行了统计,并结合三峡通航提供的历年过坝船名资料,确定了受补偿航运企业91户、港埠企业12户。同时召开有关补偿会议进行说明。由于补偿分配公平、合理,在以后的分配操作上进行得十分顺利。

第四节　重庆航运业的转型发展

一、水运市场的转型发展

(一)客运市场的变迁

1997年三峡大坝截流前旅行社纷纷推出所谓“告别三峡游”后,三峡游达到顶峰,经营三峡游的客轮和旅游景点到处人满为患,超过接待能力,为三峡游的萧条埋下了伏笔。在此阶段，受利益驱动，各沿江地、市、县的轮船公司，利用三峡移民资金或向银行贷款建造旅游客船投入营运。

1998年至1999年，铁路提速、民航快速发展及沿江高速公路修建，水运速度慢的劣势更加显现，分流了较多客源。亚洲金融危机和1997年三峡大坝截流"告别三峡游"的过度宣传，加之宏观调控不力、客轮增速过快造成运力过剩，使水路客运由卖方市场变为买方市场，旅客运输量持续下降（表6-4-1）。为求生存、谋发展，重庆水路客运进一步向旅游转向，特别是1998年开展重庆市水路客运市场整顿以来，各船公司加大了船舶技改力度，提高船舶技术条件和服务水平；一些船公司进一步与外商合作，合资建造高档豪华游轮，使重庆市水路旅游客运竞争能力得到提高。

历年水路客运量统计表　　表6-4-1

年份（年）	1997	1998	1999	2000	2001	2002
客运量（万人次）	3462	2888	2694	2425	2057	2046

1.普通旅客运输

从20世纪90年代初到1997年，随着改革的深化、人民的生活水平提高和对外交流的增多，来长江三峡旅游的客人包括外出打工的民工数量增长很快，普通客运逐步向旅游化转向，由普客运输逐步发展为普客兼旅游（顺道游）运输。但是，随着国民经济的快速发展，水运这种传统运输方式逐渐被快速发展的航空、高速公路、高等级公路和不断提速的火车所替代，普客班轮曾经"一票难求、门庭若市"的好景一去不复返，被迫逐步退出长江客运市场。由于市场和结构调整原因，曾经长期垄断长江客运的中国长江航运（集团）总公司武汉客运有限公司，于2001年率先全面退出长江客运。一直由长航集团占主导地位的长江旅客运输格局，发生了根本性变化。

从另外一个角度看，这也是一种社会的进步，是综合交通运输发展的必然结果，揭示了长江普通客运必须进行结构调整，向旅游化转变才是今后长江水路客运的发展方向。

2.高速客船运输

1997年5月，涪陵港务局与马来西亚合资建造的"慕"字系列4艘快船正式投入重庆至涪陵航线运输；1997年6月，"渝富""渝强"快船投入长江重庆至巫山航线运营；1996年，乌江试航快速船"长天"系列，5艘快船分别于1998年4月至2001年成功投入运行。

此外，长江沿线部分市地航运管理部门，也批准了少数航运企业经营区间短途高速客运航线。如重庆市航运管理处批准重庆长寿旅游客船有限责任公司购进玻璃钢高速船“银燕”号、“青州”号，经营重庆至长寿航线。万县市航务管理处批准万县市港埠公司“金翔”号快艇，经营万县至奉节航线；批准云阳三峡旅行社“云旅”号快艇，经营万县至云阳航线。

2000年4月，渝长（重庆至长寿）高速公路通车，同年12月，渝涪高速公路全线贯通，旅客弃水走陆，长寿、涪陵各点客源大幅减少，高速船客源减少近90%。虽然采取大幅降低票价等措施，但由于与公路相比时间长、价格高的劣势突出，涪陵港务局中马合资“慕”字系列4艘高速船于2000年5月停航，重庆至长寿、涪陵、彭水快速航线专船相继停开，涪陵至彭水、龚滩、沿河快船航线也于2003年全线停航。渝万高速公路通车后，重庆至巫山、奉节、万州快速航线专船也相继停开，重庆港只剩下重庆至宜昌一班，但仍处于亏损状态，最终重庆至宜昌航线高速水翼船于2004年12月20日最后一班由重庆港发出后停开，只保留万州至奉节、巫山、巴东、宜昌（茅坪）航线。

3. 支线客运

（1）嘉陵江航线

1998年9月嘉陵江云门大桥建成通车后，经营了17年的泥溪至合川客运停航，旅客弃水走陆。2001年，合川涪江太和“1·29”特大水上交通事故发生后，合川对水上客运进行了整顿，对船舶进行了技术改造，对客运船队进行了整合。2002年后，合川客运量开始逐年下降。

（2）乌江航线

1996年乌江试航快速船“长天”系列，5艘快船分别于1998年4月至2001年成功投入运行，乌江快船航线延伸至龚滩和贵州沿河。但由于涪陵至武隆、彭水的319国道全线贯通，2000年以后武隆境内水上客运基本被陆上运输替代，涪陵至彭水、龚滩、沿河快船航线也于2003年全线停航，至此乌江结束了水上客运。

（3）大宁河航线

在重庆长江众多的支流中，有一条被誉为“天下第一溪”的大宁河，它源于大巴山南麓，流经巫溪、巫山后注入长江。早在先秦，大宁河已有船舶运输，船型在漫长的岁月中经历了独木舟、鹅儿船、辰驳船、木帆船和机动船等发展演变过程，航运与大宁盐业兴衰联系密切。随着时代的变迁，至20世纪70年代中后期，航运人经反复试制，终于成功地造出适应大宁河航道特点的机动船。大宁河旅客运输以旅游为主，受外部环境影响较大。这一时期，旅游客运量逐年增加，至2002年达到最高峰。

4. 移民运输

按照国务院和重庆市政府的要求，重庆各水路客运公司承担了三峡外迁移民运输任务，实现了国务院、重庆市政府提出的确保移民运输“不伤、不掉、不亡、安全事故为零”的运送目标,安全完成了三峡移民运输任务,为三峡工程和移民工作出了贡献。如重庆长航自2000年4月开始承运第一批三峡移民,至2005年共投入移民运输专船90艘次,安全运送移民近5万人次,目的港遍及长江沿线各省(区、市)港口20多个。

5.旅游运输发展

(1)长江三峡国内旅游的发展

长江三峡旅游经过十余年的发展,已具有相当规模。到了20世纪90年代中后期,国家大力投资兴建交通基础设施,沪蓉高速公路的修建,主城至长寿、涪陵、万州公路相继通车,公路客运由于快捷、方便,且有价格优势,水路普通客运和旅游客运的客源受到极大冲击,逐年大幅下滑。另外,由于船舶设施设备陈旧,不能满足游客的需要。大家普遍认为长江干线的普通省际旅客运输必将消亡,唯有长江三峡的旅游运输将依托观光沿江景点和休闲,可以继续发展,因此也是发展的方向。

2000年开始,重庆长航实施客运向旅游转向,对13艘普通客轮升档改造成为“江山”系列国内游船,占市场总量的19.6%。同时,建立和完善了国内旅游服务管理规范,实现了国内旅游服务的标准化、规范化、程序化和宾馆化。2002年,重庆长航发展重庆两江夜景旅游,相继建造了设施一流、服务一流的“朝天门”“朝天宫”两江游轮,成为重庆市政府指定接待用船。

有的地方轮船公司(如重庆长江水运股份有限公司)还开辟了“两点一线”、沿途不停靠、旅客不顺道观光的重庆至沙市、重庆至九江的“专线游”。这种运行方式和航线,虽然时间不长就退出了市场,但也是长江旅游的一种探索与尝试。

(2)涉外旅游发展

1998年至2001年,由于前期宣传的负面效应、长江洪水和亚洲金融危机影响,长江涉外旅游市场出现了第三次低潮。此时,涉外游船供方市场已形成了28家船公司、60余艘游船、1万多客位、年接待能力50万人次规模,但全年仅接待海内外游客5万人次,开航率不到25%、负载率不足35%,创历史最差。2001年,接待海内外旅游者也才23万人次。2002年,由于大坝即将截流蓄水,受到国内外广泛关注,长江涉外旅游客运迎来又一次高峰,游船负载率超过9成,全年共接待游客35万人次,再创历史新高,经历了第四个发展高潮。

经营方式上,长江涉外游船经历了几个层次的发展和变化:

长江旅游兴起之初,游船公司规模较小,以单船为主,基本不具备市场营销能力,也缺乏品牌化概念,主要依靠境内旅行社和少数华语境外旅行社订购船票,处于比较原始的售票阶段。此后,经过市场的多次起伏和打击,游船公司认识到弊端,逐步向船东与旅行社合一的方式演化,开始培育自己的营销队伍,依靠自身和旅行社力量共同开拓境外市场,取得了中国台湾、东南亚市场的支撑,在世界华语市场确立了长江游船的形象地位，并逐步进入日本市场，由三国文化带去的共鸣吸引了大量日本游客到长江三峡观光。其后，游船公司投入人力、物力培育欧洲特别是德国市场，再通过合资合作伙伴进入了美加市场。在此期间，长江游船既有船公司自营，也有包租给境内外投资者、合作或代理销售经营等。

其中，重庆市东江实业有限公司和重庆新世纪游轮股份有限公司就是船社合一的典范，他们从包租涉外游船经营开始，发展到一定阶段后再成立船公司，逐渐成为重庆最具影响力的涉外游船公司。

1993 年 5 月，重庆市东江实业有限公司创始人毕东江先生与重庆长江轮船公司展开合作，注册成立了重庆维多利亚管理顾问有限公司，包租重庆长江轮船公司“维多利亚”系列游轮，组织欧美高端客人游览三峡美景。1994 年 7 月 12 日，双方合作的第一艘游轮“维多利亚一号”从重庆首航。之后，维多利亚公司还与长江海外旅游总公司签约，包租其部分游轮。在包租过程中，随着长航集团经营决策调整，重庆长航所属“维多利亚”系列游轮将整体划归长江海外旅游总公司经营管理，同时，长江海外旅游总公司也准备收回维多利亚公司包租船舶，由自己经营。加上随着重庆直辖在国际、国内的影响提升和长江三峡旅游在国际旅游市场上的升温，当时游船的设施档次与客人的需求有相当大的差距。于是，一个创一流质量内河游船的设想让朱信成（重庆维多利亚管理顾问有限公司管理人员）萌发了创建游船公司的念头，于2002 年成立了重庆市东江实业有限公司，收购了侨丰公司的“长江王子”“中驿”“北斗”“女王轮”，并按五星级涉外游船标准进行了技术改造，新建了“凯蒂”“凯娜”轮，在毕东江及其重庆维多利亚管理顾问有限公司的支持下，成了当时长江上最大的五星级船队，是重庆市在长江上最有实力和先进管理能力的涉外游船公司之一。

重庆新世纪游轮股份有限公司董事长彭建虎，也是从租船起步，逐渐发展。先是成立了重庆新世纪旅行社有限公司，包租“东方大帝”和“贡嘎山”轮，然后于 2002 年成立了新世纪游轮有限公司（后更名为重庆新世纪游轮股份有限公司），建造了“世纪之星”，后与全球最大的内河航运企业瑞士维京游轮公司合作，由维京公司包销其游船舱位，并预付包销款项，滚动建造“世纪天子”号，使公司与重庆市东江实业有限公司一道，成为当时船舶设施条件最好、客人最稳定、服务质量最好的公司之一，取得了社会效益与经济效益双丰收。

（二）货物运输市场发展

1. 大宗散货运输

大宗散货运输在 20 世纪 90 年代前主要由重庆长江轮船公司、重庆轮船总公司、民生轮船公司承运，运输方式以拖带运输为主，物资种类以煤炭、矿物性建筑材料、化肥、矿石为主。重庆直辖以后，随着基础设施建设的加快，水泥运量增长较快，1999 年后，基本保持稳定，在 170 万～180 万吨之间；同时民营企业及个体经营户也快速发展，随着他们的参与，重庆长航、重庆轮船总公司、民生轮船公司干散货运输市场份额逐年下降，民生轮船公司逐步转向以集装箱运输为主、商品汽车滚装运输为辅的专业化运输。同时，大宗散货运输方式也由过去的轮驳搭配拖带运输为主逐步转向自航船运输为主。

长期以来，煤炭、矿物性建筑材料、化肥运量排在大宗散货运输货运量的前三位。除 2001 年至 2002 年，由于出现连续的全国性电煤紧缺，各省（区、市）限制电煤外运使煤炭货运量退至第二位（此两年矿物性建筑材料为第一大货类）以外，煤炭一直占据第一大货类。

2. 集装箱运输

长江水运集装箱运输优势吸引着新的集装箱班轮公司的加入。1997 年 5 月 10 日，重庆太平洋国际货物运输代理有限公司开通重庆至上海长江内支线集装箱运输航线，成为重庆集装箱班轮公司；1999 年 10 月，重庆长航首开内贸集装箱班轮运输；2002 年 4 月 8 日和 7 月 10 日，中国海运（集团）总公司所属中海集装箱运输股份有限公司和中外运重庆公司相继开辟了重庆至上海的长江集装箱内支线运输。

为适应西部大开发和集装箱运量快速发展的需要，在交通部的积极支持下，重庆港于 1996 年制定九龙坡港区集装箱专用码头建设方案。1998 年 5 月，重庆及西南地区第一座专用集装箱码头——重庆港九龙坡港区专用集装箱码头破土动工，年设计通过能力为 5 万标准箱，2000 年 7 月建成试投产。九龙坡集装箱码头的建成，为重庆集装箱运输的快速发展打通港口枢纽节点，极大地提高重庆水运口岸集装箱通过能力，为西南地区的外贸进出口货物提供安全便捷的通道。

同时在海关总署的支持下，2000 年 11 月，重庆海关在九龙坡港区设立了驻港办事处；2002 年 6 月，又在九龙坡国际集装箱码头设立了设施先进、功能完善、管理规范的海关监管场所。重庆出入境检验检疫局也在港口设立了分局，重庆港集装箱运输计算机管理系统与上海港电子数据交换（EDI）系统联网，形成了长江快速通关体系，集装箱通过能力大大提高。这条安全、方便、快捷的水上通道吸引了重庆、四川和西部地区外贸集装箱的大量涌入，重庆港集装箱吞吐量增长迅猛。2002 年，一直通过铁路发运的四川长虹集团出口产品集装箱改经重庆九龙坡集装箱码头装船由水路至上海出口，当年长虹集团的箱量达 26314 标准箱，九龙坡港区集装箱吞吐量共完成 81367 标准箱。集装箱吞吐量成倍增长，大大超过原设计能力。

3. 危险品运输

危险品运输最早始于长寿重庆川维公司、江津重庆川顺物资储运总公司，以及重庆长江轮船公司、重庆港口管理局所属船公司，全部为驳船运输。第一家从事危险品运输的民营企业是涪陵区三益有限公司。1997 年，交通部允许特种运输船舶发展，涪陵区三益有限公司取得了危险化学品运输资质。同年 12 月底，该公司技改原普货船“宏声501”轮为化学品运输专用船舶。从此，川江上有了第一艘散装化学品运输自航船。

在三益公司的示范作用下，以涪陵区为代表的危险品运输得到较快发展，重庆市泽胜船务（集团）有限公司、重庆市涪陵港江水运有限公司、重庆市涪陵东方兴隆船务有限公司等纷纷扩大经营范围，新建船舶经营油品、化学品运输。仅涪陵区，危险品运输企业2002 年就发展到 10 家，从业人员 730 人。其中，国有企业 1 家，有限责任公司 7 家，股份公司 2 家；有运输船舶 45 艘、52419 载重吨、17356 千瓦，全年实现运输量 269000 吨。

4. 载货汽车滚装运输

川江滚装运输以运载载货汽车为主，它作为长江上游水运经济新的增长点，2000 年4 月由云阳籍船民向建民首开先河，从 7 车位船做起，引发一轮新的发展浪潮，当年发展到 22 艘船舶 900 车位，航线统一为万州至宜昌，随后于 2001 年开通了重庆至宜昌航线。国民经济的快速增长和西部大开发战略的实施为川江滚装运输市场带来极大的物流量。自 2002 年后，经宜昌进出重庆、四川的载重汽车总流量每年约以 50% 的速度增长，且水运量占总流量的 7 成左右。

滚装船运输在川江兴起是市场需要的产物，发展之初，各项技术规范、管理规定相对滞后，存在不少问题，如运力发展失控、乱收费现象严重、安全隐患多等。对此，各级管理部门采用了堵的办法，但由于滚装市场需求强烈，超额利润致使个体滚装船经营者采用了各种手段逃避管理，给安全运输带来很大隐患。重庆市港航管理局成立伊始，专门对万州滚装船市场进行调研，并认为滚装船运输已成为当地经济新的增长点，只能因势利导，顺势而为，不能采用堵的方法。于是就主动向重庆市人民政府、交通部汇报，提出规范市场、完善管理、加强监控的措施，最后得到了上级有关领导的支持，重庆市交通委员会发布了滚装专用码头管理的通告。

同时，2001 年，交通部、长江航务管理局对滚装船市场进行了专项整顿，收到了积极效果。但由于整顿以审批管理、市场准入、安全管理等方面为重点，市场中仍存在诸多问题需完善管理。为更好配合交通部做好整顿工作，重庆市交通委员会在万州区争取了政府支持，成立了由分管区县领导参加的滚装运输市场整顿领导小组，设立管理办公室，制定了滚装船运输收费、调度、港作、服务质量 4 个管理办法，设置了公示牌、举报箱。对船舶调度实行 24 小时监管，严格调度秩序，取缔不合理收费，降低了部分行政事业性收费，原由企业代收的安全保证金全部进入航管部门设立的专户，统一管理，提高船舶服务质量，对在规定时间内仍达不到标准的，不予装载，使滚装船运输市场秩序得到进一步规范。

随着汽车滚装船运输市场的发展，在充分调查和论证后，2001年重庆市开通了郭家沱滚装专用码头。为规范管理，在试运行之初港航管理部门就制定了郭家沱滚装市场管理办法，强调了滚装码头对外实行三公开原则，进行统一管理、统一结算，对计划、调度、制单、运输、收费进行全面的监督管理。同时，对该码头实行了计算机化管理，将计划、调度、结费纳入计算机监控。

开通之初，由于码头经营人重庆轮船总公司对该领域情况不够熟悉，管理及其硬件实际与市场要求相比都存在一定差距，一方面导致了对各滚装船舶的调度缺乏科学合理性，船舶作业效率十分低下，进出港口的秩序也比较混乱；另一方面由于道路整治不够彻底，对交通管理缺乏经验，载货汽车堵路情况时有发生，许多汽车被困于码头长达2~3天。广大汽车驾驶员、附近单位及居民意见纷纷，社会影响不好。针对以上情况，重庆轮船总公司在相关部门和单位的支持下，积极想办法，进行管理改革，出台了一系列管理规定，在人力、物力、财力上加大了投入。比如按照实际情况，增设了上、下车场的售票口，以减少车辆停滞时间；在确保安全的前提下实施了码头的双船作业，提高船舶作业效率，增加了道路交通指挥，确保道路畅通；对港口也做了严格的管理规定，强化调度命令；完善船上伙食管理规定，提高司乘人员的生活条件等。

5. 商品汽车滚装运输

重庆是我国重要的汽车制造基地。在20世纪90年代特别是重庆直辖后，重庆市汽车工业逐步走上了加快发展的快车道。以长安汽车集团、庆铃汽车为龙头的大型汽车制造企业长期以来采取铁路、公路运输商品汽车，由于市场的快速增长、客户订单响应周期缩短以及市场竞争的日益激烈，传统的铁路运输、公路运输在运输规模、运输成本、响应速度等方面逐步成为制约重庆市汽车工业快速发展的瓶颈，亟须一种新的运输方式和物流方案来解决此时的商品车物流问题。

民生公司早在20世纪80年代末，即利用甲板驳采取“吊装吊卸”“煤加车”等操作方式承运重庆长安厂各种类型的商品车到南京、上海等地；进入20世纪90年代后，又先后采用甲板驳承运昌和面包车、富康等牌的商品汽车。这些有益的探索与经验积累，为长江上游商品车滚装运输的兴起奠定了很好的船舶技术基础和商品车水路运输经验。

20世纪90年代中期，上海安吉物流公司的专用滚装船（包括租用长航由“江渝117”客轮改建更名的“白航一号”）正式进入长江商品车运输市场，主要以承运上海大众桑塔纳轿车为主。

1999年，为了适应西南地区的大型汽车企业对汽车物流服务的需求，民生公司在原有甲板驳的基础上先后改造了“民甲846”“民甲806”“民甲803”“民甲850”“民甲847”“民甲801”6艘商品车专用滚装驳。同年9月30日，民生公司“生渝”轮拖带第一艘滚装驳“民甲846”离开重庆，开启长江上游商品车滚装运输新纪元。

与此同时，为了保证运输质量，为重庆市汽车制造企业提供完善的商品车物流服务，民生公司还投入了专业的商品车公路运输车队，并在湖北武汉、湖南岳阳、江苏南京、辽宁沈阳等地建立了商品汽车中转库，形成了以长江商品车滚装运输为核心平台，以重庆为中心，辐射西南、西北地区，以武汉、岳阳、南京、上海为中心，辐射华南、华中、华东、华北和东北各地的商品汽车物流服务网络。

（三）水路运输价格改革

2000 年 6 月 19 日，重庆市交通局、物价局联合发文《关于进一步改革和放开公路、水路货物运价有关问题的通知》（渝交局〔2000〕481 号），决定对全市公路、水路货物运输价格实行放开，由货物承托双方根据运输成本、运力供求情况和货源情况商定运价。但是，由于 20 世纪 80 年代中期以来大力建造货运船舶，造成运力大于运量，长江货运形成买方市场，船方运完货物后，收取运费相当困难，资金难于回笼。到 2001 年下半年，水上大宗货物运量有所回升，货物运费由过去先给承运方付一部分油料费或先暂借少量资金，待货物运抵目的地后再行结算（收取较为困难），变为先支付 70% 以上的运费，使运方资金难于回笼的难题得到一定程度的解决。

2001 年，随着国家经济体制改革的深入，已经基本确立市场经济体系。为适应社会主义市场经济体制要求，充分发挥价格杠杆对水运市场资源的配置作用，促进水运业发展，国家计委、交通部于 3 月 6 日以《国家计委、交通部关于全面放开水运价格有关问题的通知》（计价格〔2001〕315 号）全面放开水运价格，实行市场调节价，从 2001 年 5 月 1 日起执行。

随后，4 月 4 日，重庆市物价局、重庆市交通委员会转发了《国家计委、交通部关于全面放开水运价格有关问题的通知》文件，对重庆市水路运输价格也做了具体规定：

①从 2001 年 5 月 1 日开始，除过江轮渡、车渡外全面放开水路客货运输价格，实行市场调节价，具体价格由水运企业根据经营成本和运输市场供求情况自行确定。跨区域经营航线的运输价格报重庆市物价局、重庆市交通委员会备案，区（市）、县内经营航线的运输价格报当地物价局、交通局备案。

②水运价格放开后，各水运企业应严格执行国家关于明码标价的有关规定。除合同运价外，水运企业调整客货运输价格，应提前 30 天向社会公布。

二、水路运输市场秩序的整顿

2002 年是国家整顿和规范市场经济秩序年。根据交通部《关于在全国开展航运市场整顿工作的通知》的要求，重庆认真贯彻执行交通部 1、2、3 号部令，并结合本市的实际进行了深化，制定了航运市场整顿方案，有组织、有计划、有步骤地开展了航运市场治理和整顿工作，进一步规范了水路市场秩序，加强了行业管理，较好地完成了重庆航运市场整顿工作。

（一）领导重视，成立组织机构

重庆市委、市政府、有关委局高度重视水路运输市场整顿工作，成立了以市港航管理局局长为组长，分管运政、港监、船检的副局长为副组长，运政、港监、船检处长为成员的水运市场整顿工作领导小组，明确提出航运市场整顿的重点区域是涪江和长江的川江段，重点是涉外旅游船、普通客船、汽车滚装船、危险化学品船、乡镇客渡船、水路运输服务业。有关区县也相应成立了整顿工作领导小组。

市领导、市政府副秘书长、市经委主任、市安委会主任、市交委主任等亲自参与航运市场整顿工作，市长多次亲临朝天门中心港区，检查客运市场整顿进展情况。整顿期间，市港航管理局领导经常深入基层对全市整顿活动开展情况进行督查指导，对存在的问题及时协调解决。

为了使水路运输市场秩序长治久安，水路客运市场整顿常抓不懈，经重庆市编办批准，成立了重庆市水路客运市场管理处，为正处级事业单位，编制 12 人，专门负责全市水路客运市场整顿工作，负责沿江微型计算机联网售票系统的建立和管理，水路客运市场秩序和客船运行秩序的维护，服务质量的监督检查等。

（二）广泛深入地开展宣传动员活动

一是加强与新闻媒体的沟通，通过电视、报纸、广播等进行广泛宣传。一方面邀请新闻媒体参加具体的整顿活动，另一方面在整顿的各个重点时期和阶段主动与新闻媒体沟通，通报整顿进展情况。

二是各航务、港监处所不定期地组织有关单位和人员（船主）学习整顿工作的有关文件精神，对整顿工作进行宣传和贯彻。

三是编印了《重庆市水上交通安全管理条例》《水路运输规则》和《水路运输管理法规汇编（一）》等单行本学习资料。

四是在朝天门广场投资修建了发光二极管（LED）大型彩色显示屏，对交通法规、整顿文件、客船的等级、船期、航线、停靠站（景）点、到发航时间、舱位定额、服务质量等进行公示宣传。通过上述措施使整顿工作做到船喻户晓。

（三）积极开展运输市场专项整顿

针对重庆水路运输市场存在的问题，以发展为主题，以结构调整为主线，以行业管理市场整顿为重点，以建立“统一、开放、竞争、有序”的水运市场体系为目标，通过对涉外旅游船、国内旅游船、载货汽车滚装船和液货危险品船为重点的整顿，市场秩序得到进一步规范，客运服务质量得到进一步提高，企业管理得到进一步加强。

加强对涉外旅游船的整顿。对全市18家经营涉外旅游船运输的企业及23艘船舶逐一进行了资质评审。在船舶通过船检（CCS）、海事、公安消防整顿的基础上，对合格的13家企业转报部审批，对不合格的5家企业做出取消经营资格处理。对交通部要求复查或重新申报的企业，均派员到企业，对机构设置、管理制度建立健全、人员配备及执行情况等进行了全面复查和上报。在此基础上，实行了企业船舶资质跟踪制度，对管理人员资格、出勤率、工作记录、安全制度执行情况等进行了认真审查和督查。对安全管理人员的变更或停航3个月以上船舶，实行了报备制度；对存在的安全隐患和服务不良情况，进行了警示。加强对涉外旅游船的现场检查，共计检查20艘次，查处违规船只6艘次，对无船舶营运证书参与营运的"玉祥""万津""女王"轮分别给予罚款3万元处理。同时，还加强了企业财务统计和船期监督。经过整顿和加强管理，涉外旅游船营运市场秩序得到进一步规范，改变了过去无营运证经营、逃躲规费的状况。

加强国内旅游船市场整顿和规范。为加强国内旅游船市场管理，提升三峡旅游船舶服务档次，重庆一方面严格控制客运运力投入，保持运力与运量的平衡。另一方面，对朝天门始发的客船从2000年起实行等级管理，只有A、B级船舶才能参与旅游运输；并制定了专线游船技术经济标准和4个相关管理办法，推出了长江三峡观光专线游。2002年，对11家船公司的89艘客船的服务等级进行了检查复评，对达到标准的86艘客船做了公示（其中专线游船11艘、6062客位），对不合格的3艘客船实施了降级处理。专线游船舱位等级均为三等以上，平均实载率已达80%以上。专线游船的投入运营，大大提高了旅游船服务质量，受到社会各界的好评，社会效益与经济效益显著，专线游对提高旅游船档次起到了积极的推动作用。一些企业已按专线游船标准对船舶进行更新改造，部分企业利用三峡移民搬迁、企业破产关闭有关政策，通过实施资产重组，甩掉了不良资产和债务包袱。

整顿规范两江游旅游市场。在亚洲议会和平协会（AAPP）会议后，重庆乘船观山城夜景的客人增多，但不规范的游船经营行为在一定程度上影响了重庆的形象。为此，及时制定了《两江游船管理规定》，对市场秩序、服务质量等进行了整顿、规范，使两江游旅游市场得以健康正常发展。多家企业投资建造两江游船，两江游船已成为新的亮点。

继续开展朝天门客运窗口市场的综合治理，加强旅游船的服务质量监督管理。针对全市水路客运市场秩序混乱，"票贩子""羊儿客"活动猖獗，拉客宰客现象时有发生，直接影响窗口形象的情况，2000年1月5日，重庆市政府开始了以重庆朝天门中心港区为重点，以"整顿秩序、整治环境、整修道路、整编运力"为目标的水路客运市场整顿工作。经过综合治理，朝天门地区水路客运市场“羊儿客”肆意宰客、欺诈现象基本消灭，船务公司乱杀价等恶性竞争事件大为减少。为巩固整顿成果，进一步整顿和规范朝天门客运秩序，对营运客船实行了“五定”管理和微型计算机联网统一售票，并加强旅游船的服务质量监督管理，加强了票务管理和现场稽查力度。两年来共受理旅客服务质量投诉及其他投诉201件（其中无效投诉15起），逐一进行了调查核实，处理结案199件，处理率达99%，有效地规范和维护了水路运输市场秩序和客船运行秩序。

开展液货危险品市场整顿工作。重庆市液货危险品运输企业共24家、船舶104艘、载重吨8.5万吨，主要从事醇、苯、硫酸、成品油等运输。根据交通部部署，2001年开展了以资质审查为重点、加强安全管理为核心的整顿工作。按交通部的要求，对全市从事水路液货危险品运输企业进行了资质评审，10艘个体运输船舶全部实行了企业化经营，取消了不符合资质条件的1家企业的经营资格。在此基础上，还对水路液货危险品运输企业船舶资质、技术船员的从业资格、企业安全管理制度等进行了重新清理和复查，督促企业对安全做到组织、措施、目标、责任“四落实”。

继续开展载货汽车滚装船运输市场整顿。在实施滚装船企业化经营管理的基础上，2002年上半年开放了郭家沱滚装船码头，使重庆市滚装运输市场规模进一步扩大。通过提高投入运力的技术经济准入标准，实行计算机控制管理，加强现场监督，使汽车滚装运输取得了良好的综合效益。2002年，重庆市有52艘载货汽车滚装船，1—10月运输生产情况良好，运输收入达9258万元。为进一步做好市场管理，市港航管理局还与湖北省航管部门建立了定期召开协调会制度，对滚装运输管理有关问题进行协调、协商，共同规范汽车滚装船运输市场。

继续开展个体客船和液货危险品船的清理整顿。重庆市原有个体客船179艘，液货危险品船10艘。根据交通部《关于整顿和规范个体运输船舶经营管理的通知》（交水发〔2001〕360号）要求，通过整顿规范，10艘个体液货危险品船已全部实现企业化经营；个体客船已有103艘实现企业化经营，另有11艘缩短经营航线为10公里以下，在未实现企业化经营的65艘船舶中，有46艘为綦江、小江、涪江等支小河流和封闭水域船舶。

加强了水路运输服务业的管理。市港航管理局在对全市水路运输服务经营单位进行清理整顿、规范的基础上，2002年初就开始采用不定期抽查和重点检查相结合的方式，对全市72家企业的办公场所、人员情况、经营行为等进行了检查和规范，取消了7家企业经营资质，打击非法代理、强制代理等不法行为。

通过以上专项整顿工作，重庆市水运市场更加规范，形成了多种所有制形式并存、市场竞争有序的局面，促进了水上运输向集约化、规模化、专业化经营转变，水运行业出现了多年来未有的好形势。

（四）加强行业管理，继续规范和培育重庆市水运市场

为全方位、有步骤地深入推进水运市场治理整顿工作，重庆市继续规范和培育重庆市水运市场，加强行业管理。

做好规划，争取政策。为充分发挥重庆市水运优势，立足重庆、面向西部、辐射流域、服务全国，起草了以发展重庆、带动周边和实现共同发展为出发点，以长江、嘉陵江和乌江航道及寸滩港区等基础设施建设为重点，通过结构调整和实施信息化战略，形成统一、开放、竞争、有序的航运市场体系的《重庆长江上游航运中心发展规划》，力争在2010年前把重庆建成长江上游航运中心。

发挥市场机制作用，实施航运结构调整。市港航管理局起草了《重庆航运结构调整方案》，采取必要的行政调控手段，对船舶实施"淘汰一批、转向一批、改造一批、发展一批"的发展策略，重点发展自航船、顶推船队、集装箱船、液体化工船，适度发展旅游船、滚装船，实现船舶的标准化、系列化、大型化，使运力总规模和运力结构得到优化。同时，加强企业资质管理，提高准入条件，对44家长江干线骨干企业进行整顿，加快企业组织结构调整，坚持扶优扶强，鼓励和引导企业向集约化、规模化发展，组建大型航运企业或企业集团。

加强水运立法，依法治运。1987年国务院颁布的《中华人民共和国水路运输管理条例》，与当前水路运输管理实际已不相适应。为此，市港航管理局组织起草了《重庆市水路运输管理条例》，并于2003年11月29日经重庆市人民代表大会常务委员会第六次会议通过，2004年3月1日起施行。

加强准入管理，保障运输生产安全。一是为提高重庆市水路旅游客运服务水平，将旅游客船划分为观光游和顺道游，并完善观光游船技术经济服务标准。在顺道游船等级评定的基础上，为更加有效地提高客船服务质量及服务设施、设备功能水平，市交通委员会发布了修改的重庆市客船服务等级标准。二是制定颁布了《重庆市水路运输企业资质管理规定（试行）》，采用政策导向手段大幅度提升重庆航运企业的市场竞争能力，以适应把重庆建成长江上游航运中心的目标要求。《重庆市水路运输企业资质管理规定（试行）》中，按资产规模、船舶设备、经营资历、人员素质、管理水平等将水路运输企业划分为五级，通过等级管理和政策导向，提高企业规模效益，为进行航运结构调整打下基础。三是规范运力审批程序，严格发证管理，把好市场准入关。建立了运力审批与港监、船检部门会签制度。为防止停运船舶因失修失养造成的事故隐患，停运船舶重新投入营运时必须经船检检验和港监安全检查合格后方可办理营运手续。四是加大资质审查力度。新设立的水路运输企业、个体经营者申请从事水路运输以及水路运输经营者变更经营范围，必须达到资质管理规定的资质条件；对于批准扩大经营范围的企业，

必须达到新增加的经营范围所要求的资质条件后,方可办理相应船舶种类的船舶营运手续。重庆市原有省际客运企业 20 家,审查合格 12 家,新成立企业 3 家;原有省内客运企业 34 家,审查合格 27 家,新成立企业 20 家,不合格的企业已退出原有航线或水运市场。重庆市原有省际液货危险品运输企业 20 家,审查合格 16 家;不合格的 4 家企业,1 家改为普货运输,3 家需要整改完善,新成立企业 5 家;重庆市原有省内液货危险品运输企业 1 家,审查合格 1 家,新成立企业 2 家。2002 年资质审查普货企业 32 家,2001 年 4 月以来成立新企业 12 家。

加强与湖北省对汽车滚装船运输的协调。召开协调会对汽车滚装船市场发展上的重大问题进行协调。对运力投入的控制、船舶经营的技术经济条件、如何发挥协会作用等都取得了一致的看法,对川江滚装船的发展起到了重要作用。

加强了集装箱运输的管理和协调。除了对集装箱运力进行审批转报之外,还加强了对建造船舶的审查、市场情况的收集,以及对集装箱市场出现问题的协调并向政府反映,特别是将海关星期天不上班的情况反映至市政府后,市领导高度重视,责成市交通委员会协调。

三、水运企业的发展

(一)重庆港务(集团)有限责任公司

1997 年,交通部决定选取重庆港作为港口体制改革的试点,按照政企分开、产权明晰、科学管理、理顺关系的原则,将原属港航经济实体组建为自主经营、自负盈亏、自我约束、自我发展的港埠企业。同年,重庆港口管理局探索股份制在港口领域的实施,启动成立重庆港九股份有限公司的前期事宜,以充足后的九龙坡公司和兰家沱公司作为改制主体。1999 年,按照中国证监会政策调整要求,一改“独家发起、募集设立”形式,重庆港口管理局作为主要发起人,联合成都铁路局、重庆铁路分局、重庆长江轮船公司、张家港港务局共同成立重庆港九股份有限公司。公司股票于 2000 年 7 月 31 日在上海证券交易所挂牌上市,是国内第一家长江内河港口上市公司。2002 年,重庆市人民政府决定撤销重庆市交通局,划出交通管理职能和港口管理局从政职能,组建重庆市交通委员会,港埠企业组建重庆港务(集团)有限责任公司。

(二)重庆长江轮船公司

中国长航重庆长江轮船公司隶属于国务院国资委管辖的重点大型企业集团中国长江航运(集团)总公司。公司主要经营船舶设计与修造、船舶运输、房地产开发与物业管理、长江国内旅游、码头物流、汽车检测与维修、水上救助打捞、通信导航、船用物资供应、船员劳务外派、医疗卫生、宾馆饮食等业务。

1997年成功打捞出水中山舰的“双驳抬撬、整体起浮”的打捞方案，获交通部科技进步一等奖。1999年12月，公司成立了集装箱运输公司，开辟了集装箱运输业务。1998年6月，重庆东风船舶工业有限公司、重庆川江船厂正式并入重庆长航统一管理。1998年9月，重庆长航设计改造的西南地区首艘微型车辆运输专用船“北航一号”改建成功，该船一次可载微型汽车180辆，它的建成为西南地区商品汽车运输开启了一条安全、快速的运输通道。1999年12月，重庆长航按《重庆市人民政府关于加强水路客运市场管理的通知》要求，与15家轮船公司订立了《水路客运企业自律公约》，成立了水路交通行业协会，并积极参与了水路客运市场秩序治理整顿工作。2000年1月，重庆长航集装箱运输分公司成立，“长航渝集1”号在重庆九龙坡二码头正式开班。9月，重庆长航同万州港合作开通了万宜重载汽车滚装运输业务，改造的2条驳船正式投入营运。2001年2月，“长航渝集7”号投入运营首航，重庆长航开行重庆至上海周二班集装箱运输。12月，重庆市委、市政府决定建造1艘“两江游”游轮专门承担亚洲议会和平协会（AAPP）第三届年会接待任务，将部分会议议程移至船上开会，东风公司以自己良好的周期、质量和服务，赢得了“两江游”游轮的建造权。2002年3月，长航集团实施干散货运输结构调整，重庆长航不再经营干散货运输业务。4月，重庆长航承担的“朝天门”两江游船建造完工，时任国务院副总理吴邦国、重庆市委书记贺国强、市长包叙定等有关领导和来自39个国家和地区的400多名参会代表在“朝天门”号成功举行AAPP招待会，开启了重庆市城市游轮业务形态。

2002年以来，重庆长航建造了两江游船“朝天门”和“朝天宫”号，先后接待了参加亚洲议会和平年会的亚洲各国代表，参加第五届亚太城市市长峰会的124个城市市长，部分国家的前任总统、总理、副总理，255家跨国公司代表等400多人，以及参加中国重庆三峡国际旅游节的各国大使和夫人。

1997年至2002年，重庆长航抓住世纪之交的历史机遇，进一步深化改革，调整组织机构，优化产业结构，探索发展多种生产方式，拓宽效益增长渠道，寻求新的效益增长点。重庆长航由单一的水路运输为主，逐步转型为旅游客运、集装箱运输、船舶工业、汽车服务、房地产开发等水陆产业并举的综合性地区公司。这5年，重庆长航面对1998年长江特大洪水灾害、亚洲金融危机、燃油价格连续大幅上涨、激烈的客货运输市场竞争，采取有力措施积极应对，保持了生产经营平稳运行。

（三）重庆轮船总公司

重庆轮船总公司主要从事集装箱、液态危险化学品、滚装、干散货、件杂货、大件设备等在内的长江干支流跨省货物运输，是西南地区业态功能最为完整的国有综合性航运物流企业。业务涵盖国内航运、船代、货代、项目物流、保税物流、多式联运及综合物流，并延伸到港埠经营、船舶制造、船员劳务输出等辅助产业，在长江沿线各主要港口设有分支机构，建立了覆盖长江流域干支线重要口岸及近洋地区的较为完善的货运物流服务网络，取得了 AAAAA 级综合物流资质，多次荣获“诚信物流企业”“重庆市发展开放型经济先进企业”等荣誉称号。公司业务范畴还涵盖观光轮渡和水上客运旅游，形成了以重庆主城为中心向长江上下游乐山、宜宾、合川等城市延伸的发展格局。

1997 年 4 月，公司由“四川省重庆轮船总公司”更名为“重庆轮船总公司”。1997 年至 2002 年，总公司经营的航线分为内河客货运航线和海运货运航线，内河客货运航线主要是长江干线跨省运输及支流区域的区间运输。普通客运航线有：长江重庆—宜昌、重庆—泸州、宜宾—宜昌、宜宾—泸州，岷江跨长江乐山—重庆，岷江宜宾—乐山，金沙江宜宾—新市镇，嘉陵江重庆—合川。客运旅游航线有：长江重庆—宜昌。快速客运航线有：长江重庆—万县、宜宾—泸州、江津—合江。客运航线共计 4214 公里。货运航线有：长江干线宜宾—上海，岷江乐山—宜宾，金沙江新市镇—宜宾，嘉陵江合川—重庆；货运航线共计 3127 公里。海运货运航线有：国内沿海港口至日本、韩国、东南亚等，海运航线共计 1472 海里。随着公路交通的发展，水运市场运输结构发生变化。公司客货船由于设备陈旧、档次低、速度慢，客运航线不断萎缩；加上高速客船的发展，2000 年 2 月 26 日，公司水上客运全部停业。

（四）民生轮船有限公司

1997 年，民生轮船公司从与民生实业有限公司共有的营业执照分离，加“有限”二字，正式称为民生轮船有限公司。1997 年至 2002 年期间，民生轮船有限公司主要业务市场范围包括：经营国内沿海及长江干线货物运输、长江干线汽车滚装、成品油、化学品运输（不含危险化学品），集装箱班轮内支线运输，近洋国际海运业务，代办水路货物运输，销售五金、交电、钢材、建筑材料、化工产品及原料（不含危险化学品）。员工人数从 1997 年的 1163 人减少到 2002 年的 1152 人。

1997 年至 2002 年，民生轮船有限公司为了适应长江航运的发展方向，运输方式由拖轮带驳船方式逐渐向自航船转变，拖轮驳船保持 104 艘的运力水平，新增大马力拖轮 1 艘、144 标准箱自航船 3 艘、集散两用船 1500 吨级 1 艘、滚装船 176 车位 1 艘，逐步淘汰老旧拖轮和驳船。

民生轮船有限公司开辟了重庆至上海长江集装箱自航船快班班轮、上海经香港至台湾的集装箱班轮、上海至厦门集装箱班轮、南京至广州集装箱班轮，以及上海至日本基本港集装箱班轮等航线。从“煤加车”“坯加车”的滚装运输方式升级到打造滚装船，开始长江商品车滚装运输。由于油化品运输方式的发展，2001 年，民生轮船有限公司退出已经经营5年的油化品运输。

民生轮船有限公司长江集装箱运量从1997年的0.6万标准箱增加到2002年的5.1万标准箱，驳船货运量从1997年的79.2万吨增加到2002年的86.8万吨，驳船周转量由1997年的180174万吨公里增加到2002年的188191万吨公里。1997年还没有滚装运输，到2002年，滚装货运量为3.4万吨。

（五）重庆新世纪游轮有限公司

1994年，重庆新世纪游船旅游公司成立，注册资金为50万元；1997年，变更为重庆新世纪游船旅游有限公司，注册资本增至150万元；1999年，变更为重庆新世纪游轮管理有限公司；2002年，注册资本增至1000万元，同时更名为重庆新世纪游轮有限公司。

重庆新世纪游轮有限公司是长江唯一集游轮自主设计、建造、运营、服务、营销为一体的全产业链企业，是长江高端豪华游轮旅游产业服务标准和管理规范的率先垂范者，创造了多个行业第一，成为长江唯一拥有24个游轮专利的公司，全面开启了“安全、绿色、科技、智能、舒适”的长江高端豪华游轮新时代，引领了长江游轮旅游走向“现代文化休闲度假游”和“打造游轮自身成为旅游目的地”的产业革命。

1997年7月22日，重庆新世纪游船旅游有限公司成立，从事船票代理销售、旅游接待业务。1999年4月8日，变更为重庆新世纪游轮管理有限公司，开始接待入境旅游的旅行社业务，自主经营三峡游轮。同年，公司开始游轮租赁经营。经过1997年亚洲金融危机和1998年长江特大洪水，再加上“告别三峡热”退烧，长江三峡旅游衰退，游轮公司出现了极大的经营困难，1999年的市场进入寒冬期。某船公司因债务危机和行业市场总体疲软而内外交困，希望把船包租出去而减轻生存压力，行业很多旅行社不愿接盘。而在重庆新世纪游轮管理有限公司管理层眼里，长江旅游的巨大价值依然存在，市场开发还有极大的空间，船舶效能、效益能够通过加强管理全面提升。重庆新世纪游轮管理有限公司当时选择了冬季作为市场启动的突破口。冬季长江游轮惯例停航3个月，一是由于出行习惯，冬季非旅游旺季，客源减少，二是船舶处于集中维护保修期，三是冬季市场相关服务供应商如酒店、国际航班等成本低。正是因为总体成本可控，价格具有吸引力，对消费者季节性出行方式有所改变，产生了市场虹吸效应，同时还开创了冬季不停航的先例。2002年5月16日，重庆新世纪游轮管理有限公司名称变更为重庆新世纪游轮有限公司。

（六）重庆市东江实业有限公司

重庆市东江实业有限公司是一家专业经营长江豪华游轮的游轮公司。它的前身是重庆维多利亚管理顾问有限公司（即美国维多利亚游船公司重庆分公司），以管理服务的方式包租了重庆长江轮船公司的“维多利亚”系列豪华游轮，接待入境游长江三峡的欧美游客。2001 年元月在重庆市工商行政管理局登记注册。

自购了侨丰公司的“长江王子”号游轮（现更名为“美维凯娅”），2002 年元月取得交通部水路运输许可证后，开始自主经营，主要从事重庆至上海长江干线涉外豪华游轮的长江三峡旅游业务。同时在 2002 年 1 月又购买了重庆市邮政游轮公司的“中驿”号游轮（现更名为“美维凯蕾”），重新改造后于 2002 年 5 月 6 日正式投入重庆至宜昌航线的营运。2002 年下半年，随着欧美客人数量的不断增长，公司 10 月新购置了“北斗”（现更名为“美维凯莎”）、12 月又购置了“女王”（现更名为“美维凯琳”），由此共有 4 艘豪华游轮，计 828 个客位。同时在这个时期，由于海外市场火爆，重庆市东江实业有限公司还固定包租了重庆长江轮船公司的“维多利亚”系列涉外游船 4 艘，当时公司包租的涉外游轮最多时高达 12 艘次。每年的客运量（全是境外游客）平均在 7 万人次左右，员工从 20 多人发展到 400 人。这个时期是重庆市东江实业有限公司的起步阶段。

（七）重庆海内观光游轮有限公司

重庆海内观光游轮有限公司的前身是忠县新安木船社，建于 1956 年 9 月，随历史演变与发展，企业先后更名。公司于 1995 年取得跨省客货运输资格。1997 年重庆直辖后带动了水运产业的良性发展，于 1998 年 4 月改制为忠县长通实业发展有限公司。2002 年 3 月，随着三峡工程的建设，库区产业转型，公司改制为民营企业——重庆海内观光游轮有限公司，是以经营长江旅游客运为主的综合型水上交通企业。

（八）重庆市河牛滚装船运输有限公司

2002 年 7 月，重庆市河牛滚装船运输有限公司注册成立，主营业务为提供矿石、建材、非金属矿、钢铁、碎石、煤炭等干散货、集装箱和川江载货汽车滚装运输，航线覆盖长江干线及省际支流。河牛公司打造的“河牛浮船坞”举力达 65000 千牛，长江万吨级货船可直接驶入坞船进行维修，开创了长江内河船坞之最，它的生产服务范围能覆盖长江航行的所有船舶。

（九）重庆川江船务有限公司

1997 年 12 月 3 日，由重庆川江实业有限公司、王跃文、蒙昌荣、吴涛、黄周继共同出资发起设立重庆川江船务有限公司。主要经营长江干线及支流省际普通货船运输，长江干线外贸集装箱内支线班轮运输，国际货运代理、仓储，陆路、铁路普通货运代理。

（十）重庆泽胜船务有限公司

重庆泽胜船务有限公司成立于2001年，主要业务市场范围为长江上中下游干线及支流省际油品、化学品等液货危险品运输等，航线范围为上海至宜宾。到2002年，公司拥有6艘油/化学品船舶，运力约1.49万吨，运量14万吨，人员规模80人。

（十一）重庆三益物流股份有限公司

重庆三益物流股份有限公司成立于1996年3月，注册资金5800万元。有“宏声”系列化学品液货船29艘，载重吨为106550吨。主要经营范围为：长江上中下游干线及支流省际散装化学品船、成品油船、原油船运输。重庆三益物流股份有限公司是重庆市唯一一家具备长江上中下游干线及支流省际原油船、散装化学品船、成品油船经营资质的危险品运输企业。

1997年，公司更名为涪陵区三益有限公司，有危险品船舶“宏声501”1艘，主要航线为从长寿装运甲醇到南通，从江阴装运纯苯到长寿，从江苏装运汽油、柴油到重庆。1999年12月，公司新建危险化学品船“宏声809”1艘，载重吨位为1999吨，为当时长江干线最大的危险化学品自航船，主要装运货品为纯苯、汽油、柴油、甲醇。主要航线为从长寿装运甲醇到九江、南通，从江苏装运汽油、柴油到重庆。截至2002年底，公司拥有3艘危险品船（“宏声501”“宏声809”“宏声2000”），主要航线为从长寿装运甲醇到九江、南通，从江苏装运汽油、柴油到重庆。

2002年12月，公司根据《中华人民共和国船舶安全营运与防止污染管理规则》建立并实施安全管理体系，并取得符合证明。同时，公司完善和规范了生产经营管理机构，设立总经理、安全副总经理、业务副总经理、海务部、机务部、体系办、业务部、财务部等岗位和部门。

（十二）重庆三峡轮船股份有限公司

重庆三峡轮船股份有限公司前身为涪陵和平木船运输合作社和民主木船运输合作社，成立于1956年2月26日，时有木船235艘、2746吨、2593客位，主要经营涪陵县境内客、货运输和渡运。1958年，与其他两个木船社合并为国营涪陵县航运公司，并开始木船机械化改造。1962年，公司改制成集体所有制的涪陵县短航运输合作社。1974年5月，更名为涪陵县航运公司。1983年9月，由于涪陵县改市，公司随之更名为涪陵市航运公司。1985年3月，更名为涪陵市轮船公司。由于公司在长江率先发展旅游客运，1992年8月，涪陵市人民政府批准在公司及其子公司涪陵市旅行社基础上，成立涪陵市轮船旅游总公司，将新兴的旅游业务与传统的水路客运整合。

1994年，经四川省体改委批准，以涪陵市轮船旅游总公司为主，和其他两家企业共同发起、采取向法人和公司内部职工定向募集股份方式，设立了四川三峡轮船股份有限公司，公司性质自此改变为股份制。1997年，随着重庆直辖，公司更名为重庆三峡轮船股份有限公司（简称"三峡轮司"）。三峡轮司以前主要经营短途客运，20世纪80年代开始崛起，短短十多年，就由一个地方小型集体所有制企业迅速成长为从事长江长途旅客运输、旅游运输、涉外旅游运输、旅游服务、长途货运、船舶修造、公路客运为一体的股份制企业。公司当时拥有客轮32艘，其中运行于渝—宁航线以中国名山命名的"钟山""岷山""燕山"等旅游客轮至今仍被长江沿线城市老乘客记于心中。

作为三峡库区移民水运企业，20世纪末和21世纪初，三峡轮司和其他兄弟企业一样陷入了困境，承受着前所未有的生存压力，最后不得不选择了破产重组的道路。但是，三峡轮司在最后长达10年由盛而衰的跌落中，却争得了比库区其他移民水运企业更长的生存时间和更好的生存质量——全司职工及退休人员的各种待遇及社会保险水平没有下降，安置房建设如期完成，所有搬迁户和需房户都有了安居之所，人心稳定，秩序正常，并用其下属船厂名义及该厂的移民工矿企业编号，争取到国务院三峡工程建设委员会专门下达的破产计划，享受到国家给予三峡库区移民工矿企业的破产关闭待遇，按当时合乎政策的最高标准安置了全体职工及退休人员，妥善处理了所有历史遗留问题，于2007年11月成功实施了计划内破产，成为三峡移民水运企业中唯一享受到这一待遇的企业，走完了51年又8个月5天的全部路程。

更重要的是，破产关闭的同时，三峡轮司被涪陵区人民政府和重庆市国资委成功重组成了重庆轮船（集团）有限公司属下的一家国有独资企业——重庆凯美特航运有限公司，改行经营长江液体危险化学品运输，成为三峡移民水运企业中唯一"凤凰涅槃、浴火重生"成功重组的企业。此后，凯美特航运有限公司作为重庆水运企业中的一支"新军"，一直活跃在长江危险化学品运输的战线上。

（十三）重庆长江水运股份有限公司

重庆长江水运股份有限公司系涪陵地区轮船公司与北京某公司于1998年7月1日合资成立，前身为涪陵地区轮船公司。公司注册地为重庆市涪陵区中山东路2号，注册资本17230万元，企业类型为股份有限公司。

（十四）重庆东方轮船公司

重庆东方轮船公司在20世纪90年代末逐步实现水陆并举，抓住三峡移民迁建机遇在陆上兴建驷马桥工程，进行房地产开发。三峡工程的建设给三峡旅游带来了广阔的市场前景，公司坚持以旅游带动客运的旅游发展思路，组建了重庆东海旅行社和万州旅游门市部、成都东海旅行社及宜昌中长海旅行社,形成了以重庆东海旅行社为主体,沿江重点市场为补充,面向全国的完善销售网络。多元化产业使公司在发展中始终充满了生机和活力。1997 年,公司形成固定资产 1.5 亿元,年完成客运量 31 万人次、旅客周转量 20.68 万人公里,营运总收入 3362 万元。有"东方大帝"三星级标准涉外游船,"东方之珠""东方之星""东方皇苑""东方皇宫"和"东方王子"国内旅游船 5 艘,1998 年至 2003 年,游船均被评为交通部部级文明船和重庆市市级文明船。1996 年,重庆东方轮船公司荣获四川省交通厅"四川省交通工作先进集体"。公司有泵船泊位 5 个,甲修乙造级船厂 1 个。

(十五)重庆万州区串通滚装运输(集团)有限公司

重庆万州区串通滚装运输(集团)有限公司始建于 1992 年,其前身为云阳串通实业公司,1997 年 3 月 10 日成立集团公司,注册资本 1 亿元,是川江滚装运输的开辟者,有滚装运输船舶 13 艘、各类技术船员 200 多人。

(十六)重庆太平洋集装箱船务有限公司

重庆太平洋集装箱船务有限公司是 2001 年 6 月经交通部批准成立的专业集装箱船舶公司,注册地址在重庆经济技术开发区经开园办公楼,经营范围为长江干线国际集装箱内支线班轮运输、长江上中下游干线及其支流省际普通货物运输,并承办海运进出口货物的国际运输代理业务,包括:揽货、订舱、仓储、中转、集装箱拼装拆箱,结算运杂费,报关,报验,保险,相关的短途运输服务及咨询服务。

(十七)川东轮船总公司

重庆市川东轮船总公司是三峡最大的一家水上客运企业,1997 年时拥有各类船舶 37 艘、修造船厂 2 个,固定资产 1.82 亿元,年营业收入 8000 万元,纯利润 500 多万元,上缴国家税费 700 余万元。运输经营的主要航线有重庆至南京、重庆至武汉、万县至岳阳、万县至宜昌 4 条省际客运航线。年客运量高达 500 万人次、旅客周转量为 9.2 亿人公里。公司先后荣获四川省、重庆市"明星企业""优秀企业"和"四川省交通系统十佳航运企业"称号,1995 年被国务院第三产业办公室列入国家 500 强企业。

四、船舶建造企业的发展

(一)重庆东风船舶工业公司

1928 年 7 月,爱国实业家卢作孚先生创建了民生实业公司民生机器厂,也就是重庆长航东风公司的前身。公司原厂址在重庆市江北区青草坝,1960 年 7 月从青草坝迁至唐家沱。1959 年由四川省交通厅交航局领导,取名为长江航运管理局民生修造船厂。1966 年经长航局批准更名为长江航运管理局东风船厂。1984 年 1 月,长航局实行体制改革,划分为长江航务管理局和长江轮船总公司。东风船厂划归长江轮船总公司领导,更名为长江轮船总公司东风船厂。

公司建厂以来,经历了抗日战争、解放战争的洗礼,尤其是抗日战争时期,在扩展生产规模支援抗战方面作出了贡献;经历了解放初期由私营、公私合营过渡到了国营,建立了社会主义企业营运方式;经历了改革开放从计划经济向市场经济过渡、由生产型向经营型转变的重要时期;经历了西部大开发带来生产经营大发展时期。

(二)川东造船厂

川东造船厂始建于 1966 年 11 月,隶属于中国船舶重工集团公司,具有设计、制造及修理 10000 吨以下各类船舶和年产 4 万吨大型金属结构件的生产能力,是西南地区最大的修造船厂和钢结构生产企业之一。

川东造船厂是重庆市 66 家快速增长型企业之一,也是重庆市高新技术企业、重庆市船舶出口基地、涪陵区重点企业;获得美国 ABS 船级社、德国劳氏船级社、英国劳氏船级社质量认证,新时代质量认证公司 9000 系列 2000 版、2001 版国军标质量认证。

工厂主要产品有:3000 ~ 10000 吨级不锈钢化学品船、374 标准箱多用途集装箱海轮、780 客位长江旅游船等各类民用船舶;30 万 ~ 100 万千瓦电站锅炉空气预热器、电站脱硫装置、船用舱口盖;万县长江大桥、忠县长江大桥、巫山长江大桥、重庆长江鹅公岩大桥钢结构等各类大型钢结构。产品辐射全国 20 多个省(区、市)及新加坡、马来西亚、日本、德国、意大利、缅甸、荷兰等国家和地区。10000 吨级以下不锈钢化学品船等特种船舶制造在国内处于领先地位。

重庆长江鹅公岩大桥钢箱梁获重庆市优质工程结构奖、市政工程金杯奖;3000 吨级不锈钢化学品船为重庆市高新技术产品。

(三)重庆市涪陵区大为船舶制造有限公司

公司前身为涪陵金华船厂,成立于 1976 年。重庆市涪陵区大为船舶制造有限公司位于涪陵区清溪镇。公司遵循“以人为本、创新兴业”的经营理念,坚持发扬“团结奋斗、务实求效”的企业精神,坚持科技兴企、依法治企的发展思路。做强造船业,拓展相关产业,把公司建成管理型、科技型、效益型的现代化企业。

(四)重庆兴林船舶制造有限公司

重庆兴林船舶制造有限公司(原重庆市涪陵区李渡造船厂)位于长江左岸的重庆涪

陵李渡老水尺码头，码头岸线350米左右。重庆兴林船舶制造有限公司是李渡开发区重点保护企业，管理水平先进，技术力量雄厚，是涪陵区除川东造船厂外最大的船舶修造企业。重庆兴林船舶制造有限公司成立于1995年9月，有天然的石滩平台，船台长180米、宽40米，并与涪陵善通有限责任公司长期合作，合作开发建设了新厂房、办公楼，有生产用房8000平方米、办公用房3000平方米、职工宿舍5000平方米、其他用房1000平方米。有可供2艘3000吨级船舶排墩的场地5000平方米，设有315千伏安变压器2台、200千伏安变压器1台。船体加工设备、机加工设备、起重设备齐全，能够满足企业生产需要。重庆兴林船舶制造有限公司设有生产科、技术科、质检科、安全科、保卫科、财务科、设备管理科、供应科；有工程技术人员22人（其中：高级工程师5人，助理工程师3人，工程师8人，技术人员6人），施工人员200人，固定资产在1000万元以上，年产值达9500万元以上，利税达60万元以上。

第五节　水运基础设施建设取得新进展

一、库区淹没复建码头项目的建设

1997年，国家投资近2亿元，启动了长江三峡工程库区干流航道淹没复建工程，该工程共有4大类15个项目，包括航道生产用房、航道码头、航道助航设施、航道职工宿舍等。

淹没复建是库区复建工程的重要组成部分，也是前期建设的重点。淹没港口复建和海事及通信复建是淹没复建工程的主要部分，占整个复建工程投资的40%左右，不仅提高了淹没地区港口完善程度和吞吐能力，而且对整个库区的通航安全、海事管理都具有积极作用。

三峡库区蓄水以后，淹没地区涉重庆的沿江县区大小港口码头209座，对三峡库区航运能力造成重要影响，从而使淹没复建成为复建工程的重要开端。在复建工程实施中，将重点建设万州港和涪陵港。

万州港主要复建项目共9个，分别为奉节港务站、忠县港务站、云阳港务站、西沱港务站、巫山港务站、鞍子坝客货港区及红溪沟、红花地、青草背货运港区，建成3000吨级客运泊位6个、1000吨级客运泊21个、500吨级客运泊位2个，设计通过能力2000万人次；建成1000～3000吨级货运泊位9个、3000吨级多用途泊位3个，设计通过能力800万吨。

涪陵港主要复建项目有5个，分别为糠壳湾货运港区、龙王沱客运港区、丰都港务站、江北客货码头和高家镇港务站,拟建1000吨级客运泊位8个、2000吨级客运泊位2个,设计年发客量375万人次;1000吨级货运泊位1个,设计通过能力66万吨。

万州港和涪陵港复建工程统计见表6-5-1。

库区淹没港口复建工程统计表 表6-5-1

港口名称	指标				
	数量(个)	客运泊位(个)	通过能力(万人次)	货运泊位(个)	通过能力(万吨)
万州港	9	29	2000	12	800
涪陵港	5	10	375	1	66

库区淹没复建工程共完成1000吨级以上客运泊位52个,实现客运通过能力3000万人次以上,完成1000吨级及以上货运泊位15个,实现货运通过能力1000万吨以上,极大释放了库区客货运需求,提高了航运中心的吞吐能力,促进航运中心港口布局的完善。

(一)万州港区淹没复建工程

万州中心港一般定义为上至三舟溪下至银箫溪,自然岸线长度为26公里。长江左岸有牌楼、驷马桥、水井湾、杨家街口、南门口、红花地、柑子园、牛屎滩、青草背9个较大的港区和港点,长江右岸有沱口码头。万州港由万州港务局、万州区交通部门和厂矿企业码头组成,有码头及停靠点146个,其中1992年调查时列入专业项目的码头共85个(长航系统32个、万州区交通部门38个、工矿企业码头15个)。

以上作业区及码头,在三峡工程蓄水运行时将全部被淹没。万州区港口码头淹没复建补偿资金24352万元。其淹没复建范围之广、工程量之浩大、任务之繁重和艰巨,为万州港口建设历史上前所未有。

1. 淹没复建规划

(1)中心港区港口和码头复建规划

2001年6月,万州港被列入专业项目的85个码头中,复建码头80个;工矿企业搬迁位置远离长江岸边,码头拟复建的3个;工矿企业属同一功能及规模较小的码头合并建设的2个。被列入工矿企业的61个码头中,后靠复建的码头28个,随船厂搬迁的4个,迁入苎溪河内3个,货运量列入公用港区不再复建或合并的码头19个,待定的码头7个。复建码头布置在总体规划确定的12个区域,占用岸线9597米,陆域面积180万平方米。

(2)锚地复建规划

2001年6月,锚地规划共布置锚地8处,水域面积119万平方米。过渡性锚地使用,三峡工程坝前蓄水位135米时，万州港码头设施大部分被淹没，仅有万州港务局牌楼港区等少数几个码头能利用现有的库场作业，利用这些码头做搬迁过渡措施，其余码头以135米一次性建到175米；135～145米之间的过渡采用简易公路、梯道等临时性设施。

（3）集镇码头复建规划

新田镇复建泊位16个，其中客运泊位3个、货运泊位13个。武陵镇复建泊位6个，其中客运泊位2个、货运泊位4个。太阳溪复建泊位5个，其中客运泊位1个、货运泊位4个。让渡复建泊位3个，其中渡口泊位1个、客运泊位1个、货运泊位1个。溪口复建客运泊位1个。其他集镇（大周、小周、新乡、燕山、黄柏、拖路口、长坪、杨河溪）均复建客、货泊位各1个。根据库周农村居民点布局及其交通需要，规划复建停靠点26个。考虑到三峡出现135米水位时段不太长，对集镇码头正常使用并无大的影响，在135～145米高程范围，各集镇码头不再设置过渡设施，尽量利用现有码头营运。

（4）投资规划

2001年6月，依据交通部水运规划设计院编制的《万州港口码头设施淹没复建规划报告》和四川省交通厅内河勘察规划设计院编制的《万县市集镇港口点设施淹没复建规划报告》形成了规划投资的总体方案。经交通部及各级政府审批，万州港复建码头工程投资24352万元，其中长航系统（含万县港务局、长江轮船总公司、长江航道局）11115万元（含锚地）、地方港口码头13237万元。万州区集镇码头工程及停靠点投资3500.03万元，其中码头3240.03万元、停靠点260万元。

2. 码头复建及作业区分布

2000年，随着三峡库区135米水位蓄水日期的临近，港区码头全面进入淹没复建时期。万州港复建的基本格局是以鞍子坝为客运中心，以红溪沟为货运中心，以红花地、青草背、沱口、驷马桥、明镜滩、猴子石、北山坡、大桥溪为重点建设港区。同时规划复建乡镇港口13个、停靠点26个。

（1）鞍子坝客运作业区

鞍子坝客运作业区位于万州区境内，长江左岸，距宜昌航道里程332.0公里。2000年8月，交通部以交规划发〔2000〕428号文下发了《万州港鞍子坝客运港区淹没设施复建工程可行性研究报告的批复》。2000年12月3日至5日，交通部在北京召开万州港鞍子坝淹没复建工程初步设计审查会，确定该工程建设规模为：共6个客运泊位，其中3000吨级泊位2个、1500吨级泊位4个，设计年通过能力580万人次；客运站及办公楼建筑面积15000平方米，建设3条缆车道。工程总投资11393万元，其中交通部专项资金3972万元，移民补偿资金3770万元（按1998年度移民补偿投资价格指数计算），企业自筹3651万元。该工程客运装卸工艺采用横向缆车，货运工艺采用缆车—电瓶车作业。该工程于2001年10月28日开工建设，客运缆车斜坡道水工结构标段由中港第二航务工程局第一工程公司承建，客运平台结构标段由中港第二航务工程局第二工程公司承建，监理单位为重庆长信工程建设监理有限公司，项目管理单位为中港第二航务工程勘察设计院。

（2）红溪沟货运作业区

红溪沟货运作业区位于万州区境内，长江左岸，距宜昌航道里程336.5公里。红溪沟作业区工程分为一期工程、二期工程、技改工程和铁路专用线工程。

红溪沟作业区一期、二期工程为原万州港盘石货运港区的移民复建工程。1993年8月25日红溪沟作业区一期工程经交通部批准立项，1997年12月28日一期工程开工建设，2000年12月28日基本建成并投入试生产。一期工程建设规模为3000吨级多用、件杂货和散货泊位各1个，装卸作业线2条，年通过能力100万吨。工程总投资10293万元，其中交通部专项资金5462万元，移民补偿资金1400万元。二期工程于2000年12月28日开工建设。

为形成铁水联运综合运输网络，更好地发挥达万铁路和红溪沟码头的整体功能，万州港自筹资金6500万元修建红溪沟港口铁路专用线工程。该工程全长3300米，其中隧道长1810米，由成铁工程集团施工，2002年12月28日开工建设。

（3）江南集装箱作业区

万州港江南集装箱作业区位于万州江南经济开发区内、长江右岸、红溪沟作业区对岸下游1公里处，距宜昌航道里程336公里。

万州港江南集装箱作业区工程拟建设4个3000吨级集装箱专用码头泊位、1个2000吨级散货码头泊位及相应的配套设施。作业区岸线长550米，陆域纵深501.5米，陆域面积30万平方米。作业区总吞吐量40万标准箱；总投资12.5亿元，其中交通部专项资金10457万元，移民补偿资金840万元，其余资金由企业自筹。

沱口货运作业区复建工程建设规模为建设2000吨级泊位1个，相应建设堆场、仓库、道路、装卸机械及有关配套设施，设计年通过能力18万吨。工程总投资2260万元，其中交通部专项资金637万元，移民补偿资金840万元。沱口货运作业区工程码头前沿采用1台10吨×15米浮式起重机进行船舶装卸作业，使用1对10吨缆车（8米×3米）进行斜坡运输，坡顶采用1台10吨×30米轨道式门式起重机装卸缆车及进行堆场作业，水平运输采用Q20牵引车和5吨平板车作业，仓库作业采用5吨叉车。2001年6月14日至15日，在万州区通过工程可行性研究报告。2002年3月完成监理招标，2002年4月23日至24日在武汉通过了该工程的初步设计，于同年9月开工建设。该作业区建设生产两不误，2005年已完全竣工投产。

二期工程新建设2个3000吨级集装箱专用泊位，年集装箱吞吐量20万标准箱，资金待定。二期工程已被列入国家“十一五”规划。

(4)青草背作业区

青草背作业区位于万州区境内,长江左岸,距宜昌航道里程326.0公里。青草背作业区是根据交通部水运规划设计院编制的《长江三峡工程万县港水运设施复建规划报告》《三峡工程库区水运设施淹没复建实施方案报告》的排序和《重庆市万州区城市总体规划》所设计的。青草背货运作业区是万州港1500万吨深水港12个作业区之一,被交通部列为地方交通重点支持项目,被重庆市列为“十五”期间内河航运重点项目。从2000年3月起,万州区港口管理处委托四川省交通厅内河勘察规划设计院开展现场踏勘和前期准备工作,先后完成青草背作业区工程可行性研究、立项、初步设计和施工设计。于2001年8月经重庆市发展计划委员会渝计委交〔2001〕716号文批复工程可行性研究报告,2001年8月经重庆市交通委员会渝交委港〔2001〕19号文批复初步设计,2002年3月完成施工设计图的审查,2003年1月完成监理招投标及施工招投标。监理单位是重庆市长信监理工程公司,施工单位是四川省路桥集团路航公司。

青草背作业区复建规模为:近期(2003年)货物年吞吐量35万吨;远期(2020年)总规模达到货物年吞吐量190万吨。近期规模建设2000吨级货运泊位1个,设计年吞吐量15万吨,3000吨级多用途泊位1个,设计年吞吐量20万吨;远期逐步建设预留的5个1000~3000吨级货运泊位,达到最终设计年吞吐能力190万吨的规模。

(5)红花地作业区

红花地作业区位于万州区境内,长江左岸,距宜昌航道里程332.3公里。该作业区于1998年由万州港口管理处委托四川省交通厅内河勘察规划设计院开展前期工作;于1999年9月经重庆市发展计划委员会渝计委能〔1999〕761号文件批复工程可行性研究报告;于1999年11月经重庆市交通局渝交发〔1999〕944号文件批准初步设计。

2001—2003年,红花地作业区建设又被列为《长江三峡工程万县港水运设施复建规划报告》和《三峡工程库区水运设施淹没复建实施方案报告》的内容。红花地作业区是万州港1500万吨深水港12个作业区之一,被交通部列为地方交通重点支持项目,被重庆市列为“十五”期间内河航运重点项目。

红花地作业区复建规模为:近期(2005年),过渡期间内旅客年吞吐量45万人次、货物年吞吐量50万吨;远期(2010年),货物年吞吐量120万吨。近期建设470客座过渡期区间短途客运泊位1个,设计年吞吐量45万人次;300吨级货运泊位1个,设计年吞吐量6万吨;3000吨级通用泊位1个,设计年吞吐量34万吨;500~1000吨级件杂泊位1个,设计年吞吐量10万吨。远期客运泊位改为货运泊位,并预留4个1000~3000吨级货运泊位,达到最终设计年吞吐量120万吨的规模。

红花地作业区复建一期工程总投资10982万元,其中移民补偿资金3059.91万元,交通部全国内河水运基金补助资金1650万元,重庆市交通委员会补助资金200万元,库区国家地质灾害合理补助资金400万元,自筹资金1672.09万元,申请国债、招商引资或贷款4000万元。

红花地作业区工程于2000年9月18日开工建设。施工单位是中港第二航务工程局第二工程公司、四川省路桥集团路航公司、重庆渝航工程公司,监理单位是四川省水航工程监理事务所。到2002年底共完成投资6052万元,其中移民补偿资金2200万元,交通部补助资金1650万元,重庆市交通委员会补助资金130万元,库区国家地质灾害合理补助资金400万元,自筹资金1672万元。

(6)集镇码头复建

①大周集镇码头。大周集镇复建码头总投资260万元,全部系移民补偿资金。工程于1998年12月28日开工,2000年4月30日竣工投产。被万州区交通工程质监站评为移民优良工程。

②武陵集镇码头。武陵集镇复建码头总投资235万元,全部系移民补偿资金。工程于2000年4月开工,2001年4月竣工投产。被万州区交通工程质监站评为移民优良工程。

③太龙集镇码头。太龙集镇复建码头总投资260万元,全部系移民补偿资金。工程于1998年11月开工,1999年12月竣工。被万州区交通工程质监站评为移民优良工程。

④让渡集镇码头。让渡集镇复建码头总投资260万元,全部系移民补偿资金。工程于1998年10月开工,1999年8月竣工。被万州区交通工程质监站评为移民优良工程。

⑤新田集镇码头。新田集镇码头复建工程总投资390万元,全部系移民补偿资金。工程于2001年8月开工,2002年7月竣工投产。

⑥黄柏集镇码头。黄柏集镇码头复建工程总投资235万元,全部系移民补偿资金。工程于2002年8月开工,2003年6月完工。

⑦小周集镇码头。小周集镇码头复建工程总投资165万元,全部系移民补偿资金。工程于2002年8月开工,2003年6月完工。

⑧溪口集镇码头。溪口集镇码头复建工程总投资235万元,全部系移民补偿资金。工程于2002年8月开工,2003年6月完工。

⑨长坪乡集镇码头。长坪乡集镇复建码头工程总投资164万元,全部系移民补偿资金。工程于2002年8月开工,2003年6月完工。

⑩新乡集镇码头。新乡集镇复建码头工程总投资295万元,全部系移民补偿资金。工程于2002年8月开工,2003年6月完工。

⑪杨河码头。万州区港口管理处主持投入移民补偿资金8万元,修建杨河码头(地处凉风镇杨河场)下河人行梯道和停靠泊位1个,货物年吞吐量0.6万吨,年客运量4万人次。工程于2002年12月开工,2003年6月完工。

⑫拖路口码头。万州区港口管理处主持投入移民补偿资金 14 万元，修建拖路口码头（地处五桥向坪镇）下河人行梯道和停靠泊位 1 个，货物年吞吐量 2 万吨，年客运量 4 万人次。工程于 2002 年 12 月开工，2003 年 6 月完工。

（二）涪陵港区淹没复建工程

1. 淹没复建补偿

（1）淹没复建损失

长航局涪陵港务局调查淹没码头 23 个、泊位 25 个，固定资产原值 7684.50 万元，净值 6324.30 万元，包括石沱、蔺市、高镇、丰都在内总计淹没损失为 29087.05 万元，损失的内容包括码头水工结构的挡土墙、缆车道、下河公路、护坡、踏步及仓库堆场、生产生活用房、候船室、厂房、围墙、航行水尺、系船及供水配电设施等。

涪陵市地方水运设施淹没单位共计 59 家，截至 1992 年底，淹没设施固定资产原值总计 41277.27 万元，净值 36628.41 万元。地方不含白涛建峰化工厂和川东造船厂在内总计损失费用估算为 45039.60 万元。

（2）补偿标准

国家以 1985 年全国港口普查货物吞吐量加旅客吞吐量折算货运吨对港口实施淹没补偿。补偿标准：长航 65 万元/万吨，地方 50 万元/万吨，大集镇 35 万元/万吨，小集镇港口 130 万元/个，停靠点 10 万元/个。

1985 年全国港口普查长航涪陵港货物吞吐量 214.5 万吨（不包括白涛 13.43 万吨），其中长航 51.3 万吨、地方 163.2 万吨，长委会分别核准为 51 万吨和 164 万吨。港口旅客吞吐量 410.3 万人次，其中长航 69.5 万人次，长委会按 2∶1 折算为货运吨 34.75 万吨，按 34 万吨计，加货运吨 51 万吨，合计为 85 万吨，补偿标准 65 万元/万吨，共补偿 5525 万元，加上石沱码头补偿 80 万元，合计补偿 5605 万元。地方港口旅客吞吐量 340.8 万人次，长委会按 2.5∶1 折算成货运吨 136.32 万吨，按 137 万吨计，加上货运吨 164 万吨，合计为 301 万吨，补偿标准 50 万元/万吨，共补偿 15050 万元，加上石沱大集镇港口补偿 1190 万元，小集镇码头 14 个 1820 万元，停靠点 3 个 30 万元，涪陵地方共计补偿港口复建投资为 18090 万元。

战备码头补偿列入涪陵陆上交通补偿范围，不占用地方码头补偿资金。补偿项目为：南岸浦—李渡、长江渡口—黄旗、乌江渡口—涪陵师专 3 处汽车渡口码头，补偿标准为每处 250 万元，合计 750 万元。

（3）补偿总额

根据国务院三峡工程建设委员会国三峡委发办字〔1995〕1 号文件《关于批准三峡工程水库移民补偿投资概算总额及切块包干方案的通知》及《长江三峡水库移民四川省分

县补偿投资测算报告》，三峡水库静态移民补偿概算投资总额为400亿元（1993年5月价格水平），四川省获得了315.55亿元投资补偿资金。其中涪陵地区枳城、李渡两区港口复建补偿总计为23695万元，其中地方18090万元、长航局涪陵港务局5605万元。

2. 码头复建规划

按照交通部统一安排，受涪陵地区移民办委托，1995年由长江航运规划设计院负责，四川省交通厅内河勘察规划设计院和地方港航部门参加，开展涪陵港区长江北拱至清溪26公里及乌江河口至小溪13公里河段淹没码头的复建规划工作。以1992年为基础年，2000年、2010年和2020年为发展水平年，不包括厂矿企业码头在内涪陵港区规划复建码头65个，概算复建总投资22669.09万元。其中，长航局涪陵港务局复建码头15个，投资6139.76万元；地方交通部门复建码头39个，投资12632.93万元；地区属物资部门复建码头11个，投资3896.4万元。规划首次提出将龙王沱、大东门、曾家坝、荔枝园、天子殿、糠壳湾、黄旗、黄桷嘴、中渡口、群沱子和夏家嘴列为重点发展作业区。

由于涪陵交通和物资部门淹没和复建码头，都在涪陵城区长江大桥至乌江崩土坎防护大堤范围内，涪陵移民迁建防护大堤开工在即，为配合大堤施工，同步开展码头复建。1997年3月至1999年12月，交通部第二航务工程勘察设计院及相关科研单位承担了涪陵城区防护大堤4.54公里范围内长江糠壳湾、龙王沱和乌江大东门、乌杨树4个作业区码头复建规划、工程可行性研究、初步设计和施工图设计以及各设计阶段其他研究论证工作。

1998年12月，重庆市计委以重计委能〔1998〕1505号文批准工程可行性研究报告，同意在防护堤段内设置4个作业区，占用岸线长2241米，陆域面积22万平方米，复建客运泊位15个、货运泊位9个、工作船泊位3个，设计年旅客、货物吞吐能力分别为1162万人次、212万吨，工程总投资65200万元。1999年2月，重庆市交通局以渝交局〔1999〕146号文批准工程初步设计，同意城区4个作业区共复建地方客货运码头15座、泊位21个（不含贵州省码头），工程总投资30858.13万元，其中码头部分17565.78万元、陆域13292.35万元。

2000年和2001年，交通部分别以交水发〔2000〕393号文和交水发〔2001〕516号文批准涪陵港务局复建糠壳湾3000吨级多用途泊位和件杂货泊位各1个，初步设计概算投资13602.83万元，其中征地费4222.80万元，年通过能力60万吨；龙王沱复建干线泊位3个、快船泊位1个，初步设计概算投资7421.02万元，其中征地费2711.99万元，年发客量113万人次；江北码头2000吨级客货运泊位1个，概算投资989.25万元，设计年旅客、货物通过能力分别为35万人次、2万吨。涪陵港城区龙王沱、大东门、糠壳湾、乌杨树4个作业区地方和长航局涪陵港务局码头加上贵州省境内码头、公路局战备码头、乌江航道段米汤沟工作船码头、长航支持系统码头和涪陵港务局白岩寺码头，批准初步设计投资总计49107.53万元。共批准复建码头22个、泊位34个。

2000年2月，根据重庆市渝办〔2000〕24号文合理确定建设规模和标准的要求及渝办〔2001〕86号文进一步修订完善港口码头复建实施计划，对于企业专用码头，企业根据生产经营情况要求不再重建的，可以直接进行补偿销号的政策，涪陵纳入专业复建补偿的7家物资单位、区外5家专业航运公司和三峡轮司集镇码头共13个单位和项目提出不复建码头并获准直接销号补偿。据此经涪陵区政府同意，对规划的码头进行进一步合并和调整，并确定城区4个港区共复建码头18个、泊位29个。其中长江糠壳湾货运港区复建码头5个、泊位5个，龙王沱客运港区复建工作船码头1个、泊位3个，干线和区间客运复建码头6个、泊位11个，乌江大东门客运港区复建客运码头4个、泊位8个（其中客运泊位7个、航道工作船泊位1个），乌江崩土坎港区由于滨江路建设限制而迁移至上游400米处乌杨树复建货运码头2个、泊位2个。

3.建设目标及交通部专项补助

1999年12月，鉴于涪陵港区复建前期工作基本完成，为尽快推动复建实施，交通部以交规划发〔1999〕730号文和交规划发〔2000〕89号文安排涪陵地方糠壳湾、龙王沱公用码头专项补助资金1310万元；安排长航局涪陵港务局专项补助资金糠壳湾多用途和件杂货码头5870万元，龙王沱干线和快船码头2980万元，北岩寺客货运码头422万元；安排贵州省涪陵乌杨树杂件码头专项补助资金394万元；长江港监、航道、通信码头及其他设施复建300万元，长江丰都航道大东门码头106万元。合计交通部补助涪陵复建专项投资11382万元。

2001年6月，交通部在重庆市召开的三峡库区水运设施淹没复建工作会议上，将涪陵糠壳湾、龙王沱、大东门、崩土坎作业区复建码头纳入交通部考核目标，要求码头水工建筑必须在2003年4月三峡水库三期135米蓄水前基本建成。

4.码头复建及作业区分布

（1）北拱铁公水联运作业区

北拱铁公水联运作业区位于涪陵区长江右岸，距宜昌航道里程548.5~552.0公里，占用港口岸线1417米。作业区疏港道路与茶涪路相接，距渝怀铁路编组站4公里，紧邻涪陵货站。涪陵铁公水联运码头，项目一期工程概算投资1.05亿元，建设铁路专用货场、引渝怀铁路涪陵西站3条交接兼存车线、1条引出线、2条物流装卸线及相应配套设施。二期工程概算投资7585.33万元，建设3000吨级件杂货和散货泊位各1个，占用岸线长381米，陆域面积55.6亩（约合3.7万平方米）。散货码头采用架空斜坡皮带机和坡顶装卸桥工艺，件杂货码头采用架空斜坡缆车及水上浮式起重机工艺，设计年吞吐量60万吨。建成后，年货物吞吐能力可达300万吨，货物存储能力达30万吨。

（2）南岸浦化工作业区

南岸浦化工作业区位于涪陵区长江右岸，距宜昌航道里程546.0～548.5公里，占用港口岸线1435米。作业区疏港道路与龙桥工业园区主干道相接，通过工业园区主干道与三环高速公路、沿江高速公路相接。该作业区是涪陵区规划重点发展大宗散货、件杂货运输的作业区，主要为以中化集团等大型企业为主的龙桥工业园区服务。有散货泊位5个，年综合通过能力70万吨；件杂泊位6个，年综合通过能力60万吨；危险化学品泊位1个，年通过能力15万吨。

（3）沙溪沟散货作业区

沙溪沟散货作业区位于涪陵区长江右岸，距宜昌航道里程541.3～543公里，占用港口岸线1879米。作业区有沙溪沟煤码头、天子殿煤码头、天子殿散货码头及人头[illegible]水上加油站。有作业泊位24个，年综合通过能力116万吨。其中，沙溪沟煤码头有3000吨级泊位2个，年通过能力30万吨；天子殿散货码头有1000吨级泊位2个，年通过能力30万吨；天子殿煤码头有1500吨级泊位16个，年通过能力21万吨；人头怨码头有2000吨级泊位4个，年综合通过能力35万吨。2003年，沙溪沟作业区货物吞吐量达52.78万吨。

（4）糠壳湾作业区

糠壳湾作业区位于涪陵区长江右岸，距宜昌航道里程538.6～539.1公里，占用港口岸线2842米。作业区后方滨江路为作业区集疏运道路，是涪陵港区集装箱、件杂运输主要作业区。涪陵港区糠壳湾货运码头复建工程港址选在重庆市涪陵区长江右岸石谷溪（糠壳湾），复建1000吨级多用途和件杂货驳船泊位（兼顾3000吨级分节驳）各1个，年通过能力66万吨（含1.5万集装箱标准箱），相应建设堆场、仓库、道路及有关配套设施等。核定投资为11902.19万元。2001年4月开工。但在实施过程中，由于受涪陵区城市规划及滨江大道建设等因素影响，该港区陆域纵深由330米减少到120米，由涪陵区人民政府解决。工程港区内堆场、道路设计、集装箱堆场区主干道路面宽12米，件杂货区道路路面宽9米，铺砌面积20790平方米，集装箱堆场面积2750平方米，空箱堆场面积580平方米，件杂货堆场面积3725平方米，土建工程、件杂仓库、拆装箱库、综合楼、变电所等生产及生产辅助建筑物总建筑面积7581平方米。新建锚地1处，锚地水域面积4500平方米（450米×10米），适当配备锚地设施，锚地趸船利用原有设施。

件杂码头有浮式起重机10吨×25米和25吨×25米各1台，件杂仓库桥式起重机2台10吨，一线件杂堆场装卸桥式起重机1台10吨×40米，两端轨道适当延长以备设备维修，二线堆场装卸桥式起重机1台10吨×40米。一线堆场2台30.5吨×40米轨道式集装箱门式起重机和1台10吨×40米装卸桥式起重机（水侧悬臂加长至11.5米），集装箱吊具为自动吊具和简易吊具各1套。多用途泊位缆车采用双绳牵引方式，并妥善解决了同步问题。工程建设工期2年，2003年5月竣工，10月完成交工验收投入运行。2005年有3000吨级多用途泊位1个、1000吨级件杂泊位8个，年通过能力1.5万标准箱、60万吨。

（5）黄旗作业区

黄旗作业区位于涪陵区长江左岸，距宜昌航道里程539.5～540.5公里，占用港口岸线970米。黄旗集装箱滚装码头为重庆市三峡库区3个集装箱码头之一，一期工程批准投资4.7亿元，建设3000吨级集装箱泊位2个、载货汽车滚装码头1个，设计年通过能力分别为20万标准箱、18万辆，工期4年。工程占地面积340亩（约合22.67万平方米），占用岸线长度712米，集装箱码头采用直立式高桩梁板结构，滚装码头采用下河引道形式。

（6）城区旅游客运作业区

城区旅游客运作业区位于涪陵区长江和乌江交汇处，距宜昌航道里程536.0～539.1公里，下起乌江河口，上至糠壳湾，乌江段从河口至乌杨树1.35公里范围内。同时还包括位于长江左岸周易园旅游景区复建的江北客货码头。作业区道路与滨江路相接。

作业区龙王沱客运码头复建工程总概算核定为7421.02万元。工程于2001年12月开工建设，2003年11月完成交工验收。

大东门码头由于三峡枢纽工程修建，全部被淹没。按照三峡淹没复建规划，大东门作为小型客运作业区，重点复建2个1000吨级客运泊位，年旅客通过能力55万人次，总投资1764万元，其中移民补助资金400万元，与涪陵防洪大堤同时修建。

江北客货码头选址于2000年，采用斜坡码头结构形式，码头前沿设置长65米、宽12米、高26米的钢质趸船，船岸之间由实体与架空相结合的斜坡道连接。在181米高程以上采用架空斜坡道，其下部结构采用桩柱式，基础为直径1.2米钢筋混凝土灌注桩，架空人行踏步道水平长度为106米。在181米高程处设置长29米、宽10米的休息平台，实体踏步道采用浆砌条石踏步方案，其水平长度为166米，斜坡道173.9米至181米段上部设置封闭晴雨廊道792平方米。建设客运综合楼、门房等，总建筑面积810平方米。完成供电照明、排水、消防、通信、环保、节能、劳动保护及安全保障工作。该工程于2001年开工。

（7）黄桷嘴作业区

黄桷嘴作业区位于涪陵区长江右岸，距宜昌航道里程529.1～529.6公里，占用港口岸线99米。作业区疏港道路与后方涪丰线相接。涪陵港区规划重点发展液体危险化学品运输，主要为中石油集团等企业提供运输服务。有1000吨级成品油泊位2个，年通过能力27.2万吨。结构形式为斜坡式，采用化工泵、管道运输工艺方案。后方布置存储罐区、生产辅助区及生活辅助区。

（8）白涛作业区

白涛作业区位于涪陵区乌江左、右岸，距乌江河口23.6～26.8公里，占用港口岸线1187米。

以上规划在具体实施过程中部分做了调整。

二、长江干线航道的维护管理

长江重庆航道河段居川江中下游，万川汇集，有水量充沛、终年不冻的共性，也有浅窄、滩险和弯多的个性。江津兰家沱至重庆河段流经丘陵区，地势平缓，河床较宽阔，大部分为宽浅型河段，河床多系卵石组成。2003年前，重庆至万州属于宽谷型河段，两岸山势较平缓开阔，河谷横断面形状比较复杂，枯水与洪水的分界线比较明显，水面宽窄差异较大。此段航道枯水期无急流滩，但浅、窄、弯河段多，均为卵石或淤沙河床，川江著名的忠州三湾和王家滩均在此段。万州至奉节河段较顺直，无峡谷，此段航道溪口急流滩较多，云阳以下两岸多山溪，每遇山洪暴发，挟带大量乱石堆积溪口而形成扇形碛坝，束阻河槽，形成滩险急流。奉节至巫山鳊鱼溪是川江最险峻的峡谷河段，著名的瞿塘峡、巫峡均在此段，两岸谷坡陡直，岩石裸露，其势十分险恶。该段各水位期均有滩险，在一定水位船舶须借助于绞滩航行。

在天然航道的维护中，长江重庆航道局采取一切措施保深、保标、保畅通。1997年3月，长江干线兰家沱至娄溪沟河段航标及通信工程竣工，该河段的航道基础设施得到一定改善。1998年7月底至8月上旬，川江出现百年罕见的持续高洪水位，长江重庆航道局全体职工众志成城，全力抗洪，确保了辖区航道畅通。2000年起，航标灯启用了以发光二极管（LED）为代表的第三代航标灯，航标新材料、新技术得到广泛应用，航标结构与标志质量得到不断改进与创新。2001年8月，长江重庆航道局启动了“文明样板航道”创建活动，在长江上游率先实现航道维护高质量、高标准。

在川江航道恶劣的自然条件下，长江重庆航道局职工年均维护航标65万座天，航标维护正常率99.9%；信号台年均指挥轮船82万艘次，信号揭示率100%；绞滩站年均绞船和助拖上滩2万艘次，正常率100%；年均完成航道测量任务620换算平方公里。

这一时期，长江兰家沱至巴东河段实施了航道整治工程，项目位于重庆境内，主要建设内容为：整治胡家滩、东洋子、两蟾堆、礁石子滩险，建设斜坡式码头3处，配备航标、通信等助航辅助设施。工程实施后，整治效果显著，极大地改善了重庆至巴东区间航道条件，不仅使兰家沱至重庆区间航道达到千吨级驳船的通航要求，充分发挥兰叙段航道整治效益，也使重庆至巴东区间航道条件得以显著改善，并保证了三峡工程在175米正常蓄水位时，万吨级船队能直达重庆。整治工程于1996年12月开工，2000年6月通过交通部组织的竣工验收，工程质量评定为优良。

这一时期，三峡工程施工期变动回水区实施了航道整治工程，项目位于丰都蚕背梁至上洛碛，全长120公里。针对135米或156米蓄水期碍航，对蚕背梁、灶门子、花滩、青岩子、马风堆、上洛碛6处滩险实施整治，航道尺度2.9米×60米×750米。该工程于1996年11月开工，2002年5月交工，2003年4月竣工验收。工程总投资7250万元。

这一时期，长江重庆航道局航标艇以20世纪70—80年代建造的单机航标艇为主，趸船以24米及其他水泥和钢质趸船为主，只有少量40米趸船。单机航标艇由长航设计院设计，采用钢质焊接结构，主尺度约为22米×4.2米×1米（总长×型宽×设计吃水），设计航速约20公里/小时。

第六节　支持保障系统的发展

一、海事管理工作的发展

长江水系内河航运管理存在中央和地方的“一水两监”情形。重庆海事和地方港监在管辖水域范围上划分不清，相互有重叠交叉。在管理上主要以管理对象船舶的种类和企业的所属性质进行区分。重庆海事主要负责中央直属国营企业船舶、船员，地方港监管理地方国营企业及个体经营的企业船舶、船员。多年来，重庆海事经过长江航政管理局重庆分局、重庆港航监督局、重庆海事局机构改革，地方港监经过了重庆市代管时期、直辖市成立的区划调整与改革，但重庆市范围内航运管理“一水两监”的情况依然存在。

长期以来，重庆市水上交通安全管理是长江海事机构和地方海事机构共同管理，尽管管理范围进行了调整，但是管理内容都是一致的。长江海事机构和地方海事机构在各自管理范围内加强通航管理、船舶管理、船员管理，对重庆市水域安全和水运经济发展起到了促进作用。

（一）海事管理内容

1.通航管理

主要内容是航行监督，一般包括管理通航环境，维护通航秩序，开展水上交通事故及水上交通违章案件的调查处理，船舶安全检查，组织辖区内船舶水上搜救，进行辖区水上水下施工安全技术状况审核、锚地和重要水域划定、港区岸线使用审核，发布航行警（通）告等。具体工作包括航行规则管理、巡航管理、水上水下施工作业管理、水上交通全球定位系统(GPS)监控管理。

2. 船舶管理

主要为船舶登记、船舶进出港签证、船舶安全检查。船舶登记是一项法律行为，是船舶登记机关按照国家颁布的法律或法规对国家、法人、自然人所拥有的船舶进行注册登记的一项法定手续。船舶进出港签证是依据交通部于 1979 年 3 月 22 日颁发的《船舶进出港口签证管理办法》以及 1991 年 3 月 27 日交通部第 27 号部令颁布的《中华人民共和国船舶进出内河港口签证管理规则》来办理签证。船舶安全检查是指为了保障船舶航行、人身财产安全，防止水域污染，海事部门根据有关法律法规，对船舶技术设备状况和人员配备及适任状况进行监督检查，对船舶存在的缺陷进行处理。

3. 船员管理

1992 年 4 月 7 日，交通部以第 34 号令发布了《内河船舶船员考试发证规则》。同年 9 月 1 日，国家港务监督局发布了《〈内河船舶船员考试发证规则〉实施细则》，对内河船员等级职务设置、考试资历和科目要求、考前培训时间、考试组织、发(换、补、吊销)证书等进行了明确规定，由海事机构负责管理。为了强化内河滚装船、散装液体货船管理，对特殊船员进行培训和发证管理。

4. 交通事故调查处理

2002 年 10 月 1 日起施行的《水上交通事故统计办法》中对水上交通事故的范畴进行了界定，这些事故包括：碰撞事故，搁浅事故，触礁事故，触损事故，浪损事故，火灾、爆炸事故，风灾事故，自沉事故，其他引起人员伤亡、直接经济损失的水上交通事故。《水上交通事故统计办法》规定：水上交通事故按照人员伤亡和直接经济损失情况，分为小事故、一般事故、大事故、重大事故和特大事故，并确定了各等级事故的具体分级标准（表 6-6-1），同时明确规定“特大水上交通事故的统计，按照国务院有关规定执行”。

水上交通事故分级标准表　　表 6-6-1

船舶种类	重大事故		大事故		一般事故		小事故
	人员伤亡	直接经济损失	人员伤亡	直接经济损失	人员伤亡	直接经济损失	损失
3000 总吨以上或主机功率 3000 千瓦以上的船舶	死亡 3 人以上	500 万元以上	死亡 1 ~ 2 人	500 万元以下、300 万元以上	人员有重伤	300 万元以下、50 万元以上	未达到一般事故等级的事故

续上表

船舶种类	重大事故		大事故		一般事故		小事故
	人员伤亡	直接经济损失	人员伤亡	直接经济损失	人员伤亡	直接经济损失	损失
500总吨以上、3000总吨以下或主机功率1500千瓦以上、3000千瓦以下的船舶	死亡3人以上	300万元以上	死亡1~2人	300万元以下、50万元以上	人员有重伤	50万元以下、20万元以上	未达到一般事故等级的事故
500总吨以下或主机功率1500千瓦以下的船舶	死亡3人以上	50万元以上	死亡1~2人	50万元以下、20万元以上	人员有重伤	20万元以下、10万元以上	未达到一般事故等级的事故

注:①凡符合表内标准之一的即达到相应的事故等级。

②本表中的"以上"包括本数或本级;"以下"不包括本数或本级。

水上交通事故调查是船舶发生水上交通事故后,海事管理部门为了查明事故发生的原因,依据《中华人民共和国内河交通安全管理条例》等有关法规、避碰规则规定,根据造成损害的程度、范围,确定事故的性质和判明事故当事人责任而依法进行的一系列活动。

由于水上交通事故调查是海事管理机构依法实施的行政管理行为,但在具体的水上交通事故调查过程中,不仅取证、分析需要运用不同的技术手段,而且对事故原因的认定也主要是技术认定,所以水上交通事故调查既是行政执法调查,又是技术调查。海事管理机构完成事故事实的调查,查明原因,判明责任,对在事故中负有责任的当事方或人员实施了行政处罚,提交的调查报告通过审核,针对事故原因提出了加强安全管理的建议并监督落实后,对水上交通事故进行结案管理。

5. 水上搜救与应急

应急反应系指根据应变措施,有效地控制、减小或消除险情危害的行为。其目的是通过应急救助行为,及时对水上人命安全和水域环境受到威胁时做出迅速反应并组织有效的救助,以避免或减少人命伤亡,有效地控制和减小险情的危害程度。

重庆市长江支流、湖泊和水库等地方管辖水域发生水上交通事故后,市地方海事局成立以局长为组长、分管安全副局长为副组长、相关部门参与的水上交通事故灾难应急处置工作组。工作组负责组织全市地方水域水上交通事故灾难应急处置工作；负责建立健全地方海事系统水上交通事故灾难应急处置机制，为应急处置工作提供相关设施设备和资金保障；在重庆市事故灾难处置指挥部领导下，参与重特大水上交通事故灾难的应急处置工作；研究应急处置工作中出现的重大问题，研究难点，商讨对策。

工作组下设应急处置工作办公室，设在海事处，办公室主任由海事处处长兼任，具体负责水上交通事故灾难应急处置日常工作。应急处置工作办公室主要工作是：及时评估水上交通事故灾难报告，提出启动相应预警预案的建议；并根据启动的预警级别，及时通知工作组有关领导和成员赶赴事故现场，参与事故灾难应急处置；组织开展或参与事故调查，查清事故或险情的直接原因，判明责任，形成调查报告；参与协调应急处置组织工作，掌握事故处置进度及相关情况，及时向工作组领导汇报事故处置进展情况；指导全市地方海事系统水上交通事故灾难应急处置工作；建立健全工作制度，负责日常管理工作。

建立机构的同时，制定了水上交通报告制度，包括报告程序、报告内容，设置了应急组织程序，包括了一般、较大、重大 3 个事故级别的处置预案，确保水上应急获得快速、有效的救援。

6. 渡口渡船管理

1985 年至 2004 年，客渡船只是作为客船进行管理。重庆市辖区内所有区县在四川省管辖时期，多数区县设了渡口渡船专门管理机构，随后随着水监体制的改革，大多数与地方海事管理机构合并，但至今涪陵、巫山、巫溪等地仍设有渡口渡船专门管理机构。《中华人民共和国内河交通安全管理条例》颁布施行后，明确了渡口的管理，但渡船仍作为一般客轮管理。

（二）海事管理范围划分

1. 船舶管理划分

2002 年水监体制改革后，根据交通部海事局《关于长江海事局与重庆地方海事局船舶管理和船员管理业务分工的通知》（海事〔2002〕433 号）要求，仅航行长江干线的船舶和既航行长江干线也航行重庆市支流、湖泊、水库的“四客一危”船舶由长江海事机构管理，其他类型的一、二等船舶划转地方海事机构管理。既航行长江干线也航行支流和封闭水域的三等及以下等级船舶，由船主自行选择在长江或地方海事机构登记。此后，长江海事机构不再办理一、二等船舶登记。仅航行重庆市支流和封闭水域的船舶由重庆市地方海事机构负责。

2. 船员管理划分

2002 年 10 月 17 日，交通部海事局下发《关于开展航行长江干线三等及以上船舶船员职务适任证书理论统考工作的通知》，规定了从2003年1月1日起，航行于长江干线三等及以上船舶船员职务适任证书理论考试由部海事机构统一组织管理。

2002年水监体制改革后，根据交通部海事局下发《关于长江海事局与重庆地方海事局船舶管理和船员管理业务分工的通知》，重庆海事局和地方海事局船员管理事权划分：一、二等船舶和仅签注航行长江干线其他船舶的船员管理由长江海事机构负责；仅签注航行支流和封闭水域的船舶船员管理由地方海事局负责；其他船舶的船员由船员所在单位选择。

3. 水域管理划分

1997年重庆直辖后，长江海事机构实施监督管理的范围仍然为中央直属国营企业所属船舶和船员。在长江干线发生海事事故后，只要有其中一方当事船舶为中央企业船舶，则其事故调查处置即由长江港监部门负责。地方海事机构，在原来的基础上新增了涪陵、万县和黔江地区的水域管辖，三地的港航监督管理职权也一并划归重庆市地方海事机构。

2002年3月，国务院发布了"一水一监、一港一监"水监体制改革的决定。同年8月，长江海事机构和重庆市地方海事机构在船舶检查、船舶签证、危防监管、通航监管、事故调查和船舶港务费征收等方面按水域管理辖区分别负责。长江干线水域为长江海事机构管辖（长江干线江津界石盘至渝鄂交界鳊鱼溪段，全长824公里）。与长江干线相通的支流以河口划界。

重庆始终坚持"安全第一，预防为主"的工作方针，全面落实水上交通安全管理责任，大力开展水上交通安全专项整治，不断创新监管模式，推进科技兴安战略，努力构建安全生产长效管理机制，水上安全保障和应急处置能力得到新的提高。突出重点，重要时段和重点水域安全监管力度得到加强。以春运、"五一"和"十一"，以及防雾战枯和防洪度汛等时段为重点，突出强化现场监控防范措施，组织验船师对上线客船实行节前检查，严防船舶"带病"运行；组织安全督查组，对重点区域渡口、渡船、风景区及旅游船、两江游船进行严防死守，营造高压态势，有效控制了水上安全事故的发生。

（三）海事管理法律法规

国家层面：1986年12月16日，国务院发布《中华人民共和国内河交通安全管理条例》。2002年6月19日，《中华人民共和国内河交通安全管理条例》经国务院第60次常务会议通过，自2002年8月1日起施行，1986年12月16日国务院发布的《中华人民共和国内河交通安全管理条例》同时废止。本条例规范了船舶航行的具备条件；船员经水上交通安全专业培训，其中客船和载运危险货物船舶的船员还应当经相应的特殊培训，并经海事管理机构考试合格，取得相应的适任证书或者其他适任证件，方可担任船员职务。本条例明确，严禁未取得适任证书或者其他适任证件的船员上岗；规范了船舶航行、停泊和作业应该遵守的规定；并且规定了危险货物监管、渡口管理、通航保障、水上救助、事故调查处理、监督检查、法律责任等内容。

地方立法：1995 年通过《重庆市水上交通安全管理条例》；1998 年 3 月 28 日，重庆市第一届人民代表大会常务委员会第八次会议通过修改《重庆市水上交通安全管理条例》；2001 年 5 月 25 日，重庆市第一届人民代表大会常务委员会第三十二次会议通过《关于修改〈重庆市水上交通安全管理条例〉的决定》修正案。条例共 9 章 61 条，根据重庆市的具体情况，对水上交通安全管理作出了具体规定，对《中华人民共和国内河交通安全管理条例》是一个补充，针对地方特色，在执法处罚方面具有较强的操作性。但随着《中华人民共和国内河交通安全管理条例》在 2002 年的重新发布，该地方性法规在许多规定方面同新颁布的管理条例存在冲突，已不能完全适应新的地方水运发展形势和管理需要，其修订工作已启动。

（四）典型事故案例

1997 年至 2002 年，重庆水运还正处于客运高峰期，社会需求使船舶数量急剧增加，造船业迅速发展；由于当时法律法规不健全、水上交通基础保障设施不发达、应急救援能力薄弱、管理手段没跟上，致使乡镇船舶增加无序，“三无”船舶大量产生；由于航道等级低、暗礁滩险多，船员数量增加快、技术水平差、法治观念淡漠，重庆市水上交通事故多发、频发，死伤人员较多，是全国水上交通事故的重灾区。如表 6-6-2 所示，全市水上交通事故一般等级以上事故年平均 61.67 起、沉船数年平均 34.3 艘、死亡人数年平均 91.5 人、直接经济损失年平均 1038.4 万元。其中：长江干线一般等级以上事故年平均 54.3 起、沉船数年平均 30 艘、死亡人数年平均 71 人、直接经济损失年平均 967.3 万元；地方水域一般等级以上事故年平均 7.3 起、沉船数年平均 4.3 艘、死亡人数年平均 20.5 人、直接经济损失年平均 71.06 万元。

1997—2002 年重庆市水上交通事故统计表　　表 6-6-2

年份（年）	一般等级以上事故（件）		沉船艘数（艘）		死亡人数（人）		直接经济损失（万元）	
	长江干线	地方水域	长江干线	地方水域	长江干线	地方水域	长江干线	地方水域
1997	78	10	25	5	51	13	1498.2	56.8
1998	80	7	57	5	102	27	1689.4	86.3
1999	43	8	23	4	61	5	426.3	130.4
2000	45	4	26	2	58	14	594.98	28.45
2001	37	9	21	6	63	54	540.4	94.33
2002	43	6	28	4	91	10	1054.8	30.08

4 起典型事故概述如下:

1998 年 7 月 9 日,"羊石 8 号"轮从长江中坝载客至羊石途经老正沟码头停靠上客 89 人,载西瓜 500 千克后,行至徐梁滩下约 100 米处,轮机员赵先金擅离机舱,接替驾驶员赵先忠驾驶,并让赵先忠到机舱操作机器,7 时 20 分上行至徐梁滩投水上架,由于航道窄、水流急、船舶功率小、装载过重,船首部触礁后向外张出,船下流至坎子水处时左舷进水后向左侧倾斜翻沉,造成死亡 14 人、失踪 55 人的重大水上交通事故。

2000 年 12 月 2 日 11 时 50 分,吴吉华驾驶自用船在小渡口码头接载乘客 22 人起航返回皂角村。由于违规操作,在能见度低的情况下与"渝铜梁货 00172 号"机驳船(重载上行船)对驶相遇,两船互从左舷会船,但因船速较快,两船相撞,自用船当即翻沉,船上 23 名人员全部落水,生还 10 人,死亡 13 人。

2001 年 1 月 29 日 10 时许,合川市小河乡中梁村二社村民李某某所有的"渝合川客 00110"个体客船,在涪江中梁村内非正规码头载客 84 人(含船员)上行前往太和镇,行驶至距太和镇 500 米处的蓑衣滩下口触礁翻沉。船上人员全部落水,经施救生还 38 人,死亡 46 人,直接经济损失 28.8 万元。事故发生后,重庆市、合川市党政领导及有关部门负责人立即赶赴现场,重庆市政府成立了"1·29"特大水上交通事故调查处理领导小组,进行指挥抢救工作。领导小组下设打捞、善后、事故调查组,分别进行尸体打捞、受伤人员救护、死亡人员家属安抚、沉船打捞和事故原因调查等工作。调查小组对事故现场反复进行了勘察,对旅客中的幸存者、参加现场施救的船舶和人员及过往船只等现场目击者进行了大量的调查取证,邀请了部分有经验的船长和航道专家进行了认真分析,认定事故原因为:①"渝合川客 00110"号客船所有人李某某(也是当班驾驶人员),在能见度不良的条件下冒雾航行,以致在蓑衣滩过滩时能见度极低不能正确判断船位,将船航行在左岸一侧,偏离正常航线,使船舶在后坐时,导致船尾碰在航道左侧的暗礁顶锅石上倾覆。违反了《重庆市水上交通安全管理条例》第九条第(五)款禁止在能见度不良的条件下开航的规定。因此,冒雾航行是造成本次事故的重要原因。②船舶驾驶人员李某某未按照船舶检验部门核准的定额载客;严重超额装载旅客,使船舶干舷高度减小,船舶操纵性能降低,上滩能力减弱。违反了《中华人民共和国内河交通安全管理条例》第十六条规定的船舶不得超载运输和《重庆市水上交通安全管理条例》第九条第(三)款,禁止超额、超载、超高、超宽、超越航线驾船的规定。因此,船舶严重超载也是造成本次事故的重要原因。③该船驾驶人员李某某在发现"渝合川客 00110"号船在蓑衣滩打不上滩退下后,明知本船严重超载、雾大且下游安居电站开闸放水、流速增大的情况下,仍盲目蛮干,冒险打滩。在本船打不起滩后坐时,本应调顺船身,采取适当减速、保持船向等措施,后退到红石盘下客。然而李某某未采用适当车速保持船向,导致后退时船尾底部触礁,船舶倾覆。因此,冒险蛮干、临危处置不当是造成本次事故的直接原因。根据上述原因分析,本次事故属人为过失责任事故。“渝合川客00110”号客船驾驶人员李某某严重忽视安全生产,无视港航法规,只顾经济利益,不顾安全,严重超额装载旅客,在江面有浓雾、能见度不良的情况下冒雾航行,当船舶不能自力过滩时,又盲目蛮干,冒险打滩;在本船打不起滩后坐时,临危处置不当,致使船舶触礁翻沉,造成特大水上交通事故。因此,该船舶所有人、经营人、驾驶人员李某某应负本次事故的全部责任。

2002年12月18日7时25分,湖北省宜昌市江顺汽车滚装船运输有限公司(股份制)所属汽车滚装船“宜盛”轮由重庆开往宜昌,在行驶至重庆市长寿区长江干线下码头碛水域时,与重庆市长寿区水上运输有限公司(集体)所属客渡船“长运1号”发生碰撞,造成“长运1号”客渡船沉没,经多方营救,5名船员和2名乘客获救,死亡10人,失踪30人,直接经济损失430万元。事故发生后,国务院领导同志十分重视,时任国务院副总理吴邦国做了重要批示。根据有关法律、法规,组成了由国家安全生产监督管理局副局长王德学和重庆市人民政府副市长吴家农为组长,国家安全生产监督管理局、监察部、交通部、全国总工会、重庆市人民政府有关部门负责人参加的重庆长寿“12·18”特大水上交通事故调查组。经调查认定,当事双方船舶驾驶人员疏忽瞭望,盲目操纵船舶,临危避让措施不当,是造成事故的直接原因。其中,“宜盛”轮存在无证驾驶行为,并在严重缺员情况下航行,当其发现“长运1号”客渡船后,疏忽瞭望,在航行中未采取安全航速,在前船动态不明时盲目追越,紧迫局面形成后,临危避让措施不当;“长运1号”客渡船在航行过程中疏忽瞭望,盲目掉头,在紧迫局面形成后,没有采取有效的避让措施。同时,当事双方船舶公司安全管理责任制不落实,严重疏于管理,有关职能部门和地方政府监督管理不力、工作不到位是事故发生的间接原因。

(五)主要监管手段

1998年,重庆高速客船发展,共有18个高速客船企业和65艘船舶。为进一步规范管理,重庆市港航监督处制定《高速客船安全监督管理规则实施细则》《专用码头管理办法》《乌江高速船安全管理规定》等一系列制度,并按照规定核发证书、证照,在办理签证前必须有轮机长签注的维修记录才能办理签证。

1998年,为响应国务院、交通部的号召,重庆市在春运、“反三违月”“安全生产周”、抗洪抢险等一系列安全活动中加强船舶管理,如黔江地区开展7区15县联合检查清理“三无”船舶,丰都、涪陵港航监督部门和公安开展联合检查等。

1999年,针对乡镇运输船事故多发突出问题,重庆市政府将乡镇运输船整顿列入7项安全专项整顿之一,4月重庆市交通局召开重庆市乡镇运输船舶安全管理会议,以合川、涪陵经验,部署重庆市乡镇运输船舶专项整顿工作,全年共纠正违章2014件,取缔无证、无照、无船名的“三无”船舶47艘,落实安全生产责任制,规范基础管理工作,在机构、人员、经费、责任四落实方面取得明显成效。

1997 年至 2002 年，枯水期主要结合“防雾战枯”和枯水期安全监管管理工作预案开展工作，重点对客渡船进行巡查，对客流量密集区派艇驻守和检查，防治船舶超定额载客；加强对渔船、自用船巡航检查，防治违法载客（货）运输，加强货运船舶的现场巡查，防止超载或超吃水船舶出港；加强对砂石船舶的现场检查，防治占据航道作业和超载航行。洪水及汛期重点加强对港区、渡口渡船和码头现场检查，对船舶超载运输和乡镇自用船、农用船、渔船、非法渡运特别是运砂船超配员及超载运输违法行为开展重点治理准备；加强停泊区、锚地的巡查力度，防治船舶走锚漂流事故的发生；加强对嘉陵江、乌江交汇水域的巡航维护工作。

1997 年至 2002 年，随着水上旅游的发展和客运向旅游转化，客运旅游开始出现旺季、淡季现象，当年 8 月、9 月、11 月至次年 4 月为淡季，其余时间为旺季。港航监督机构在春运和旅游旺季重点加强对朝天门两江游、丰都鬼城、石宝寨、张飞庙、白帝城、大宁河等旅游码头和客船的监管维护工作。

二、航运公安工作的发展

（一）全面推进体制改革

随着我国改革的不断深化，长江航运实行政企分开，港口加大市场运作力度。在此形势下，长期依附于港航企业的长航公安管理体制的弊端日益凸显，严重制约着长航公安工作的开展。2000 年 5 月，交通部对长江航运公安局主要领导做了调整，新班子上任伊始，就面临着体制不顺带来的严峻挑战。由于长江航运公安机关经费来源于所属企事业单位，而企事业单位经营效益不好、需要大量资金寻求新的经济增长点时，逐步提出公安机关减员的要求，有的还提出撤销公安机构。

2002 年 1 月，国务院下发《关于长江港航公安管理体制改革有关问题的批复》（国函〔2002〕1 号），原则同意交通部《长江港航公安机关体制改革方案》，要求按照政企分开和精简、统一、效能的原则，改革长江港航公安管理体制，逐步建立与长江治安相适应的新体制。明确长江港航公安机构作为国家治安行政力量和刑事司法力量的重要组成部分，行使跨区域的中央管理水域的公安管理事权。长江航运公安局由交通部公安局领导，其党政关系由交通部委托长江航务管理局管理。长江航运公安局所属公安机构由长江航运公安局统一垂直领导，公安业务工作实行长江航运公安局和所在地公安机关双重领导，以长江航运公安局领导为主。明确长江港航公安机构为行政机构，公安民警纳入国家行政编制。有关人员按照国家公务员和公安机关人民警察等规定管理。明确长江港航公安机构所需经费由中央财政负担，其罚没收入及其他收费，按照罚缴分离原则，一律就地上缴中央国库。长江港航公安机构的基本建设投资纳入交通部计划渠道解决。

2002 年 10 月，长江航运公安局（简称“长航公安局”）委托长江航运规划设计院编制完成《长江水上“110”报警联动系统建设工程建设方案》，并在方案指导下相继建设了渝东、重庆、武汉、安徽、江苏、上海段的二级中心和一级中心。在重庆、万州、鄂西、荆州、武汉、九江至武穴、安徽、江苏、上海 9 个区段相继建成开通水上“110”报警服务联动中心，长江干线“举各单位之力，共同处理人民群众危难险急之事”的新型工作机制初步建立。

2002 年 12 月，中央机构编制委员会办公室下发《关于批复长江航运公安机构设置和人员编制的通知》，明确长航公安局为长江航运公安机构的领导机构，副厅（局）级；由交通部公安局领导，其党政关系由交通部委托长江航务管理局管理，下设 16 个分局。核定长江航运公安机构人员编制，所需人员，依照录用公安干警的条件，在长江航运公安机构现有干警中录用，不足部分依照人事部、公安部联合发布的《公安机关人民警察录用办法》考核录用。

（二）全面推进长江治安整治

2000 年至 2003 年严打整治取得成效，全面整治长江非法采砂，构建水上治安防控体系水上 110，完善水上巡逻，加强船舶安全保卫，设置乘警支队，并加强特殊时期治安管理，应对非典、冰雪灾害等重大事件。1999 年 4 月 30 日，重庆港公安局客运派出所执勤组被共青团中央、公安部授予 1998 年度“全国青年文明号”称号。2002 年 8 月 30 日至 9 月 13 日，长航公安局组织“长江之盾”报告团在重庆、武汉、上海等地的长江港航公安机关进行巡回报告活动。2002 年 12 月 22 日，交通部规划研究院会同长航公安局行装处有关人员组成长江航运公安总体发展规划联合调查组，深入重庆、宜昌、武汉等地港航公安机关实地调研，正式启动编制《长江航运公安总体发展规划》工作。

1. 应对非典疫情

2002 年 4 月 23 日 17 时 46 分，重庆市公安局指挥中心要求长航公安局重庆分局在“江山 4”号轮上查找一个由 10 多名广东人组成的旅游团体，其中 1 名旅客疑似“非典”病人。接报后，重庆分局民警迅速赶到即将开航的“江山 4”号轮。通过近 2 个小时的查找，查到该名旅客，随后立即将此情况告重庆市公安机关，并采取措施对现场进行监控，直到疫情排除。4 月 27 日 11 时许，重庆港公安局指挥中心接到报警称：停靠重庆港五码头的“华康”客轮，发现 1 名广东籍男性乘客发烧、咳血，疑是“非典”病人。接警后，民警赶赴现场，疏散旅客，设置隔离带。同时与重庆市疾病防控中心医护人员一起，将疑似非典病人送到重庆市急救中心，并协助医护人员对同船的旅客及服务人员进行留检，对船舶进行消毒。18 时 20 分，重庆市疾病控制中心排除了该乘客的“非典”嫌疑。4 月 30 日，“云江”号客轮从万州下行开往宜昌茅坪，20 时停靠云阳港，从北京打工返乡的廖某从云阳上船。船到巫山港，廖某在出港时被防疫人员查出为疑似“非典”病人。5月1日凌晨2时“云江”号客轮抵达茅坪港时，茅坪港已提前接到巫山方面通报，长江三峡航运公安处立即派员协助进行检查，将与廖某同舱室的6名旅客及25名船员留在船上隔离。

2. 打击新时期重大犯罪活动

1997年5月8日，重庆港公安局侦查员在审查贩毒人员时获悉有人从云南携带大量毒品海洛因到重庆准备贩毒的重要线索后，经周密部署，于5月9日在重庆市沙坪坝大酒楼抓获2名云南籍贩毒人员，当场收缴海洛因700克。事后，通过审讯深挖又抓获该贩毒团伙的另4名成员，破获重特大贩毒案件12起，缴获毒资8万余元，一举打掉这个跨省份贩毒团伙。

1997年6月26日，重庆港公安局召开公捕公处大会，40名毒贩被依法逮捕。1998年4月30日，重庆港公安局侦查人员在审查一吸毒人员时获悉，有毒贩在缅甸、云南瑞丽的边境购买了大量毒品，准备到重庆贩卖。鉴于案情重大，重庆港公安局成立以局主要领导为组长的专案组，并决定摧毁这条跨国跨省（市）贩毒网络，斩断毒品来源。专案民警经过20天的缜密侦查，于5月20日成功破获这起跨国跨省（市）特大贩毒案。抓获重庆及云南籍贩毒人员12名，缴获毒品海洛因7300余克，毒资70余万元，并查清了该贩毒团伙在重庆地区贩卖海洛因2万余克的犯罪过程。这起案件是长江港航公安机关破获的首起跨国跨省（市）特大贩毒案。事后，新华社、中央电视台《新闻联播》等多家媒体对该案进行了报道。1998年6月23日，重庆港公安局在朝天门港区召开禁毒公捕大会，公捕贩毒嫌疑人133名。8月19日，重庆港公安局又破获一起特大人体藏毒贩毒案，抓获贩毒人员7人，缴获海洛因1100克。

1996年至1999年，重庆港公安局共查获吸贩毒案件2168起，其中重特大案件327起，抓获吸贩毒人员1489人，缴获海洛因21150余克，以及大量用于贩毒的通信、交通工具等物品。此外，为震慑毒品犯罪，教育广大人民群众“珍爱生命、拒绝毒品”，在1996年至1999年每年的6月26日国际禁毒日，重庆港公安局均在重庆港朝天门地区集中召开禁毒专项斗争公捕、公处大会，共依法打击处理贩毒人员309人。

针对2000年3月至4月长江重庆至南通段10余个港口相继发生船用雷达设备被盗、损失60余万元的重大系列盗窃案，南通市公安局与长航芜湖公安分局、万州港公安局经艰苦工作，一举破获案件54起，打掉犯罪团伙4个，抓获犯罪嫌疑人13名，有力策应了专项行动。

3. 全力以赴1998年抗洪抢险

1998年，长江发生了自1954年以来的又一次全流域性的特大洪水。5月25日，长航公安局在长江汛期来临之际要求各级港航公安机关积极响应党中央、国务院号召，全力以赴，与所在港航单位职工一道，誓死抗洪。

4. 全面推进基本建设

面对长航公安基本建设长期严重滞后的现实状况，在交通部公安局的关心帮助、长航局有关职能部门的大力支持下，长航公安局成立了局基本建设专门班子。通过加大宣传力度，协调各方面关系，求得理解和支持，开始了高起点的艰难起步。通过不懈的努力，“九五”时期赢得了国家对长航公安基本建设投资，为加快长航公安基础设施建设带来不可多得的历史机遇。1997 年，交通部批复同意，在重庆市南岸区南坪镇二塘村建设长航公安局第二看守所（重庆），总投资 744.23 万元，建筑面积为 2166 平方米（其中监舍总面积 890 平方米、业务及附属用房 1276 平方米），关押犯人 150 人。1999 年，批准成立重庆公安分局经济民警大队。

5. 积极呼吁体制改革

20 世纪 90 年代末，困扰长江港航公安工作和队伍建设的问题日益凸显。重庆港航公安机关经费依附于企业，实行“分灶吃饭”的财务体制，即航运公安分局的经费，分别由各长江轮船公司和客运公司拨款；港口公安局的经费，由其所在港务局开支，多数单位实行报账制财务管理形式。这种由历史原因形成的经费多渠道，给重庆长江港航公安机关在依法行使职权和队伍管理方面带来诸多问题。

第七节 交通科技与人才培训

一、科技项目的开展

（一）重大科技项目

1. 三峡库区大水位差港口码头的结构形式和装卸工艺研究

1999 年 5 月 4 日，重庆市航运管理处主研的“三峡库区大水位差港口码头的结构形式和装卸工艺研究”课题获得鉴定通过。项目于 1998 年 1 月启动，1998 年 12 月完成。该课题主要分析了现有的大水位差码头的结构形式和装卸工艺的优缺点，并根据成库后库区各港口的地形和水位变化特点，结合装卸工艺的发展，对斜坡码头、半直立半斜坡码头、大直径圆筒直立码头等适合库区港口的码头结构形式和装卸工艺进行了分析探讨，并根据库区各主要港口的水位特征和地形条件，提出了相应的码头结构形式和装卸工艺的建议意见，为今后大水位差码头的建设提供了借鉴资料。

2. 干支直达高速客运船舶选型研究

2002 年 8 月 30 日，重庆市港航管理局主研的“支干直达高速客运船舶选型研究”课题获得鉴定通过。项目于 1999 年 1 月启动，1999 年 12 月完成。该课题研究的主要内容为确定干支直达高速客运船舶的选型方案和布置总图，总结出了最佳的内河干支直达的高速船型，并根据此方案建造的实船“长江 8 号”运营成功。以此船型开通了重庆至沿河（贵州）水上实际距离 369 公里的高速通道，途中时间 8 个小时，优于陆路。该船型是当时中国内河最大的支流干流直达高速客运船舶。这种船型对进一步发展、推广山区河流的高速船具有指导价值。干支直达水上高速通道渝沿航线的开通具有很高的社会效益，达到国内先进水平。该课题研究船型，通过实船运营证实宜在内河干支直达航道和山区河流航道推广应用。

3. 三峡库区累积性淤积对通航净空尺度的影响研究

2002 年 7 月 25 日，重庆西南水运工程科学研究院、重庆市港航管理局主研的“三峡库区累积性淤积对通航净空尺度的影响研究”课题获得鉴定通过。项目于 1998 年 1 月启动，1998 年 12 月完成。该课题分析研究了三峡库区回水变动段长江干流及主要支流航道现状以及三峡成库后回水变动段在不同运行时期长江干流及主要支流的泥沙淤积，河床演变及水流条件的变化对桥梁通航净空尺度的影响。

4. 内河分级直立式码头及护岸加筋土新技术

该技术由重庆交通学院主持研究，采用移植与创新的方法，运用弹性理论和流固耦合方法，开发了锯齿型、锚拉型、小阶梯等新的结构形式，结合格宾、格栅、格笼等新材料的应用，形成了内河分级直立式码头及护岸加筋土设计施工成套技术，工程造价比传统码头及护岸结构节省 30% ~40%。该技术广泛应用于重庆长滨路、北滨路、鱼洞滨江路及江津滨江路等，也在四川、云南等地区的内河中小码头和护岸工程建设中得到应用，并形成专著《加筋土工程设计与施工》。

（二）一般科技项目

1. 小型船舶安全性研究

1998 年 6 月 10 日，重庆市船舶检验处主研的“小型船舶安全性研究”课题获得鉴定通过。项目于 1997 年 1 月启动，1997 年 12 月完成。该课题所研究的确定小型船舶重量重心的方法简称为称重法。称重法是一种与倾斜试验完全不同的新方法，即将试验场所由水面转移到陆上，把采集试验数据的过程由动态变为静态，因而最大限度地保证了试验数据的可靠性。称重法排除了小船倾斜试验中几乎所有不确定因素，因而也就消除了几乎所有不确定因素造成的累积误差，从而大大提高了小船重量重心的试验精度。

与同船倾斜试验结果相比，称重法可减少重量误差10.8%，重心高度误差可减少28.8%。在确定小船重量重心时，称重法完全可以代替倾斜试验法适用于长10米以下的运输船及公园景区水面的游览船，也适用于空船重量1.8吨以下的小艇。

2.重庆市各支流水域禁航水位研究

2002年7月1日，重庆市港航管理局主研的“重庆市各支流水域禁航水位研究”课题获得鉴定通过。项目于2000年8月启动，2002年4月完成。重庆是西南地区的水陆交通枢纽，有通航河流30余条，通航航道里程达2323公里。其中，等外级通航航道里程为1300公里，通航水域较为发达。主要通航支流有嘉陵江、涪江、乌江及大宁河等，均无完整的航道测绘资料。现行禁航水位均属经验性水位，设置也不尽统一。该课题对各支流的自然情况进行了实地考察，收集了各航道地质、水文、流速、运输状况等第一手资料。同时，召集了当地有经验的驾驶人员和安全管理人员，根据航道等级、船舶等级、运输繁忙程度和相关水文资料提出了初步意见，整理并研究得出了重庆市各通航支流的禁航水位。研究成果为重庆市各级水上交通主管部门提供了各支流禁航水位设置的依据，对重庆市各通航支流的港口码头复建工作、航道规划及评价工作具有借鉴作用、参考价值和指导意义，是重庆市历史上首次对各支流水域的禁航水位进行的科学性、系统性的专题研究。

3.船舶渗漏移动式报警装置

为了完善船舶安全预警装置，提高船舶安全性能，开展了船舶防漏的研究。该装置主要是针对航道工作船艇因渗漏原因造成船体进水而设置的一种安全预警装置，由万州航道处轮机长陈万才设计制作。该装置于1997年研制试用成功后，即被长江航道局评为科技革新项目，并在部分航道站趸船和工作船艇应用和推广。

4.航标蓄电池放电装置

为了提高航标装置的性能，开展了航标蓄电池放电装置、稳压充电器研究。该装置由重庆航道局总工办设计，万州航道处技术人员制作，于2001年7月制作完成。航标蓄电池放电装置外形美观大方、小巧实用，投入使用后航标蓄电池能按规程进行容量鉴定并作均衡充电，使蓄电池的循环次数由原来的30个循环次提高到50个循环次以上，节约了航道维护成本。

5.信号自动升降机

为了提高信号指挥的自动化程度，开展了信号自动升降机的研究。该系统由重庆航道局科技人员于2000年开始研制，2001年投入使用。该系统的成功研制，改变了多年来人工手拉或切换信号的落后状况，很大程度上减轻了信号员的劳动强度，为川江航道信号指挥科学化、自动化打下良好基础。

6. 开发全站仪配 E-500 外业自动采集内业自动绘图软件

为了提高测量的精度，开展了测量绘图软件的研究。该软件经实际使用效果很好，处理陆上部分或水下部分的数据和其成图精度均达到《水运工程测量规范》（JTJ 203—2001）相应等级的要求，大大提高内业劳动生产率，降低了测量工作劳动强度，提高了成图精度。

7. 135 米蓄水期深水设标实用技术研究

为了解决蓄水成库后深水设标难题，开展了 135 米蓄水期深水设标实用技术研究。2003 年 5 月 12 日，重庆航道局在万州黄牛孔水域进行现场设标试验，采用 10 米标志船，400 千克重的锚石和 120 米长的设标钢缆，通过采取吊设设置方法来了解浮标的定位、浮具型号配置及钢缆长度，试验取得成功。

二、人才教育培训工作的开展

1998 年，根据教育部高教司《关于做好普通高等学校本科专业教学计划修订工作的通知》（高教司〔1998〕93 号）文的精神要求，重庆交通学院制定了按大类制订教育计划的编制要求，港口航道与海岸工程专业实行学年制模块组合教学计划，模块结构原则上调整为“2.5 + 0.5 + 1”的三段式人才培养模式，前 2.5 年是专业大类的公共基础课（含少量技术基础课），中间 0.5 年主要是技术基础课，作为大类招生向适应市场需求的专业方向过渡模块，最后 1 年是专业课模块，设置若干专业方向，适应社会用人需求，也满足学生个性发展。2001 年学校进行教育教学改革，试行学分制，因此制定了学分制的 2001 版人才培养方案。

1997 年至 2002 年，累计培养港口航道与海岸工程专业本科生 172 人，港口海岸及近海工程专业研究生 35 人。1998 年获得水力学与河流动力学硕士授予权、港口海岸及近海工程学科被评为重庆市重点学科，水利工程学科再次获教授评议权；2000 年获得水工结构工程硕士授予权；1999 年港口、海岸及近海工程学科被评为重庆市重点学科，并相继在“十五”“十一五”重庆市重点学科评估中获得优秀。

重庆河运学校 1990 年新增港监专业、1994 年新增船港电专业。1997 年更名为重庆交通学校，隶属交通部长江航务管理局。1999 年划归重庆交通学院，更名为重庆交通学院职业技术学院，开展航海类、海洋工程类专业高职教育。

三、水运科研事业的发展

1999 年 4 月，根据交通部交人劳发〔1999〕151 号文件，交通部西南水运工程科学研究所更名为重庆西南水运工程科学研究所，成为省部共建单位，由重庆交通学院领导。

这一时期，西南水运工程科学研究所主要先后承担了“九五”国家重点攻关项目“三峡工程泥沙问题研究”“三峡水库变动回水区重庆河段泥沙模型试验研究”、交通部三峡工程航运领导小组办公室和重庆市交通委员会科技项目“三峡工程库区乌江河口段泥沙淤积与航道整治研究”、重庆市科委攻关项目“三峡库区重庆河段泥沙模型试验研究”、三峡总公司科技项目“重庆主城区河段泥沙冲淤变化对防洪、航运影响及对策研究”、交通部三峡工程航运领导小组办公室科技项目“重庆主城区河段泥沙冲淤变化对港口、航道的影响及整治措施研究”、中国长江开发总公司泥沙专家组“三峡库区河道现状调查及泥沙淤积与通航条件研究”、重庆市交通局科技项目“三峡水库回水变动区嘉陵江井口至朝天门河段碍航滩险成因及治理研究”、交通部科技项目“三峡电站汛期调峰对两坝间通航条件影响研究”、交通部科技项目“三峡—葛洲坝两坝间通航技术标准研究”“三峡电站围堰发电期电站日调节对航运的影响研究”、重庆市文化局科技项目“白鹤梁题刻水下保护工程水工模型试验”、重庆峡江文物工程有限责任公司科技项目“白鹤梁题刻水下保护工程（葛修润方案）水工模型试验研究”、交通部西部科研项目“石质险滩泡漩水治理技术理论分析研究和概化模型试验研究”等，并受交通部、建设部委托，参加编制了《内河通航标准》（GB 50139—2004）。其中，三峡工程引起的泥沙问题对重庆河段的通航影响研究成果为三峡工程建成后的调度运行方案和重庆河段航道整治方案的制定提供重要的技术支撑；“白鹤梁题刻水下保护工程水工模型试验”研究成果为水下文物保护提供了可能。同时开展了长江中下游航道整治研究工作，如“长江陆溪口水道河工模型试验”，该项研究成果为长江航道整治创造了条件。同时，西南水运工程科学研究所还承担了交通部西部交通建设科技项目“广西右江航运枢纽工程蠡鱼滩航道整治河工模型试验”“澜沧江小橄榄坝整治河工模型试验研究”“赤水河滚滩至鱼锦花滩段航道整治模型试验研究”等。

这一时期，西南水运工程科学研究所开拓了“枢纽”通航研究的方向，主要承担了“嘉陵江新政电航枢纽整体及船闸水工模型试验”“红岩子船闸输水系统水力学模型试验研究”“广东省连江西牛航运枢纽工程可行性阶段枢纽整体水工模型试验研究”“四川嘉陵江金溪电航枢纽工程整体水工模型试验研究”“嘉陵江金溪航电枢纽工程船闸输水系统水力学模型试验研究”“向家坝水电站永久通航水力学及船模试验研究”“四川嘉陵江小龙门电航工程枢纽水工模型试验”“四川嘉陵江凤仪电航枢纽工程及船闸水力学水工模型试验研究”，这些研究成果为后来国家内河航道整治技术研究中心枢纽通航研究方向奠定了坚实的基础，为重庆交通大学河海学院水利工程学科建设提供重要支撑。

第八节　重大荣誉与奖励

1997 年，长江重庆航道局获评“长航全线双文明建设先进单位”“长航全线文明窗口”“长航局青年文明号”“交通部长江无线电管理先进单位”。四川航运局重庆航道段获“全国内河航道系统先进集体”称号。四川省川东轮船公司党委书记兼总经理谭登品光荣当选中国共产党重庆市第一次代表大会代表。

1998 年，长江重庆航道局获“长航系统先进文明窗口”“模范职工之家”“思想政治工作红旗单位”“抗洪抢险先进集体”等称号。长江重庆航道局东洋子绞滩站获“重庆市青年文明号”称号，双江航道站、大石鼓航道站获“重庆市青年文明号”称号。重庆交通学院“三峡水库库岸坍塌实验研究及防护工程”项目获重庆市科技进步奖三等奖。

1999 年，长江重庆航道局获评“党委中心组学习先进集体”“思想政治工作先进单位”。长江重庆航道局莲花背信号台获“全国青年文明号”称号，丰都航道处获“重庆市文明单位”称号。重庆市港航管理局陈金友获“全国交通系统优秀海员家属”称号。重庆西南水运工程科学研究所研究的“船模技术研究及在三峡枢纽通航建筑中应用”获得交通部科技进步三等奖。

2000 年，长江重庆航道局获“重庆市文明单位”“重庆市模范职工之家”、重庆市第二届职工职业道德建设“十佳单位”称号。长江重庆航道局丰都航道处获评重庆市文明单位“五十佳”。中国船级社重庆分社李洪林获“重庆市劳动模范”称号。

2001 年，长江重庆航道局获“重庆市宣传思想政治工作先进集体”称号，长江重庆航道局团委获“重庆市五四红旗团委”称号，重庆航道处获“重庆市文明单位”称号，明渠绞滩站获“重庆市青年文明号”“建设西部快车道青年突击队”称号。谷秀全获“全国五一劳动奖章”。中国船级社重庆分社获“交通部川江汽车滚装船清理整顿工作先进单位”称号。中国船级社重庆分社黄增荣获“重庆市国资委国企贡献奖优秀共产党员”称号。重庆交通大学“涪陵市城区移民迁建防护工程泥沙模型试验研究”获重庆市科技进步奖三等奖。

2002 年，长江重庆航道局获“重庆市最佳文明单位”、重庆市“安康杯”竞赛先进单位、“重庆市宣传思想政治工作先进单位”称号。长江重庆航道局大南门信号台获“重庆市首届十大杰出青年群体”称号。重庆交通学院“山区河流动力学与泥沙输移理论”获重庆市科技进步二等奖，“涪陵城区移民迁建防护工程水工模型试验研究”获重庆市科技进步三等奖，“三峡工程变动回水区重庆河段泥沙模型”获重庆市科技进步二等奖，“三峡工程施工通航扩大明渠通过能力试验”获重庆市科技进步三等奖，重庆地方标准《建筑边坡支护技术规范》（DB 50/5018—2001）获重庆市科技进步奖三等奖，“三峡明渠绞滩船舶”获湖北省科技进步奖二等奖。

第七章　高峡平湖、转型发展
（2003—2010）

第一节　概　　述

2003 年至 2010 年是新中国成立以来重庆水运发展最快的时期。这一时期正值“十五”和“十一五”水运规划实施，重庆水运发展紧紧抓住西部大开发、三峡工程蓄水完建和长江黄金水道建设等重大战略机遇，迈出了新步伐，实现了新突破，开创了新局面，建立了新格局。

基础设施建设步伐加快，航道和港口通过能力显著提升。航道和港口建设完成投资 175 亿元(其中“十一五”期间完成投资 145 亿元)，航道总里程达 4451 公里，其中新增航道里程 229 公里，航道通过能力显著提高，港口泊位数从 2002 年的 1273 个减少到 2010 年的 833 个，而货物和集装箱通过能力从 2002 年的 4931 万吨和 5.5 万标准箱增加到 2010 年的 1.3 亿吨和 200 万标准箱，港口大型化、专业化、机械化趋势明显，专业化泊位总通过能力比重提高到 42%，港口功能结构更加优化。

船舶运力快速发展，船舶标准化、大型化、专业化趋势明显。运输船舶从 2002 年的 4545 艘、103 万载重吨发展到 2010 年的 4300 余艘、480 万载重吨，标准化船舶数比重达到 40%，运力比重达到 60%。全市货运船舶平均载重吨从 2002 年的 219 吨增加到 2010 年的 1700 吨，居全国内河第一。集装箱船、滚装船、油船和液货危险品船等专用船占货船比重从 2002 年的 5% 提高到 2010 年的 37%；普通客运船舶逐步被一批世界级内河豪华游轮替代，新发展内河五星豪华游轮(涉外旅游船)7 艘，新增待建豪华游轮运力指标 6 艘。其中最大的豪华游轮吨位已达 1 万总吨，三峡旅游客运实现上档升级。

水运企业结构不断优化，规模化、集约化、专业化发展趋势明显。引导水运企业实施规模化经营和规范化管理，加强与货主单位的战略合作，促进航运产业向综合物流延伸发展。水运企业从 2002 年的 210 家发展到 2010 年的 452 家，营运船舶公司化程度达到 95%，公司平均运力从 2002 年的 4700 载重吨提高到 2010 年的 1.06 万载重吨，10 万吨以上运力的企业发展到 10 家，企业规模明显增大，抗风险能力和综合竞争力显著增强。

水运经济持续向好，辐射聚集能力大幅提升。随着长江上游航运中心的加快建设，水运经济快速增长,主要指标不断创历史新高。至2010年,完成货运量9660万吨、货物周转量1219亿吨公里、港口货物吞吐量9668万吨,分别是2002年时的5.0倍、8.4倍、3.2倍。水路货运平均运距从2002年的756公里提高到2010年时的1262公里。全年完成水路货物周转量占重庆全社会总量的60.6%,稳居全市综合运输体系第一位。重庆航运交易所挂牌成立,航运总部经济初现规模,重庆正逐步成为大型跨国航运公司总部或区域总部聚集地,丹麦马士基、美国总统轮船、中国台湾长荣、日本邮船、韩国韩进、法国达飞、中国中远等世界前20强航运企业均在重庆设立办事处或子公司;世界排名第三的新加坡东方海皇已将大中华区行政总部由上海迁至重庆。航运要素的不断聚集,支撑重庆经济社会快速发展的作用凸显,长江上游地区产业布局基本依托长江黄金水道,在此时期,重庆境内长江沿线集中了全市约95%以上的汽车、摩托车、化工、冶金、机械制造、电力、造纸等企业,形成了门类齐全的临江产业带。长江也是上游地区外贸物资的主要通道,重庆90%以上的外贸物资通过水运完成。

加大安全基础基层工作力度,水上交通安全形势趋于稳定。持续加大安全投入,深入推进乡镇客渡船标准化改造,提高安全基础水平;严格落实企业安全生产主体责任、区县政府属地监管责任和行业管理部门行业监管责任,大力实施科技兴安战略,加强应急救援能力建设,水上安全保障能力显著提升,全市水上交通2003年7月至2010年底,连续90个月未发生一次性死亡失踪10人以上的事故。

继将重庆建成长江上游航运中心目标提出后,重庆又成为全国五大中心城市之一,加快建设国际化港口大都市的进程,积极参与产业转移、国际分工与国际竞争。水运的快速发展和服务水平的不断提高,为重庆和西部地区经济社会发展提供了有力的保障,作出了巨大贡献,重庆长江上游航运中心建设初具雏形。

第二节　水运管理体制进一步理顺

港监体制改革后,经过不断调整和理顺,实现了中央和地方对水运安全界域和事权管理的明确划分,重庆海事局、重庆长江航道局、中国船级社重庆分社、长航公安局重庆分局等中央在渝机构部门,负责长江干线的海事监督、长江干线航道管理维护、相关种类的船舶检验和长江航运公安管理等工作。全市港口、运输、部分种类船舶检验、支流航道和支流水域的安全监管等港航行政管理由重庆市交通主管部门以及设立的港航管理机构负责。重庆水运形成了市级和区县交通行政主管部门主管本行政区域内的港航管理行政工作,各港航管理机构在当地交通主管部门的领导下,负责本行政区域内港航管理具体工作的基本管理体制格局。中央地方各级管理机构各司其职,密切配合,齐抓共管共建的水运管理新格局形成。

一、地方水运港航管理机构的变革

（一）市级港航管理机构的调整

重庆市港航管理局组建后，其行政管理职能和范围是：负责全市水路运输行业管理；船舶图纸审验、船用产品检验、船舶检验、船舶焊工培训、考试、发证；市内除长江外的支小河流、湖泊、水库的通航水域水上交通安全管理、载运危险货物的安全监督、防污染监督、水上水下施工作业监督，事故处理及船员的考试、发证及审验；除长江外嘉陵江、乌江等地方航道的管理；全市港政管理；征收航道养护费、运输管理费、船舶港务费、港口规费、船舶检验费、焊工考试费、港监业务管理费等国家规费。

重庆市港航管理局局机关设置12个处室，下设5个直属二级单位：重庆市港航管理局直属处、重庆市嘉陵江航道管理段、重庆市合川航道管理段、重庆市乌江航道管理段、重庆市铜梁船闸管理所。此外，重庆市港航管理局还负责指导全市27个水上交通行政管理机构开展行政管理工作。

2007年，为进一步加强市港航管理局统计业务工作，重庆市港航管理局成立运输处统计科。该科主要职责有：一是贯彻执行《中华人民共和国统计法》等相关法律法规；二是编制、收集、审查、汇总、报送港口和水路运输统计报表；三是督促、指导各基层单位和港航企业的统计业务工作，对统计人员进行业务培训；四是组织开展港口和水路运输专项调研、普查工作。

（二）水运行政执法改革

2005年，根据《重庆市人民政府关于在全市交通领域实行综合行政执法试点工作的意见》（渝府发〔2005〕61号）和《市机构编制委员会关于重庆市交通行政执法总队职能配置内设机构和人员编制的批复》（渝编〔2005〕92号）文件精神，将原属重庆市港航管理局履行的行政监督处罚职能和原由重庆市高速公路行政执法总队承担的综合执法职能进行重新整合、配置，水运行政执法由新组建的重庆市交通行政执法总队统一行使。

（三）区县管理机构

根据重庆市交通委员会《关于印发理顺港航管理关系的意见的通知》，主城六区不设置港航管理机构，由重庆市港航管理局统一管理。

为进一步规范区县港航管理机构和名称，2003年8月，重庆市港航管理局下发了渝港航发〔2003〕203号文件，要求全市港航部门统一名称和机构。全市27个涉水区县（市）港航管理机构名称统一为：重庆市××区县（市）港航管理局（处、所）、地方海事处

（所）、船舶检验处（所），实现了三块牌子、一套班子，合署办公，与市港航管理局上下一致的管理机构。

2006 年 10 月 27 日，根据《重庆市人民政府关于改革乡镇执法监管强化公共服务试点工作的决定》（渝府令〔2006〕198 号），重庆市交通委员会将内河交通运输安全监督权下放到乡镇。

2007 年 1 月，根据《重庆市人民政府关于创新行政管理培育六大区域性中心城市的决定》（渝府令〔2006〕200 号），将市内普通货物运输船舶营运登记权等七项权限下放到万州等六大区域性中心城市。

（四）水运建设投融资平台的组建

1. 重庆航运建设发展有限公司成立

为加快长江上游航运中心建设，促进重庆经济社会快速发展，尽快改变重庆水运基础设施特别是重庆三峡库区水运基础设施落后面貌，重庆市交通委员会于 2002 年 12 月 31 日向市政府报送了《重庆市交通委员会关于组建重庆航运建设发展有限公司的请示》（渝交委文〔2002〕494 号），常务副市长黄奇帆当即作出批示，同意组建成立重庆航运建设发展有限公司，要求市政府办公厅一处会签尽快行文。2003 年 2 月 8 日，《重庆市人民政府关于同意组建重庆航运建设发展有限公司的批复》（渝府发〔2003〕29 号）下发。至此，重庆水运基础设施建设又新增一个投融资平台。

按照渝府发〔2003〕29 号文件的要求，重庆市交通委员会出资 5000 万元注册成立了重庆航运建设发展有限公司（简称“重庆航发司”），性质为国有（法人）独资企业。重庆航发司作为重庆市水运开发建设的投融资平台和主力军，代表市政府投资建设、经营管理除长江以外主要通航河流的航运基础设施，包括航道梯级渠化、航电枢纽工程、重点港口码头、地方航道疏浚整治等事宜，其资本金来源主要依靠国家有关部委安排重庆的航道、港口建设资金和市政府（市交委）的水运建设资金。

2. 重庆港务物流集团有限公司成立

2006 年，重庆港务（集团）有限责任公司、重庆市物资（集团）有限责任公司、重庆市万州港口（集团）有限责任公司和涪陵港务管理局合并，成立重庆港务物流集团有限公司。新成立的重庆港务物流集团有限公司是以港口物流为核心的大型物流产业集团，经营主要以港口、航运、综合物流及其延伸服务为主。2006 年 1 月 7 日，所属寸滩国际集装箱码头正式开港；2007 年，整合原重庆港、万州港和涪陵港船运资产，组建重庆港盛船务有限公司。2010 年 11 月 25 日，重庆港务物流集团有限公司港口、航运等优质资产注入控股上市公司重庆港九股份有限公司，历时近 2 年的重庆港九股份有限公司重大资产重组工作圆满结束。重庆港九股份有限公司是经重庆市人民政府〔1998〕165号文批准，由重庆港口管理局为主要发起人，联合成都铁路局、重庆铁路分局、重庆长江轮船公司、张家港港务局共同发起成立的股份有限公司。公司经中国证监会发行字〔2000〕101号文批准，于2000年7月31日在上海证券交易所挂牌上市，是国内第一家长江内河港口上市公司。

二、中央在渝水运管理机构的变革

（一）重庆海事局

重庆海事局组建后，作为交通运输部设置在长江干线负责长江干线重庆段水上安全监督管理、防止船舶污染水域和水上人命救助的行政执法机关，下设13个海事处（按11个海事处运行），设置海事巡航救助执法大队30个、办事处6个，管辖范围722.2公里（通信管辖范围渝鄂交界处—四川宜宾）。成立以后，逐步对其下属机构调整完善。

2005年10月，长江海事局下发《关于重庆海事局海事管理综合改革方案的批复》（长海人教〔2005〕333号），重庆海事局下设11个派出机构：江津海事处、巴南海事处、朝天门海事处、长寿海事处、涪陵海事处、丰都海事处、忠县海事处、万州海事处、奉节海事处、云阳海事处、巫山海事处（永川、石柱海事处分别纳入江津、忠县海事处管理）。

2007年3月，长江海事局下发《关于完善海事执法管理模式改革工作的意见》（长海人教〔2007〕110号），重庆海事局机关内设9个职能处室：局办公室、党群工作部、指挥中心（值班室）、监管一处（下设政务中心）、监管二处、监管三处、财务处、装备信息处、督察处。

2007年7月，长江海事局下发《关于重庆海事局有关机构设置的批复》（长海人事〔2007〕215号），同意单独设置政务中心，重庆海事局机关内设职能处室增至10个。

2009年1月1日起，长江重庆通信管理局并入重庆海事局。至此，局下设永川、江津、巴南、朝天门、长寿、涪陵、丰都、忠县、石柱、万州、云阳、奉节、巫山13个海事处和通信信息中心，代管长江泸州通信管理处。设有海事执法大队26个，办事处3个，大桥水域临时监控点5个。

（二）长江重庆航道局

长江重庆航道局的前身是长江航道局重庆航道分局，隶属交通运输部长江航道局，为国家公益型事业单位，主要承担江津兰家沱至巫山鳊鱼溪605.4公里（含嘉陵江口1.2公里、塘土坝2公里、黄花城5公里）长江上游航道的规划、建设、管理、养护和航道行政执法等工作。

长江重庆航道局的主要职责是：贯彻国家交通行业及长江航道发展战略、方针政策和法规，负责拟定符合川江航道实际的有关规章制度，报经批准后实施；负责编制本辖区航道发展战略及建设总体规划、中长期建设规划和年度计划，报上级批准后组织实施；负责辖区内航道的维护及管理，实施长江航道技术标准和规范；负责辖区内航道行政管理，保护航道及航道设施，制止偷盗、破坏航道设施、侵占和损坏航道的行为；审批与航道有关的拦河、跨河、临河建筑物的通航标准和技术要求；负责本辖区内航道科学研究、航道演变及分析；负责收集整理提供川江航道科研资料等。

长江重庆航道局拥有多种类型配套齐全的航道工作船舶179艘，陆地修造船施工设备110台套。机关内设18个科室，直属机构有重庆中心征稽站、离退休职工管理中心、工程建设办公室、机关事务中心等。下设奉节航道处、万州航道处、丰都航道处、重庆航道处、勘测处、船舶修造厂。

（三）长江重庆航道工程局

长江重庆航道工程局隶属于交通部（交通运输部）长江航道局，截至2010年底，长江重庆航道工程局拥有在册职工近千人，不同类型中、高级技术人员400余名，持有住建部颁发的港口与航道工程施工总承包及设计行业一级资质、国家测绘局颁发的甲级测绘许可证、国土资源部颁发的地质灾害治理工程施工甲级许可证并通过QES体系认证。全局拥有多种类型配套齐全的工作（程）船舶600多艘，陆地施工设备500台套，共有固定资产约10亿元。

长江重庆航道工程局主要致力于长江航道整治、维护，同时积极开展对外工程经营，主营业务涉及疏浚吹填、市政工程、水工工程、公路工程及内河水道测量、码头、港口航道工程勘察设计等领域，特别在深水爆破、取水工程领域颇具建树。多年来，凭借着雄厚的技术实力、科学的管理和良好的信誉，承担了许多大型工程设计和施工任务，足迹遍及海内外，所承担的工程多次荣获国家优质工程金奖。按照交通部（交通运输部）的统一部署，长江重庆航道工程局不断开拓创新，努力提升服务客户、服务经济、服务发展的水平和能力，向业主和客户奉献优质高效的精品工程。

（四）长江重庆通信管理局

长江重庆通信管理局是隶属交通部（交通运输部）在渝事业单位，由长江通信管理局管理，是长江航务管理局在渝四大支持保障系统之一。长江重庆通信管理局实行局、处、站三级管理体制，下辖重庆、涪陵、万州3个通信管理处，长寿、丰都、忠县、云阳、奉节、巫山6个通信管理站，局机关设两办四科。至2010年，共有在岗职工308人，离退休职工141人，各类专业技术人员111人，其中，中、高级技术人员32人。

长江重庆通信管理局主要负责江津兰家沱至巫山碚石600多公里长江干线水上安全通信的行政管理和保障工作，主要包括：负责重庆区段联播长江《航行通告》安全信息；负责重庆区段船舶遇险、紧急、水上“110”报警通信值守；负责重庆区段长江军运、战备、警备等专项任务通信保障；负责建立重庆区段长江抗洪水、战枯水、塌方、滑坡等紧急状态下的应急通信网；负责川江控制河段专线通信保障；负责重庆区段长江机动船舶进入长江安全通信网登记备案年审及安全通信网络的管理工作；负责长江重庆区段水上无线电通信秩序的管理；负责长江重庆区段干线长途传输电路的畅通，保障安全信息传递畅通。

随着长江通信体制改革，2003年2月，根据长信人〔2003〕18号文件要求，重庆长江通信导航局更名为长江重庆通信管理局，下属处、站相应更名为通信管理处、通信管理站，职能、级别、隶属关系不变。2003年12月，长航体〔2003〕575号文件对长江重庆通信管理局公益通信与公用通信分开改革（试点）方案进行了批复，长江公益通信与公用通信分开后的长江重庆通信管理局为公益性事业单位，明确该局为正处级，事业编制210人；将长江重庆通信管理局直接用于公用通信的资产和人员划分出来，成立长江重庆通信技术工程局，为自收自支的事业单位，长江重庆通信技术工程局暂由长江重庆通信管理局管理，事业编制152人。长江重庆通信技术工程局机关设市场部、工程部，下设主城、涪陵、万州3个通信技术工程处。

（五）长江航运公安局重庆分局

按照国函〔2002〕1号文件精神，2004年，长江航运公安局在渝地区3家港航公安机关（长航公安局重庆分局、长江重庆港公安局、长江旅游船舶公安处）合并组建长江航运公安局重庆分局，为正处级建制，行使长江干线江津至丰都段375.7公里中央管理水域的公安管理事权。内设6个科室，下设国内安全保卫支队（出入境管理科）、治安管理支队（水上巡逻警察支队）、水上消防支队（消防监督科）、刑事侦查支队（经济犯罪侦查支队）、乘务警察支队、看守所6个实战单位，以及江津、巴南、朝天门、鱼嘴、长寿、涪陵、丰都7个基层派出所。

（六）长江航运公安局万州分局

长江航运公安局万州分局可溯源到1952年，前身是长江万州港公安局（原长江万县港公安局）。1952年，长航局重庆分局万县办事处改组为万县港务局时，为加强港航船舶管理，下设了保卫股。1965年3月，万县港保卫科改为长江航运公安局重庆分局万县港派出所，配备干警7名。1984年12月以前，万县港派出所为重庆分局的下辖部门，行使长江万县水域的公安行政管辖权。1985年1月1日，长江万县港公安局正式挂牌成立，标志着长江万县段有了独立的公安机关。其管辖范围从长江忠县大山溪至巫山县鳊鱼溪全长308公里的干线航段。1998年，因万县行政区划调整而更名为长江万州港公安局。2003年长江航运公安体制进行改革，2004年4月8日，长江航运公安局万州分局正式成立。

万州分局内设6个职能科室，下设国内安全保卫支队、治安管理支队、刑事侦查支队、水上消防支队、乘务警察支队5个实战单位，以及忠县、石宝寨、万州、云阳、奉节、巫山6个派出所。

（七）中国船级社重庆分社

中国船级社重庆分社是中国船级社在重庆的分支机构。2003年，首次开展辖区国内“四客一危”船舶的NSM安全管理体系认证审核。启动分社四项机制改革，实施双向选择和竞聘上岗。2004年，重庆分社建造检验的第一艘国际航行散装运输危险化学品船“宁化417”在重庆川东船厂开工建造，先后完成南京油运公司3000吨级不锈钢化学品船、万邦公司7200吨级不锈钢化学品船、中化国际9000吨级不锈钢化学品船等20余艘国际航行船舶的建造入级检验。完成了重庆市东江实业有限公司“凯蒂”、重庆新世纪游轮有限公司“世纪天子”等7艘长江涉外旅游船的内河船舶建造入级检验。2008年，首次开展辖区省际客船NSPS船舶保安体系审核。重庆分社被重庆市文明办授予“市级文明单位”称号；产品处荣获中国海员建设工会全国委员会授予的“工人先锋号”称号。2010年，质量管理体系首次接受SGS外审并顺利通过。

三、央地合作共管共建水运工作的开展

港监体制改革后，中央地方各司其职，职能职责进一步明确清晰，日常工作中密切配合，齐抓共管共建。

（一）中央地方开展联合执法专项行动

2006年1月18日，重庆市港航管理局与重庆海事局正式签署《共建长江重庆段和谐航运备忘录》，并共同开展“共建长江重庆段和谐航运”活动。在交通部长江航务管理局、重庆市交通委员会的统筹部署下，共同开展联合执法活动。

2006年，重庆市交通委员会牵头组织重庆海事局、市港航管理局和市交通行政执法总队联合开展重庆市2006年治理砂石运输船舶超载工作。通过一年的联合整治，重庆市主城及嘉陵江沿线的砂石运输船舶超载现象明显好转，砂石运输船舶事故得到有效遏制，采运砂石船舶运输秩序明显改善。

2007年3月23日，在交通部长江航务管理局、长江海事局的统一部署下，重庆区段

6家联合执法成员单位重庆海事局、长江重庆航道局、长江泸州航道局、长江航运公安局重庆分局、长江航运公安局万州分局、长江重庆通信管理局统一认识,团结协作,认真开展了重庆区段联合执法的筹备工作。组建了重庆区段联合执法工作领导小组及办公室,下设11个联合执法工作组,拟定了7项工作制度和工作程序,开展了联合执法知识培训和广泛的宣传工作,抽调431名执法人员进驻各政务中心和签证点,完成了12个长江水上政务中心建设等联合执法相关准备工作,标志着长江上游段创新执法模式、整合执法资源、合力建设黄金水道、全面践行"三个服务"进入新阶段,同时将为重庆航运快速发展、促进沿江经济繁荣作出新的贡献。

2008年9月,由交通运输部海事局组织、重庆市地方海事局承办的全国海事"行政执法一面旗"建设集体办公会在重庆召开。交通运输部海事局、重庆市交通委员会,广东、海南、深圳、黑龙江海事局及江苏、云南、重庆地方海事局的相关领导和代表参加了会议。会议与时俱进加强"一面旗"建设,规范海事执法行为,理清港口、海事安全管理职责,统一执法依据、标准、服装、证件,提高执法水平,提升执法形象,对促进海事健康发展非常必要。在部海事局"三个一"建设的要求下,重庆市地方海事局积极采取有效措施与部局在渝海事机构和谐共建。

(二)中央地方共建加快重庆水运发展

2009年10月19日,交通运输部长江航务管理局与重庆市交通委员会在重庆签署加快长江重庆水运发展共建协议。共建协议内容包括双方将建立工作沟通协调机制,培育长江水路运输市场,保护性开发长江航运资源,推进长江干线船型标准化和长江航运信息化平台建设。

依据协议,长江航务管理局进一步完善长江水系船舶运力发展规划,完善运力调控措施和手段,优化长江干线航运行政审批手续,定期发布水系水运行业运输生产统计信息,积极支持重庆航运企业和水路运输可持续发展。市交通委员会积极推进沿江大型港口设施建设,依托长江黄金水道,促进冶金、电力、石化、钢铁、汽车、造船等产业沿江布局,进一步规范运输市场秩序,加快航运结构调整和资源整合,促进水运运输结构调整,进一步增强航运服务能力,提升航运服务品质,增强水运对沿江经济的推动和促进作用。

协议提到,长江航务管理局将加强对长江干线航道的治理,适时开展库尾航道的研究和治理工作,严格跨临河建筑物通航管理,保护航道资源,改善通航条件,支持重庆重点支流航道开发建设,促进干支联动,为重庆及长江上游水运发展创造良好环境。市交通委员会将着力加强重庆港口总体规划管理,并加强与长江航务管理局有关长江干线港口枢纽建设的沟通协调工作,加快沿江主要港口建设,特别是集装箱、危险化学品、滚装等专业码头建设,完善港口集疏运网络,加快支流航道重点工程建设,加快有条件的渡口“渡改桥”建设，促进水运协调发展。该协议的签署，对于加快实施“十一五”长江黄金水道建设总体推进方案和“四个长江”（安全长江、绿色长江、和谐长江、美丽长江）建设，进一步加快长江上游航运中心建设步伐，具有重要意义。

（三）密切与长江三峡通航管理局合作

三峡船闸通航重庆籍船舶占70%以上，为服务广大船东，加强与长江三峡通航管理局战略合作，2008年7月23日，重庆市港航管理局与长江三峡通航管理局在宜昌举行战略合作协议签字仪式。重庆市港航管理局局长梁雄耀和长江三峡通航管理局局长李维太出席了签字仪式并代表两局签字。合作协议的签订标志着两局在信息互通、维护水运秩序、水上GPS综合管理系统应用、建立有效联动机制等方面进入了实质性合作阶段。此后，两局每季度召开一次协调座谈会，解决重庆船舶在过闸中的相关问题。

第三节　三峡大坝156米蓄水对重庆水运的影响

根据三峡工程建设进度安排，三峡工程建设施工对长江航运形成3个碍断航时期。这一时期的影响主要是第三个阶段，即2006年9月至2007年5月三峡工程156米蓄水及船闸完建期。

一、蓄水的影响及应对措施

（一）156米蓄水及船闸完建的影响

2006年9月15日，三峡南线船闸开始进行完建施工，只有北线船闸单线运行。2007年1月20日，南线船闸完建施工结束，恢复通航，北线船闸进行完建施工。2007年4月22日，北线船闸完建施工结束。

由于在完建施工期间，三峡船闸采取一线施工、一线通航的方式进行，通航能力仅为双线运行时的40%左右，三峡船闸的通航矛盾十分突出，其碍航直接影响重庆市经济建设，航运进入一个困难时期。

（二）156米蓄水及船闸完建期应对措施

重庆市交通委员会、重庆市港航管理局高度重视妥善应对船闸完建期碍航的影响。2004年12月，重庆市交通委员会向重庆市人民政府报送《关于三峡工程建设156米蓄水船闸改进对我市水运及经济发展不利影响的紧急报告》。时任中共重庆市委书记黄镇东、重庆市人民政府市长王鸿举、常务副市长黄启帆作出重要批示,要求重庆市交通委员会、重庆市经济委员会、重庆市发展和改革委员会等部门积极应对,减小损失。

根据重庆市领导的指示,重庆市交通委员会、重庆市港航管理局组织对三峡船闸完建期间给重庆市水上交通运输及国民经济建设带来的不利影响进行了认真调研。组织召开重点航运企业、重点物资企业会议,预测了2006年、2007年重庆市货物流量及通过水上运输的货物流量、进出口外贸货物运量,提出了解决三峡船闸改建期间水上运输船舶过闸、翻坝方案。重庆市交通委员会和重庆市港航管理局准确预测的过坝运输需求为国家有关部门和研究机构制定过坝运输方案和经济补偿方案提供了翔实的依据。

从2005年1月开始,由重庆市交通委员会分管领导带队,多次到北京和武汉,与国务院三峡工程建设委员会、国家发展和改革委员会、交通部、长江航务管理局的领导和专家汇报、沟通和协调,争取对重庆市的建议给予理解和支持。经过大量工作和据理力争,重庆市提出的三峡船闸完建期间水上运输船舶过闸、翻坝方案得到交通部、国务院三峡工程建设委员会办公室、三峡工程开发总公司、国家发展和改革委员会有关部门的认同。其中,争取集装箱运输不翻坝且实行优先过闸是重庆市交通委员会和重庆市港航管理局前期工作的重大成果之一。

2005年4月22日,在武汉召开的三峡坝区应急翻坝座谈会上,交通部、国务院三峡工程建设委员会办公室、三峡工程开发总公司、国家发展和改革委员会及重庆、湖北、四川有关管理部门对三峡翻坝运输方案达成共识:通过强化组织管理,最大限度地提高船闸的通过能力;集装箱、能源、矿石、大型工业原材料、农用物资采用过闸运输;普通旅客和载货滚装汽车全部实行翻坝运输;集装箱及重点物资优先过闸;300总吨以下船舶禁止过闸的方案有待进一步研究。会议要求加快三峡库区船型标准化建设进程;尽快确定三峡船闸改造施工方案,确保一线船闸不断航,将三峡船闸改建施工对地方经济的影响降到最低程度。会议还建议有关部门制定相应的经济补偿政策。交通部办公厅就4月22日的座谈会形成了会议纪要,主送国家有关部门。

在2006年至2007年三峡船闸完建期,无论是过坝运输组织协调工作,还是水运企业经济补偿工作,都取得了超预期的成绩,社会反响良好。国家有关部委、三峡工程开发总公司和重庆市委、市政府等对重庆市交通委员会和重庆市港航管理局所做的工作给予了充分肯定和较高评价。

二、国家对水运企业的经济补偿

2006年9月至2007年5月三峡船闸完建期间,根据《重庆市人民政府办公厅关于三峡工程船闸完建碍航经济补偿工作的实施意见》,重庆市港航企业经济损失补偿资金总额为6457.106万元,其中航运企业经济损失补偿资金为5462.376万元(运量减少经济损失补偿资金为3799.95万元，船舶拥堵经济损失补偿为1662.426万元），港口企业经济损失补偿为994.73万元。

在补偿工作中，重庆市交通委员会和重庆市港航管理局严格按照国务院三峡工程建设委员会办公室和重庆市政府确定的原则，坚持按实际受损失程度进行补偿。在对补偿分配3个初步方案进行反复论证的基础上，最后确定了一个最能体现公平性、科学性、合理性的最优方案：由于在完建期碍航中，因为集装箱和商滚车船在单线通行期间享受了优先过闸的政策，受损失程度较轻，其补偿只安排部分拥堵经济损失补偿资金；而其他船舶未能享受优先过闸政策，待闸时间大大长于集装箱和商滚车船，其补偿由运量减少经济损失补偿资金和扣除集装箱、商滚船补偿资金后剩余的拥堵经济损失补偿资金共同组成。同时，由于对煤炭运输船舶采取"凭通行证过闸、一船一证"的政策，小吨位船舶很难承揽货源，所以此类船舶在碍航中所受损失较大，在分配中对小吨位船舶进行了适当倾斜。

另外，按照主要补偿人工成本费用的原则，船员人数在各类型船舶分配系数中均占有相当比例；按照补偿必须落实到经营人的原则，坚持以经营人为单位计算补偿，对不具备经营人资格的企业和个人不予补偿；按照补偿分配客观公正、科学合理的原则，采集长江三峡通航管理局提供的各类型船舶平均待闸天数和该局在网上公布的各船实际过闸次数、海事部门颁发的最低配员证书中确定的船员人数等第三方数据作为主要计算依据，从根本上避免了人为主观因素对分配的影响。

本次补偿共涉及重庆市级和22个区县的航运企业（含个体）256家、港口企业（含个体）89家。由于在补偿工作中严格做到公平、公正、公开，两次补偿工作自始至终未发生一起投诉或上访事件，广大港航企业和船员对其给予了较高评价。

三、三峡工程成库对重庆水运发展的积极影响

三峡工程建设及初期蓄水形成碍断航对重庆水运造成了损失。但三峡成库后，航道变宽、水深加大，在降低航运成本、实施船舶大型化以确保航运安全方面，三峡工程为重庆及长江上游地区水运发展发挥了积极的促进作用。

（一）通航条件显著改善

1.库区通航条件史无前例的变化

三峡大坝蓄水后，大坝上、下游河道的通航条件显著改善，为长江水运发展提供了广阔的平台，为重庆建设长江上游航运中心创造了条件。

三峡工程建设前，宜昌至重庆江段落差达120米，有滩险139处，单向航段46处，重

载货轮需牵引段25处。三峡工程蓄水至135米水位时,改善主航道430公里,改善支流航道85条,其中14条是原通航河流,71条为新增可通航河流,三峡和葛洲坝两枢纽库区范围内主要滩险100多处被淹没,大部分单行控制河段和绞滩站被取消,重庆丰都至湖北宜昌的航道条件得到根本改善。2003年10月采用枯期抬高水位方案,水库水位抬高至139米,增加渠化里程30多公里。同时1996年以后,相继对三峡水库135米库区以上的蚕背梁、观音滩、灶门子、土脑子、花滩、和尚滩、青岩子、马风堆和上洛碛9处滩险进行了整治,效果良好,通航条件得到较大改善。2006年水库蓄水至156米水位时,改善主航道570公里,在实施铜锣峡至涪陵14处炸礁工程后,航道标准可达到3.5米×150米×1000米,高于初步设计确定的远景航道规划目标。2008年蓄水至正常蓄水位175米后,长江干线三峡蓄水库区航道回水里程达到660公里,达到三峡工程初步设计确立的万吨级船队可以直达重庆的规划目标。长江全年有约6个月时间万吨级船队和大型客轮可以从长江口经三峡船闸直达重庆九龙坡港和朝天门码头。

2. 宜昌以下航道通航条件得到调节

三峡工程下游从葛洲坝至武汉长约626公里河道,其中自枝城以下至城陵矶长约339公里的荆江河段是下游通航条件的控制河段,有浅滩10余处,枯水期航道维护水深为2.9米,通过水库的流量调节,航道的通航条件在总体上也得到明显改善。水库在枯水期可动用一部分库容,为下游提供航运流量补偿,增加下游航道水深。

(二)有利于水运优势发挥

在三峡水库蓄水前,长江干线货运以2640马力(约合1941.72千瓦)拖轮拖带1500~2000吨驳船为主要运输方式。在水库蓄水后,拖带能力提高到拖带6000~10000吨级的船队,船舶运输成本较以前降低约35%~37%。在水库蓄水前,重庆水路运输千吨公里能耗为6.7千克。蓄水后,水路运输能耗降为3.6千克,其中8000吨级散货船为千吨公里1.6千克,水路运输成本每吨公里仅为0.04元。水运具有明显的成本优势,大大提高了与其他交通运输方式的竞争力,在大宗货物、长距离运输中优势更加明显。

(三)有利于船舶结构调整

三峡成库后,船舶技术不断进步,运力结构逐步优化,船舶标准化、大型化、专业化趋势明显。

船舶标准化率显著提高。到2010年底,全市船舶总数已达4300多艘,船舶总运力已达480万载重吨,其中标准化船舶数比重达到40%,运力达到60%,船舶标准化率显著提高。

船舶大型化进程明显加快。货船的主力船型从1500～2000吨级发展到3000～5000吨级，最大的自航船载重量已达到8000吨；集装箱船的主流船型从80～100标准箱发展到300～320标准箱；油船/危险化学品船的主流船型从500～1500吨级发展到2500～3000吨级；500车位的商品汽车滚装船已投入营运。货运船舶平均吨位已达1700吨，其中长江干线达到2000吨以上。涉外旅游客船的主流船型从2000总吨发展到8000～10000总吨。

船舶专业化程度显著提高。三峡成库后，大型散货船、集装箱船、滚装船、油船/危险化学品船、豪华旅游客船等主要类型船舶得到快速发展，其中集装箱船、滚装船、油船及液货危险品船等专业化船舶占货船的比重由2002年的5%提高到2010年的37%。普通客运船舶逐步被一批世界级的内河豪华游轮替代，内河五星豪华游轮（涉外游轮）发展到12艘，其中最大豪华游轮已达450客位、10000总吨，三峡旅游客运实现上档升级。

（四）有利于运输组织优化和新型运输方式发展

三峡成库后，自航船运输得到快速发展。与船队运输相比，自航船运输营运组织更加灵活、能耗较低、船员配备更少，在适港性、适航性和管理等方面明显优于船队运输，更加适应市场发展的需要。自航船运输基本取代了以拖轮和驳船组成的船队运输。三峡成库后，水运新型专业化运输方式快速发展。集装箱运输、载重汽车滚装运输、商品车滚装运输、液货危险品运输等专业化运输方式快速发展，重庆成为长江内河运输方式最全的地区。集装箱船舶数量、箱位数分别达到186艘、3.4万标准箱，危险化学品船舶数量、运能分别达到115艘、30.4万载重吨，载货汽车滚装船舶数量、车位数分别达到70艘、7400车位，商品车滚装船舶数量、车位数分别达到10艘、4274车位。

（五）有利于水运企业结构调整

引导水运企业实施规模化经营和规范化管理，加强与货主单位的战略合作，促进航运产业向综合物流延伸发展。水运企业从2002年的210家发展到2010年的452家，长江干线90%以上的普通货运实现了公司化经营，公司化经营企业的运力达到93%，公司平均运力从2002年的约4700载重吨提高到2010年的1.06万载重吨，10万吨以上运力的企业发展到10家，企业规模明显增大，抗风险能力和综合竞争力显著增强。三峡成库后，除少数大型国有企业有进一步发展外，大多数小型国有企业经过改制逐步退出水运市场。国有企业数量没有明显的增加，而民营企业发展迅速，在水运中的比重大幅度上升。

（六）有利于水运交通安全

2003年的前10年间，重庆市水上交通事故平均每年死亡105人，平均每6个月发生一起一次性死亡10人以上、每17个月发生一起死亡30人以上的水上重特大交通事故，死亡人数占全国水上交通事故死亡总人数的20%，是全国水上交通事故的重灾区。

2003年三峡工程蓄水以后，一方面原有滩险大多数被淹没，另一方面由于对部分重点滩险进行了整治，通航条件得到较大改善。特别是2003年6月19日特大水上交通事故发生后，重庆市加大了安全投入，强化了安全生产和监管的"双基"(即基础、基层)工作，实施了科技兴安战略，运用科技手段强化安全管理，建立了水上交通管理监控系统；严格落实水运企业安全生产主体责任和区县属地监管责任，加强监管队伍建设，落实管理部门行业监管责任，实施了客渡船标准化改造；针对水上安全薄弱环节，开展各项专项整治，安全形势逐年好转并总体趋于稳定。2003年7月开始，重庆市水上交通事故年平均死亡人数不到20人，并且至2010年底，90个月未发生一次性死亡10人以上的事故。

第四节　水运发展政策支持力度不断加大

三峡成库后，长江航运发展得到国家和地方政府的高度重视，水运建设资金投入等政策支持力度不断加大，为重庆水运的快速发展起到了巨大的促进作用。

一、国家对长江黄金水道建设发展的重视

2003年以后，长江航运发展得到国家的高度重视。党的十七届五中全会通过的"十二五"规划建议，明确提出要积极发展水运，完善港口布局。2010年8月25日国务院第123次常务会议，专题研究部署加快长江等内河水运发展，提出力争用10年左右时间建成畅通、高效、平安、绿色的现代化内河水运体系。

"十一五"期，交通运输部与长江沿线七省二市建立了"合力建设黄金水道"的长江水运发展协调机制。2006年11月22日，交通部会同沿江七省二市在南京召开会议，研究制定了《"十一五"期长江黄金水道建设总体推进方案》，明确了"十一五"水运发展的重点。在保障措施上，交通运输部在"十一五"期安排了150亿元资金用于长江水运基础设施建设；中央和地方按照各50%的比例承担船型标准化政府引导资金，用于船舶的更新改造和淘汰；沿江省(直辖市)政府在稳定现有资金渠道和资金规模的基础上，进一步加大资金筹措力度。随着国家和地方投入的加大，长江黄金水道进入快速发展的轨道，长江黄金水道建设"十一五"期投资总额约800亿元，其中交通部(交通运输部)长航系统约80亿元、沿江省(直辖市)约720亿元，极大地加快和促进了长江水运发展。

2009年6月25日，长江水运发展协调领导小组第二次会议在合肥召开。交通运输

部副部长徐祖远分析总结了第一次会议以来长江黄金水道的建设与发展情况，其中对重庆航运工作给予了充分的肯定。时任交通运输部部长李盛霖作了大会总结发言，提出：要按照温家宝总理“充分发挥长江黄金水道的优势，带动两岸经济社会发展”的重要批示，今明两年重点推进航道建设、港口建设、船型标准化、物流发展、安全管理、资金投入等六个方面的工作，为保持沿江经济平稳较快发展做好服务。时任重庆市副市长凌月明在会上代表重庆市作了会议交流发言，重点介绍了重庆市贯彻落实国务院3号文件精神，依托黄金水道，加快建设内陆特色长江上游航运中心的工作目标和措施，并就进一步合力推进长江黄金水道建设提出了建议。会议期间，交通运输部与沿江七省二市人民政府共同签署了《关于合力推进长江黄金水道建设的若干意见》，财政部、交通运输部与沿江七省二市人民政府共同签署了《推进长江干线船型标准化实施方案》。会议进一步凝聚了共识，明确了下一步工作重点，落实了相关政策措施；会议明确的加强重要支流航道建设、推进长江港口建设、推进重庆长江上游航运中心建设、10亿元船型标准化中央引导资金等政策措施均极大促进了重庆长江上游航运中心建设。

二、重庆加快建设长江上游航运中心的提出

2002年，按照中共重庆市委、重庆市人民政府关于“建设长江上游航运中心”的决策，在时任中共重庆市委书记黄镇东同志的关心指导下，重庆市编制完成了《重庆航运中心发展规划》。2002年12月，中共重庆市委常委会会议审议通过《重庆航运中心发展规划》，规划提出加快把重庆建设成长江上游航运中心。《重庆航运中心发展规划》为重庆水运建设发展奠定了坚实基础，为重庆航运未来的发展指明了方向。

为充分发挥长江黄金水道作用，尽快将重庆建成长江上游航运中心，2007年4月16日，时任重庆市市长王鸿举主持召开市政府常务会，审议并通过了《重庆市人民政府关于充分发挥长江黄金水道作用进一步加快建设长江上游航运中心的决定》（渝府发〔2007〕66号）。按照决定的要求，重庆市将筹集设立水运发展专项资金，在原有市财政每年从施工和通行费营业税用于水运建设的0.3亿元继续维持不变的基础上，从2007年起，将有关水运方面的港口码头、航道、航电枢纽等的施工营业税全额安排给交通部门用于水运发展，并且每年从市级土地出让金和交通规费中分别统筹安排1亿元用于水运基础设施建设。此外，重庆市还采取积极争取国家支持、拓宽投融资渠道、建立水运滚动发展机制等多种形式筹措水运建设资金，并通过减轻航运企业负担、制定物流优惠政策、推动水运科技创新等方式促进水运发展。

为促进全市水运事业持续快速发展，根据《重庆市人民政府关于充分发挥长江黄金水道作用进一步加快建设长江上游航运中心的决定》精神，市政府成立了以常务副市长黄奇帆为组长的水运发展协调领导小组，负责研究制定重庆市水运发展政策与规划，领

导和协调全市水运发展重要事项。2007 年 6 月 9 日，市委常委、常务副市长黄奇帆和副市长余远牧召开了市水运发展协调领导小组第一次会议。会议审议了市交通委员会草拟的《加快长江上游航运中心建设总体推进方案（征求意见稿）》，原则同意推进方案确定的原则、建设目标和措施，对推进方案提出的建设资金安排、岸线使用费征收管理、集装箱高速路通行费、船舶标准化资金安排、航运企业所得税、集装箱港口综合通行费等 6 项措施确定了具体原则。会议决定增加重庆高速公路发展有限公司和重庆港务物流集团有限公司为市水运发展协调领导小组成员单位。

2007 年 5 月 11 日，市政府在渝州宾馆召开了全市加快建设长江上游航运中心动员大会。参加会议的有重庆市水运发展协调领导小组成员单位，市级相关部门，相关区县政府、交通局、港航处（所），重庆及中央在渝航运、港口、船舶企业共 250 余人。会议明确了重庆市航运中心建设目标及“十一五”期建设任务，将投入 410 亿元建设长江上游黄金水道。到 2010 年，全市港口货物吞吐量达到 1.25 亿吨、集装箱 160 万标准箱、汽车滚装 140 万辆，船舶运力达到 500 万载重吨，货运量达到 1 亿吨，基本建成长江上游航运中心，2020 年实现全市水运现代化。副市长余远牧对“十一五”期内重庆水运建设发展工作进行了全面部署，对加快长江上游航运中心建设提出了包括构建干支畅通的航道体系，建设功能齐全的港口群，打造结构合理的船舶运力，完善安全及支持保障系统、提高水路交通信息化程度，建立规范有序的运输市场，全面开展船舶污染治理，促进旅游经济的发展，积极发展船舶工业，加快库周交通建设以及规范主城核心区岸线的管理在内的“十大任务”，对支持加快建设长江上游航运中心提出了包括筹集全市航运发展专项资金，积极争取国家相关部委的支持和国务院三峡建设专项资金，实施航运建设项目补贴，实施航运中心建设项目用地优惠政策，执行水运企业税费优惠政策，实施融资政策支持，加快船舶标准化进程，逐步开征岸线使用费，简化通关程序、尽快建立货物进出口快速处理机制，积极支持船舶工业发展、做大做强船舶工业在内的“十大政策”。

为深入贯彻落实中共重庆市第三次党代会精神和《重庆市人民政府关于充分发挥长江黄金水道作用进一步加快建设长江上游航运中心的决定》文件精神，不断扩大重庆水运服务半径，增强重庆水运辐射能力，建成长江上游航运中心，更好地为长江上游及西部地区服务，2007 年 8 月 10 日，由副市长余远牧带队，重庆市在贵州省举办了“重庆水运服务贵州推介会”。渝黔两地 100 多家企业在会上进行了沟通和交流，彼此增进了了解，达成了多个合作意向。

2009 年，国务院印发《关于推进重庆市统筹城乡改革和发展的若干意见》（国发〔2009〕3 号），重庆长江上游航运中心建设上升为国家决定。2010 年，交通运输部和重庆市政府联合批复发布了《重庆港总体规划》。

三、两路寸滩保税港区的成立

重庆两路寸滩保税港区是经国务院2008年11月12日正式批准设立的海关特殊监管区域，是全国第一家“水港+空港”一区双核的内陆型保税港区，承载着西部大开发战略布局的重大历史使命。重庆两路寸滩保税港区是全国首批开展贸易多元化试点的两个（苏州和重庆）海关特殊监管区之一，是中国（重庆）自由贸易试验区的核心区域，是重庆两江新区的重要功能板块和对外开放窗口。

重庆两路寸滩保税港区于2008年12月正式挂牌，先后分两期分别于2010年5月和2011年12月通过国家验收，被国务院联合验收组评价为“建设难度最大、建设速度最快、建成形象最美”的“三最”工程，曾创造了全国保税港区规划建设史上的“重庆奇迹”。重庆两路寸滩保税港区围网面积8.37平方公里，围网外综合配套用地约27平方公里。其中，水港功能区围网面积2.43平方公里，空港功能区围网面积5.94平方公里。

至2015年，重庆两路寸滩保税港区已形成加工制造、服务贸易、口岸物流三大支柱产业，构建起“保税+智能制造”加工贸易开放平台、“保税+服务贸易”新兴服务贸易创新平台、“保税+现代物流”多式联运集散分拨平台、“保税+特色口岸”开放功能政策创新平台等四大平台。

重庆两路寸滩保税港区地理位置优越，水港功能区融入主城江北区，周边交通道路四通八达，水港功能区依托寸滩港，坐拥长江黄金水道，空港功能区无缝衔接重庆江北国际机场，是长江黄金水道等重要物流通道的重要节点。重庆两路寸滩保税港区是经国务院批准设立的海关特殊监管区，享受进口货物保税、区内交易免税、入区出口退税等优惠政策，同时享受西部大开发相关优惠政策，在此基础上，保税港区还出台了相关产业发展扶持政策，对促进开放型经济发展发挥了重要作用。保税港区不断加大对外开放的步伐，加快培育竞争新优势，获批进口肉类、进口水果、进口粮食、进口食用水生动物、进口冰鲜水产品等7个国家级指定监管口岸，是西部地区最具活力的对外开放功能平台之一。保税港区在水港功能区和空港功能区建立综合服务大楼，分别设有综合服务大厅、报关大厅、政务服务大厅，海关等口岸部门驻扎在综合服务大楼“靠前”办公，为入驻企业提供“一站式”政务服务，提供7×24小时全天候通关服务，实行“一次申报、一次查验、一次放行”高效率通关通检、电子审单、系统处理。保税港区成立专门的后勤服务保障团队，对港区整体运行提供信息系统、办公环境、生活环境等保障服务。

四、银企合作共促水运发展

重庆市政府出台进一步加快建设长江上游航运中心的决定后，为进一步破解水运发展资金难题，拓宽融资渠道，引导银行对船舶标准化给予信贷倾斜，重庆市交通委员会与市三峡库区产业信用担保有限公司经过多次沟通、协调，就水运发展专项资金信用担保达成一致意见。

2008 年 1 月 10 日上午，重庆市交通委员会与重庆市三峡库区产业信用担保有限公司在市交通委员会正式签订了《船舶制造和改造项目贷款担保合作协议》。市政府金融工作办公室、市交通委员会、市三峡库区产业信用担保有限公司、市港航管理局、11 家国有及商业银行负责人，以及航运企业代表近 50 人出席了签订仪式。在签订仪式上，重庆市政府金融工作办公室对这种由政府、担保公司、银行和企业共同参与的“四位一体”的合作发展模式给予了充分肯定，并对重庆航运发展寄予厚望。合作协议的签订为解决重庆市水运企业融资难问题迈出了实质性步伐。通过政府牵线搭桥，银行和航运企业实现发展双赢。

2008 年 6 月 6 日，重庆市水运运力发展信用担保评审委员会召开了第一次评审会议。对重庆市东江实业有限公司等 14 家符合重庆市水运运力发展信用担保申报条件的企业，从基本情况、现有运力规模、资质条件、经营状况、安全状况、货源市场情况、项目进展情况、还贷能力等方面进行审核，以确定每家企业的建议担保贷款额度。共为重庆市东江实业有限公司等 14 家水运企业提供信用担保 1.96 亿元，标志着重庆市水运运力发展信用担保工作正式进入实施阶段。

此后，重庆市港航管理局进一步推进航运企业和金融机构建立战略合作关系，通过政府牵线搭桥，银企密切合作，为水运发展带来了资金支持，极大地促进了重庆水运发展。

2009 年 4 月 14 日和 8 月 4 日，重庆市港航管理局分别在万州区和局机关召开重庆水运发展银企座谈会。万州、云阳、涪陵、长寿、江津等区县港航管理单位、建设银行重庆分行和 31 家水运企业代表参加了会议。重庆市港航管理局介绍了重庆航运发展现状、面临的机遇，以及市港航管理局与建设银行建立战略合作关系的背景。建设银行重庆分行介绍了建设银行制定的航运企业金融服务方案和各种金融产品，并承诺凡经市港航管理局推荐的贷款企业，建设银行一经受理，5 个工作日内通知企业是否放贷；建设银行还就贷款操作流程、申报材料、贷款额度、期限、利率等相关问题回答了航运企业的提问。通过两次会议，银企合作步伐进一步加快，航运业发展融资难问题得到有效缓解。

五、规划引领水运加速发展

为深入贯彻落实“充分发挥长江黄金水道作用，进一步加快建设长江上游航运中心”的决定，明确新时期建设目标和工作重点，加快水运建设发展，在《重庆航运中心发展规划》总体规划的基础上，先后编制出台了一批水运建设发展专项规划。《重庆市航道发展规划》《重庆市港口布局规划》《重庆市地方海事“十一五”发展规划》等多个专项规划经市政府批准实施，为全市水运实现转型升级、加快发展奠定基础。

（一）《重庆航运中心发展规划》

为加快重庆市水路运输事业的发展，从2002年起，开始研究制定《重庆航运中心发展规划》。经重庆市人民政府第125次常委会研究，并报经市委常委会审议同意，2003年2月21日以渝府发〔2003〕34号文件批准实施。《重庆航运中心发展规划》对重庆航运的现状作出了客观的评估，制定了重庆市未来10年航运发展的指导思想和总体思路，提出了发展目标和发展战略，对港口航道等基础设施作出了总体规划。《重庆航运中心发展规划》的实施，对重庆市的水运发展起到巨大的推动作用。根据发展需要，又重点制定了游艇经济发展、滚装运输、集装箱运输、水运物流等专项发展规划，各专项规划的印发对水运发展起到了重要的指导作用。

（二）《重庆市港口布局规划》

为加快重庆长江上游航运中心的建设，实现《重庆航运中心发展规划》确定的目标，提高港口的集约化程度，增强重庆港的辐射和聚集能力，重庆市交通委员会组织重庆市交通规划勘察设计院等单位，按照《中华人民共和国港口法》的要求，编制了《重庆市港口布局规划》。

《重庆市港口布局规划》根据各港区的地理区位、功能定位、发展潜力和依托城镇等因素，将重庆市港口划分为枢纽港区、重点港区、一般港区和中小港点四个层次。重庆市港口布局将形成以主城、万州、涪陵三个枢纽港区为中心，永川、江津、奉节、合川、武隆五个重点港区为依托，其他港区为基础的层次分明、布局合理、功能明确、系统完善的港口体系。《重庆市港口布局规划》提出：2010年前，初步建成三个枢纽港区和五个重点港区为主的港口体系，基本缓解社会经济发展对港口需求的紧张状况，基本建成长江上游航运中心。在继续完善库区港口复建项目的基础上，集中力量，抓好三个枢纽港区的码头建设，基本形成集装箱、汽车滚装、散货、危险化学品、旅游客运等运输系统。同时，根据需要，适时开发江津、合川、永川、奉节、武隆等重点港区。规划三个枢纽港口新增综合通过能力5527万吨（其中：133万标准箱、35万辆载货汽车、71万辆商品汽车），重点港区新增综合通过能力1811万吨，一般港区新增通过能力883吨，全市港口通过能力达到12500万吨。

（三）《重庆市航道发展规划》

为理清新时期重庆市航道发展的思路，明确建设目标和工作重点，合理配置内河水运资源，布局层次分明的航道体系和支持保障系统，以适应沿江经济带建设和建设长江上游交通枢纽的要求。重庆市交通委员会组织重庆市交通规划勘察设计院等单位编制完成了《重庆市航道发展规划》。

规划布局以长江干线、嘉陵江、乌江国家高等级航道为骨架，小江、大宁河、梅溪河、綦江、渠江、涪江等地区重要航道为支撑，其他航道为补充，形成以“一干两支六线”9条主要航道为重点的层次分明、干支贯通、通江达海的叶脉形航道体系，并形成技术先进、管理科学、支持保障系统完善，与其他运输方式协调发展的内河航道体系。规划航道总里程4728公里，由133条河流航道、77条水库航道和1条湖泊航道组成。

总体目标是建成“一干两支六线”9条主要航道组成的干支通畅、管理科学、保障有力、通江达海的叶脉形航道体系，实现骨架航道间500吨级以上船舶或船队的直达运输，为国民经济和社会发展提供安全、便捷、经济、可靠的运输服务，基本适应区域经济社会发展和西部大开发的需要。

（四）其他规划

2006年，编制完成了《重庆市地方海事“十一五”发展规划》并经市交通委员会批准实施。该规划按照“突出重点、整体推进，加强建设、健全机制”的原则，从海事管理队伍建设、管理信息化建设、应急救援体系建设和巡航搜救体系建设四个重点方面确立了发展目标。

在水运重点区县，也加快本地规划的制定。如涪陵区编制了涪陵港区总体规划，提出涪陵港区是重庆港三大枢纽港区之一。涪陵港区总体规划根据涪陵港区的功能与性质，以发展集装箱、大宗散货、载货汽车滚装、危险化学品运输为主，兼顾件杂货和旅游客运，主要为涪陵区、渝东南和黔北等周边地区物资中转服务。结合涪陵区城市发展、产业布局，利用三环高速公路、沿江高速公路、渝涪高速公路，渝怀铁路、南涪铁路、渝怀铁路复线，以及长江、乌江高等级航道形成的综合交通网络，形成和工业开发协调发展的专业化分工明确区域性枢纽港区。根据涪陵港区的岸线自然条件，将龙头山、黄旗规划为以集装箱为主作业区，李渡、南岸浦、沙背沱、小溪规划为以大宗散货为主作业区，石沱、黄桷嘴、白涛规划为以危险化学品为主作业区，以及糠壳湾、北拱、卫东造船等其他作业区。

第五节　水运基础设施建设进入新阶段

长江重庆沿线大部分码头的复建搬迁，掀起了三峡库区港口码头建设的高潮，重庆航运发展进入了崭新的“高峡出平湖”时代。航道通航条件的改善、西部大开发带来的新机遇和国家政策的支持为重庆加快推进港口、航道等基础设施建设提供了历史性机遇。

2003年以来，重庆水运基础设施建设加快，搭建了航运建设投融资平台公司，加大水运投资，尤其是“十一五”期全市水运基础设施投资规模建设成果，都实现了历史性的突破，累计完成投资145亿元，是“十五”期的4.8倍。重庆港航基础设施条件大幅提升，重庆港已经成为长江上游地区最大的集装箱集并港、大宗散货中转港、滚装汽车运输集疏港、三峡旅游集散港。

一、航道通过能力显著提高

内河航运是综合运输体系的重要组成部分，发展内河航运对于构建“两型”社会、转变发展方式、促进地区经济发展意义重大。在此背景下，国家到地方规划中的港口建设、航道整治项目呈一浪高过一浪之势。截至2010年，以“一干两支”为主的内河航道体系基本形成。嘉陵江、渠江等一系列航道整治工程分步实施，富金坝、草街、彭水等梯级渠化枢纽建成蓄水，共渠化支流航道293公里，极大地改善了航道通行条件。2003年至2010年间，全市新增航道里程229公里，总里程达到4451公里，四级以上航道占23.7%，支流对干流货运量贡献率由10%左右提高到20%。

（一）长江航道整治工程

长江上游重庆至宜宾段航道全长370公里，是我国西南地区物资运输的主通道。从2005年开始，长江航道局分三期对重庆至宜宾段航道进行了整治建设，共整治碍航滩险22处。系统治理后，重庆至宜宾段航道条件明显改善，航道水深由1.8米提高到2.7米，航道等级由四级提高到三级，能够满足1000吨级船舶全年昼夜通航，船舶安全航行更有保证。

2003年6月10日，长江三峡工程蓄水至135米，忠县陶家石盘至巫山鳊鱼溪291公里航道成为库区航道，陶家石盘至涪陵清溪场为回水变动区航道，清溪场以上仍为天然山区航道。在135米蓄水决战中，长江重庆航道局举全局之力顺利完成蓄水清库，同时确保了蓄水过渡期的航道正常通航，成为全国各大媒体报道的热点。库区航道的形成，改变了川江航道的自然条件，原有的浅槽暗礁深埋水底，急流险滩不复存在，河床变宽，水深大幅提高，通航环境得到较大改善。2003年下半年，长江重庆航道局对忠县陶家石盘至巫山鳊鱼溪河段进行航路改革。全局重新配布航行标志452座、示位标26个、信号标19个、宣传牌30个、指路牌14个、地名牌22个、雾情观察哨35处、侧面浮标194座，为库区航道创造了安全、畅通、快捷的通航条件。

135米蓄水成功后，交通部确定在三峡库区实行船舶定线制。经过认真研究，2004

年 1 月 1 日，三峡大坝至忠县河段实施船舶定线制，改变了川江船舶“上行走缓流，下行走主流”的传统航法，实行“船舶各自靠右、分边航行”。

2005 年 4 月 1 日，重庆娄溪沟至新港河段提高航道尺度和维护等级，实现昼夜通航，告别了该河段不能夜航的历史。2005 年 9 月至 2007 年 2 月，三峡库区丰忠段航路改革配套设施建设工程完成，主要建设航行标志 181 座、综合指路牌 5 个、雾情观察哨 5 处，实测大坝以上 330.81 平方公里航道，并扫测 12 处碍航礁石。2005 年 12 月 25 日，完成了重庆娄溪沟至江津兰家沱河段 71 座杆标和 3 座塔标修建、安装，增设浮标 100 多座，该河段试运行一类航标维护。2006 年 1 月 1 日，该河段正式提高航道维护尺度，维护水深由 2.5 米提高至 2.7 米。

2006 年 6 月 13 日至 10 月 27 日，三峡大坝实现 156 米蓄水，涉及忠县至鳊鱼溪河段 448 座杆标拆建，并将涪陵李渡长江大桥至巫山鳊鱼溪河段航道维护水深提升至全年 4.5 米，同时提高了重庆羊角滩至涪陵李渡长江大桥 112.4 公里河段部分月份维护水深。

2007 年 5 月 1 日起，渝芜段航道维护尺度正式提高。实施了重庆娄溪沟至丰都河段航标制式统一工作，改造 529 座航标，实现了长江上游航道所有航标制式标准化。航道维护水平的提高，为长江上游水运的快速发展提供了航道基础保障，取得明显的经济效益和社会效益，受到航运单位好评。同年，经过长江重庆航道局全局干部职工努力，全辖区 598.4 公里长江干线航道全部达到安全、规范、高效、畅通的文明样板航道标准。

2008 年，长江重庆航道局顺利实施综合模式改革，管理层级由三级变为两级，撤销了 46 个航道站，设置了 20 个航道管理处，重新划分了航道辖区。2008 年，积极应对三峡工程首次 175 米试验性蓄水，实施了库区航标迁建改建、部分河段同比降观测、回水变动区淤沙河段观测等工作，始终保障了蓄水期间库区的畅通安全。同年 9 月，提高了叙渝段 384 公里的干线航道维护标准，1000 吨级船舶和 3000 吨级船队可以直达宜宾，首次实现了干线航道全河段昼夜通航。全年强化维护辖区内航道整治建筑物，并开展打击非法采砂专项整治工作，切实维护航道的合法权益。

2009 年 7 月，长江重庆航道局派技术人员到广东、天津海测大队参加长江电子航道图（1.0 版）数据预处理、软件培训及电子航道图生产工作。2009 年 11 月 1 日，按照三峡水库 175 米试验性蓄水调整方案，涪陵李渡长江大桥至重庆羊角滩河段 112.4 公里航道最小维护尺度由 2.9 米 ×60 米 ×750 米试运行提高至 3.5 米 ×100 米 ×800 米。

2010 年 8 月 10 日起，试运行提高宜宾至重庆河段中洪水期航道维护尺度（5 月、11 月由 3.0 米 ×50 米 ×560 米提高至 3.2 米 ×60 米 ×600 米，7—9 月由 3.0 米 ×50 米 ×560 米提高至 3.7 米 ×80 米 ×700 米），该河段在中、洪水期航道尺度分别达到二级和一级标准，航道通过能力大为提升。同年 10 月 26 日，三峡大坝首次蓄水至 175 米，长江重庆航道局加强航道巡查、航标调整和探测力度，确保了蓄水期航道畅通安全。

三峡水库涪陵至铜锣峡河段航道整治炸礁工程：位于三峡库区涪陵剪刀峡至重庆铜锣峡，河段全长90公里。对涪陵至铜锣峡河段内剪刀峡、青岩子、中堆、黄草峡、王家滩、黄果梁、炉子梁、断头梁、搬针梁、大箭滩、马铃子、明月峡、水葬、野土地14处滩险实施了清炸。航道尺度达3.5米×150米×1000米，通航保证率99%。该工程于2005年10月动工，2006年8月竣工验收，总投资9789.37万元。

长江三峡水库铜锣峡至娄溪沟段航道炸礁工程：上起娄溪沟，下至铜锣峡下口，全长332公里。对铜锣峡、猪脑滩、门闩子、夫归石和龙碛子5处滩险实施了清炸。航道尺度达3.5米×100米×1000米，通航保证率99%。该工程于2008年2月开工，其中的铜锣峡、猪脑滩、门闩子和龙碛子4处炸礁工程于2008年8月交工，夫归石炸礁工程于2010年5月交工。该工程于2010年12月竣工验收，投资约9000万元。

（二）嘉陵江航道整治工程

嘉陵江是长江上游重要的航电梯级渠化河流，是重庆市"一干两支"高等级航道之一。为消除嘉陵江草街至河口段众多碍航滩险对航运的影响，保障航道安全畅通，2008年开始，重庆市港航管理局组织实施了境内嘉陵江航道整治工作。

1. 嘉陵江河口至草街段航道整治一期工程

嘉陵江河口至草街段航道整治一期工程位于嘉陵江蹇家梁至北碚峡门口河段，长约35公里。一期工程的主要建设内容为采取炸礁、疏浚、筑坝等工程措施，对下白鹤滩、桌子角至王家滩、利滩、徐家滩至响水滩、黑羊石和蹇家梁至飞缆子滩6处重点滩险或滩群进行航道整治。

2008年3月初完成了施工和监理的招标工作。2008年3月17日正式开工，经过参建各方一年多的共同努力，于2009年5月全部完工。于2009年6月完成了3个标段的现场验收工作，2009年7月完成了资料验收等交工验收工作。

2. 嘉陵江航道整治二期工程

在嘉陵江草街至河口航道整治一期工程完成后，草街以下68公里航道还有17处滩险需进行整治，这17处滩险主要分布在草街坝下13.2公里河段和井口以下25公里河段内。考虑到草街枢纽2010年蓄水计划，为避免草街枢纽蓄水后下泄水流对下游航道整治的影响，早日实现草街以下68公里航道全部达到规划的三级航道，在市交通委员会的统一部署下，市港航管理局对草街枢纽至北碚13.2公里航道内的草街船闸下游引航道口门区、二郎滩、斑鸠背滩、锅铲石滩、础石滩、红眼碛滩、朱家沱滩7处滩险，实施了嘉陵江草街至河口航道整治二期工程，工程总投资4300多万元。

二期工程于2010年1月10日正式开工，经过各方的努力，于2011年5月全部完工。工程完工后，市港航管理局组织设计、施工、监理、质监、运行管理等单位进行了现场交工验收工作。

3. 嘉陵江草街至河口段航道支持保障系统建设工程

嘉陵江草街至河口段支持保障系统建设工程是嘉陵江草街至河口段68公里航道整治工程的重要组成部分，是发挥嘉陵江全线渠化效益、保障嘉陵江水运主通道安全畅通的水运重点建设项目。

2010年12月，嘉陵江草街至河口段航道支持保障系统建设工程正式开工，2012年12月，工程项目全部完工。工程按内河三级航道、一类航道维护和一类航标配布标准，航道维护尺度为2.0米×60米×480米，通航保证率98%，建设嘉陵江草街至河口68公里河段航道支持保障系统。工程内容主要包括船舶建造、航标、交通安全标志等工程、甚高频（VHF）通信和航道视频监控系统等，总投资约2900万元。

（三）乌江航道整治工程

2010年，重庆市最大的水电建设项目乌江梯级开发彭水电航枢纽建成蓄水成库，境内彭水枢纽至龚滩河段41公里航道成为常年库区河段。为充分发挥枢纽航运效益，保障船舶通航安全，服务地方经济发展，2010年10月，乌江彭水枢纽至龚滩河段航道支持保障系统建设工程正式开工。工程河段长约41公里，位于乌江彭水电站库区，重庆市彭水县、酉阳县和贵州省沿河县境内。

工程内容主要包括船舶建造、航标、交通安全标志等工程、VHF通信和航道视频监控系统、乌江彭水通航管理处综合楼等。2014年8月，该工程全部完工，工程河段41公里航道达到设计的四级航道、一类航标维护标准，航道条件显著改善，对促进渝、黔两地经济社会发展创造了优质的水运主通道服务。

乌江彭水枢纽至龚滩河段支持保障系统建设工程按四级航道标准、内河航道一类维护建设，航道维护尺度为2.4米×50米×330米，通航保证率为98%。乌江彭水枢纽至龚滩河段支持保障系统建设工程航道长41公里，主要建设内容为：配布内河一类航标87座，建设航标106座、交通安全标志30座，港航综合基地码头2座、航行水尺1把、航道站水尺2套，系船设施48座，维护标路20条，工作船艇6艘，VHF基站通信设备2套、VHF控制室通信设备1套及机房配套设备，CCTV前端监视设备、监控室监控设备各2套、指挥室监控设备1套及机房配套设备，彭水通航管理处综合楼1栋。

（四）大宁河航道整治工程

大宁河流经重庆市巫溪、巫山两县，是重庆三峡库区的重要支流航道，流域风光秀美，资源富集，物产丰富，具有较高的航运开发价值。工程位于重庆市巫山县境内大宁河河口至水口河段，长约42公里。

三峡工程蓄水成库后，大宁河河口至水口段42公里航道位于库区常年回水区，航道条件显著改善。为充分发挥内河航运运能大、运距长、能耗小、成本低、占地少、污染轻的比较优势，促进流域资源优势最大限度地转化为经济优势，实现库区经济发展和群众脱贫致富，在国家有关部委的大力支持下，重庆市组织实施了大宁河河口至水口段航道整治利用工程。按内河三级航道标准建设河口至水口段42公里航道支持保障系统，实现1000吨级船舶昼夜通航，促进了矿产资源开发外运，协调货运与旅游、经济发展与生态环境保护的矛盾。

建设规模及标准：大宁河河口至水口段航道整治利用工程按三级航道标准建设，航道尺寸为3.0米×60米×280米，通航保证率为98%。大宁河河口至水口段航道整治利用工程航道长42公里，项目投资总概算4333万元，资金来源由中央投资和地方配套两部分组成。

中央投资项目建设内容分为6个施工标段实施：其中一、二标段按内河一类航标配布113处标志，建设航标142座、交通安全标志38座、航行水尺1把、系船设施24座；三标段建成工作船艇3艘；四、五标段建成VHF基站通信设备2套，VHF控制室通信设备1套及机房配套设备，CCTV前端监视设备、监控室监控设备各4套，指挥室监控设备1套及机房配套设备；六标段建成512平方米综合楼1栋、下河梯道码头1座及配套设施。

地方配套项目建设内容为：清障整治马脑壳滩，土石方工程量8.8万立方米，总投资199万元。项目建设单位为巫山县交通开发总公司，施工单位为重庆市巫山路桥总公司。建设工期90天，工程于2006年7月18日开工，2006年9月20日完工验收合格。改造马渡河口水转水码头1座，项目建设单位为重庆长江三峡旅游开发有限公司，新建趸船1艘，总投资600万元。建设沈家湾煤炭综合码头1座，项目建设单位为巫山县茂盛装卸有限公司，总投资956万元，2011年11月13日完工验收合格。按照二类渡口标准原址改扩建大宁河水口、洋河、双龙3处渡口，总投资200余万元，项目建设单位为巫山县渡口管理所，施工单位为重庆市万州长城建筑有限公司，2014年10月30日完工。

（五）航电枢纽建设

1. 富金坝航电枢纽

2003年11月28日，全市交通系统第一座航电枢纽暨重庆航发司投资建设的第一个工程项目——涪江富金坝航电枢纽在合川区太和镇奠基开工，标志着重庆长江上游航运中心的建设开启了新征程，重庆航发司站在了新起点，迈出了新步伐。

涪江富金坝航电枢纽系涪江干流重庆段航运自上而下梯级开发的第三级，位于合川区太和镇上游约2公里，库区上游与潼南三块石电站尾水衔接，下游与铜梁安居电站回水衔接，是一座以航为主、航电结合、以电促航，兼有防洪灌溉等综合效益的工程，总投资为8.7亿元。该项目于2002年12月23日经市发展计划委员会批准立项，并获得项目建议书批复（渝计委交〔2002〕1819号）；2003年1月18日，市发展计划委员会批复了《涪江梯级渠化富金坝枢纽工程可行性研究报告》（渝计委交〔2003〕96号），同年8月6日，市交通委员会批复了《涪江梯级渠化富金坝枢纽工程初步设计报告》（渝交委港〔2003〕11号）。

该枢纽工程由泄洪冲沙闸、左右岸非溢流坝、发电厂房、船闸等建筑物组成，其中，18孔泄洪冲沙闸、左右非溢流坝等建筑物布置在主河床龙背坡，厂房和船闸等建筑物位于闸坝上游河床左侧露水垭。枢纽正常蓄水位229米，水库总库容量2.37亿立方米，最大下泄洪水量达36000立方米/小时，为日调节库容，库区长度29公里，水面宽度约170~1550米。电站厂房为河床式，安装3台20兆瓦贯流式机组，总装机容量为60兆瓦，多年平均发电量为2.55亿千瓦时。船闸航道按五级标准建设，闸室有效尺寸为100米×12米×2.5米（长×宽×门槛水深，以下同），设计最大船舶吨级300吨级，年单向通过能力为137.3万吨。

该枢纽由四川省水利水电勘测设计院和重庆市交通规划勘察设计院承担项目设计；中葛监理工程师事务所、中国船级社实业公司分别负责建筑安装工程和闸门及启闭机、电气设备制造监理；四川省水利电力工程局和中国安能建设总公司负责建筑安装工程施工；水轮发电机组及其附属设备、调速系统和闸坝部分金属结构分别由哈尔滨电机厂、东方电机股份有限公司和湖北大禹水利水电建设有限公司制造。

在项目业主重庆航发司及富金坝工程项目部的统筹协调和参建各方的紧密配合、团结协作下，一个又一个重要节点工期如期实现。枢纽一、二、三期围堰先后于2003年12月、2004年10月和2005年10月成功截流；2005年1月28日开始浇筑厂房第一方混凝土；2006年4月28日，18孔泄洪冲沙闸闸墩全部达到设计高程；2006年6月30日，首台机组建成并网发电；2006年12月29日，2号机组投入商业运行；2007年6月，第三台机组投入发电生产，枢纽主体工程建设基本完工。

2. 草街航电枢纽

2005年11月28日，嘉陵江草街航电枢纽主体工程正式开工建设。草街枢纽是国务院西部开发办公室2005年确定的西部开发十大工程之一，是交通部对嘉陵江16个梯级实施全江渠化的关键性工程，也是交通部有史以来（至2005年时）在内河投资建设的最大航电枢纽。枢纽坝址位于嘉陵江与长江汇合处以上68公里的合川区草街镇。项目开发以航运为主，兼有发电、拦沙减淤、灌溉、防洪、补水、旅游等综合效益。

交通部初步设计批复的概算总投资是53.33亿元。在实施过程中，由于国家两次对土地移民赔偿标准进行调整，使草街征地拆迁金额由概算的10.8亿元猛增至27.4亿元，加之大宗建材的价格也有较大幅度的增长，2011年经专家评估报请交通运输部批准，将草街枢纽工程概算总投资调整为81.55亿元。项目完工后经国家审计的结算金额为74.6亿元。大坝全长655米，最大坝高83米，正常蓄水位203米，总库容22.18亿立方米。主要建筑物包括船闸、电站、厂房、冲沙闸、泄洪闸及挡水坝、交通桥和配套建设的石盘沱码头。枢纽船闸按三级航道标准建设，全长1090米，由上下引航道、上下闸门及闸室构成，船闸尺寸为180米×23米×3.5米，可通行2×1000吨级船队。电站总装机容量50万千瓦(4台12.5万千瓦机组)，年平均发电量20.18亿千瓦时；泄水建筑物由5孔冲沙闸、15孔泄洪闸和1孔堰改闸组成；库区重庆境内移民涉及合川、北碚、铜梁3个区县、21个乡镇、224个村、842个组、40家企事业单位共8000余人。

由于项目施工期要保证过往船只通航，建设周期跨度较长，涉及多个雨季及汛期，先后经受了2006年50年一遇特大干旱和2011年20年一遇特大洪水等各种不利因素的考验。2006年10月25日，草街枢纽二期围堰施工成功截流，并进入厂房和船闸施工阶段；2010年6月，草街船闸建成通航；2010年9月底，草街枢纽首台机组并网发电；2011年8月15日，草街枢纽最后一台机组顺利并网发电；2012年4月，大坝终期蓄水通过验收，实现203米正常水位蓄水目标，12月底，草街枢纽工程全面完工。

3.渭沱水力发电厂

在草街枢纽建设期间，重庆航发司从长远发展大局出发，于2004年7月出资对重庆民生电力股份有限公司下属的合川渭沱水力发电厂的资产成功进行了收购。既提前解决了草街枢纽成库后渭沱电厂的淹没补偿，稳定了该厂干部职工队伍，又为今后电航枢纽经营管理提供了人才支撑。第一段收购资金为现金1.149亿元，并承担债务转移1.31亿元，共计2.459亿元。

渭沱水力发电厂是重庆市“七五”计划重点能源建设项目之一，也是重庆市第一个利用外资引进设备的水电站，主要以发电为主，兼有航运、灌溉等综合利用效益。电站由开关站、升压站、船闸、厂房、泄洪冲沙闸、溢流式重力坝、阶地溢流低坝组成，总装机容量3万千瓦(两台1.5万千瓦的灯泡贯流式水轮发电机组)，年利用小时5434小时，年设计发电量1.63亿千瓦时。该工程于1988年11月28日正式开工，到1992年11月基本建成。因渭沱电厂距涪江汇入嘉陵江的汇合口约23公里，如果草街枢纽工程建成蓄水，顶托水位至渭沱电厂在203.3米左右，使渭沱电厂蓄水坝前后水位落差由10米陡降至2.7米左右，远远超出机组正常运行的技术要求，其发电功能将完全丧失。若按常规简单报废，不但使2.459亿元残值完全损失，其电厂当时的70多名职工的安置也将给重庆航发司带来巨大的经济压力和工作压力。为此，经多方咨询认真研究，决定将渭沱电厂水轮机改造为能够适应超低水头的、当时国内外尚无先例的两叶片转轮，以利用仅有的2米多的水位落差。改造工程由重庆水利水电设计院设计,奥地利安德里茨公司进行模型试验并制造。改造后,装机由原来10米水头时的30兆瓦降为6.6兆瓦,计算多年平均发电量为3808万千瓦时,投资3936万元。但经过改造投产后十年的使用,年平均发电量比原设计高出60%,达到6200万千瓦时/年,仅两年多就收回了投资成本,改造取得巨大成功。

4. 乌江银盘电航枢纽

2004年,重庆航发司(股比24.5%)和大唐国际发电股份有限公司(股比51%)、重庆鼎泰能源(集团)有限公司(股比24.5%)联合投资建设了全市第二大航电枢纽——银盘电航枢纽。

银盘电航枢纽是国家对乌江干流规划的第十一级电站,是重庆市"十一五"规划的重点能源项目。该工程位于武隆县(今重庆市武隆区)乌江干流上,项目开发任务以发电为主,兼顾航运等。电站装机容量为600兆瓦,最大发电水头36.5米,年平均发电量27.08亿千瓦时。大坝为混凝土重力坝,坝顶高程227.5米,最大坝高78.5米,坝顶长度600.1米。主要永久建筑物有500吨级船闸、10孔泄水闸、发电厂房,水库正常蓄水位215米,死水位211.5米,调节库容3700万立方米,为日调节水电站。

项目总投资69亿元,于2005年8月8日启动前期工程建设,2011年4月6日,电站实现初期蓄水;2011年5月25日、7月26日、9月28日、12月12日,先后实现1~4号机组投产发电的目标;2014年6月,船闸工程建成通航。

5. 乌江彭水电航枢纽

彭水水电站位于乌江干流下游、彭水县城上游11公里处,距乌江口涪陵147公里,是兼发电、航运、防洪及其他综合利用于一体的大型水电站。

彭水水电站由大坝、泄洪建筑物、电站、通航建筑物和渗控工程等组成。大坝挡水前缘总长325.5米,其中船闸坝段32米,大坝为弧形碾压混凝土重力坝,最大坝高116.5米;设9个泄洪表孔;电站布置在右岸,为地下式厂房,主厂房尺寸252米×30米×76.5米(长×宽×高),安装5台单机容量为350兆瓦的大型混流式水轮发电机组;通航建筑物布置在左岸,由单线船闸、升船机两级过坝建筑物组成,按500吨级船舶过坝设计。

项目概算总投资120.83亿元,2003年开始进行施工准备,2004年12月围堰截流,2009年全部完工。

二、港口结构进一步优化

2003年以后,相继建成主城寸滩、万州江南、巴南佛耳岩、涪陵黄旗等一批5000吨级大型化、专业化港口,果园港、新田港等重点项目开工,基本形成以重庆主城、涪陵、万州三个枢纽港区和江津、永川、合川、奉节、武隆五个重点港区的港口体系。全市生产性泊位从2003年的1051个减少到2010年的833个，而货物和集装箱通过能力从2003年的5828万吨、7万标准箱增加到2010年的1.3亿吨、200万标准箱，是2003年的2.23倍和28.6倍，港口大型化、专业化、机械化趋势明显，专业化泊位占总通过能力比重提高到42%，港口结构更加优化。

（一）寸滩港

寸滩港区是长江上游航运中心的标志性工程，港区始建于2003年12月22日，共分三期建设，总投资约50亿元，总占地面积约2675亩（约合178.3万平方米）。其中一期工程占地863.5亩（约合57.57万平方米），总投资约8.7亿元，建有5000吨级集装箱泊位2个和汽车滚装码头1座，设计集装箱年吞吐能力30万标准箱、汽车滚装能力15万辆。二期工程占地面积约811.5亩（约合54.1万平方米），总投资约12亿元，于2007年9月24日开工，建设5000吨级集装箱泊位3个和汽车滚装码头1座，设计集装箱年吞吐能力42万标准箱、汽车滚装能力15万辆。

寸滩港抓住国务院在重庆设立两路寸滩保税港区的新机遇，充分发挥其长江上游集装箱枢纽港的重要作用，积极推进“港城一体化”模式，竭力构建和打造政策最优、功能最全、优势明显的新型海关特殊监管区域和一流的内陆通关口岸。随着寸滩港至上海港快班轮的开通和“一关三检”的进驻，寸滩港将全方位、宽领域、多层次地与长江各港口和海港开展交流与合作，进一步优化集装箱工艺流程，打造现代化、专业化的集装箱服务品牌，充分发挥作为重庆和西部地区外贸进出口的主枢纽作用，构筑服务重庆、辐射西部、承东启西、沟通南北的区域性物流中心。

寸滩港区一期工程：系重庆市“十五”计划的重点建设项目，位于江北区寸滩长江北岸羊坝滩社，占地面积约0.4平方公里。寸滩港区集装箱设计最大年吞吐量为30万标准箱，滚装车辆设计最大年吞吐量为15万辆。工程分为陆域部分和水域（码头）部分，第一标段由集装箱泊位架空平台、引桥、港池开挖组成。以全面、合理、科学有序的组织施工，做到施工技术安全、可行、全面，具有针对性和先进性，达到设计要求。一期项目合同7341万元，于2003年12月开工，2005年6月竣工。

寸滩港区二期工程：位于渝中区朝天门下游6公里处长江北岸，是重庆市重点水运工程项目和重庆市打造长江上游航运中心的重要枢纽工程，也是西部最大的集装箱码头和出海口。有集装箱多用途码头泊位及重箱堆场工程设计多用途泊位3个及相应的配套设施，设计船型为200标准箱集装箱船、3000吨级干散货船，兼顾300标准箱集装箱船和5000吨级干散货船，设计集装箱年吞吐能力42万标准箱、杂件（钢铁）80万吨。该码头集装箱泊位架空平台采用高桩直立式码头形式，平台长316米，宽30米，码头面高程191.50米，码头后方陆域道路混凝土面层约7万平方米，堆场混凝土面层约11万平方米。顺利完成合同约定的各项内容，工程质量满足设计及规范要求，项目部荣获2008年全国水运系统安全优秀班组和重庆市及全国“工人先锋号”称号，QC成果“钢筋直螺纹连接质量控制”荣获2009年度重庆市QC小组成果一等奖，科研课题“山区河流框架直立式码头桩基施工技术研究”获得长江航道局科技进步一等奖等。合同总价2.45亿元，于2007年9月10日开工，2009年12月26日竣工。

（二）果园港

果园港位于重庆市两江新区核心区域，是我国最大的内河水、铁、公联运枢纽港，采用的也是通常海港才有的直立式码头，占地共4平方公里，分为港前作业区和后港物流园区。其最初定位仅是一个散杂货码头。2008年以来，随着重庆打造长江上游航运中心的目标定位，以及两江新区的成立，果园港历经7次规划调整。如今，果园港是国家发展和改革委员会、交通运输部、市政府重点规划建设的第三代现代化内河港区，总投资超过100亿元，是长江上游航运中心建设的又一标志性工程，于2008年开工建设。

果园港是重庆重点规划建设的现代化内河港区，港口岸线2800米，已建成前沿16个5000吨级泊位，其中多用途泊位10个、散货泊位3个、商品汽车滚装泊位3个，设计年通过能力可达3000万吨，其中集装箱200万标准箱、散杂货600万吨、商品滚装车100万辆，铁水联运规划设计年通过能力650万吨。计划总投资约105亿元，于2008年至2015年分两期建设，一期工程于2008年4月开工，2个散货泊位已于2010年12月建成并投入运行，形成吞吐能力200万吨；二期及扩建工程于2010年9月开工。

果园港作为交通运输部规划建设的内河第三代现代化西部大港，采取“前港后园”模式，以此提升果园港的核心竞争力。为此，将投资20亿元，在果园港后方为前方港区与铁路配套建设一个建筑面积达40万平方米的大型物流仓储项目。投资12.5亿元修建的果园港铁路专用线，双线全长10公里，建成后，火车可直达果园港作业区，形成水铁无缝联运，并通过渝新欧大通道，与欧洲各国进行快速、方便的货物交换运输。

（三）万州江南码头

万州江南码头，于2005年3月开工建设，建设规模为年吞吐能力40万标准箱，总投资12亿元。工程分两期建设，其中一期工程总投资5.83亿元，建成2个集装箱泊位，建设规模为年吞吐量20万标准箱。

（四）涪陵黄旗码头

2009年9月25日，由重庆航发司投资4.6亿元建设的涪陵区最大港口——黄旗集装箱码头一期工程建成开港，一艘装载216标准箱货物的“民亨”号轮船徐徐驶离江岸开往上海，意味着规划占地500亩(约合33.33万平方米)、年通过能力为20万标准箱和18万辆载重汽车的大型专业集装箱码头正式投入运行。由于港区设备先进，机械化、智能化程度较高，与年运送能力只有3万标准箱的糠壳湾码头相比，黄旗码头的装卸效率将提高2倍以上。

（五）重钢长寿新区港口工程

该工程为重钢环保搬迁的一项配套项目，位于长江上游长寿河段588.5～589.6公里右岸，分为陆上爆破、水上爆破和水下爆破。陆上爆破采用陆上炮孔法将施工水位上高程礁石炸除，挖掘机将爆破石渣清除，汽车运到指定的地点，并进行场地捡平，最后采用水上深孔爆破法，一次爆破到设计底高程，顺利完工，满足设计要求，提前完成重钢环保搬迁工程的码头建设，为后续搬迁工作提供码头、货场等基础保障。合同金额9492万元，于2008年1月16日开工，2009年8月30日竣工。

（六）巫山龙门码头、奉节宝塔坪码头

三峡成库在即，巫山、奉节两县旅游码头复建工作摆在了市委、市政府和市交通委员会领导的面前。虽然两专用旅游码头在当地政府及港航部门的积极推动下，于2002年实施了工程建设，但是推进情况极不理想，当时光靠国家有限的移民资金，光靠县政府的财力，光靠港航部门的实力已无法完成这一工程建设任务。如果不抢在156米蓄水之前，码头的建设将更加困难。2005年5月及12月，刚刚成立两年的重庆航发司临危受命，立马筹措资金，调集人员，按照市交通委员会的部署，全面接手了两个旅游码头的建设。由于巫山、奉节系移民城市，规划设计诸多滞后，再加上库区地质条件相当恶劣，征地拆迁又有许多麻烦。重庆航发司领导高度重视，项目部人员全力以赴，精心组织，加班加点，抢抓工期，出色地完成了建设任务。奉节宝塔坪旅游码头的挡墙施工颇为艰难，由于地质情况复杂，只好修改设计，重新深挖20多米基坑，才使工程建设得以顺利推进，并创下了国内内河航运码头自动电动扶梯的第一个纪录。两个旅游专用码头的建成，不但提升了巫山、奉节旅游城市的形象，而且增加了旅客人数的接待能力，还打通了长江水运在当地与渝宜高速公路中转的节点，对于促进库区旅游经济发展起到积极作用。

巫山龙门旅游码头工程于2002年5月动工，2005年完工。复建工程总投资2623万元，其中移民淹没补偿投资402万元，交通部补偿投资190万元，自筹资金2031万元。复建泊位4个，年旅客吞吐量200万人次。项目业主为重庆航发司，由中港第二航务工程局第一工程公司和中港第四航务工程局中标负责施工。

宝塔坪旅游码头工程于2005年11月开工，2007年3月试运行，2015年4月竣工。项目建设两个500客座旅游客运码头泊位，岸线长度120米，设计年旅客吞吐量150万人

次。码头采用实体斜坡道结构。码头河底高程142.1米。项目总投资3779.44万元，其中政府投资280万元。用地面积6010平方米。项目建设单位为重庆航发司；设计单位为重庆市交通规划设计研究院；施工单位为重庆对外建设总公司；监理单位为重庆长信工程建设监理有限公司；质量监督单位为重庆市交通委员会质量监督局。

（七）万州红花地码头

万州港红花地作业区是重庆航发司投资1.1亿元打造的一个货运码头。整个项目由300吨级缆车式泊位、1000吨级轮式起吊泊位、3000吨级高塔式起吊泊位共同组成。轮式起吊泊位，分多级装卸，适应水位的涨落；而立式泊位平台上面的高塔起重机，可以从几十米下泊位垂直起吊重达几十吨的货物，直接装车运走。不管三峡蓄水的水位如何变化，三条作业线，可以效率高、成本低、速度快地吞吐每年达50万吨的货物。该项目是三峡淹没复建项目，由于三峡淹没赔偿资金严重不足，申请了交通部的部分补助，但因仍然无法完成建设，地方政府请求重庆航发司投资完建后续工程及设备采购配置。

（八）巴南佛耳岩码头一期

佛耳岩作业区位于重庆市主城区南部的巴南区，是主城区近郊“南大门”。一期工程于2006年7月正式开工建设。建设规模为新建3000吨级多用途泊位1个和汽车滚装泊位1个以及相应的配套设备，设计年通过能力为41.3万吨和17.5万辆，利用岸线长315米，陆域堆场面积5.88万平方米，滚装泊位采用汽车直接上船方式作业，多用途泊位采用斜坡缆车道方式作业，项目总投资为1.326亿元。通过重庆航发司和项目设计、施工、监理等单位的共同努力，2008年12月25日，滚装泊位完工并开港试运行，2009年4月15日，多用途泊位完工并投入试运行。

第六节　水运管理服务更加规范有力

一、水运行业监管能力进一步提升

（一）加强市场运营管理，市场秩序不断规范

1.加强水运市场秩序监管

贯彻落实《重庆市水路运输管理条例》《重庆市水路运输管理业务审批程序》等地方

性法规、规章制度，先后将市内普通货船企业年审、市内普通货船年审及普通货船营运证办理权限下放区县，行政管理效率得到有效提高；严把市场准入关，加强对企业经营资质的监管，对于达不到资质要求的，强制退出市场或责令整改。2010 年，全市水运企业经营资质检查率达 100%，对经营资质保持不好、服务质量差和发生安全责任事故的 30 余家水运企业及 200 余艘船舶，分别进行了停业和停航整顿。同时，开展了航运企业诚信度评选，评出 17 家守信重诺的诚信企业，促进了企业管理规范。通过年度核查以及开展沙船超载整治、客运经营专项整治、危险品经营联合检查等多种形式的专项治理活动，集中清理打击非法及不规范经营行为，加强了水路客运票务管理和营运客船服务质量的跟踪监管，对现金回扣、买短乘长、买低乘高等争抢客源扰乱客运市场秩序和变更航线、中途转客、超舱、超载等忽视服务质量的行为进行严肃查处，维护了客运市场秩序，水路运输市场秩序不断规范。

2. 强化运输市场发展调控

为进一步做好运输油船、化学品船运力的调控工作，保证运力运量之间供求关系基本平衡，避免运力增长过快，造成资源浪费和恶性竞争，2007 年 8 月 15 日，长航局下发《关于暂停受理新增长江水系省际运输油船化学品船运力审批的通知》（长航运〔2007〕319 号），决定暂停受理长江水系省际运输油船、散装化学品船新增运力的审批（包括筹建企业新建船舶）。2008 年 1 月 21 日，长航局又根据部水运司指示精神下发《关于暂停受理长江水系省际油船、化学品船运输审批事项申请的通知》（长航运〔2008〕17 号），暂停受理对长江水系省际运输油船、化学品船运输企业的筹建及扩大经营范围的审批申请。重庆市认真落实调控精神，有效地遏制了省际运输油船、化学品船运力过快增长的势头，对保持运力供需基本平衡起到了积极作用，调控效果明显。另外，重庆市加强对汽车滚装船和集装箱运输的监管，从严审批，制止了无序竞争和私自挂靠现象。市交通委员会与湖北省相关部门研究推动长江干线载货汽车滚装运输航线延伸和汽油车上滚装船事宜，促进了滚装船市场的发展。

3. 加强港口码头管理

强化港口经营资质管理，进一步规范了港口岸线审批、港口经营许可和港口危险货物作业认可的条件、程序及台账管理。建立完善了港口安全评价专家库，制定了港口安全评价实施细则和相应管理制度，完成危险化学品码头安全评价 129 座。

4. 加强水运工程建设市场管理

重庆市交通委员会于 2007 年相继印发《重庆市水运工程建设管理办法》《重庆市水运建设市场从业单位信用评价管理实施细则》，规范了重庆市水运建设管理程序，进一步完善了水运工程建设市场信用体系。

5.规范水运工程施工安全监理工作

2007年，重庆市交通委员会印发《关于规范水运工程施工安全监理工作的通知》，从监理职责、专职安全监理工程师设置、安全监理内容等方面对水运工程施工安全监理工作进行了要求，明确了施工安全监理职责，对施工安全监理工作进行了规范。通知要求各级交通行政主管部门及其安全监督检查机构加强监督指导，督促建设业主、监理单位、施工单位加强安全生产管理，防止重特大安全责任事故发生。

6.加强船舶修造市场管理

2005年，重庆市通过开展低质量船舶专项治理等各种整治活动，打击、查处非法造船和违规造船共90余起，取缔非法造船厂（点）36家，有效遏制了非法、违规造船现象，船舶修造市场秩序进一步规范，船舶修造质量得到提高。

（二）加强行业综合治理，不断提升监管能力

严格船检质量管理体系运行。把船舶检验作为一项管理手段，加强船舶及船用产品的法定检验，船舶及船用产品设计图纸及技术文件的审查、批准工作，船检技术档案、文件的立卷、归档和管理工作。强化对全市各级检验机构进行定期的工作质量评审；对其工作情况进行监控、指导，对出现的质量事故、偏差进行处置纠正并制定预防措施；定期对各级检验机构船检人员进行业务培训。截至2010年底，全市29个船检机构按照船检质量管理体系运行要求，“十一五”期间共审查各类图纸847套次，检验各类船舶25178艘次、船用产品67420套次，未发生一起船舶检验质量事故。按照船舶设计能力评估及船舶修造适检条件的规定，完成全市86家船厂适检条件的评估，保证船舶质量。

落实农村客渡船承运人责任保险。为认真贯彻落实《重庆市人民政府关于加快农村客运发展的意见》（渝府发〔2008〕112号）文件精神，切实减轻农村客运经营者的负担，增强农村客运抵御风险的能力，市交通委员会、市财政局、市港航管理局就全市农村客渡船承运人责任保险有关事宜与中国平安财产保险股份有限公司重庆分公司达成协议，由市财政局统一出资为全市农村客渡船购买承运人责任保险。保险金额为20万元/座。根据保险协议，自2009年4月1日零时起，中国平安财产保险股份有限公司重庆分公司正式承担全市农村客渡船承运人责任险的保险责任。为巩固客渡船安全管理长效机制，2007年，重庆海事局决定将每年11月6日至12日确定为长江干线“渡船安全周”。安全周期间，将通过现场检查、安全知识进校园、船员安全知识竞赛、总结表彰等活动广泛宣传渡运安全，进一步加强客渡船安全日常监控，提高船员安全意识，规范航行行为，让广大群众乘上了放心船、过上了平安渡。

开展防船舶碰撞防泄漏专项整治活动。针对重庆市船多、桥多的特点，结合管理工

作实际，贯彻交通部防船舶碰撞防泄漏专项整治活动要求，2007 年 6 月 25 日，重庆市交通委员会召开专题会议，布置全市开展"两防"专项整治工作。6 月 26 日，《重庆市交通委员会关于印发重庆市防船舶碰撞防泄漏专项整治活动方案的通知》（渝交委安〔2007〕13 号）随即下发各区县（自治县）交通局（委）和市港航管理局、市交通行政执法总队，对活动的组织开展和工作质量、进度与信息报送等分别提出了要求。

二、水运服务保障能力进一步增强

（一）积极应对三峡工程碍航带来的不利影响

按照三峡工程建设部署安排，2006 年 9 月 15 日，三峡大坝将进入完建施工期，国务院三峡工程建设委员会于 2006 年 7 月 27 日发出了《关于做好三峡船闸完建期间各项工作的通知》，同意三峡船闸完建工程 9 月 15 日开工，船闸完建期间三峡船闸单线运行。三峡船闸将由双向双线改为单线运行，船闸通过能力下降 60%，对三峡和长江通航带来考验。

为了妥善做好应对工作，将船闸完建对重庆市航运、经济的影响降到最低限度，保障重庆市经济正常运行，保持社会稳定，2006 年 8 月 4 日，重庆市政府在渝通宾馆召开了重庆市三峡工程船闸完建碍断航期运输工作会。市交委、市发展改革委、市经委、市商委、市外经贸委、市国资委、市移民局、市旅游局、市港航管理局、重庆海事局、成都铁路局重庆办事处以及沿江 16 个区县政府的代表共计 70 余人参加了会议。会上传达了国务院三峡工程建设委员会《关于做好三峡船闸完建期间各项工作的通知》文件精神，市交委介绍了三峡船闸完建碍断航基本情况、采取的系列措施和取得的成效，并部署了碍断航期全市交通运输组织工作。市经委部署三峡船闸完建碍断航期全市工业企业生产组织工作。市政府顾问甘宇平同志要求全市各相关部门、相关区（市）县统一思想、提高认识，正确对待三峡船闸完建碍断航造成的困难；要同心协力，紧密配合，抓好全市经济运行和运输生产工作，在三峡船闸完建碍断航期，要千方百计抓好稳定工作。

为了最大限度减小三峡船闸碍航影响，尽可能多运送物资，在市委、市政府的高度重视下，重庆市交通委员会制定了《三峡船闸完建期间重庆市综合运输方案》，包括客运翻坝方案、船舶过闸方案、货物分流运输预案、重点企业和重点物资的运输保障方案、集装箱运输方案，直接过船闸和铁路分流相结合的方案。

在此期间，市交通委员会还组织专门机构、落实人员、设立三峡坝区工作组、科学组织运力，全力以赴保障支柱产业、外向型经济和重点工程建设物资运输，组织协调三峡游客和滚装船重载货车翻坝。重庆市三峡过坝运输坝区工作组发挥了突出的作用。一是对 2007 年春运长江干线省际旅客流量及特点进行了较为准确的预测，为有关部门制定春运方案提供了依据。二是制定了《三峡船闸完建期春运旅客翻坝转运方案》和《春运客船应急过闸工作方案》，其中重庆工作组提出了在春节后出现日下行客流量达1.8万人次的高峰情况，对万州以下各港始发的0时至凌晨4时到达三峡坝区水域的客船，安排1～2个闸次，10～15艘船舶过闸分流的建议。由于该建议较好地兼顾了船闸运行、运力安排、旅客及船方的利益，得到了长江三峡通航管理局和翻坝转运协调领导小组办公室的认可。三是直接参与三峡坝区现场的春运旅客运输组织协调工作，为翻坝转运协调领导小组及长江三峡通航管理局提供了准确的船舶、客流信息和科学合理的客船分流计划，使旅客翻坝转运安全有序进行。

2007年2月9日，重庆市政府甘宇平顾问在市交通委员会、市港航管理局等相关负责人员陪同下，专程到湖北宜昌慰问了重庆驻三峡坝区工作组。甘宇平顾问代表市政府对工作组协调重庆市重点物资过船闸、维护重庆市船舶过闸秩序、组织重庆市旅游客运船舶和重载滚装船舶翻坝运输、沟通重庆市与三峡坝区信息等所做的工作给予了肯定。甘宇平顾问还察看了三峡船闸完建工程，并与三峡工程建设总公司和长江三峡通航管理局负责人进行了座谈沟通，感谢他们对重庆市工作的大力支持。

从2006年9月15日三峡船闸实施完建工程，三峡船闸实行单线通航，到2007年5月1日恢复双线运行，共历时228天。据长江三峡通航管理局统计资料，截至2007年5月16日，三峡船闸完建翻坝转运工作历时243天，共完成翻坝转运客船及旅游船11629艘次，翻坝转运旅客共计1806768人次；完成翻坝转运滚装船5388艘次，翻坝转运滚装车25.31万辆次，按40吨/辆计，翻坝转运物资1012万吨。重庆船舶过闸艘次，占过闸货运船舶的70%；通过货物1630万吨，占总过闸量的71%，与不碍航的上年同期相比上升了6%，其中集装箱上升了30%，商品车上升了14%，只有煤炭小幅下降2%。

由于积极应对，派驻坝区工作组加强协调，保证了石油、鲜活农副产品、大型建设物资、矿建材料等及时通过，运输重庆江北国际机场航空煤油、朝天门和菜园坝大桥的钢箱梁、彭水电站特种水泥、重钢和川维等国有大型企业生产所需的原材料等物资的船舶得以及时通过三峡船闸，保障了重庆重点企业生产和重点工程建设的顺利进行，有效服务了沿江经济和航运发展。

2007年，根据《国务院三峡办关于三峡工程船闸完建期碍航对重庆市给予经济补偿的意见》（国三峡办函库字〔2007〕3号）、《重庆市人民政府办公厅关于三峡工程船闸完建碍航经济补偿工作的实施意见》、长江三峡通航管理局提供的重庆市船舶实际过闸记录和海事有关船舶最低配员规定，重庆市交通委员会按照重庆市政府提出的“公平、合理、时间服从质量、补偿到人”的原则，坚持国家适当补偿与企业自行消化相结合，与重庆市财政局共同复审了《重庆市三峡工程船闸完建碍航港航企业经济补偿实施方案》，并经重庆市政府同意后下发。完成了对受船闸完建影响的航运企业、港口企业一次性经济补偿的发放工作，并将发放情况及收款回执统一汇总备案。

（二）积极开展救灾抢险等应急运输

组织电煤抢运。2008 年 2 月初，由于市内电厂电煤紧缺、机组故障以及外购电通道处于年初雪灾后修复中等诸多因素，重庆市电力供应紧张。为解决燃眉之急，市港航管理局组织了 160 余艘船舶共 32 万吨运力保障电煤运输，仅用一个月时间就完成了 44 万吨电煤的抢运任务，有效缓解了电力紧缺局面。

组织抗震救灾物资运输。四川汶川“5·12”特大地震发生后，市港航管理局立即启动了重庆水路运输应急预案，组织载重汽车滚装运输船舶 441 艘次运送疾控车、救护车、电信工程车、药品食品车等救灾物资车辆 2759 台，组织普货船舶运输用于唐家山堰塞湖抢险装载机 6 台，组织油品运输船舶 198 艘次，运输汽油、柴油 43.3 万吨，并对通过水路的救灾车辆减免相关费用达 200 余万元。

积极应对凉水井滑坡体重大滑坡。2009 年 4 月 2 日，云阳县故陵镇凉水井滑坡体出现重大滑坡险情，威胁过往船舶运输安全。市港航管理局高度重视，迅速部署应对工作。一是由局领导带领相关人员赶赴现场，积极协调和配合长江海事局现场指挥部的工作。二是及时通过 GPS 监控系统通知所有船舶按重庆海事局禁航要求执行。三是紧急通知旅游客运班轮公司按禁航要求调整运行时刻及景点安排，并要求各客运企业与旅行社紧密配合，做好乘客的宣传解释工作，确保稳定。四是通知相关区县港航管理部门和航运企业从讲政治、讲大局的高度，加强管理，做好船员的思想工作，切实落实安全警戒航行要求，确保航运安全。

重庆、湖北建立水路运输联动协调机制。重庆、湖北两省（直辖市）港航管理局经过多次交流和沟通，于 2008 年 2 月 21 日联合制定出台了《水路运输联动协调机制方案》。重庆市和湖北省作为长江上中游的两个主要省份，承担着大量的水路物资和旅客运输任务，特别是载重汽车滚装及长江旅客运输基本集中在两省份之间。为及时应对各种突发性事件及自然灾害影响，确保长江水路运输正常有序，保障人民生命财产安全和物资的正常运输，两省份决定建立有效的联动协调机制。方案确定了联动协调组织机构、工作职责以及应对突发情况的处置程序，两省份分别准备了应急运力及应急港口，建立了应急人员通信联络方式，并确定了每半年一次的两省份联席会议制度。

（三）积极应对金融危机带来的不利影响

受国际金融危机的影响，2008 年四季度开始，重庆水运生产形势急剧恶化，港航企业生产经营大幅下滑。重庆市港航管理局认真贯彻落实中央“保增长、扩内需、调结构、惠民生”的决策部署，采取切实有效的措施，帮助企业化解金融危机的影响。紧紧抓住内河船用钢板价格持续较低的机遇，鼓励水运企业进行运力结构和企业结构调整，提升水运竞争优势。同时，积极帮助企业化解金融危机的影响，主要采取了以下措施：一是优惠规费征收。积极支持集装箱发展，降低集装箱收费，集装箱码头装卸作业费下调10%，集装箱运输的货物港务费优惠20%征收。二是送温暖送关怀。开展为港航企业“送温暖、送关怀”活动，积极争取财政支持，对游船企业营业税地方所得部分实行先征后返的政策，仅“凯珍”“世纪钻石”两艘游轮就获得了1500万元的税费和贴息支持。三是争取燃油补贴。为农村客运企业争取到了1958万元燃油补贴资金，严格执行资金分配和兑付程序，有效保障了农村群众渡运出行需求。四是实施农村客运船舶投保。争取政府每年投入300万元完成全市农村客运船舶乘坐险投保工作，投保船舶共计1698艘、62699客座，并于2009年4月1日零时起正式起保。五是创新船舶融资平台。在与三峡库区产业信用担保有限公司合作的基础上，积极推进与建设银行重庆分行和华夏银行重庆分行的战略合作，试点船舶融资租赁模式，多渠道搭建融资平台，有效解决水运企业标准化运力发展融资难的问题。六是畅通船舶过闸。为提高重庆市船舶在三峡船闸的通行效率，进一步加强与长江三峡通航管理局的协调合作。坚持每季度召开一次协调会，研究解决重庆市船舶过闸中的问题。充分发挥GPS监控系统的功能，全年指导11558艘次船舶通过重庆市水上交通监控系统进行过闸申报，协调解决了655艘次集装箱快班轮优先过闸。

三、水运行业法治建设进一步完善

2003年以来，水运行业积极推进地方立法工作，先后推动《重庆市水路运输管理条例》《重庆市港口管理条例》《重庆市水上交通安全管理条例》《重庆市航道管理条例》的颁布施行，确保了有法可依。制定了《重庆市乡镇船舶安全管理办法》《重庆市客船上下乘客数额登记报告制度》等31个规范性文件，促进了水运行业管理规范化。完善执法责任制，规范执法程序、文书制作、案卷评查和档案管理，促进行为规范。加强队伍建设，着力执法培训，突出实践运用，提高执法水平。深化许可改革，行政许可项目由原来的32项减少至14项，简化许可程序，提高行政效能，切实便民利民。加强执法监督，规范执法行为，强化执法风纪，改善执法作风，推进依法行政，提升执法形象。

（一）《重庆市水路运输管理条例》

为了进一步规范水路运输市场，维护水路运输市场秩序，保护水路运输当事人的合法权益，根据《中华人民共和国水路运输管理条例》及国家有关法律、法规，结合重庆市水运发展管理实际，于2001年成立了《重庆市水路运输管理条例》起草小组，经过2年多的努力，《重庆市水路运输管理条例》于2003年11月29日经重庆市第二届人民代表大会常务委员会第六次会议通过,2004 年 3 月 1 日起施行。该条例的出台,确立了重庆市港航管理局的执法主体地位,增强了行政执法的强制手段,对规范水路运输市场起到重大作用。

(二)《重庆市港口管理条例》

为了加强港口管理,维护港口的安全与经营秩序,促进港口的建设与发展,根据《中华人民共和国港口法》,结合重庆市实际,《重庆市港口管理条例》于 2007 年 9 月 28 日经重庆市第二届人民代表大会常务委员会第三十三次会议通过。该条例适用于重庆市行政区域内从事港口规划、建设、维护、经营、管理及其相关活动。2008 年 1 月 1 日,《重庆市港口管理条例》正式施行。该条例是《中华人民共和国港口法》在重庆市的具体实施细则,是根据重庆市具体情况对国家法规的细化,为依法管理港口提供了更细则的法律依据。

(三)《重庆市航道管理条例》

重庆市的航道资源尚未得到充分的开发利用,航道发展和保护等方面还存在不少问题:一是支流航道等级低,航道整体通行能力较差;二是修建与通航有关设施的审批范围和审批程序不明确,工作中不便操作;三是法律责任界定不明确,航道保护力度不够,侵占、破坏航道和航道设施的现象时有发生。为了切实解决上述问题,保障航道畅通和航行安全,推动重庆市加快建设成为长江上游航运中心,有必要在总结近年来航道管理工作经验的基础上,制定《重庆市航道管理条例》。

根据市人大常委会、市政府 2010 年立法计划的安排,市交通委员会起草了《重庆市航道管理条例(送审稿)》,并报送市政府审查。在审查工作中,坚持开门立法,深入调研,广泛征求了各区县(自治县)人民政府、有关管理部门、航运企业、社会公众的意见和建议;先后到彭水、铜梁等地开展调研,同时,还赴湖南、江苏等省份开展调研,借鉴了江苏、福建、上海等省份的航道立法经验;多次召开部门论证会,就争议问题进行协调;认真听取了有关法律专家的意见。市人大法制工作委员会、市人大城乡建设环境保护委员会也多次参加了调研论证。

2010 年 5 月,重庆市第三届人民代表大会常务委员会第十七次会议对草案进行了第一次审议。常委会组成人员普遍认为,作为西部地区依邻长江的特大中心城市和直辖市,应充分发挥长江黄金水道和境内大江大河的优势,助推重庆经济发展。因此,加强航道管理非常重要,制定航道管理条例很有必要。会后,法制工作委员会征求了市级相关部门、部分立法咨询专家意见,并在网上向社会公开征求意见。根据常委会组成人员的审议意见、市人大城乡建设环境保护委员会审议意见和收集到的其他方面的意见,法制工作委员会对草案进行了修改，经2010年7月14日法制委员会第三十二次会议审议通过，7月23日重庆市第三届人民代表大会常务委员会第十八次会议通过。

（四）《重庆市水上交通安全管理条例》

《重庆市水上交通安全管理条例》自1998年施行以来，对保障重庆市水上交通安全，减少水上交通安全事故数量，维护人民生命和财产安全，促进重庆水运和地方经济发展发挥了重要作用。但水上交通安全监管出现的新情况、新问题要求对现行监管制度进行修改完善。一是国务院于2002年修订并重新印发《中华人民共和国内河交通安全管理条例》，2007年又颁布实施了《中华人民共和国船员条例》，现行条例与上位法的相关规定不尽一致，应当进行修改。二是近年来，交通运输部颁布或者修订了包括水上交通安全事故调查、行政处罚规定等多部部门规章，需要地方立法进行衔接。三是随着水上交通运输事业的发展，175米蓄水完成三峡成库后，通航水域扩大，水上交通安全管理点多、面广、线长的情况突出，管理船舶增多，管理难度增大，针对这些情况，近几年来开展的水上交通安全信息化建设、应急救援措施落实等比较成熟和成功的经验需要通过地方立法进一步确认和规范。因此，为与国家法律制度保持一致，进一步规范全市水上交通安全管理，2011年11月25日，重庆市第三届人民代表大会常务委员会第二十八次会议审议通过了《重庆市水上交通安全管理条例》。

第七节　水运转型升级发展成效显著

三峡工程蓄水后，重庆境内的干支航道条件得到极大改善，内河航运优势进一步凸显。重庆紧紧抓住三峡成库的重大机遇，加快水运结构调整，优化运力结构，大力发展新型运输方式，推进水运转型发展。2003年至2010年间，重庆水运发展迈出了新步伐，建立了新格局，实现了新突破。

2003年至2010年间，水运经济主要指标不断快速增长。截至2010年，全年完成货运量9660万吨，是2002年的5倍，年均增长37.0%；完成货物周转量1219亿吨公里，是2002年的8.4倍，年均增长65.1%；港口货物吞吐量达9668万吨，是2002年的3.2倍，年均增长25.2%；其中外贸吞吐量288万吨，是2002年的3.7倍，年均增长24.4%；集装箱吞吐量56万标准箱，是2002年的6.4倍，年均增长47.6%；滚装汽车吞吐量55.57万辆，是2002年的2.75倍，年均增长15.6%。水路货运平均运距从2002年的756公里提高到1262公里，平均运距内河最长。全年完成水路货物周转量占重庆全社会总量的60.6%，稳居全市综合运输体系第一位。

一、深入推进船型标准化

重庆市委、市政府高度重视内河船型标准化和节能减排工作，加大资金投入，进行政策扶持。按照交通部（交通运输部）的工作要求和市政府的工作部署，紧紧抓住西部大开发、重庆直辖、三峡工程建设、建设长江上游航运中心等重大机遇，认真贯彻落实科学发展观，坚持走可持续发展的航运之路，通过运用技术、经济、行政等多种手段，积极推进船型标准化工作。2003 年，成立了船型标准化工作领导小组和工作机构，积极开展调研，摸清家底，出台了有关规划、方案和管理办法，投入政府资金进行船舶防污染改造和淘汰落后船型，大力发展标准化、专业化货运船舶，加大节能技术的推广应用。随着船型标准化工作的推进，其带来的安全、环保、船舶结构改进等综合效益不断突显，对推动重庆市船舶技术进步、提高内河航运竞争力、促进航运可持续发展，具有十分重要的意义。

（一）起步阶段（2003 年至 2008 年）

2003 年 6 月 16 日，三峡工程成功蓄水到 135 米水位，三峡库区航道条件得到较大改善，为船舶标准化、大型化提供了条件；原有船舶普遍存在载重吨位小（重庆单船吨位大多在 1500 吨以下）、船型杂乱问题，降低了三峡船闸的通过效率，影响了通过能力的提升；船龄长、能耗高、污染重，影响航行安全，降低了航运效益，难以适应长江航运可持续发展的要求。为促进川江及三峡库区船舶技术进步和航运结构调整，降低安全风险，提高三峡船闸的利用率和通过能力，2003 年，交通部启动了川江及三峡库区航运结构调整及船型标准化工程。交通部于 2003 年 8 月开始，陆续颁布了《关于川江和三峡库区船舶运输准入管理的公告》（2003 年 14 号公告）、《关于公布川江及三峡库区载货汽车滚装船和集装箱船标准船型的公告》（2003 年 19 号公告）和《关于公布川江及三峡库区标准船型的公告》（2004 年 21 号公告），并明确规定：自 2007 年 7 月 1 日起，将禁止非标准船进入川江和三峡库区航运市场。

2003 年 8 月，交通部发布了《关于川江和三峡库区船舶运输准入管理的公告》，明确规定自 2003 年 10 月 1 日起，禁止新开工建造或改建非标准船通过三峡船闸、进入川江和三峡库区航运市场，并于 2004 年 11 月发布了《关于发布〈川江及三峡库区运输船舶标准船型主尺度系列〉及有关规定的公告》，明确川江及三峡库区标准船型是指按照《川江及三峡库区运输船舶标准船型主尺度系列》建造或者符合主尺度要求的船舶。重庆市顺势而为，紧紧抓住机遇，及时启动了三峡库区船型标准化工程，按照相关公告要求，禁止新建非标准船舶，鼓励新建标准化船舶。

2003 年，重庆市港航管理局组织开展了国家西部交通科技项目“川江及三峡库区客渡船标准船型研究开发”科研课题，以“安全、环保、经济、美观”为原则，设计开发了

30/50/80/120客位系列标准型客渡船,通过了交通部组织的专家评审,使客渡船在安全、环保、社会经济效益、外观设计等方面均达到了一个新的水平;并制定了《重庆市客渡船标准化改造实施方案》。

2006年,交通部颁布了《全国内河船型标准化发展纲要》,长江七省二市高层多次召开"合力建设黄金水道,促进长江经济发展"座谈会,再次把加快黄金水道建设,实施内河船型标准化推向了一个新的高度。重庆市根据交通部关于推进川江及三峡库区内河船型标准化的要求,抓住内河运输大发展的机遇,采取多项措施,积极组织实施内河船型标准化工作。重庆市港航管理局组织专家编制了重庆市船舶标准化总体方案,提出了"十一五"期间重庆市船舶标准化的工作思路,通过"改造一批、过渡一批、淘汰一批、发展一批"等方式,综合运用经济、行政、技术等措施,加强引导,支持和鼓励船东大力发展标准化船型,重点建造了一批200~300箱标准集装箱船、3000~5000吨级标准干散货船、2000~3000吨级标准化学品船和油船、60车位标准载货汽车滚装船,全市运输船舶标准化、专业化程度大幅提高,运力结构大大改善,运输船舶单位能耗显著下降,节能减排成效明显。

这一阶段,全市共淘汰各类船舶2000余艘,其中淘汰和拆解能耗高、污染重的老旧客渡船1300余艘、挂桨机船288艘。投入资金1.4亿元,新建标准化客渡船1119艘、5.2万个客位,在全国率先实现客渡船标准化,客渡船标准化率高达80%。新建标准化货运船舶595艘,其中标准化集装箱船92艘、干散货船380艘、油船和化学品船79艘、载货汽车滚装运输船44艘。

(二)发展阶段(2009年至2010年)

实施船舶标准化,资金筹集是面临的一大难题。经过调查研究,重庆市交通委员会决定改变原有财政性资金补贴模式,代之以担保资金的方式促进船型标准化工作。同时,重庆市建立船型标准化担保基金,把水运发展专项资金的20%用于建造标准化船舶贷款的贴息、担保,起到"四两拨千斤"的作用。对26家航运企业确定了担保贷款总额度3.69亿元,有力地推动了重庆市船型标准化工作的开展。在为企业贴息和贷款担保的同时,重庆市交通委员会积极主动为航运企业和银行牵线搭桥,筹集资金,支持企业发展标准化船舶。定期组织召开银企座谈会,搭建水运银企交流、互动、合作平台,增进航运企业和金融部门的相互了解,逐步破解水运企业的融资难题,为水运企业推荐标准化船舶建造贷款,为航运企业的快速发展提供保障。

同时,把标准化船型研究作为推进内河船型标准化工作的重要举措。重庆市交通委员会积极研究开发三峡库区过闸适应性节能船舶等新型标准船型,推进乌江、嘉陵江船型标准化主尺度修订工作。其中,由重庆市港航管理局研发的2500吨级标准船型技术方案，填补了该船型技术方案的空白。

2009年7月，交通运输部、财政部联合长江干线八省二市发布了《推进长江干线船型标准化实施方案》，决定自2009年10月1日起到2013年12月31日底，通过推进长江干线船型标准化，使川江及三峡库区船型标准化率达到75%以上，三峡船闸的通过能力提高10%以上。2009年8月，重庆市交通委员会发布《重庆市推进长江干线船型标准化工作方案》，明确了重庆市长江干线船型标准化工作的目标和实施方式。2010年3月，财政部、交通运输部印发《长江干线船型标准化补贴资金管理办法》，规范了长江干线船型标准化补贴资金的管理。

为鼓励广大船东、航运企业积极参与船型标准化工作，重庆市交通委员会所属部门实行"一站式"服务，提出了"拆完就补、一步到位"的工作思路，专门成立了长江干线船型标准化工作领导小组，统筹全市船型标准化工作，并制定了重庆长江省际普通货船运力调控的管理办法，即：对2011年2月1日前安放龙骨的船舶办理登记手续；有老旧船舶的企业办理新增运力的，需拆解同样数量的老旧船舶；无老旧船舶的企业可办理新建船舶登记；全年新增船舶数量不超过拆解船舶数量。这一管理措施在长江全线得以推广，确保了工作有序推进。

重庆内河船型标准化工作实施后，通过政府引导，在较短时间内淘汰了大量老旧落后船和小吨位船舶，提升了航道、船闸通过能力。同时，内河船舶运力结构也有明显变化，内河船舶逐步向大型化、标准化、专业化方向发展。三峡成库后，大型散货船、集装箱船、滚装船、油船/化学品船、豪华旅游客船等主要专业化运输船型得到快速发展。集装箱船、滚装船、油船及液货危险品船等专业化船的比重迅速提高。世界一流品质的内河游轮快速发展，300客位以上的涉外旅游船，450客位、总吨达10000吨的涉外旅游船先后建成投入营运。重庆内河船型标准化工作的实施，有力地推动了重庆水路运输快速发展，助推重庆经济社会快速发展。

（三）发展成效

2003年船型标准化工作启动以来，全市累计投入船舶标准化建造资金约120亿元，共新增标准化船舶运力241万载重吨，使全市船舶总运力达480万载重吨。全市水运企业重点发展3000～5000吨级的主力船型、300标准箱以上的集装箱船、500车位以上的商品汽车滚装船和3000吨级以上的油品及危险化学品等专业化标准船舶，突出船舶的技术、经济、环保、安全等性能，标准化集装箱船、滚装船、油品及危险化学品船、散货船等优质运力得到快速发展，全市标准化运输船舶艘数比重达40%、运能比重达60%，集装箱船、滚装船、油船及液货危险品船等专用船比重由2003年的8%提高到2010年的37%。全市运输船舶从2003年的3986艘、112万载重吨发展到2010年的4300余艘、

480万载重吨，全市货运船舶平均吨位由2003年的440载重吨提高到2010年的1700载重吨，居全国内河第一。自2003年至2010年底，全市共淘汰各类老旧船舶2000余艘。重庆标准化运力增长迅速，船舶运输效率大幅提高，船舶单位能耗从2003年三峡成库前的7.6千克/千吨公里下降到2010年的2.8千克/千吨公里。船舶标准化、大型化、专业化成效显著。

1. 船舶安全技术状况得到显著改善

新建货船、油品及危险化学品船、载货汽车滚装船、客渡船等标准船型按照船舶规范要求，采用双底、双舷结构形式，降低了船舶因搁浅、触礁、碰撞等造成船损人亡的水上交通事故概率；标准化船舶使用了船载GPS卫星导航终端、AIS船舶自动识别系统终端等新技术安全装备，与重庆市水上交通安全监管系统配套使用，极大地消除了安全隐患，减少了安全事故；大型船舶和豪华游轮使用了侧推器装置，极大地改善了船舶操控性能，提高了船舶驾驶安全水平。同时，大量安全技术状况差的老旧船舶得以淘汰，降低了航行船舶密度，规范了航行秩序，减少了水上交通事故的发生；水运企业落实安全生产主体责任，全面加强船舶安全营运管理，加大安全投入，强化科技监管手段的应用，企业安全管理水平持续提升，为全市水运安全发展打下了坚实基础。

2. 船舶节能减排水平显著提升

2003年以前，由于大量高能耗、高污染、低效能船舶的存在，货运船舶的平均单位能耗高达7.6千克/千吨公里。标准化后，2010年时全市货运船舶的平均单位能耗下降到2.8千克/千吨公里，降幅达63.16%，部分船公司甚至更低，如长航集团凤凰公司自航船达到2.53千克/千吨公里，重庆巨航公司自航船低于2千克/千吨公里。按2002年燃油单耗水平计，2010年重庆水运行业仅货运船舶共节约燃油约57万吨，节油效益达45亿元，减少二氧化碳排放171万吨。

3. 船舶单位载重吨钢材消耗量减少

建造标准化大型化船舶，单位载重吨钢材消耗量明显下降，以建造500吨级货运船舶为例，单位载重吨钢材消耗量为315千克，1000吨级货运船舶单位载重吨钢材消耗量为300千克，2000吨级货运船舶单位载重吨钢材消耗量为225千克，3000吨级货运船舶单位载重吨钢材消耗量为200千克，5000吨级货运船舶单位载重吨钢材消耗量仅为180千克。由此可见，大型船舶的钢材消耗量明显降低。

4. 船舶单位载重吨船员配备人数减少

按照交通部（交通运输部）最低安全配员规则，1000吨级船舶和5000吨级船舶的船员配备基本相当，由于标准化、大型化船舶的推行，船舶单位载重吨船员配备人数明显下降，每千吨运力船员配备由2002年的26人下降到2010年的5人，下降了73%，大幅节约人力资源。

5. 货运船舶单位功率拖载量大大提高

船舶单位功率拖载量由2002年的1～1.5吨/千瓦增加到2010年的4～6吨/千瓦，提高了200%。

6. 有利于三峡船闸通过能力的提高

随着船型标准化、大型化的推进，三峡船闸的通过能力有了很大提高。据统计，三峡船闸年运行闸次从2004年的8720闸次提高到2010年的9407闸次，过闸船舶数从2004年的75058艘下降到2010年的58302艘，过闸船舶的平均载货量从2004年的457吨上升为2010年的1352吨左右，通过三峡船闸货运总量由2004年的3430万吨提高到2010年的7880万吨。船型标准化、大型化提高了三峡船闸运行效率和通过能力，促进了长江黄金水道作用的充分发挥，对长江流域经济社会发展贡献度大幅提高。

二、推进专业化运输发展

积极培育适应全市经济社会发展的新型运输方式，集装箱、危险化学品、滚装运输等专业化运输方式发展势头迅猛，重庆成为长江内河运输方式最为齐全的地区。

（一）自航船引领运输方式变革

三峡成库，给以原轮驳搭配为主的川江传统运输方式和运输生产组织提出了新的课题。根据成库后货源市场变化和需要，进一步降低船舶燃油成本和消耗指标，自航船以其安全、经济、快捷、灵活的特点应运而生。据统计，从2003年三峡船闸通航至2010年，自航船运输已基本取代船队运输，长航集团凤凰公司在优化船队运输中，也已着力探讨发展自航船绑拖运输方式，以进一步提高船舶负载率和能源利用效率，有针对性地进行运力结构调整。因此，在长江三峡通航管理局现有统计报表中，已不将“船队数”列为专栏指标。

单船已成水运主力，船队运输日渐淡出。由于国民经济的迅猛发展，单船运输因其灵活、快速的特征较船队运输的经济性价比要高，各船公司结合成库后的航道条件，逐年减少船队运输，主要新建大中型单船，船队在过闸船舶中所占份额已从2003年以前的35%下降为2007年的约15%，民生公司已基本停止船队过闸，长航集团也计划通过老旧驳船改造为单船的方式，逐步减少使用船队，自航船运输得到快速发展。

（二）集装箱运输快速发展

随着三峡工程的建设，重庆航运发展的环境得到了极大的改善，航道通航保障能力提高，码头等配套基础设施水平显著提升，水路集装箱运输发展进入一个快速期。

针对我国集装箱运输发展中存在的运输方式之间缺乏有机衔接、多式联运发展缓慢、沿海与内陆地区发展不平衡、口岸环境有待进一步改善、内贸集装箱发展水平较低、市场秩序亟待规范、信息化管理水平不高等问题，2002年4月10日，国家经济贸易委员会、铁道部、交通部、对外贸易经济合作部、海关总署、国家质量监督检验检疫总局七部委联合下发了《关于加快发展我国集装箱运输的若干意见》（国经贸运行〔2002〕203号），要求各地、各主管部门转变职能、简化程序、减少审批、提高效率，废止不利于集装箱运输发展的有关规定，制定符合我国集装箱运输发展的政策法规；积极采取有效措施，建立竞争有序、协调统一的集装箱运输市场。

水路集装箱运输要进一步与国际接轨，改善运输服务，鼓励内、外贸集装箱运输资源的综合利用，实现内、外贸集装箱运输市场的一体化。加强船代和货代市场的规范与管理；各口岸查验部门要从促进经济贸易发展的大局出发，增强责任感和工作主动性，在有效监管的同时，进一步提高服务意识，提高口岸查验效率，为集装箱运输发展提供良好的口岸服务环境；完善水路集装箱运输干支线网络，重视发展内支线和内河集装箱运输。充分挖掘长江集装箱运输的潜力和优势，完善配套基础设施，加强沿海港口、铁路和公路运输与长江的衔接，促进长江的集装箱运输发展；水路内贸集装箱运输要充分发挥沿海和长江优势，加快内贸集装箱码头和装备建设，利用外贸集装箱运输发展的经验和条件，促进内贸集装箱运输快速发展。

从运输方式的角度来看，重庆集装箱运输发展的初期，集装箱船舶大多采用拖轮+驳船的运输方式，较好地实现了从散杂货向集装箱运输方式的转换。随着集装箱班轮的不断增加，驳船拖带效率低、灵活性差等劣势逐渐制约了集装箱运输的发展。为进一步适应集装箱运输快速、便捷的需求，2003年4月，民生公司借鉴“直达巴士”模式，推出了重庆—上海集装箱直达快班，运行时间再次缩短到5天。

2004年，民生公司率先推进集装箱船舶的大型化和标准化，建造了12艘载箱量为144标准箱的“民”字系列集装箱船，2005年又新建6艘载箱量为204标准箱的“民”字系列集装箱船，民生公司集装箱船舶运力突破5000标准箱；由重庆港九股份有限公司和上海港集装箱股份有限公司、上海集海航运有限公司共同投资设立的重庆集海航运有限公司也新建了载箱量分别为192标准箱和208标准箱的船舶各3艘，重庆第三代集装箱船舶渐成规模，总载箱量达到1.5万标准箱，集装箱运力大幅度增长。

民生公司在建造船舶的同时，对原有集装箱驳船实施了改建。2003年6月，决定分期分批改造12艘40标准箱集装箱驳为集装箱自航船，设计载箱量为144标准箱。在借鉴总结前面建造的144标准箱新船的基础上，做了有关方案的改进。同年8月，完成图纸报审，并委托中国船级社（CCS）武汉规范所对该船的弯曲应力和弯扭合成应力进行了校核计算。2003 年 9 月 10 日，民生公司与华威公司、重庆造船厂、重庆船厂分别签订了各 4 艘船舶改建合同，并采取 2 +2 模式，即按改造质量和改造周期分两批进行，首批投入 6 艘。改建过程中充分利用了旧船钢料，最大限度地降低了改建成本。由于船厂高度重视，2004 年 5 月，“民文”轮和“民强”轮出厂；6 月，“民武”和“民安”轮完工；7 月、8 月，“民恒”和“民协”轮分别投入营运，充实了民生公司集装箱运力，并取得了较好的经济效益和社会效益。此后，由于国家实施标准化船型有关政策的出台，另外 6 艘集装箱驳的改建未能实施。2004 年 6 月，民生公司通过科技攻关，开发出了适装性、经济性、先进性俱佳的新一代 200 标准箱集装箱船型，在船舶总长与 144 标准箱集装箱船差别不大的情况下，实际载箱量达到 216 标准箱，同时设计航速比 144 标准箱型船更快，更能满足客户对集装箱运输周期的要求。根据市场需求，民生公司在同年 10 月一次性投建了 6 艘，并通过招议标确定了造船厂，其中川江船厂承建了 4 艘（“民有”“民治”“民享”“民望”），并先后于 2005 年 7 月、8 月投入市场；重庆船厂承建的“民泰”“民来”轮分别于 2005 年 8 月、9 月出厂。该系列船是当时长江上最大最先进的集装箱船，建成后对进一步占领运输市场、提高公司的整体竞争力及船舶标准化的推行发挥了重要作用。

随着市场竞争加剧，运价不断下滑，而油价持续上涨，迫使民生公司在设计和建造理念上作出调整。在建造厂的选择上，民生公司开始与当地民营造船厂进行合作。2007 年 6 月，民生公司共开建了 6 艘使用重油的 212 标准箱集装箱船。该型船是 216 标准箱型船的修改设计，出于降低建造成本原因，其设施设备在选型上主要考虑了二三线品牌，但重油技术的运用是一大特点。2008 年 4 月，“民主”轮出厂；7 月，“民耀”和“民信”轮完工；8 月，“民光”和“民辉”轮投入营运；9 月，最后一艘船“民族”轮亦投产，进一步充实了公司的运力。

重庆轮船总公司开辟了重庆至上海、泸州至上海的外贸内支线集装箱班轮运输，经过几年的不断努力，在市场挖掘、内部管理、客户服务上狠下功夫，集装箱运量至 2010 年底突破 4 万标准箱，集装箱运输收入占到该公司内河运输总收入的 60% 以上。2006 年 9 月，重庆轮船总公司开辟了中韩（江苏太仓—韩国釜山）集装箱班轮航线。

这一时期，为应对燃油价格持续上涨对内河水路集装箱运输的压力，在市交通委员会和市港航管理局组织协调下，经过重庆市水路运输行业协会集装箱专业委员会全体成员单位的共同努力，2006 年 5 月 5 日，重庆市水路集装箱运输企业就征收燃油附加费达成了一致意见。2006 年 6 月 1 日起，重庆市水路集装箱运输开始统一征收燃油附加费。征收范围为进出重庆港（包括涪陵、万州）的内、外贸集装箱重箱。征收标准为大箱每箱 480 元，小箱每箱 240 元。水路货运收取燃油附加费，在国际海运市场上已是常规，沿海城市从 2004 年起就开始增收，而在重庆市还是首次。

为促进长江集装箱运输快速发展，满足川江及三峡库区外向型经济发展的需要，积极争取，对集装箱快班轮实行优先通过三峡船闸政策。2007 年 9 月 10 日上午 10 点，随着一声汽笛长鸣，由重庆民生轮船有限公司“民众”号执行的集装箱快班轮船徐徐离开重庆寸滩港码头，向本次航班目的地——上海港驶去。经过半年时间的试运行，重庆直达上海“五定”外贸快班轮航班正式开通。

（三）滚装运输

川江载货汽车滚装运输的出现，是川江沿线特殊的自然、地理和气候条件共同作用和运输市场调整的产物。渝东和鄂西地区崇山峻岭，山顶常年积雪。重庆万州至湖北宜昌之间，318 国道是唯一的陆路运输通道，公路全长 520 多公里，迂回曲折，秋、冬、春雾雪多，路滑不安全。20 世纪 90 年代中后期路况更差，收费点多，公路运输运营成本高。与此形成鲜明对比的是，两地水运里程约 320 公里，运费低廉，里程缩短近一半，时间缩短 60% 以上，经济性好、效率高，且便捷、安全，促成了货运车辆弃路走水。2003 年以后，随着川江航道条件大幅改善和西部大开发战略的实施，三峡库区滚装运输很快适应了社会发展对运输“安全、快捷、经济、环保”的要求，快速成为长江航运新兴运输业态的亮点之一。2003 年 6 月，三峡工程开始实验性蓄水，自宜昌以上 480 公里的川江航道通航条件大幅提升，航道水深增加，航道变宽，浅滩消失，这从客观上促进了滚装船运输的发展；加之库区航道实现了夜航，大大缩短了重庆到宜昌的水路航行时间，600 公里的水上航程只需要 40 个小时便可抵达。

实施运力调控促进有序发展。2003 年之后的几年里，由于滚装市场发展良好，许多资本纷纷进入。2003 年，渝鄂两地的一些船公司为了抢抓三峡库区蓄水带来的大好发展机遇，纷纷向主管部门申报滚装船运力指标，有的公司为了赶时间，甚至是一边申报一边建造。经过两年的井喷式发展，2005 年下半年，经营三峡库区的新增滚装运力就增加了 36 条、2154 车位，还有 10 余条在建的船舶。由于运力的大量投入，导致了滚装运输市场供需不平衡，运力大量过剩，直接的结果就是负载率的大幅下降和船东利润的极速下滑。2006 年上半年，与前一年同期相比，行业的收益下滑达 5%。一时间大量的滚装船建成下水，从而导致了运力过剩现象的出现。为改变滚装市场无序发展的状况，交通主管部门加强了对滚装市场的准入审批，条件不具备和不符合安全标准的绝不允许上马，并于 2006 年 5 月 23 日起，暂停了川江载货汽车滚装运输船运输市场准入审批。这一系列举措在一定程度上解决了滚装船市场的无序发展情况，同时，各级政府部门积极协调，加强引导和管理，运输企业组建了行业协会，实行联合经营，统一管理和服务，市场供需矛盾得到逐步缓解。到 2010 年前后，重庆滚装运输市场发展又进入到一个运力适度、安全高效的新阶段。

与此同时，滚装船及配套码头设施也实现了快速发展，为实现三峡大坝翻坝转运创造了条件。滚装运输服务的对象来自全国近30个省(区、市)，极大提高了三峡库区重庆到宜昌段的交通运输安全性、经济性和环保性。

从2003年开始，川江载货汽车滚装运输迈入了快车道。经过四年多的发展，到2006年，从事三峡库区滚装运输的企业已经有21家，有滚装船舶119艘、5902车位。码头每日吞吐量超过30艘次、1000余辆次。2006年全年载货汽车吞吐量30.31万辆次，翻坝滚装船1.8万余艘次。此后，三峡滚装运输稳步发展，到2010年，全年载货汽车吞吐量达56万辆次。载货汽车滚装运输的兴起，带动了库区船舶制造业、服务业和相关产业的发展，形成了年产值超过10亿元的新业态，为三峡库区提供了上万个就业岗位。载货汽车滚装运输成为航运发展的新增长点。

(四)危险化学品运输

化工医药一直是重庆的支柱产业之一，在全市经济社会发展中占有十分重要的地位。重庆布局较多的化工产业，许多化工企业和园区都沿江分布，诸如长寿的天然气化工园区、涪陵的化肥工业园区和万州盐气化工等都是在长江及其支流沿岸分布。沿江化工园区的开发建设，使得重庆化工产品的产能逐年增加，化工原料的运输需要也逐步递增。得益于长江黄金水道的便利运输条件，水运以其运量大、运距长、价格低和环保安全等优势，成为重庆市化工原料及成品运输的首选。由此，催生了重庆水路危险化学品运输的快速发展。2003年以后，重庆水路危险品运输的发展势头逐步超过陆上的汽运和火车运输。据统计，2003年至2010年间，重庆水路危险品运输年均增长幅度都在15%以上，2005年，重庆市水路危险品运输周转量首次超过铁路，成为全市危险品运输的最主要方式。这一趋势随着重庆长江上游航运中心建设的推进日趋加快，到2010年底，水路已经成为全市危险品运输的最主要方式。但同时，由于危险品运输的安全性要求极高，一旦发生事故带来的环境后果将是灾难性的，为此，在发展过程中各级政府、行业管理部门和运输企业也都十分注重安全生产的各个环节。

截至2010年，全市完成危险品吞吐量为880.36万吨，与2003年相比年均增长15.8%。在多种货类中，危险品运量占总内河运输量的7%，其中石油、天然气制品和化工原料及其制品的运输量分别占4.3%和2.5%。

三、三峡客运旅游化的快速发展

(一)规范普通游船提档升级发展

为了推动航运结构调整，促进水路普通客运向旅游转型，提升重庆市国内游船档次和企业形象，重庆市交通委员会于2002年印发了《重庆市长江三峡观光旅游船技术服务条件（试行）》（渝交委运〔2002〕41 号），规范普通游船管理。为增强水路客运的市场竞争力，体现“优质优价”，重庆市交通企业管理协会水路客运分会于 2004 年 3 月 9 日讨论修改部分内容，按照新的游船技术服务条件，2004 年对经营长江干线跨省旅游客运的客船进行等级星级评定，此次评定，国内观光游船 A 级（四星）共 9 艘，国内观光游船 B 级（三星）共 19 艘。

为进一步提升游船服务质量，促进旅游市场发展，重庆市交通委员会在充分征求各有关单位、船公司意见基础上修改完善了《重庆市长江三峡观光旅游船技术服务条件（试行）》，并据此提出了《重庆市长江三峡观光旅游船技术服务条件（试行）》地方标准征求意见稿，重庆市质量技术监督局经充分论证后，于 2007 年 4 月 30 日发布了《重庆市内河旅游船服务质量标准》（DB 50/T 249—2007），该标准于 2007 年 7 月 1 日起实施。按照新标准，成立内河旅游船服务质量评审委员会，对旅游船舶进行服务质量评审，严把准入门槛，完成了 53 艘船舶星级复评的评审工作，通过技术改造不断改善客船硬件设施，促进了三峡旅游客运上档升级。

经过 2004 年至 2007 年针对 100 余艘普通游船技术状况和服务质量技术改造，最终保留了 53 艘普通游船，计 22000 客位。经过两次结构调整，除个别公司少数船舶基本适应目前国内普通游客需求外，绝大部分船公司和船舶已经不适应三峡旅游市场发展的需要，逐步退出水路客运市场。

推出“阳光三峡游”新产品。2004 年 4 月 20 日，《人民日报》刊登了该报记者何小燕的署名文章《夜幕下的三峡游》，以记者的亲身经历和感受，批评了三峡游线路存在的“晚上看庙，白天睡觉”、游船的运行时刻变化多、游程紧、随意性大等突出问题，在社会上产生了强烈反响，并引起了国家旅游局、重庆市党政领导的高度重视，市交通委员会、市旅游局、市港航管理局领导多次召开专门会议进行研究。在广泛听取游客、旅行社、港站、景点、船公司的意见后，经过充分的调研，制订出了旅行社、轮船公司和景点三家通力合作、实现互利共赢的“阳光三峡游”新方案。该方案沿途的景点均安排在白天游览，而以前许多景点只能在夜里观看，游程由原来的 4 天增至 5 天，景点让利和减免停泊费将基本消化船舶增加一天行程的运行成本。2006 年 4 月 1 日，“阳光三峡游”新产品正式推出。

（二）涉外豪华游船的发展

2003 年三峡成库后，大坝以上水位大幅度提升，航道变宽，水流变缓，通航条件极大改善，容量更大、功能更全、档次更高、不断适应游轮市场发展需求的新一代游轮应时而生。普通客运船舶逐步被一批世界级内河豪华游轮替代，普通客运向三峡旅游转型发展，使三峡旅游形态逐步从单一的观光游向休闲、度假等多元化、复合性方向发展。

三峡游轮船型一直沿着高档化、豪华化、多功能化和大型化的方向发展。为不断满足中外旅客日益增长的出行与休闲旅游需求,"凯蒂""世纪之星"等一批世界一流品质的豪华游轮相继投入营运。这一时期的游轮船型更大,船长在120~130米之间,游轮船宽约18米,载客数增加到300人以上。这些豪华型游轮功能更加齐全、设施更加先进、更具现代水准,更加符合现代休闲度假旅游的需要,代表性游轮如"凯珍"轮、"世纪辉煌"轮、"世纪钻石"轮等,内河五星豪华游轮从8艘发展到12艘,其中最大豪华游轮吨位已达1万总吨,三峡旅游客运实现上档升级。

从游轮的行程安排与所提供的综合服务看,三峡游轮已改变了过去以顺道游形式为主的传统客运功能,逐步发展成为一种全新时尚的旅游方式,属于高端的休闲度假游轮旅游,吸引了以休闲度假旅游为目的的国际和国内游客。2008年至2010年,三峡豪华游轮分别完成游客发运量18.65万人次、21.36万人次、33万人次,豪华游轮游客人数呈逐年上升态势。游轮档次不断提高,游轮规模不断壮大,游轮经营不断规范,基本上形成了维多利亚、新世纪等系列品牌。

截至2010年底,经营长江干线豪华旅游运输的企业共13家,船舶共44艘、8737客位,企业平均经营运力规模3.38艘/家、672客位/家。其中:重庆地区企业5家,船舶15艘、3540客位;湖北地区企业7家,船舶17艘、3205客位;长航集团所属企业1家,船舶12艘、1992客位。

四、航运企业实力明显增强

三峡成库后,随着水运快速发展,重庆航运企业迅猛发展,特别是民营企业发展快速,各企业根据自身的特点,开展符合自身的航运业务,形成了干散货运输企业、集装箱运输企业、液货危险品运输企业、游轮旅游企业等。水运管理部门引导扶持港航企业规模化、集约化经营,加强与货主的战略合作,促进航运产业向综合物流延伸。据统计,水运企业从2003年的288家发展到2010年452家,营运船舶公司化程度达到95%,公司平均运力提高到1.06万载重吨,10万吨以上运力的企业发展到10家,企业规模明显增大,抗风险能力和综合竞争能力增强。

集装箱运输企业、船舶、箱位数分别从2003年的6家、104艘、1.5万标准箱发展到2010年的25家、186艘、3.4万标准箱;危险化学品运输船舶、运能分别从2003年的84艘、12.6万载重吨发展到2010年的115艘、30.4万载重吨;载货汽车滚装运输船舶、车位数分别从2003年的54艘、1968车位发展到2010年的60艘、3182车位;商品车滚装运输船舶、车位分别从2003年的5艘、1773车位发展到2010年的10艘、4274车位。

(一)重庆港务物流集团有限公司

截至2010年底,重庆港务物流集团有限公司拥有上市公司1个、独资公司14个、国有控股公司23个、直属分公司5个、事业单位3个，资产总额达50亿元。重庆港务物流集团有限公司港口年货物吞吐能力达到4500万吨以上，集装箱年通过能力达到150万标准箱，成为长江上游地区最大集装箱枢纽港、大宗散货中转港，自有船舶运力达25万吨，是重庆市目前唯一的AAAAA级现代综合物流企业。重庆港务物流集团有限公司成为中西部20个省（区、市）中实力最强的港务物流集团，所属企业分为港埠、航运、商贸物流三大板块。经营方式从专业市场向"运输、仓储、流通、加工、分拣、配送"一体化的现代物流转变。

（二）重庆长江轮船有限公司

长江三峡库区的形成、西部大开发战略的实施及重庆区域经济的快速发展，给重庆长江轮船有限公司（简称"重庆长航"）增添机遇，也带来挑战。重庆长航积极配合长航集团推进结构调整，认真贯彻落实"发展扭亏"方案，加大改革调整力度，推进发展项目，狠抓增收节支，强化经营管理创新。2008年，圆满完成集团下达的考核指标，实现营业收入13.41亿元，实现利润总额980万元，重庆长航实现扭亏为盈，甩掉了长达多年的亏损帽子。

2003年2月，长航集团决定将长江海外旅游公司并入重庆长航。5月，时任中共中央政治局常委、国务院副总理黄菊同志视察"长航江山7"号旅游客船和"长航朝天宫"号两江游轮的防非典工作情况。10月，第九届全国人大常委会委员长李鹏，时任重庆市委书记、市人大常委会主任黄镇东及市长王鸿举登上"长航朝天宫"游轮，视察重庆两江夜景。2005年10月，第五届亚太城市市长峰会在重庆召开，10月12日，参加峰会的各市市长分乘重庆长航"国宾7号"轮和"长航朝天宫"轮观看了焰火及两江夜景。2007年10月31日，中共中央原总书记江泽民在重庆市委、市政府、长航集团领导和重庆长航领导的陪同下，登临"长航朝天宫"轮视察重庆两江夜景。当年，长航集团针对长江旅游市场发展变化情况，决定将长江海外旅游公司从重庆长航划归上海长江轮船公司。2008年2月，重庆长航紧急调运春运备用的"长航江山8"轮，抢运受50年来最强暴雨雪和低温天气的影响，受困在贵州火车站待了几天火车无望，急切盼望改道从重庆乘船回家过春节的江苏、安徽籍在贵州打工的民工，获国务院国资委表彰。5月，重庆长航针对四川汶川地震，号召全体干部职工紧急行动起来，团结奋战，积极投身抗震救灾工作，全体干部职工踊跃捐款共计20余万元，1822名党员缴纳"特殊党费"19万元。2010年5月，重庆长航实施集团"新长江战略"，运用科技创新设计建造的首艘新型325标准箱集装箱船舶顺利下水，标志着重庆长航新型集装箱运力发展拉开序幕。2010年9月，重庆长航与南京公司合资组建的重庆（长航）南油化工物流有限公司正式成立。

（三）重庆航运建设发展有限公司

2003 年至 2010 年期间，重庆航发司坚持可持续发展战略和建设与经营并重的方针，秉承“诚信廉洁、优质高效、团结拼搏、开拓创新”的企业理念，加大水运基础设施投资力度，狠抓航电枢纽及重点港口码头建设。从 2005 年起，重庆航发司每年完成的工程建设投资均占到了全市水运建设总投资额的 50% 以上，2007 年占有份额高达 70%。截至 2010 年，重庆航发司先后建设水运项目 15 个，完成投资约 100 亿元，切实加快了重庆航道和港口码头等水运基础设施建设。

（四）重庆轮船（集团）有限公司

进入 2003 年之后，重庆轮船集团有限公司发展进入到以调结构、转方式为主线的时期。2004 年 12 月，按照市政府部署，重庆轮船总公司由重庆市交通委员会管理转为重庆交通运输控股集团管理。2007 年 8 月，公司改制为重庆轮船（集团）有限公司，同年底按照重庆交通运输控股集团整体部署。2007 年，总公司直属单位 9 个，全资子公司 11 个，主要控股、参股企业 5 个，驻外办事机构 16 个，全司职工总数为 2583 人。

2002 年，公司提出了五年内改造十万吨老旧船舶的技改工程，2005 年新建的 4 艘 60 车位载货汽车滚装船，成为公司技术更新的效益典范：单船利润率和技改前相比增长了 5%，并为推进长江船舶标准化、大型化开启了先河。2001 年底开通了重庆主城至宜昌的载重汽车滚装运输，不仅填补了重庆港运输结构的空白，而且迅速成为企业重要的赢利支柱，到 2005 年，滚装业务利润占到了公司利润总额的 92.9%。2003 年开始，先后开辟了重庆至上海、泸州至上海外贸内支线集装箱班轮运输，结束了公司无集装箱运输的历史。到 2006 年，集装箱运输收入已占公司内河运输收入的四分之一，占泸州市场份额三分之二以上，为今后实现江海联运以及物流发展打下了基础。截至 2010 年底，总公司拥有滚装船 10 艘、集装箱船 21 艘、危险化学品船 5 艘、散货船 30 艘，合计载货量约为 15.3 万吨，载客量约 1144 人。

（五）民生轮船股份有限公司

2003 年，在三峡断航期间，为了确保重庆市和西南地区经济建设不受影响，民生公司组织了集装箱和商品车翻坝运输，创造了三峡断航不停航的奇迹。2003 年，民生公司第一个开辟了重庆至上海长江集装箱快班航线。2005 年，承运汇维仕公司的进口原料，创造了从韩国光阳至四川自贡 10 天的江海陆联运的最快纪录。民生公司重建以来，减价运输国家重点建设工程设备，免费运输社会福利事业，长期捐助教育、慈善和文化事业等，累计达 1300 余万元。2009 年，民生轮船有限公司因母公司民生实业（集团）有限公司引入战略投资合作企业上港集团,完成增资扩股,更名为民生轮船股份有限公司。

2003 年至 2010 年,民生轮船股份有限公司转型淘汰老旧船舶,由 2003 年的 72 艘拖轮驳船变为 9 艘 144 标准箱自航船、6 艘 216 标准箱自航船、6 艘 212 标准箱自航船、5 艘 326 标准箱自航船、2 艘 3000 吨级干散货船,并新增 5 艘 300 车位商品车滚装船、4 艘 588 车位商品车滚装船和 1 艘海船。

2003 年至 2010 年,民生轮船股份有限公司江运集装箱首开渝申“五定”快班,开辟四川泸州至上海集装箱班轮航线。为了改变过去靠租船买船经营中日和大陆台湾航线的方式,民生轮船股份有限公司新造海船 1 艘,开辟中国大连至日本广岛、中国大连至日本伊万里港、中国青岛至日本福山、上海至台湾基隆、台北海运集装箱直达航线,海运得到快速发展。民生轮船股份有限公司海运利润逐渐形成支柱,从 2003 年利润总额 13.30 万元增加到 2010 年利润总额 11130.49 万元。长江集装箱运量从 2003 年的 6.15 万标准箱增加到 2010 年的 25.01 万标准箱,商品车滚装运输从 2003 年的 1.5 万辆增加到 2010 年的 24.3 万辆。员工人数从 2003 年的 1148 人减少到 2010 年的 1108 人。

(六)重庆新世纪游轮股份有限公司

2003 年至 2010 年,重庆新世纪游轮股份有限公司集中投资建造 5 艘豪华游轮,以高品质态势构筑行业领先地位。重庆新世纪游轮股份有限公司自 2003 年起,开始打造并独立拥有第一艘游船“世纪之星”号游轮,2005 年、2006 年、2008 年、2010 年,又分别推出“世纪天子”“世纪辉煌”“世纪钻石”“世纪宝石”游轮。同时,经营业绩突飞猛进,豪华游轮业务的主营业务收入从 2004 年的 1918.43 万元飙升至 2009 年的 11664.81 万元。2006 年 11 月 24 日,重庆新世纪游轮有限公司整体变更为重庆新世纪游轮股份有限公司,注册资本 4450 万元,正式启动上市。

2003 年 8 月 3 日,维京公司(VIKING)与冠达世纪游轮公司签订了一系列的合作项目协议,并一直延续合作关系。2003 年 9 月 12 日,重庆新世纪游轮有限公司第一艘超五星级豪华游轮“世纪之星”号投入重庆至宜昌航线运营。“世纪之星”轮全长 87 米,宽 16 米,甲板层数 6 层,有 93 间客房,总载客人数为 168 人,船员人数 128 人,总吨位 4255 吨,创行业多个第一。2005 年 2 月 9 日,重庆新世纪游轮有限公司第二艘五星级豪华游轮“世纪天子”号投入重庆至宜昌航线运营。“世纪天子”轮全长 126.8 米,宽 17.2 米,甲板层数 6 层,有 153 间客房,总载客人数为 306 人,船员人数 152 人,总吨位 8359 吨。2006 年 3 月 6 日,“世纪天子”号姊妹船、重庆新世纪游轮有限公司第三艘五星级豪华游轮“世纪辉煌”号首航长江三峡。2008 年 8 月 29 日,重庆新世纪游轮股份有限公司第四艘五星级豪华游轮“世纪钻石”号在重庆朝天门码头下水首航,正式投入重庆至宜昌航线运营。“世纪钻石”轮全长 110 米,宽 17 米,甲板层数 6 层,有 132 间客房,总载客人数为264人，船员人数138人，总吨位7142吨。2010年9月1日，“世纪钻石”号姊妹船、重庆新世纪游轮股份有限公司第五艘五星级豪华游轮“世纪宝石”号首航长江三峡。

（七）重庆市东江实业有限公司

2003年至2010年间，重庆市东江实业有限公司按照“世界性的旅游产品”目标，淘汰所有旧船，新建7条高标准三峡游船，新建船舶全部由国家旅游局评定为五星级豪华游轮，实现船队重组，完成了“维多利亚”系列游船运载50万欧美游客进三峡的壮举。公司之前的老一代“维多利亚”号系列游船最大载客量为154人，而更新后的游船最大载客量增加到460人，船舶的排水量从3500吨提高到10800吨，开启了三峡游船万吨级发展的新时代。

2003年因遭遇SARS病毒侵袭，船舶停运3个月之久，公司的境外游客无法来三峡旅游，这期间公司在境外的客源组织已有很大进展。为了进一步扩大经营，公司于2003年3月开始铺设龙骨建造涉外游轮“凯蒂”号（现更名为“美维凯蒂”），于2004年2月完工，2004年3月正式投入运营。紧接着，2005年5月东江实业建造的第二艘涉外游轮“凯娜”号铺设龙骨，于2006年4月完工后投入运营；2008年2月东江实业建造的第三艘涉外游轮“凯珍”号铺设龙骨，2009年9月完工正式投入运营。这七年是重庆市东江实业有限公司的高速发展时期，运力从2003年前的3艘发展到7艘，载客客位增加到1806客位，平均每年客运量达到9万人次左右，其中境外旅客占60%，员工总人数达820人，居长江内河游船公司之首。

（八）重庆海内观光游轮有限公司

在2009年“顺道游”策略调整停止营运后，2010年，重庆海内观光游轮有限公司牢牢把握年度主题，在“抓激励”的前提下“谋发展”，经营者以充分利用成都、贵阳、西安等外围城市旅行社作为突破点，以重庆本土旅行社作为节点，以公司商务快班作为支撑点，成功经营“顺道游”业务，使商务快班争取到了部分“阳光游”客源，组客6282人，共创造“顺道游”收入197.5余万元。新思路才有新出路，带动了公司固有资源整体共同发展。2010年发航429班，客流量243.7千人次，旅客周转量79920千人公里，主营业务净收入3244万元。

（九）重庆港盛船务有限公司

重庆港盛船务有限公司成立于2002年，隶属于重庆港务物流集团有限公司，公司由重庆港、涪陵港、万州港3家港口航运企业于2007年整合而成。公司拥有资产4.13亿元，至2010年，有船舶运力21万吨，拥有4000吨级船舶13艘、5500吨级船舶

9 艘、7000 吨级船舶 15 艘等共计 37 艘，年货运能力 600 万吨，职工 500 余人，各类专业技术人才 200 余人，是专业从事长江干支线集装箱运输、散货运输的大型国有航运企业。

2007 年公司整合之初运力为 17 万吨，船舶平均吨位 1860 吨，其中机驳船平均吨位 2400 吨，资产总额 3.2 亿元。到“十一五”末，公司总运力规模达 25 万吨，船舶平均吨位 2900 吨，其中机驳船平均吨位 3600 吨，资产总额达 4.28 亿元。公司下辖涪陵分公司、万州分公司、重庆分公司及货代公司 4 个分公司，主要从事长江干线及其支流省际内河普通货船运输。

公司船舶运力结构主要以 2500 吨位船舶为主，通过大力盘活存量资产，走技术改造、提高企业科技含量的道路，逐步淘汰不适应市场需要的老旧船舶，筹集资金陆续建造了一批市场前景好、科技含量高的新型船舶投入营运。经过 3 年的不断发展更新，已初步形成以 4000 吨级或 5000 吨级船舶为主力的新型船队，有效地提高了公司的效益和市场竞争力。

（十）重庆集海航运有限责任公司

重庆集海航运有限责任公司创建于 2003 年，注册资本 7142.86 万元，是重庆港九股份有限公司和上港集团长江港口物流有限公司共同出资设立的专业从事集装箱内外贸运输综合服务的国有合资企业。重庆集海航运有限责任公司依托上海港和重庆港的资源优势，借助长江黄金水道的航运优势，致力于长江集装箱内外贸支线班轮运输、船舶代理、国际货物代理等业务。

2003 年 10 月 28 日，公司船舶首航重庆至上海航线，随着业务发展，公司陆续与地中海、东方海外、马士基、太平等多家全球主要海船公司签约，业务范围覆盖长江流域、沿海各港及全球主要航线，包括：跨太平洋、欧洲、欧地支线及大西洋、亚太、拉非、东南亚及南亚等航线。公司除自有的 5 艘 200 标准箱船舶外，还额外租赁多艘船舶用于生产经营，业务量逐年递增。截至 2010 年，公司共有员工 211 人，全年完成总箱量 50963 标准箱，总收入 5474.09 万元，利润 15.95 万元，无一般及以上安全质量事故。

（十一）重庆市河牛滚装船运输有限公司

2003 年至 2010 年，重庆市河牛滚装船运输有限公司（简称“河牛公司”）拥有滚装、集装箱、干散货船舶 80 余艘，年运输能力 900 余万吨，是重庆市最大的民营航运企业。河牛公司秉承“安全、优质、高效、创新”经营理念，坚持“以人为本、自强不息、诚信经营、回报社会”的宗旨，以“智慧兴企、团结务实”为企业精神，切实加强安全生产管理，荣获“全国交通运输系统先进集体”“重庆市 AAA 级诚信航运企业”“重庆市优秀民营企业”

“重庆市港航系统优秀企业”等称号。

2004年开始，河牛公司紧紧抓住长江航运船型标准化建设的重大机遇，推动公司跨越式发展。公司认真学习、分析、领会交通部关于长江航运船型标准化工作的相关文件精神，以科学发展观为指导，制订了公司船舶运力发展计划。这一发展进程让河牛公司在长江上成为初具规模的知名民营航运企业。

（十二）重庆川江船务有限公司

2003年至2006年，重庆川江船务有限公司先后新建大型自航（集装箱/散货）船舶8艘，收购大型自航船3艘。2004年7月，根据运输市场和公司业务发展的需要，公司完成对原有的7艘船舶增加船长、增加型深、增加载货量的技术改造。公司拥有1500～3500吨级自航船舶共11艘，载货量为2652吨的油品、化学品运输船舶4艘，载货运力总计32000余吨，主机总功率为7552千瓦，集装箱运输能力为1152标准箱。2008年12月5日，第一艘标准化集装箱船“江集运1201”出厂，重庆川江船务有限公司实现资产置换，原有油化船及非标集装箱船变卖、拆解，全力主造标准化船舶。自此以后，以每年平均8～12艘新船下水的速度加快发展。

重庆川江船务有限公司被重庆市交通委员会、市港航管理局、重庆长江海事局列为重庆市17家大中型骨干航运企业之一；2004年公司被重庆市政府授予“重庆市百户就业先进民营企业”称号；2006—2008年，公司连续三年被重庆市工商管理局认定命名为“重庆市守合同重信用企业”；2004—2009年，公司连续六年荣获“重庆市十佳诚信物流企业”称号；公司荣获2007年度和2009年度“重庆水运行业先进企业”称号；2007—2008年连续两年荣获“重庆水上交通安全先进单位”称号。

（十三）重庆顺华滚装船运输有限公司

重庆顺华滚装船运输有限公司是2002年成立的有限责任公司，主要从事重庆至宜昌载货汽车滚装船运输和四川宜宾至上海水上散货/集装箱内支线货物运输业务。公司创建以来，快速发展壮大，注册资本由最初的60万元增资到2010年的500万元，2010年拥有固定资产1.6亿元。公司拥有帝豪系列滚装船、帝豪系列多用途船舶共12艘，其中载货汽车滚装船舶4艘，计20672总吨、6285千瓦、226车位；多用途船舶8艘，计26901总吨、4848千瓦、33419载重吨。在2008年汶川地震中安全、快捷、顺利运输抗震救灾车辆12艘次，为抗震救灾工作作出了较大贡献。公司坚持以人为本的科学发展观，积极探索先进、科学的管理模式，大胆引进经验丰富的航运技术和管理人才，规范安全生产工作。2010年，公司拥有专业技术职称10余人，拥有大专以上学历的技术骨干6人，拥有中等专业技术人才30余人。

（十四）重庆市万州区圣发船务有限公司

重庆市万州区圣发船务有限公司成立于2004年12月，主要从事长江干线及其他内河省际普通货船运输业务。2003—2010年间，公司运力从无到有，自有船舶新增6艘，运力32642.8吨。每船均配备船员10名，其中高级船员6名、普通船员4名；岸基配备各级管理人员9名；公司总人数69人。公司船舶运输业务上水以重钢矿石、钢卷、达钢矿石为主，下水以煤炭为主，航线主要集中在宜宾至上海，实现年货运量从几万吨到五十万吨的快速转变。

（十五）重庆市泽胜船务（集团）有限公司

2008年，中国航油集团物流有限公司与重庆市泽胜投资集团合资组建重庆市泽胜船务（集团）有限公司，双方各占50%股份，合资组建后的公司朝着探索混合所有制企业发展，实现细分市场领先战略迈出坚实的一步。到2010年，公司拥有化学品船、干/液货船、大件船等各类船舶31艘，化学品船、油船总运力已达到10万载重吨。运输产品包括航空煤油、柴油、汽油、青纳油、减线油、正丁醇、甲醇、乙醇、醋酸、乙酸、醋酸乙酯、腊酸乙烯、硫酸、苯、甲苯、1.4-丁二醇等30余种。市场范围为长江上游的宜宾到长江下游的上海。公司拥有重庆市涪陵江龙船务有限公司、重庆市贵义木材有限公司、重庆市泽胜船务集团造船有限公司、重庆市泽胜船务集团化工贸易有限公司、重庆市泽胜船务集团小溪煤矿有限公司5个控股子公司。重庆市泽胜船务（集团）有限公司液货危险品年水上运输量达100万余吨，年船舶营运总收入超过亿元，运力运量占全市70%，成为长江中上游乃至整个长江水系最大的内河液货危险品运输企业和重庆市最大的民营船舶制造企业。到2010年，公司拥有35艘油/化品船舶，运力约10.72万吨，运量138万吨，人员规模515人，实现年产值15亿元，利税费达到2亿元。

（十六）重庆三益物流（集团）有限公司

2005年5月，公司组建为集团公司，更名为重庆三益物流（集团）有限公司，经营范围为长江干线及支流省际油船、散装化学品船运输。2005年6月，公司新建成的3艘85米长的过闸标准船“宏声67”“宏声78”“宏声89”投入营运。2006年和2008年分别建成2艘标准化学品液货船“宏声2918”和“宏声8118”。2010年8月，公司新建的2000吨级标准化学品液货船“宏声3101”和“宏声3103”投入营运。

2008年，率先在船舶安装了视频监控系统，并设立了视频监控指挥中心，推动了公司安全管理方式由“反应型”向“预防型”转变，为视频监控系统在所有“四客一危”船舶的普及应用做了有效的探索。2009年，随着东方希望蓬威石化开工投产，公司船舶率先开辟了对二甲苯从泰州港至涪陵港的运输航线。2010年底，公司拥有油船、散装化学品船20艘，总载重吨达到5万吨，主要承运中石油、中石化在长江流域各港间汽油、柴油的运输以及中石化的甲醇、醋酸甲酯等化工产品由长寿港至江苏的水上运输。至2010年底，公司有固定资产1.5亿元，职工395人（其中：专业化管理人员33人、高级职称职工25人、中级职称职工20人、各类高级技术人员33人）。集团公司下属4个子公司，即重庆市安浩运输有限公司、重庆市安强船务有限公司、重庆市平台船舶制造有限公司、重庆三益物流（集团）历洲运输有限公司（陆运）。

（十七）重庆新金航国际物流股份有限公司

2003年9月9日，交通部交水批〔2003〕526号文件批准同意筹建重庆金航船务有限公司。2003年9月28日，重庆金航船务有限公司正式注册成立，注册地址为重庆市南岸区南坪西路27号福天大厦B座23-2楼，注册资金928万元，经营范围为：重庆至宜昌、万州至宜昌载货汽车滚装船营运，重庆市忠县石宝寨至万州普通客船运输，长江流域及支流省际普通货船运输。2003年11月7日，公司第一艘载货汽车滚装船舶“金航818”轮出厂上线运营。2004年7月31日，公司注册资本增至3998万元；2006年1月8日，公司注册资本增至9988万元。

2006年5月23日，“金航918”轮载货汽车滚装船出厂上线运营；2006年7月12日，“金航988”轮载货汽车滚装船出厂上线运营；2006年11月9日，交通部长江航务管理局批准重庆金航船务有限公司增加从事长江干线及其支流省际散装油船/化学品船运输业务。2008年3月17日，交通部长江航务管理局批准重庆金航船务有限公司增加长江干线油船运输经营资格。2008年3月26日，公司经营范围变更为长江重庆至宜昌载货汽车滚装船运输、长江干线及支流省际油船、散装化学品船运输，销售船用设备及零配件。2008年4月18日，公司危险化学品/成品油船“神州2002”轮、“神州2005”轮、“神州2008”轮出厂上线运营；2008年8月24日，公司危险化学品/成品油船“神州2006”轮、“神州2009”轮出厂上线运营；2008年11月12日，公司危险化学品/成品油“神州2001”轮出厂上线运营。

第八节　水运安全保障能力显著提高

2003年三峡成库以后，随着航运快速发展，安全压力越来越大，给全市水运安全管理提出新的挑战。全市水运行业坚持“安全第一、预防为主、综合治理”的安全方针，坚持安全发展的理念，强化综合监管，创新监管手段，深化专项整治，建立安全管理长效机制，群众出行条件有效改善，应急救援能力明显增强；实施重要水域支持保障系统建设，库区航段实行分边航行，安全保障能力不断提高，促进了交通运输安全生产形势的进一步稳定好转。全市水域自 2003 年 7 月起至 2010 年 12 月，连续 90 个月未发生一次性死亡 10 人以上的水上交通事故，年均死亡人数下降到 21 人，事故统计数据见表 7-8-1。这一时期，全市水域平均每年发生一般等级以上事故 25.3 件、沉船 25.6 艘、死亡 21 人、直接经济损失 839 万元。其中：长江干线平均每年发生一般等级以上事故 19.8 件、沉船 22 艘、死亡 16.6 人、直接经济损失 724.4 万元，四项指标与前一阶段相比，分别下降 70.5%、84.7%、71.4%、50.7%；地方水域平均每年发生一般等级以上事故 5.5 件、沉船 3.5 艘、死亡 4.4 人、直接经济损失 114.8 万元，四项指标与前一阶段相比，分别下降 70.5%、84.7%、71.4%、50.7%，重庆水运行业安全发展形势持续向好。

2003 年至 2010 年事故统计表　　表 7-8-1

年份（年）	一般等级以上事故（件）		沉船艘数（艘）		死亡人数（人）		直接经济损失（万元）	
	长江干线	地方水域	长江干线	地方水域	长江干线	地方水域	长江干线	地方水域
2003	29	8	75	5	70	7	1219.6	116
2004	28	3	16	3	13	1	534.8	115.2
2005	29	5	25	3	15	4	1762.1	199
2006	21	4	13	3	8	2	331	27
2007	18	9	11	6	8	6	371.5	300
2008	13	4	10	3	7	6	907.4	81
2009	16.5	5	19	1	10	3	592.8	20
2010	4	6	8	4	2	6	76	60

一、海事管理能力不断提高

2003 年以来，重庆海事管理部门坚持“安全第一、预防为主”的方针，结合三峡成库后的新情况，联合水上监管力量，针对突出问题和薄弱环节，坚持标本兼治，实施科技兴安战略，水上安全基础工作明显加强，全市水上交通安全形势持续好转，水运行业从 1994 年至 2003 年 10 年的平均年死亡 105 人下降到年均死亡 20 人左右，水上死亡人数从占全国水上死亡人数的 20% 下降到 5%。

至 2010 年，全市水上交通加大资金投入，安全形势持续稳定。投入专项资金 6500 余万元，完成了重庆市水上交通管理监控系统的研发和推广，建立了重庆市水上交通管理监控中心和 448 个港航机构、航运企业监控分中心，基本建成覆盖辖区的水上交通动态监管系统。投资 7000 多万元，建立了巫山、江津水上交通管理监督站。为港航机构配备海巡艇、冲锋舟等 96 艘、工作囤船 18 艘、执法车 163 辆。投入 2500 万元，启动建设主城、合川、涪陵、彭水、云阳、巫山6个应急基地，并配备各类应急物资和装备。投入近1000万元建设了重庆市水上交通应急基地和指挥中心，开展应急抢险、事故救援和交通战备等演练活动，提高了现场巡航监管和应急处置能力。长效管理机制基本形成，建立了由市交通委员会牵头，市农业局、重庆海事局、市地方海事局、中国船级社重庆分社、长江重庆航道局等部门共同参与的重庆市水上交通安全管理联席会议制度和联合执法工作机制，整合了水上交通安全管理力量，39个有船区县建立乡镇管船机构和区县、乡镇、村（社）、船主四级安全目标责任制，并建立航运企业安全管理主体责任制、海事机构安全管理责任追究制度和分管领导引咎辞职制度、水上应急救助协调机制，水上安全监管“一盘棋”格局基本形成。

二、水上交通安全基础能力不断提升

（一）实施乡镇客渡船全面标准化改造

到2004年，全市有渡口800个、客渡船1033艘，大部分为公益性质义渡。由于历史形成等多方面的原因，客渡船的船型、机型复杂，技术条件比较落后。长期以来，客渡船是造成水上交通事故的重大隐患，是困扰重庆市水上安全的一大难题，极不适应我国经济社会发展的要求，再加上渡船客运市场逐渐萎缩，重庆市港航管理局决定对全市乡镇客渡船进行全面标准化改造。

2003年开始，重庆市港航管理局开展了对客渡船标准化改造的可行性研究。当年9月即编制完成了《川江及三峡库区客渡船标准船型研究开发》，开发出30/50/80/120客位系列标准型客渡船方案，并通过了交通部组织的专家评审。2004年8月，重庆市率先展开在七类新标准船型中客渡船的标准化推广工作。重庆市交通委员会投入了1000万元专项资金，由重庆市港航管理局组织实施重庆市客渡船标准化实施项目计划，30/50/80/120客位四种标准客渡船型投入建造。2004年，重庆市港航管理局正式印发《关于实施客渡船标准化工作的通知》，决定对全市乡镇客渡船进行全面改造整合。

自2003年启动全市客渡船标准化改造工程以来，在相关区县政府、交通主管部门、全市客渡船船东的积极配合下，通过水运系统广大干部职工的共同努力，客渡船标准化改造工作取得了圆满成功，达到预期效果。按照安全、经济、环保、美观和适用的原则，全市先后累计投入1.8亿元资金淘汰、拆解能耗高、污染重的老旧客渡船1200余艘，新建1075艘标准化客渡船，全市客渡船标准化率达93%，让群众乘上了放心船、过上了平安渡。针对三峡工程175米蓄水后新增水域的周边群众出行不便问题，投入688万元建造了183艘库周渡船，并投放库区运行，有效缓解了库周群众出行难的问题。新建标准化客渡船的投入使用，使全市客渡船的安全技术状况得到显著改善，水上交通安全事故发生数大幅下降,水上安全形势明显好转。

(二)实施渡口改造及渡改桥工程

狠抓安全“双基”建设,积极开展渡口改造和渡改桥工程,投入5.6亿元完成农村渡口码头改造1593个;启动公路渡改桥工程,建成48座公路桥梁,撤销渡口48处。通过实施渡口改造和渡改桥工程,全市渡运安全水平进一步提高,农民群众乘上了放心船、过上了平安渡。

(三)强化现场安全监督

开展了砂石运输船舶、水路液货危险品、船舶“两防”、低质量船舶等专项整治;针对春运、国庆节、防雾战枯和防洪度汛等重点时段,海事、船检、运政、港政、航政等部门多管齐下,加强现场监督管理,排查安全隐患,加大处罚力度,严格执行“十个一律”,水上交通安全形势持续好转。

建立了重庆市水上交通安全管理联席会议制度和联合执法工作机制,39个有船区县建立乡镇管船机构和区县、乡镇、村(社)、船主四级安全目标责任制,并建立航运企业安全管理主体责任制、海事机构安全管理责任追究制度和分管领导引咎辞职制度、水上应急救助协调机制,水上安全监管“一盘棋”格局基本形成。

按照交通部(交通运输部)党组提出的“三个服务”和“船舶适航、船员适任、安全畅通、有效监管、优质服务”的目标要求,始终将安全工作列为海事的中心工作,始终将杜绝一次死亡10人以上的事故作为海事工作的核心目标,主动作为,探索规律,把握重点,抓住难点,加强监管,注重服务,水上交通安全和防止船舶污染监管能力显著提高,救助能力大大增强。

(四)积极应对三峡水库175米试验性蓄水

2008年10月17日,三峡工程开始175米试验性蓄水。11月4日22时,坝前水位达到172米,22时30分停止蓄水,随后三峡水库水位在枯水期尽量维持高水位运行。为解决三峡水库175米试验性蓄水后给库区水上交通,特别是库周群众出行造成的影响,全面、真实地掌握有关情况,12月8日,市港航管理局组织召开了三峡库区蓄水期间水上交通安全防范工作会议。地处三峡库区的17个区县和乌江彭水电站库区的彭水、酉阳港航管理部门领导参加了会议,并分别就试验性蓄水后产生的新情况和发现的新问题,包括库区新增水域群众出行需求及存在的问题、辖区新增水域及通航环境变化情况、库区港口码头影响和受损情况以及大型船舶(吨位、尺度)进入支流情况等,逐一进行了汇报。根据会议精神,12月15日至25日,市港航管理局聘请了重庆长航和长江重庆航道局的两名专家组成调研组，对三峡库区涪陵至巫山段的大宁河等19条重要支小河流航道的跨河建筑、桥梁、电缆、河面宽度、航道暗礁、碛坝等情况进行实地勘测，就通航河流限制船舶宽度、高度、船舶载重吨、航道整治、航标设置和交通管制等提出了指导性意见，为下一步规划支流通航管理提供必要资料。

（五）全力抓好奥运期间安保工作

按照交通运输部部署，2008年5月中旬，市交通委员会召开全市船舶和港口奥运安保工作专题电视电话会议，对奥运特殊时期全市船舶和港口保安工作进行强调和部署。奥运会前，全市3个滚装码头均配备了摩尔爆炸物品监测仪，5个集装箱码头均配备了视频监控系统，52个危化品码头配备了视频监控设备和防爆监测仪，长江沿线14个旅游客运码头安装了视频监控系统和手持式金属探测仪；重庆港三码头、九码头，万州、云阳客运港等重点客运码头安装X光机6台；全市62艘滚装船落实专职安保人员62名，客船（包括涉外旅游船）配备专职安保人员103名。奥运会期间，全市共发班跨省客船1100余艘次，检查旅客40万余人次，查出白酒、汽油和管制刀具等危禁品20余件。进出滚装船1400余艘次，车辆6万余辆次，实施检查3万余辆次，查处携带危险品车辆700余辆次，未发生一起港口或船舶安保事件，水上交通安度奥运。

三、水运应急保障能力进一步加强

（一）大力推进科技兴安战略，建立重庆市水上交通管理监控系统

在重庆市委、市政府的领导和支持下，水运行业大力推进科技兴安战略，组织有关技术力量，运用GPS全球卫星定位技术、GPRS/CDMA 1X移动信息传输技术、GIS地理信息系统技术等高科技手段，于2004年建成了重庆市水上交通管理监控系统，并在市港航管理局设立了重庆市水上交通管理监控中心。系统由监控中心（分中心）、无线网络、船载终端及电子江图四部分组成，具有船舶动态实时监控、防撞预警、重点水域预警、快速搜救、船舶助航、生产调度、事故调查取证及公共信息服务等功能，为海事部门监控管理、航运企业生产调度管理和运输船舶安全航行辅助提供服务。

2006年3月，系统通过了由重庆市科学技术委员会组织西南大学、重庆市信息产业局等单位专家召开的“重庆市水上交通管理监控系统”项目鉴定会，成为国内第一个通过专业评审的内河船舶GPS应用系统。后又被定为西部交通建设科技项目“四川省水上交通安全监管系统关键技术研究”“西部内河水上船舶交通事故应急反应系统关键技术研究”“三峡—重庆航运综合信息服务系统关键技术研究与示范”的依托工程。12月，系统被认定为“国家科技型中小企业技术创新项目”。

2006年4月4日，与重庆海事局达成信息通报协议。9月，开始搜集辖区航电枢纽的水位信息，并通过GPS系统及航运网发布，系统平台的公共信息服务功能进一步强化。

2006年10月，重庆市港航管理局与大连海事大学达成系统电子江图内河标准升级改造的合作协议，11月正式启动内河标准电子航道图项目。12月，系统实现了船载GPS终端向VPDN（虚拟拨号专用网）的网络转换，进一步增强了系统的安全性。

2005年3月至2006年12月，根据交通部《关于规范长江干线GPS船舶应用系统建设管理的指导意见》及库区航运安全的要求，重庆市水上交通管理监控系统先后与长江海事局、长江三峡通航管理局所属的GPS应用系统和长江水上GPS综合应用系统实现联网运行。

截至2006年底，实现升级系统版本6次，完成了重庆市辖区水域内主要支流电子江图23条支流共计1203公里的校对工作。其中嘉陵江、乌江、大宁河、梅溪河、汤溪河及涪江6条支流的电子江图定版，自行测绘了酉水河、梅江河、唐昌河、郁江、普子河、芙蓉江6条支流及小南海水库、洞塘水库、钟灵水库、孝塘水库、龙水湖、长寿湖6个湖泊与水库电子江图。

截至2010年，先后投入专项资金6500余万元，完成了重庆市水上交通管理监控系统的研发和推广，建立了重庆市水上交通管理监控中心和448个港航机构、航运企业监控分中心，基本建成覆盖辖区的水上交通动态监管系统。系统入网船舶3323艘，监控中心向船舶提供气象、水位、航道、安全等信息13000余条，处理有效报警317次，纠正船舶违章航行29次，为遇险船舶提供救援帮助31次，有力地保证了重庆水上交通安全形势平稳可控。

（二）加大投入，加快应急能力建设

2003—2010年，重庆市共投资7000多万元，建立了巫山、江津水上交通管理监督站，建设了覆盖全市危险货物、集装箱、滚装、重点客运（旅游）码头的视频监控系统，在长江沿线重点客运站安装9台X光检测仪，在客运（旅游）码头、滚装码头、集装箱码头配备了防爆探测仪，建设了郭家沱、万州滚装码头车辆安全检测门，为港航机构配备海巡艇、冲锋舟等96艘、工作囤船18艘、执法车163辆。同时，投入2500万元启动建设主城、合川、涪陵、彭水、云阳、巫山6个应急基地，并配备各类应急物资和装备。另外，投入近1000万元建设了重庆市水上交通应急基地和指挥中心，开展应急抢险、事故救援和交通战备等演练活动，提高了现场巡航监管和应急处置能力。

2007年7月2日，经交通部《长江海事局关于三峡库区船舶污染防治一期工程初步设计的批复》（交水发〔2007〕355号）文件批准，开工建设长江海事局三峡库区船舶污染

防治一期工程。工程总投资3950万元,2010年建设完成,包括:主城、万州、巫山3个防污设备库,涪陵、巴东2个防污设备点,主城、万州2个监测实验室。该项目完成后,主城、万州、巫山3处溢油设备库应急处理能力达到100吨,涪陵1处溢油应急设备点应急处理能力达50吨。

2010年11月15日,经交通运输部《关于长江海事局重庆监管救助综合基地工程初步设计的批复》(交水发〔2010〕665号)批准,开工建设长江海事局重庆监管救助综合基地工程。工程核定总概算4896.96万元,建设用地面积约35333平方米,2015年建设完成,工程建设内容主要包括建设工作船码头1座,监管救助辅助用房、体能训练室外设。

这些工程建成使用后,极大地提高了重庆水上交通安全应急救助能力。

(三)完善水上交通应急体系和协调机制

2007年,市港航管理局编制了《重庆市水路交通运输应急预案》《重庆市港口危险货物事故应急预案》《重庆市港口重大生产安全事故的旅客紧急疏散和救援预案》等预案文件;2008年6月,市港航管理局完成了《水上交通事故灾难应急预案》《港口危险货物事故应急预案》《港口重大安全事故的旅客紧急疏散和救援应急预案》《港口预防自然灾害应急预案》和《航道突发断(碍)航事故应急预案》5个分预案的编制、审定工作,并向全市印发,完善了全市水上交通应急体系和协调机制。适时启动水上交通应急预案,保障了"重视传媒杯"中国重庆武隆国际山地户外运动公开赛水上比赛项目和2007年长江三峡库区联合搜救演习等活动的圆满举行。

(四)常态化开展应急救援演练

1.重庆市地方海事首次编队跨区域巡航

2007年6月26日,重庆市地方海事首次编队巡航,实现了地方海事巡航史上海巡艇编队巡航时间长、跨行政辖区多航程远、单航次出动海巡艇数量大巡航工作三个"零"的突破。26日8时30分,嘉陵江大溪沟码头,由巡航主巡艇"渝海巡0001"和开道艇"交通执法001"组成的地方海事巡航编队扬帆起航,驶向96公里以外的目的港——合川。此次编队巡航是重庆市地方海事成立以来执法装备建设的一次检阅和海事执法力量的一次展现,是迈向"交通海事、阳光海事、数字海事"的重要环节,更是实现"让航行更安全,让库区更清洁"目标的重要保障。此次编队巡航里程192公里,时间7个小时,跨越渝中、江北、沙坪坝、渝北、北碚、合川6个行政辖区,出动海巡艇6艘,途经航道整治施工水域、在建桥梁施工水域、航电枢纽建设施工水域和大量滩险,是地方海事从未接触过的巡航科目,因此得到了市地方海事局、市交通行政执法总队以及沿线各海事处的高度重视。通过精心组织,周密部署,合理安排,一套"主巡艇全线巡航,辖区海巡艇配合分段巡航"的编队巡航方案得以实施。编队巡航任务的圆满完成是重庆水上交通执法队伍的一次实战，是对地方海事综合实力的一次考验。有计划、有组织、安全地完成巡航任务，证明重庆市地方海事已具备了执行跨区域巡航、实施特殊护航任务的能力。

2. 涪陵水上搜救应急演习

2007年5月25日上午，由重庆海事局、涪陵区政府主办的以"建设航运中心，打造平安涪陵"为主题的涪陵区水上搜救暨船舶溢油应急演习按时举行。

这次水上搜救应急演习是涪陵区委、区政府为使涪陵水上搜救指挥中心各成员单位进一步熟悉水上事故及险情应急处置预案，检验应急预案的有效性，整合水上搜救力量，锻炼搜救队伍，进一步提高水上搜救和防止水域污染应急救助能力，保障长江沿岸人民健康和社会公众利益，保障涪陵经济可持续发展的一次实战练兵。整个演习由救生、消防、溢油清污、列队检阅四部分组成。

此次演习规模宏大，海事、港航、消防、渔政、公安、武警、卫生、交通、安监、环保、航道、社会企业等20多个单位、20多艘船艇约400多人参加，堪称近年来重庆市水上综合演习之最，演习时间持续约一个半小时，4个演习科目均圆满完成。此次水上搜救演习准备工作细致、周密，现场指挥调度有条不紊，整个演习过程井然有序，通过演习检验了应急预案的可行性和海事部门、船舶公司的救助能力，达到了预期的目的，取得了圆满成功，得到了重庆海事局、涪陵区委区政府、社会各界和新闻媒体的高度评价和赞赏。

3. 三峡库区水上联合搜救演习

2007年9月22日上午，由交通部与重庆市人民政府联合举办，交通部长江航务管理局与重庆市万州区人民政府共同承办，以"关爱生命、珍爱长江、共建平安黄金水道"为主题的2007年长江三峡库区水上联合搜救演习在长江三峡库区万州港水域成功举行。本次演习是我国内河举行的最大规模综合搜救演习，历时90分钟，内容包括人命救助、船舶救援、船舶消防灭火、溢油应急处置、船舶安保演练、山体滑坡应急处置6个科目。参与搜救演习的有海事、航道、公安、通信、救助、武警、消防、渔政、港航、气象、卫生、航运公司等22个单位，参与演习的有船舶68艘，直升机1架，通信、医疗和工程类车辆10辆以及其他相关辅助装备，参演人员达500多人。

时任交通部部长李盛霖、重庆市委书记汪洋共同担任演习总指挥。交通部副部长、中国海上搜救中心主任徐祖远，重庆市副市长余远牧和交通部海事局常务副局长刘功臣共同担任演习副总指挥及演习现场执行总指挥。演习现场执行副总指挥由中国海上搜救中心总值班室主任兼交通部海事局副局长翟久刚、长江航务管理局副局长阮瑞文、长江海事局局长袁宗祥、长江航运公安局局长王茹军共同担任。演习还邀请了国务院有关部委、部分省(区、市)的领导莅临指导。我国香港、澳门特区海上搜救机构以及韩国海洋警察厅也派代表赴现场观摩。另外，还公开征集了社会公众参加现场观摩。

在21日晚上的新闻发布会上，交通运输部海事局常务副局长刘功臣指出，举行三峡库区联合搜救演习的重要意义在于：宣贯《中华人民共和国突发事件应对法》，落实《国家突发公共事件总体应急预案》和《国家海上搜救应急预案》有关要求，以实际行动践行交通部党组提出的“三个服务”理念；是对长江水上突发事件应急反应能力和搜救能力的一次全面检验；打造平安黄金水道，让长江发挥更大的经济效益。作为现场演习主要承办单位之一，重庆海事局在上级的正确领导下举全局之力全力以赴进行演习筹备，为演习的成功举行作出了应有的贡献。通过这次联合搜救演习，在充分展示内河水上搜救快速反应、组织协调和现场指挥能力的同时，重庆海事人团结协作、积极作为、奋发进取、顽强拼搏的风采也得到了全面反映和检验，促进了重庆市长江干线水上搜救能力的进一步提升。

4. 万州水上搜救应急演习

2008年12月30日，长江干线重庆段水上交通地质灾害安全应急处置指挥部组织万州海事处、万州航道处、长航公安局万州分局、长江万州通信管理处在万州乌沙尾水域举行了三峡水库山体滑坡联合应急演练。本次演练的背景为：模拟受连日强降雨影响，万州乌沙尾水域滑坡体变形加剧，加速发展，发生大面积滑坡后的水上联合应急演练。各参演单位对本次联合应急演练高度重视，精心组织，克服了时间紧、任务重等困难，参演人员尽心尽力、密切配合，联合应急演练取得了圆满成功。本次联合应急演练共出动人员86人，船舶14艘，其中海巡艇5艘、航道艇2艘、公安艇2艘、其他社会船舶5艘。

本次演练由重庆海事局局长陈勇、万州区政府副区长丁坤林共同担任总指挥，重庆海事局副局长司太生担任现场总指挥。长江重庆航道局、长航公安局万州分局、长江重庆通信管理局的领导应邀到现场观摩了演练。演练结束后，各参演单位在万州召开了评估会，对演练情况进行了全面总结和评估。通过联合应急演练，检验了预案，锻炼了水上交通执法队伍，提高了素质，展示了水上交通执法风貌，为今后三峡水库地质灾害应急处置工作积累了宝贵的经验。

（五）积极应对重大洪水险情

2007年7月5日至9日，受连续强降雨影响，重庆市嘉陵江遭遇20年一遇陡涨洪水，3个小时内涨幅达14.6米。进入7月以来，重庆市嘉陵江、乌江共发生水上交通事故3起、险情11起，造成“渝强6号”等3艘船舶沉没、1人死亡，嘉陵江沿岸码头的11艘趸船或停泊船舶发生断缆、走锚等重大险情。面对暴雨洪灾，17日下午，市政府紧急召开全市防汛抗洪救灾电视电话会议。会议要求：交通、海事、航道部门要根据洪水预报，果断采取封航措施，有序引导船舶停靠到安全位置，一旦发生事故，要及时救援。嘉陵江汛情20年一遇，江水陡涨，洪水危及江上大桥，市交通委员会在家主持工作的何升平副主任即刻带领水上抢险有关部门人员赶往现场。在暴雨中，他指挥抢险，排除险情，同时还到南坪、巴南等区县查看灾情，指导抢险；市港航管理局局长梁雄耀，带领海事处人员，冒雨对磁器口、中渡口汛期水上安全工作进行检查，指导防汛抗洪抢险，确保汛期水上交通安全。

市政府下发《关于切实加强嘉陵江汛期安全工作的紧急通知》后，洪汛期间，市交通委员会及港航管理局及时实行嘉陵江全线禁航，沿江各餐饮趸船、水上娱乐设施全部停止经营。市交通委员会还专门开展了港口、码头和趸船锚泊、系缆设施安全大排查，由港口、海事、船检部门组成联合工作组开展督察，督促整改安全隐患400余起，并组织了长航等大型企业参与应急救援。高流量、大流速的洪水来势凶猛，对数十家江边船上餐饮业主、趸船码头以及数座桥梁构成巨大威胁，安全事故一触即发。面对险情，市港航部门、水上执法大队全体干部职工，通宵达旦，经过数昼夜的殊死搏斗，终于在“洪魔”面前筑起了一道安全防线。

（六）重大事故

2003年6月19日7时57分，三峡轮司“涪州10号”客货轮与涪陵江龙船务有限公司“江龙806号”货轮在长江搬罾沱水域（长江上游里程557.8公里处）发生碰撞，造成“涪州10号”轮沉没、27人死亡、25人失踪、直接经济损失296.6万元的特大水上交通事故。

事故发生后，重庆市委书记黄镇东和市长王鸿举高度重视，王鸿举市长和吴家农副市长率市政府有关部门负责人立即赶赴事故现场，指挥搜救、打捞等善后工作和调查取证工作。遵照黄菊副总理重要批示，国家安全生产监督管理局副局长闪淳昌、中华全国总工会书记处书记纪明波和交通部、监察部有关部门负责人于6月21日抵达事故现场，成立了以闪淳昌为组长、共21人组成的“六一九”特大水上交通事故调查领导小组，下面再分工设立几个具体工作组，继续进行搜救、失踪者核查、沉船打捞和事故原因调查、责任追究等工作。其中，事故原因调查组工作人员以重庆海事局为主。

“涪州10号”是执航涪陵至卫东航线的短途客班船，停靠站点多，客人都是上船后买票。为准确核实人员伤亡情况，重庆市政府指示涪陵、长寿两区组织了170余名干部，对“涪州10号”轮停靠的9个站点辐射区域内19日出行人员进行登记造表，再将登记表返回基层，由乡、镇、村干部对下落不明人员进行复查和交叉核对，最终确定本次事故生还12人，死亡和失踪共52人（其中船员2人）。

为全力搜寻失踪人员，重庆市共组织各类船舶41艘、约300余人，设置了9个观察点，在长江上进行了7天大规模搜寻打捞；丰都、石柱、忠县等下游沿江区县也按照重庆市委、市政府统一安排，派出8艘船舶、80余人，在各自水域进行搜寻打捞。最终打捞起尸体35具，确认系本次事故遇难者尸体27具。

承担沉船打捞任务的是中山舰打捞公司，打捞工作从6月20日开始。6月22日，交通部又从天津和上海海事系统调集专业技术人员携带先进水下探测设备抵达现场，加强沉船探测工作；中国海洋石油总公司也派出3名探测专家协助分析研究探测资料，基本确定沉船位置在距碰撞点下游约3公里的剪刀峡上口处。

由于当时正值长江汛期，潜水人员无法作业，打捞施工船舶也无法锚泊固定船位，打捞工作难以进行；加之沉船不妨碍他船航行，经请示国务院同意，决定暂不对沉船进行打捞。

2003年8月21日，《重庆涪陵“六一九”特大水上交通事故调查处理报告》完成；2004年2月23日，国家安全生产监督管理局印发《关于重庆涪陵“六一九”特大水上交通事故结案的通知》（安监管管二字〔2004〕22号）；2004年3月29日，重庆海事局转发《关于重庆涪陵“六一九”特大水上交通事故结案的通知》（渝海法规〔2004〕109号）。

国家安全生产监督管理局在《关于重庆涪陵“六一九”特大水上交通事故结案的通知》中，对此次事故性质及责任的认定是：重庆涪陵“六一九”特大水上交通事故是一起责任事故。当事双方船舶在突遇浓雾的情况下，冒险航行，未保持正规瞭望，违章操作，临危措施不当，是造成事故的直接原因。其中“涪州10号”轮应负主要责任，“江龙806号”轮应负次要责任。重庆三峡轮船股份有限公司、江龙船务有限公司以及重庆市涪陵区交通委员会、长江重庆涪陵海事部门和涪陵区人民政府、涪陵区江东街道办事处对水上交通安全管理和监督不到位，安全生产责任制不落实是造成这起事故的间接原因。

国务院同意《重庆涪陵“六一九”特大水上交通事故调查处理报告》对本次事故相关责任人共10人提出的处理建议，其中2人被建议依法追究刑事责任：

①刘万忠，“涪州10号”轮船长。在突遇浓雾的情况下，冒险航行，疏忽瞭望，违章操作，临危措施不当，对事故的发生负有直接责任。建议移交司法机关依法追究其刑事责任（因其在事故中失踪，暂时无法追究责任）。

②吴正勇，“江龙806号”轮船长。在突遇浓雾的情况下，冒险航行，疏忽瞭望，违章操作，临危措施不当，对事故的发生负有直接责任。特别是在事故发生后伪造航行记录，与相关人员共同伪造有关情节，干扰事故调查。建议移交司法机关依法追究其刑事责任。

对三峡轮司董事长、总经理、分管安全生产工作的副总经理，江龙船务有限公司董事长，涪陵区交通委员会分管安全生产工作的副主任，长江重庆涪陵海事处筹备组组长，涪陵区江东街道办事处主任，涪陵区政府分管交通工作副区长，分别给予罚款、撤职或党纪、政纪处分。

四、支持保障系统建设不断加强

2003年至2010年期间，全市相继实施了大宁河支持保障系统建设工程，按三级航道标准配布了一类航标、全套VHF船岸通信系统和航道视频监控系统；乌江彭水电站至龚滩段41公里支持保障系统建设工程稳步推进；在嘉陵江河口段试验推广了航标遥控遥测系统，嘉陵江河口至北碚68公里、乌江河口至白涛27公里航道实施了夜航航标配布；在支流航道桥区、滩险等重点航段推广视频监控系统并实行重点设标，助导航设施有效覆盖。

（一）大宁河支持保障系统建设工程

2008年10月，重庆市港航管理局启动工程的施工和监理招标工作，考虑到施工时间较短、工程量较大、专业面广，将工程分成6个施工标段进行招标，其中，航行标志、交通安全标志和附属工程、工作船艇、VHF通信工程分别于2008年12月、2009年3月、2009年8月完成了施工招标工作，2009年1月、2009年10月分别委托了航行标志、交通安全标志和附属工程、VHF通信工程监理单位，2009年2月、4月、9月，航行标志、交通安全标志和附属工程、工作船艇、VHF通信工程正式开工；经过参建各方的共同努力，2009年12月，航行标志、交通安全标志和附属工程、工作船艇全部完工，2010年4月、2011年9月，VHF通信工程和视频监控系统工程完工。工程完工后，市港航管理局组织设计、施工、监理、质监、运行管理及有关单位进行了交工验收工作。

（二）乌江彭水电站至龚滩段支持保障系统建设工程

2010年，重庆市最大的水电建设项目乌江梯级开发彭水电航枢纽建成蓄水成库，境内彭水枢纽至龚滩河段41公里航道成为常年库区河段。为充分发挥枢纽航运效益，保障船舶通航安全，服务地方经济发展，2010年10月，乌江彭水枢纽至龚滩河段航道支持保障系统建设工程正式开工，工程河段长约41公里，位于乌江彭水电站库区，重庆市彭水县、酉阳县和贵州省沿河县境内。

工程内容主要包括船舶建造、航标、交通安全标志等工程、VHF通信和航道视频监控系统、乌江彭水通航管理处综合楼等。至2014年8月，该工程全部完工，工程河段41公里航道达到设计的四级航道、一类航标维护标准，航道条件显著改善，对促进渝、黔两地经济社会发展创造了优质的水运主通道服务。

乌江彭水枢纽至龚滩河段支持保障系统建设工程按四级航道标准、内河航道一类维护建设，航道维护尺度为2.4米×50米×330米，通航保证率为98%。乌江彭水枢纽至龚滩河段支持保障系统建设工程航道长41公里，主要建设内容为：配布内河一类航标87座，建设航标106座、交通安全标志30座、港航综合基地码头2座、航行水尺1把、航道站水尺2套、系船设施48个，维护标路20条，工作船艇6艘，VHF基站通信设备2套、VHF控制室通信设备1套及机房配套设备，CCTV前端监视设备、监控室监控设备各2套，指挥室监控设备1套及机房配套设备，彭水通航管理处综合楼1栋。

（三）乌江航道全面启动信号标志换代项目

为尽早接轨长江“黄金水道”，落实市委、市政府把重庆建设成为长江上游航运中心的精神，重庆市港航管理局乌江航道段根据乌江航道实际情况，于2007年12月15日正式启动了乌江夜航航标配布工程。该工程主要解决乌江河口至白涛25公里航段的夜航问题，计划共设置44座航标，其中浮标25座、岸标19座。在航标配布中将注重岸标与浮标相结合，整个航标配布工程施工时间约为9天。航标配布工程完成后，乌江航段将首次实现夜航。三峡工程156米蓄水后，乌江羊角以下约50公里的航道条件得到根本改善。河口至白涛25公里航段形成水面宽阔、水深达10米以上的深水航道，2000吨级船舶可在此段航道自由航行。白涛至羊角25公里航区内各碍航滩险也基本消除，水流平稳，1000吨级机动船或500吨级拖带船队可在此段安全通行。为适应三峡蓄水后乌江航道条件改善及航运发展需要，更好地服务船务公司和船舶，乌江航道管理部门对信号标志进行更新换代，将以前的竹质信号标志改为铝塑板标志，并做到醒目、规范、易操作、易辨认。

（四）嘉陵江河口至草街支持保障系统建设

嘉陵江草街至河口段支持保障系统建设工程是嘉陵江草街至河口段68公里航道整治工程的重要组成部分，是发挥嘉陵江全线渠化效益、保障嘉陵江水运主通道安全畅通的水运重点建设项目。

2010年12月，嘉陵江草街至河口段航道支持保障系统建设工程正式开工，2012年12月，工程项目全部完工。按内河三级航道、一类航道维护和一类航标配布标准，航道维护尺度为2.0米×60米×480米，通航保证率98%，建设嘉陵江草街至河口68公里河段航道支持保障系统。工程内容主要包括船舶建造、航标、交通安全标志等工程、VHF通信和航道视频监控系统等，总投资约2900万元。

（五）长江重点航段的助航设施建设

2007年，长江航标进入第4次大规模升级换代。航标灯从煤油灯、电气灯、电子灯，发展成为今天的太阳能一体化航标灯，昔日开船巡查的长江航标维护管理方式正在被集中遥测监控方式替代，实现了质的飞跃，长江航道逐步向数字化迈进。

五、长江干线三峡库区实施分边航行

三峡工程完成135米蓄水后，“高峡出平湖”，库区初步形成。长江重庆航道局鳊鱼溪至忠县河段从天然山区航道平稳过渡到库区航道，三峡库区航段的航道条件明显改善，水流流速变缓，不仅水深和航宽大幅度增加，而且水流趋于平缓，25处控制河段减少了21处。航道等级提高，通航里程延长，通航能力显著增加，支流的通航里程也大幅度增加，千古以来川江“水急滩险”的状况在库区水域不复存在。但是，随着三峡库区条件好转，航行船舶密度逐渐增加，水上交通格局、航运发展形势和通航环境发生了很大变化。航行船舶密度逐渐增加，某些航段出现了多种船舶航路混杂、船舶避让无所适从、通航秩序较为混乱的问题。库区船舶交叉频繁，避让无所适从，船舶的航行、停泊秩序和避让行为亟待规范，原来的航标设置和航行规则已不适应库区航运发展的需要，存在的通航安全隐患不利于库区水运的发展，制约了三峡工程航运效益的充分发挥。此外，一些显著标志被淹没，船舶定位出现困难，库区的雾情趋于复杂，导致船舶航行难度加大，水上搜寻救助的难度也随之加大。对此，众多航运企业和广大船员呼吁尽快规范船舶航法和船舶避让行为，维护库区的航行、停泊秩序，保障船舶航行安全。

党中央、国务院领导十分重视三峡库区的安全问题。交通部党组对库区安全也非常重视，交通部部长张春贤、副部长洪善祥多次到三峡库区进行考察和调研。

2003年7月26日，根据蓄水后的库区航道现状及水运发展需求，交通部党组召开扩大会议，决定在三峡库区实施航路改革。9月18日，交通部颁发《长江三峡库区船舶定线制规定（试行）》，它预示着川江千百年形成的“上水走缓流，下水走主流”的习惯航法将发生重大的改革和巨大的变化，同时预示着备受世人关注的长江三峡库区船舶定线制建设正式拉开帷幕。三峡库区航路改革，是发展库区水运生产力、打造库区水上高速通道、加快西部大开发的一项重大举措，同时也是川江航道人多年的梦想与渴望，被誉为“天子一号”工程。交通部专门投资5000多万元用于建设航道配套工程。

在库区航路改革中，长江重庆航道局在时间紧、任务重、难度大、要求高的情况下，举全局之力组织动员职工奋战在峡江两岸，及时制定了工程建设方案，组织开展了库区航路改革航道配套工程的可行性研究、初步设计和施工设计，并报部批准后按进度进行了建设。为按时完成航路改革任务，长江航道局制定下发了航路改革工作进度表，严格执行每周两次汇报制度，协调、推进局属长江海事局、航道局、三峡局、通信局有关工作，集中力量积极实施。经过160个昼夜的顽强拼搏，为库区航路铸就了一座座新的丰碑，创造了川江航道新的奇迹和辉煌。

2003年9月17日，长江重庆航道局就鳊鱼溪至忠县库区河段航路改革航标建设启动，向长江航运各轮船公司船舶发布航道通告，三峡库区航路改革航标建设工程施工拉开帷幕。

2003 年 12 月 10 日，长江航道局发出《关于启用三峡库区航路改革河段（鳊鱼溪至忠县）新建航标工作的通知》，长江重庆航道局接到传真后立即制定工作安排，组织物资器材、设备、设施供应到位。2003 年 12 月 12 日，该局发布鳊鱼溪至忠县河段新建航标设置、调整工作的航道通电和航道通告。2003 年 12 月 15 日，召开鳊鱼溪至忠县河段新建航标启用工作的宣传会，向船舶单位介绍启用新建航标的航道维护安排以及驾引人员对引用航标的注意事项。2003 年 12 月 23 日，长江重庆航道局发布鳊鱼溪至忠县河段新建航标于 12 月 25 日正式启用的航道通电和航道通告。在培石、万州和忠县长江大桥三处悬挂“长江三峡库区航路改革新建航标于 12 月 25 日正式启用”的宣传横幅。该局工作组于 12 月 20 日起分赴基层，会同奉节、万州、丰都处工作组乘处航标工作船对辖区新建航标进行拉网式检查。

2003 年 12 月 25 日，库区新建航标正式启用，航道站撤除过河标，相应标位按设计配布调整、设置，启用新建航标，鳊鱼溪至忠县河段从当日 18 时起无过河标灯，所有标志于当日晚上起按设计灯质发光。即：奉节长江公路大桥 1 号标以下，侧面浮标、岸标为定光；通航支流河口左右通航标为白色三闪光灯，奉节从长江公路大桥 1 号标起及以上侧面浮标、岸标按航标编号单号单闪光，双号双闪光，通航支流河口左右通航标为白色三闪光。

2003 年 9 月 26 日，湖北境内三峡大坝至鳊鱼溪河段的航行标志和交通安全标志全部配布到位。至此，三峡大坝至忠县全河段，892 座航行标志已安放到位，96 块交通安全标志以及雾情观察哨、水上安全信息广播台等建设内容已初步完成。新建航标的正式启用，确保了 2004 年 1 月 1 日库区航路按《长江三峡库区船舶定线制规定〈试行〉》正常运行。

三峡库区航标配布具体信息详见表 7-8-2 ~ 表 7-8-5，三峡成库前后丰都至大坝间相关水位站水位值与水深增加值见表 7-8-6。

三峡库区 135 米蓄水期分边航行航行标志中岸浮标兼有的标志配布表（鳊忠段）表 7-8-2

序　　号	标　　名	岸　　别	里程（公里）	标 志 配 布	所　辖　处
1	青岩子	左	233.2	A141↓△141↑	奉节处
2	马坎	左	237.0	A140↓△140↑	奉节处
3	垮洪桥	左	277.0	A137↓△137↑	万州处
4	平明滩	左	283.6	A148↓△148↑	万州处
5	兔子坝下	右	411.0	△136↓　A136↑	丰都处
6	兔子坝上	右	411.8	△136↓　A136↑	丰都处

续上表

序号	标名	岸别	里程(公里)	标志配布	所辖处
7	观音阁	右	420.6	A150↓△150↑	丰都处
8	白和尚	右	421.3	A150↓△150↑	丰都处

三峡库区135米蓄水期分边航行通航支流河口标志表(编忠段) 表7-8-3

序号	河流名称	岸别	里程(公里)	标位名称	标志配布	所辖处
1	鳊鱼溪	左	145.1	鳊鱼溪河口下	△	奉节处
2	神女溪	右	155.5	神女溪河口上	△	奉节处
3	大宁河	左	169.9	大宁河口下	△	奉节处
4	大溪	右	196.5	大溪河口上	△	奉节处
5	草堂河	左	203.5	草堂河口下	△	奉节处
6	梅溪河	左	207.7	梅溪河口下	△	奉节处
7	朱衣河	左	216.1	朱衣河口下	△	奉节处
8	新津口	右	267.5	新津口河口上	△	万州处
9	汤溪河	左	271.4	汤溪河口下	△	万州处
10	双江	左	298.0	双江河口下	△	万州处

三峡库区航道鳊鱼溪至兰家沱河段航标分类统计数量表 表7-8-4

航道类型	航道起讫点	维护里程(公里)	设标总数	航行标志						信号标志			备注
				侧面岸标	侧面浮标	左右通航标	岸浮交替标	过河标	横流标	通行信号标	鸣笛标	界限标	
库区航道	鳊鱼溪至忠县	277.9	676	445	194	10	8			7	6	6	船舶定线制鳊鱼溪至忠县长江大桥135米库区航道划至陶家石盘包括嘉陵江口1.2公里
	忠县至陶家石盘	13.1	18	13	5								
变动回水区航道	陶家石盘至剪刀峡	115.0	399	86	243	2		36	13	7	6	6	
	剪刀峡至娄溪沟	124.8	475	136	239	4		30	22	14	14	16	
重点标航道	娄溪沟至兰家沱	67.6	63		52					3	4	4	

库区航路综合指示牌配布　　表 7-8-5

类　别	安装区域	距宜昌里程(公里)	备　注
支叉河口指路牌	鳊鱼溪	145	长江左岸
支叉河口指路牌	神女溪	156	长江右岸
支叉河口指路牌	大宁河	169.5	长江左岸
支叉河口指路牌	大溪	196.8	长江右岸
支叉河口指路牌	草堂河	203.5	长江左岸
支叉河口指路牌	梅溪河	206.5	长江左岸
支叉河口指路牌	朱衣河	216	长江左岸
支叉河口指路牌	磨刀溪	267.8	长江右岸
支叉河口指路牌	汤溪河	271.8	长江左岸
支叉河口指路牌	双江河	297.9	长江左岸
综合地名指路牌	巫山	174.8	长江右岸
综合地名指路牌	奉节	214.8	长江左岸
综合地名指路牌	万州	323	长江左岸
综合地名指路牌	忠县	422	长江左岸

三峡成库前后丰都至大坝间相关水位站水位值与水深增加值表　　表 7-8-6

水位值及水深增加值	三峡大坝	巫山	奉节	云阳	万州	忠县	丰都
水位站水尺零点高程(米)		62.96	74.80	84.00	99.98	11.70	131.39
135 米水面高程(米)	135.0	135.0	135.0	135.0	135.0	135.0	135.35
水深增加值(米)		72.0	60.2	51.0	35.0	18.0	4.0
139 米水面高程(米)	138.98	138.94	138.99	138.98	139.12	139.14	139.30
寸滩来水量 3700 立方米/秒水深增加值		76.0	64.2	55.0	39.1	22.1	7.9

《长江三峡库区船舶定线制规定（试行）》的原则和特点：以 TMO（船舶定线制的一般规定）为指导，紧密结合长江三峡库区实际，按照“减少航路交叉，避免碰撞事故；规范船舶航路，促进航运发展；严格过错责任，加强监督管理”的原则，要求船舶各自靠右舷一侧通航分道航行，未按通航分道航行的船舶避让沿通航分道航行的船舶。并设置了 3 处控制航段、8 处通航条件受限制航段、12 处警戒区和 77 个停泊区。船舶定线制规定于 2003 年 10 月 1 日起，已在三峡库区湖北境内三峡大坝上游禁航线至鳊鱼溪河段施行；自 2004 年 1 月 1 日起，在三峡大坝至忠县长江大桥三峡库区全河段实行。

《长江三峡库区船舶定线制规定（试行）》确定了新的船舶航行和避让原则，首次在川江实现了船舶分道通航，并减少了控制航段的长度和时间，最大限度地消除了川江原有的船舶通航方面的限制，实现了“上、下行船舶各行其道、各自靠右、避免交叉、规范有序、保障安全”，简化了船舶避让关系，建立了新的航行权利和义务，提高了三峡库区航行安全保障和通行能力。《长江三峡库区船舶定线制规定（试行）》是继2003年7月长江江苏段实行船舶定线制以后，在长江上游对航行船舶实行分道航行的一种航行制度。它突破了川江原有的船舶航行习惯，是对川江船舶“看水走船”传统航行方法实施的一次全面、彻底的改革。

《长江三峡库区船舶定线制规定（试行）》共分7章38条，适用范围为长江三峡围堰发电期三峡大坝上游禁航线（不包括上游引航道）至忠县长江大桥（长江上游航道里程418.8公里）水域，水域全长369.7公里。

在三峡库区实施船舶定线制，预示着水上交通主管部门已把先进的海事管理理念从海上延伸到了川江，引进了库区水域，预示着三峡库区水域的通航环境和通航秩序有了跨越式改善。

六、船舶污染治理力度进一步加强

（一）船舶生活污水污染治理

为推进船舶生活污水治理改造，自2002年开始，在重庆市环保局支持下，在30余艘船舶上进行了生活污水治理示范项目。船舶实施生活污水治理的技术可行性得到了充分论证，但单船安装处理设施和实施改造所需的巨大资金投入由船方独立承担的困难也被充分暴露，影响了治理工作的全面推广。

2004年，为贯彻落实《重庆市政府关于贯彻三峡库区经济社会发展规划的实施意见》（渝府发〔2004〕99号）的精神，积极推进《三峡库区及其上游（重庆段）水污染防治规划》的实施，市交通委员会牵头制定了《重庆市船舶污染治理工作实施方案》，以《内河船舶法定技术检验规则（2004）》为技术规范依据，要求新建船舶、逆水航程在4个小时及以上且客位在100客位以上的客船和600总吨及以上的机动货船，必须安装生活污水处理装置，其余船舶安装生活污水打包收集装置进行处理。此方案后被纳入《重庆市“碧水行动”实施方案》，由市政府发布实施。

2004年9月1日后新建的船舶和主城区餐饮船舶共300余艘已严格按规范要求安装了船用生活污水处理装置。根据规划，实施船舶生活污水集污治理工程，大船安装生活污水处理装置需4亿多元，小船安装生活污水储存设施需1.1亿多元，共计5.1亿多元。由于船舶生活污水处理设施安装改造价格昂贵，规划建议采取中央、地方政府补贴和船方自筹资金相结合的方式解决。2006年，为进一步推进船舶生活污水治理工程，按照市交通委员会要求，市港航管理局编制了《重庆市船舶生活污水治理工程实施方案》。

在此方案基础上，市交通委员会决定先期投入2000万元专项资金作为补贴，从跨省运输客船开始全面启动船舶生活污水治理工作，并制定了详细的实施细则，对实施对象、工作推进方式和资金补贴等进行了明确。

2008年所有新改建船舶，按照《川江及三峡库区航行船舶检验管理暂行规定》，应当安装生活污水处理装置的，已经强制安装并签发相应的防污染证书。省际运输旅游客船生活污水治理，2008年，计划安装的56艘省际运输旅游客船已全部安装船舶生活污水生化处理装置。

（二）船舶油污水治理

成库后，虽然大部分（30马力以上）航行库区的运输船舶已基本按要求配备了油水分离设备和污油水储存装置，但由于船舶油水分离器设备状况差，运转率低，使用状况并不良好，船方为了省钱、省事，往往采取“港内不排港外排、白天不排晚上排”的办法，躲避海事部门检查，偷排油污。

为了迅速扭转长江水域环境质量恶化的趋势，长江海事局于2007年7月印发《2007年限制船舶污染物排放专项行动实施方案》，对船舶排污设备实施铅封管理，以有效限制船舶污染物的排放，提高船舶垃圾、残油及油污水接受处理率。重庆海事局按照长江海事局的统一部署，在重庆市境内开展船舶“铅封行动”，对长期仅在有油污水接收设施的港口水域范围内航行、作业主机功率22千瓦以上的港作船、港内交通船、供应船、加油船，长期仅在三峡大坝以上库区水域航行作业的一等（1600总吨）以上营运船舶的油污水排放口实行铅封，并统一编号备案。对已实施铅封的船舶，其产生的油污水、残油不得自行处理，必须交付给具备合格资质的船舶污染物接收单位。海事管理机构在进行船舶安全检查和现场检查时，对其铅封情况、油污水及残油交付情况进行检查，对于其油水分离器等油污水处理装置不再进行检查。另外，专项行动将进一步规范船舶污染物的交付接收和处理，对船舶垃圾、残油及油污水等污染物的产生和交付处理情况进行核对，对污染物去向不明的船舶，经核实船舶不具备防污染条件的，责令其整改后方可办理签证手续。对于存在偷排行为或大量船舶污染物去向不明的船舶，按规定严肃处理。

第九节　航运科技水平不断提高

2003年至2010年间，重庆水上交通的科研工作取得了可喜成果。建设重庆市水上交通管理监控系统、重庆市水上交通应急指挥系统、重庆市水上交通视频监控系统，提高了应急救援能力；开发重庆市港航综合信息、港口综合信息管理系统和船舶检验管理信息系统，提高了行政管理效能；完成“嘉陵江草街航电枢纽船闸通航关键技术”“乌江航运建设关键技术研究”“三峡库区航运安全环境仿真系统研究”等交通部(交通运输部)西部科技项目;开展“三峡库区运输船舶节能实用技术研究”“重庆水运节能减排评价指标体系及政策研究”,提高了科学发展水平。

一、航运科研工作的开展

2003年之后,借助三峡工程上马后三峡库区更加复杂丰富的工程实践背景,在渝各大高校和科研院所都积极开展了相关的研究工作,也取得了丰富的科研成果。为加快重庆市航运发展步伐,提高科学决策能力,重庆市加大了对航运科研的投入,启动了不同层次的科研项目。

(一)重大科技项目

1. 三峡库区泥沙淤积研究

三峡工程库区泥沙研究经历了建设前的研究、建设期的研究、蓄水后的研究等阶段,一直引起社会重大关注。为持续深入研究三峡水库库区泥沙淤积问题,2000年以来,国务院三峡办先后实施了“十五”“十一五”三峡工程泥沙问题研究,科技部实施了“十一五”国家科技支撑计划三峡工程运用后泥沙与防洪关键技术研究,项目由中国水科院、长江科学院、重庆西南水运工程科学研究所、清华大学、长江规划设计院等单位联合攻关,课题组分别采用60泥沙系列、90泥沙系列,针对三峡坝区段、涪陵至长寿段、重庆主城区段,开展了库区悬移质和推移质泥沙运动规律、泥沙淤积与蓄水进程、水库调度运用方案对水库长期使用的影响、坝区泥沙淤积问题与对策等一系列的研究。2010年9月15日,顺利通过水利部和国务院三峡办联合组织的课题验收。专家组一致认为课题采用理论分析、原型观测、实体模型试验、数学模型计算等多种手段开展了不同系列研究,取得丰硕成果,总体研究成果达到国际先进水平。课题首次对三峡水库蓄水运用后水沙输移规律、三峡水库可能存在的絮凝现象进行了系统研究,导出了三峡水库淤积物密实过程数值模拟方程;采用90泥沙系列开展重庆主城区河段试验研究,为2008年三峡工程抬高蓄水位并为后期按175米-145米-155米方案正常蓄水提供了技术支撑;改进完善了长河段水流泥沙数学模型,研究了不同入库水沙条件和运行方案的水库淤积规律、长期保留库容等,为充分发挥三峡工程的综合效益提供了依据;课题还对库区航道整治方案和原型观测方法提出了新的方案。此课题取得的研究成果可为制定和优化三峡水库的调度运行方案提供参考,为长江流域河道治理及其他专项规划的修订提供技术支撑,具有良好的推广应用前景。课题发现的水库悬移质和推移质泥沙淤积规律和改进完善的长河段水流泥沙模型为金沙江向家坝、溪洛渡、白鹤滩、乌东德等特大型水库的预测库区泥沙淤积问题研究奠定了坚实的理论基础和技术支持，库区航道整治技术也在金沙江、澜沧江等大变幅库区航道整治得到应用。课题成果也在库区消落带治理、综合环境治理、航道整治等方面得到广泛应用。课题取得成果丰硕，应用广泛，示范效果好，获得重庆市科技进步二等奖和中国航海学会科学技术奖一等奖。

2. 乌江航运建设关键技术研究

2008 年 4 月 17 日，交通部西部交通建设科技项目管理中心组织国内 13 名专家、教授，在重庆对重庆市港航管理局和重庆交通大学联合承担的西部交通建设科技项目“乌江航运建设关键技术研究”进行验收及鉴定。为充分利用水资源，促进西部水运发展，把重庆市建设成为长江上游航运中心，在交通部水运司和科教司的大力支持下，以银盘枢纽工程为依托，2005 年，交通部西部交通建设科技项目管理中心及时批准了该项目的立项，并由重庆市港航管理局、重庆交通大学和银盘枢纽工程建设单位等组成联合科技攻关组，开展本项目研究。项目多项研究成果在依托工程中得到了良好应用，不仅确保了乌江银盘枢纽通航建筑物具有合适的建设规模，为乌江的航运发展提供重要的技术支撑，也为类似山区河流通航建筑物的优化设计提供技术参考。

3. 重庆草街航电枢纽工程通航关键技术研究

2009 年 8 月 14 日，“重庆草街航电枢纽工程通航关键技术研究”顺利通过交通运输部验收。经专家组鉴定，该项目研究成果整体达到国际先进水平，为全国内河航运枢纽工程建设相关技术标准的修订提供了技术支撑。嘉陵江草街航电枢纽工程是国务院西部开发办公室确定的十大建设工程之一，也是交通运输部有史以来（至 2010 年）在内河投资建设的最大项目。工程具有通航、发电、防洪等功能。其中船闸规模在全国内河中居第三位，仅次于三峡船闸与葛洲坝船闸。枢纽全部建成后，可渠化通航河流航道 180 公里。为积极探索研究山区内河水运工程及通航技术新领域，草街航电枢纽工程于 2006 年 8 月被列入交通部西部交通建设科技项目，由重庆航发司、西南水运科学研究所等 7 个单位联合开展课题研究。课题组针对山区河流特征突出、船闸及上下引航道布置困难等情况，通过 16 个不同类型的物理模型试验，对枢纽总体布置、泄洪消能防冲、上下游引航道通航水流条件、船闸输水系统水力学及阀门水力学、施工期通航与导流 5 个专题和 22 个子课题进行了系统深入研究，项目成果喜人，多项课题研究在国内外具有创新性，研究成果整体达到了国际先进水平。其中，在枢纽布置以及船闸水力学输水系统方面技术达到国际领先水平，并且在依托工程草街航电枢纽项目建设中得到了充分应用，对我国内河航运、航电枢纽建设的理论水平和技术水平的提高，以及相关规范的修订起到技术支撑作用。草街航电枢纽通航关键技术研究成果已有 22 项被直接应用到该工程设计和建设中，部分成果被武隆银盘水电站、广西长洲水利枢纽等国内一些水运、航电工程采用，经济效益和社会效益良好。项目获得重庆市人民政府科技进步二等奖、中国航海学会科学技术奖二等奖。

（二）一般科技项目

1. 复杂环境下的炸礁工程爆破技术研究

为改善三峡库区航道状态，进一步发挥三峡工程的航运效益，进一步改善重庆主城港区的航运条件，进一步体现三峡水库前阶段航道整治的效益，先后实施了“三峡水库涪陵至铜锣峡河段航道整治炸礁工程”“长江三峡水库铜娄段航道炸礁工程”等项目。这些项目毗邻主城区，周边环境复杂，桥梁、建（构）筑物、船舶、码头等林立，为应对上述复杂工况条件，长江重庆航道工程局进行了“复杂环境下的炸礁工程爆破技术研究”，获2009 年中国水运建设行业协会科学技术三等奖。

2. 水下钻孔爆破技术研究

长江重庆航道工程局在山区河流 60 余年整治过程中，依托自有设备和技术，逐步形成并确立了水下钻孔爆破技术在水运建设行业的技术领先优势，在爆破行业确立了水下爆破的领军地位，编撰的“山区河流水下钻孔爆破施工工法”获评 2009 年国家级工法，并主持编撰《水运工程爆破技术规范》（JTS 204—2008）。获“沙漠地区沟槽开挖单排轻型密布井点降水施工工法”“钢与混凝土混合连续刚构桥钢混接头施工工法”“抓斗挖泥船平板侧推扫浅施工工法”“采用特殊出口装置的大管径虹吸施工工法”“大深度沉井群施工工法”5 项国家级工法，“水下铺设钢丝石笼网垫施工工法”“沙质河床顺水流铺排施工工法”“激流河段碇泊硬式扫床施工工法”“抓斗挖泥船平板侧推扫浅施工工法”4 项交通运输部水运工法。

二、航运科研事业的发展

2000 年 11 月，重庆市教育委员会印发《关于批准首批重庆高校市级重点实验室的通知》（渝教科〔2000〕11 号），批准重庆交通大学建设重庆市水利水运工程重点实验室；2007 年，实验室被列为省部共建教育部重点实验室。

2004 年 11 月，重庆市科学技术委员会印发《关于批准组建多肽制药等 10 个市级工程技术研究中心的通知》（渝科委发〔2004〕68 号），批准重庆交通大学建设重庆市航运工程技术研究中心。该中心建设成效显著，2010 年 12 月，被评为重庆市开放示范研发平台。

2006 年 5 月，为了改革发展的需要，重庆交通大学同意西南水运工程科学研究所成立重庆西科水运工程咨询中心，并将西南水运工程科学研究所从事工程计算咨询的业务相关人员及业绩一并划转给重庆西科水运工程咨询中心。

2006 年 10 月至 2007 年，根据重庆交通大学落实党政的指示，为了适应市场经济发展要求，经所党政联席会议多次研究决定，将西南水运工程科学研究所水运咨询资质转入重庆西科水运工程咨询中心，并将咨询资质由乙级升为甲级。

2007 年 10 月 18 日，重庆市船舶工业产学研战略联盟正式成立。本着“资源共享、优势互补、互利互惠、共同发展”的原则，以建立产学研联盟，提升自主创新能力，推动重庆船舶工业持续快速发展为宗旨，联盟成员单位重庆东风船舶工业公司、川东造船厂、重庆金龙船业有限公司、重庆交通大学和重庆大学将进一步加强产学研合作，突破船舶工业技术瓶颈，促进我市船舶工业快速稳定发展。在成立大会上，重庆交通大学、重庆大学分别与企业签约了首批共 8 项合作项目协议，其中：重庆交通大学与川东造船厂、重庆东风船舶工业公司、重庆金龙船业有限公司分别签署了《“特种船舶焊接工艺研究”项目合作协议》《“船舶涂装工艺研究”项目合作协议》《“船舶数字化生产设计平台建立与应用开发”项目合作协议》。

2007 年 12 月，交通部批准重庆交通大学建设内河航道整治技术交通行业重点实验室。该重点实验室在交通运输部科技司 2012 年 1 月至 2013 年 9 月组织实施的 43 家重点实验室评估中，获得全国水运行业重点实验室排名第 2、高校重点实验室排名第 1 的好成绩。

2009 年 6 月，重庆市科学技术委员会批准立项建设省部级船舶科技创新平台重庆市特种船舶数字化设计与制造工程技术研究中心。中心依托重庆交通大学，实行校企产学研联合共建。中心拥有船模试验循环水槽，造船集成设计系统 NAPA，船舶计算系统 COMPASS，船舶生产设计系统 MASTER SHIP、SB3DS，流体分析系统 ANSYS-FLUENT，结构分析系统 ANSYS 和 MSC 等。中心主要面向重庆及西南地区船舶企事业单位，在船舶数字化设计与制造领域开展科学研究与技术服务。

2010 年，重庆交通大学联合长江航道局向科技部申请立项建设国家内河航道整治工程技术研究中心。

三、人才教育培训工作的开展

2003 年，重庆交通大学加快修订完善人才培养方案，进一步加强人才培养七大原则，即：德智体全面发展，知识、能力、素质协同发展的原则；注重学生自学能力和创新能力培养的原则；拓宽专业口径，增强适应性的原则；教育教学内容的基础性原则；理论联系实际，加强实践训练，注重培养实践动手能力的原则；课程体系整体优化的原则；因材施教，注重学生个性发展的原则。明确了必修课学分与选修课学分的比例为 7∶3。其中：港口航道与海岸工程专业人才培养方案在传承专业教学特色的同时，更加注重与大土木工程和注册职业工程师的衔接。港口航道工程方向着重于港口工程和航道工程，在相邻主干学科偏向于土木工程领域；海岸工程方向着重于海岸工程，在相邻主干学科偏重于海洋工程。两个专业方向的公共课、基础课和技术基础课的模块课时一致，但在相应课程模块中增加了土木水利工程概论、环境工程学、工程经济、工程管理、工程检测、结构抗震、结构可靠度、港航工程模型试验、道路工程、桥梁工程、桩基工程、工程建设规范与法规、地理信息系统等选修课程，以期加强学生在经济、管理等方面素质的提升和对前沿学科知识的了解与应用。同时，专门增设了学生课外创新训练模块，明确了学生课外创新能力的培养要求。

2003 年，重庆交通学院职业技术学院更名为重庆交通大学应用技术学院，开展航海类专业应用技术本科教育。2006 年成立重庆交通大学航海学院，开办航海类、海洋工程类本科教育。其中轮机工程、船舶与海洋工程专业自 2004 年开始招生，共 2 个班；航海技术专业自 2006 年开始招生，船舶电子电气工程专业自 2012 年开始招生。

2003 年至 2010 年，累计培养港口航道与海岸工程专业本科生 753 人，港口、海岸及近海工程、水利工程专业硕士研究生 200 余人。这一时期，重庆交通大学在人才培养方面取得突出成果，其中，2006 年获得港口海岸及近海工程博士授予权和水利工程一级学科及岩土工程学科硕士授权点；2007 年被授予重庆市特色专业；2009 年被授予国家级特色专业，港口航道与海岸工程人才培养模式获批为国家级人才培养模式创新实验区；2010 年，港口海岸及近海工程学科在“十一五”重庆市重点学科验收时获得优秀。

四、对外合作交流工作的开展

(一)重庆市交通规划勘察设计院首次成功迈向海外市场

2008 年 5 月 9 日，重庆市交通规划勘察设计院与中石油集团中国寰球工程公司成功签署了缅甸化肥码头的设计合同，标志着重庆市交通规划勘察设计院第一次成功迈向海外市场，实现了走向世界的目标。缅甸化肥码头设计是市交通规划勘察设计院第一次走出国门开展工程设计工作，标志着该院已初步具备与全国大院竞争的条件。缅甸化肥码头是缅甸石化公司第四化肥厂项目的重要组成部分，缅甸石化公司第四化肥厂项目是推动中缅两国关系发展的重要项目，由中石油集团中国寰球工程公司总承包。在本次与全国大院竞争中，市交通规划勘察设计院充分展现水运专业的综合实力，技术方案脱颖而出，得到了缅甸方和中石油中国寰球工程公司的高度赞赏。市交通规划勘察设计院水运室实现了跨越式发展，先后完成了全市大部分涉水区县的水运规划；设计完成了重庆市交通系统投资建设的第一个航电枢纽——富金坝船闸，全国首创的大水位差自动扶梯客运码头——宝塔坪旅游码头，全市第二座投入运行的高桩直立式集装箱码头——玖龙纸业码头。

（二）重庆—荷兰内河运输合作交流

2006年5月，交通部副部长徐祖远与荷兰运输部国务秘书会面时达成了中荷在内河信息服务方面合作的共识，拟将重庆三峡库区作为内河航运信息化建设的试点区域，8月下旬，市交通委员会组织人员到荷兰进行了访问，提出了中荷专家共同研究提出重庆三峡库区内河航运信息化规划的合作方案。

2006年9月23日，在交通部水运司、部水科院领导的陪同下，荷兰水利司的3位专家到重庆市港航管理局访问，主要就内河航运服务信息系统建设进行了交流。市港航管理局向来宾介绍了该局信息化建设基本情况，对水上交通管理监控系统做了重点介绍。荷兰专家对本国RIS系统及其八大功能也做了详尽的介绍，对重庆市内河管理方面的具体做法进行了了解，并参观了市港航管理局数据交换中心及监控中心。双方就信息化建设领域的合作达成了共识，同时表示希望能够得到交通部的大力支持。

2007年1月15日至16日，由荷兰内河运输企业、港口码头集团和公司、物流企业以及相应的研究单位和院校组成的荷兰运输和物流中国考察团一行，对重庆市长江流域的运输和物流发展情况进行了为期2天的考察。双方就如何促进长江流域物流和水运发展、对外引资及合作的领域可能性进行了互动交流；就加强合作、增进友谊，共同协作做大做强长江流域运输和物流达成共识。

2008年9月，交通运输部、长江航务管理局及长江沿线各省份港航、海事等相关单位的领导和专家参加了研讨会。会上，荷兰专家介绍了在内河运输方面的发展情况和在危险品监管方面的先进经验和管理理念，交通运输部水运科学研究院介绍了长江危险品运输安全保障体系现状调研情况。与会领导和专家结合各自地区危险品运输的具体情况，各抒己见，分析了危险品安全运输的特点和存在的问题，并对规范危险品安全运输提出了合理化建议。

（三）重庆航发司与日本三菱就草街CDM达成协议

2008年6月11日，重庆航发司与日本三菱商事株式会社就草街航电枢纽CDM项目初步达成意向性协议，并签订了《经核证减排量买卖协议》。

（四）首艘对欧出口重庆造船舶出航

2008年6月11日，“天保1号”成品油轮驶离东风船舶公司自备码头，在完成三峡库区的航行测试后，于6月中下旬驶抵南京港交付给希腊船东。“天保1号”总长99.6米、型宽18米、型深9.6米，最高航速12.6节，是希腊因特默多公司2006年向东风船舶订制建造的10艘5500载重吨海轮中的一艘。未来几年,因特默多公司将在渝订制建造30艘同类型船舶,分别用于成品油和化学品海运,整个合同金额超过4亿美元。随着东风船舶与因特默多公司合作的开展,“重庆造”船舶的海外知名度不断提高,众多国外船东纷纷慕名前来。当年上半年,东风船舶与两家瑞士公司分别签订了4艘8000载重吨出口货船和6艘5700载重吨沥青船的出口合同。

第十节 重大荣誉与奖励

2003年,长江重庆航道局获“全国第八届职工职业道德建设先进单位”“国家科技事业档案管理先进单位”“交通部长江三峡航路改革先进集体”“重庆市最佳文明单位”称号。长江重庆航道局莲花背信号台获“全国三八红旗集体”称号,长寿铁路大桥站获“重庆市青年文明号”称号。长江重庆航道局谷秀全当选党的十六大代表。重庆市嘉陵江航道管理段获“全国内河航道养护十佳集体”称号,重庆市港航管理局罗忠义、周平获交通部第二次全国内河航道普查“先进个人奖”。

2004年,长江重庆航道局获“全国五一劳动奖状”,长江重庆航道局杨俊获“重庆市劳动创新奖章”。重庆市港航管理局合川航道管理段、重庆市港航管理局船闸管理所获“重庆市级文明单位”称号。中国船级社重庆分社工会获“重庆市交通工会财务工作竞赛优秀集体”称号。重庆交通学院“长江三峡库区航路改革配套工程可行性研究”获2004年交通部优秀工程咨询奖三等奖,“长江三峡库区航道测量控制网”“长江三峡库区航路改革配套建设工程”获交通部优秀工程勘察奖二等奖,“提高三峡—葛洲坝两坝间河段通航能力研究”获中国航海学会科学技术奖二等奖,“嘉陵江渠化工程关键技术研究”“金沙江向家坝水电站施工通航及永久通航研究”获四川省科技进步二等奖,“澜沧江国际边境河流航运开发研究”获云南省科技进步奖二等奖,“三峡工程明渠导流与施工通航研究及运行实践”获国家科技进步奖二等奖,“三峡库区重点文物白鹤梁水下保护工程试验研究”“内河航道与港口水流泥沙模拟技术规程”获中国航海学会科学技术奖三等奖”,“三峡工程施工通航研究与成果应用”获重庆市科技进步二等奖。

2005年,重庆轮船总公司冯地禄获“全国交通系统劳动模范”称号。长江重庆航道局获评“全国精神文明建设工作先进单位”“重庆市厂务公开先进单位”。长江重庆航道工程局王显加获“重庆市劳动模范”称号。重庆市港航管理局嘉陵江航道段黄世忠被评为“全国交通系统先进工作者”,张颖颖获2004年度长江水系航运统计资料汇编工作先进个人,谭立云获“全市安全生产工作先进个人”称号。中国船级社重庆分社获评“重庆市国资委文明单位”,中国船级社重庆分社船舶处获“重庆市国企贡献奖先进集体”称号。中国船级社重庆分社涂建川获评“重庆市劳动模范”,黄增荣获评“重庆市国资委国企贡献奖优秀共产党员”，刘志鸣获重庆市交通建设工会“工会工作先进个人”称号。重庆交通学院“长江三峡库区航标遥测监控系统”“桥区河段航道整治技术研究”获中国航海学会科学技术奖二等奖，“山区河流航道整治关键技术研究”获中国航海学会科学技术奖一等奖，“桥区河段航道整治技术研究”获湖南省科技进步三等奖，“提高三峡—葛洲坝两坝间河段通航能力研究”“重庆河段泥沙模型测控系统及其应用”获重庆市科技进步三等奖。

2006年，长江重庆航道局获“全国厂务公开先进单位”称号。长江重庆航道局徐晓明获评“全国知识型职工先进个人”“长江航道局文明建设标兵”，李斌获“重庆劳动创新奖”，袁卫东获评“重庆市文明市民”“全国三八红旗手”“全国十行百佳妇女”称号。长江重庆航道工程局裴帮学获“重庆市劳动创新奖章”，周召蓉获“重庆市女职工建功立业标兵”称号。重庆市港航管理局嘉陵江航道管理段获“重庆市级文明单位标兵”“重庆市级文明单位”称号。重庆市港航管理局张颖颖获2005年度长江水系航运统计工作先进个人称号。中国船级社重庆分社产品处获“重庆市国企贡献奖先进集体”称号。中国船级社重庆分社凌志翔获“重庆市国资委国企贡献奖先进个人”称号。重庆交通大学“三峡库区航标遥测监控系统的研制及其推广应用”获中国航海学会科学技术奖二等奖，“山区冲积性河流整治建筑物水毁机理及防御系统研究”“西南山区河流急流滩航道整治技术及其应用研究”获重庆市科技进步三等奖。

2007年，长江重庆航道局获评“全国厂务公开民主管理先进单位”“全国精神文明建设先进单位”“重庆市直辖10年精神文明创建工作先进单位”，获“全国第十届职工职业道德”称号。长寿铁路大桥站获“全国青年文明号”称号，重庆航道处获“重庆市文明单位标兵”称号。长江重庆航道局毛世红获评“全国十大杰出青年岗位能手”，秦德发获“重庆市五一劳动奖章”，谷秀全获评“重庆市首届十大杰出女杰”，金生国获重庆市“夺损失、促生产、保目标”百日立功竞赛活动先进企业和先进个人称号。长江重庆航道工程局佘俊华获评“长航局首届十大杰出青年”，胡伟才获“重庆五一劳动奖章”。重庆市港航管理局获“全国交通文明行业”称号，重庆市港航管理局嘉陵江航道管理段、重庆市港航管理局直属处、中国船级社重庆分社获“重庆市文明单位”称号。重庆市港航管理局“重庆市水上交通管理监控系统”获2007年度重庆市科学技术奖三等奖。重庆交通大学“三峡工程施工期变动回水区航道整治工程”获国家优质工程奖二等奖，“长江上游涪陵至铜锣峡航道炸礁工程”获交通部优秀工程设计奖二等奖，《长江上游泸州至重庆航道建设工程可行性报告》获交通部优秀工程咨询奖二等奖，“长江航道整治建筑物稳定关键技术研究”获中国航海学会科学技术奖二等奖，“内河直立式码头建设关键技术研究”获中国航海学会科学技术奖三等奖，“三峡水库回水变动区重庆河段泥沙模型试验研究”获重庆市科技进步二等奖，“重庆港寸滩集装箱码头建设关键技术研究”获重庆市科技进步三等奖，“HD100 型太阳能一体化航标灯的研制及应用”获湖北省科技进步奖三等奖。

2008 年，长江重庆航道局获评“全国第十届全国职工职业道德先进单位”“全国‘安康杯’竞赛优胜企业”，谷秀全、肖方木、冯金秀获“改革开放 30 年长江航道风云人物”称号。长江重庆航道工程局获评“全国质量安全管理先进单位”“长航系统抗震救灾先进单位”“重庆市文明单位”“重庆市安全先进企业”。长江重庆航道工程局王甫学获“全国交通系统青年岗位能手”称号。重庆市港航管理局获“全国交通文明行业”称号。重庆市港航管理局陈嗣平获评“文明执法标兵”，张颖颖获 2007 年度长江水系航运统计资料汇编工作先进个人称号，陈晓翔获重庆市科技进步三等奖。中国船级社重庆分社黄增荣获“交通部抗震救灾先进个人”称号，刘志鸣获“全国交通系统工会工作先进个人”称号，敬勇获“重庆市国资委国企贡献奖先进个人”称号。重庆交通大学《长江上游泸州至重庆航道建设工程可行性研究报告》获全国优秀工程咨询奖二等奖，“长江三峡初期蓄水运用对航道影响及水库航运调度方式对策研究”获全国优秀工程咨询奖二等奖，“长江三峡初期蓄水运用对航道影响及水库航运调度方式对策研究”获交通运输部优秀水运工程咨询奖一等奖，“长江三峡初期蓄水运用对航道影响及水库航运调度方式对策研究”“长江宜宾至重庆段航道治理关键技术研究”获中国航海学会科技进步奖二等奖。

2009 年，长江重庆航道局鱼洞信号台获“全国女职工建功立业标兵岗”“重庆市女职工建功立业标兵岗”“重庆市工人先锋号”称号。长江重庆航道局方全获“全国五一劳动奖章”，石晨获评“全国交通技术能手”，唐仲伟获“重庆市五一劳动奖章”，金生国获评“重庆市劳动模范”，王镜获重庆市“六个 100”巾帼英雄称号。长江重庆航道工程局获评“全国‘安康杯’竞赛优胜企业”“全国交通行业质量管理小组活动优秀企业”“重庆市文明单位”，并获“重庆五一劳动奖状”，泸渝段航道整治工程获重庆市路港杯一等奖。“复杂环境下的炸礁工程爆破技术研究”获中国水运建设行业协会科学技三等奖，何艳军获评“全国女职工建功立业标兵”，李红勇获“重庆五一劳动奖章”。重庆市港航管理局乌江航道管理段获“重庆市文明单位”称号。重庆市港航管理局周平获评“全国交通运输系统先进工作者”。中国船级社重庆分社产品处获评“重庆市国企贡献奖先进集体”，顾思远获评“重庆市劳动模范”，曹宇晨获评“重庆市优秀共产党员”。重庆航运建设发展有限公司支建奎获评“重庆市劳动模范”。重庆国际集装码头有限责任公司董事长刘永忠获评“全国交通运输系统劳动模范”。重庆交通大学“长江干线航标新技术新材料应用研究”获中国水运建设科技奖三等奖，“复杂环境下的炸礁工程爆破技术研究”获中国水运建设科技奖三等奖。

2010 年，长江重庆航道局巫山航道处获“重庆市五一劳动奖状”，金生国获“全国劳动模范”称号，张洪获“重庆市五一劳动奖章”。长江重庆航道工程局李红勇获“全国交通运输行业文明职工标兵”“长江航道十大道德楷模”“长江航道局文明建设标兵”称号，王甫学获“重庆五一劳动奖章”，黄代钰获“重庆市‘安康杯’竞赛活动先进个人”称号。中国船级社重庆分社获评“重庆市重点税源网上数据监控报送先进单位”，产品处获评“全国交通系统工会工作先进集体”。中国船级社重庆分社颜思源获评“重庆市国资委国企贡献奖先进个人”。重庆交通大学“长江上游卵石沙波运动规律及航道治理关键技术研究”获重庆市科技进步二等奖。

第八章　全面建设、科学发展
(2011—2015)

第一节　概　　述

进入“十二五”时期,中央和地方政府更加重视长江航运的战略地位和作用发挥,将长江航运摆在重要位置,并给予切实政策支持。2014年,党中央、国务院作出“依托黄金水道推动长江经济带发展,打造中国经济新支撑带”的重大战略决策,对长江黄金水道功能提升和航运发展提出了新的更高要求。国务院先后出台了《关于加快长江等内河水运发展的意见》(国发〔2011〕2号)《关于依托黄金水道推动长江经济带发展的指导意见》(国发〔2014〕39号),支持水运加快发展。

2011—2015年是重庆水运科学发展的阶段,全市交通运输行业深入贯彻落实《国务院关于加快长江等内河水运发展的意见》(国发〔2011〕2号),紧紧围绕国家“一带一路”倡议和长江经济带发展战略,进一步加快水运发展,出台了一系列重大举措,取得了令人瞩目的发展成效,为建成长江上游航运中心奠定了坚实基础。重庆处在“一带一路”和长江经济带的联结点上,在国家区域发展和对外开放格局中具有独特而重要的作用。重庆紧紧围绕建设“长江上游航运中心”目标,更加注重水运基础设施和水运结构调整,更加注重服务体系和港航企业提档升级,更加注重航运安全和运输能力增强,加大水运发展专项资金投入,继续实行土地、税收等优惠政策,为内河水运发展提供政策支撑。2010年8月,重庆市政府批准设立重庆航运交易所。2011年,重庆市政府出台了《关于充分发挥长江黄金水道作用　进一步加快建设重庆长江上游航运中心的决定》。重庆水运基础设施建设和航运综合服务能力建设进入全面、高速发展新阶段,长江上游航运中心建设取得重大进展。航道网络体系基本形成,长江、嘉陵江、乌江以及三峡库区重要支流航道通行能力得到全面提升,到2015年,重庆市内河航道总里程达到4451公里,其中四级及以上高等级航道里程达到1075公里。枢纽型港口体系初步构建,建成投用全国内河最大的铁公水联运枢纽港口主城果园,主城寸滩、东港、万州神华等一批5000吨级大型化、专业化、机械化港口建成投用,到2015年,全市港口货物通过能力达到1.8亿吨,集装箱通过能力达到400万标准箱,位居长江上游内河港口前列。船型标准化发展成效显著，到2015年，全市船舶总运力达到660万载重吨，船型标准化率达到76.5%。航运企业规模明显提升，10万载重吨以上运力的企业12家，20万载重吨以上运力的企业6家，30万载重吨以上运力的企业3家，全市水运企业平均运力规模达到2.6万吨，结构更加优化。航运综合服务体系初步建立，以重庆航运交易所为载体，着力推动传统航运向现代航运转变，积极推进内河航运交易中心、信息中心、人才中心、结算中心建设，基本实现长江上游地区航运货运量的50%、集装箱的80%以上、长江中上游地区船舶交易的70%以上通过重庆航运交易所完成，初步构建了现代航运服务体系，有力地促进了航运要素在重庆集聚。

这一时期，水运经济快速发展，水路运输量、港口吞吐量双双突破亿吨大关。截至2015年，全市完成水路货运量、货物周转量分别达1.5亿吨、1693亿吨·公里，港口货物吞吐量1.57亿吨，集装箱101万标准箱，水路平均运距约1130公里，水运货物周转量连续10年占全社会比重超过60%，全市90%以上的外贸货运量由水运完成，周边省市到重庆中转货物占全市港口吞吐量的43%。水运的集聚辐射能力进一步增强，纵深腹地更为广阔，对促进西部各省资源开发、发展外向型经济、扩大与长三角发达地区和对外物资交流发挥了更加重要的作用。重庆港成为长江上游地区最大的集装箱集并港、大宗散货中转港、滚装汽车运输集疏港、长江三峡旅游集散地以及游轮母港，长江上游航运中心雏形基本形成。

第二节　长江上游航运中心建设加快推进

为发挥水运运能大、占地少、能耗小、污染轻、成本低等比较优势，进一步加快内河水运发展，中央提出加快建成畅通、高效、平安、绿色的现代化内河水运体系，把全流域打造成黄金水道。重庆处在"一带一路"和长江经济带的联结点上，在国家区域发展和对外开放格局中具有独特而重要的作用。"十二五"期，是重庆交通落实中央战略定位和政策支持的"机遇期"，中央及地方更加有力的政策支持，为重庆长江上游航运中心快速发展提供了良好的外部环境和政策机遇。

一、中央高度重视长江经济带发展

（一）中央领导对长江黄金水道发展寄予厚望

中央领导高度重视长江黄金水道建设发展。2013年7月，习近平总书记在湖北考察武汉新港时指出："长江流域要加强合作，充分发挥内河航运作用，发展江海联运，把全流域打造成黄金水道”。2013 年 9 月，李克强总理批示：“要依托长江这条横贯东西的黄金水道，带动中上游腹地发展，促进中西部地区有序承接沿海产业转移，打造中国经济新的支撑带”。

2014 年 4 月，李克强总理在渝调研期间明确指出，在向东向西开放中，重庆居于战略节点位置，要发挥战略支点作用。调研期间李克强总理察看了长江通航和沿岸生态保护等情况，并召开会议听取黄金水道建设和长江综合交通网规划汇报。他指出，长江“黄金水道”及沿江各地是一串“珍珠链”，建设好通江达海的综合交通体系，不仅可以带动沿江地区发展，还能辐射带动整个流域，使“黄金水道”发挥“黄金效应”，李克强特别强调，要注重保护好长江及沿江重要水系的水质和生态环境，把长江水道建设成为绿色生态、环境优美的走廊。李克强在果园港听取了长江上游航运中心规划介绍，了解港口集疏运和吞吐情况，勉励果园港要在长江港口中起标杆带头作用。他说，要把港口、物流、产业有机结合起来，打造大交通格局，使“黄金水道”货畅其运、人畅其流。总理的讲话对重庆交通赋予了新的定位，也对重庆市航运发展提出了更高的要求。

（二）国家大力支持内河水运发展

2011 年，国务院出台了《关于加快长江等内河水运发展的意见》（国发〔2011〕2 号），内河水运发展上升为国家战略，长江黄金水道迎来跨越式发展的重要战略机遇期。2014 年 9 月，国务院印发了《关于依托黄金水道推动长江经济带发展的指导意见》（国发〔2014〕39 号），随之一并印发了《长江经济带综合立体交通走廊规划（2014—2020 年）》，部署将长江经济带建设成为具有全球影响力的内河经济带、东中西互动合作的协调发展带、沿海沿江沿边全面推进的对内对外开放带和生态文明建设的先行示范带；把加快重庆长江上游航运中心建设，作为提升长江黄金水道功能的重要任务，积极培育高端航运服务业态，大力发展江海联运服务。以上重要文件对提升长江黄金水道功能、建设综合立体交通走廊、创新驱动促进产业转型升级、全面推进新型城镇化、培育全方位对外开放新优势、建设绿色生态廊道、创新区域协调发展体制机制具有重要的推动作用。

（三）交通运输部及其他国家部委对水运发展支持

交通运输部将加快内河航运发展摆在重要位置。在 2011 年全国交通工作会议上，交通运输部明确提出加快内河航运发展，推进长江上游重庆航运中心建设，将加大规模化、专业化港区建设和航道整治资金投入，加快发展多式联运以及集装箱、江海直达等先进的运输组织方式。“十二五”期，我国水运结构调整将以“兴内河、优港口、强海运”为着力点，促进水运安全绿色发展。兴内河，就是要以加快发展为主题，全面提升内河水运发展水平。优港口，就是要以调整优化为主题，形成现代化港口体系。强海运，就是要以做强、做大为主题，增强中国船队在世界海运界的地位和话语权。为此，先后出台了具体政策予以支持内河水运发展。

2011 年 3 月，交通运输部出台了《关于贯彻〈国务院关于加快长江等内河水运发展的意见〉的实施意见》（交水发〔2011〕76 号），提出了 8 个方面重点工作和 10 项保障措施。同年 6 月，交通运输部和长江沿线七省二市在江西南昌召开了长江水运发展协调领导小组第三次会议，研究部署了长江水运“十二五”发展目标和重点任务。同年 11 月，全国水运工作座谈会在广州召开，进一步明确了“十二五”期我国水运结构调整工作思路、发展任务和保障措施。

2012 年 4 月，交通运输部印发《关于鼓励和引导民间资本投资公路水路交通运输领域的实施意见》（交规划发〔2012〕160 号），鼓励和引导民间资本以独资、控股、参股等多种方式进入交通运输基础设施、交通运输服务和交通运输新兴业务领域。

2013 年 8 月，交通运输部、财政部联合相关省市发布《“十二五”期推进全国内河船型标准化工作实施方案》（交通运输部公告 2013 年第 50 号），要求“十二五”期间标准化船舶占内河运输船舶总吨位 50% 以上，其中长江干线、西江干线和京杭运河达到 70%。2013 年 10 月 1 日至 2015 年 12 月 31 日，对于建造有利于提高三峡船闸通过效率的三峡船舶、使用清洁能源燃料和其他有利于节能减排的船舶等符合国家发展方向的示范船给予政府财政补贴。

2013 年 9 月，长江水运发展协调领导小组第四次会议召开，要求加快打造长江全流域黄金水道，为沿江经济转型升级提供有力支撑。

2014 年 4 月，财政部、交通运输部印发《内河船型标准化补贴资金管理办法》（财建〔2014〕61 号），明确提出按照 1000 元/总吨的标准，同时考虑船龄系数和船舶类型系数，对在 2013 年 10 月至 2015 年期间提前拆解的内河老旧运输船舶进行补助，此外，国家还将对新建川江及三峡库区大长宽比示范船等类型船舶进行一定程度补贴。

2014 年 12 月 23 日财政部、国家发展改革委发布《关于取消、停征和免征一批行政事业性收费的通知》（财税〔2014〕101 号），交通运输部决定，自 2015 年 1 月 1 日起对 100 总吨以下内河船和 500 总吨以下海船免征船舶港务费、船舶登记费以及沿海港口和长江干线船舶引航收费，以减轻小微航运企业负担，优化航运市场发展环境，促进航运业持续健康发展。

2015 年 3 月，国家发展改革委、外交部、商务部联合发布了《推动共建丝绸之路经济带和 21 世纪海上丝绸之路的愿景与行动》，提出促进国际通关、换装、多式联运有机衔接，推动口岸基础设施建设，畅通陆水联运通道，推进港口合作建设。

二、重庆地方水运扶持政策更加有力

“十二五”期，是重庆交通落实中央战略定位和政策支持的“机遇期”，也是加快建设长江上游地区综合交通枢纽和国际贸易大通道的“关键期”。“314”总体部署、两路寸滩保税港区和西永综合保税区、两江新区等政策效应相继发力，为重庆水路运输的快速发展提供良好的外部环境和政策机遇，重庆水运进一步得到国家和重庆市委、市政府的高度重视。

2011 年初，国务院出台《关于加快长江等内河水运发展的意见》（国发〔2011〕2 号），明确要求重庆进一步加快推进长江上游航运中心建设。按照国发〔2011〕2 号文件精神和交通运输部等国家部委有关要求，重庆市出台了一系列支持航运发展的政策，极大地促进了全市航运业发展。

2011 年 8 月，黄奇帆市长、凌月明副市长主持召开全市水运发展协调领导小组第二次会议，黄奇帆市长继续担任领导小组组长。8 月底，重庆市政府印发《关于进一步加快重庆水运发展的意见》（渝府发〔2011〕71 号），明确了一系列政策措施：一是将全市水运发展专项资金从“十一五”期的每年 2 亿元提高到 5 亿元；二是对寸滩保税港区集装箱码头作业费进行财政补贴；三是对重庆港航企业通过重庆航运交易所交易平台完成的航运业务收入免征营业税；四是将进出重庆港作业的集装箱车辆高速公路通行费和主城区路桥通行次费优惠退费政策的适用范围从部分港区扩大到全市范围；五是确保水运重点建设项目用地得到保障，对重点项目审批实行绿色通道。

2011 年 8 月 22 日，按照重庆市政府第 92 次常务会议要求，市财政局、市交通委员会联合发布《关于印发寸滩保税港区集装箱码头作业费财政补贴暂行办法的通知》（渝财企〔2011〕382 号），明确自 2011 年 7 月 1 日起对寸滩保税港区集装箱码头作业费进行财政补贴政策，补贴对象为通过寸滩保税港区集装箱码头作业集装箱的航运企业。其中：外贸集装箱补贴标准为：20 英尺（约合 6.10 米）重箱补贴 144 元、空箱补贴 31 元；40 英尺（约合 12.20 米）重箱补贴 365 元、空箱补贴 100 元。2012 年 9 月，黄奇帆市长主持召开重庆市政府第 132 次常务会，决定对集装箱码头作业费继续执行财政补贴政策，补贴范围由寸滩港扩大到全市公共集装箱码头，并新增水水中转集装箱作业费补贴。2014 年 7 月，重庆市政府决定将集装箱码头作业费补贴政策延期至 2017 年底，并新增“蓉万”铁水联运集装箱作业费补贴政策。这项政策累计为全市集装箱航运企业补贴 4.63 亿元，对降低重庆综合物流成本，提升重庆港口的辐射力和影响力，进而推进重庆长江上游航运中心、商贸中心、物流中心建设发挥了重要作用。

2012 年初，为贯彻重庆市政府《关于进一步加快重庆水运发展的意见》（渝府发〔2011〕71 号）精神，重庆市地税局出台了《关于加快重庆水运发展有关营业税政策的通知》（渝地税发〔2011〕243 号），从 2012 年 1 月 1 日起，对通过重庆航运交易所交易平台完成的航运业务收入免征营业税。2013 年 5 月，重庆市政府第 9 次常务会议决定，在营改增后对通过重庆航运交易所交易平台完成的航运及航运服务业务缴纳的增值税，给予五年财政补助。同年9月，重庆市财政局出台《关于航运业发展财政扶持政策的通知》（渝财税〔2013〕109号），明确了对重庆航运及航运服务业增值税财政补助的期限、范围及具体工作流程。政策累计为全市港航企业争取财政资金8.18亿元，其中营业税免征2.44亿元，增值税补贴5.74亿元，对充分发挥水运低物流成本优势，扩大重庆水运的辐射半径和腹地范围，助推全市经济社会发展起到了重要作用。

2014年4月9日，《内河船型标准化补贴资金管理办法》（财建〔2014〕61号）将“三峡船型”作为“大长宽比示范船”纳入中央财政补贴范围，明确对2015年12月31日前新建完工的“三峡船型”船舶给予单船300万～400万元的补贴。其后，补贴政策被延续至2017年12月31日，单船补贴调整为250万元，这项政策累计补贴金额2.5亿元左右。

2015年11月，重庆市政府通过《关于加快建设长江上游航运中心的实施意见》，提出到2020年，形成以“一干两支”航道体系和“四枢纽九重点”港口体系为构架、现代化船队为载体、航运服务集聚区为支撑的航运体系，建成“服务＋辐射”型长江上游航运中心，还提出了10大重点任务、10项加大水运发展支持力度的政策，为重庆水运未来发展指明了方向。

三、部市合力共建长江黄金水道

为推进重庆长江上游航运中心建设，服务长江经济带建设，交通运输部长江航务管理局和重庆市多次召开专题协调会议，建立了共建机制。

2014年10月23日，合力共建长江黄金水道座谈会在重庆召开。沿江万州、涪陵、长寿、江津、永川区政府和长航系统各单位参加会议。双方就共同推动三峡新通道建设、合力加强干线航道整治、共同应对船闸拥堵滞留、相互支持基础设施建设等工作达成了共识，建立完善了市交通委员会、交通运输部长江航务管理局与沿江主要区县“2＋N”沟通协调机制。市长黄奇帆对此作出批示，对合作机制的确立予以肯定，并要求持之以恒地坚持下去。

2015年3月26日，重庆市相关部门与交通运输部长江航务管理局就加快提升长江黄金水道干线航道通过能力进行座谈。市交通委员会通报了重庆长江上游航运中心建设情况。交通运输部长江航务管理局表示将继续服务地方经济社会发展，全力支持重庆长江上游航运中心建设，并就加快长江航道建设、小南海水电站通航论证、重点物资优先过闸等事宜提出了意见和建议。双方对合力加快黄金水道建设达成了共识，将共同努力推动长江干线朝天门至九龙坡、涪陵至朝天门段航道整治工程年内开工，继续做好三峡船闸扩能的工作。会上，签署了《长江水系“十二五”期内河船型标准化工作目标责任书》。

2015年12月17日，服务长江港航企业重庆区段通航安全保障专题座谈会召开。

来自交通运输部属长江航务系统驻渝9家单位和重庆地方20家航运企业代表就通航安全保障相关问题进行了广泛探讨。针对多家航运企业提出长寿王家滩控制河段通行指挥管理问题,共同制定了王家滩控制河段联合管控规定,有效解决了上行船舶“吊滩”的问题;根据航运企业需求,有针对性地提高了大兴场等4处控制河段的通行指挥水位。针对加快长江上游自然航段通航尺度的问题,长江重庆航道局于2015年3月26日试运行提高长江上游羊角滩至宜宾河段航道维护尺度标准,航道维护水深由2.7米提升至2.9米。同时抢抓三峡水库蓄水高水位期有利时机,对苦竹碛及蜘蛛碛开展维护性疏浚工作,规避了来年施工与通航的矛盾,为确保消落期航道维护尺度及航道安全畅通提前做好了准备。针对航标设置问题进行了全面的检查和优化,积极邀请航运企业代表和海事专家参与指导、审查工作,同时加强了重点河段、重点标位维护管理力度,确保为航行船舶提供安全、经济的航道走廊。

第三节　水运基础设施建设全面提速

“十二五”期间,重庆市水运基础建设累计投资155亿元。长江干线航道和支流航道整治加快推进,航道通航能力得到进一步提升,内河航道总里程达到4451公里,其中四级及以上高等级航道里程达到1075公里,以长江、嘉陵江、乌江“一干两支”和通江达海的航道体系基本建成。按照港口、物流和产业“三结合”的原则,重点实施主城果园、江津珞璜、涪陵龙头、万州新田等港口建设,打造铁公水多式联运的枢纽型港口。港口货物年吞吐能力由“十一五”时期的1.36亿吨提升到1.8亿吨,集装箱年通过能力实现翻番,达到400万标准箱,港口通过能力占长江上游的70%。重庆港已连续5年跻身长江沿线亿吨大港之列。

一、航道通航条件持续改善

“十二五”时期,重庆加快推进长江、嘉陵江、乌江及三峡库区重要支流航道整治和支持保障系统建设,航道通达范围不断延伸,航道通航条件持续改善,航道整体通行能力进一步提升,“一干两支”、干支联动、通江达海的航道网络体系基本形成。截至2015年底,全市高等级航道达1075公里,占总里程的24%。航道昼夜通航里程达875公里,占总里程的20%,千吨级船舶可常年通达库区10余条支流,5000吨级单船和万吨级船队可从下游直达重庆港。

(一)长江航道整治

(1)长江三峡水库变动回水区碍航礁石炸除一期工程。该工程位于重庆涪陵至娄溪沟河段，全长138公里。对剪刀梁、青岩子、黄果梁、炉子梁、搬针梁、水葬、野土地、门闩子等8处礁石滩险实施了清炸。航道尺度3.5米×150米×1000米（航深×航宽×弯曲半径），通航保证率98%。该工程于2013年12月20日开工，2015年6月12日全部交工验收并投入试运行，2016年7月15日，工程竣工验收。工程总投资最终预算7303万元。

（2）长江上游九龙坡至朝天门河段航道建设工程。该工程位于重庆主城区，九龙坡至朝天门（上起胡家滩新港，下至朝天门）全长约22公里，主要对河段内不满足3.5米×150米×1000米（航深×航宽×弯曲半径）航道尺度要求的猪儿碛、铜元局、三角碛、砖灶子、胡家滩等5个碍航滩段进行综合整治，并完成相关配套工程的建设。工程顺利竣工后，极大地扭转了九龙坡至朝天门河段由于泥沙上冲下淤、消落期泥沙冲刷不及时带来航道条件向不利方向发展的趋势，改善了航道流态，进一步提高了船舶通行能力，同时得到航道、海事和船舶单位的好评，也为重庆市的经济、航运发展出一份力。合同额3.677亿元，于2015年底开工，2020年6月竣工。

（3）长江王家滩河段维护性疏浚工程。长寿水道的王家滩河段是川江著名的“瓶子口”河段，为保障船舶航行安全，缓解通航压力，提升通航效率，王家滩航道在2011年进行了维护性疏浚。本次疏浚方案宽度100米，在将忠水碛碛翅切除后，王家滩有效航宽、水深及入口段弯曲半径均有所增加，航道条件较疏浚前有所好转，消落期王家滩河段碍航现象得以缓解。

（4）长江兰家沱至鳊鱼溪段数字航道建设工程。2012年9月，交通运输部批复长江干线兰家沱至鳊鱼溪段数字航道建设工程初步设计（交水发〔2012〕431号）。兰家沱至鳊鱼溪段数字航道建设工程由长江重庆航道局负责实施。工程完善了重庆长江河段航道的信息化基础设施，基本实现了全程605.4公里航道内水位的自动监测、航标的远程监测和控制、控制河段的智能辅助指挥以及航道生产维护工作的信息化管理。随着数字航道的建成及投入使用，重庆长江全境河段航道维护管理模式正式向数字化、信息化过渡。长江重庆航道局设立了数字航道指挥中心，在巴南区、渝中区、涪陵区、丰都县、万州区、奉节县等航道处设立了数字航道指挥分中心，作为数字航道的主要运行维护管理机构，以航道维护基地监控为主、指挥分中心监管为辅、重庆指挥中心运维保障为支撑的24小时运行模式基本确立。该工程于2013年2月开工，2015年12月竣工投入运行。

（二）嘉陵江航道整治

嘉陵江草街至河口航道整治三期工程，位于嘉陵江中渡口（距河口12公里）至土湾（距河口10.8公里），施工内容为疏浚、筑坝、炸礁，疏浚工程量为0.6万立方米，筑坝工程量为3.5万立方米，炸礁工程量为5.1万立方米。特别是石门大桥下的施工，重庆航发司为项目业主，经过与中国工程院院士专家及重庆市公安局、当地政府部门有关人士多次反复研讨，最终确定以数码电子镭管单孔单响起爆和爆破柔性覆盖等爆破技术，在先后三次试爆成功的基础上，前后实施60多次爆破，彻底炸掉了长约207米、体积约2.8万立方米的大型巨礁。石门河段航道等级由原来的5级提升到3级，为1000吨级大宗货物船舶的顺利通行打通了瓶颈。项目建成完工后，该河段航道等级达到Ⅲ级，航道尺度满足2.7米×60米×480米（航深×航宽×弯曲半径），满足1000t级自航机驳船通航，大大改善了航道，嘉陵江河口段的瓶颈航道得以畅通，提高船舶航行安全保障，进一步提升通航能力。合同额1599万元，于2011年5月16日开工，2014年6月竣工。

（三）乌江航道整治

乌江河口至白马段航道整治工程。项目位于重庆市涪陵区白涛镇对狮子口滩河段进行综合整治，施工内容包括3个疏浚区及8条丁顺坝，疏浚工程量12万立方米，抛石工程量2.1万立方米，施工后，改善了乌江通航条件，使乌江河口至白马段航道等级提升为Ⅲ级，航道尺度满足2.7米×45米×480米（航深×航宽×弯曲半径），通航保证率为98%，大大提升了乌江航道航行通过船舶数量，促进了地方经济社会发展。合同额1698万元，2014年5月9日开工，2015年10月28日竣工。

（四）主要支流航道整治

（1）小江航道整治利用工程。按Ⅲ级标准整治小江河口至白家溪51公里航道，设计航道尺度为60米×3.0米×480米（双线航宽×航深×弯曲半径），特殊困难河段弯曲半径为320米，通航保证率98%；支持保障系统按内河航道一类航标配布标准进行建设。采取炸礁、疏浚、筑坝等工程措施，对位于白家溪、张家咀、李家坝、刀背碛等3处滩险进行航道整治，建设航行标志293座，建设航行水尺2把，建设交通安全标志46座，新建航道基地码头1座，配置40米趸船1艘、30米趸船1艘、22.3米航标艇2艘、16.9米航巡艇2艘。项目总投资10386万元，2013年开工，2018年建成。

（2）梅溪河航道整治利用工程。按Ⅱ级标准整治梅溪河河口至康乐镇18公里航道，设计航道尺度为75米×4.5米×550米（双线航宽×航深×弯曲半径），特殊困难河段弯曲半径为370米，通航保证率98%；支持保障系统按内河航道一类航标配布标准进行建设。采取炸礁、疏浚等工程措施，对位于王家老屋、龙王庙等2处滩险进行航道整治，建设航行标志61座，建设交通安全标志23座，新建航道基地码头1座，配置40m趸船1艘、22.3m航标艇1艘、16.9m航巡艇1艘。项目总投资3182万元，2013年开工，2018年建成。

（3）抱龙河航道整治利用工程。按Ⅲ级标准整治抱龙河河口至摸钱洞7.8公里航道，设计航道尺度为60米×3.0米×190米（双线航宽×航深×弯曲半径），特殊困难河段设计航道尺度为30米×3.0米×190米（单线航宽×航深×弯曲半径）；支持保障系统按内河航道一类航标配布标准进行建设。采取炸礁、疏浚等工程措施，对位于窄门子、梁子崖、庙包、大梁子、侯老怪、纸厂等8处滩险进行航道整治，建设航行标志58座；建设交通安全标志17座；建设航行水尺1把，新建航道基地码头1座，配置30米趸船1艘、22.3米航标艇1艘、16.9米航巡艇1艘。

二、港口现代化水平显著提升

（一）港口总体发展

“十二五”期间，全市重点港口建设提速推进，集聚辐射效应显著提高。一是枢纽型港口陆续建成。全国内河最大的铁公水联运枢纽港——果园港建成投用，主城寸滩、东港、万州神华等一批5000吨级港口陆续建成，万州新田、涪陵龙头等重点港口加快建设。二是港口大型化趋势明显。整合搬迁老旧散小码头124座，收回优质岸线资源10.4公里。全市3000吨级以上深水泊位达172个，其货物通过能力达1亿吨，占全市港口通过能力的56%。港口货物年吞吐能力由“十一五”末的1.36亿吨提升到1.8亿吨，集装箱年通过能力实现翻番，达到400万标准箱，港口通过能力占长江上游的60%。重庆港连续5年跻身长江沿线亿吨大港之列，成为长江南京以上最大的内河港口，长江上游地区最大的集装箱集并港、大宗散货中转港、滚装汽车运输集疏港及游轮母港。

（二）重点项目建设

（1）重庆港主城港区果园作业区二期工程水工结构标段。项目位于主城港区果园港，由码头平台、引桥及前沿护岸组成。精心组织施工，过程控制到位，圆满完成项目合同内容，同时在2011年和2012年度交通运输部质检总站组织的绩效考核中获得较好成绩，得到检查组专家的好评，施工质量达到设计及规范要求。合同额3.247亿元，于2010年3月22日开工，2013年5月20日竣工。

（2）重庆港主城港区果园作业区二期扩建工程多用途泊位后方陆域综合B标。项目位于重庆市两江新区鱼嘴镇，码头上距朝天门航道里程约30公里的长江北岸，下距宜昌航道里程627.5公里。主要工作内容：鱼嘴长江大桥上游、渝怀铁路以南至码头前沿护岸的高程193.3米平台范围内的所有工程（含港区连接桥、高程213.5米平台与193.3米平台之间的挡土墙以及前沿5号护岸），通过3座引桥与后侧陆域堆场连接。以科学管理、精心施工、质量第一、产品和顾客满意为质量方针，项目部认真执行工序交接检验制度，建立“谁管理谁负责，谁操作谁保证”的质量管理制度，出色地完成施工合同内容，顺利完成货运码头多用途泊位后方陆域堆场工程，提高了前沿码头的货运能力。合同额2.577亿元，于2011年3月开工，2013年12月交工，2017年11月竣工。

(3)重庆港江津港区珞璜作业区改扩建工程港池炸礁、斜坡道及前沿护岸挡墙工程。项目位于重庆市江津区珞璜工业园A区，在朝天门上游50公里，处于三峡水库175米蓄水的变动回水区末段，受三峡水库回水影响很小，具有山区河流的典型特征。项目顺利完成合同内容，工程质量符合设计及规范要求，质量达到合格标准，为重庆地方物流增加一货运码头。同时在施工中，实现了多项技术创新，在安全、质量、进度上均取得了成功。最突出的技术创新有：采用钢抱箍法施工，复杂地质、极端水文条件下的钢平台施工，大高差、大半径条件下的吊装施工等，获得了市级和省部级专利和科技成果奖。合同额2.1亿元，于2015年11月开工，2017年12月竣工。

(4)万州新田港一期。该港是交通运输部"十二五"规划的重点港口，是重庆重点枢纽型港口之一，是三峡库区腹心地带最大的集装箱集散中心，对于促进三峡库区经济社会发展有着十分重要的地位和作用。项目位于万州区新田镇五溪村，建设规模为建设5000吨级泊位19个(其中：集装箱泊位10个，散货泊位8个，大件泊位1个)，设计年通过能力3500万吨，其中集装箱150万标准箱，件杂货、散货2000万吨。其中，一期工程建设5000吨级多用途泊位5个，设计年通过能力650万吨(其中集装箱47.5万标准箱/年，件杂货175万吨/年)，占地961亩(约合64.1万平方米)，利用岸线长度904米。2012年5月7日，港池开挖工程施工；2015年5月13日，1号、2号泊位水工标段正式开工建设。

(5)涪陵龙头港。重庆港龙头作业区是交通运输部"十二五"规划的重点港口，是重庆重点枢纽型港口之一，是重庆市融入"一带一路"倡议和长江经济带国家战略的重点工程。项目位于涪陵区龙桥办事处北拱居委会，长江右岸，上距重庆朝天门107公里，下距涪陵主城17公里，距三峡大坝507公里。项目规划用地面积约4600亩(约合306.7万平方米)。可用岸线3.3公里，主要分为龙头港港区、进港铁路专用线两大板块，两大板块及配套疏港道路估算投资约114亿元。港区板块规划用地约2600亩(约合173.3万平方米)，总投资额约72亿元，规划建设5000吨级泊位20个，其中多用途泊位16个，散货泊位4个。设计年通过能力3000万吨(其中集装箱150万标准箱/年，件杂货500万吨/年，散货1000万吨)。港区计划分五期建设，其中一期工程于2015年9月开工建设。建设规模为新建5000吨级多用途泊位3个(7号、8号、9号泊位)，以及相应的陆域堆场、进出港道路和配套设施。设计年通过能力集装箱30.4万标准箱，件杂货104万吨。码头前沿采用直立框架式，框架平台长477米、宽30米、顶高程179米。框架平台与陆域之间采用3座引桥连接。陆域堆场顺岸长度505米，最大纵深1150米，总占地面积1071亩(约合71.4万平方米)，按高程181米、195米两级平台布置。概算投资额

12.28 亿元。

(6)巴南佛耳岩码头二期。重庆港主城港区佛耳岩作业区位于重庆市巴南区鱼洞滨江路末端，上距拟建的小南海水电站坝址约 5 公里，下距朝天门约 36 公里。作业区后方紧靠长安铃木汽车有限公司和重庆大江工业（集团）有限公司，作业区距渝黔铁路珞璜站 12 公里，距渝黔公路 3 公里，距重庆江北机场 50 公里，交通方便，地理位置优越。作业区一期工程为建设一个年吞吐量为 15 万辆的汽车滚装码头，以及一个年吞吐量为 45 万吨的多用途码头。作业区一期工程已于 2009 年建成投运。作业区二期工程位于紧邻一期工程的上游侧，码头岸线长 250 米。二期工程新建 1 个 3000 吨级和 1 个 5000 吨级件杂货泊位及其附属工程，设计年通过能力 170 万吨。工程总占地 176 亩（约合 11.7 万平方米），利用岸线长 250 米。码头由 2 艘钢质趸船和 4 条架空缆车斜坡道组成，码头陆域布置采用二级平台布置方案，各级平台间通过顺岸布置的道路与进出港道路相连。项目总投资额为 36185.31 万元。该项目于 2014 年 3 月 25 日获得重庆市发展改革委工可批复；2014 年 4 月取得市交通委员会初步设计批复，并于 2014 年 12 月 2 日正式开工；2019 年 9 月 24 日开港试运行。

三、航电枢纽建设持续推进

“十二五”期间，重庆重点建设了潼南航电枢纽。该项目列入了重庆市政府 2014 年重点工程和潼南县委、县政府“八个一”重点工程，是潼南建设城市发展新区“示范窗口”极其重要的载体，也是一项功在当代、利在千秋的宏基伟业。该工程具有航运、发电、灌溉、改善生态环境和打造城市水体景观等综合功能，建成后将有效提升县城涪江水位 7.5 米，形成 10 平方公里的宽景水域，社会效益、生态效益和经济效益十分显著，对于潼南城市形象提升、促进经济社会更好更快发展具有重大的现实意义和深远的历史影响。

涪江干流梯级渠化潼南航电枢纽是实现涪江重庆境内全江渠化自上而下的第二个梯级，坝址位于潼南县城下游约 3 公里处，下距嘉陵江交汇河口 84 公里。枢纽装机容量 4.2 万千瓦，设计年发电量 1.4 亿千瓦时。船闸等级为Ⅴ级，闸室有效尺度为 120 米 × 12 米 × 3 米（长 × 宽 × 门槛水深），可通行 500 吨级船舶。建成后渠化航道 20 公里，提升潼南县城涪江水位 7.5 米，形成 10 平方公里的宽景水域。

枢纽主要由发电厂房、泄水闸和船闸等组成，从左向右依次为左岸土坝连接段、发电厂房、泄水闸、船闸和右岸土坝连接段，分别利用左、右岸上坝公路连通坝顶公路。水库正常蓄水位 236.5m，总库容 2.19 亿立方米。枢纽沿轴线全长 685 米，坝顶高程 252.4 米。本工程等别为Ⅱ等，工程规模为大（2）型。泄水闸共 18 孔，采用开敞式平底宽顶堰，孔口净宽 14 米，堰顶高程 225 米，闸室顺水向宽 25.5 米。

工程于 2014 年 11 月开工建设，2017 年 7 月首台机组并网发电，2017 年 9 月三台机组全部投运,2018 年 11 月船闸正式通航。

第四节 水运管理服务水平不断提高

“十二五”期间,全市水运行业坚持科学发展观,按照“制定政策、引导市场,制定法规、规范市场,发布信息、服务市场”的指导思想,加大水运行业管理和服务力度,为重庆市水运经济持续向好发展提供了重要保障,促进水运市场发展环境进一步改善,使水运对重庆经济社会发展的促进作用更加明显。

一、行业管理水平不断提高

(一)运输管理

“十二五”期,重庆严格贯彻落实交通运输部《关于完善管理促进国内航运业健康平稳发展的意见》(交水发〔2012〕352 号),抓调控、严监管、重服务,促进航运业健康平稳发展。

(1)强化水运企业管理规范,切实维护水运市场秩序。落实《关于加强长江水系省际普通货船运输市场宏观调控的通告》,对长江水系省际普通货船运输市场加强宏观调控。加强市场准入管理,开展企业经营资质年度核查,对经营资质达不到要求的限期整改或取消其经营资质。严厉打击各种违规违章经营行为,严格依法采取停航、停业等行政强制措施,维护正常市场秩序,保障船舶运输安全。持续开展客运、滚装运输服务质量专项整顿工作,不断提升客运、滚装运输服务水平。开发使用新运政管理信息系统,提升水路运政监管能力和服务水平。

(2)坚持服务为本,服务行业发展能力不断提高。积极呼吁国家有关部委清理水运市场乱收费和取消部分规费,航运发展环境不断优化。兑现企业“营改增”财政补助、集装箱作业补贴、燃油补贴、船型标准化补贴资金等约 15 亿元,取消了船舶港务费、船舶登记费等多项规费,切实减轻了水运企业负担。加强与长江三峡通航管理局沟通协调,坚持季度联席会议制度,协调集装箱快班轮、航空煤油、成品油等重点物资优先过闸 4500 班次。协调交通运输部解决了 17 艘大型非标船、食用油运输船等影响行业发展稳定的难题。持续深化简政放权,清理规范文件 46 个,精简行政许可 7 项,将现有 24 项行政审批业务全部纳入市政府网审平台,行政效能明显提升。同时,做好春运、“十一”黄金周等重要时段旅客运输组织协调,确保重点时段水路旅客运输安全、有序、畅通。

(3)积极发挥行业协会桥梁纽带作用。针对三峡船闸和葛洲坝船闸检修对航运企业影响，水路运输协会积极呼吁国务院三峡工程建设委员会办公室等部门对库区水运企业给予船闸检修碍航补偿。针对单壳食用油运输船舶禁运问题，水路运输协会向长江航务管理局、长江海事局等部门提出暂缓执行食用油运输船舶必须满足双底双壳结构的要求，并取得相关部门的支持。

（二）港口管理

（1）规范港口经营市场，提高港口公共服务能力，强化港口安全生产监督，提升港口管理服务水平，确保港口生产安全有序，为发挥好港口集疏运枢纽功能提供良好的支撑保障。

（2）规范港口岸线管理，保护港口岸线资源。岸线管理从“注重开发”向“开发与保护并重”转变，严格控制中、小规模码头岸线的审批，整合小、散、老、旧码头40余座，优化港口岸线6000余米，推进港口向大型化、现代化、专业化发展。2014年，港口岸线审批实行新模式，重庆市交通委员会 重庆市发展和改革委员会出台了关于贯彻实施《港口岸线使用审批管理办法》的通知（渝交委〔2014〕42号），取消了港口岸线选址环节，实行岸线使用方案专家审查制度，并对新建港口进行“勘界”管理，简化了港口岸线审批程序。启用港口信息管理新系统，实现港口企业“就地申请、就地领证”，提升行业服务水平。

（3）强化港口经营管理，规范港口经营秩序。试行港口经营人诚信管理办法，制定了《港口经营人诚信管理规定（试行）》，鼓励引导港口经营人安全诚信经营。完善港口经营许可审批程序，严格港口经营企业资质把关，对新建码头和历史遗留老旧码头区别对待，分类处置，全面完成全市306家港口生产企业新版经营许可证的换发。按照交通运输部港口理货行政审批许可条件，承接港口理货经营许可事项下放事宜，积极配合开展全市行政审批网上大厅建设，推动港口审批事项网上申报。

（4）加强港口安全管理，促进企业健康发展。开展朝天门客运码头安全专项整治工作，提升朝天门客运港的形象，规范码头安全管理。对部分港口企业安检防护措施进行了专项整治，切实提高了安全防范水平。对137家港口企业进行了评估定级，开展了客运旅游码头趸船及船岸通道设施和港口生产安全风险排查及隐患治理专项行动、散货（件杂货）码头安全管理、危险货物码头等专项整治。编制了《重庆市主城及以上港区高洪水位公共应急地锚设施维护建造方案》，投入交通专项资金，在长江、嘉陵江主城以上江段和涪江、渠江等沿线，建设维护高洪水位公共应急锚地设施231处，增强抗击大洪水自然灾害能力。

（三）航道管理

“十二五”期间，三峡工程实现175米蓄水运行，航道管理部门以安全、促畅通为总目标，以推进航道文明建设和标准化建设为重点，进一步强化了干线和支流航道整治、维护和管理，航道条件得到进一步提升，确保了航道安全畅通，有力地促进了重庆航运发展。

（1）严格航道执法，确保航道安全。加快长江上游航道整治与建筑物维护，完成了各项维护与加固工作，在每年三峡水库蓄水期间，加强了辖区航道巡查，确保了安全畅通。加大对破坏航道、船舶超吃水的管理力度，保障航道安全、畅通。加大航道整治建筑物的管理力度，保障航道安全、畅通，出台了《长江重庆航道局航道整治建筑物保护办法》，有效保护航道整治建筑物，确保航道整治效果。加大监管力度，进一步规范航道审查审批程序，规范论证程序，推进工程设计施工优化。严把审查审批关，对航道影响报告书进行科学论证，认真评审，确保出具的审查意见更具科学性和严谨性。

（2）做好航道“保畅”工作，确保通航安全。开展枢纽船闸规模论证，协调国家有关部门，优化乌江白马、银盘枢纽通过能力设计论证，为航运发展预留空间。公布桥区航道通航净高、净宽等控制尺度及船舶的控制尺度，最大限度保障船舶通行。在重庆市《关于贯彻落实全国航道管理与养护发展纲要的实施意见》基础上，编制完成《重庆市航道养护管理规定》，以全面加强航道养护管理工作。同时，按照国家相关法律法规要求认真做好临、跨、拦河建筑物通航技术审查工作，确保航道安全畅通。

（3）建立草街船闸运行管理新模式。草街船闸自2010年6月建成通航以来，一直由重庆市港航管理局隶属的船闸公司进行管理，船闸运行中存在使用与维修脱节的现象。为了加强枢纽运行的统一管理，充分发挥航电枢纽的综合效益，进一步增强电厂与船闸的营运功能，实现社会效益与经济效益的最大化，2014年市交通委员会研究决定，将市港航管理局下属船闸公司的工作人员和管理职能移交给重庆航发司，统一进行管理。

（四）船检管理

全市船舶检验机构围绕质量船检、科技船检、和谐船检，构建船舶建造、检验监督的质量控制体系，扎实推进船舶检验工作。按照船检质量管理体系要求开展船舶检验和船用产品检验工作。跟踪涪陵地区中小船厂环保搬迁和扩能技改工程进展，按照中国船级社船厂评估办法，严把液化船建造的船厂评估门槛，加强对中小船厂的造船设施、设备和技术管理的门槛限制，同时完善配套的质量控制措施，引导中小船厂由整体建造向分段建造的转模工作。响应长江干线船型运力更新的市场需求，总结当前内河标准船型在设计、建造和营运中的经验教训，分析梳理长江航道、港口、船闸的发展变化情况，研究新船型、新技术、新材料的应用前景，形成对长江干线新一代船型标准化的工作建议。提升船舶修造企业管理水平。市经信委与长江海事局、中国船级社（CCS）重庆分社、地方船检局等部门密切配合，共同起草了《关于加强重庆市船舶建造监督管理的通知》，联合构建船舶建造“造、检、航”一体化监管格局，规范企业管理。全面推动重庆船舶修造业，开展“向管理降成本、向管理要效益”活动。企业加强成本管理，推动减耗增效。川船重工公司、东风船舶工业公司、泽胜造船厂、金穗公司等企业内部陆续开展了“成本控制月”“管理增效月”等活动，成本控制取得实效。

（五）法制管理

“十二五”期间，国家加大航运法制建设。《国内水路运输条例》进行修订，《港口岸线审批管理办法》出台，《海事行政强制程序规定》等一系列重要的规范性文件发布，为航运发展进入历史关键时期奠定坚实制度保障和政策支持。2014 年 12 月，国家颁布《中华人民共和国航道法》，为航道建设、养护、保护提供了强大的法律支撑，有利于保护航道资源、加快推进我国航运事业科学发展，有利于促进水路运输发展、完善综合交通运输体系，有利于打造长江黄金水道、加快实施长江经济带战略，有利于加快海上丝绸之路建设、更好落实海运强国战略。重庆地方也加快了水运相关法规的修订立法工作。

《重庆市航道管理条例》于 2010 年 11 月 1 日正式实施，分总则、规划与建设、养护与保护、船闸管理、法律责任、附则 6 章 48 条。《重庆市航道管理条例》明确了交通行政主管部门负责航道管理工作，所属的港航管理机构具体实施航道管理工作，将违反航道管理法律、法规、规章行为的处罚权授予港航管理机构行使。《重庆市航道管理条例》为合理开发利用与保护水运资源，加强航道管理，保证航道畅通和航行安全起到法规保障作用。

2011 年 11 月 25 日，《重庆市水上交通安全管理条例》经重庆市第三届人大常委会第 28 次会议审议通过，于 2012 年 1 月 1 日起施行。其包括总则，船舶、浮动设施和船员，航行、停泊和作业，通航保障，救助及事故调查处理，法律责任，附则 7 章 70 条。该条例清晰界定了部门管理职责，明确了相关管理机构和经营单位责任，细化了水上交通安全管理措施，为加强水上交通安全管理、维护水上交通秩序、保障人民生命、财产安全提供法规保障。

国务院常务会议通过《国内水路运输管理条例》，为规范水路运输经营行为、维护运输市场秩序和水上运输安全管理提供法律保障。根据新修订出台的《国内水路运输条例》，重庆积极开展《重庆市水路运输管理条例》等法规的修订研究；制定发布了《重庆市水路运输管理条例》立法后评估方案，初步探索立法后评估制度建设的经验。制定发布了《重庆市船舶交易管理办法》，规范了全市船舶交易行为。

2015 年 12 月 16 日，市交通委员会召集渝中区、大渡口区、江北区、沙坪坝区、九龙坡区、南岸区主城六区交通主管部门进行座谈，就《重庆市港口管理条例》和《重庆市水路运输管理条例》修正工作征求意见，重点就港口管理权限下放至主城六区等问题进行了详细说明。

“十二五”期间,以《重庆市水上交通安全管理条例》《重庆市航道管理条例》《重庆市港口管理条例》《重庆市水路运输管理条例》《重庆市乡镇船舶安全管理办法》等“四个条例一个办法”为框架的法规体系已基本形成,为重庆航运健康发展构筑了坚实的法治保障,使港口、航道、海事、运输的地方管理经验制度化、法制化,为港口岸线、航道保护,提高水上安全监管能力,并为行业持续、健康发展提供了重要制度保障。

二、航运服务体系初步构建

(一)重庆航运交易所顺利运行

为增强重庆长江上游航运中心综合服务能力,聚集长江上游地区航运要素,增强航运业与金融、贸易等其他机构的沟通交往,引领和拉动重庆航运转型升级,促进长江上游航运中心和金融中心形成,2010 年 8 月,重庆市人民政府批准成立重庆航运交易所。2010 年 9 月 29 日,重庆航运交易所揭牌运行,重庆市委副书记、市长黄奇帆出席揭牌仪式。重庆航运交易所是全国内河首个航运交易所,是直属重庆市交通委员会的副厅级事业法人单位,实行企业化管理,内设综合部、科技信息部、人才交流部、船舶交易部、发展研究部五个部门。下属重庆港航船舶技术公司、重庆航运人才服务公司、重庆交通电子口岸公司、重庆长江船东互助保险服务公司、重庆航运融资担保公司五家企业。

重庆航运交易所,其主要任务是发展航运总部经济,做大船舶交易市场,开展航运金融和货运交易综合服务,发布航运信息和促进航运人才交流,聚集长江上游地区航运金融结算、交易、海事、保险、仲裁、人才等航运要素,增强航运业与金融、贸易等其他机构的沟通交往,引领和拉动重庆航运转型升级,促进长江上游航运中心和金融中心形成,提升重庆市航运综合服务水平,提升长江黄金水道功能,推动长江上游航运中心建设和重庆打造西南地区综合交通枢纽、促进内陆开放高地建设。

(二)现代航运服务体系初具雏形

“十二五”期间,重庆航运交易所紧紧围绕“587”目标和“四个中心”建设任务,即长江上游地区航运货运量的50%、集装箱的80%以上、长江中上游地区船舶交易的70%以上通过重庆航运交易所完成,积极推进全国内河最具影响力的交易中心、信息中心、人才中心、结算中心建设。搭建航运信息化平台,创新信息发布、航运交易、船舶买卖、航运金融、航运保险、航运技术、航运人才等服务手段,现代航运服务体系初具雏形,在全国内河航运交易所中发挥示范、引领作用。

(1)航运交易结算实现快速增长。紧紧抓住市政府出台的水运扶持政策和交通运输部规范船舶交易市场的契机，建立航运交易电子商务“一网四平台”，形成航运要素网上交易市场。累计完成航运交易269亿元，年均增长20%以上，其中货运交易246.75亿元，船舶交易1487艘，成交金额22.28亿元，船舶交易艘数连续几年位居全国内河前列。航运交易结算从无到有，累计完成资金结算额290亿元。通过航运交易平台完成的航运交易，约占重庆航运省际运输量的60%，长江上游地区航运省际运输量的40%。

（2）航运高端服务能力逐步增强。探索开展船舶抱团投保，组织19家航运企业近200艘船舶进行抱团投保，打破原有航运保险的垄断局面，保险费率下降20%～30%，得到航运界的广泛好评。组建全国内河第一家船东互保协会和互保协会管理公司，进一步降低航运企业保险成本、扩大保障范围、提高理赔质量，引导企业安全、可持续发展。成立重庆航运融资担保公司，切实开展为航运企业增信，提高企业融资能力，搭建多层次和多形式的投融资渠道和模式，逐步构建航运综合金融服务体系。港航公司开展船舶建造监理监造和技术咨询服务、船舶无损检测业务等服务工作。

（3）航运发展战略研究水平和航运信息发布质量日益提高。相继建成船舶交易、三峡旅游、航运人才等航运交易电子商务平台，发布航运信息、人才信息、三峡游轮信息等。2011—2015年，累计发布重庆航运月度分析42期、重庆航运季度分析15期，年度重庆航运发展报告5期、年度营运船舶运力报告3期、年度航运人才发展报告3期，重庆航运绿色低碳循环发展报告1期，为政府宏观决策提供参考，为企业分析市场提供依据。开展航运发展战略研究，构建内河航运发展智库。三峡船闸系列课题研究，得到国家、相关部委和研究机构的认可，为推动三峡过闸新通道建设起到积极作用。完成交通运输部“十二五”重大科技专项“港口物流枢纽信息服务平台建设和示范”，研究成果达到国际先进水平。《长江上游航运人才中心研究报告》为行业主管机关、航运企业等提供有效参考。同时，20余项专项研究，为重庆乃至长江上游地区航运提供智力支撑。

（4）重庆交通电子口岸服务能力不断增强。整合重庆港电子数据交换（EDI）中心资产和运营业务，组建重庆交通电子口岸公司，全新升级原有口岸信息平台，建立交通电子口岸数据中心，服务范围已覆盖全市11个集装箱码头、团结村铁路中心站。2011—2015年，完成集装箱作业370余万标准箱，完成报文传输量500余万条，用户数量由成立初期的63家上升至93家，同比增长47%。

（5）航运人才服务能力逐步提升。挂牌成立航运人才服务中心，建设航运人才网站，网站累计点击量95万多人次。争取重庆市委组织部、市交通委员会等部门的支持，积极实施航运人才“151”工程、“双万工程”和“千人计划”，开展航运领军人才、高级专家、业务骨干和实用技能人才培训服务，累计培训航运人才12000余人，航运人才工作连续四年被市委人才办评为精品或优秀项目。开展重庆船员职业档案备案服务，建立船员“网上家园”和动态信息库，促进船员规范管理和有序流动，构建诚信体系，为水上安全提供保障。300余家企业、2100多艘船舶、1.95万名船员完成初次备案。重庆航运交易所人才服务在重庆航运人才市场实现了广覆盖，重庆船员培训和交流50%以上通过人才中心完成。航运总部经济加快发展，聚集辐射能力明显增强。以重庆航运交易所为载体，积极推进航运聚集区建设，聚集航运市场要素，促进航运总部经济的发展。吸引国内外港航企业和相关组织到重庆注册或设立分支机构，丹麦马士基、中国中远、新加坡海皇等世界航运20强均已在重庆设立办事处。已有200余家航运、物流、贸易企业注册保税港区，300多家港航、物流企业通过重庆航运交易所交易，航运交易企业占重庆及长江上游地区骨干航运企业80%以上。市政府出台的水运扶持政策，促进航运服务业的发展。集装箱财政补贴、营业税免征、增值税财政补助和人才扶持政策，累计为航运企业发放扶持资金8.51亿元（其中集装箱补贴2.74亿元、营业税免税2.44亿元、增值税补助3.2亿元、人才扶持资金0.13亿元）。

重庆航运交易所成立以后，有多位国家级领导和省部级领导前来视察。2015年5月27日，时任中共中央政治局常委、国务院副总理张高丽视察重庆航运交易所，对重庆航运交易所的工作给予了充分肯定。

三、积极开展三峡新通道研究

（一）国家高度重视三峡通航问题

三峡船闸投运十多年来，持续保持了安全、高效、稳定的运行状态，带动了过坝货运量快速增长，极大地促进了长江航运发展，发挥了巨大的航运效益。2011年，三峡船闸货运量提前19年超过1亿吨的设计通过能力后，一直处于持续高负荷运行状态。截至2014年，已累计运行10.5万闸次，通过船舶64万艘、货物7.5亿吨。受船闸规模、船型标准化进程、两坝间航道汛期限航等因素制约，三峡枢纽过闸运输的供需矛盾已逐步显现，坝区船舶平均待闸时间总体呈延长趋势，船闸长期处于高负荷运行状态，通航压力日益增大。

为从根本上消除三峡船闸瓶颈制约，2012年重庆市开展了三峡船闸运输需求和能力不足的应对措施研究，市政府向国务院报送了《关于解决三峡船闸通过能力不足影响长江上游航运发展有关问题的请示》（渝府文〔2012〕8号），引起中央高度关注。

国家高度重视三峡枢纽通过能力问题，2013年8月，国家发展改革委下发《国家发展改革委办公厅关于开展提高三峡枢纽货运通过能力等有关工作的通知》（发改办基础〔2013〕1979号），要求国家发展和改革委员会、国家三峡工程建设委员会牵头研究三峡船闸通航问题，抓紧启动三峡枢纽水运新通道建设和葛洲坝船闸扩能前期研究工作。

国家三峡工程建设委员会委托国务院发展研究中心、国家发展和改革委员会综合交通运输研究所、交通运输部规划研究院、长江勘测规划设计研究院等4家单位独立开展了过闸运量预测分析。长江勘测规划设计研究院开展了新船闸方案设计的基础性研究工作及线位布置方案。总体上看，建设新船闸在工程技术上是可行的。

（二）重庆积极开展相关论证

重庆市交通委员会对此高度重视，联合贵州省交通运输厅、云南省交通运输厅、四川省交通运输厅等相关单位，委托重庆市交通规划勘察设计院、重庆西南水运工程科学研究所开展了一系列研究，通过三省一市交通部门论证分析，形成一致意见。

（1）三峡船闸实际通过货运量已经突破设计能力，过闸船舶拥堵已成常态。2011年，三峡船闸货运量达到1.003亿吨，突破1亿吨的设计通过能力。2013年通过量1.06亿吨，持续超设计能力运行，加上船闸检修等因素，过闸船舶拥堵已成常态化。

（2）现有三峡船闸挖潜空间有限，挖潜后船闸通过能力最多能提高到1.4亿～1.6亿吨。通过优化调度管理、推广三峡船型、提高船舶实载率、限制客船过闸、放宽过闸船舶吃水标准等一系列措施对现有船闸挖潜，可使三峡船闸实际通过能力由原设计的1亿吨提高到1.4亿～1.6亿吨。

（3）翻坝运输将大幅增加综合物流费用和运输时间，对三峡坝区生态环境产生重大影响，不宜推行。翻坝运输只适合于“水转陆”的载货汽车滚装运输，而集装箱、干散货等其他货种如果用“水转水”翻坝运输，其综合物流费用将翻一番，运输时间至少增加5天，并对三峡坝区生态环境产生重大影响，不宜推行。

（4）三峡过闸货运量仍将持续快速增长，现有船闸将远远无法满足长江航运发展需要。在2030年前，三峡过闸实际货运量仍将保持增长，2015年达到1.106亿吨左右，2020年达到1.38亿吨左右，预计2030年前后将达到2.6亿～3.0亿吨，挖潜后三峡船闸通过能力预计在2022年前后就将完全饱和，远期将远远无法满足发展需要。

（5）尽快建设新船闸是解决三峡船闸拥堵问题的根本之策。目前，三峡新船闸建设有关单位初步提出了太平溪方案和坛子岭方案，两个方案在工程技术上都是可行的。同时，新船闸的建设必须综合考虑葛洲坝船闸扩能和两坝间航道条件的改善，总的投资匡算约500亿元，其中，三峡新船闸约300亿元，葛洲坝船闸扩能约100亿元，两坝间航道整治约100亿元。根据研究成果，2014年7月，重庆市交通委员会联合贵州省交通运输厅、云南省交通运输厅、四川省交通运输厅等相关单位向交通运输部报送了《关于新建三峡船闸有关情况的报告》，对扩大现有船闸通过能力，加快三峡过闸新通道建设发挥了重要作用。综合中央及地方相关成果，对以下观点基本形成共识：一是当前三峡过闸船舶拥堵已成常态化；二是现有船闸的挖潜空间有限；三是今后随着长江上游地区“三省一市”经济社会发展，三峡过闸物资仍然会持续快速增长，三峡船闸拥堵将进一步加剧，中远期将无法满足长江航运发展需要。虽然各方对三峡过闸运输总体发展趋势的认识基本一致，但在是否通过建设新船闸来解决问题、建设时机等方面还存在分歧。

第五节　水运发展开启新征程

"十二五"时期，是重庆市水运发展极为重要的五年。全市深化运力结构调整，支持船舶标准化、大型化、专业化发展，支持水运企业大力拓展综合物流、全程物流，延伸产业链，不断提升市场抗风险能力。货运船舶平均吨位达2640载重吨，集装箱等专用船比重提高至17%。引导水运企业集约化、规模化、专业化发展，全市公司平均运力达2.6万载重吨。

一、水运生产快速增长

"十二五"期，重庆水运经济持续增长，水路货运量、货物周转量、港口吞吐量、集装箱吞吐量逐年上升，对重庆及周边地区经济社会发展发挥了重要的支撑作用。随着高速公路、高速铁路的快速发展，水运客运量和旅客周转量明显下降。

（一）水路货运量与货物周转量

"十二五"期，重庆航运多项指标全国内河领先，航运经济持续稳步增长，全市水路货运量、货物周转量"十二五"末分别达1.5亿吨、1810亿吨·公里，分别是"十一五"末的1.6倍、1.4倍，全市水路货物周转量占全国内河的26%。

（二）港口吞吐量

"十二五"末，重庆市完成货物吞吐量1.57亿吨，是"十一五"末的1.6倍，其中，进港9498.31万吨，出港6181.31万吨。完成集装箱吞吐量101.17万标准箱，是2010年的1.8倍；化危品吞吐量1211万吨，载货汽车滚装吞吐量28.35万辆，商品汽车滚装吞吐量46.94万辆。

（三）水运在综合运输体系中发挥主导作用

2015年，重庆市交通运输业完成货运量10.4亿吨（不含航空、管道等），其中水路运输1.5亿吨，占全市交通运输业货运量的14.4%；全市交通运输货物周转量2695亿吨·公里（不含航空、管道等），其中水路运输1693亿吨·公里，占全市交通运输业货物周转量的62.8%。水路平均运距为1132公里。水路运输平均运距、货物周转量在重庆综合运输体系中具有绝对优势，水路运输在跨省长距离、大宗货物运输中发挥了主导作用。

二、运力结构持续优化

（一）标准化发展

2011年1月，国务院出台《关于加快长江等内河水运发展的意见》，将内河水运发展上升到了国家战略，明确了内河水运的国家发展目标，其中将实施船型标准化作为构建高效内河水运体系重要举措。2011年6月，交通运输部联合7省2市印发《“十二五”期长江黄金水道建设总体推进方案》，进一步明确了“十二五”期长江干线船型标准化发展目标。2012年，交通运输部新修订了《川江及三峡库区标准船型主尺度系列》，发布了7个系列39种标准船型的技术方案。

2011年3月，结合重庆实际，市交通委员会印发了《重庆市长江干线船型标准化补贴资金实施细则》《重庆市内河船型标准化补贴资金申报流程》等工作制度，规范了船型标准化工作实施程序和补贴方式。加快全市老旧船舶拆解，全市争取各级财政补贴资金5亿元，拆解各类老旧运输船舶902艘、老旧省际客船61余艘、短途客船411艘；淘汰落后运力80万载重吨、4.1万客位。普通客运船舶逐步退出市场，黄金一号等一批大型豪华游轮投入运行。

到2015年，全市船舶总运力达到660万载重吨，平均载重吨达到2640吨，船型标准化率达到76.5%，货运船舶平均单位能耗降到1.9千克/（千吨·公里），全国内河领先。通过实施船型标准化工程，重庆市标准化船舶数量和运力实现了跨越式发展，对船舶技术进步和航运结构调整，保护水资源环境，提高船闸利用率和通过能力，促进节能减排具有重要作用，经济效益和社会效益显著，对重庆打造长江上游航运中心起到了明显作用。

1. 船舶数量

2010—2015年，重庆共有营运货运船舶保持在2500艘左右，货船载重吨从437.5万吨提高到650万吨，年平均增长率为6.5%。客运船舶在1200艘左右，但客位从10.34万个下降到6.79万个，年均增长率为－6.87%，每年的具体客货船数量及载重吨、客位数见表8-5-1。

2010—2015年重庆市客货船数量及载重吨、客位数 表8-5-1

年份（年）	客船（艘）	客位数（万个）	货船（艘）	载重吨（万吨）
2010	1385	10.34	2482	437.5
2011	1333	9.90	2612	512.5

续上表

年份(年)	客船(艘)	客位数(万个)	货船(艘)	载重吨(万吨)
2012	1331	9.33	2560	567
2013	1189	8.32	2408	577
2014	1014	7.22	2436	611
2015	1028	6.79	2457	650

2. 运力结构

"十二五"期间重庆市航运结构调整步伐加快,企业发展质量显著提高,船舶运力结构明显优化,淘汰老旧运输船舶1240艘,减少低质运力100万吨,拆解老旧省际客船61艘,新增豪华游轮11艘。全市船舶总运力从480万吨增加到660万吨,船型标准化率从63%提高到76.5%,货运船舶平均运力从1600吨增加到2640吨。

(二)三峡游轮大型化发展

1. 支持政策

《关于推进重庆市统筹城乡改革和发展的若干意见》(国务院〔2009〕3号)指出"依托三峡工程、三峡文化和三峡生态长廊,构建长江三峡国际黄金旅游带"。国务院出台的《加快旅游发展的意见》等政策进一步促进了旅游市场长期健康和稳定发展,明确"把游轮游艇旅游作为培育新旅游消费热点"。

重庆市已经把旅游作为支柱产业进行发展,编制了《重庆市旅游发展总体规划》,积极实施"政府主导型旅游发展战略"。长江三峡库区和长江中下游地区发展豪华游轮旅游的积极性高涨,各级政府高度重视旅游经济发展,已形成积极推进的良好态势。2012年8月,重庆市政府发布《重庆市人民政府关于加快发展长江游轮旅游的意见》(渝府发〔2012〕96号),加大长江三峡旅游基础设施建设投入、提升长江游轮品质,计划在2015年底形成长江三峡游轮母港构架。

按照市政府加快建设六大旅游精品景区,以及《专题研究长江三峡游轮游艇产业发展的会议纪要》,要求大力发展游轮游艇旅游经济,加快编制《重庆长江上游旅游港口建设规划》,完善相应的港口等配套基础设施。重庆市交通规划勘察设计院于2012年6月完成《重庆长江上游旅游港口建设规划》编制,重庆市人民政府批复实施(渝府发〔2012〕42号)。该规划提出:到2015年,形成长江上游现代化游轮母港构架,显著提升长江干线旅游码头服务能力和水平,促进游轮产业快速发展。到2020年,基本建成长江上游现代化游轮母港,服务水平达到世界内河一流,游轮产业成为全市旅游产业的重要支柱之一。根据国际划分标准,结合三峡旅游产业发展情况,将重庆市三峡旅游码头划分为游轮母港和一般停靠港两个层次。游轮母港码头包括广阳岛、下窑沟旅游客运码头等2个码头4个泊位，规划满足130米以上的游轮停泊。同时朝天门、江北嘴、南滨路远期规划为两江豪华游码头7个泊位（朝天门码头近期作为停靠长度130m以下游轮码头）。一般停靠码头：主要与三峡旅游景点配套，包括涪陵蔺市、白鹤梁、丰都名山、忠县石宝寨、石柱西沱、万州瀼渡、万州鞍子坝、云阳张飞庙、奉节宝塔坪、巫山龙门等10个码头16个泊位，均满足停靠长度130米以上的游轮。

2015年4月23日，长江航务管理局专题调研长江三峡游市场发展提出，应该拓展长江旅游的产业链，推动“江海联运”式的旅游产品。

2. 游轮旅游发展态势较好

长江游轮提档升级，以黄金游轮为代表的内河游轮旅游实现新突破。2010年以后，三峡游轮进入第四代，被称为流动的五星级酒店，其装修更加豪华，也更具个性化和人性化，能够满足游客休憩、娱乐、购物等多种需求。同时，随着高铁、航空等交通方式的快速发展，水陆空综合旅游网络更加完善，船上也增加了“亲子游”“书画文化展”等个性化的服务。2010年3月3日，重庆长江黄金游轮有限公司成立，相继投入资金建造了7艘长江黄金系列豪华游轮，形成了内河游轮旅游的新格局。同时，重庆冠达游轮公司也有世纪神话、世纪传奇两艘四代豪华游轮下水，武汉扬子江公司的总统7号、8号，长江海外旅游总公司的长江2号，重庆大美公司的华夏神女1号、2号相继投入运行。游轮尺度的大型化、游轮项目的酒店化、游轮设施的舒适化已成为游轮旅游的主导。重庆长江游轮完成全面提档升级，游船硬件及服务均达到国内领先水平。

“十二五”期间，涉外游轮三峡接待总人数整体呈小幅上升趋势，但2015年由于受“东方之星”事件的影响，接待人数有所下降，具体数据如下：2011年接待43.3万人次，2012年接待45.4万人次，2013年接待50.6万人次，2014年接待58万人次，2015年接待50万人次。其中，重庆长江黄金游轮有限公司以16万人、载客率82%，名列第一，市场占有率近27.7%；重庆新世纪游轮股份有限公司接待12万人，载客率80%，市场占有率近20.7%；重庆东江实业有限公司接待10万人次，载客率75%，市场占有率近17.2%；扬子江公司8万人次，载客率81%，市场占有率近13.8%；长江海外旅游总公司6万人次，载客率72%，市场占有率近10.3%。重庆长江黄金游轮有限公司以26%左右的行业运力占比，实现了27.7%的市场占比，在同行业中实现了接待人次最多、市场占有率最大、经营收入、经营利润最多的目标。

截至2015年，长江三峡游船企业共计16家（其中普客游船企业6家，涉外游船企业10家），船舶总量约66艘。其中，普客游船21艘、9285客位，涉外游船45艘、13418客位。

3. 重庆长江黄金游轮公司成立

为贯彻落实《关于推进重庆市统筹城乡改革和发展的若干意见》(国务院〔2009〕3号)提出"依托三峡工程、三峡文化和三峡生态长廊，构建长江三峡国际黄金旅游带。"2010年1月12日，重庆市政府作出给予5亿元资本金，支持旅投集团投资20亿元打造10艘五星级游轮的重大决策。2010年3月16日，重庆市政府在市旅游经济发展领导小组第七次全体会议上明确要求"重点支持旅投集团进入长江三峡游轮高端市场"，推动三峡旅游产品质的飞跃。

2010年3月3日，重庆交通旅游投资集团有限公司(简称"交旅集团")注资5000万元组建重庆长江黄金游轮有限公司，经过三年攻坚克难，圆满完成了长江黄金游轮7艘游轮的建造任务，为重庆旅游和长江三峡旅游的形象提升和持续发展作出了较大贡献。2010年以来，长江黄金游轮公司实现了一流经营业绩，树立了品牌形象典范，确立了行业标杆地位。

按照"树立重庆旅游品牌形象、实现三峡旅游提档升级、建设长江黄金旅游带"的重要工作部署和"硬件设施最豪华、功能配置最齐全"的要求，长江黄金游轮公司较上一代三峡游轮，在设计和建造上进行重点投资：打造了800多平方米的商业步行街，直升机停机坪，四维、五维(4D、5D)影剧院等70多项功能元素；取得了液压升降烟囱、液压升降张拉蓬、外观设计3项国家专利；开创了9项长江唯一，打造了10项长江之最。长江黄金游轮船队的建成，推动了中国游轮技术进步，促进了长江三峡游轮产业转型升级，带动了三峡旅游经济总量提升，开启了全球内河游轮新时代。

长江黄金游轮公司的进入，带动了整个三峡豪华游轮的市场号召力和影响力，品牌效益突出，社会效益突出，经济效益显著，在旅游、交通的同行业、同领域的领军地位已全面形成。2014年长江三峡涉外游船共接待游客约58万人次。其中，黄金游轮公司7艘，共航行545个航次，以16万人、载客率82%名列第一，市场占有率近27.7%，实现营业收入3.38亿元，在同行业中实现了接待人次最多、平均载客率最高、市场占有率最大、经营收入、经营利润最多的目标。

(三)三峡船型发展

"三峡船型"系指总长130米、船宽16.2米，配置襟翼舵和艏侧推等装置，可使三峡船闸利用率最大化的一种新船型。

2011年，市交通委员会立项开展《三峡库区过闸适应性节能船舶研究》，由重庆市港航管理局承担，并联合武汉长江船舶设计院、交通运输部水运科学研究所、长江三峡通航管理局等单位共同攻关。该项目于2011年6月正式启动，2012年6月通过验收。项目的重点任务是，通过技术攻关，研发一种适应三峡枢纽船闸、实现船闸通过能力最大化、兼具环保、节能、高效的散货/集装箱船。研究成果为，船舶总长130米、船宽16.2

米,局部采用高强度钢,安装艏侧推,采用襟翼舵。

2013 年 1 月 14 日,“三峡船型”被纳入《长江水系过闸运输船舶标准船型主尺度系列》(交通运输部公告 2012 年第 69 号),船型命名“长江水系货—37”。

2014 年 6 月 11 日,李克强总理主持召开国务院常务会议,部署建设综合立体交通走廊打造长江经济带,会议指出,推进内河船型标准化,研究推广三峡船型和江海直达船型,鼓励发展节能环保船舶。《交通运输部关于推进长江经济带绿色航运发展的指导意见》(交水发〔2017〕114 号)在“推广清洁低碳的绿色航运技术装备”指出,加快推广三峡船型、江海直达船型和节能环保船型,开展内河集装箱(滚装)经济性、高能效船型、船舶电力推进系统等研发与推广应用。

从 2014 年底第一艘三峡船型船舶投入营运以来,市场对该船型的认可和接受度一路高涨,受到市场追捧。据船东反馈数据统计显示,三峡船型在重庆至上海航线全年平均燃油消耗低于 1.1 千克/(千吨·千米),与同吨位非三峡船型相比较,重庆至上海一个往返,航行时间节约 2~4 天,油耗减少 20% 以上。

2015 年 3 月 20 日,交通运输部组织了“三峡船型”4 船组合过闸试验并取得成功,在小幅缩短过闸周期的同时,4 艘“三峡船型”试验船舶最大载货量 2.4 万吨,实际载货 1.94 万吨,较现有非三峡船型船舶组合过闸理论最大载货量 1.5 万吨/闸次,实际载货量 1 万吨/闸次,分别提高 60% 和 94%。

2016 年 9 月,国家发展和改革委员会宏观经济研究院副院长吴晓华解读《长江经济带规划纲要》,在谈到船型标准化工作时指出,长江三峡船闸通过能力严重不够,也是个卡脖子的工程,解决长江三峡卡脖子的重要工程是推行三峡船型。7 月 21 日,长江航务管理局(简称“长航局”)召开半年工作会议,实施全面贯彻落实《长江经济带发展规划纲要》八大举措,其中第三大措施是加快推进船型标准化。要继续实行内河船型标准化资金补贴政策,加快推广三峡船型,提高长江干线客船安全标准,引导航运企业加快淘汰老旧船舶和单壳液化危险品船舶。

截至 2017 年底,仅我市已经建造完工的三峡船型船舶共计 64 艘,拟建和在建船舶超过 100 艘。2017 年下半年,三峡船型船舶获得三峡船闸 4 船组合优先通过权,这一政策极大地刺激了三峡船型船舶的新建需求,出现了新建三峡船型船舶一轮新高潮,致使大量建造订单找不到船厂。2018 年底,重庆市和湖北省投入营运的三峡船型船舶超过 250 艘,其规模效应逐渐显现,为进一步提高三峡枢纽船闸的通过能力、缓解三峡船闸的常态化拥堵现象作出了贡献。

三、航运企业全面发展

“十二五”期,重庆水运企业结构调整步伐加快,企业发展质量全面提高,以重庆港务物流集团有限公司、河牛滚装船运输公司为代表的港航企业，拓展实施全程物流、综合物流、多式联运、东扩西进开辟沿江市场等一系列运输组织模式，全市水运企业结构进一步优化。到2015年，全市注册水路运输及水路运输辅助业企业共有445家。其中，水路运输企业329家，水路运输服务企业116家。全市水运企业平均运力规模达到2.0万吨，营运船舶公司化程度达到98%，企业规模明显提升，结构更加优化。

从营运业务类型上，2015年全市水路普通货物运输企业242家，占企业总数的73.5%；水路客运企业76家，占企业总数的23%；水路液货危险品运输企业11家，占企业总数3.5%。

从企业运力规模上，2015年全市水路运输企业平均规模2.0万载重吨。其中，10万载重吨以上运力的水运企业有12家，共有运力257.9万载重吨，占全市总运力39%；20万载重吨以上运力的水运企业6家，共有运力170.6万载重吨，占全市总运力25.8%；30万载重吨以上运力的水运企业3家，共有运力104.1万载重吨，占全市总运力15.8%。

（一）重庆港务物流集团有限公司

2011年，重庆港务物流集团有限公司启动果园港区建设项目。2013年11月29日，重庆市人民政府将重庆港务物流集团有限公司整体成建制从市国资委无偿划转给两江新区管委会管理，谋建西部地区首个内陆国际物流枢纽，仍为市级国有独资公司。12月5日，果园港集装箱码头开港运营，黄奇帆市长主持仪式并宣布开港，标志着国内乃至世界最大的内河港在长江上游诞生。

2015年，重庆港务物流集团有限公司先后与国投交通公司、上汽安吉物流、长安汽车、北汽集团签订合资合作协议，果园港件散货码头、滚装码头均以企业合资形式进行运营。

经过近几年的运营发展，重庆港务物流集团有限公司重庆港务物流港口群涵盖重庆主城港、万州港、涪陵港三个枢纽港区，江津、合川、永川、奉节、武隆五个重点港区及多个中小港区。目前，重庆港务物流集团有限公司水路可直达长江沿线七省二市，陆路与成渝、川黔、襄渝、渝怀、兰渝、渝汉、郑万铁路和四通八达的公路网相连，是我国西部地区最大的内河主枢纽港、集装箱吞吐港，是长江上游唯一的国家外贸一类口岸。重庆港务物流集团有限公司承载的重庆水运货物吞吐量约占长江上游地区的70%，集装箱吞吐量约占长江上游地区的80%，周边省市货物中转量约占重庆港口货物吞吐量的40%。

作为大型国有综合物流企业集团，重庆港务物流集团有限公司承担着重庆市重要港口及物流项目投资、建设、经营、对外招商和管理等职能职责，多年来位居全国物流企业50强前列，在重庆50强企业中排名居中，不但是重庆打造长江上游航运中心最重要的经济支撑，也是国有经济在物流领域发挥带动力、控制力和影响力的代表企业。

截至2015年末，重庆港务物流集团有限公司在册职工4807人，从业人员5300人，拥有集装箱、重件、化工、旅游客运等泊位181个，集装箱吞吐能力423万标准箱，商滚车通过能力98万辆，拥有果园港区、江津兰家沱、珞璜港区、九龙坡港区、万州红溪沟港区共5个铁水联运港区，铁路专用线39公里，目前铁路年装卸车能力1000万吨。

（二）重庆长江轮船公司

“十二五”期间，受全球金融危机的持续影响，发展方式与经营模式与市场出现不协调且调整滞后，加之重庆长江轮船公司历史包袱沉重、产业失衡、船舶工业连年发生巨额亏损，重庆长江轮船公司经营举步维艰。2013年底后，重庆长江轮船公司强力推进转机建制的扭亏脱困工作，经营亏损得到有效遏制。截至2015年底，重庆长江轮船公司主要经营长江集装箱运输、仓储物流、船舶工业、商业地产租赁与房地产开发、滨江旅游、汽车服务等产业，同时经营水上救助打捞、船舶通信导航、船员劳务外派、船员培训等航运相关业务及船舶设计、职工医院、长江驾校等相关实业，资产总额22.5亿元。2015年实现营业收入10亿元，利润总额4300万元，期末从业人员2121人，企业经营状况持续好转。

2011—2013年期间，重庆长江轮船公司在集装箱运输产业方面，通过加强营销拓展、强化运行管控，以及新型325标箱节能集装箱船运力投入，产业营业收入及利润总额实现快速增长，在效益上大幅突破了规划既定目标，其主要原因为市场拓展和成本管控双管齐下，船舶效益得到充分体现。自2014年起，受市场增幅放缓及竞争加剧的影响，集装箱运量、收入出现滞增，但利润总额保持了增长，2011—2015年累计完成集装箱运量67万标准箱，实现利润总额3000万元。

受全球航运危机严重影响以及企业内部管理粗放原因所致，重庆长航船舶工业经营困难。2014年重庆长航对船舶工业实施“退、转、精、改”的改革调整，将船舶工业拆分为东风公司、江渝船厂、川江船厂、江万船厂四个直属单位，经营大幅减亏，截至2015年底，船舶工业5年共计实现营业收入32亿元。在此期间，重庆长江轮船公司在两江游方面，拥有“朝天门”“朝天宫”两艘游轮。“十二五”期间，坚持以市场为主导，强化团队建设，通过准确定位及新建运力投入，积极抢占重庆滨江旅游高端市场，实现旅客量、经营收入和利润总额快速增长，市场份额达到40%左右，居行业首位，成为重庆长航重要的对外窗口产业。

（三）重庆航运建设发展有限公司

“十二五”时期，重庆航运建设发展有限公司成为全市水运基础设施建设主力军之一，为加快建设长江上游航运中心作出了积极贡献。一是工程建设顺利推进，实力不断增强。累计完成投资130多亿元，总资产规模达到128亿元。全面建成嘉陵江草街航电枢纽，成功改造渭沱电厂机组，参股建设乌江银盘航电枢纽，开工建设涪江潼南和嘉陵江利泽航电枢纽，航电枢纽总装机规模达到了71.4万千瓦，渠化航道301公里。建成合川石盘沱码头，开工建设万州新田港、巴南佛耳岩港二期、彭水下塘口码头，参股建设涪陵龙头港。承接地方航道整治工程，基本完成嘉陵江草街至河口、乌江河口至白马，以及三峡库区梅溪河、抱龙河、小江航道整治利用工程，配合市港航管理局完成了相关航道支持保障系统建设，新增航道里程190公里，支流航道通航环境得到较大改善。二是生产经营成效突显，经营收入不断提升年经营收入突破7亿元，累计实现收入31.33亿元，形成了建设与经营协同共进的良好局面。其中，共计发电109.98亿千瓦·时，售电108.85亿千瓦·时，上网率达到了99%；完成吞吐量近500万吨。三是资金筹措有效，保障有力。面对金融市场形势多变局势，公司通过争取上级支持、融资租赁、发行中期票据、吸纳子公司沉淀款等方式，共筹集资金68.7亿元，保障了工程建设资金需求。

（四）重庆长江黄金游轮有限公司

重庆长江黄金游轮有限公司是市属重点国有企业重庆旅游集团注资组建的国有全资子公司，曾连续多年斩获旅游市场销售冠军，先后获得中国最佳内河游轮、中国十大旅游车船品牌、最受欢迎涉外游轮品牌等百余项大奖。公司拥有黄金系列游轮7艘，分两种船型，其中黄金1、7、8号为一型船，黄金2、3、5、6号为二型船，船长为136～149.96米，宽19.6～24米，客房158～216套，总吨位12000～17000吨，单船总投资1.3亿～1.8亿元，最大载客350～570人，分别采用现代、商务、简欧、东南亚、中式、时尚、北美等特色鲜明的装修风格。

自2011年正式运营以来，公司积极履行国企担当，始终致力于树立长江游轮乃至世界内河游轮的新标杆，致力于为游客提供全新、丰富、高性价比的出行体验，成为集安全游轮、五星游轮、美食游轮、品质游轮多样色彩于一身的“黄金”游轮。

（五）重庆新世纪游轮股份有限公司

2006年11月，重庆新世纪游轮股份有限公司变更设立。2011—2015年，“世纪游轮”成功上市创下四个第一。2011年3月2日，重庆新世纪游轮股份有限公司发行的人民币普通股股票在深圳证券交易所上市交易，股票简称“世纪游轮”，股票代码“002558”。“世纪游轮”的上市创下“长江航运IPO第一股、游轮第一股、重庆旅游企业第一股、全国旅游业民营企业第一股”四个第一。这四个第一，吸引了大批投资者的眼光，发行市盈率高达81倍。此次上市募集资金4.5亿元，发行后总股本为5950万股。本次发行募集资金用于打造新游轮以及提高长江三峡豪华游轮质量。作为中国唯一上市的游轮公司，“世纪游轮”规划的下一个10年发展计划中，新一代的游轮产品不是一味求大、求奢华，而是紧扣可持续发展的时代主题。

2013年，第四代游轮代表作“世纪神话”“世纪传奇”缔造世界内河游轮新传奇。2013年3月19日，世纪游轮第六艘五星级豪华游轮“世纪神话”号在重庆朝天门码头下水首航，正式投入重庆—宜昌的线路运营。“世纪神话”全长141.8米，宽19.8米，甲板层数7层，有196间客房，总载客人数为400人，船员人数150人，总吨位12516吨。时任重庆市市长黄奇帆出席了“世纪神话”号首航仪式，并发表了讲话。

2013年5月18日，“世纪神话”号姊妹船、世纪游轮第七艘五星级豪华游轮“世纪传奇”号首航长江三峡。“世纪神话”与“世纪传奇”，是关注“环保、低碳、节能和人性化”的内在舒适感长江第四代游轮的代表，跻身世界顶级豪华游轮行列，引领了长江旅游船舶高科技技术革命。

2014年12月13日，世纪游轮披露《重庆新世纪游轮股份有限公司关于筹划重大资产重组停牌公告》，确认此次筹划的重大事项涉及重大资产重组。2015年11月11日，世纪游轮复牌后，在A股市场上连续演绎了20个涨停，股价报收212.94元，位居两市股价排行榜第四名，成为股市耀眼明星。

2016年4月5日，世纪游轮接到中国证券监督管理委员会《关于核准重庆新世纪游轮股份有限公司重大资产重组及向上海兰麟投资管理有限公司等发行股份购买资产并募集配套资金的批复》（证监许可〔2016〕658号）。自此，世纪游轮重大资产重组获证监会批复。

（六）重庆东江实业有限公司

从2011年开始公司的运力保持在七艘船的规模上，致力于海外客源组织的工作上，扩大境外客源市场，努力发展国内市场。在激烈的市场竞争中公司始终以游客至上、员工为本，保持和弘扬美为服务品质，中西结合的美味佳肴，用心细致的对客服务在中外游客中有口皆碑。平均每年的客运量达10万人，员工人数都保持在780人左右。客源腹地不断扩大、巩固，员工队伍稳定，公司生产经营正常，2020年的10月公司的第三代绿色环保超豪华大型游轮投产营运，载客定额690人。在今后的三年内，公司将还有三艘同类型的超豪华新型大型游轮问世，将给长江三峡旅游带来新的更大的活力。2023年以后公司的年接待量将会达到25万人次左右，在争取上市进入资本化市场的同时为重庆市的经济发展作出新的贡献。

（七）重庆大美长江三峡游轮股份有限公司

重庆大美长江三峡游轮有限责任公司前身系重庆海内观光游轮有限公司，2012年5

月30日，经股东大会决议，重庆大美长江三峡游轮有限责任公司以截至2012年4月30日经审计的净资产折股，整体变更为重庆大美长江三峡游轮股份有限公司。

2011年公司发航382.5班，客运量232.9千人次，客运周转量51004.9千人·公里，实现总收入3170.55万元。2012年发航383班，客运量201千人次，客运周转量54185千人·公里，实现总收入3455.05万元。2013年发航365班，客运量185千人次，客运周转量48911千人·公里，实现主营业务收入2870.57万元。2014年发航351.5班，总收入5670.48万元。2015年营销中心总收入5413.99万元，将公司华夏神女1轮、2轮打造成行业标杆，培养26名梯队人才。制订推进计划、操作要点、考核标准、可以复制等要素，成功将华夏神女1轮"全员生产标杆"和华夏神女2轮"服务标杆"交叉复制打造。加强观光船舶停泊管理，确保安全，人员有序安排、流通。

（八）民生轮船股份有限公司

2011—2015年，民生轮船股份有限公司主要经营国内沿海及长江干线普通货船运输、长江干线外贸集装箱内支线班轮运输，国际船舶集装箱运输，进出中华人民共和国港口的国际集装箱班轮运输业务，台湾海峡两岸间海上直航集装箱班轮货物运输，普通货运、货物专用运输、大型物件运输（不含危化品），产品零部件包装、分装，物流策划、管理及相关咨询服务，物流软件的开发，仓储（不含危险品），承办海上、陆路、航空国际货物运输代理业务及运输信息咨询业务（不含船代）。员工人数从2011年的1111人减少到2015年的911人。

2011—2015年，民生轮船股份有限公司新增325标准箱集装箱船6艘，326标准箱集装箱船4艘，滚装船900车位6艘，1300车位2艘，工作船1艘，海船1艘。旗下全资子公司购进重庆两江新区综合物流基地和成都龙泉物流中心，为综合物流打下硬件基础。

2011—2015年，民生轮船股份有限公司江运开通宜宾至上海集装箱班轮，参与开通重庆—泸州（宜宾）"水水中转"集装箱支线班轮航线。旗下全资子公司开启航空物流业务，开展集装箱公路甩挂运输，作为揽取"渝新欧"班列回程货的平台公司，总包运作"渝新欧"回程班列，完成"渝新欧"项目团队组织机构搭建和规章制度的建立，"渝新欧"回程班列的服务产品由汽车零部件、进口整车、机电设备、跨境电商产品等扩展到高端工业制品、食品，完成了由一般贸易进口货物到跨境电商贸易进口货物的换挡升级，以"成都—万州""成都—果园港"铁路班列的开通为契机，拓展铁水联运物流模式。

长江集装箱运量从2011年的26.63万标准箱增加到2015年的29.4万标准箱，滚装运输从2011年的27.41万辆增加到2015年的37.79万辆。2011年，海运中日航线完成116444标准箱，台湾航线完成35465标准箱，到2015年，因为各种原因导致集装箱量下滑，中日航线完成69472标准箱，台湾航线完成35842标准箱。2011—2015年，铁路运输从零开始，到2015年完成“渝新欧”回程班列75班，集装箱量6150标准箱。

（九）重庆轮船（集团）有限公司

2015年，公司资产总额达到16.4亿元，船舶总载重吨近20万吨，有从业人员近2000人，正式员工1472人，离退休职工4000余人。是重庆市仅有三家取得AAAAA级综合物流资质的企业之一，是国家第四批物流企业税收试点企业，是重庆市首批重点物流企业。旗下有8个分公司、7个全资子公司、2个控股公司、4个参股公司，在重庆、乐山、宜宾、泸州、上海等重要水运口岸建有岸基基地，在长江沿线各主要港口等地设有分支机构，建立了覆盖长江流域干支线重要口岸及近洋地区的较为完善的货运物流服务网络。公司主要从事集装箱、液体化学品、川江载货汽车滚装、干散件杂货、大件设备等在内的长江干支流跨省货物运输，业务涵盖了船舶代理（简称“船代”）、货运代理（简称“货代”），项目物流、保税物流、多式联运及综合物流，并延伸到港埠经营、船舶制造、轮渡旅游、船员劳务经营等辅助产业，能提供“门到门”国际国内全程多式联运的物流服务。

2015年公司已拥有滚装船8艘、危化品船16艘、货船11艘、集装箱船16艘、客船9艘，合计载货量约为21万吨，载客量2284人。

（十）重庆港盛船务有限公司

“十二五”时期，公司对资产进行结构性调整，加大了对不良资产的处置力度，优化了公司资产。2015年公司总资产由“十二五”初的4.31亿元减少到2.32亿元，减少1.99亿元，降低了46%，负债总额由最初的2.68亿元减少到1.14亿元，减少了1.54亿元，降低了57%，资产负债率由最初的62%降低到现在的49%。降低了13个百分点，资产结构进一步优化，财务状况得到了较好改善，为公司发展打下了良好的基础。公司年货运量达10万吨以上的大客户仅5家，“十二五”末，10万吨以上的大客户公司发展到10家。

公司充分利用全程物流资源平台，积极开展船舶运输代理业务，既保障了货源不流失，又增加了公司的效益。“十二五”初，公司船代客户仅5家到目前公司船代客户21家，利用社会运力由8万吨到目前的50万吨，船代货运量由16.6万吨到现在的120.5万吨，船舶代理业务成为公司十二五时期显著的经济增长点。2011—2015年共完成货运量1330万吨，船代货运量305万吨，总收入7.4亿元。公司下辖重庆港盛欣陵船务有限公司、重庆港盛兴万船务有限公司、重庆分公司等分子公司，公司总人数464人，五年来总减少人员585人。这五年，为适应市场竞争需要，逐年加大对船舶进行结构性调整，淘汰老、旧、吨位小、经济效益差、无市场竞争力的船舶共计 43 艘(运力 6.2 万吨),公司自航船舶平均载重量由 3230 吨/艘,提高到了 4256 吨/艘,提高了 31.7%。

(十一)重庆浩航船务有限公司

重庆浩航船务有限公司成立于 2009 年 8 月,是经交通运输部批准成立的专门经营长江货物运输公司。公司自成立以来,始终坚持规范化管理,人性化服务,本着“诚信为金、服务至上”的宗旨,以一流的管理、一流的服务,支撑地方经济的发展。经营范围以长江干线(宜宾—上海)集装箱班轮、散杂货、大件设备运输及其支流省际普通货物运输、道路货物运输为主,包括订舱、仓储、装卸、报关报检、结算运杂费等相关物流服务,能够为客户提供涉及货物运输方面的各种优质服务。

在此期间,公司拥有集装箱及散杂货船舶 40 余艘,集装箱运力由 1612 标准箱增加到 5045 标准箱,进出口业务完成量从 33777 标准箱增长到 64890 标准箱,散货运力由从 6 万吨增加到 15 万吨,业务完成量从 46.69 万吨增加到 103.84 万吨,公司人员规模从 51 人增加到 96 人,现在散货班轮班期达每天 1 班以上,集装箱班轮每周可达两班以上,服务涵盖长江沿途 20 多个港口。公司除取得行业相关资质外,还积极在质量管理、环境安全管理、职业健康管理等方面开拓、发展,取得相应专业资质;多次被管理部门评为“AAA 物流企业”“优秀水运企业”“守合同重信用企业”等称号。

(十二)重庆集海航运有限责任公司

2011—2015 年期间,分别与地中海、东方海外、太平等 18 家全球主要海船公司签约,业务范围覆盖长江流域,沿海各港及全球主要航线,包括跨太平洋、欧洲、欧地支线及大西洋、亚太、拉非、东南亚及南亚等航线。因公司多艘自有船舶载箱量小、经济性差已不适合干线运输,公司于 2015 年将其中一艘 200 标准箱自有船舶出售,并将另外 4 艘 200 标准箱自有船舶对外租赁运行小支线。公司通过租赁 8 ~ 10 艘集装箱船舶的方式来运行重庆至上海航线,并计划购置 2 ~ 4 艘 350 箱位集装箱船舶。截至 2015 年末,公司共有员工 155 人,全年完成总箱量 64066 标准箱,总收入 16629.49 万元,利润 61.27 万元,无一般及以上安全质量事故。

(十三)重庆市河牛滚装船运输有限公司

2011—2015 年期间,130 米三峡库区大长宽比标准化船型建设促进公司高质量发展。2014 年,交通运输部出台了鼓励船企建造 130 米三峡库区大长宽比标准化示范船型政策,公司在这一鼓励政策感召下,从 2014 年至 2019 年实施建造了 130 米标准化船舶 45 艘,新增运力 36 万吨。

公司通过十三年的快速发展，从小到大、由弱到强，注册资金由2002年的80万元增加至12867万元，增长160.8倍。公司的发展壮大得益于伟大的中国共产党坚强领导，得益于重庆市委、市人民政府，以及各级政府职能部门的大力支持和帮助，得益于长江母亲河的博大润育，截至2015年，公司成为长江航运发展的排头兵。

（十四）重庆川江船务有限公司

截至2015年，公司拥有标准化多用途船56艘。经营范围包括长江干线及支流省际普通货船运输，长江干线外贸集装箱内支线班轮运输；国际货运代理、仓储，陆路、铁路普通货运代理。船舶总集装箱量为17824标准箱，船舶总载货量约32.2万吨。56艘船舶中，融资租赁334标准箱/6500吨标准船舶12艘。有职工700多人，占有重庆主城区运力规模的30%、航运吞吐量占比超过40%，是长江中上游干线集装箱航运业中规模最大、职工人数最多、影响力最大的民营企业。

（十五）重庆顺华滚装船运输有限公司

2015年公司有员工290人，专业技术人员110人，其中一等船长和轮机长各17人。主要经营长江重庆至宜昌、涪陵至宜昌、万州至宜昌省际载货汽车滚装船运输、长江干线及支流省际普通货船运输、外贸集装箱内支线班轮运输。公司现在拥有帝豪系列滚装船、帝豪系列多用途船舶共15艘，固定资产达3.3亿元。2015年收入1.35亿元，利润3500万元，效益年年创新高，成为水运行业经济增长点。

公司坚持“以人为本”的科学发展观，积极探索先进、科学的管理模式。坚持“严格管理、保障安全、保护环境、勇创一流”的安全管理方针，确保船舶安全生产和防止水域环境污染，已被评为安全生产标准化二级达标企业。公司已对安全管理体系文件进行升级换版，以适应不断变化的外部环境的需要，构建公司安全管理的长效机制。

（十六）重庆市万州区圣发船务有限公司

2011—2015年期间，公司自有船舶新增11艘，新增运力79218吨；累计17艘，总运力111860.8吨。每船配员保持不变，增添了部分岸基管理人员，2015年期末公司总人数125人。公司船舶运输业务上水方向以重钢矿石、钢卷为主，下水方向以煤炭、钢卷、水泥、熟料、石子为主，航线主要集中在宜宾—上海，年货运量实现从“十二五”期初50万吨到“十二五”期末170万吨的大幅增长。

（十七）重庆市泽胜船务集团（有限）公司

2012年8月，公司获得国资委巡视组“央企与民企合资合作的成功典范”的称号。

2014 年 6 月，在中宣部、国资委的推荐下，公司作为国企混合所有制改革成功的典型样本，接受人民日报、新华社等中央媒体采访调研及广泛报道。

2014 年公司组织研究“船舶主机冷却水余热利用项目”，通过技术改造使主机冷却水能够进入液货舱加热管路并形成闭式循环，从而不断地对主机进行冷却，对货物进行保温或加热，在长江内河船舶的运用实属首例，每年节约 1950 吨柴油，节能减排目标实现率达 100.2%，不但为航运公司降低了人力成本，还大幅度降低了油耗，同时也大大减少了有害废气的排放，为“绿色航运、低碳交通”作出巨大贡献。获得了交通运输部颁发的“交通运输行业绿色低碳循环示范项目”。

到 2015 年，公司已拥有 58 艘油/化品船舶，运力约 22.4 万吨，运量 275 万吨，人员规模 815 人。

（十八）重庆三益物流股份有限公司

2011—2015 年，公司陆续开工建造了 10 艘 3500 吨级标准化化学品液货船，单船载重吨达 5600 吨，为长江干线单船载货量最大的化学品液货船。

2011 年，公司获得 10 艘 3500 吨级标准化化学品液货船新增运力批文。2011 年 7 月，公司新建成 2 艘 2000 吨级标准化不锈钢化学品液货船，公司可以承运如乙酸、乙二醇等多类别的化工产品。2013 年 5 月，公司由有限责任公司改制为股份有限公司，更名为“重庆三益物流股份有限公司”。2013 年 6 月，公司在重庆市股权交易中心成功挂牌，为企业迈上更高层次的资本市场奠定了基础。

到 2015 年，公司拥有化学品船、油船 31 艘，总载重吨 11 万吨，主要承运汽油、柴油、对二甲苯、甲醇、环已酮、原油、燃料油等货品，航线遍布整个长江干线各港口，年承运货物超过 100 万吨，成为长江流域危化品船舶运输领军企业之一。

（十九）重庆新金航国际物流股份有限公司

2011 年 11 月 18 日，公司成功进行股份制改制，重庆新金航船务股份有限公司正式注册成立（现更名为：重庆新金航国际物流股份有限公司）。同年，公司成为重庆市物流协会第五届理事会副会长单位。12 月 26 日，公司新建“20 艘 3500 吨级不锈钢化危品/成品油船”在重庆长航东风船舶工业有限公司和重庆东港船舶产业有限公司开工。

2012 年 10 月 18 日，公司注册资本增至 2 亿元。12 月 25 日，公司化危品/成品油船“神州 2018”轮、“神州 2019”轮出厂上线运营。

2013 年 3 月 20 日，公司 3500 吨级不锈钢化危品/成品油船“神州 3501”轮出厂上线运营；3 月 27 日，公司化危品/成品油船“神州 2026”轮、“神州 2028”轮出厂上线运营；4 月 6 日，公司 3500 吨级不锈钢化危品/成品油船“神州 3509”轮出厂上线运营；4 月 29

日，公司3500吨级不锈钢化危品/成品油船“神州3515”轮出厂上线运营；6月6日，公司3500吨级不锈钢化危品/成品油船“神州3512”轮出厂上线运营。6月7日，公司顺利通过重庆市港航管理局组织的《水路运输企业安全生产标准化示范单位建设》验收；12月，公司党支部和公司工会成立；12月23日至25日经交通运输部专家组考评，公司顺利通过“安全生产标准化一级”达标评级，2014年2月20日，获交通运输部颁发的《交通运输企业安全生产标准化一级》证书。

第六节　水运安全水平持续提升

“十二五”期间，全市水运行业紧扣“平安交通”建设主线，严格按照“党政同责、一岗双责、齐抓共管”和“三个必须”的要求，积极作为，圆满完成了“十二五”安全工作目标任务，水运安全保障基础更加牢固，行业安全形势持续稳定向好。

一、安全保障基础更加牢固

全市水运安全基础条件明显改善。投入安全经费8.3亿元，更新改造短途客船、库周渡船等各类船舶2953艘，改造渡口539个、人行桥38座，投入300万元资金增设“三牌一线”等安全标志，极大改善了群众安全便捷出行环境。投入21亿元，整治航道376公里，建设高洪水位地锚设施554处。继续为全市1465艘农村客渡船购买交强险和承运人责任险，保障了群众“平安行”。制定了病害船闸分布治理方案，开展了綦江桥河等4座船闸的治理工作。投入2.2亿元，建成嘉陵江等重点航段船岸通信系统、大宁河船舶自动识别系统，升级水上交通视频监控系统，入网船舶数达2333艘；水运交通工程重要工点、重点部位安装了视频监控，进一步提升了科技兴安水平。长江干线建设电子巡航系统，整合船舶交通管理系统（VTS）、船舶自动识别系统（AIS）、全球卫星定位系统（GPS）等动态监控系统，预防预控功能建设进一步完善；建成基站21个，基本实现主城至永川水域AIS信号全覆盖。建设甚高频（VHF）通信系统集控系统，实现重庆辖区水域船岸互通全覆盖和远程集中控制。新建中央监控系统（CCTV）监控点27个，CCTV监控点累计建成63个，重点水域逐步覆盖。建成水上交通监管系统一期工程，形成“五站两中心一浏览站”，即弹子石、青草坝、黑石子、万州、巫山5处雷达站和重庆VTS中心、万州VTS分中心和巫山VTS浏览站，以及对客船（短途）、客渡船等重点船舶管理的GPS监管系统。同时，推进水上交通监管系统二期工程及建设，规划在主城马桑溪至长寿水域沿线建设VTS雷达站10个、CCTV监控点17处。

航道维护保障能力不断提高。2011—2015年，在党中央、国务院和交通运输部的高度重视下，长江黄金水道建设得到了加强。“深下游，畅中游，延上游”，充分发挥长江航运整体功能的战略构想正在逐步落实，全长约100公里的长江宜宾至泸州段，最低维护水深由1.8米提高到2.7米。为满足长江上游泸渝段山区河段上延的新要求，改变老式航标船生产能力低、安全性能差、工作效率低的状况，以及新型航标船严重不足的局面，长江航道局开始建设配置30米级长江C型航标船。该船为平头纵流首、双尾船型，单底、单甲板全钢质结构，双机、双桨、双舵，柴油机推进，航区为长江C级及J2级航段。配置主机2台，型号D7AT，功率126千瓦×2；柴油发电机组1台，型号17.5MDKBR，额定功率17.5千瓦。该船设备先进、操作灵便，是长江重庆航道局航道维护的主力船舶。同时，趸船建设也以40米级和65米级钢质趸船为主，逐步淘汰24米钢质趸船，航道维护保障能力显著提高。

二、安全监管力度不断加强

2011—2015年重庆水上交通安全事故统计数见表8-6-1。全市5年共发生一般等级以上事故21.5件、沉船46艘、死亡人数11人、直接经济损失1323.5万元。其中：长江干线重庆段水域发生一般等级以上事故17件、沉船26艘、死亡11人、直接经济损失989万元，与“十一五”期相比分别下降77%、52%、69%、57%；地方水域发生一般等级以上事故4.5件、沉船17艘、“零死亡”、直接经济损失334.5万元，与“十一五”期相比分别下降84%、0%、100%、31%。重庆水上交通安全形势不断好转并趋于稳定，主要加强了以下安全监管力度。

2011—2015年事故统计表　　表8-6-1

年度（年）	一般等级以上事故（件）		沉船艘数（艘）		死亡人数（人）		直接经济损失（万元）	
	长江干线	地方水域	长江干线	地方水域	长江干线	地方水域	长江干线	地方水域
2011	4.5	1	4	3	3	0	143	30
2012	4.5	1	6	1	3	0	238.5	20
2013	2	1	6	9	1	0	210	24.5
2014	4.5	1	11	1	3	0	117	77
2015	1.5	0.5	2	3	1	0	280.5	183

（1）全面落实水运企业安全生产主体责任、区县属地责任、行业监管责任。以企业安全生产标准化建设为抓手，全面推进企业主体责任落实，完成对全市290家水路运输企业、142家港口企业的安全标准化评估工作，确认A级企业143家、B级企业250家、C级企业35家、D级企业4家，A级/B级企业达90%。“区县政府高度重视、部门齐抓共管”的综合治理局面基本形成，“四会四制、一岗双责、党政同责、网格化管理”工作机制

更加完善。交通行业狠抓“平安交通”建设，开展水上非法运输专项集中整治行动，排查整治各类安全隐患2200余项，挂牌督办重大隐患35项，停航停业整顿船舶26艘、码头37个，长寿大洪湖上千艘“三无”船舶等一批历史遗留问题得到妥善解决。开展非法采砂专项整治。为彻底解决主城范围内砂石码头扬尘、噪声污染等突出问题，按照“统一规划、分步实施、综合整治”步骤，制定了主城九区53座砂石码头整治退出工作方案。联合水利、海事、航道、环保等相关部门开展了主城长江段非法砂石整治工作，对未经批准的15处非法砂石作业点下达整治通告，关停非法砂石作业点1处。开展载货汽车滚装、客运和危险货物三类重点港口安全专项整治，组织港口企业安全管理人员培训两期364人，从业人员安全意识和技能稳步提高。对全市17个区县的3座重滚码头、17座客运码头和61座危险货物码头进行了重点排查，督促企业投入整改资金7362万元，整改各类安全隐患407项。

（2）强化运输企业经营资质监管。共注销11家运输企业和15家运输服务企业。重点监管“四客一危”企业，共检查“四客一危”运输企业252家次、船舶346艘次，责令整改项目245项。加快推进视频监控系统建设，液货危险品运输企业所属船舶95%以上都安装了船舶远程视频监控系统。

（3）完善应急预案，确保突发事件水上安全。完成《水上交通突发事件应急预案》修订。为使重庆市地方水上交通突发事件处置预案更加“贴近实战”，组织专人对《水上交通突发事件应急预案》进行研讨，并广泛征求意见，完成修订工作。2015年5月14日，重庆市港航管理局正式发布新修订的《水上交通突发事件应急预案》（渝港航发〔2015〕124号）。这一时期，成功应对嘉陵江流域5次洪峰和长江30年一遇特大洪水，确保水上安全形势稳定。

三、应急救援体系加快建设

“十二五”时期，按照“政府主导、部门配合、社会参与”的原则和“三个贴近实战”要求，进一步完善救援体系建设，“一中心、六基地、八站点”水上应急救援体系初具雏形。主城、合川等应急基地开工建设，54艘应急救援船艇、73个人命救助站点及重点应急物资配备到位。依托现有航道、海事力量组建水上应急救援队伍，深化与社会救援力量合作，科学制定水上交通应急预案，联合开展一系列大型实战演练，出色完成嘉陵江“9.20”、乌江“7.16”特大洪水等多次抢险救援任务，成功救助船舶70艘、遇险人员129人。

（1）加强水上交通基础建设和应急救援能力建设。投入资金2.8亿元，启动建设1个应急指挥中心、6个应急基地、8个应急站，交付使用25艘平战两用应急救援艇和首艘多功能应急船“渝救援111”轮。完成主城、合川、涪陵、彭水、云阳、巫山6个应急基地第

一、二期应急物资的储备，建成应急救援艇25艘并投入使用，2600马力(约合1912.3千瓦)多功能应急救援船、起吊能力300吨的应急抢险船、16米巡航搜救艇等重型救险装备。主城、合川等应急基地开工建设，54艘应急救援船艇、73个人命救助站点及重点应急物资配备到位。

(2)深化与社会救援力量合作。投入资金4500万元，为港航部门配备了艇、趸、车辆等安全监管和抢险救援装备，依托现有航道、海事力量组建水上应急救援队伍，深化与社会救援力量合作，科学制定水上交通应急预案，联合开展一系列大型实战演练，出色完成嘉陵江“9.20”、乌江“7.16”特大洪水等多次抢险救援任务，成功救助船舶70艘、遇险人员129人。

(3)开展人命救助技能培训。为提高全市应急救援能力，更好地为汛期应急救援工作做准备，2015年5月7日，重庆市港航管理局举办为期两天的2015年人命救助技能培训班，重庆市地方水上应急救援中心和万州、垫江、奉节等12个区县人命救助站一线的46名救助队员参加了培训。培训内容主要包括向救助队员系统地讲解了水上医疗救护常识及实操、人命救助基本常识、救生器材和其他设备的操作使用等知识、技能，为维护水上交通持续稳定发挥积极作用。

四、水上交通重大事件的发生

2015年6月1日21时30分，隶属于重庆东方轮船公司的东方之星轮，在从南京驶往重庆途中突遇罕见强对流天气，当航行至湖北省荆州市监利县长江大马洲水道时翻沉。

沉船事件发生后，中共中央、国务院高度重视。习近平总书记、李克强总理立即作出重要指示批示。2015年6月2日凌晨，李克强总理率有关负责同志紧急赶赴现场指挥救援和应急处置工作。经国务院批准，成立了由国家安全生产监督管理总局、工业和信息化部、公安部、监察部、交通运输部、中国气象局、中华全国总工会、湖北省和重庆市等有关方面组成的国务院“东方之星”号客轮翻沉事件调查组，并聘请国内气象、航运安全、船舶设计、水上交通管理和信息化、法律等有关方面院士、专家参加。交通运输部门、解放军、武警部队和公安干警、沿江省市等调集动员了大批专业搜救人员、解放军、武警、消防官兵及沿江地区群众，采取空中巡航、水面搜救、水下搜救、进舱搜救和全流域搜救相结合的方式，在事发地及下游水域开展全方位、立体式、拉网式搜寻。截至2015年6月13日，经有关各方反复核实、逐一确认，“东方之星”号客轮上共有454人，其中成功获救12人，遇难442人，全部遇难者遗体均已找到。

2015年12月30日，长江沉船事故调查报告公布，经国务院调查组调查认定，“东方之星”号客轮翻沉是由突发罕见的强对流天气——飑线伴有下击暴流带来的强风暴雨袭击导致的一起特别重大灾难性事件。“东方之星”轮航行至长江中游大马洲水道时突遇飑线天气系统，该系统伴有下击暴流、短时强降雨等局地性、突发性强对流天气。受下击暴流袭击，风雨强度陡增，瞬时极大风力达12～13级，1小时降雨量达94.4毫米。船长虽然采取了稳船抗风措施，但在强风暴雨作用下，船舶持续后退，船舶处于失控状态，船艏向右下风偏转，风舷角和风压倾侧力矩逐步增大，船舶最大风压倾侧力矩达到该客轮极限抗风能力的2倍以上，船舶倾斜进水并在一分多钟内倾覆。调查组还查明，“东方之星”号客轮抗风压倾覆能力虽然符合规范要求，但不足以抵抗所遭遇的极端恶劣天气。船长及当班大副对极端恶劣天气及其风险认知不足，在紧急状态下应对不力。

调查组在对事件从严、延伸调查中，也检查出重庆东方轮船公司、重庆市有关管理部门及地方党委政府、交通运输部长江航务管理局和长江海事局及下属海事机构在日常管理和监督检查中存在问题。调查组依据有关法律法规和规定，建议对船长张顺文给予吊销船长适任证书、解除劳动合同处分，由司法机关对其是否涉嫌犯罪进一步调查；鉴于当班大副刘先禄在事件中死亡，建议免于处理。调查组还建议对检查出的在日常管理和监督检查中存在问题负有责任的43名有关人员给予党纪、政纪处分，包括企业7人，行业管理部门、地方党委政府及有关部门36人，其中，副省级干部1人，厅局级干部8人，县处级干部14人。责成重庆市政府按照有关规定对重庆东方轮船公司进行停业整顿。针对事件暴露出的问题，调查组对水上交通管理部门和企业提出了七个方面的防范和整改措施建议，即：进一步严格恶劣天气条件下长江旅游客船禁限航措施；提高船舶检验技术规范要求和完善船舶设计建造改造质量控制体制机制；进一步加强长江航运恶劣天气风险预警能力建设；加强内河航运安全信息化动态监管和救援能力建设；深入开展长江航运安全专项整治；严格落实企业主体责任全面加强长江旅游客运公司安全管理；加大内河船员安全技能培训力度提高安全操作能力和应对突发事件的能力。

第七节　科技兴航绿色发展

“十二五”时期，重庆航运在科技创新和行业研究上取得重大进展，科技兴航作用显著提高。同时贯彻国家绿色水运发展要求，大力推进航运绿色发展，实现水运节能减排、转型升级，绿色航运建设成效明显。

一、水运科研成效显著

（一）组建国家内河整治工程技术研究中心

2011年1月，重庆交通大学、长江航道局共同组建国家内河整治工程技术研究中心。依托单位还拥有交通运输部内河航道整治技术重点实验室、水利水运工程教育部重点实验室、重庆市航运工程技术研究中心、重庆市水工建筑物健康诊断与设备工程研究中心等四个省部级研发平台。国家内河整治工程技术研究中心以航道整治技术、渠化工程与枢纽通航技术、内河筑港技术的研发为主要任务，每年承担国家级、国家重大工程专项、省部级以及企事业委托的项目180余项，年均科研设计经费超过1.0亿元；“中心”研发成果先后获得各类奖项100余项，其中国家级奖11项，获得专利30余项，出版学术专著、教材和规范30余部。科研成果转化率90%以上。“中心”依托单位在几十年的技术开发、工程设计和实践中，获得了数十项内河航道整治工程技术成果，为提升我国内河航道整治工程技术水平作出了重要贡献。主要开展了以下研究：

(1)连续滩险整治技术。项目针对连续滩群的碍航特性，提出碍航滩群的分类；通过实测资料分析、结合典型滩群的物理模型和数值模型试验，研究在天然情况下、变动回水区、枢纽之间的水位不衔接段、枢纽下游的典型滩群的碍航机理和整治技术。研发成果在长江、乌江、澜沧江的航道整治中得到推广应用。

(2)复合水动力条件下卵石浅滩整治技术。项目针对坝下非恒定流、变动回水区、干支流不同分流比等复合水动力条件下对卵石浅滩的影响，提出非均匀卵砾石起动和输移规律；提出以天然沙作模型沙的推移质动床物理模型的设计方法；揭示复合水动力条件下卵石浅滩的碍航机理，总结卵石滩险的一般整治原则和整治措施，为卵石浅滩整治提供理论依据和技术支持。研发成果在长江上游、澜沧江、西江的航道整治建设中得到推广应用。

(3)桥群河段通航技术项目主要研发在顺直型河道、弯曲型河道以及分汊型河道条件下，各桥梁之间的合理间距；研究桥梁选址、桥梁墩台布设、最小通航跨度确定的技术要求；复线桥群的桥梁间距及减小巷道效应影响研究；桥群河段上桥梁选址与桥跨布设要求及对策等。研发桥群河段航标配布技术。该技术主要在重庆桥群河段推广应用。

(4)船闸扩能及多线船闸枢纽通航技术。在对已建航运枢纽通航条件及船闸运行情况调查分析的基础上，通过模型试验研究改善已建船闸上下游引航道通航条件、船闸灌泄水动力学条件与船舶过闸停泊条件的工程措施；研究两线和多线船闸共用引航道的布置原则、运行调度方法与通航安全保障措施；研究两线和多线船闸的联合布置与输水系统水力学特性、船闸联合运行与节水成套技术。

(5)库区变动回水段码头建设成套技术。满足库区大型船舶(载重量300标准箱或5000吨)安全停系靠的内河大水位差深水直立式码头合理结构形式研发；连续排架结构船舶荷载分配规律研究；直立式码头施工水位以下系靠船设施的设置技术研发；大水位差深水直立式码头下部结构与基岩整体结合技术研发；大水位差深水直立式码头结构预制、安装与控制系统技术研发；水流力作用下的大直径嵌岩桩施工稳桩技术研发。形成库区变动回水段码头建设成套技术。该技术在长江上游、澜沧江、嘉陵江、乌江的港口工程改造中得到推广应用。

（二）持续开展水运工程技术研究

（1）“游艇码头设计规范”编制。“游艇码头设计规范”是2011年交通运输部科技项目。项目针对我国目前游艇码头无相应规范，建设管理无法可依，建设标准存在差异，建设质量难以有效控制等现状，结合我国目前游艇码头的建设、营运情况，吸收国外游艇码头设计理论研究成果及营运操作实践经验，广泛征求国内设计单位、游艇制造企业单位及游艇协会、海事及航运部门对游艇码头设计的意见，国外调研主要收集、了解国外游艇码头设计规范、标准的内容及游艇码头建设情况，充分吸收、反映当前国际上游艇码头营运发展的特点和设计经验，规范主要从港址选择、总平面、工艺、水工建筑物及配套工程等方面详尽对游艇码头设计规范，已获得了显著的社会效益和环境效益。2014年3月5日该项目通过中华人民共和国交通运输部发布。

（2）大水位差码头船用岸电系统关键技术研究。“大水位差码头船用岸电系统关键技术研究”是2012年市交通委员会科技项目。项目针对当前到港船舶停靠在码头需要燃烧大量柴油发电，形成了规模壮观的“江上流动烟囱”，以及船舶燃油供电受船舶自身设备质量、规模、品质等局限性影响，燃油利用率不高、损耗严重，且船舶柴油机产生的过剩电能又不能储存，消耗了大量的能源，造成了大量浪费，也对港口城市环境造成了较大的影响等一系列现象，以果园二期工程、万州新田一期工程等典型的大水位差直立式码头为依托，研究出了性能可靠的大水位差直立式码头和大水位差斜坡式码头的船用接电工艺及设备，提出了船用岸电系统接口标准化指标及相关要求，研究出了岸电接入工艺的安全报警、防护及计量系统。从依托工程的使用效果来看，岸电系统较好地适应了大水位差码头的特点，已获得了显著的经济效益、社会效益和环境效益。项目实施过程中已申请并获得了发明专利一项、实用新型专利三项。2015年5月21日该项目通过了市交通委员会主持的验收，成果被鉴定为整体上达到了国际领先水平。

（3）内河大水位差架空直立式码头工作性状分析与全寿命安全性能评估研究。该项目为2014年交通运输部科技项目，是交通规划设计院首次牵头承担的水运专业交通运输部科技项目，依托工程为重庆港果园集装箱码头和寸滩集装箱码头。项目基于多年建设和营运中存在的问题，通过三个专题的研究，揭示不同内河架空直立式码头结构的工作性状，各类结构和构件的使用条件、破坏机理，提出内河大水位差架空直立式码头结构安全监测与安全评估方法，突破内河大水位差架空直立式码头新环境下的深水筑港和结构安全检测、评估等核心技术，旨在降低码头水工结构建设成本，缩短码头建设工期，减轻劳动强度，提升资源使用效率和安全性能。该项目于2016年底完成，申报专利2项。

(4)三峡库区桥梁防撞装置研究。三峡水库蓄水后,万州长江大桥防撞成为世界性难度,重庆设计单位提出弧形水上防撞装置,并通过理论计算、模型试验、实体模型验证等,逐步攻克了设计与施工技术难题。

(5)库区航道深水设标实用技术研究。该项目针对库区深水航道特点,优选出深水航标合理的浮具型号配置,提出库区深水航标合理的设置方法和措施,研制出适合深水设标的放缆装置,实现了设标时人缆分离的安全目的,提高浮标移设工作效率,降低劳动强度和安全风险。

(6)三峡库区回水变动区长寿至洛碛河段水沙特性数值模拟研究。项目旨在研究三峡库区长寿至洛碛河段水流与泥沙的运动规律、新水沙条件下河道冲淤年际内的变化规律及未来几年的变化规律,为该河段的航道规划、港口码头规划、采砂挖石、日常维护和整治提供科学依据和技术支撑。

(7)航道维护船舶虚拟机舱漫游系统研究与开发。项目旨在研究开发一套虚拟机舱漫游系统用于用户场景虚拟漫游、船员虚拟主机操作培训、船舶建造方案评估等领域,并且加大投入深入研究虚拟机舱的现实仿真系统,虚拟仿真一个视、听、触觉一体化的特定虚拟环境,实现分别在实物或虚拟驾驶台、实物或虚拟集控台、机旁应急操作台仿真界面上操作实物或虚拟按钮等完成对主机三维运动模型的实时操作控制。

(8)山区河道型水库滑坡涌浪对航道危害及预防技术研究之滑坡涌浪对船舶航行安全的影响及预测技术研究。项目主要开展了以下研究内容:滑坡涌浪对航道通航条件的影响,包括水位、比降、流速、流态的变化规律;滑坡涌浪对船舶航行安全的影响,包括滑坡体堆积江中造成的碍航影响,滑坡形成的巨大涌浪而造成的对船舶、航标设施等的危害,确定影响的范围和程度;开发滑坡涌浪对航道危害程度的预防评价技术系统。

(9)基于航行基准面的相对水深数据快速自动处理技术研究及系统开发。项目通过数学建模建立高精度的木洞至兰家沱段航行基准面模型,采用高级编程语言编写软件实现绝对高程数据向基于航行基准面的相对水深数据的快速自动转换,替代传统人工转换烦琐、低效的工作模式,显著提高相对水深航行基准面成图工作效率。

(10)航标位置准确性智能校核技术研究及应用。项目旨在解决因为水位涨落变迁导致的航标增减配置,以及航标位置移动过后对新位置的合理性和安全性进行软件自动校核,提高电子航道图中航标校核、复核的时效性和准确性。

(11)航道维护船舶主要机电设备远程故障诊断系统研究。项目旨在开发一套船上主要机电设备远程监测与故障诊断系统,实现航标船主要机电设备的数字化监测及远程故障诊断,并通过网络技术实现船上机电设备的远程故障诊断,对出现的故障进行报警显示，对主要机电设备的正常运行和日常维护提供保障，提高船员工作效率，强化管理部门对航标船的管理。

（12）12 米、30 米级 C 型（长江泸渝段）航标船艉轴艉管（闭式）水润滑密封系统应用研究。项目通过对船舶艉轴艉管（闭式）水润滑系统的研究、探索，将现有的船舶艉轴艉管闭式油润滑系统改变为闭式水润滑系统，解决船舶艉轴艉管闭式油润滑系统因密封不好而导致的漏油问题，不仅解决船舶漏油导致的环境污染、改善及保护水域环境，而且节约能源，契合绿色生态文明航道的建设要求。

（13）三维仿真辅助长江航道管理研究与示范（2.0 版）。该项目研究成果国内首次实现水上水下高精度海量三维仿真航道数据集成建库与可视化展示。解决大范围城市地形地貌、建筑物、航道设施、消落带、过江电缆、索道等水上信息与航道地形、礁石等水下信息集成所面临的地理空间坐标参考不一致、水下地形展示困难以及多源海量数据动态加载等技术难题。

（14）重庆市内河航运与多式物流结构调整战略研究。该项目为亚洲开发银行技术援助项目，项目执行机构为市交通委员会、市财政局，项目研究工作由重庆市交通规划勘察设计院、交通运输部水运科学研究院、荷兰 NEA/Panteia 公司联合承担。项目成果共分为 5 个专题：专题 1 重庆市货运市场评估、专题 2 内河航道基础设施发展和管理规划、专题 3 运力和运输组织现状与发展研究、专题 4 促进重庆航运服务体系和重庆航运交易所发展的建议、专题 5 进一步开展关键领域研究的政策建议。2015 年 1 月 21 日，中期成果通过专家审查。以首席交通专家沙拉德先生为团长的亚洲开发银行代表团参加了专家审查会议。

（15）重庆市水运结构调整研究。项目针对重庆水运自身存在的一些结构性矛盾和问题，以及与长江上游航运中心国家战略定位和重庆市经济社会高速发展的需求还存在较大差距等问题，同时为深入贯彻落实中国共产党第十八次代表大会和重庆市委第四次党代会精神，积极贯彻 2011 年 11 月 7 日交通运输部在广州主持召开的以“加快推进水运结构调整”为主题的全国水运工作座谈会精神和《交通运输部关于加快“十二五”期水运结构调整的指导意见》，项目在广泛调研世界先进内河水运结构和分析研究重庆水运结构现状与经济社会发展对水运的需求的基础上，针对基础设施结构、运力结构与运输组织、水运市场结构、水运服务功能、安全保障结构、节能环保、水运人才结构，系统地从发展度、协调度、持续度三个方面建立了重庆水运结构的评价指标体系，明确了重庆水运结构调整的思路和目标，提出了围绕“畅航道、优港口、调运力、升服务”的重庆水运结构调整方案，并明确了重庆水运结构调整的保障措施。2013 年 10 月 9 日，该项目通过了市交通委员会主持的验收，成果被鉴定为整体上达到了国际先进水平。获“2014 年度重庆市交通科学技术奖一等奖”和“重庆市科技进步三等奖”。

(三)船舶制造研发技术取得较大突破

2011年，川东船舶重工公司出口英国的9000载重吨不锈钢化学品船、出口挪威的3750吨不锈钢化学品船批量交付使用，金龙船业公司出口马绍尔群岛共和国的多用途海洋工程船顺利交付，东风船舶重工设计制造的“黄金”系列旅游船正式载客营运，标志着重庆船舶制造技术取得了突破。一是重庆实现数字化造船。重庆船舶制造成功由原始的手工放样，向通过纸上仿真三维建模转变，真正实现数字化造船。二是重庆船舶实现壳舾涂一体化制造。重庆主要出口船舶全面采用中间产品完整性制造技术，实现单元模块化制造，工序前移，提高预舾装率，实现壳舾涂一体化制造，缩短船台周期和码头周期，大幅降低船舶制造成本。三是建立满足PSPC标准[1]的制造体系。川东船舶重工公司成功参照PSPC标准，对首制出口挪威9000吨不锈钢化学品船进行涂层试验性制造。正在建造的中海7800吨不锈钢化学品船能全面满足PSPC标准要求。四是豪华旅游船设计和生产技术再上台阶。东风船舶工业公司设计生产的“黄金”系列豪华旅游船，在减振降噪技术上取得重大突破，其产品全面满足和超过内河五星级旅游船的标准。东港船舶产业公司生产的“钻石”系列豪华旅游船在国内率先采用电力推进技术。

开展三峡库区过闸新船型研究。通过“三峡库区过闸适应性节能船舶”研究，提出可一次通过4艘，主尺度为130米×16.2米×4.3米(总长×型宽×设计吃水)的新船型。该船型已纳入交通运输部颁布的长江干线过闸运输船舶标准船型主尺度系列。

(四)《长江上游航行参考图(宜昌—宜宾)》公开出版发行

为了更好地为船舶行轮提供全面、准确和多元化的长江干线航道信息服务，由长江航道局出版发行的《长江上游航行参考图(宜昌—宜宾)》2015年正式面世社会。

这套长江上游航行参考图集是由长江航道局授权长江重庆航道局，由长江重庆航道局负责牵头，并组织长江三峡航道局、长江宜昌航道局、长江泸州航道局、长江宜宾航道局共同编制的。《长江上游航行参考图(宜昌—宜宾)》历时两年时间，现已正式对外公开发行。该图集以Ⅱ、Ⅲ级航道分界线羊角滩为界进行分册，上册为宜昌至羊角滩，下册为羊角滩至宜宾，是长江上游首次编制的横跨湖北、重庆、四川三省市，涵盖整个长江上游1044公里航道的航行参考图。这也是长江航道局首次公开出版发行的长江上游航行参考图，具有很强的实用价值及航行参考价值，意义深远。在该图集的编制过程中，编者充分吸取了以往分段航行参考图编制的成功经验，并广泛征求航运专家、航道专家、

---

[1] PSPC的英文全称是Performance Standard of Protective Coatings，PSPC标准是指所有类型船舶专用海水压载舱和散货船双舷侧处所保护涂层性能标准。

海事专家的意见和建议。这套图集开创性地反映了长江上游水陆衔接的交通系统，最大限度地满足航运发展的需要。因此，该图集是集系统性、完整性、全面性、创新性于一体的目前最为丰富的长江上游航行参考图集。

（五）乌江航道建设首次采用“水下CT”技术

2014年4月14日至15日，长江上游水文局在乌江河口至白马段航道整治工程扫床验收时采用了“水下CT”新技术，这在全市地方航道整治工作中尚属首次。“水下CT”即多波束扫床，主要是利用安装于船底的声基阵向与航向垂直的河底发射超宽声波束，接收河底反向散射信号，形成多个波束，同时与现场采集的导航定位及姿态数据相结合，绘制出高精度、高分辨率的数字成果图，达到硬式扫床的效果。由于受三峡水位和上游来水的影响，传统的硬式扫床无法制作扫床杆，加之水位下降后又处于急流航段，船舶无法定位。根据《水运工程质量检验标准》（JTS 257—2008）的有关要求，经专家组论证，决定对乌江航道整治工程A、B、C三个标段采用多波束扫床即“水下CT”技术对其进行验收。

二、人才培训持续加强

这一时期，重庆交通大学在港航专业人才培养方面更加注重培养“厚基础、宽专业、强能力、高素质、懂管理、会创新”的人才目标，不断优化人才培养方案，一是对培养方案中的毕业要求进行修订，使毕业要求更加具有层次感和可操作性；二是按照水利工程学科专业大类原则，统一和规范了水利工程类专业的公共课程和基础课的设置，及其知识点与知识体系的教学要求；三是将卓越工程师培养计划试点班的培养方案按照教育部的要求，结合专业规范和工程教育专业认证标准单独制定；四是对本专业普通教学班的培养方案在2011版培养方案基础上，主要在“课程设置”“教学模式”和“专业教学计划”等方面做出了适当修订。2015年重庆交通大学航海学院更名为重庆交通大学航运与船舶工程学院，开始招收船舶与海洋工程专业硕士学位研究生。

2011—2015年，累计培养港口航道与海岸工程专业本科生936人，港口、海岸及近海工程、水利工程专业硕士研究生共计376人。这一时期，重庆交通大学在人才培养方面取得突出性成果，2011年实施国家第二批卓越工程师实施计划，获批重庆市“三特行动计划”首批特色专业，获水利工程一级学科博士学位授予权，水利工程一级学科被评为重庆市重点学科，港口航道与海岸工程专业获批教育部卓越工程师实施计划，与中交第二航务工程局有限公司联合建设国家工程实践教育中心；2012年获得水利工程博士后科研流动站，水利工程学科在全国学科评估中并列第十；2013年获准组建重庆市水利工程学科院士工作站；港口航道与海岸工程专业和水利水电工程专业获批重庆市三特行动计划首批特色专业；与大唐国际重庆渝浩水电开发建设有限公司建设重庆市大学生校外实践教育基地；后续相继与中交二航局有限公司、中交上海航道局有限公司、中交天津航道局有限公司、中交广州航道局有限公司、中国铁建港航局集团有限公司等国有大型企业深度合作，开展了"海外项目管理人才培养班""未来储备人才培养班""国际工程管理人才培养班"，创新水利高等教育多元化人才培养模式，夯实了毕业生的就业竞争力和职业可持续发展能力。2015 年，水利工程学科博士学位、硕士学位和工程硕士专业学位完成学位点合格评估（自评）；水利工程学科获评为"十二五"重庆市优秀重点学科；面积 5 万余平方米水利水运试验研究基地在学校双福校区建成。

三、信息化建设不断推进

（一）推进信息化平台开发建设

（1）升级完善行业管理系统。完成港口管理信息系统的升级工作，将全市港口经营数据纳入部水运局的全国港口信息管理系统数据库。对全市船舶检验管理信息系统进行升级，实现与全国船舶数据库的统一，规范了船舶建造流程和船舶检验管理。完善水路客运联网售票系统，规范了涉外游船营运管理，实现了联网售票，旅客凭船票上船。

（2）推进港口物流信息平台建设。积极争取将交通运输部重大专项的子项"西部港口物流枢纽信息系统"建设落户重庆，通过交通运输部重大专项的技术、资金和影响力，并结合重庆港航运交易信息平台，将重庆打造为西部港口物流信息平台。

（3）加快航运信息服务系统建设。完成电子数据交换（EDI）平台整合，建成内河首个检验检疫电子闸口，并完成与交通运输部交通电子口岸平台的数据交换，全市所有集装箱码头通过 EDI 平台全面实现了与交通运输部平台之间集装箱船舶在港动态信息共享。建成航运交易免税平台，提供电子签约、交易结算、交易证明等服务，支撑全市航运业务收入免征营业税政策的实施。建成长江三峡游轮旅游网，整合三峡旅游信息资源，为相关方提供全方位信息服务。

（4）实施港航管理机构办公自动化系统的推广完善工作，实现市局与区县港航管理机构、局属单位、水上执法大队等 33 个部门的信息互通。推进朝天门等重点港口码头视频监控平台建设，建立健全嘉陵江、乌江航道甚高频无线通信系统以及重点航道视频监控系统，强力推进建立化危品船、滚装船、旅游船移动视频监控系统。加快乌江白马至河口 45 公里支持保障系统建设和大宁河 AIS 系统建设，启动小江支持保障系统建设。加大对水上交通管理监控系统以及 GPS 和 AIS 终端的推广使用和维护检查力度，进一步完善电子江图，充分发挥信息化技术的支持和服务作用。积极开展草街、彭水等船闸调度管理信息系统建设。

（二）深入推进长江数字航道建设

近年来，社会对长江水运的需求日益旺盛，特别是发展长江经济带上升为国家战略后，沿江地方政府、港航管理部门、港航企业对充分利用航道资源、快速准确掌握航道信息、进一步提高船舶运输效率和港航管理能力的需求尤为迫切。传统纸质航行参考图、航道通告和通电已经不能满足需要。由长江航道局历时5年研发的内河“水上导航”系统——长江电子航道图正式为水运行业运行服务，标志着在信息技术高度发展的今天，古老的长江水运迈进信息化时代。

2015年1月1日，长江电子航道图系统正式运行，标志着长江航道进入“数字时代”。长江电子航道图是用数字化的形式，将长江航道的水流、水深、航标、桥梁、港口码头、水工设施等信息快速、直观、准确地展现在行船引航驾驶人员眼前，是为内河水运行业专门打造的一款数字化地图产品。它的问世，是长江航道传统维护、管理、服务方式的重大革新。长江电子航道图可以为用户提供最新、最全的航道信息服务。其最大特点是通过船载显示终端，可以实现类似于车载GPS的船用导航服务。船舶航行时，位于驾驶室中的显示屏会为船舶提供助航标志、水深数据、地物地貌等航道要素。点击屏幕，船舶的位置、航线、航向、航速一一显示出来，当船舶偏离航道或者遇到障碍物时，系统会提前预警。专家表示，这一套长江电子航道图的正式应用，填补了我国内河水上船用导航的空白。其通用功能模块具有AIS信号、GPS信息、测深仪、本船信息显示、航道图查询和更新、网络服务检索、计划维护水深显示、安全航行预警、航线设计、虚拟航标应用、手工标绘和日志记录等功能。此外，该系统还提供定制功能模块，定制模块在通用模块的基础上，增加了长江全线各水位站实测水位显示及水位预测功能，能预测未来七天的水深，并根据航道水深的变化，人性化地规划出船舶的航行线路及货物配载，供驾驶者参考。同时还提供不同水深航道显示、码头前沿水深显示、主缓流信息应用等服务。长江电子航道图具备网上航道信息查询功能，可以提供二次开发的专业、权威航道基础数据。长江库区“数字航道”的运行，提高了航道维护管理的效率和质量，促进了航道维护工作的进步。

（1）实现了航标工作状态的实时掌握。传统的养护模式通过航道巡查或过往行轮报告来获知航标是否处于正常的工作状态，其信息滞后，实时性无法保障。数字航道运行后，航道的动态监测能力显著提升，通过动态监测平台，工作人员可以实时掌握辖区航标的工作状态，发现异常能够迅速响应，针对性地进行处理。例如：发现航标灯器电压较低时，可以提前准备及时更换电池，降低了航标灯夜间熄灭的可能性。在航标发生漂移时，一线维护人员也能直接赶赴航标当前所在位置进行恢复。运行过程中，各作业班组多次通过平台定位及时找回流失的航标，保障辖区航标维护的正常率。

（2）实现辖区水位情况的及时、全面了解。水位对于航道维护管理和船舶航行有着非常重要的意义，长江重庆航道局全辖区设有26座自动水位站，工作人员可在动态监测平台上查看整个辖区的水位，通过查询历史记录，掌握水位的变化情况，从而分析、预判水位变化趋势，做好应对工作。比如一线维护人员可以根据水位变化及时调整、设置航标，管理部门可以根据水位涨落情况，科学调度船舶，合理安排航道维护生产任务，针对性地加强对重点区域的航标维护，保障通航安全。

（3）提供航标维护作业的信息化辅助。数字航道在长江重庆航道局部署应用船载作业系统59套，船载系统为一线航道工作船提供了导航、定位、信息查询、工作任务接收和执行等作业辅助功能，并将信息同步上传至服务器。利用系统维护人员可以准确定位设置航标，快速进行航标灯灯质的调整；管理人员可查看船舶实时动态和航行轨迹，了解船舶作业情况及工作进度，进行船舶的调度、工作任务的指派和执行情况的跟踪，提升了航道维护的现代化程度。

（4）控制河段的智能指挥。以往航道信号台的信号员只能通过肉眼观测甚高频喊话等方式了解船舶位置，通过手动方式揭示通行信号，船位的准确性难以保障。通行信号指挥系统运行后，利用AIS、视频等多种渠道，工作人员可以准确掌握船舶位置，系统会自动分析、判断，给出提示，辅助工作人员准确揭示信号，将传统的手动揭示变成了自动揭示。自动记录信号揭示情况和船舶通行情况。在降低一线人员的工作强度的同时，提升了信号揭示的准确性，提高了控制河段的通航效率。

（5）航道维护管理逐步向数字化、信息化转变。在管理方面，传统方式下航道部门只能通过现场检查的方式来监督和考核基层班组的航道维护情况。数字航道运行后，管理人员可以根据航标的位置信息结合电子航道图地形数据和当前的水位，判断当前航标设置是否合理，标位是否准确，管理上更加便捷。可以通过历史记录查询，了解航道的维护情况，总结存在的问题，针对性地提出整改措施，促进航道维护质量的提高，保障航道畅通。利用航道维护管理平台，工作人员可以进行生产计划在线制定、下发，生产任务网络下达，生产报表实时上报、汇总，航标基础信息及时管理与更新，航道维护物资器材全过程管理等，使传统的管理模式向数字化、信息化转变，航道管理工作更加扁平化、高效化。

四、绿色发展理念不断深入

2013年10月，交通运输部印发《关于推进水运行业应用液化天然气的指导意见》（交水发〔2013〕625号），要求加快绿色水运建设步伐，实现水运节能减排、转型升级和用能结构优化。重庆贯彻国家要求，大力推进绿色发展，绿色航运建设成效显著。

（一）大力推广节能新船型和新技术应用

在内河船上推广应用双艉船型和引入海船的球鼻艏，有效降低了船舶航行阻力。船模试验表明，采用球鼻艏可节能3%～4%。重庆市新（改）建自航船舶基本上采用了双艉船型，球鼻艏在一些大型货运船舶上广泛使用。推广使用低转速、大直径螺旋桨，提高了船舶推进效率。此外，重庆水运企业与科研院校、设计单位合作，积极开展船舶线型、结构优化和动力装置优选设计。如选用体积小、重量轻、油耗低的新型柴油机替代体积重量大、油耗高、污染重的老式柴油机，不仅降低了船舶自重，而且提高了船舶的技术性能，有力促进了船舶技术进步和节能。

电力推进等先进技术首次在三峡豪华游轮得到应用。“世纪神话”号和“世纪传奇”号，在国内首先采用电力推进、舵桨合一、远程监控、球鼻型艏柱、环保材料等先进技术，具有环保节能、船舶操纵性好、动力装置可靠等特点，游轮舒适度和安全性均大幅提高。

（二）节能减排与新技术推广

（1）将重庆交通电子口岸信息平台列为交通运输部首批低碳交通运输体系试点城市节能减排项目，通过整合海事、海关、国检等信息资源，实现多部门多行业间的互联互通和信息共享。

（2）推进长江干线船型标准化工程。积极推进长江干线船型标准化工程，淘汰技术落后、能耗高、污染大的老旧船舶与落后船型，发展新型、节能、环保、实用的标准化船型，促进运力结构优化升级。三峡系列船型研究等8项交通科技项目成功实施，30艘三峡船型示范船投入运营。

（3）开展大水位差码头船用岸电系统研究。开展了大水位差码头船用岸电系统关键技术研究，并在寸滩、果园等港口有效推进了靠港船舶岸电系统示范工程建设。

（4）开展液化天然气（LNG）双燃料动力船舶和电力推进船舶的应用试点。长江第一艘液化天然气（LNG）和柴油双燃料船舶——“长迅3号”正式投入商业营运。据评估，该船天然气替代柴油率可达70%左右，按掺混比例60%～70%使用气体燃料时，比使用0号柴油节约成本20%～25%，同时可减少二氧化碳、硫氧化物等排放。

2012年12月18日，长江上游第一艘LNG—柴油双燃料船舶“长迅3号”驶离长航物流瓦厂湾基地，这是长航集团2年来研发的双燃料船舶开启了处女航，也是推进“长江绿色物流创新工程”等内河船舶“油改气”项目的一步。LNG气动船是近年来推进的一个方向，但目前并没有规模性铺开，双燃料船的发展仍面临着燃料补给的制约。液化天然气（LNG）作为船用燃料可以100%减排硫氧化物，减排85%～90%的氮氧化物，减排二氧化碳15%～20%。从经济效益上来讲，按现行价格估算，LNG比柴油吨价便宜

20%左右，即每吨可便宜约1200元。

（5）建设麻柳液化天然气（LNG）加气码头工程。根据交通运输部《关于推进水运行业应用液化天然气的指导意见》（交水发〔2013〕625号），为解决船改气燃料补给问题，按照重庆市发展和改革委员会对节能减排工作部署和要求，中国燃气集团重庆富江能源科技有限公司在重庆巴南区麻柳镇长江左岸修建LNG加气码头。码头建设规模为建设3000吨级兼顾5000吨级船舶加气泊位一座。设计加气能力为15万立方米/日（年加气量为3.2万吨），陆上储存天然气2000立方米。该码头是长江上游第一座加气码头。工程于2013年2月开工，2014年主体工程竣工，现已投入营运。交通运输部已将该码头纳入水运行业应用液化天然气第二批试点项目名单。码头设计获重庆市勘察设计二等奖。

码头位于三峡工程水库回水变动区重庆巴南麻柳河段。码头区河床边滩宽浅，水位变幅大，通航运行水位变幅30米，汛期水位日变幅7.0米，送气管线长，在无设计规范可循的情况下，重庆西科水运工程咨询中心根据码头区的河势条件、LNG气体的特点，以及船舶靠泊和送气安全的要求，成功解决了长江上游山区河流宽边滩、大水位变幅下LNG码头平面布置、结构设计、LNG长距离安全输送，以及加注工艺等一系列技术难题，为编制内河LNG码头设计规范提供了工程案例，为类似工程设计和营运提供了经验，填补了长江上游无LNG加气码头的空白。

五、对外合作交流不断扩大

（一）与英国伦敦波罗的海交易所建立战略合作关系

2011年4月14日，重庆航运交易所、英国伦敦波罗的海交易所就信息研究、交易结算、金融保险等航运服务建立了战略合作关系，双方在重庆联合举办航运服务与航运金融论坛。此次论坛共同探讨了航运要素市场的发展以及航运服务体系的建立，对重庆航运借鉴波罗的海交易所航运服务经验，构建重庆航运综合服务体系，助力重庆长江上游航运中心建设具有重要战略意义。

（二）与重庆钢铁（集团）有限责任公司、长航集团凤凰公司签订航运交易与航运服务战略合作协议

2011年9月8日，重庆航运交易所与重庆钢铁（集团）有限责任公司、长航集团凤凰公司签署航运交易与航运服务三方战略合作协议，三方将在共同促进航运服务体系作用的发挥、推进公开公平高效航运市场的构建、促进综合物流成本的降低等方面展开深度合作。

（三）组织国际内河电子航道图标准第九届年会

2011 年 10 月 18—20 日，交通运输部水运科学研究院与重庆航运交易所在重庆联合承办了国际内河电子航道图标准组织第九届年会。中国、美国、俄罗斯、巴西、印度、欧盟等代表及组织的专家对各地区内河电子航道图制作及标准研发情况、国际内河电子航道图标准协调组织（IEHG）的法律及组织机构情况、内河电子航道图的研究与发展等方面进行了交流。

（四）与上海航运交易所签订战略合作协议

2011 年 12 月 8 日，为贯彻落实国家建设上海国际航运中心、重庆长江上游航运中心的战略决策，重庆航运交易所与上海航运交易所针对如何发展现代航运服务体系在上海航运交易所签订战略合作框架协议，双方将共同致力于构建现代航运服务体系，提升对航运业发展的高端增值服务能力。

第八节　重大荣誉与奖励

2011 年，长江重庆航道局王镜获评“重庆市劳动模范”，贺方华、张中健、时勇、李恒获“全国交通技术能手”称号，鱼洞信号台获“全国五一巾帼标兵岗”，小石溪信号台获“全国巾帼文明岗”，莲花背信号台获“重庆市五一巾帼女职工示范岗”，渝道标 301 艇获“全国工人先锋号”，鱼洞航道基地获“重庆市工人先锋号”，云阳航道处基地获“重庆市工人先锋号”称号。长江重庆航道工程局获全国“安康杯”竞赛活动优胜单位、“重庆市文明单位标兵”“重庆市厂务公开民主管理先进单位”等称号。重庆市港航管理局刘刚全获“年度安全生产工作先进个人”称号。中国船级社重庆分社获“重庆市文明单位标兵”，李永猷获“全国交通运输企业文化建设先进个人”，刘志鸣获“全国交通系统工会工作先进个人”，凌志翔获海事局武汉船检处华中西南片区“十佳优秀船检处长”，郭苒获“重庆市五一巾帼标兵”，谢涛获“重庆市国资委国企贡献奖先进个人”，唐建获“重庆市交通行业先进个人”，龙毅荣获“重庆市交通行业先进个人”，赵玲玲获重庆市交通建设工会“女职工之友”称号。重庆交通大学赵世强、赵健、王召兵、文岑科技项目《重庆草街航电枢纽工程通航关键技术研究》获“重庆市科技进步奖二等奖”，张绪进、母德伟、何进朝《渝黔铁路扩能改造工程新白沙沱长江六线特大桥通航净空尺度和技术要求论证研究》获“水运工程优秀咨询成果二等奖”，佘俊、胡小庆、陈建等《乌江河口至白马段航道建设工程工程可行性研究》获“水运工程优秀咨询成果三等奖”。

2012 年，长江重庆航道局获评“全国文明单位”。长江重庆航道工程局获全国“安康杯"竞赛活动优胜单位、"2011 年度重庆市守合同重信用单位""重庆市职工书屋示范点"，李红勇获"重庆市劳动模范""重庆市优秀共产党员"，陈翼获"重庆市质量管理小组活动优秀推进者"称号，丁丰丽获评"重庆市优秀团干部"。重庆市乌江航道管理段获"全国航道管理与养护先进集体"称号，重庆市港航管理局陈晓翔获"全国海事调查工作先进个人"。中国船级社重庆分社产品处获"全国交通系统文明示范窗口"，顾思远获"全国优秀船检工作者""重庆市航运领军人物"，巨正安获"全国优秀验船师"，唐建获"重庆市第四届劳动模范""重庆市航运专家"，龙毅获"重庆市航运专家"。重庆航运建设发展有限公司检修部机械班班长陈平获"重庆市劳动劳动模范"。重庆交通大学张绪进《国家高等级航道网通航枢纽与船闸水力学创新研究及实践》获"国家科技进步奖二等奖"。

2013 年，长江重庆航道局鱼洞信号台获评"全国交通运输行业文明示范窗口"，长江巴南航管理处获"重庆市文明单位"，葛列军获重庆市"五一"劳动奖章、重庆市"十佳"最美安全员称号。长江重庆航道工程局获"全国厂务公开民主管理工作先进单位""2013 年重庆市守合同重信用单位"称号。重庆市港航管理局王小万获"全国交通运输行业文明职工标兵"称号。中国船级社重庆分社检验业务处获"船舶检验先进集体"称号。重庆市船舶检验中心"三峡船型"获"2013 年重庆市交通科学技术进步三等奖"。重庆交通大学开展的《复杂条件下长江中游航道系统整治技术研究》获中国航海学会"科技进步奖一等奖"，《长江上游干支流汇合口通航水流条件及整治技术》获中国水运建设行业协会"科技进步奖二等奖"，《自平衡式新型航标船的研制与应用》获中国水运建设行业协会"科技进步奖三等奖"，《长江干线涪陵至丰都段航路改革配套设施建设工程》获"水运工程优秀咨询成果奖三等奖"，《三峡库区（175m 运用初期）设计最低通航水位计算与分析》获"水运工程优秀咨询成果奖三等奖"，《长江航道整治边滩守护及护底工程关键技术研究》获中国水运建设行业协会"科技进步奖一等奖"。

2014 年，长江重庆航道局丰都航道维护基地获"重庆市示范青年文明号"，长江重庆航道局李力获"重庆市交通行业青年岗位能手"称号。长江重庆航道工程局李红勇获评"交通运输部 2013 年感动交通年度人物""2013 年度感动长江人物"。重庆市港航管理局王小万、简光兰获"全国交通技术能手"称号。中国船级社重庆分社黄琼获重庆市国资系统"巾帼建功标兵"称号。重庆交通大学开展的《山区河流水沙运动规律及复杂滩险航道整治技术研究与应用》获"重庆市科技进步奖一等奖"，《保护山区河流连续性的关键技术及应用》获"四川省科技进步奖一等奖"，《长江干线航道水位感知与预报技术研究及应用》获中国航海学会"科技进步奖一等奖"，《三峡等梯级水库运行条件下长江干线航道最低通航水位标准关键技术》获"湖北省科技进步奖三等奖"，《复合水动力条件下卵石浅滩航道整治技术研究》获中国水运建设行业协会"科技进步奖三等奖"。

2015 年，长江重庆航道局获全国“安康杯”竞赛优胜单位、“中国地理信息产业优秀工程银奖”“中国交通企业管理协会优秀质量管理小组”“长航局 2015 年科技进步三等奖”。长江重庆航道工程局李红勇获“全国劳动模范”“全国水运系统船舶”、班组安全竞赛活动“安全先进个人”“重庆市文明市民”“长航局十大杰出人物”“感动长江十大人物”等称号，邹泽荣获“全国优秀船员”称号。中国船级社重庆分社孙玉婷获重庆市交通建设系统 2015 年“五一巾帼标兵”。重庆市航运建设发展有限公司总工程师办公室主任杨桥培获“全国交通运输系统劳动模范”。重庆市河牛滚装船运输有限公司获“全国交通运输系统先进集体”。重庆市江津区港航管理处副处长陈俊涛获“全国交通运输系统先进工作者”。重庆交通大学开展的《长江航道通航能力建设关键技术研究与应用》获“湖北省科技进步奖一等奖”，《船闸输水过程消能机理与系缆力计算方法研究》获“中国航海学会科技进步奖二等奖”。

附件　重庆水运工程建设实录
（1978—2015）

第一篇　发　展　篇

重庆市地处我国西南腹地，位于长江流域上游。长江干流自西向东横穿市境，嘉陵江、乌江、大宁河、小江等众多支流纵贯南北，重庆港是全国内河主要港口之一，水运一直是重庆与外部联系的主要通道之一，在西部大城市中独具的优势。1997 年重庆成为直辖市后，特别是三峡工程成库后，重庆水运条件得到极大改善，加之完善的水运发展扶持政策，重庆市水运发展迅猛，在重庆市综合运输体系中的作用日益突出，水路货运周转量全市货运周转量的近三分之二，承担了 90% 的外贸进出口运输，对重庆经济发展作出十分重要的贡献。重庆水运已成为重庆市经济发展、对外开放、招商引资的一个重要优势。

第一章　重庆水运发展的历史性变化

新中国成立至改革开放前，重庆经过国家“五年规划”“三线建设”、川江、嘉陵江及乌江航道系统治理，钢铁、化工等重大产业沿江布局，期间，重点建设了九龙坡、梁沱、猫儿沱、兰家沱等专业化码头，港航基础设施面貌得到一定提升，初步具备了集装箱、矿石运输和铁水联运功能。

改革开放后至 21 世纪前，西部地区经济加快发展，国务院于 1980 年批准重庆成为长江沿线首批开放的 8 个港口之一，重庆港成为是长江上游唯一的外贸口岸，水路运输需求逐步增大。进入“九五”期后，举世瞩目的长江三峡工程正式开工建设，1997 年全国人大批准设立重庆直辖市，为重庆水运发展创造了良好的外部条件，重庆水运抓住历史机遇，以码头淹没复建为契机，加快港航基础设施建设，水路运输体系初步形成。

进入 21 世纪后，随着国家加快长江等内河水运发展意见，依托黄金水道推动长江经济带发展指导意见等出台，西部大开发战略的实施以及三峡工程蓄水成库后航道条件的改善，重庆紧紧抓住战略机遇，进一步加快重庆市经济社会发展，腹地物资运输对水路需求更加旺盛，水运发展规模和质量达到新的高度，促进重庆水运迈入了一个全新的发展时期，基本适应腹地经济社会发展的需求。

第一节　改革开放前水运建设缓慢发展

重庆因有舟楫之利的优越地理位置，使其发展成为长江上游唯一的水陆联运外贸港口，也是我国西南地区最重要的水上门户和最大港口。新中国成立后，重庆航运进入全新的发展时期，在中国共产党的领导下，经过社会主义改造，成立长江航务局川江航道维护管理机构和以港务局为主体的社会主义经济实体，加强航道维护管理，兴建了部分机械化或半机械化码头，港航发展生机逐步焕发，国民党时期陷入瘫痪的内河航运迅速恢复正常的运输秩序，为支援成渝铁路建设、抗美援朝战争以及支援川粮东运、稳定华东市场、抵制帝国主义封锁等，都立下汗马功劳。

1953—1957 年在经济恢复的基础上，随着国民经济的恢复和发展，客货运输迅猛增长，加之 20 世纪 50 年代重庆铁路、公路不多，得天独厚的水运资源就成为充分利用的对象。上至交通部，下到各级政府，对整治航道、兴建港口码头、开辟支流小河等都非常重视，一方面整治维护原有的通航河道，提高水深，增加船舶的通过能力；另一方面大力开辟和整治小河支流，使其与干流衔接，为“城乡互助，物资交流”服务。经过几年的艰苦奋斗，不仅原有通航河流航道条件得到改善，而且通航里程逐年增多。由交通部投资整治长江“日航困难，夜航危险”的航段，配置了“锁链”式航标，使重庆至宜昌的轮船实现了分段夜航。

1958 年的“大跃进”促使运量激剧增长，运力严重不足，而当时铁路、公路又少，充分利用水运就成为当务之急。为此，四川省确定交通发展方针是水陆并举，有河流的地方优先发展水运。为此，1958 年初由四川省交通厅组成有关人员对全省河流及重点港口进行了调查研究，通过历时一年多的调查研究，向上级提出了《四川省水运规划简要报告（草案）》，并对航道建设作了具体规划。

1958 年，在“全民大办交通”“充分利用水运”的形势下，出现了一个群众性的航道建设高潮。长江航务局和四川省交通厅先后对长江干流航道进行了大规模整治，并增加绞滩、航标、信号台等助航设施，对嘉陵江南充至重庆段进行了大整治，对渠江航道开始进行渠化，对乌江进行炸滩与绞滩，尤其是渠化了许多小河。但由于“大跃进”的失误，航道建设遇到了挫折。1962 年对国民经济进行调整，对“大跃进”中整治和开辟的河流，有的工程下马，有的因缺乏使用价值放弃维护，故重庆境内通航里程又逐步下降。

1966 年至 1976 年的“文革”时期，给航道建设造成了很大损失，尤其在“文革”初期，因受武斗的影响，许多施工机构瘫痪，部分职工离开岗位，工程时停时建，延误了工期，航道不能畅通，影响了运输任务的完成。但另一方面，广大航道职工忌邪扶正，坚持生产，积极响应搞好“三线”建设的号召，千方百计排除干扰，坚持整治和养护航道，重庆内河航运是在政治风波中求发展，不仅减少了航运损失，在某些方面还有较大发展。完成交通运输投资7.65亿元，整治了河道200公里，较为突出的是对长江渝兰段航道进行了大整治，开辟了长江夜航，使长江航运洪水期可通行1000～3000吨货轮，枯水季节亦可通行1000吨级货轮，对嘉陵江重庆境内、乌江涪白段重点航道进行了整治，提高了嘉陵江、乌江航道通行能力，到1978年，水上运输货运量较1950年增长了19倍，客运量较1950年增长了8倍。改建和扩建了旧的港口码头，新建了兰家沱、猫儿沱等港口，新增港口吞吐能力390万吨，到1978年，较1950年增长了8倍。

第二节　改革开放后水运建设快速发展

1978年12月，中共十一届三中全会开启了中国改革开放的历史新时期，打破了所有制单一、封闭的交通运输经济格局。重庆内河航运坚持以经济建设为中心，坚持四项基本原则，坚持改革开放，在1983年交通部提出的“有河大家走船”“各部门、各行业、各地区一起干，国营、集体、个人以及各种运输工具一起上”精神指引下，通过拨乱反正，企事业整顿，突破所有制的束缚，掀起了社会办交通的热潮，集体、个体和中外合资运输业户纷纷涌入交通行业，航运生产得到较快的恢复和发展，对缓解交通运输紧张状况起到了重要作用，有力推动了重庆的航运业迅速发展。1977年完成货运量突破了2000万吨大关，1978年达到2342.2万吨，比1976年增长25.97%，其中重庆航运企业占比最大。1979年起，重庆地方船队大批出川，到1986年达446.5万吨，比1979年增长43.7倍。

1992年，邓小平同志南方谈话后，我国公路水路交通行业提出了推进交通运输市场建设，加快国有企业改革，加大对外开放力度，加大交通基础设施建设等重大政策措施，并取得了突破性进展。1995年召开全国内河航运建设会议，极大地推动了内河航运基础设施建设，并积极总结新中国成立以来的经验，加强了统筹规划，注重了航道建设的经济效益和综合开发利用，把资金集中投入到作用大、使用价值高的河流。首先是对进出川运输、大件运输、旅游运输繁忙的长江、乌江、大宁河等进行了重点整治，在实现“保深、保标、保畅通”方面取得了良好的效果。其次，各地对河流综合开发引起重视。航电枢纽工程较多的嘉陵江等则配合水电部门，搞电航结合，共同投资建设，共同受益。再就是对过去因综合利用不好造成的碍航闸坝，则按综合利用有关政策与水利部门商榷，使其早日建闸复航。此外，对航道管理进行了法制建设，加强了航道的管理，使人为毁坏航道受到一定的遏制。

这一时期，交通部结合长江干线各航区特点，有计划、分步骤地对长江干线开展了大规模的整治和疏浚。“六五”期间，在长江上游川江航道进行了较为系统的整治；“七五”和“八五”期间，完成兰叙段1000吨级航道整治工程，在长江中下游对“三沙”、碾子湾、天星洲等重点水道进行了长期的疏浚、治理，完成枝江道整治和道人矶炸礁工程；“九五”期间，长江干线航道完成界牌河段综合治理、兰巴段航道、太子矶水道等浅险航道整治工程，共改善千吨级以上航道743公里，实现万吨级船队常年通过，并大范围提高航道维护尺度，实施航路改革与双侧设标。

1992年4月，第七届全国人民代表大会第五次会议通过了兴建长江三峡工程的决议案。工程建设从1993年开始，分三期实施：第一期（1993—1997年）实现了大江截流；第二期（1998—2003年）实现水库首次蓄水、永久船闸通航和第一批机组发电；第三期（2003—2009年）实现全部机组发电和枢纽工程全部完建。三峡工程永久通航建筑物包括船闸与升船机。已经建设完成的三峡永久船闸为双线五级船闸，船闸主体段长1609米，上游引航道长2113米；下游引航道长2772米，线路总长6442米，船闸有效尺寸为280米×34米×5米（长×宽×槛上最小水深），年单向通过能力5000万吨，可满足万吨级船队通过要求；在建的升船机为单线一级垂直齿轮齿条爬升式，承船厢有效尺寸为120米×18米×3.5米（长×宽×高），最大提升高度为113米，可快速通过3000吨级的客货轮。

随着三峡工程的不断进展，库区原有大部分水运设施将会因库区蓄水水位的上升而遭淹没。交通部自1992年开始进行库区淹没设施实物调查、复建规划等工作，组织编制了《长江三峡工程库区水运设施淹没复建规划》及其实施方案。复建工程共有96项。复建工程以港口、航道、通信、港监等项目为重点，同期，重庆港投入3亿多元资金进行港口建设，进一步完善了重庆、涪陵、万州等吞吐量大的港口码头，全部工程完成后，落后的港口面貌变化很大，基本满足了库区客、货运输的要求。

第三节　21世纪以来水运建设迅猛发展

1997年6月18日，重庆成为继北京、天津、上海之后的中国最年轻的直辖市。

重庆成为直辖市的原因主要和水运相关，三峡工程的建设是促使重庆成为直辖市的一个重要的客观因素。这一世纪工程在长江经济带建设中的战略地位和重要作用举足轻重。三峡大坝实现175米水位蓄水以后，消除了坝址至重庆之间139处滩险、41处单行控制河段和25处重载货轮需牵引段，宜昌到重庆航道维护水深从2.9米提高到3.4～4.5米，实现了全年全线昼夜通航，从根本上改善了长江上游航道条件，促进了长江航运的快速发展。可以说，正是因为三峡工程的建设，才有了今天的重庆水运。

成库后，三峡大坝至重庆主城600多公里航道已达到一级航道标准，万吨级船队及5000吨级单船可由下游上海直达重庆。2007年，全市完成水路货运量5904.37万吨，同比增长29.76%，是2002年的3.1倍，年均增长25.36%；货运周转量699.86亿吨·公里，同比增长31.26%，是2002年的4.9倍，年均增长37.14%；港口货物吞吐量6433.54万吨，同比增长18.69%，是2002年的2.1倍，年均增长16.45%；外贸吞吐量253.3万吨，同比增长

4.08%，是2002年的3.1倍，年均增长25.3%；集装箱吞吐量43.28万标准箱，同比增长28.54%，是2002年的4.9倍，年均增长37.67%；滚装汽车吞吐量57.05万辆，同比增长19.13%，是2002年的2.8倍，年均增长23.09%；运输船舶4220艘，船舶总运力达320万吨，是2002年的3.5倍；水运平均运距已达1185多公里，比2002年增加了313公里，成为综合运输体系中平均运距最长的运输方式；全市90%以上的外贸物资是通过水路运输完成的；水路货运周转量占重庆全社会总量的比重由2002年的36.03%提高到66.72%，跃居综合运输体系第一位，创历史新高。重庆港已成为长江上游地区最大的集装箱集并港、大宗散货中转港、滚装汽车运输港、长江三峡旅游集散地以及邮轮母港。

随着三峡工程的建设，交通部在"十五"期，开始实施了长江上、中、下游河段14处重点碍航浅滩的清除应急工程，完成了三峡库区156米蓄水库尾炸礁工程和泸渝段航道工程。通过一系列长江航道整治工程项目实施后，长江干线航道的通航条件大为改善。上游3000吨级船舶可以从涪陵直达宜昌，航道条件的改善，有力地促进了通航船舶的大型化，为长江干线货物运输量的快速增长提供了支撑。

在此期间，重庆市港航管理体制进行了多次理顺关系、明确职责的机构调整与改革，其中主要的有改革初期的体制改革、成为直辖市前后的体制改革、水监体制改革。经过改革，最终形成了市和区县（自治县、市）交通行政主管部门主管本行政区域内的港航管理行政工作，各港航管理机构在当地交通主管部门的领导下，负责本行政区域内港航管理具体工作。交通部在渝机构重庆海事局、长江重庆航道局、重庆船级社等部门，按各自分工负责长江干线水上安全监督与管理工作，长江干线航道的管理工作和相关船舶检验工作，在重庆市境内的工作接受重庆市交通委员会的协调。面对点多线长的港口、航道，面对十分活跃的水运市场，面对发展迅速的港航事业，加强港航监督与管理具有十分重要的意义。根据港航管理多年经验和有关法律、法规的要求，重庆市港航监督与管理由海事管理、船舶检验管理、港口管理、航道管理及运输管理5个方面组成，并且是由交通部在渝单位与重庆市港航部门一起，在各自的职能及管理范围内互相协作、紧密配合构成的重庆市港航监督与管理。通过实施以上管理，水上交通安全得到保障，水上交通秩序得到了维护；船舶修造质量得到保证，船舶技术得到推动；港口航道基础设施建设得到了前瞻性规划、有序实施；港口及航运市场得到规范，港口及航运企业发展得到了指导和支持。港航监督与管理在促进重庆市水运经济建设、推动重庆市港航事业发展方面起着统筹协调、保驾护航的作用。

2007年4月28日，《关于充分发挥长江黄金水道作用进一步加快建设长江上游航运中心的决定》（渝府发〔2007〕66号）提出：为全面落实科学发展观，加快建立资源节约型、环境友好型社会，必须充分发挥长江黄金水道作用，全面提升水运生产力水平，将我市建设成为长江上游航运中心。水运具有运能大、运距长、能耗小、成本低、占地少、污染轻的比较优势，大力发展水运对于促进全市经济社会全面协调可持续发展意义重大。它有利于缓解土地、能源等资源紧缺矛盾和环境压力；有利于建成长江上游交通枢纽、打造西部物流中心、扩大对外开放，增强我市在西部地区的辐射、带动功能；有利于促进库区临港工业、煤炭、旅游等资源的开发，推动库区经济发展。

随着重庆市经济的快速发展，以长江干线运输为主的水运业发展迅猛，2006 年水路货运周转量已占全市总量的 65%，全市 85% 以上的进出口外贸物资通过水路运输完成，水路运输在大宗散货、集装箱、危化品运输中发挥着极为重要的作用，为汽车、摩托车、化工等支柱产业提供了重要交通运输保障。

虽然重庆市水运发展较快，但总体上仍不适应新的形势和要求，水运发展中还存在诸多薄弱环节，突出表现在：水运基础设施建设明显滞后，规模化、专业化、机械化码头较少；航道整体通行能力差，主要支流航道等级较低；船舶运力结构不合理，标准化、大型化、专业化水平不高；水运市场发展不成熟等。重庆市委市政府要求各级各部门认真贯彻《国务院关于加快长江等内河水运发展的意见》，充分认识加快水运发展的重要性和紧迫性，开拓进取，扎实工作，努力将重庆建成长江上游航运中心。自此，重庆的水运发展正式进入一个崭新的时代——朝着长江上游航运中心建设迈进。

为尽快建成长江上游航运中心，促进长江上游地区综合交通枢纽的形成，重庆市委市政府发布了《重庆市人民政府关于进一步加快重庆水运发展的意见》（渝府发〔2011〕71 号），明确了“十二五”期重庆水运发展的总体目标和十一项重点工作，为重庆这五年的发展定位导航。

2014 年 9 月 12 日，国务院印发《关于依托黄金水道推动长江经济带发展的指导意见》（国发〔2014〕39 号），将上海、江苏、浙江、安徽、江西、湖北、湖南、重庆、四川、云南、贵州等 11 省市纳入长江经济带范畴，并提出重大意义和总体要求、提升长江黄金水道功能、建设综合立体交通走廊、创新驱动促进产业转型升级、全面推进新型城镇化、培育全方位对外开放新优势、建设绿色生态廊道、创新区域协调发展体制机制等 8 部分 47 条的发展要求。在国发〔2014〕39 号文件中，把重庆长江上游航运中心建设作为提升长江黄金水道功能的重要任务，为重庆未来发展确定了目标与方向。2015 年 3 月 28 日，国家发展和改革委员会、外交部、商务部联合发布了《推动共建丝绸之路经济带和 21 世纪海上丝绸之路的愿景与行动》，重庆地处“一带一路”和长江经济带“Y 形”连接点的区位优势将更加明显，为重庆确定西南枢纽地位奠定良好基础。

按照党中央的总体部署，重庆市委市政府的具体要求，“十二五”期全市交通运输行业紧紧围绕国家“一带一路”倡议和长江经济带战略，进一步加快水运发展，为建成长江上游航运中心奠定了坚实的基础。

截至 2015 年，全市水路货运周转量占全国内河的 25%、船型标准化率达 76.5%、货运船舶平均运力2640吨、货运船舶平均单位能耗1.9千克/(千吨·公里)、水运平均运距约1300公里、水路运输方式齐全度、船舶研发自主创新能力、豪华邮轮发展水平等多项指标均居全国内河前列。航运战略地位不断提升，周边地区货物经重庆港中转比重达到43%，水路货运周转量占综合交通比重超过60%，全市90%以上外贸物资通过水运完成，水运已成为重庆外贸运输和周边省市货物中转的主通道。

长江沿江产业带集中了全市95%以上的冶金、机械制造、化工、电力、水泥和造纸企业，20个拥有水运优势的区县所完成的地区生产总值总量约占全市的85%。沿江经济社会发展，正处于全球化、工业化、城市化、区域经济一体化和产业由沿海向内陆地区梯度转移的加速发展阶段，水运经济已成为重庆转变经济增长方式、优化产业结构的重要突破口。

第二章　水运基础设施建设规划

为贯彻落实党中央西部大开发的战略决策，重庆市加快资源优势向经济优势的转化，加快产业结构和经济结构的调整与优化，持续推动全市经济社会快速发展。为充分发挥交通对经济社会发展的先导性、基础性保障作用，重庆加快综合交通运输体系建设，也对重庆内河航运提出了更高的要求，按照交通部的部署，谋划好未来一段时期内重庆内河水运的发展。重庆市交通委员会于2001年组织交通部规划研究院、重庆市交通规划勘察设计院开展《重庆市内河航运发展规划》编制工作，2002年获得重庆市人民政府的批复，《重庆市内河航运发展规划》是在重庆市直辖后在理顺港航管理体制情况下完成，结束了20世纪50年代以来重庆市内河航运建设无发展规划的历史，对指导下一步重庆内河水运发展起到了积极的作用。《重庆市内河航运发展规划》提出到2010年，要重点建设三峡库区水运设施淹没复建工程和通江达海的全国水运主通道，初步改变内河航运的落后面貌。到2020年，基本建成干支直达、通江达海的叶脉型航道体系，形成布局合理、层次分明、集疏运配套、大中小结合的现代化港口群和相应的支持保障系统，使重庆市内河航运面貌发生根本性变化，基本满足社会经济发展的需要。

按照时任中共中央总书记江泽民1994年重庆考察期间提出的“把重庆建成长江上游的经济中心”目标的要求，重庆提出借鉴上海的发展经验，加快建立航运中心、信息中心、贸易中心和金融中心，市政府有关领导及相关部门一致认为航运中心建设应先行，航运中心建成后能够促进和带动其他中心的建设和发展，为制定航运中心的规划奠定基础。2002年，按照重庆市委、市政府关于“建设长江上游航运中心”的指示，在重庆市人民政府办公厅和研究室的支持和指导下，重庆市交通委员会与重庆交通学院合作完成《重庆市航运中心发展规划》研究及编制工作，期间时任中共重庆市委书记黄镇东对

《重庆市航运中心发展规划》提出了意见，《重庆市航运中心发展规划》提出“以发展重庆、带动周边和实现共同发展为出发点，以长江、嘉陵江和乌江航道及寸滩港区等基础设施建设为重点，通过结构调整和实施信息化战略，形成统一、开放、竞争、有序的航运市场体系，力争在2010年把重庆建设成长江上游航运中心”，《重庆市航运中心发展规划》上报重庆市政府后得到时任重庆市常务副市长黄奇帆的高度评价，“好，合乎意图。有气势、有内容，纲举目张、振奋人心，措施具体、切实可行，可报市府常务会、市委常委会审议”。2002年12月18日重庆市人民政府125次常务会议和12月28日中共重庆市委常委会议审议通过《重庆市航运中心发展规划》。《重庆市航运中心发展规划》是在《重庆市内河航运发展规划》编制起动1年后，是在《重庆市内河航运发展规划》基础上编制的，在交通部和重庆市专家评审中认为航运中心发展规划是交通运输发展中的一类新的规划，具有探索性和创新性，填补了内河航运中心规划的空白，注重与已制定规划衔接，目标内容具体明确，并具有操作性。

至此，重庆由传统的发展内河航运到建设航运中心的历史性转变，为今后水运发展相关规划及政策的制定指明了方向。此后，按照《重庆市航运中心发展规划》的目标，重庆编制完成了《重庆市内河水运“十一五”发展规划》，提出“十一五”期是实现重庆市长江上游航运中心目标的关键时期和重要战略机遇期，加快构建以长江、嘉陵江、乌江“一干两支”高等级航道为骨架，主城、万州、涪陵“三枢纽”港区为中心，航道网络畅通，港口布局合理，船舶技术先进，支持保障体系完善，与其他运输方式相互衔接、协调发展的内河航运体系，基本建成长江上游航运中心，力争完成项目总投资约158亿元。

2007年3月8日，中共中央总书记、国家主席、中央军委主席胡锦涛在参加十届全国人大五次会议重庆代表团审议时指出，要把重庆加快建设成为“西部地区的重要增长极”，成为“长江上游地区的经济中心”，成为“城乡统筹发展的直辖市”，“在西部地区率先实现全面建设小康社会的目标”。为贯彻落实好时任中共中央总书记胡锦涛的要求，牢牢抓住机遇，尽快将重庆市建成长江上游地区的经济中心，在西部地区率先实现建设小康社会的目标，市政府出台了《关于充分发挥长江黄金黄色水道作用进一步加快建设长江上游航运中心的决定》，其进一步明确了“十一五”期间的建设目标和建设任务，提出利用长江、嘉陵江、乌江“一干两支”国家高等级航道的巨大通行能力，以高密度的集装箱班轮产生的聚集效应和优越的航运、金融、贸易、信息、口岸等服务，带动临港经济发展，使得重庆港形成对周边地区的产业聚集优势。将重庆港建成长江上游辐射西部地区最大的集装箱集并港、大宗散货中转港、旅游客运集散中心、汽车滚装运输主通道、船舶生产基地和交易中心、航运信息中心和人才高地，促进长江上游综合交通枢纽形成，带动重庆市和西部地区经济社会又好又快发展，并对长江上游航运中心建设提出了具体时间节点要求，到2010年前基本建成长江上游航运中心，2020年实现重庆市水运现代化。

2009年，国务院出台了《关于推进重庆市统筹城乡改革和发展的若干意见》，把建设重庆长江上游航运中心上升为国家战略，2011年国务院出台了《关于加快长江等内河水运发展的意见》（国发〔2011〕2号），明确提出重庆要加快建设长江上游航运中心。为贯彻落实意见精神，尽快建成长江上游航运中心，加快建设畅通、高效、平安、绿色的现代化内河水运体系，促进长江上游地区综合交通枢纽的形成，增强水运对全市经济社会发展的支撑作用，重庆市政府出台了《关于进一步加快重庆水运发展的意见》，提出到2015年，基本建成以"一网络、八大港、三体系"为支撑的长江上游航运中心，全市四级以上航道里程达到1600公里以上，港口货物吞吐能力达到2亿吨，集装箱吞能力达到700万标准箱，船舶总运力达到750万载重吨，船型标准化率达到75%以上，周边地区经重庆港中转货物比重达到50%以上，基本建成以重庆航运交易所为依托的现代航运服务体系。到2020年，全面建成长江上游航运中心。5000吨级单船及万吨级船队常年通行重庆长江水域，全市港口货物吞吐能力达到2.5亿吨，集装箱吞吐能力达到900万标准箱，全面实现船舶现代化，周边地区经重庆港中转货物比重达到60%以上，形成功能齐全、服务高效、市场活跃的现代航运服务体系。

在此基础上，重庆市交通委员会组织编制了《重庆市内河水运"十二五"发展规划》，明确"十二五"时期是加快建设长江上游地区综合交通枢纽和长江上游航运中心的关键时期，加快交通发展方式转变、构建现代综合运输体系，为内河航运提供了重大发展机遇，也提出了更新更高要求，为实现到2015年长江上游航运中心初步形成，水运年综合产值达到700亿元的目标，从航运八大要素方面详细列出发展任务，细化了各要素发展目标。

经过"十二五"期的建设，全市水运发展取得了令人瞩目的发展成效，为建成长江上游航运中心奠定了坚实的基础。主要体现在：

1.水运基础设施建设成效明显

（1）港口供给能力和服务水平大幅提升，枢纽作用进一步增强。建成我国内河最大的枢纽港果园港区，以及寸滩、东港、神华等为代表的一批5000吨级大型化、专业化、规模化港口。货运通过能力由2010年的1.3亿吨提升到2015年的1.8亿吨，其中集装箱通过能力由200万标准箱提高到400万标准箱；3000吨级以上的大型深水泊位198个，货运通过能力1.27亿吨，占全市港口通过能力的60%；同"十一五"末相比，全港码头泊位数减少16个，而货物和集装箱通过能力分别增加5000万吨、200万标准箱，专业化、大型化及现代化趋势明显。港口供给能力和服务水平大幅提升，在综合交通运输体系中的枢纽作用进一步增强，有力促进产业布局和区域经济结构调整。

（2）航道通航保障能力显著提高，高效、畅通的航道体系初步形成。完成乌江（河口至白马、彭水至龚滩）、小江、梅溪河、抱龙河整治工程，全面建成草街航电枢纽，顺利实现潼南枢纽开工建设，全市航道总里程为4451公里，“十二五”期，改善航道里程360公里，高等级航道里程达到1400公里，航道通航保障能力显著提高。

（3）养护管理不断完善，安全保障能力持续增强。全市建成高洪水锚地554处，“1中心、6基地、8站点”水上应急救援基地建设全面启动，开工建设了主城、合川、彭水、巫山、云阳等基地，完善了应急救援船艇及设备配备。建设了嘉陵江、乌江、库区重要支流等航道维护保障系统、重点航段、桥梁、港口CCTV视频监控系统。到“十二五”期末，全市甚高频（VHF）通信系统覆盖率达95%，安全监管信息化水平大幅提升，安全保障与应急救援能力进一步提升。

2. 水运在综合运输体系中的地位进一步提升，对经济发展的支撑作用更加突出

重庆市水路货运量和港口吞吐量双双突破亿吨大关，集装箱吞吐量突破百万标准箱，铁水联运规模扩大，水路覆盖范围进一步延伸，在综合交通体系中的地位不断提升，对全市经济发展的支撑作用更加突出。2015年，水路货运量达到1.5亿吨，港口货物吞吐量1.57亿吨，集装箱吞吐量101.2万标准箱，水路货运平均运距1100公里，水运货运周转量占综合交通比重超过60%，全市90%以上的外贸货运量由水运完成，周边省市到重庆中转货运量占重庆港口吞吐量的43%，重庆水运已成为外贸运输和周边省市货物中转的主通道。

3. 运力结构进一步优化，运输效能大幅提高

大力推进船舶标准化、大型化、专业化，淘汰老旧落后船舶，研究并推广三峡船型及升船机船型，引导先进、高效、节能、环保的LNG新能源等船型发展，船舶运力结构得到进一步优化。2015年，货运船舶运力达到660万载重吨，较2010年增长38%；船舶运力标准化率达到75%，较2010年增长12%；船舶平均载重吨达到2500吨，较2010年增长53%；豪华游轮发展迅速，全市豪华游轮客位13418个，较2010年增长54%，达到国际内河较高水平。

4. 现代航运服务体系初步形成，航运中心作用凸显

以航运交易所为载体，着力推动传统航运向现代航运转变，初步建成船舶交易、水路货运交易、航运人才交流、中国长江三峡游轮旅游、航运交易电子商务平台、港航口岸物流服务系统、集装箱电子订舱等七大平台，成立了船东互保协会，提供融资担保、船东互保、第三方保险等服务；利用政策高地吸引中远、马士基等世界航运企业前20强均在渝设立了分支机构，航运交易额累计超过200亿元；引导企业大力拓展综合物流、全程物流，延伸产业链，实现多点盈利，在航运市场总体低迷的大环境下，全行业继续保持逆势增长的良好态势，航运中心作用明显提升。

5. 绿色、低碳航运体系建设成效显著

以科技为支撑，大力推进绿色航运、低碳航运体系建设，先后开展了大水位差岸电技术、港区智能调度系统、LNG新能源船型等研究推广，船舶、港口单耗指标稳步下降。2015年，营运船舶单耗由2010年的3.82千克标煤/（千吨·千米），下降到2.42千克标煤/（千吨·千米），降幅达到37%，港口生产单耗由2010年的3.60吨标煤/万吨，下降到3.41吨标煤/万吨，降幅达5%。

第二篇　管　理　篇

改革开放前，中国按照苏联的管理体制，形成“长江航运管理局重庆分局”和“长江航运管理局重庆港务局”两个机构，港务局受分局领导。分局主管航运，港务局则主要为长航系统承办船舶进出口装卸业务和港口管理。这种政企合一、港航统管的管理体制，一直延续到20世纪80年代经济体制改革时期为止。

改革开放后，按照《中华人民共和国航道管理条例》，长江重庆航道局是交通部长江航道局在重庆市的派出机构，从事长江重庆航道维护、管理、测量和航道养护工作。重庆市航运管理处负责原重庆市范围内除长江干线航道以外的支流、水库、封闭水域的航道管理。1996—2000年，管理范围增加万县市、涪陵市、黔江地区，仍然是除长江干线航道以外的支流、水库、封闭水域的航道管理。2000年8月，成立了重庆市港航管理局，其管理航道的范围与重庆成为直辖市前的航运管理处一致，仍然是除长江干线以外的支流、水库及封闭水域。

1986年7月5日，重庆市人民政府颁布施行《重庆市港口管理暂行规定》，明确了重庆港口管理局是重庆港口的行政管理机构，重庆成为直辖市前后，即1996—2000年，原四川省交通厅在渝的单位对口划转重庆市交通局管理。涪陵市、万县市、黔江地区港航管理具体业务由重庆市交通局代管，其下属重庆市航运管理处具体实施。原重庆市范围内的港口仍由重庆港口管理局管理，因此形成了两个部门共同管理的局面。2000年，中共重庆市委、重庆市人民政府按照国务院批准的方案进行机构改革，组建重庆市交通委员会。港口管理职能归属重庆市交通委员会，日常管理、具体工作由其下属重庆市港航管理局行使，其管理范围与代管期间一致。

经过了20年来的不断理顺和调整，形成了市和区县交通行政主管部门主管本行政区域内的港航管理行政工作，各区县港航管理机构在当地交通行政主管部门的领导下，负责本行政区域内港航管理具体工作，极大促进了港航管理，使港航管理更加高效顺畅。

第三章　水运工程建设的法律法规

第一节　航　　道

1987年8月22日国务院发布了《中华人民共和国航道管理条例》，自1987年10月1日施行。《中华人民共和国航道管理条例》共6章33条，是为了加强航道管理，改善通航条件，保证航道畅通和航行安全，充分发挥水上交通在国民经济和国防建设中的作用而制定。《中华人民共和国航道管理条例》明确了国家航道、地方航道和专用航道的管理机关,制定了航道规划的编制、上报及审批程序,对航道建设及保护作出相关规定,同时规定了航道养护费征费的范围、对象、标准及使用等相关内容,对违反本条例的处罚及法律责任等相关内容进行了规范。

为了贯彻《中华人民共和国航道管理条例》,交通部于1991年8月29日发布了《中华人民共和国航道管理条例实施细则》,自1991年10月1日起施行。该《中华人民共和国航道管理条例实施细则》共7章48条,明确了各级交通主管部门设置的航道管理机构是对航道及航道设施实行统一管理的主管部门,对国家航道和地方航道作出定义,对航道管理机构职责作出规定。对航道规划、建设与保护、航道养护费征收等规定在《中华人民共和国航道管理条例》的基础上进行了细化。

1979年,交通部组织开展第一次全国内河航道普查。2002年,交通部组织开展第二次全国内河航道普查工作。长江重庆航道局于2003年4月进行了航道干线普查,同年7月31日完成辖区鳊鱼溪至兰家沱597.2公里长江航道干线普查工作。长江重庆航道局这次航道普查共完成辖区长江干流航道597.2公里的航道普查工作。确定辖区航道长江干线主控点17处,开展调查临河设施350座、桥梁11座、架空电线76座、管道2处、浅滩22处。标绘航道图1幅,并对航道管理机构、养护力量及设标座数均进行统计调查。为全面准确系统地掌握重庆长江航道基本情况,提高管理化信息水平,推进航道统计工作起到积极作用。

第二节　港　　口

一、重庆市港口管理暂行规定

1986年7月5日,重庆市人民政府颁布施行《重庆市港口管理暂行规定》。主要内容明确了适应范围,明确了重庆港口管理局是重庆港口的行政管理机构,明确了重庆港口管理局的主要职能。主要职能包括:贯彻并监督实施国家有关港口的方针政策法令;制定港口建设规划;管理港口资源开发和港辖区内岸线、水域的使用;管理港口运输市场,对港埠企业进行行业管理;统一指挥与监督到港船舶、车辆及其他交通工具的停泊与作业;监督港口环境保护;组织港区内救助打捞;维护港口秩序。

二、四川省港口管理办法

1991年2月2日,四川省人民政府以第19号令颁布施行《四川省港口管理办法》。《四川省港口管理办法》共23条,主要规范了港口的主管机关,港口的管辖,港口的规划,港区的划定,港口、码头的建设,港埠企业的管理和审批,违法行为的行政处罚等。

三、中华人民共和国港口法

中华人民共和国第十届全国人民代表大会常务委员会第三次会议于2003年6月28日通过并公布《中华人民共和国港口法》，自2004年1月1日起施行。《中华人民共和国港口法》共6章61条。主要规范了港口主管机关，港口规划与建设，港口经营，港口安全与监督管理，法律责任等。

第四章　水运工程建设管理制度

1950—1983年计划经济时期，重庆境内港口管理隶属于交通部，按照交通部和长江航务局下达的生产计划进行生产服务，厂区码头为本厂产品原材料提供装卸服务，地方码头只是为本地区的经济服务。

1983年，重庆港在全国内河率先进行港航分管、港口开放的体制改革。港口由原来只向长江轮船公司服务变为港口开放为多家船公司服务，向经营性港口迈出了第一步。

1984年，国家经贸委、交通部为了让港口进一步开放，制定《企业专用码头建设和管理试行办法》，鼓励沿海、沿江企业利用水运兴建码头，并提倡“谁建谁管谁受益”。如果能力有富余可从事经营性装卸业务。由于当时传统观念认为交通部管辖的港口属于经营性的，企业码头只是为本单位服务，加之当时法律法规滞后，使得厂矿和地方码头开放十分艰难。尤其是1995—2000年期间，企业之间在港口开放利益调整中争论十分激烈，甚至出现严重摩擦，市政府及有关部门多次出面协调处理，才使得重钢码头、重庆轮渡公司码头及长江水运码头等厂矿企业码头逐步开放。

1986—2005年，重庆港口经营经历了由计划经济向市场经济过渡阶段，港口企业经历了由生产型向经营型转变及深化企业体制改革的过程。2000年8月，重庆市交通委员会成立，理顺了全市港口管理体制。2001年11月，国务院办公厅下发《关于深化中央直属和双重领导港口管理体制改革意见的通知》，决定将中央与地方政府双重领导的港口，全部下放地方管理。港口下放后，原则上由港口所在城市人民政府管理，需要由省级人民政府管理的，由省级人民政府按照“一港一政”的原则确定管理形式，除交由国家开发投资公司管理的资产外，实行政企分开，港口企业不再承担行政管理职能，并按照建立现代企业制度的要求，进一步深化企业内部改革，成为自主经营、自负盈亏的法人实体。2003年6月28日，《中华人民共和国港口法》公布实施。2004年6月1日，交通部为了配合《中华人民共和国港口法》的实施制定《港口经营管理规定》。按照《港口经营管理规定》，港口企业只要符合经营资质要求，办理了港口经营许可就可以从事港口经营性活动。同时，地方人民政府应多方筹措港口建设资金，制定有利于港口发展的政策，为港口发展创造良好条件。2002 年,重庆市人民政府根据国务院批准的机构编制,决定撤销原交通局,划出港口局从政职能,其中,港埠企业部分组建重庆港务(集团)有限责任公司。2006 年,重庆市人民政府将重庆港务(集团)有限责任公司、重庆市物资集团(原物资局改制)、万州港、涪陵港合并组建成立重庆港务物流集团有限公司。从此,港口建设管理走向公平竞争的法制轨道。

重庆港务物流集团有限公司设立以来,从公司现状与发展环境分析入手,扬长避短,把握市场规律,积极作为,激活力、补短板、强主业,先后组建了上市公司"重庆港九",加快港口基础设施建设,先后修建了寸滩港、果园港,积极推动企业经营模式转换,优化港口功能布局,公司影响力、辐射力、带动力、控制力显著增强,截至 2015 年,资产总额达到 225 亿,客货运泊位 90 个,客货运通过能力 1500 万人次、7000 万吨,完成港口货物吞吐量 5148 万吨,铁水联运量 1270 万吨,集装箱吞吐量 85.8 万标准箱,商品车吞吐量 35.5 万辆,客运吞吐量 181.8 万人次,船舶货物周转量 52.6 亿吨·公里,营业收入达到 62 亿元。常态化运行万州港"蓉万"集装箱班列和果园港"蓉渝"集装箱班列,发展壮大水水中转集装箱箱量。

同期,为了抢抓机遇,解决内河航运建设投融资体制不顺的问题,2003 年 2 月 8 日经重庆市人民政府批准(渝府〔2003〕29 号),由重庆市交通委员会出资 5000 万元注册国有(法人)独资企业重庆航运建设发展有限公司,并于 2003 年 9 月 23 日正式挂牌运营。作为重庆市水运开发建设的投融资平台和主力军,代表市政府投资建设、经营管理除长江以外主要通航河流的航运基础设施,包括航道梯级渠化、航电枢纽工程、重点港口码头、地方航道疏浚整治等事宜。截至 2015 年底,公司累计完成建设投资 130 亿元,资产规模从当初的 5000 万元增加到 126 亿元,年生产经营收入 7 亿元。先后组织实施了涪江富金坝航电枢纽、嘉陵江草街航电枢纽、涪江潼南航电枢纽,参股建设了乌江银盘 6 个航电枢纽,以及黄旗码头、新田港、佛耳岩码头、石盘沱码头、宝塔坪码头、下塘口码头、巫山龙门码头等一批航运基础设施项目,建成泊位 30 个,客货运通过能力 250 万人次、2600 万吨,整治航道 400 余公里,为建设长江上游航运中心作出了重要贡献。

第五章 水运工程建设与管理

第一节 航道建设与管理

一、长江干线

1987 年 8 月 22 日国务院发布了《中华人民共和国航道管理条例》,明确了国家航道、地方航道和专用航道的管理机关，交通部于1991年8月29日发布了《中华人民共和国航道管理条例实施细则》，对国家航道和地方航道作出定义，细化国家和地方航道管理权限，明确长江航道维护、管理、测量和航道养护工作由长江航道局负责。长江重庆段管理范围西起重庆江津兰家沱东至重庆湖北两省市交界处鳊鱼溪的长江干线及嘉陵江与长江交汇口1.2公里航道，共计598.4公里，一直沿用至今。

三峡成库前，长江干线重庆段浅滩、险滩众多，不利于船舶安全航行，为此，交通部从1986年开始多次投入资金进行整治，有的险滩整治后滩势全部消失，有的流态得到控制，滩势减缓，极大地改善了通航环境，同时，积极进行航道维护，航标数量每公里达到3.52座，三峡库区航路按船舶定线制规定后，长江重庆段总共设置航标1631座，其中，库区设标694座，回水变运段设标874座，回水变动段以上娄溪沟至兰家沱设标63座，并加强对区域内桥梁所在航道的维护和水情播报。

《长江干流航道发展规划》出台后，结合三峡分期蓄水，交通部加大对三峡常年库区和回水变动段的整治力度，先后投入10亿元，用于航道治理，长江干线重庆段朱沱至娄溪沟达到三级航道，可常年通行1000吨级以上船舶，娄溪沟至鳊鱼溪为一级航道，可常年通行3000吨级以上船舶和万吨级船队，其中涪陵至鳊鱼溪河段可常年通行5000吨级及以上船舶。航道等级的提升及通行能力的提高，有力促进重庆及长江上游地区经济社会快速发展，促进产业向沿江集聚，带动了重庆水运快速发展。

二、长江支流

重庆市境内支流航道众多，呈叶脉状向长江干流汇集。三峡成库前，全市通航河流65条，通航里程2963.84公里，航道特点是水浅、滩多、流急、礁石多，河槽变化大。除嘉陵江、乌江以外，大多支流属等外级航道或季节性航道。三峡成库后，重庆市新增支流航道达到51条，新增通航里程1110.32公里，通航支流达116条。为进一步发挥水路运输的比较优势，积极拓展重庆水运服务腹地范围，从“十五”开始，重庆市加大投入，积极对长江支流航道进行系统整治，建成嘉陵江草街航电枢纽、乌江彭水、银盘枢纽，涪江富金坝航电枢纽，实施嘉陵江草街至河口、乌江白马至河口、大宁河、梅溪河、抱龙河、小江等三峡库区重要支流航道整治和清障工程，极大地提升了库内支流航道等级、通航里程，支流航道变深、变宽，水流变缓，由成库前不通航或通行5000吨级以下船舶，到最大的可通行5000吨级船舶，成为长江干支直达，开展多式联运的重要通道。

截至2015年，随着三峡175米蓄水和其他支流渠化，重庆已形成以长江、嘉陵江、乌江“一干两支”为骨架的内河航道体系，全市拥有航道里程4451公里，四级及以上高等级航道里程达到1400公里，重庆是长江上游唯一拥有5000吨级深水航道的地区，三峡库区涪陵以下可常年通行5000吨级船舶，涪陵以上可季节性通行5000吨级船舶，“干支直达、江海直达”运输得到一定发展。

第二节　港口建设与管理

1975—1985 年，三峡工程建设正处在论证时期，重庆大规模的港口建设一度停顿。1985 年，交通部发布《关于补助地方交通建设投资管理暂行办法》，对困难的重要地方交通建设项目给予补助。1987 年开始，交通部投资 3 亿元对重庆九龙坡、兰家沱、猫儿沱等重点作业区进行技术改造，修建朝天门现代化客运大楼和客运码头。1991—1994 年间，由交通部和四川省交通厅投资 6000 多万元修建万州牌楼、青草背、柑子园、红花地等客货运码头。同时，投资 8000 多万元，修建涪陵荔枝园、大东门、龙王沱、白涛等码头。又投资 250 万元修建丰都客货码头。还投资 2000 万元修建奉节关庙沱、忠县下渡口栈桥、烟泡滩煤码头、云阳小南门客运码头。

2000 年，重庆港口淹没复建开始。2001—2004 年期间，按照交通部确定的方案，重庆在巫山、奉节、云阳、万州、忠县、石柱、丰都、涪陵等 8 个区县实施淹没复建项目 28 个，泊位 78 个（客运泊位 40 个、货运泊位 38 个），年设计通过能力客运 2669 万人次，货运 995 万吨，总投资 16.2 亿元。到 2005 年年底，复建工程累计完成投资 12.4 亿元，货运吞吐能力 640 万吨，年客运吞吐能力 1940 万人次。

2006 年，随着国家对水运发展的高度重视，长江上游航运中心上升到国家战略，迫切需要港口发挥综合交通枢纽节点的作用，三峡淹没复建工程不能完全适应重庆建设成为长江上游航运中心的需要。按照交通部、重庆市联合批复的《重庆港总体规划》，重庆市加快港口基础设施建设步伐，重点实施有港口物流功能的铁公水多式联运的港口。

到 2010 年，重庆港已基本形成以“重庆主城、涪陵、万州”三个枢纽港区和以“江津、永川、合川、奉节、武隆”五个重点港区为龙头的港口体系，并形成了以寸滩保税港区为代表的一批大型化、专业化的港口集群。全市共有生产性泊位 833 个，全港年货运通过能力 1.3 亿吨，集装箱年通过能力 200 万标准箱。与 2005 年相比，全港码头泊位数减少 559 个，而货物和集装箱通过能力分别增加 6400 万吨、175 万标准箱，专业化泊位通过能力的比重达到 42%，港口专业化结构大幅改善，稳步迈入集约化、现代化发展之路。

进入新时期以来，随着国家加快长江等内河水运发展意见，依托黄金水道推动长江经济带发展指导意见等出台，重庆紧紧抓住战略机遇，进一步发挥得天独厚的长江黄金水道优势，加快港口基础设施建设，港口基础设施日臻完善，多项指标位居全国内河前列。重庆长江上游航运中心雏形初现。2011 年，重庆水路货运量、港口吞吐量双双突破亿吨大关，重庆港成功跻身亿吨大港，2014 年，集装箱吞吐量首次突破 100 万标准箱。同年，寸滩作业区建成投入运营，2015 年，我国最大的内河铁、公、水联运枢纽港果园港建成投入运营。到 2015 年年底，全市港口货运通过能力由 2010 年的 1.3 亿吨提升到

2015 年的 1.8 亿吨，其中集装箱通过能力由 200 万标准箱提高到 400 万标准箱；3000 吨级以上的大型深水泊位 198 个，货运通过能力 1.27 亿吨，占全市港口通过能力的 60%；同“十一五”末相比，全港码头泊位数减少 16 个，而货物和集装箱通过能力分别增加 5000 万吨、200 万标准箱，专业化、大型化及现代化趋势明显。港口供给能力和服务水平大幅提升，在综合交通运输体系中的枢纽作用进一步增强，有力促进产业布局和区域经济结构调整。

第三篇　科　技　篇

改革开放政策促进水运科技的发展，港口、航道、码头等交通基础设施和船舶设备的技术进步成为水运科技工作的重点。水运科技部门坚持“科学技术必须面向经济建设”的方针，紧紧围绕运输生产这个中心，积极开展科研和技改工作。1987 年，随着交通科技体制改革，交通科研向开发型转变，积极推广先进技术。全市水运系统确立“教育奠基，科技兴航”的战略思想，初步形成科技与水运建设、运输、船舶工业生产相结合的运行机制。

重庆水运工程近几十年来，以建设项目为依托，积极开展科学研究与创新，在重大科技攻关中取得了大量有影响的成果。主要代表性成果包括内河水运结构调整、内河大水位差架空直立式码头结构形式及其设计理论、内河复杂碍航滩险整治理论和技术、航电枢纽优化布置与高水头枢纽通航、内河港口岸电与环保技术等。

据不完全统计，重庆市先后开展了国家级科技项目近 30 项，交通运输部科技项目 10 余项，重庆市科技攻关项目 5 项和重庆市交通科技计划 70 多项，累计投入科研经费逾 0.5 亿元，产生了数十亿元的直接经济效益和巨大的社会效益。

第六章　水运工程规范专利

第一节　标准规范

重庆水运工程建设者们在各时期发挥集体智慧的优势，根据各水运工程的特点、难点，把相关标准规范灵活应用于实践中。

结合重庆水运工程建设管理经验和科研成果，重庆市交通委员会、招商局重庆交通科研设计院有限公司、重庆交通大学等单位，积极承担交通行业的技术规范编制工作，先后主编或参编了多部交通行业技术规范，较好地指导重庆水运工程设计与施工。如重庆交通大学依托“内河分级直立式码头及护岸加筋土新技术”研究项目，出版专著《加筋土工程设计与施工》，编写了《水运工程土工织物应用技术规程》（JTJ/T 239—1998）；长江重庆航道工程局依托“水下钻孔爆破技术研究”项目，主持编撰《水运工程爆破技术规范》（JTS 204—2008）；重庆市交通规划勘察设计院联合中交第四航务工程勘察设计院有限公司编制完成《游艇码头设计规范》（JTS 165-7—2014）。

第二节 专利专著

在水运工程建设过程中，广大工程技术人员和科研工作者在总结勘察设计、施工和建设管理经验等方面，通过多方面的研究，取得了多项专利成果，其中发明专利3项，实用新型专利3项，另外还有部分外观设计专利。

在水运工程建设过程中，广大工程技术人员时刻总结勘察设计、施工和建设管理经验及部分科研成果，整理出版了《内河港口物流枢纽规划理论与实务》等一系列工程技术专著，为水运工程建设者、科研工作者和交通院校的师生提供了丰富的工程参考书。

第七章 水运工程建设的科技创新与应用

万里长江险在川江，为从根本上改善川江滩险水恶的航道状况，改变“日航困难，夜航危险”地段，以适应大宗货物的运输，满足船舶上下水全面夜航的需要，在“大跃进”期间，以长航局川江航道处为主，对川江进行了大规模整治，使川江航道得到全面治理，尤其对碍航严重的重点滩险的整治和航标电气化方面，取得了重大成就。

1996年，继续实施“科教兴航”战略，建立动态的科技信息库，加大通达计划项目的管理力度，科研项目以水运工程为依托，瞄准水运主通道、港站主枢纽和船舶的选型优化，研究开发适用的新技术、新工艺、新设备、新材料。这时期研究和开发的主要内容有：行业性软科学研究，内河航运建设与发展宏观效益研究，航道养护费等水上规费征缴建立监控系统模拟开发研究等。交通科技通达计划包括：工程设计CAD系统技术应用研究，船舶、港口CAD辅助设计，分节顶推技术，双尾节能新型船等。指导企业技术进步包括：工程机械、挖泥船节油降耗（如油添加剂等）技术应用，疏浚M舶高效耐磨作业装置的应用研究，援助艇及挖泥船安全系统研究和提高操作效率。

第一节 创新成果

据统计，依托水运建设开展的各种科技项目，分别获得了国家级、省市级、部（学会）级和其他等级的奖项多达100余项，其中“万县长江大桥特大跨（420米）钢筋混凝土拱桥设计施工技术研究”获“国家科技进步一等奖”。

1. 水运管理体制创新

水运管理体制创新主要通过重庆水运结构现状及经济社会发展对水运需求的发展趋势分析研究，明确水运结构调整的目标、方案，以期形成畅通、高效、平安、绿色的内河航运体系，满足经济社会对水运的需求。从发展度、协调度、持续度三个方面全面对重庆水运结构进行评价。

在此基础上创新性建立了重庆航运交易所,重庆航运交易所是2010年8月经重庆市人民政府批准成立的专业性航运交易服务机构,为重庆市交通委员会直属副厅级事业法人单位,企业化管理,实行董事会领导下的总裁负责制,下设综合部、科技信息部、船舶交易部、人才交流部、发展研究部。重庆航运交易所的建立,将形成专业化服务支撑体系,聚集航运金融结算、交易、保险、海事仲裁等要素,增强航运业与金融、贸易等其他行业的沟通交往,促进长江上游航运中心和金融中心的形成。同时,重庆航运交易所将与上海航运交易所遥相呼应、功能互补,更有力地推进我国内河航运事业的发展。

同时水运项目管理上,重庆港水运建设实施水运EPC[1]和项目代管。重庆市地质灾害应急专用码头工程由重庆市交通规划勘察设计院实施项目代管,重庆市化龙桥应急救援码头工程采用EPC模式。

2.港口技术创新

港口技术创新主要体现在内河大水位差架空直立式码头结构形式及其设计理论,提升了我国内河大水位差港口建设技术水平,为重庆市建设长江上游航运中心的水运基础设施建设提供了技术保障;构建的库区港口地质环境综合治理理论,深化和完善了水利工程学科中传统的泥石流动力学理论和防治技术研究,并使之提高到工程实用阶段。成果的应用与推广产生了良好的经济和社会效益。先后获得全国科学大会奖1项、国家科技进步二等奖3项、三等奖1项、国家技术发明奖1项,以及近百项省部级奖。

在大水位差架空直立式码头设计、建造全套技术方面,重庆港于2007年开始在寸滩研究架空直立式结构,并在重庆果园港中成熟并实现全天候施工。重庆涪陵龙头港、万州新田港、江津珞璜港、忠县新生港等港口建设中得到大面积应用。

在旅游码头设计、建造全套技术方面,重庆港在奉节宝塔平码头中创新性地提出大水位差可折叠自动扶梯结构;在涪陵旅游码头建设中提出斜坡码头改造形成大水位差旅游码头结构。

在大水位差浮码头设计、建造全套技术方面,重庆港丰都海螺码头首次提出大水位差多级浮式散货码头结构并获得成功应用,随后在丰都东方希望码头中得到了应用。

3.航道技术创新

重庆市航道技术创新主要体现在内河复杂碍航滩险整治理论和技术,以及信息化大数据方面,如"沙质边滩移动稳控技术""平原河流分汊河道航道整治技术""卵石沙波滩险治理技术""弯曲分汊卵石浅滩直槽通航技术"等,在长江、西江、嘉陵江、澜沧江、淮

---

[1] "EPC"是设计(Engineering)、采购(Procurement)、施工(Construction)的三个英文单词第一个英文字母的缩写。

河、黄河等河流数百个滩险的航道整治工程中得到成功应用，为高等级航道网的建设作出了巨大贡献。

在长江重庆段航道整治技术方面，先后建立了重庆段航道大数据平台，实现航道整治与维护的信息化与自动化。

在乌江、嘉陵江等支流航道整治技术方面，建立航道信息化系统，实现全流域航道自动通信。

4.航电枢纽创新

重庆航电枢纽技术创新主要体现在水利枢纽优化布置与高水头枢纽通航方面，如“枢纽施工期明渠通航技术”“枢纽优化布置与引航道横流处置技术”“高水头船闸水头消减技术”等，相关研究成果达到国际先进水平或领先水平，并成功应用于三峡工程、向家坝、西江桂平船闸、嘉陵江梯级船闸等50多个船闸建设中，尤其是枢纽施工期明渠通航技术较好地解决了三峡工程明渠导流与施工通航矛盾，将三峡工程施工导流明渠通航天数由原设计的266天/年提高到356天/年，产生直接经济效益达10亿元。

通过创新提出船闸“新型廊道体型解决阀门空化难题”“内河船闸中首次采用洪期潜水渡洪的浮式导航墙”“侧墙长廊道闸室底横支廊道顶缝加盖板出水”的输水形式等一系列技术。解决了一边管理船闸一边筹备接管发电之间的矛盾，实现了通航发电一体化，实现了“高效精干”“运行检修一体化”等管理创新。

5.保障服务创新

重庆保障服务创新主要体现在港口岸电、环保技术创新等方面。

在环保方面，从港口码头、船舶、航道等方面分析提出：①大力推进港口码头工艺装卸设备油改电；②大力推进靠港船舶接岸电；③继续推进船舶标准化建设；④大力推进新船型、新技术和新能源；⑤优化港口码头设计，建设现代化生态港口；⑥加强船舶防污染措施；⑦加强三峡库区垃圾清理；⑧控制船舶噪声。从污染物处理方面，提出了重庆港船舶污染物接收、转运和处置的建设方案，给出了船舶污染物处置基础设施规模的建议。

6.创新成果应用

(1)万州长江大桥特大跨(420米)钢筋混凝土拱桥设计施工技术研究

针对万县长江大桥施工过程中遇到“跨度大、一跨过长江、中间不能设支架”等技术难题，重庆交通学院和四川省公路规划勘察设计等开展了万县长江大桥特大跨钢筋混凝土拱桥设计施工技术研究，取得了一系列创新性新成果。

在设计计算方法方面：提出了拱圈强度验算的非线性综合分析法；建立了施工过程非线性稳定分析方法；提出两级控制的施工控制方法；提出变截面空心薄壁高墩稳定计算的解析公式。

在施工工艺技术方面：提出钢管混凝土劲性骨架成拱方法，发展了大跨混凝土拱桥建造技术；发展了大吨位、多节段缆索吊装、悬拼技术；发展了桥用高强混凝土配制、生产、输送、工艺技术；提出"六工作面"对称同步浇筑法，不需压重，变形及应力均衡，发展了拱圈混凝土浇筑技术。

在新材料应用和新结构措施方面：首次采用钢管混凝土C60高强混凝土为拱圈材料，并形成新的复合结构；提出了新型组合式刚架桥台的创新设计；通过大悬臂的桥道结构、变截面空心薄壁高墩和轻型桥道系三条措施，实现拱上结构轻型化。

该设计施工技术研究成果获2000年度国家科技进步一等奖，被中国科学发展基金会授予"第二届詹天佑土木工程科学技术大奖（工程大奖）"。该桥是当时世界最大跨径的混凝土拱桥。重庆交通大学教授博士生导师顾安邦在这方面做出创新性工作。他说：作为大桥的负责人，考虑到不能影响长江通航，设计了一跨就跨越长江的无支架、无拱架的钢筋混凝土桥，提出了"劲性骨架施工法"，首先架设空的钢管作为支架面，之后在空的钢管中灌入混凝土，最后在最外边再包混凝土。此方法后来又成功推广到跨度为250m以上的拱桥，因为此方法还获得了"国家科技进步奖"和"李国豪原创奖"。

（2）三峡库区船桥碰撞规律、防撞措施设计与预警系统研究

我国就曾连续发生几起重大的船撞桥事故，不但威胁船舶的通行安全，还严重影响桥梁的运营安全，常常带来巨大的生命和财产损失。如2007年7月15日的嘉陵江黄花园大桥船撞事故，2008年7月21日的嘉陵江东阳大桥船撞事故，2007年6月22日的遂渝铁路草街大桥船撞事故等，都对桥梁的船撞问题敲响了警钟。与成库前相比，三峡库区内的河流水文、航运及桥梁等还呈现库区跨江桥梁建设迅猛、桥梁密度大，库区水位落差大、高水位持续时间长的特点，库区水位的抬升还将影响到桥梁的通航净空，导致船舶撞击点位置升高，库区航道等级提高、通航船舶的尺度、吨位加大，通航密度升高，水位变幅大，航线管理复杂等。针对三峡库区大水位落差的特殊情况，交通运输部于2006年批准开展"三峡库区船桥碰撞规律、防撞措施设计与预警系统研究"研究，经项目组四年多的攻关，主要取得以下创新性成果：

针对三峡库区大水位落差特点，创建了系统的桥梁船撞风险评估及防撞体系。项目在总结国内外现有模型的基础上，提出三概率参数积分路径模型，采用船舶横向分布、船舶过桥偏航角分布和船舶停船距离分布来计算桥梁的船撞概率。为了得到桥梁遭受船舶撞击后的倒塌概率，项目组对影响船撞力及抗力的各因素进行了概率特性研究，并提出基于可靠度的桥梁船撞倒塌概率计算方法。

针对国内外船撞力简化计算公式计算差异大的情况，项目组对影响船撞力的主要因素，如撞击角度、被撞击物形状等进行深入研究，提出基于动力数值模拟的桥梁船撞力简化计算方法，并对其进行了试验验证。从船舶驾驶与避碰的角度，利用计算机模拟

船舶在库区典型桥区河道内的航行状态，研究桥区水域风、水流、能见度等影响参数对船舶航迹的影响，提出不同气候条件下船舶过桥的优化航迹。提出滚动摩擦式浮式消能防撞装置，并完成相关的施工图设计和数值模拟验证。采用了GPS实时定位技术，建立了三峡库区船桥碰撞实时监控及预警平台，实现了航行船舶、航道状况、桥梁数据、桥区预警等信息的有效集成，提高了三峡库区现有水上安全管理程度，对预防水上船桥碰撞安全事故，提高安全预控能力起到了很大的作用。

开发了三峡库区桥梁船撞风险评估软件，编写了《重庆市三峡库区跨江桥梁船撞设计指南》（DBJ/T 50-106—2010），填补了国内空白。出版专著2本，编制地方标准1本，发表论文35篇，获得国家授权专利7项，软件著作权1项。经交通运输部鉴定专家委员会认为，项目研究成果对长江船撞桥的预警研究有重要作用。项目获得2012年中国公路学会科学技术一等奖和2012年重庆市科技进步二等奖。

项目成果已成功应用于重庆忠州、菜园坝、观音岩、东水门、寸滩、粉房湾、黄花园、千厮门、红岩村、高家花园等跨江大桥的船撞风险评估、防撞设计及预警中，并推广应用到福建厦漳跨海大桥，为新建桥梁和已建桥梁的船撞风险评估与防撞设计提供了有力的技术支撑。

第二节　能力建设

随着重庆水运的建设与发展，特大桥梁不断出现，建设难度也逐步提高。为克服建设难题，重庆水运联合重庆交通大学、重庆交通科研设计院等单位，产学研相结合，培养了一大批具有高水平的人才队伍，催生了一批重点实验室，有力促进了重庆水运平台建设、产学研发展和人才队伍建设。

平台建设主要在重庆交通大学、重庆交通科研设计院得到快速发展，在重庆交通大学建立了国家重点、国家与地方联合、行业重点和市重点实验室11个，其中国家重点实验室1个，为“重庆市山区桥梁与隧道工程实验室——省部共建国家重点实验室培育基地”，国家地方联合国家工程实验室（国家发展和改革委员会）1个，为“交通土建工程材料国家地方联合工程实验室”。在招商局重庆交通科研设计院有限公司建有国家级、省部级等各类研究开发平台15个，其中国家级研发平台4个，分别为“国家山区公路工程技术研究中心”“山区道路工程与防灾减灾国家地方联合工程实验室”“桥梁工程结构动力学国家重点实验室”“公路隧道建设技术国家工程实验室”，省部级平台8个。通过实验室所开展的高水平研究成果，服务于水运工程建设，进一步促进重庆水运工程发展。

第四篇　成　就　篇

第八章　港 口 建 设

1976年“粉碎四人帮”，结束了十年浩劫，经过拨乱反正，内河航运有了较快发展。特别是党的十一届三中全会以后，港口建设贯彻“改革、开放”的方针，出台有关政策，加快港口建设，经过40余年的建设，重庆港已成为长江上游地区最大的集装箱集并港、大宗散货中转港、滚装汽车运输港、长江三峡旅游集散地以及邮轮母港。

以编制《重庆市内河航运发展规划》为契机，先后编制完成《重庆市港口布局规划》《重庆市港口岸线利用规划》《重庆港总体规划》，将重庆港划分成为20个港区，重点发展主城、万州、涪陵为核心，永川、江津、奉节、合川、武隆为重点的港口集群，并实施一批规模化、专业化、大型化码头，重庆市港口面貌得到显著改善，功能逐步完善，枢纽作用更加突出。

第一节　主 城 港 区

一、港区综述

1. 港区建设概况和运营情况

主城港区的发展主要经历了三个阶段，第一个阶段是20世纪60年代以前在长江干线先后建成了朝天门、九龙坡等机械化码头泊位。第二阶段是20世纪60年代中期至70年代初期随着川江航道整治工程的结束，长江干线航道条件有了较大改善，部分工厂沿江建设，川维等企业码头也同步发展，货运量的增长带动了公用码头的发展。第三阶段是从“九五”期开始，在三峡工程结束了长达30多年的论证后，港口迎来了以淹没复建为契机的发展新时期。重庆成为直辖市后，在长江上游航运中心发展战略指导下，先后新建和改扩建了九龙坡、郭家沱、新港、朱家坝、寸滩、果园等专业化码头，港口面貌大为改善。

经过多年建设，截至2015年，主城港区形成了朝天门、九龙坡、新港、郭家沱、寸滩、果园、东港等专业化客货作业区布局。2015年，主城港区共有生产性泊位236个，综合年通过能力1114.7万人次、8366万吨（其中集装箱338万标准箱、汽车滚装129万辆），分别占全市的29.1%、19.1%、46.1%；主城港区完成客运吞吐量51万人次，货运吞吐量5982万吨，其中集装箱75.3万标准箱、汽车滚装56.2万辆，分别占全市的6.5%、

38.1%、74.5%、74.6%。

（1）果园作业区

果园作业区主要分为果园一期工程、果园二期工程、果园二期扩建工程，并打造成为长江上游地区内外贸集装箱中转中心、散杂货中转服务中心、汽车运输中转中心。果园一期工程于2008年4月开工，于2010年12月建成并投入运行，形成吞吐能力200万吨，果园二期工程及果园二期扩建工程于2010年9月开工，2015年全面建成投产。建设单位为重庆港务物流集团。

果园作业区占地面积4平方公里，利用岸线2800米，总投资105亿元。果园港按照"港口、物流、产业"三结合的功能布局规划建设16个5000吨级泊位（其中多用途泊位10个，散杂货泊位3个，商品汽车滚装泊位3个）及相应配套设施，设计年通过能力3000万吨（其中集装箱200万标准箱，商品滚装车100万辆）；规划建设港区铁路专用线，采用双线电气化整列直达企业站，主线约5.3公里，企业站内拥有13条装卸与待发线，设计年通过能力650万吨；规划建设配套仓储项目，建设仓库约25万平方米，设计年货物周转量1000万吨。

（2）寸滩作业区

随着我国加入世界贸易组织（WTO）和西部大开发的深入，重庆市及西南地区外向型经济发展日益加快，对内对外贸易规模不断扩大，大量适箱货物需通过集装箱运输，重庆市集装箱运量将迅猛增长。当时重庆市现有的港口集装箱运输能力已远远不能适应重庆市集装箱运输发展需要，建设新的集装箱码头已迫在眉睫。为此，中共重庆市委、重庆市人民政府为贯彻十六大精神，实现把重庆建设成为长江上游的经济中心的战略目标，将港口建设列入重要议事日程，决定选址寸滩修建集装箱码头和滚装码头，并将寸滩港区工程列为长江上游的航运中心建设的重中之重，以适应不断增长的经济需要。根据寸滩港区总体规划，工程建设采取一次规划、分期实施的原则。2002年12月，重庆市政府文件批准了《重庆市寸滩港区规划方案》（渝府〔2002〕224号）。2002年10月，重庆港组建筹建组，同年12月26日在重庆市工商行政管理局注册成立了重庆寸滩集装箱有限责任公司，主要负责寸滩港的建设。

2. 港区地理条件和集疏运概况

主城港区处于重庆核心，位于四川盆地东南缘，三峡库区库尾，现有主要港口主要分布在长江沿线，可通过市政道路与内环快速路及绕城高速公路等道路相连接。

二、港区工程项目

1. 果园作业区工程一期工程

项目于2008年4月开工，2010年12月投产试运行，2014年1月竣工验收。

2008年10月，重庆市发展和改革委员会《关于重庆主城港区果园作业区一期工程可行性研究报告的批复》（渝发改交〔2008〕1238号）；2009年2月，重庆市交通委员会《关于重庆港主城港区果园作业区一期工程初步设计的批复》（渝交委港〔2009〕3号）。2008年1月，重庆市环保局《关于果园作业区一期工程项目环境影响评价的批复》（渝〔市〕环准〔2008〕001号）；2008年1月22日，重庆海事局《关于重庆果园港埠有限公司果园作业区一期码头工程有关通航安全事宜的批复》（渝海指挥〔2008〕51号）；2008年6月，水利部长江水利委员会《关于重庆港主城港区果园作业区一期工程涉河建设方案的批复》（长许可〔2008〕72号）；2010年7月，重庆市人民政府《关于重庆果园港埠有限公司建设重庆主城港区果园作业区一期工程划拨国有建设用地使用权的批复》（渝府地〔2009〕573号）；2019年5月，交通运输部《关于重庆港主城港区果园作业区一期工程岸线的批复》。

项目建设1个5000吨级散货出口泊位和1个5000吨级散货综合泊位，岸线长度364米，设计年通过能力199万吨（其中综合泊位设计年通过能力55万吨，散货泊位设计年通过能力144万吨）。码头采用架空斜坡道布置，浮趸结构。码头前沿水深4.17米，设计靠泊能力3000吨级，码头水工结构容许靠泊能力5000吨级。项目后方堆场32354平方米，一次性堆存能力16万吨。仓库面积2592平方米，容量2528万吨。主要装卸设备配置包括500吨/小时的弧式摆动装船机1台，堆场卷扬机5台，带宽为1米和带速1.6米/秒的固定皮带机1台。项目总投资2.92亿元，用地面积13.34万平方米。

项目于2010年12月底投产试运行，试运行期间，码头结构稳定，位移、沉降量很小，达到设计要求，各种机械设备运行正常，满足设计需要，总体运营情况良好。

建设单位为重庆港务物流集团有限公司；设计单位为中交第四航务工程勘察设计院有限公司、山东诚基工程建设有限公司；施工单位为中交第二航务工程局有限公司、中交第四航务工程局有限公司、中建筑港集团有限公司；监理单位为重庆双源建设监理咨询有限公司；质量监督单位为重庆市交通局工程质量安全监督局。

2. 果园作业区工程二期工程

项目于2010年9月开工，前方码头于2013年12月完工投产试运行。

2011年5月，重庆市发展和改革委员会《重庆港主城港区果园作业区二期工程可行性研究报告的批复》（渝发改交〔2011〕608号）；2014年3月，重庆市发展和改革委员会《关于果园作业区二期及二期扩建工程可行性研究报告调整的批复》（渝发改交〔2014〕239号）；2010年10月，重庆市交通委员会《重庆港主城港区果园作业区二期工程初步设计的批复》（渝交委港〔2010〕36号）；2011年9月，重庆市交通委员会《关于重庆港主城港区果园作业区二期工程初步设计补充的批复》（渝交委港〔2011〕23号）。2010年9月，重庆市环保局《关于重庆港主城港区果园作业区二期工程环境影响评价文件的批复》(渝市环准〔2010〕138号)；2013年5月，重庆市人民政府《关于重庆港务物流集团有限公司建设重庆港主城港区果园作业区二期工程划拨国有建设用地的批复》(渝府地〔2013〕498号)；2011年7月，交通运输部《关于重庆港主城港区果园作业区二期工程使用港口岸线的批复》(渝交委计〔2011〕66号)。

项目建设4个5000吨级多用途码头泊位，岸线长度515米，设计年通过能力566万吨。码头采用引桥顺岸式布局、直立式高桩框架结构。码头前沿水深5.0米。项目后方堆场面积38万平方米。堆场容量：重箱地面箱位数为5736标准箱；空箱地面箱位数为924标准箱；仓库面积1.75万平方米，堆存能力6.94万标准箱、16.01万吨。主要装卸设备配置包括轨距16米的岸边集装箱起重机6台、轨距40米的轨道式门式起重机20台。项目总投资22.96亿元，其中项目补助资金51810万元。用地面积1143亩(约合76.2万平方米)。

项目于2013年12月底投产试运行，试运行期间，码头结构稳定，位移、沉降量很小，达到设计要求，各种机械设备运行正常，满足设计需要，总体运营情况良好。

建设单位为重庆港务物流集团有限公司；设计单位为重庆市交通规划勘察设计院；施工单位为长江航道局、中交第二航务工程局有限公司、中交第四航务工程局有限公司；监理单位为重庆双源建设监理咨询有限公司；质量监督单位为重庆市交通局工程质量安全监督局。

3.果园作业区工程二期扩建工程

项目于2011年8月开工，2013年12月试运行，2018年1月竣工。

2011年8月，重庆市发展和改革委员会《重庆港主城港区果园作业区二期扩建工程可行性研究报告的批复》(渝发改交〔2011〕869号)；2014年3月，重庆市发展和改革委员会《关于重庆港主城港区果园作业区二期及二期扩建工程可行性研究报告调整的批复》(渝发改交〔2014〕239号)；2011年8月，重庆市交通委员会《重庆港主城港区果园作业区二期扩建工程初步设计的批复》(渝交委港〔2011〕9号)。2011年5月，重庆市环保局《关于果园二期扩建工程环境影响评价文件批准书》[渝(市)环准〔2011〕081号]；2011年1月，重庆市水利局《关于重庆港主城港区果园作业区二期扩建水土保持方案的批复》(渝水许可〔2011〕10号)；2013年1月，重庆市人民政府《关于重庆港务物流集团有限公司修建重庆港主城港区果园作业区二期扩建工程划拨国有建设用地的批复》(渝府地〔2013〕17号)；2012年2月，重庆市交通委员会《关于转发重庆港主城港区果园码头二期扩建工程使用岸线批复的通知》(渝交委计〔2012〕8号)。

项目建设6个5000吨级多用途码头泊位、1个5000吨级散货进口泊位、3个商品汽车滚装泊位，岸线长度1431米，设计年通过能力1278.9万吨。码头多用途泊位采用引桥连片式布局、框架式桩基梁板结构，引桥采用排架式梁，散货及滚装泊位采用斜坡式布置、架空斜坡结构板结构。多用途及散货码头泊位前沿水深为5.1米，滚装码头泊位前沿水深为3.6米。项目后方堆场面积65万平方米，堆存能力为重箱箱位数7429个、空箱箱位数1218个、冷藏箱位数88个。主要装卸设备配置包括多用途泊位码头前沿配备9台集装箱岸桥(其中5台61吨—22米,4台35吨—22米)，堆场采用轨道式集装箱门式起重机(其中16台40米轨距,2台38米轨距)；散货泊位码头前沿配备1台1650吨/小时弧形轨道装船机，堆场配备4台DQL2000/2950斗轮堆取料机。项目总投资45.83亿元，其中项目补助资金67340万元。用地面积2250亩(约合150万平方米)。

原设计方案中，二期及二期扩建工程后方陆域场地间采用在港区中部用隧道方式衔接，下穿绕城高速公路。初步设计完成后，整体工程弃方量、边坡挡墙工程量较大。为减少土石方外弃、优化边坡挡墙设置，设计单位对场地布局、陆域高程、边坡结构等进行了大量优化。优化调整后，对原隧道方案有较大影响。原隧道方案难以满足实际情况，存在较大弊端。解决措施：原设计方案为在距离原拟建隧道北侧约254.1米处，设连接2号桥上跨绕城高速。港区2号桥全长122.1米，桥梁上部结构为32米+42米+32米钢箱梁。桥梁下部结构桥墩采用双柱式桥墩，承台桩基础。桥台采用U形桥台，扩大基础。在不破坏陆域整体布局、方案不做大的前提下调整，采用立交方案满足港区的通道需求。

二期扩建工程水工结构A标段施工水域河床无覆盖层，岩层破碎，裂隙多，最大水深35米，水流流速大，平台400根桩基均处于深水区，受三峡水库水位调节影响，采用全钢平台作为作业平台。钢平台搭设是本工程成功实施的关键。无覆盖层深水平台设计、施工为本项目重点，施工单位通过搭建钻孔钢平台，成功实施了钢板凳平台搭设法满搭施工工艺。

二期扩建工程水工结构B标段主要为斜坡道施工，受长江水位影响较大，工期紧张，施工范围内征地拆迁难度大，导致前期施工延缓，后期工期压力大。基于本工程特点，项目部采用流水作业和平行作业相结合的方式进行施工组织管理，整个项目分六个区，即1号滚装泊位斜坡道、2号滚装泊位斜坡道、散货进口泊位斜坡道、纵梁预制安装、陆域前沿护岸、港池疏浚。1号滚装泊位0-1～0-4号段原设计为实体段，因地形变化，淤泥层较厚，变更为架空结构。当筑岛施工到0-4号墩时，因该区域原为冲沟前沿，长江水流急，坡度陡，筑岛连续发生坍塌，难以形成及稳定，为确保施工安全，决定更改原施工措施方案，对0-4号跨停止筑岛回填，采用钢平台及钢便桥施工措施方案。

中交第二航务工程勘察设计院有限公司联合长江水利委员会长江科学院开展“加筋边坡离心模型试验研究”专项课题。高陡填方边坡均利用港区陆域形成的弃方。设计方案采用高强高密度聚乙烯(HDPE)土工格栅+石笼的处理方案，设计方案及试验手段均为技术创新点；另外，形成的高陡填方边坡在国内少见。本方案具体技术要点也申请了多项专利。

重庆交通大学根据项目取得7项重要科技创新：①首次提出了钢护筒和钢筋混凝土联合受力桩基计算方法、钢护筒和钢筋混凝土组合构件计算理论，获得了深水码头基础工作性状及其施工控制技术。并据此编制完成《重庆港大水位差架空直立式码头基础设计及施工技术指南》。②首次采用数值散斑技术对大水位差架空直立式码头结构、施工平台等开展了无损检测，并提出这类结构的安全性能评估方法，获得国家发明专利3项（申报中6项），研究成果在分析和评估码头、施工结构的安全工作性状属于国内首创。③首次提出重载钢抱箍施工工法。完善形成整套大水位差高桩框架梁系结构钢抱箍双向悬空支撑系统的施工工艺及质量、安全控制措施。④首次获得了钢护筒—钢筋混凝土组合构件极限轴压承载力和极限受弯承载性能的计算方法。⑤首次获得了大直径钢护筒嵌岩桩简化计算公式。通过钢护筒与钢筋混凝土单桩模型试验、钢护筒与钢筋混凝土双桩模型试验、钢护筒—混凝土界面力学特性试验、钢护筒—地基土体界面力学特性试验系列试验，得到了大直径钢护筒嵌岩桩简化计算公式。⑥对钢护筒钢筋混凝土桩大水位差深水码头开展了试验研究和数值模拟研究，首次获得了这类大水位差码头静力破坏模式和薄弱环节。⑦开发了基于可靠度的内河大水位差架空直立式码头钢与钢筋混凝土组合构件安全性能检测指标与评估体系研究。

重庆港主城港区果园作业区二期扩建工程获得中国水运建设行业协会“2014年度水运工程优秀咨询成果一等奖”。“内河大水位差码头抗震技术”获得中国航海协会科技进步二等奖（HG 12-02-16-10-04）。

获得的专利：

一种高陡加筋边坡结构，专利号ZL 2012 2 0731395.9。

一种锚杆格构式挡墙结构，专利号ZL 2014 2 0002419.6。

一种岩质边坡格构生态防护结构，专利号ZL 2015 2 0087367.1。

变形长期监测方法及装置，专利号201710839394.3。

缺陷检测方法及装置，专利号201710839395.8。

质量检测方法及装置，专利号201710839431.0。

建设项目投产后的运营情况：随着果园港建成投产，特别是果园进港铁路开通运行，果园港已成为周边四川、贵州、云南、陕西、广西等地货物的中转站，这大大减少了以往“水、铁、公”运输方式相互之间的长距离中转，降低了企业物流成本，缩短了物流时间。同时，重庆港务集团积极进行深入调查和了解，在构建公正、合理、透明的大宗商品交易规则体系下，有效联动上游资源客户和下游终端市场，打通了海江铁联运通道。2017年，以海江联运的模式经果园港中转的铁矿石22万吨，12月，成功引进北京五矿贸易矿（卡粉）3万吨，实现了果园港现货市场零的突破，煤炭、矿石、钢材运输、交易节点逐步聚集到果园港，果园港的钢材、煤炭、矿石交易市场已逐渐雏形。2016 年煤炭 44 万吨、钢材 105 万吨、矿石 58 万吨。2017 年中转煤炭 105 万吨、钢材 151 万吨、矿石 124 万吨。

建设单位为重庆港务物流集团有限公司；设计单位为中交第二航务工程勘察设计院有限公司；施工单位为中交第二航务工程局有限公司、中交第四航务工程局有限公司、中建筑集团有限公司、长江航道局、中交第四航务工程局有限公司、宁波交通工程建设集团有限公司；监理单位为重庆双源建设监理咨询有限公司；质量监督单位为重庆市交通局工程质量安全监督局。

4. 寸滩作业区工程一期工程

项目于 2003 年 12 月开工，2006 年 1 月试运行，2009 年 8 月竣工。

2003 年 9 月，重庆市发展计划委员会《重庆市寸滩港区一期工程可行性研究报告的批复》（渝计委交〔2003〕163 号）；2003 年 10 月，重庆市交通委员会《重庆市寸滩港区一期工程初步设计的批复》（渝交委港〔2003〕23 号）。2003 年 3 月，重庆市环保局《重庆市寸滩港区一期工程环境影响报告表》（渝〔市〕环评审〔2003〕53 号）；2004 年 10 月，重庆市人民政府《关于重庆市寸滩港一期工程划拨国有土地使用权的批复》（渝府地〔2004〕770 号）；2003 年 11 月，重庆市交通委员会《关于寸滩港区一期工程使用岸线的批复》（渝交委计〔2003〕225 号）；2004 年 6 月，水利部长江水利委员会《关于重庆市寸滩港区一期工程建设涉及河道管理有关问题的批复》（长江务〔2004〕268 号）。

项目建设 2 个 3000 吨级（水工结构兼顾 5000 吨级）集装箱泊位，1 个滚装泊位 3000 吨级（水工结构兼顾 5000 吨级），岸线长度 1000 米，设计年通过能力集装箱为 30 万标准箱、滚装车辆为 15 万辆。集装箱码头采用直立式码头布置及阶梯式陆域布置；滚装泊位采用直线式顺岸斜坡布置。集装箱泊位码头前沿水深 4.0 米，滚装泊位码头前沿水深 3.3 米。项目后方集装箱堆场 37282 平方米，容箱能力 8500 标准箱；滚装车堆场 4.7 万平方米，堆存能力 0.4 万辆。仓库（拆装箱库）面积 0.75 万平方米。主要装卸设备配置包括 50 吨—22 米的岸边集装箱起重机 2 台。项目审定项目总投资 8.65 亿元，实际到位资金为 7.91 亿元，银行贷款 4.97 亿元，交通部补助资金 3920 万元。用地面积 57.27 万平方米。

科技创新方面，在大水位差条件下创新采用直立式桩柱梁板码头结构。

2011 年 2 月，中交第二航务工程勘察设计院重庆市寸滩港区一期工程荣获"2010 年度水运交通工程优秀设计一等奖"（中国水运建设行业协会）；2004 年 8 月，中交第二航务工程勘察设计院编制的重庆市寸滩港区一期工程可行性研究报告荣获"交通部优秀咨询成果一等奖"；2004 年 5 月，中交第二航务工程勘察设计院编制的重庆港寸滩港区一期工程可行性研究报告荣获"中国工程咨询协会全国优秀工程咨询成果一等奖"；

2008年3月，重庆港寸滩集装箱码头建设关键技术研究荣获“重庆市政府科技进步三等奖”。2009年4月22日取得专利，大水位差直立式框架梁板码头。

建设单位为重庆国际集装箱码头有限责任公司；设计单位为中交第二航务工程勘察设计院；施工单位为长江航道局、中国水产广州建港工程公司、重庆港久建设工程有限公司；监理单位为双源建设监理咨询有限公司；质量监督单位为重庆市交通局工程质量安全监督局。

5. 寸滩作业区工程二期工程

项目于2007年9月开工，2010年2月试运行，2017年3月竣工。

2006年9月，重庆市发展计划委员《重庆主城港区寸滩作业区二期工程可行性研究报告的批复》（渝发改交〔2006〕845号）；2006年10月，重庆市交通委员会《重庆港主城港区寸滩作业区二期工程初步设计的批复》（渝交委港〔2006〕49号）。2006年4月，重庆市环保局《重庆港主城港区寸滩作业区二期工程环境影响报告表》[渝（市）环评审〔2006〕81号]；2005年11月，重庆市人民政府《关于重庆国际集装箱码头有限责任公司划拨国有土地的批复》（渝府地〔2005〕990号）；2006年11月，重庆市交通委员会《关于重庆主城港区寸滩作业区二期工程使用岸线的批复》（渝交委计〔2006〕180号）。

项目建设3个3000吨级（水工结构兼顾5000吨级）多用途泊位，1个滚装泊位3000吨级（水工结构兼顾5000吨级），岸线长度950米，设计年通过能力集装箱42万标准箱、件杂货（钢铁）80万吨和滚装车辆15万辆。集装箱泊位采用直立式码头布置及阶梯式陆域布置方案，高桩梁板结构；滚装泊位采用直线式顺岸斜坡布置，实体斜坡道结构。集装箱泊位码头前沿水深3.4米，滚装泊位码头前沿水深3.3米。项目后方集装箱堆场30万平方米，拆装箱库2965平方米，容箱能力4.5万标准箱；仓库面积0.46万平方米。主要装卸设备配置包括50吨—22米岸边集装箱起重机2台，40吨—22米岸边集装箱起重机1台。项目总投资14.36亿元，实际到位资金为14.14亿元，其中项目资本金为6.74亿元（自筹），银行贷款7.40亿元。用地面积58.67万平方米。

为增加集装箱堆存能力，将寸滩二期西侧堆场的商品车停车场和空箱堆场调整为重箱堆场。为避开沿江顺层滑坡，增加过洪能力和与寸滩三期的连接道路，滚装码头部分进行了设计变更；该重大设计变更2011年1月经重庆市交通委员会批复同意（渝交委港〔2010〕42号）。寸滩作业区二期工程原批复概算为11.01亿元，先后经历了两次概算调整，第一次是2011年1月经重庆市交通委员会批复同意概算调整为15.15亿元。第二次是在2013年9月10日，市交通委员会批复了《重庆港主城港区寸滩作业区二期工程西侧堆场设计变更概算的批复》，最终调整为15.51亿元。

寸滩港区二期工程质量荣获重庆市交通委员会“2011年度重庆市交通路港杯优质工程一等奖”。

寸滩作业区是长江上游航运中心标志性工程，也是重庆两路寸滩保税港区的重要基础设施。作为长江上游集装箱主枢纽港，寸滩作业区已开通至下游上海港、至上游宜宾港的定期航线。2015 年完成货物吞吐量 1084.45 万吨，其中，集装箱吞吐量 48.01 万标准箱，商滚 25.86 万辆，钢材 52.56 万吨。70% 以上进出物资从此通过，成为构筑服务重庆、辐射西部、承东启西、沟通南北的区域性物流中心。

建设单位为重庆国际集装箱码头有限责任公司；设计单位为中交第二航务工程勘察设计院；施工单位为长江航道局、中国水产广州建港工程公司、重庆港久建设工程有限公司；监理单位为双源建设监理咨询有限公司；质量监督单位为重庆市交通局工程质量安全监督局。

6. 东港作业区一期工程

项目于 2009 年 9 月 24 日开工，2014 年 12 月试运营生产，2016 年 4 月竣工。

2008 年 10 月，重庆市发展和改革委员会《关于东港作业区一期工程建议书的批复》（渝发改交〔2008〕357 号）；2008 年 4 月，重庆市发展和改革委员会《关于东港作业区一期工程可行性研究报告的批复》（渝发改交〔2008〕1286 号）；2009 年 11 月，重庆市交通委员会《关于东港作业区一期工程初步设计的批复》（渝交委港〔2009〕29 号）；2009 年 7 月，重庆市环境保护局《关于重庆东港作业区一期工程建设项目环境影响报告书的批复》［渝（市）环准〔2009〕116 号］；2009 年 1 月，重庆市国土资源和房屋管理局《关于重庆东港作业区一期工程项目用地的预审意见》（渝国土房管预审〔2009〕10 号）；2009 年 4 月，重庆市交通委员会《关于东港作业区一期工程岸线选址的通知》（渝交委航〔2009〕6 号）。

项目建设 2 个 3000 吨级（泊位长度与水工结构按 5000 吨级设计）多用途泊位和 1 个 60 车位载货汽车滚装泊位，利用岸线长度 614 米，设计年通过能力为 198 万吨。多用途泊位采用架空斜坡道结构，载货汽车滚装泊位采用下河公路结构。项目后方堆场面积 14.9 万平方米。仓库面积 1.31 万平方米。主要装卸设备配置；多用途泊位作业采用斜坡缆车道方式作业，前方趸船上采用浮式起重机进行装卸船作业，斜坡运输采用横向缆车作业，坡顶、堆场作业小轨距轻型轨道式门式起重机，起重量为 40 吨，轨距为 16 米，单悬臂，4 台；拆装箱库作业采用 45 吨集装箱正面起重机 1 台和箱内 3 吨叉车 2 台。项目总投资 11.91 亿元，用地面积 44.69 万平方米。

2014 年 12 月进行试运营生产，试运行期间，整体运营良好，对于试运营期间部分堆场出现的沉降问题，现沉降已稳定，水工结构观测每年均在进行。

建设单位为重庆东港集装箱码头有限公司；设计单位为中交水运规划设计院有限公司、重庆市交通规划勘察设计院；施工单位为上海港务工程公司（承建水工码头标段、道路堆场及配套工程和房屋配套设施工程）、湖南省第三工程有限公司（承建陆域土石方标段）；监理单位为上海远东水运工程建设监理咨询公司；质量监督督单位为重庆市交通委员会基本建设工程质量和安全监督站。

7. 佛耳岩作业区一期工程

项目于2006年9月开工，2008年12月试运行，2016年1月竣工。

2005年4月，重庆市发展和改革委员会《关于佛耳岩作业区工程项目建议书的批复》（渝发改交〔2005〕357号）；2006年4月，重庆市发展和改革委员会《关于佛耳岩作业区工程可行性研究报告的批复》（渝发改交〔2006〕237号）；2006年4月，重庆市交通委员会《关于佛耳岩作业区工程初步设计的批复》（渝交委港〔2006〕13号）；2005年10月，重庆市环境保护局《重庆市建设项目环境保护批准书》（渝〔市〕环准〔2005〕300号）；2006年12月取得建设用地规划许可证，2008年7月取得土地使用权证；2006年8月，重庆市交通委员会《关于佛耳岩作业区工程使用岸线的批复》（渝交委计〔2006〕119号）。

项目建设1个3000吨级多用途码头泊位和1个3000吨级汽车滚装泊位，岸线长度315米，设计年通过能力为41.3万吨和滚装车辆17.5万辆。码头采用上游布置滚装泊位、下游布置多用途泊位，后方设置陆域堆场的布局，多用途泊位前沿采用架空斜坡道结构。滚装泊位码头前沿设计河底高程为166.50米；多用途泊位按3000吨级驳船控制，设计河底高程为165.60米。项目后方堆场面积5.88万平方米，堆存能力350万吨。仓库面积6300平方米，堆存能力38万吨。主要装卸设备配置：多用途泊位作业采用斜坡缆车道方式作业，前方趸船上采用浮式起重机进行装卸船作业，斜坡运输采用横向缆车作业，坡顶、堆场作业配备50吨—40米和40.5吨—40米集装箱门式起重机各1台，另配有正面起重机1台、堆高机1台、叉车4台等专业设备，能完成40吨以内各种货物装卸作业。港口设有专业卡口，配备有100吨电子地磅。项目总投资1.33亿元，资金来源为申请交通部水运专项资金、市级交通专项资金和业主自筹资金，其中政府投资4457万元。

2008年12月项目投产试运行，试运行期间，码头结构稳定，位移、沉降量很小，达到设计要求，各种机械设备运行正常，满足设计需要。总体运营情况良好。

建设单位为重庆航运建设发展有限公司；设计单位为中交第二航务工程勘察设计院有限公司；施工单位为上海三航奔腾建设工程有限公司（承建重庆港佛耳岩作业区FEY-I工程）、上海三航奔腾建设工程有限公司（承建重庆港佛耳岩作业区FEY-Ⅱ工程）、重庆市渝航交通工程有限公司（承建重庆港佛耳岩作业区进港道路施工）、中十冶集团有限公司（承建重庆佛耳岩作业区综合楼及生产用房施工）；监理单位为广州南华工程管理有限公司；质量监督单位为重庆市交通局工程质量安全监督局。

8. 佛耳岩作业区二期工程

项目于2014年12月开工，2019年9月试运行。

2014 年 3 月，重庆市发展和改革委员会《关于重庆港主城港区佛耳岩作业区一期工程可行性研究报告的批复》（渝发改交〔2014〕2561 号）；2014 年 4 月，重庆市交通委员会《关于重庆港主城港区佛耳岩作业区二期工程初步设计报告的批复》（渝交委港〔2014〕6 号）。2012 年 11 月，重庆市环境保护局《重庆市建设项目环境保护批准书》（渝〔市〕环准〔2012〕174 号）；2007 年 4 月，重庆市人民政府《关于建设重庆航运建设发展有限公司行政划拨国有土地的批复》（渝府地〔2007〕161 号）；2015 年 3 月，重庆市交通委员会《关于佛耳岩二期工程使用港口岸线的批复的通知》（渝交委计〔2015〕16 号）。

2015 年 3 月，重庆市交通委员会《关于重庆港主城港区佛耳岩作业区二期工程概算调整的批复》（渝交委港〔2015〕9 号）调整项目概算总投资为 36185.31 万元；2016 年 11 月，重庆市交通委员会分别以《关于重庆港主城港区佛耳岩作业区一期工程（总体设计、总平面、道堆、装卸工艺、配套建筑、电气及给排水消防）施工图设计的批复》（渝交委港〔2016〕32 号）同意佛耳岩二期工程施工图设计。

项目建设 1 个 3000 吨级件杂货码头泊位（码头水工建筑允许靠泊能力 5000 吨级）和 1 个 5000 吨级件杂货码头泊位，岸线长度 250 米，设计年通过能力为 170 万吨。码头前沿由 2 艘钢质趸船和 4 条架空缆车斜坡道组成，码头陆域布置采用二级平台布置方案，设计河底高程 165.40 米。项目后方堆场面积 3.47 万平方米，堆存能力 208 万吨。仓库面积 0.86 万平方米，堆存能力 52 万吨。每个泊位前趸船上设置浮式起重机 2 台，1 台浮式起重机对应一对缆车（一上一下）。随水位变化，缆车由缆车提升机收放，每对缆车斜坡道坡顶布置轨道式门式起重机装卸缆车，堆场作业采用轨道式门式起重机及轮胎式起重机，仓库作业采用桥式起重机。水平运输采用牵引车、平板车完成。项目总投资 3.62 亿元，资金来源为申请交通运输部水运专项资金、市级交通专项资金及业主自筹资金，其中政府投资 1.03 亿元。用地面积 11.73 万平方米。

建设单位为重庆航运建设发展有限公司；勘察设计单位为重庆市交通规划勘察设计院；施工单位中国铁建港航局集团有限公司（承建重庆港主城港区佛耳岩作业区二期工程一标段施工）、广州打捞局（承建新重庆港主城港区佛耳岩作业区二期工程陆域面层施工）、重庆易成建设工程有限公司（承建重庆港耳岩作业区二期工程生产管理用房施工）；监理单位重庆双源监理咨询有限公司；质量监督单位为重庆市交通工程质量安全监督局。

9. 九龙坡作业区一期工程

项目于 1988 年 12 月开工，1994 年 4 月竣工验收。

1986 年 10 月，交通运输部以交计字〔1986〕772 号文件批复；1987 年 10 月，交通部《关于九龙坡码头总体技术改造一期工程初步设计的批复》（交港字〔1987〕737 号）。

项目改造 6 个 1000 吨级码头泊位，设计年通过能力为 265 万吨。新增大中型设备 59 台（件）。新增堆场 57537 平方米、道路 19251 平方米、铁路线 5240 米。增加主要设备有10吨—30米门式起重机2台、10吨×25米门式起重机2台、40吨×22米台架式起重机1台、5吨35米及10吨35米门式起重机各1台和煤码头皮带机、装船机、装卸桥、电子轨道衡等。项目总投资5719.92万元。

一期工程完成后，九龙坡年通过能力由181万吨提高到265万吨。

设计单位为交通部第二航务工程勘察设计院；施工单位为交通部第二航务工程局航务二公司、重庆港建筑工程公司。

10. 茄子溪作业区工程项目

项目于2008年2月开工，2010年8月通过交工验收，2010年12月开港运行。

2006年9月，重庆市发展和改革委员会《关于茄子溪作业区工程的工程可行性报告的批复》（渝发改交〔2006〕906号）；2008年2月，重庆市交通委员会《关于茄子溪作业区工程初步设计的批复》（渝交委港〔2006〕13号）；2008年2月，重庆市交通委员会《关于重庆主城港区大渡口茄子溪码头工程初步设计的批复》（渝交委港〔2008〕5号）；2008年5月，重庆市交通委员会《关于重庆主城港区大渡口茄子溪码头工程斜坡道施工图设计的批复》（渝交委港〔2008〕14号）；2010年3月，重庆市交通委员会《关于大渡口作业区茄子溪码头一期陆域工程施工图设计批复》（渝交委港〔2010〕10号）。2006年3月，重庆市环保局《重庆市建设项目环境影响评价审批意见》［渝（市）环评审〔2006〕52号］；2011年9月，中交茄子溪码头取得《重庆市建设项目竣工环境保护验收批复》［渝（市）环验〔2011〕097号］；2006年8月，中交茄子溪码头取得《关于重庆港主城港区大渡口作业区茄子溪码头工程使用港口岸线的批复》（交规划发〔2006〕458号）；2008年10月，交通运输部《关于重庆港主城区大渡口茄子溪码头工程调整使用港口岸线的批复》（交规划发〔2008〕378号）；2006年12月，重庆市规划局《建设用地批准书及建设用地规划许可证》（渝规地证〔2006〕局市政字第1518号）。

项目建设4个3000吨级斜坡式装卸码头泊位，岸线长度460米，设计年通过能力件杂货为190万吨、集装箱5万标准箱。码头采用架空斜坡道结构。装卸区总面积约13.6万平方米，其中，项目后方集装箱重箱堆场7万平方米、空箱堆场1.5万平方米、件杂货堆场4万平方米，件杂货一次性堆存能力30万吨。主要装卸设备配置包括50吨的双浮式起重机趸船3台，40吨门式起重机3台。

项目开港运行以来，码头结构稳定，位移、沉降量很小，达到设计要求，各种机械设备运行正常，满足设计需要。总体运营情况良好。

建设单位为重庆中交港口发展有限公司；设计单位为中交水运规划设计院有限公司；施工单位为中交第四航务工程局有限公司；监理单位为重庆双源建设监理咨询有限公司、黑龙江黑航工程监理咨询有限公司；质量监督单位为重庆市交通局工程质量安全监督局。

11. 郭家沱滚装码头工程

项目于2006年2月开工，2007年2月交工验收，2006年11月开港运行。

2005年11月，重庆市发展与改革委员会《关于郭家沱作业区滚装码头改扩建工程可行性研究的批复》（渝发改交〔2005〕1141号）；2005年12月，重庆市交通委员会《关于郭家沱作业区滚装码头改扩建工程初步设计的批复》（渝交委港〔2005〕43号）。2005年3月，重庆市环境保护局《重庆市建设项目环境影响评价审批意见》［渝（市）环评审〔2005〕055号］；2016年10月，重庆市环境保护局《重庆市建设项目竣工环境保护验收批复》［渝（市）环验〔2016〕038号］；2001年2月，重庆港航管理局《关于国营望江机器厂专用码头改设为重庆市轮船总公司滚装船专用码头的批复》［渝港航发〔2001〕92号］；2005年3月，重庆市交通委员会《关于郭家沱作业区滚装码头使用岸线的批复》［渝交委计〔2005〕43号］。

项目建设1个3000吨级滚装码头泊位，岸线长度750米，设计年通过能力为35万辆。实体坡道式结构。项目后方堆场面积0.6万平方米，项目总投资2900万元，用地面积3.78万平方米。

郭家沱滚装码头工程位于江北区长江左岸，距宜昌航道里程642.5公里，在望江机械制造厂范围内，由望江厂修建，为该厂生产提供水运服务。2001年初，重庆轮船总公司租用望江机械制造厂码头组建重庆郭家沱港埠有限公司，并投入300万元，全面翻修唐家沱月亮湾到重庆制药九厂近4000米的路面，在溜石壁新建停车场，于2001年12月29日正式开始载货汽车滚装营运。为了适应因滚装运输的发展船舶不断增加的需要，2005年，重庆郭家沱港埠有限公司投资对码头进行改扩建，增加泊位1个。建成后郭家沱码头拥有3000吨级泊位2个，年通过能力30万辆，2005年，郭家沱滚装码头实际吞吐量120449辆，其中进港54357辆，出港66092辆。

建设单位为重庆郭家沱港埠有限公司；设计单位为浙江省交通规划设计研究院；施工单位为重庆渝航交通工程有限公司；监理单位为重庆长信工程建设监理有限公司；质量监督单位为重庆市交通委员会基本建设工程质量监督站。

12. 巴南麻柳LNG加注码头工程

项目于2013年3月开工，2015年1月通过交工验收。

2012年2月，重庆市发展和改革委员会《关于巴南麻柳LNG加注码头工程开展前期工程的函》（渝发改油气〔2012〕82号）；2014年3月，重庆市发展和改革委员会《关于重庆港主城港区麻柳作业区船用液化天然气加注项目（一期）核准的批复》（渝发改能〔2014〕228号）。2013年1月，重庆市交通委员会《关于重庆港主城港区麻柳作业区液化天然气加气码头工程行业审查意见的函》（渝交委计〔2013〕6号）；2014年11月，重庆市交通委员会《关于重庆港主城港区麻柳作业区船用液化天然气加注项目（一期）初步设计的批复》（渝交委港〔2014〕31号）。2012年7月，重庆市环境保护局《重庆市建设项目环境影响评价文件批准书》[渝（市）环准〔2012〕119号]；2016年12月，重庆市规划局《建设用地规划许可证》（地字第市政500113201600049号）；2018年4月，交通运输部《关于重庆港主城港区麻柳作业区船用液化天然气加注码头工程使用港口岸线的批复》（交规划函〔2018〕196号）。

项目建设1个3000吨级加气码头泊位（码头水工建筑允许靠泊能力5000吨级），岸线长度240米，设计年通过能力为3.43万吨。码头采用架空斜坡式布置、趸船和船用跳板结构。项目后方设12台150立方米的LNG储罐，共2000立方米，一期堆存能力1050立方米。储罐区围堰面积2093平方米，堆存能力420吨。主要装卸设备配置包括尺寸（长×宽×型深）80米×14米×2.8米的趸船1艘。项目总投资1.2亿元，资金来源为业主自筹资金和银行贷款。用地面积21574平方米。

建设单位为重庆富江能源科技有限公司；设计单位为重庆长航东风工业公司长江船舶设计研究院（趸船设计）、中国船级社（进行第三方审核）、西南水运科学研究所（水工工程设计）、中国市政工程华北设计研究院（陆域及工艺）、中国市政工程华北设计研究院（总图设计）、煤炭科学技术研究院有限公司（进行施工图第三方审核）；施工单位为重庆市渝航交通工程有限公司（水工）、重庆渝康建设（集团）有限公司（土建）、重庆工业设备安装集团有限公司（设备）；监理单位为黑龙江黑航工程监理咨询有限公司重庆分公司、重庆大地建设监理有限责任公司；质量监督为重庆市巴南区公路工程质量监督站。

13.新港作业区3号和1号、2号码头工程

新港作业区1号、2号码头工程于2000年开始，2004年6月竣工验收并投入使用。

2000年，《重庆长江港航监督局关于重钢集团公司1、2号码头工程初步设计有关通航管理的批复》（渝长督通〔2000〕136号）；2001年，《水利部长江水利委员会关于重钢集团公司利用长江岸线建设码头工程的批复》（长江务〔2001〕565号）；2004年，《重庆市发展和改革委员会关于重庆新港公司1、2号码头工程可行性研究报告的批复》（渝发改交〔2004〕590号）；2004年，重庆市交通委员会印发《关于重钢集团公司续建1、2号泊位使用岸线的批复》（渝交委计〔2004〕59号）。

新港作业区3号码头工程。其中3号码头工程由重庆新港装卸运输有限公司建设，重庆长江港航监督局下发《关于重庆新钢公司修建3号码头初步设计的批复》和长江重庆航道局《关于重钢3号码头补办航道手续申请的批复》（渝道航管〔1998〕239号）的文件，同意工程设计方案。

1986年1月，重庆市经济委员会、重庆市计划委员会《关于重庆钢铁公司扩建码头

初步设计的批复》(重经发〔1986〕技16号);2000年12月重庆市规划局《建设工程规划许可证》(重规建证〔2000〕局字第0231号);水利部长江水利委员会《关于重庆钢铁集团公司利用长江岸线建设码头工程的批复》(长江务〔2001〕565号);2003年7月重庆市大渡口区国土资源局《建设用地批准书》(渡公字〔2003〕17号);2004年4月重庆市交通委员会《关于重庆钢铁集团有限责任公司续建1号2号码头使用岸线的批复》(渝交委计〔2004〕59号);2006年3月,重庆市环保局《重庆市建设项目竣工环境保护验收意见》［渝(市)环验〔2004〕31号］。

项目建设5个3000吨级泊位,包括3000吨级多用途类型泊位2个,3000吨级散货类型泊位2个,3000吨级件杂货类型泊位1个。岸线长度460米。多用途泊位设计年通过能力50万吨、集装箱3万标准箱;散货泊位设计年通过能力193万吨;件杂货泊位设计年通过能力28万吨。码头采用双下河公路结构形式的平面布置形式。项目堆场总面积22000平方米。其中,集装箱堆场11000平方米;配置起吊能力40吨的桥式行车2台,件杂货、机电设备、汽车等货物堆场3个,面积共计9000平方米;配置起吊能力为40吨的门式起重机2台、20吨的门式起重机1台,室内货场2000平方米。

重钢搬迁后,其码头只保留3000吨级多用途泊位2个,年通过能力5万标准箱、50万吨,码头结构形式为下河公路和直立式。陆域维持现有范围,纵深50～100米,用地2.5万平方米。

1号、2号码头建设单位为重庆新港装卸运输有限公司,设计单位为武汉长江航运规划设计院有限公司,施工单位为重钢集团路桥工程公司有限公司,监理单位为重庆三环建设监理咨询公司,验收单位重庆三环建设监理咨询公司。3号码头建设单位为重庆新港装卸运输有限公司,设计单位为重庆钢铁集团设计院有限公司,施工单位为中交二航局第二工程有限公司206处,监理单位为重庆三环建设监理咨询公司,验收单位为重庆三环建设监理咨询公司。

14. 长寿冯家湾作业区工程

项目于2007年2月28日开工,于2009年3月试运行,2012年12月竣工。

2006年3月,重庆市发展和改革委员会批准该项目项目建议书(渝发改交〔2006〕224号);2006年7月,获得重庆市发展和改革委员会工可批复(渝发改交〔2006〕595号);2006年11月,获得重庆市交通委员会工程初步设计批复(渝交委港〔2006〕58号);2006年9月,获得重庆市交通委员会转发的岸线批复(渝交委计〔2006〕148号),2007年12月,获得重庆市交通委员会施工图设计批复(渝交委港以〔2007〕19号);2007年10月,取得建设用地规划许可证;2006年12月29日取得土地使用权证。

项目建设建有3个3000吨级泊位,岸线长度900米,设计年通过能力为196万吨(其中,散货泊位61万吨,多用途泊位42万吨,液体化工泊位93万吨)。散货泊位采用斜坡道及半直立式码头形式，钢引桥直接搁在陆域挡墙上，煤炭装船采用单斗装船机通过漏斗喂料给堆场移动皮带机、钢引桥和趸船上的移动皮带机装船。多用途泊位采用斜坡道码头形式，采用浮式起重机吊到18.15平台上的载货车上然后运到堆场，拆装箱库采用叉车作业，件杂货仓库作业采用桥式起重机，堆场采用轨道式门式起重机。液体化工泊位采用斜坡道码头形式，管道连接。陆域堆场面积39000平方米；仓库面积（含生产管理用房）5500平方米。项目总投资为3.6亿元，资金来源为三峡淹没补助资金和业主自筹资金、银行贷款。

项目2009年3月试运行期间，码头工艺合理，达到设计能力，各泊位采用的工艺完全可行，经济且效率高，能耗小，满足设计需要。

建设单位为重庆化工码头有限公司；设计单位为中交第二航务工程勘察设计院有限公司；BT［B、T分别为英文Build（建设）、Transfer（转让）首字母］业主为重庆建工集团、中交第二航务工程局（承建土建工程）、重庆工业设备安装集团有限公司承建安装工程；监理单位为长航监理有限公司；质量监督单位为重庆市交通委员会工程质量安全监督局。

15.长寿江南重钢码头工程

项目于2011年3月开工建设，其中重钢原料码头1号、2号、3号泊位于2016年12月22日竣工；重钢成品码头4号泊位于2017年4月14日竣工，重钢成品码头5号、6号泊位于2011年11月18日竣工。

2007年10月，重庆市交通委员会《关于对重庆钢铁（集团）有限责任公司长寿新区港口工程工程可行性研究报告意见的批复》（渝交委计〔2007〕145号）；2009年5月31日，重庆市交通委员会《关于重钢长寿新区港口工程初步设计的批复》（渝交委港〔2009〕15号）。2008年8月1日，重庆市环保局《重庆市建设项目环境保护批准书》［渝（市）环准〔2008〕123号］；2008年5月，国土资源部《关于重庆钢铁（集团）有限责任公司实施节能减排环保搬迁项目建设用地预审意见的复函》（国土资源预审字〔2008〕270字）；2009年8月31日，重庆市交通委员会《关于重庆钢铁（集团）有限责任公司长寿新区港口码头使用岸线的批复》（渝交委港航〔2009〕32号）。重庆钢铁股份有限公司环保搬迁2007年3月7日由重庆市发展改革委核准（渝发改工〔2007〕160号），核准内容包括原料成品码头。

项目建设6个3000吨级散货码头泊位（码头水工建筑允许靠泊能力5000吨级），岸线长度900米，设计年通过能力为1000万吨。码头采用顺岸连续布置、斜坡式结构（码头采用斜坡式平面布置形式，结构形式为汽车下河和斜坡皮带机）。码头前沿水深145.08米。项目堆场面积利用重庆钢铁股份有限公司厂区，码头前沿主要装卸设备为堆取料机，仓库面积4.4万平方米。目总投资4100万元。

项目于2011年11月开港试运行,试运行期间,码头工艺合理,达到设计能力。2012—2015年吞吐量分别为104.42万吨、165.18万吨、125.27万吨、134.83万吨。

建设单位为重庆钢铁股份有限公司;设计单位为长江航运规划设计有限公司;施工单位为中交第三航务工程局、长江航道工程局;监理单位为重庆双源监理有限公司;质量监督单位为长寿区交通局质监站。

16. 长寿长明码头工程

项目建设2个3000吨级码头泊位,设计年通过能力150万吨。其中,多用途泊位1个,设计年通过能力50万吨;散货泊位1个,设计年通过能力100万吨;大件卸船平台一个,可卸300吨内水运大件货物。拥有配套的露天仓储堆场20000平方米、室内仓储库房3000平方米,具有40吨/20吨双浮式起重机作业趸船、40吨门式起重机、300吨/小时的皮带运输机等主要港口作业设施。完成进港道路建设、散货堆场与煤仓改扩建,散货堆存能力可达10万吨,室内仓储、化危品专用堆场等配套设施得到完备。

长明码头由重庆长航和台湾阳明集团好好物流有限公司合资组建,位于长江北岸重庆市长寿区晏家镇。2007年投产后,港区背靠长寿经济技术开发区,紧邻川维火车站,疏港公路与重庆渝长高速公路直接相连,具有集水路、铁路、公路三位一体的物流集散的雏形。已成为重庆长寿区主要的港口物流基地。

项目建设单位为长明国际物流有限公司,设计单位为武汉长江航运规划设计院有限公司,主要施工单位为中交第二航务工程局有限公司,监理单位为长航监理有限公司(武汉)。

第二节　万州港区

一、港区综述

1. 港区建设概况和运营情况

万州历史悠久,以"万川毕汇""万商毕集"而得名,万州建县始于东汉建安二十一年,万州帆樯林立、百舸争流,以独特的区位优势和长江黄金水道优势成为渝、川、陕、鄂等省的物资集散地和驿道交会中心。1902年为长江上游继重庆之后的第二个对外通商口岸,1917年设立海关,1951年港口成立装卸运输公司,1952年成立长航万县港务局,主要以客运为主,利用简易码头或自然岸坡开展货运业务。万州抓住三峡工程兴建契机,加快码头淹没复建,先后建成了红溪沟、红花地、鞍子坝、猴子石等一批专业化码头,其运输能力和服务水平得到了有效提升。2002年重庆市万州区港口航务管理局成立,原长江航务管理局万州港务管理局通过改制组建了重庆市万州港口(集团)有限责任公司，2006年，重庆市万州港口（集团）有限责任公司整体划入新成立重庆港务物流集团有限公司。随着三峡枢纽建成运行，处于库区腹心的万州港区成为可靠泊万吨级船队的常年深水港，港口整体功能得到全面增强，达万铁路、五桥机场、万渝高速公路的建成贯通，使万州港区集疏能力大大提高，川西、川北、青海、陕南等地区的物流经万州港进出成为最经济的运输线路，万州港区已成为川北、渝东、鄂西、陕南的物资集散中心。

截至2015年，万州港区形成以红溪沟、江南沱口等码头为代表的生产性泊位83个，综合年通过能力1248万人次、1619万吨（其中，集装箱20万标准箱，汽车滚装10万辆），分别占全市的10.2%、21.4%、8.9%（5.0%、13.7%）；完成客、货运吞吐量分别为30.7万人次、3201.1万吨（其中集装箱13.1万标准箱，汽车滚装9.9万辆），分别占全市的4.1%、18.4%（11.4%、9.7%）。

2.港区地理条件和集疏运概况

万州港区所在万州区地处长江中上游结合部，渝东三峡库区腹心地带，现有长江干线一级航道80.4公里，可常年通行5000吨级以上机驳船和万吨级船队，是渝东、川东北、湘鄂、陕南、黔北等西南地区重要的物资出海通道。

万州港区所在地交通运输体系较为完善，渝宜高速公路万渝、万宜，银白高速公路万忠（南线）、万开高速公路已建成通车，恩广高速公路万州至利川段加速建设，新田至高峰高速公路项目正在开展前期工作，境内高速公路通车里程已达到143公里。万州国道5条共277公里，省道5条共406公里。达万、万宜铁路及渝万城际铁路建成通车，万州火车站至红溪沟货运港区的铁路支线建成通车，万州至郑州客运专线获国家发展和改革委员会批准并于2015年底开工建设，铁路营业里程已达到158公里。

二、港区工程项目

1.新田作业区工程

项目于2015年5月，主体工程开工建设，预计水工结构和高程180m平台于2020年11月完成竣工验收，预计2022年一期工程全面完成。

2012年6月，重庆市发展和改革委员会《关于重庆港万州港区新田作业区一期工程可行性研究报告的批复》（渝发改交〔2012〕2361号）；2012年12月，重庆市交通委员会《关于重庆港万州港区新田作业区一期工程初步设计报告的批复》（渝交委港〔2012〕35号）；2015年11月重庆市交通委员会《关于重庆港万州港区新田作业区一期工程施工图设计的批复》（渝交委港〔2015〕32号）。2011年8月，重庆市环保局《建设项目环境影响评价文件批准书》［渝（市）环准〔2011〕131号］；2011年9月，重庆市国土资源和房屋管理局《关于万州港区新田作业区一期工程建设项目用地的预审意见》（渝国土房管规

〔2011〕137 号);2012 年 12 月,重庆市交通委员会《关于转发重庆港万州港区新田作业区一期工程使用港口岸线批复的通知》(渝交委计〔2012〕122 号)。

项目规划建设 19 个泊位,包括 5000 吨级集装箱专用泊位 10 个,5000 吨级散货泊位 8 个,5000 吨级大件泊位 1 个。项目设计年通过能力为 3500 万吨,其中集装箱 150 万标准箱,件杂货、散货 2000 万吨。码头水工建筑物主要包括作业平台及引桥,作业平台均采用高桩框架直立式结构,陆域布置两级平台,第一级平台高程为 180.00 米,第二级平台高程为 205.00 米。第一级平台顺岸布置集装箱重箱堆场,第二级平台上布置件杂货堆场和空箱堆场。码头前沿河底高程 138.60 米。项目后方堆场面积 3.30 万平方米,堆存能力 20 万吨。仓库面积 1.17 万平方米,堆存能力 7 万吨。主要装卸设备配置:5 个多用途泊位配置 6 台起重量 40.5 吨(吊具下)、轨距 16 米的岸边集装箱起重机,以及 2 台起重量 50 吨—30 米、轨距 16 米的多用途门座起重机,堆场布置了 15 台 40.5 吨(吊具下)—40 米、30.5 吨(吊具下)—40 米,堆四过五的轨道式集装箱门式起重机作业。项目批复项目概算总投资为 24.43 亿元,其中政府投资 7.11 亿元。用地面积 961 亩(约合 64.1 万平方米)。

建设单位为重庆航运建设发展有限公司;设计单位为重庆市交通规划勘察设计院;施工单位为广东航盛建设集团有限公司、中建筑港建设集团有限公司;中交第二航务工程局有限公司;广州打捞局;中国铁建港航局集团有限公司;江西中金建设集团有限公司;监理单位为日照港建设监理有限公司。

2. 江南沱口作业区工程

项目于 2005 年 3 月开工,2008 年 12 月试运行,2016 年 1 月竣工验收。

2005 年 3 月,重庆市发展和改革委员会《关于江南沱口作业区工程可行性研究报告的批复》(渝发改交〔2005〕36 号);2005 年 1 月,重庆市万州区交通委员会转发的岸线批复(交规划发〔2006〕345 号)。

项目建设 2 个 3000 吨级多用途码头泊位,岸线长度 230 米,设计年通过能力为 14.8 万标准箱。码头采用顺岸布置、高桩直立式结构。码头前沿水深 3.9 米。项目后方堆场面积 5.88 万平方米,仓库面积 0.63 万平方米,主要装卸设备配置多用途泊位采用岸边集装箱起重机(45 吨两台)装卸船,中间水平运输采用集装箱拖挂车,重箱堆场采用轨道式集装箱门式起重机(40 吨—40 米一台,30.5 吨—40 米一台)、空箱堆场采用空箱堆高机作业(2 台),后方拆、装箱库采用站台式,配置集装箱箱内叉车(8 台)进行箱内货物拆、装箱作业。项目总投资 3.63 亿元,资金来源为申请交通部水运专项资金、银行贷款和业主自筹资金,其中交通部专项资金 9620 万元。用地面积 34 万平方米。

建设单位为重庆港务物流集团有限公司;设计单位为中交第二航务工程勘察设计院有限公司;施工单位为中港第二航务工程局第二工程公司、重庆万港工程建设有限公司、无锡华东重型机械有限公司；监理单位为武汉华通工程建设监理有限公司；质量监督单位为交通部长江航务工程质量监督站。

3. 鞍子坝客运作业区淹没复建工程

项目于2001年10月开工，2007年7月试运行，2014年12月竣工验收。

2000年8月，交通部的批复项目工可（交规划发〔2000〕428号）；2001年1月，交通部批复项目初步设计批复（交水发〔2001〕22号）；2008年10月，重庆市万州区环境保护局《重庆市建设项目竣工环境保护验收批复》（渝万环验〔2008〕15号）；1999年8月，重庆市万州区建设委员会《关于万州港务管理局客运港区工程的选址意见通知书》（重规选万字〔1999〕122号）；2005年9月，重庆市交通委员会关于万州区鞍子坝客运作业区工程使用岸线的批复（渝交委行政审批〔2005〕15号）。

项目建设2个3000吨级客运途泊位，4个1500吨级客运泊位以及相应的配套设备，设计年通过能力为580万人次，利用岸线长511米，码头采用顺岸布局、斜坡道结构。码头前沿水深3.9米。客运站房建筑面积23000平方米。采用架空平台形成客运区陆域，架空平台为在灌注桩基础上现浇钢筋混凝土梁板结构。停车场面积为3884平方米。项目总投资为11393万元，资金来源为：交通部专项资金3972万元，移民补偿资金3770万元（按1998年度移民补偿投资价格指数计算），企业自筹3651万元。用地面积1.97万平方米。

建设单位为重庆市万州港口集团有限责任公司；设计单位为中交水运规划设计院；施工单位为中港第二航务工程局第二工程公司、重庆万港工程建设有限公司；监理单位为重庆双源建设监理咨询有限公司；质量监督单位为长江航务工程质量监督中心站。

4. 红溪沟作业区工程

红溪沟作业区工程为一期工程、二期工程、铁路专用线工程和技改工程。

（1）红溪沟作业区一期工程

1997年12月28日一期工程开工建设，2000年12月28日基本建成并投入试生产。

1993年8月，一期工程经交通部批准立项；1995年5月，交通部《关于万县港红溪沟港区一期工程可行性研究报告的批复》（交计发〔1995〕35号）；1995年9月，交通部《关于万县港红溪沟港区一期工程初步设计的批复》（交基发〔1995〕836号）。2008年10月，重庆市万州区环境保护局《重庆市建设项目竣工环境保护验收批复》［渝（万）环验〔2008〕14号］；1994年12月，四川省建设委员会《四川省建设工程选址意见书》（万县市建规字〔086〕号）；2005年9月，重庆市交通委员会《关于万州港区红溪沟铁水联运作业区使用岸线的批复》（渝交委行政审批〔2005〕16号）。

项目建设6个泊位，其中，2个3000吨级多用途泊位，3000吨级件杂货和散货泊位各1个，2个2000吨级件杂货类型泊位。分为一期工程、淹没复建工程、改扩建（牌楼异地迁建）工程和铁路专用线工程。一期工程建设规模为3000吨级多用途、件杂货和散货泊位各1个，装卸作业线2条，年通过能力100万吨。工程总投资10293万元，其中交通部专项资金5462万元，移民补偿资金1400万元。

项目建设单位为万州港务管理局，设计单位为中交第二航务工程勘察设计院有限公司，施工单位为中交第二航务工程局第二公司，监理单位为长航监理有限公司（武汉）。

（2）红溪沟作业区二期工程

项目于2000年12月28日开工建设，2004年基本建成并投入试生产。

项目建设3个3000吨级泊位，其中，1个多用途码头泊位、1个件杂货码头泊位和1个散货码头泊位，岸线长度712.11米。设计年通过能力为173万吨，其中散货124万吨，件杂货和集装箱通过能力49万吨，集装箱1.5万标准箱。码头采用顺岸布局、斜坡道结构。码头前沿水深3.9米。项目后方堆场面积9.4万平方米，项目总投资19324万元，其中交通部专项资金7330万元，自筹资金6021万元，移民补偿资金5973万元。用地面积13.6万平方米。

项目建设单位为万州港务管理局，设计单位为中交第二航务工程勘察设计院有限公司，施工单位为中交第二航务工程局第二公司，监理单位为长航监理有限公司（武汉）。

（3）红溪沟作业区铁路专用线工程

项目于2002年12月28日开工建设，2005年7月正式通车。

为形成铁水联运综合运输网络，更好地发挥达万铁路和红溪沟码头的整体功能，万州港自筹资金6500万元修建该工程。该工程全长3300米，其中隧道长1810米，由成铁工程集团施工。

（4）红溪沟作业区技改工程

项目于2006年3月16日开工建设，2007年11月试运行，2009年9月竣工。

2005年以后，三峡蓄水至156米水位后，原万州港牌楼货运港区被淹没。根据万州城市总体布局，牌楼货运作业区复建工程调整到红溪沟作业区东部重庆渝东金属建材总公司、山钢管厂、太安铝材厂等3个单位地址。红溪沟技改工程建设规模为2个2000吨级件杂货泊位，设计年通过能力45万吨。工程总投资6252万元，其中交通部专项资金2126万元，移民补偿资金1430元。技改工程以牌楼港区淹没复建为主。

红溪沟作业区码头长1600米，纵深100米，已建成2000吨级泊位9个，装卸作业线11条，库场面积80000平方米，主要设备有10—40吨浮式起重机7艘、门式起重机4门（其中3门30吨集装箱起重机）、150吨/小时装卸桥1门、450吨/小时卸煤机1台、5吨及10吨缆车各2台。年通过能力730万吨(滚装10万辆,200万吨)。总投资4.23亿元,其中交通部专项资金1.49亿元,移民补偿资金8782万元。

项目建设单位为重庆市万州港口(集团)有限责任公司,设计单位为中交第二航务工程勘察设计院有限公司,施工单位为山东港湾航务工程建设有限公司,监理单位为中交第二航务工程勘察设计院监理咨询有限公司。

5.万州港红花地作业区淹没复建工程

项目于2000年9月18日开工建设,2004年11月完工。

1999年3月,重庆市计划委员会《关于万州港红花地港区淹没复建项目建议书的批复》(渝计委能〔1999〕261号);1999年9月,重庆市计划委员会《关于万州港红花地港区淹没复建工程可行性研究报告的批复》(渝计委能〔1999〕761号);1999年11月,获得重庆市交通局《关于万州港红花地港区淹没复建工程初步设计的批复》(渝交局〔1999〕944号)。2000年6月,获得重庆市万州交通局《关于印发〈万州港红花地作业区淹没复建工程施工图设计审查意见〉的通知》(万交建〔2000〕240号)。

项目建设1个470客座码头泊位、1个300吨级件杂货码头泊位、1个3000吨级通用泊位、1个1000吨级的件杂货泊位,设计年通过能力为45万人次、货物50万吨。其泊位布置为上游端布置1号过渡期区间短途客运泊位及2号货运泊位,两泊位并列布置,2号货运泊位下游布置3号通用泊位,下游端为4号件杂货泊位。3号泊位布置于4号泊位上游侧,为3000吨级泊位,采用直立式码头。前沿为框排架结构,为便于到港船舶的进出和停靠,前沿框架处设置专用靠泊囤船。后方采取回填形成,前沿高程175.00米。4号泊位布置于作业区最下游侧,原设计为500~1000吨级件杂货泊位,采用多级平台方案,呈"之"字形布置,低水平台高程145.00米,高水平台高程为175.00米。陆域布置一级平台,前沿高程175.00米。主要装卸工艺:通用泊位采用直立式方案,船岸间装卸通过固定式起重机完成,水平运输和堆码则通过叉车、门式起重机完成。件杂货泊位利用港船舶直接停靠在各平台或连接道路上,由轮胎式起重机进行作业。陆域堆场面积为13730平方米;建筑面积约为590平方米。项目总投资为10982.80万元。改建工程全部由公司出资。

建设单位为重庆航运建设发展有限公司(2003年4月前为万州航务管理所);设计单位为四川省交通运输厅交通勘察设计研究院;施工单位为中港第二航务工程局第二工程公司、四川省路桥集团路航公司、重庆渝航工程公司;监理单位为四川省水航工程监理事务所;质量监督单位为重庆市交通委员会工程质量安全监督局。

6.万州青草背码头工程

项目于2003年1月20日正式开工,由于规划调整和万州城市发展,该项目未建成。

青草背作业区位于长江左岸，距宜昌航道里程326.0公里，是当时万州港1500万吨深水港12个作业区之一，被交通部列为地方交通重点支持项目，被重庆市列为“十五”期间内河航运重点项目。从2000年3月起，万州区港口管理处委托四川省内河勘察规划设计院开展现场踏勘和前期准备工作；2001年8月经重庆市计委“渝计委交〔2001〕716号”文件批复工程可行性研究报告；2001年8月经重庆市交通委员会“渝交委港〔2001〕19号”文件批复初步设计；2002年3月完成施工设计图的审查；2003年1月完成监理招投标及施工招投标。

项目建设1个2000吨级货运泊位，设计年通过能力15万吨；3000吨级多用途泊位1个，设计年通过能力20万吨。

青草背货运港区总投资6500万元，其中移民补偿资金1000万元，交通部补助资金503万元，其余为自筹资金、招商或贷款。

监理单位为重庆市长信监理工程公司；施工单位为四川省路桥集团路航公司。

7.桐子园码头建设工程

项目于2009年8月18日开工建设，已按交通部批准的规模、标准完成建设，于2011年10月全面完工。

桐子园码头位于万州长江大桥上游约500米的长江北岸，距宜昌航道里程约339公里，水路下距三峡大坝约293公里，后方紧邻盐气化工园区，是万州盐气化工园区配套项目之一。本项目占地124463平方米，陆域纵深150～270米，工程规模为3个3000吨级泊位（兼顾5000吨级），件杂货泊位2个，散货泊位1个。设计年吞吐量180万吨，其中件杂货60万吨，散货120万吨。仓储物流中转量500万吨。承担盐气化工园区部分企业的矿建材料、煤等原料和真空盐、纯碱及其他固体低毒化学产品的水路运输任务。是一个现代化的件杂货、散货及物流运输作业区。建设依据主要有：重庆市交通委员会《重庆苏商港口物流有限公司建设桐子园码头岸线选址的通知》（渝交委港航〔2008〕35号）；万州区港口航务管理局《关于确定重庆苏商港口物流有限公司水域岸线坐标的函》（万港航局发〔2008〕135号）；万州建设委员会《关于确定龙都街道办事处原桐子园村一二组范围124463平方米土地规划条件的复函》（万州规划〔2008〕121号）；万州地震局《关于万州区桐子园码头建设情况的批复》（万州震函〔2009〕12号）；万州区国土资源局《万州区国土资源局建设用地交地备忘录》（万州国土资〔2009〕交地字第7号）；万州区国土资源局《关于化学品和综合物资仓储物流设施项目建设用地预审意见》（万州国土预审〔2008〕28号）；万州区国土资源局《关于商请确定龙都街道办事处原桐元村一、二组范围124463平方米土地规划控制指标条件的函》（万州国土让函〔2008〕92号）；万州区交通委员会《关于重庆苏商港口物流有限公司建设桐子园码头使用岸线的批复》（万州交委港〔2009〕9号）；万州区发展和改革委员会《关于万州区桐子园码头工程项目核准的批复》(万州发改交能〔2009〕4号);万州区发展和改革委员会《关于调整万州区桐子园码头工程建设规模的批复》(万州发改交能〔2010〕7号)。

本码头件杂货泊位为斜坡式汽车下河结构形式,分别设置低水、中水、中高水和高水四级平台,下河公路坡度为2.69%~10%,宽度16米,布置四个直立式作业平台,枯水平台顶面高程145.26米,中水平台顶面高程157.0米,中高水平台高程165米,高水平台顶面高程175.38米,平台通过下河公路连接;散货泊位为重力式斜坡码头,在188.26米设置一个作业平台,后方178米、184米、185米、192米、200米设置5个堆场,其中除高程200米、185米堆场为不规则矩形外,190米、184米和176米高程堆场均为L形。并设置相应的生产设施和辅助设施,配套购置相应的装卸机械设备。工程规模为3个3000吨级泊位(兼顾5000吨级),件杂货泊位2个,散货泊位1个,设计年吞吐量180万吨,其中件杂货60万吨,散货120万吨,仓储物流中转量500万吨。工程总投资11981.95万元。

建设单位为重庆苏商港口物流有限公司;监理单位为武汉中澳工程项目管理有限责任公司;设计单位为中交武汉港湾工程设计研究院有限公司;地质勘察单位为甘肃地质工程勘察院;施工单位为重庆市万州区扬子江建筑工程有限公司;质量监督单位为重庆市万州区交通工程质量监督站。

8.鄂渝江南码头工程

项目于2013年12月1日开工,2020年12月30日竣工。

批复文件有关于万州港望天咀码头工程开展前期工作的函(渝发改交函〔2013〕476号);企业投资项目备案证(编码:2015-500101-58-03-002005);工程可行性研究报告行业审查意见(2012年5月);岸线使用批复(万州交委运〔2015〕13号);有关通航安全意见的复函(渝海事函〔2014〕14号);涉及航道有关问题审查意见的函(渝道函字〔2013〕105号);环境保护批准书[渝(万)环准〔2014〕39号];望天嘴作业区涉河建设方案的批复(长许可〔2016〕32号);水土保持方案批复(万州水利复〔2013〕231号);工程初步设计文件批复(万州交委建〔2017〕83号);工程施工图设计批复(万州交港〔2020〕16号)。

项目位于重庆市万州区百安街道三洲村七组。结构形式为直立式,装卸工艺为货船↔固定式起重机↔平台↔堆场,装卸设备配置为40吨固定式起重机4台,有效半径31米。

本工程占地200亩(约合13.3万平方米),新建3000吨级(兼顾5000吨级)货运泊位为2个,相应的陆域及配套工程,占用岸线长度265米,设计吞吐量为230万吨/年。项目总投资为21204万元。

建设单位为重庆鄂渝钢铁(集团)有限公司,设计单位为中交武汉港湾工程设计研究院有限公司;施工单位为重庆恒通建设(集团)有限公司;监理单位为黑龙江黑航工程监理咨询有限公司。

9.登山码头工程

项目于2010年6月开工建设,2015年7月建成。

“登山码头”位于万州区钟鼓楼街道办事处双溪村10组、百步村5、7、8组,且通过了交工、质检、环保、消防、航道、涉河、水土保持等各项专项验收。码头装卸工艺分低水位坡道和高水位平台两部分。低水位坡道采用装载机堆场取货经管道梭槽由封闭式皮带机装船,低水位坡道砂石料卸船是由船自带皮带机直接装汽车运至砂石堆场。高水位平台采用装载机堆场取货,再由汽车经装封闭式梭槽装船。

该码头建设规模:使用岸线183米(渝交委港航〔2008〕42号),1000吨级货运泊位1个,年设计吞吐量30万吨。港区有道路726.34米(面积9023平方米),堆场面积48173平方米(高程175米水位以上33240平方米,高程175米水位以下14933平方米),停车场面积1716平方米,装卸及砂石生产等设施设备,总投资3980万元。

建设单位为重庆登山实业有限公司;设计单位为浙江省交通规划设计院;施工单位为万州区鸿泰建筑工程有限公司;监理单位为重庆七星工程建设监理有限责任公司。

10.鄂渝牌楼码头建设工程

项目于2005年6月18日开工,2008年8月30日进行交工验收。

批复文件有岸线使用批复(万州交委港〔2008〕13号);有关通航安全事宜的批复(万海事〔2004〕25号);通航论证的批复(渝道航管函〔2004〕29号);环境保护批准书[渝(万)环准〔2003〕52号];涉河建设方案的批复(万州水利河道〔2008〕344号);鄂渝码头工程一阶段设计的批复(万州交委港〔2008〕15号);建设项目竣工环境保护验收批复[渝(万)环验〔2009〕5号];建设项目安全设施竣工验收意见书(万州安监码头项目审字〔2008〕01号)。

项目位于重庆市万州区牌楼红花三组。结构形式为直立式。装卸工艺:货船↔固定式起重机↔平台↔堆场。装卸设备配置:40吨固定式起重机4台,有效半径31m。

本工程占地80亩(约合5.3万平方米),新建3000吨级货运泊位为2个,相应的陆域及配套工程,占用岸线长度232m,设计吞吐量为150万吨/年。项目总投资4088万元。

建设单位为重庆鄂渝钢铁(集团)有限公司;设计单位为重庆西南水运工程科学研究院;施工单位为重庆渝万建设(集团)有限公司;监理单位为重庆市政工程建设监理有限公司。

11.饕盛九龙仓储码头

项目于2011年4月开工,2012年11月第一阶段施工结束,通过了行业相关部门的单项验收（航道、水利、海事、质检、消防、环保等），经万州区交通委员会组织的综合竣工验收，取得了港口工程竣工验收证书及港口正式经营许可证。

工程位于万州区龙都街道九龙村六、七社，主营港口仓储物流，兼顾零星件杂货进出运输。该码头采用顺岸布置、下河公路形式，装卸工艺散货采取船↔船上自备卸货皮带机↔汽车运至货主（或堆场），件杂货采用船↔浮式起重机↔汽车运至货主（或堆场）。兼顾零星件杂货进出运输。

饕盛九龙仓储码头工程建设规模为使用岸线长180米（渝交委港航〔2008〕15号），3000t级散货泊位一个，设计年吞吐量30.6万吨，库场面积3725平方米，港区道路260米，宽7～9米，总投资8000多万元。

建设单位为重庆饕盛商贸有限公司；设计单位为中交武汉港湾工程设计研究院有限公司；施工单位为万州区鸿泰建筑工程有限公司；监理单位为重庆西科水运工程咨询中心。

12. 鄂渝桐园码头工程

项目于2009年9月1日开工，2017年6月29日竣工。

批复文件有关于变更桐园码头项目业主的批复（万州发改交能〔2008〕8号）；桐园码头项目立项批复（万州计工市〔2002〕15号）；选址意见通知书（万规选〔2002〕市政字第51号）；工程可行性研究报告的批复（万州计工市〔2002〕67号）；环境保护批准书［渝（万）环准〔2003〕1号］；方案设计审查意见通知书（万规建审〔2002〕市政字51号）；桐园码头岸线的批复（万交委计〔2003〕47号）；桐园码头岸线使用主体变更的批复（万州交委运〔2016〕21号）；码头使用水域有关通航安全事宜的批复（万海事〔2004〕35号）；水上水下施工许可证（万海水工准字〔2009〕第12号）；码头工程涉河建设方案的批复（万州水利河道〔2008〕345号）；与航道有关问题审查意见的函（渝道行管函〔2009〕25号）。

项目位于重庆市万州区桐园村四组。结构形式为直立式，装卸工艺为货船↔固定式起重机↔平台↔堆场，装卸设备配置为40吨固定式起重机4台，有效半径31m。

项目建设规模为占地约70亩（约合4.7万平方米），岸线长350米，5000吨级货运泊位3个，设计年通过能力200万吨。项目总投资19734万元。

建设单位为重庆鄂渝港口装卸有限公司；设计单位为中交武汉港湾工程设计研究院有限公司；施工单位为重庆恒通建设（集团）有限公司；监理单位为重庆七星工程建设监理有限公司。

13. 集镇码头工程

根据《长江三峡工程库区四川库区万县市集镇港口点设施淹没复建规划报告》，于

1998 年 3 月 24 日，万县市港口航务管理处直属所与万县市人民政府三峡工程移民办公室签订了《三峡库区万县市直属三区集镇码头复建包干合同》（万移城迁合字〔98〕港 01 号），集镇码头淹没复建资金 2800 万元（含 26 个停靠点），各集镇码头复建及经营的基本情况如下：

（1）长坪集镇码头

项目于 2002 年 8 月开工，2003 年 6 月完工。

按照万州区移民局委托四川省交通厅内河勘察规划设计院编制完成的《长江三峡工程四川库区万县市迁建城镇港点设施淹没复建规划报告》，长坪集镇码头于 2001 年 7 月由四川省交通厅内河勘察规划设计院完成设计工作，岸线长 200 米，其规模为：年货物吞吐量 8 万吨/年，旅客吞吐量 5 万人次/年，1000 吨级泊位一个，设计船型：客船为 60 米 × 9.6 米 ×2.2 米（长 × 宽 × 满载吃水），货船为 70 米 ×11 米 ×2.0 米（长 × 宽 × 满载吃水）。从 145 米水位至 175 米水位采用实体下河斜坡道，并在 156 米、175 米高程设置货场的结构形式。总投资 164 万元，资金来源为全额移民补偿资金。

项目于 2006 年 5 月 17 日经万州区交通委员会、万州区移民局、万州区交通工程质量监督站、长江移民工程监理有限公司、四川省交通厅内河勘察规划设计院；万州区港口航务管理局组成验收委员会进行验收合格。长坪集镇码头运行良好，主要承担长坪镇的农副产品、柑橘、榨菜等的进出口运输任务，产生较大的社会效益。

设计单位为四川省交通厅内河勘察规划设计院；勘察单位为重庆南桐矿务局地质公司川东公司；建设单位为重庆市万州区港口管理处直属所；施工单位为重庆市万州扬子江建筑工程有限公司；质量监督单位为重庆市万州区交通工程质量监督站；监理单位为长江移民工程监理有限公司；经营单位为重庆市万州区通亚港建有限公司。

（2）武陵集镇码头

项目于 2000 年 4 月开工，2001 年 4 月完工。

按照万州区移民局委托四川省交通厅内河勘察规划设计院编制完成的《长江三峡工程四川库区万县市迁建城镇港点设施淹没复建规划报告》，武陵集镇码头于 1999 年 2 月由四川省交通厅内河勘察规划设计院完成设计工作，岸线长 200 米。其规模为：年货物吞吐量 20 万吨/年，旅客吞吐量 30 万人次/年，1000 吨级货运泊位一个，500 吨级客运泊位一个。设计船型：客船为 81 米 ×13.2 米 ×2.3 米（长 × 宽 × 满载吃水）。货船为 70 米 ×11 米 ×2.0 米（长 × 宽 × 满载吃水）。从 145 米水位至 175 米水位采用实体下河斜坡道，并在 156 米、175 米高程设置货场的结构形式，客运泊位采用人行梯道进行建设。总投资 235 万元，资金来源为全额移民补偿资金。

项目于 2001 年 9 月 12 日经万州区交通委员会、万州区移民局、万州区交通工程质量监督站、长江移民工程监理有限公司、四川省交通厅内河勘察规划设计院、万州区港口管理处直属所组成验收委员会进行验收合格。武陵集镇码头运行良好，主要承担武陵镇的农副产品、柑橘、榨菜等的进出口运输，学生上学、群众安全出行的任务，产生较好的社会效益。

设计单位为四川省交通厅内河勘察规划设计院；勘察单位为重庆南桐矿务局地质公司川东公司；建设单位为重庆市万州区港口管理处直属所，施工单位为重庆市万州区鸿泰建筑工程公司，质量监督单位为重庆市万州区交通工程质量监督站，监理单位为长江移民工程监理有限公司，经营单位为重庆市万州区通亚港建有限公司。

(3)新乡集镇码头

项目于2002年8月开工建设，2003年6月完工。

按照万州区移民局委托四川省交通厅内河勘察规划设计院编制完成的《长江三峡工程四川库区万县市迁建城镇港点设施淹没复建规划报告》，新乡集镇码头于1999年3月由四川省交通厅内河勘察规划设计院完成设计工作，岸线长200米，其规模为：年货物吞吐量15万吨/年，旅客吞吐量20万人次/年，1000吨级货运泊位一个，500吨级客运泊位一个，设计船型：客船为60米×9.6米×2.2米(长×宽×满载吃水)，货船为75米×13.3米×2.6米(长×宽×满载吃水)。从145米水位至175米水位采用实体下河斜坡道，并在156米、175米高程设置货场的结构形式，客运泊位采用人行梯道进行建设。总投资295万元，资金来源为全额移民补偿资金。

项目于2006年5月17日经万州区交通委员会、万州区移民局、万州区交通工程质量监督站、长江移民工程监理有限公司、四川省交通厅内河勘察规划设计院、万州区港口航务管理局组成验收委员会进行验收合格。新乡集镇码头运行良好，主要承担新乡镇的农副产品、柑橘、榨菜等的进出口运输，学生上学、群众安全出行的任务，产生较好的社会效益。

设计单位为四川省交通厅内河勘察规划设计院；勘察单位为重庆南桐矿务局地质公司川东公司；建设单位为重庆市万州区港口管理处直属所；施工单位为重庆市云阳圣奇建筑工程公司；质量监督单位为重庆市万州区交通工程质量监督站；监理单位为长江移民工程监理有限公司；经营单位为重庆市万州区通亚港建有限公司。

(4)让渡集镇码头

项目于1998年10月开工，1999年8月竣工。

按照万州区移民局委托四川省交通厅内河勘察规划设计院编制完成的《长江三峡工程四川库区万县市迁建城镇港点设施淹没复建规划报告》，让渡集镇码头于1997年12月由四川省交通厅内河勘察规划设计院完成设计工作，岸线长200米。其规模为：年货物吞吐量10万吨/年,旅客吞吐量5万人次/年,1000吨级货运泊位一个,500吨级客运泊位一个。设计船型:客船为50米×9.2米×1.6米(长×宽×满载吃水),货船为70米×11米×2.2米(长×宽×满载吃水)。从145米水位至175米水位采用实体下河斜坡道,并在156米、175米高程设置货场的结构形式,客运泊位采用人行梯道进行建设。总投资260万元,资金来源为全额移民补偿资金。

项目于2000年3月26日经万州区交通委员会、万州区移民局、万州区交通工程质量监督站、长江移民工程监理有限公司、四川省交通厅内河勘察规划设计院、万州区港口管理处直属所组成验收委员会进行验收合格。让渡集镇码头运行良好,主要承担让渡镇的农副产品、柑橘、榨菜等的进出口运输,学生上学、群众安全出行的任务,产生较好的社会效益。

设计单位为四川省交通厅内河勘察规划设计院;勘察单位为重庆川东南地质工程勘察院;建设单位为重庆市万州区港口管理处直属所;施工单位为重庆市万州扬子江建筑工程有限公司;质量监督单位为重庆市万州区交通工程质量监督站;监理单位为长江移民工程监理有限公司;经营单位为重庆市万州区通亚港建有限公司。

(5)溪口集镇码头

项目于2002年8月开工,2003年6月完工。

按照万州区移民局委托四川省交通厅内河勘察规划设计院编制完成的《长江三峡工程四川库区万县市迁建城镇港点设施淹没复建规划报告》,溪口集镇码头于1999年3月由四川省交通厅内河勘察规划设计院完成设计工作,岸线长200米。其规模为:年货物吞吐量10万吨/年,旅客吞吐量5万人次/年,1000吨级货运泊位一个,500吨级客运泊位一个。设计船型:客船为60米×9.6米×2.2米(长×宽×满载吃水),货船为70米×11米×2.0米(长×宽×满载吃水)。从145米水位至175米水位采用实体下河斜坡道,并在156米、175米高程设置货场的结构形式,客运泊位采用人行梯道进行建设。总投资235万元,资金来源为全额移民补偿资金。

项目于2006年5月17日经万州区交通委员会、万州区移民局、万州区交通工程质量监督站、长江移民工程监理有限公司、四川省交通厅内河勘察规划设计院、万州区港口管理处直属所组成验收委员会进行验收合格。溪口集镇码头运行良好,主要承担溪口乡的农副产品、柑橘、榨菜等的进出口运输,学生上学、群众安全出行的任务,产生较好的社会效益。

设计单位为四川省交通厅内河勘察规划设计院;勘察单位为重庆南桐矿务局地质公司川东公司;建设单位为重庆市万州区港口管理处直属所;施工单位为重庆市万州区鸿泰建筑工程公司;质量监督单位为重庆市万州区交通工程质量监督站;监理单位为长江移民工程监理有限公司;经营单位为重庆市万州区通亚港建有限公司。

(6)新田集镇码头

项目于2001年8月开工,2002年7月完工。

按照万州区移民局委托四川省交通厅内河勘察规划设计院编制完成的《长江三峡工程四川库区万县市迁建城镇港点设施淹没复建规划报告》,新田集镇码头于1999年2月由四川省交通厅内河勘察规划设计院完成设计工作,岸线长200米。其规模为:年货物吞吐量25万吨/年,旅客吞吐量35万人次/年,1000吨级货运泊位一个,500吨级客运泊位一个。设计船型:客船为70米×12.4米×2.7米(长×宽×满载吃水),货船为75米×13.3米×2.6米(长×宽×满载吃水)。从145米水位至175米水位采用实体下河斜坡道,并在156米、175米高程设置货场的结构形式,客运泊位采用人行梯道进行建设。总投资390万元,资金来源为全额移民补偿资金。

项目于2002年12月26日经万州区交通委员会、万州区移民局、万州区交通工程质量监督站、长江移民工程监理有限公司、四川省交通厅内河勘察规划设计院、万州区港口管理处直属所组成验收委员会进行验收合格。新田集镇码头运行良好,主要承担新田镇的农副产品、柑橘、榨菜等的进出口运输,学生上学、群众安全出行的任务,产生较好的社会效益。

设计单位为四川省交通厅内河勘察规划设计院;勘察单位为重庆南桐矿务局地质公司川东公司;建设单位为重庆市万州区港口管理处直属所;施工单位为重庆市万州区鸿泰建筑工程公司;质量监督单位为重庆市万州区交通工程质量监督站;监理单位为长江移民工程监理有限公司;经营单位为重庆市万州区通亚港建有限公司。

(7)大周集镇码头

项目于1998年12月28日开工,2000年4月30日完工。

按照万州区移民局委托四川省交通厅内河勘察规划设计院编制完成的《长江三峡工程四川库区万县市迁建城镇港点设施淹没复建规划报告》,大周集镇码头于1997年12月由四川省交通厅内河勘察规划设计院完成设计工作,岸线长200米。其规模为:年货物吞吐量20万吨/年,旅客吞吐量10万人次/年,1000吨级货运泊位一个,500吨级客运泊位一个。设计船型:客船为59米×9.6米×2.0米(长×宽×满载吃水),货船为61米×10.6米×2.1米(长×宽×满载吃水)。从145米水位至175米水位采用实体下河斜坡道,并在156米、175米高程设置货场的结构形式。总投资260万元,资金来源为全额移民补偿资金。

项目于2001年9月12日经万州区交通委员会、万州区移民局、万州区交通工程质量监督站、长江移民工程监理有限公司、四川省交通厅内河勘察规划设计院、万州区港口管理处直属所组成验收委员会进行验收合格。大周集镇码头运行良好,主要承担大周镇的农副产品、柑橘、榨菜等的进出口运输,学生上学、群众安全出行的任务,产生较好的社会效益。

设计单位为四川省交通厅内河勘察规划设计院；勘察单位为重庆川东南地质工程勘察院；建设单位为重庆市万州区港口管理处直属所；施工单位为重庆市万州区鸿泰建筑工程公司；质量监督单位为重庆市万州区交通工程质量监督站；监理单位为长江移民工程监理有限公司；经营单位为重庆市万州区通亚港建有限公司。

（8）太龙集镇码头

项目于1998年11月开工，1999年12月完工。

按照万州区移民局委托四川省交通厅内河勘察规划设计院编制完成的《长江三峡工程四川库区万县市迁建城镇港点设施淹没复建规划报告》，太龙集镇码头于1997年12月由四川省交通厅内河勘察规划设计院完成设计工作，在工程建设中，发现滑坡地带，重新进行设计，于1998年9月完成设计变更，岸线长200米。其规模为：年货物吞吐量10万吨/年，旅客吞吐量5万人次/年，1000吨级货运泊位一个，500吨级客运泊位一个。设计船型：客船为60米×9.6米×2.2米（长×宽×满载吃水），货船为70米×11米×2.0米（长×宽×满载吃水）。从145米水位至175米水位采用实体下河斜坡道，并在156米、175米高程设置货场的结构形式，客运泊位采用人行梯道进行建设。资金来源为全额移民资金，总投资260万元。

项目于2000年3月26日经万州区交通委员会、万州区移民局、万州区交通工程质量监督站、长江移民工程监理有限公司、四川省交通厅内河勘察规划设计院、万州区港口管理处直属所组成验收委员会进行验收合格。太龙集镇码头运行良好，主要承担太龙镇的农副产品、柑桔、榨菜等的进出口运输，学生上学、群众安全出行的任务，产生较好的社会效益。码头经营的主要收入是租赁收益，截至2011年11月累计收入1.2万元。促进了库区经济的发展，对乡镇移民的生产、生活提供较为便利的条件。

设计单位为四川省交通厅内河勘察规划设计院；勘察单位为重庆川东南地质工程勘察院；建设单位为重庆市万州区港口管理处直属所；施工单位为重庆市万州区鸿泰建筑工程公司；质量监督单位为重庆市万州区交通工程质量监督站；监理单位为长江移民工程监理有限公司；经营单位为重庆市万州区通亚港建有限公司。

（9）小周集镇码头

项目于2002年8月开工，2003年6月完工。

按照万州区移民局委托四川省交通厅内河勘察规划设计院编制完成的《长江三峡工程四川库区万县市迁建城镇港点设施淹没复建规划报告》，小周集镇码头于2001年7月由四川省交通厅内河勘察规划设计院完成设计工作，岸线长200m。其规模为：年货物吞吐量5万吨/年，旅客吞吐量5万人次/年，1000吨级货运泊位一个，500吨级客运泊位一个。设计船型：客船为59米×9.6米×2.0米（长×宽×满载吃水），货船为61米×

10.5 米×2.1 米(长×宽×满载吃水)。从 145 米水位至 175 米水位采用实体下河斜坡道,并在 156 米、175 米高程设置货场的结构形式。总投资 165 万元,资金来源为全额移民补偿资金。

项目于 2006 年 5 月 17 日经万州区交通委员会、万州区移民局、万州区交通工程质量监督站、长江移民工程监理有限公司、四川省交通厅内河勘察规划设计院、万州区港口航务管理局组成验收委员会进行验收合格。小周集镇码头运行良好,主要承担小周镇的农副产品、柑橘、榨菜等的进出口运输,学生上学、群众安全出行的任务,产生较好的社会效益。

设计单位为四川省交通厅内河勘察规划设计院;勘察单位为重庆江北地质工程勘察院;建设单位为重庆市万州区港口管理处直属所;施工单位为重庆市万州区鸿泰建筑工程公司;质量监督单位为重庆市万州区交通工程质量监督站;监理单位为长江移民工程监理有限公司;经营单位为重庆市万州区通亚港建有限公司。

(10)黄柏集镇码头

项目于 2002 年 8 月开工,2003 年 6 月完工。

按照万州区移民局委托四川省交通厅内河勘察规划设计院编制完成的《长江三峡工程四川库区万县市迁建城镇港点设施淹没复建规划报告》,黄柏集镇码头于 1999 年 2 月由四川省交通厅内河勘察规划设计院完成设计工作,岸线长 200 米。其规模为:年货物吞吐量 10 万吨/年,旅客吞吐量 5 万人次/年,1000 吨级货运泊位一个。500 吨级客运泊位一个。设计船型:客船为 60 米×9.6 米×2.2 米(长×宽×满载吃水),货船为 70 米× 11 米×2.0 米(长×宽× 满载吃水)。从 145 米水位至 175 米水位采用实体下河斜坡道,并在 156 米、175 米高程设置货场的结构形式,客运泊位采用人行梯道进行建设。总投资 235 万元,资金来源为全额移民补偿资金。

项目于 2006 年 5 月 17 日经万州区交通委员会、万州区移民局、万州区交通工程质量监督站、长江移民工程监理有限公司、四川省交通厅内河勘察规划设计院、万州区港口航务管理局组成验收委员会进行验收合格。黄柏集镇码头运行良好,主要承担黄柏镇的农副产品、柑橘、榨菜等的进出口运输,学生上学、群众安全出行的任务,产生较好的社会效益。

设计单位为四川省交通厅内河勘察规划设计院;勘察单位为重庆南桐矿务局地质公司川东公司;建设单位为重庆市万州区港口管理处直属所;施工单位为重庆市万州区鸿泰建筑工程公司;质量监督单位为重庆市万州区交通工程质量监督站;监理单位为长江移民工程监理有限公司;经营单位为重庆市万州区通亚港建有限公司。

(11)燕山集镇码头

项目于 2007 年 4 月开工,2007 年 12 月完工。

按照万州区移民局委托四川省交通厅内河勘察规划设计院编制完成的《长江三峡工程四川库区万县市迁建城镇港点设施淹没复建规划报告》,结合集镇搬迁情况,由于该镇被合并,经万州区移民局批准,该码头按停靠点复建,于2006年12月由万州区交通设计院完成设计,岸线长200米。规模为年货物吞吐量5万吨/年,旅客吞吐量5万人次/年。总投资73万元,资金来源为全额移民资金。

项目于2007年12月28日经万州区交通委员会、万州区移民局、万州区交通工程质量监督站、长江移民工程监理有限公司、万州区交通设计院、万州区港口航务管理局组成验收委员会进行验收合格。燕山集镇码头运行良好,主要承担燕山乡的农副产品、柑橘、榨菜等的进出口运输,学生上学、群众安全出行的任务,产生较好的社会效益。

设计单位为万州区交通设计院;勘察单位为重庆江北地质工程勘察院;建设单位为重庆市万州区港口航务管理局;施工单位为重庆市万州区建安建筑(集团)工程公司;质量监督单位为重庆市万州区交通工程质量监督站;监理单位为长江移民工程监理有限公司;经营单位为重庆市万州区通亚港建有限公司。

(12)拖路口集镇码头

项目于2002年12月开工,2003年6月完工。

按照万州区移民局委托四川省交通厅内河勘察规划设计院编制完成的《长江三峡工程四川库区万县市迁建城镇港点设施淹没复建规划报告》,结合集镇搬迁情况,由于拖路口码头所在地——向坪乡,被合并入太龙镇,经万州区移民局批准,该码头按停靠点复建,复建形式采用人行梯道。该码头于2001年7月由四川省交通厅内河勘察规划设计院完成设计工作,岸线长100米,规模为年货物吞吐量2万吨/年,旅客吞吐量4万人次/年。总投资14万元,资金来源为全额移民资金。

项目于2006年5月17日经万州区交通委员会、万州区移民局、万州区交通工程质量监督站、万州区港口航务管理局组成验收委员会进行验收合格。由于该码头采用人行梯道进行建设,主要停靠短途客班船。

设计单位为四川省交通厅内河勘察规划设计院;勘察单位为重庆南桐矿务局地质公司川东公司;建设单位为重庆市万州区港口航务管理局;施工单位为重庆市万州区鸿泰建筑工程公司;质量监督单位为重庆市万州区交通工程质量监督站;监理单位为长江移民工程监理有限公司;经营单位为重庆市万州区通亚港建有限公司。

(13)杨河溪集镇码头

项目于2002年12月开工,2003年6月完工。

按照万州区移民局委托四川省交通厅内河勘察规划设计院编制完成的《长江三峡工程四川库区万县市迁建城镇港点设施淹没复建规划报告》,结合集镇搬迁情况,由于杨河溪码头所在地—岩口乡，被合并入甘宁镇，经万州区移民局批准，该码头按停靠点复建，复建形式采用人行梯道。该码头于2001年7月由四川省交通厅内河勘察规划设计院完成设计工作，岸线长100米。规模为年货物吞吐量0.6万吨/年，旅客吞吐量4万人次/年。总投资8万元，资金来源为全额移民资金。

项目于2006年5月17日经万州区交通委员会、万州区移民局、万州区交通工程质量监督站、万州区港口航务管理局组成验收委员会进行验收合格。由于该码头采用人行梯道进行建设，主要停靠短途客班船。

设计单位为四川省交通厅内河勘察规划设计院；勘察单位为重庆南桐矿务局地质公司川东公司；建设单位为重庆市万州区港口航务管理局；施工单位为重庆市万州区鸿泰建筑工程公司；质量监督单位为重庆市万州区交通工程质量监督站；监理单位为长江移民工程监理有限公司；经营单位为重庆市万州区通亚港建有限公司。

第三节　涪陵港区

一、港区综述

1. 港区建设概况和运营情况

涪陵港区于1923年停靠机动船舶，1927年民生公司在长江荔枝园设囤船，1938年又设龙王沱、官码头囤船，1951年地方修建乌江人民、曙光码头。重庆港涪陵港区由重庆市涪陵区港航管理局所属港口、地方港口和企业码头组成，主要承担乌江流域以及重庆、丰都、万州及以下长江沿线城市的煤炭、水泥、非金属矿石、化肥农药、钢材、木材、粮食、盐、矿建材料及日用生活物资的进出口和中转，同时还承担部分外贸物资的出口，历来是长江上游重要的港口，在三峡库区占有十分重要的地位。

十五期间涪陵港区以三峡水库淹没移民复建为契机，配合城市规划和滨江路建设对港口进行了重新布局和调整，形成了长江龙王沱、乌江大东门的客运区，长江糠壳湾和乌江乌杨树的件杂货作业区，长江天子殿的建材货运作业区，长江马鼻梁红石堆一线的煤炭及干散货作业区，长江黄桷嘴的燃料和危险品作业区，长江新涪公司的粮食专业码头，长江左岸黄旗的滚装、多用途码头，乌江白涛816厂码头化肥出口作业区。以镇安、石沱、清溪、珍溪、南沱、百汇、网背沱为代表的集镇港点已初步形成。

截至2015年，涪陵港区形成以黄旗、李渡等码头为代表的生产性泊位102个，综合年通过能力730万人次、2655万吨（其中集装箱22万标准箱、汽车滚装18万辆），分别占全市的12.6%、12.5%、14.6%（5.5%、24.7%）；完成货运吞吐量3224.0万吨，其中集装箱3.6万标准箱,分别占全市的18.6%、3.1%。

2. 港区地理条件和集疏运概况

涪陵港区所在涪陵区地处长江、乌江交汇处,素有渝中南大门之称,是乌江流域20多个县市区的物资集散地。境内长江里程77公里,乌江里程31公里,是重庆市中部大城市,是重庆大都市区和渝东北城镇群、渝东南城镇群对接的支点。

港区所在地初步具备水路、公路和铁路综合集疏运方式。水路以长江、乌江航运为主,公路有涪—丰—石线、川—汉线、涪—长—渝线、涪—垫线、涪—南线、涪—武线、湘—川线等;渝怀铁路从境内通过。

二、港区工程项目

1. 黄旗作业区工程

项目于2005年10月开工,2016年3月竣工验收。

2004年12月,重庆市发展和改革委员会《关于重庆港涪陵港区黄旗作业区一期工程可行性研究报告的批复》(渝发改交〔2004〕1451号);2005年1月,重庆市发展和改革委员会《关于重庆港涪陵港区黄旗作业区一期工程初步设计报告的批复》(渝交委港〔2005〕1号);2007年12月,重庆市交通委员会《关于重庆港涪陵港区黄旗作业区一期工程施工图设计的批复》(渝交委港〔2007〕25号)。

项目建设3个泊位,其中,2个3000吨级集装箱泊位,设计年通过能力为20万标准箱;1个3000吨级滚装类型泊位,设计年通过能力18万辆。一期工程占用岸线长度712米。黄旗集装箱滚装码头为重庆市三峡库区3个集装箱码头之一,集装箱码头采用直立式高桩梁板结构,滚装码头采用下河引道结构形式。一期工程批准投资4.7亿元,占地面积340亩(约合22.7万平方米)。

工程主要完成临时滚装码头和停车场建设,同时建设集装箱码头。2005年,作业区通过涪丰北线作为集疏运道路,与渝涪高速公路相接。

建设单位为重庆航运建设发展有限公司;勘察设计单位为四川省交通运输厅交通勘察设计研究院;施工单位为大连警通路港工程处、上海三航奔腾建设工程有限公司、中交一航局第三工程有限公司;监理单位为重庆长信工程建设监理有限公司。

2. 壳湾作业区工程(2013年底已拆除)

项目于2001年4月开工建设,2005年10月投产,2005年5月竣工。

项目建设1个1000吨级多用途码头泊位和1个1000吨级件杂货驳船泊位(兼顾3000吨级分节驳),岸线长度2842米,设计年通过能力为66万吨(含1.5万标准箱)。项目后方集装箱堆场面积0.28万平方米,空箱堆场面积0.06万平方米,件杂货堆场面积 0.37 万平方米。土建工程、件杂货仓库、拆装箱库、综合楼、变电所等生产及生产辅助建筑物总建筑面积 0.76 万平方米。主要装卸设备配置件杂货码头 10 吨—25 米的浮式起重机 1 台，25 吨—25 米的浮式起重机 1 台，10 吨的件杂货仓库桥式起重机 2 台，10 吨—40 米的一线件杂货堆场装卸桥 1 台，10 吨—40 米的二线堆场装卸桥式起重机 1 台，30.5 吨—40 米的一线堆场轨道式集装箱门式起重机 2 台，10 吨—40 米的装卸桥水侧悬臂 1 台；集装箱吊具为自动吊具和简易吊具各 1 套；多用途泊位缆车采用双绳牵引方式，并妥善解决了同步问题。项目总投资 1.19 亿元。

3. 天原化工码头工程

白涛天原化工码头为 2005 年重庆市环保整体搬迁单位重庆市天原化工有限公司搬迁到白涛后的化工原材料及产品专用码头。

项目建设 1 个 500 吨级液体化危品泊位，设计年通过能力 75.5 万吨；500 吨级固体化危品泊位 1 个，设计年通过能力 15.8 万吨。占用岸线长度 240 米，码头固体泊位采用架空斜坡缆车浮式起重机工艺，液体泊位采用管道装船工艺，主要货种为烧碱、固盐、盐酸、氯甲烷和卤水等。工程概算投资 2196.38 万元。

项目于 2006 年 2 月正式开工，2010 年 12 月竣工。

4. 涪陵白涛码头工程

项目于 2006 年开工建设，2008 年交工投产。

白涛建峰化工厂码头在三峡水库 175 米蓄水后，原有码头将全部被淹没。根据移民进度安排，淹没码头必须在 2005 年底开工，2007 年建成并具备清库验收条件。化肥码头 1 个、泊位 2 个，占用岸线长度 189 米，设计年通过能力 193 万吨；大件码头 1 个，占用岸线 242 米，设计年通过能力 65.2 万吨；散货码头 1 个、泊位 1 个，占用岸线 370 米，设计年通过能力 18 万吨。复建码头均为原址后靠复建，结构形式与原码头基本一致，最大靠泊能力 1000 吨级，概算总投资 8318.87 万元。

建设单位为建峰化工厂。

5. 涪陵龙王沱旅游码头工程

项目于 2001 年 12 月开工建设，2005 年 12 月完成交工验收。

在涪陵区龙王沱，项目复建 3 个江渝型干线客轮泊位和 1 个简易高速客轮泊位，年客运量 113 万人次，建设客运站房 5000 平方米和站前广场以及相应配套设施工程。干线客运泊位采用横向客运缆车方案。客运缆车载重量 6 吨，缆车应设置坡顶保护装置、断缆保护装置及断电安全设施。干线客运船舶压舱货物装卸作业、缆车与趸船的连接方式优化，增设 1 吨叉车 2 台。客运中心大楼于 2005 年 6 月 26 日奠基，已完成缆车道主体工程。龙王沱客运码头复建工程总概算核定为 7421.02 万元。

第四节　江 津 港 区

一、港区综述

1.港区建设概况和运营情况

江津港区所在地江津区历来水路交通发达，是区域重要运输方式之一，长江东西向横贯全境127公里，航道等级三级；綦江河从北渡由南向北流经区内69公里，至江口汇入长江，航道等级七级。

江津区港口码头主要分布在长江和綦江沿岸，其中朱杨和兰家沱、珞璜等港口实现了铁水联运。截至2015年，港区形成以兰家沱、五举沱、珞璜等码头为代表的生产性泊位54个，综合年通过能力47万人次、1076万吨（其中集装箱10万标准箱），分别占全市的6.7%、0.8%、5.3%；完成货运吞吐量1418万吨，其中集装箱4.5万标准箱，分别占全市的8.7%、9.3%。

2.港区地理条件和集疏运概况

江津珞璜作业区公路集疏运通道为绕城、渝黔、渝泸、江习等高速公路，铁路集疏运通道为渝黔、渝昆等铁路；白沙货运作业区集疏运公路与成渝环线高速公路及城市道路相连。兰家沱作业区集疏运公路与合璧津高速公路、绕城高速公路相连，集疏运铁路与成渝铁路相连。

江津区港口普遍存在集疏运条件差，港区内部通道简陋狭窄，外部集疏运通道与城市道路干扰严重，港口铁路专用线能力严重不足，制约港口功能拓展，影响港口服务能力和水平。

二、港区工程项目

1.珞璜作业区及改扩建工程

项目于2015年11月开工，前沿码头两个泊位于2018年12月试运行。

2018年1月，重庆市江津区交通委员会《关于珞璜作业区改扩建工程可行性研究的批复》（津交委函〔2018〕11号）；2018年4月，重庆市江津区交通委员会《关于珞璜作业区改扩建工程项目初步设计的批复》（津交委发〔2018〕60号）；2018年10月，重庆市江津区交通委员会《关于珞璜作业区改扩建工程项目施工图设计的批复》（渝交委发〔2018〕193号）。2016年12月，重庆市江津区环境保护局《重庆市建设项目环境影响评价文件批准书》［渝（津）环准〔2016〕193号］；2019年6月，重庆市江津区规划和自然资源局《建设用地规划许可证》（地字第市500116201900506号）；1999年6月，重庆港口管理局《关于完善猫儿沱港埠公司使用岸线请示的批复》（渝港港政〔1999〕202 号）。

项目建设 5 个泊位，其中，1 个 5000 吨级散货码头泊位、3 个 5000 吨级多用途码头泊位和 1 个下河公路临时转运泊位。使用岸线长 724.5 米。16 条铁路装卸作业线共 10 公里。设计年通过能力为 1090 万吨，其中，1 个散货泊位年吐量 420 万吨，3 个多用途泊位年吐量 60 万标准箱、件杂货 70 万吨。码头采用顺岸布局、直立式结构。码头前沿水深大于 6 米。项目后方件杂货堆场面积 5.36 万平方米，散货堆场面积 18.91 万平方米。堆存能力：干散货 150 万吨；件散货 15 万吨；集装箱 1000 标准箱。仓库面积 2.5 万平方米，堆存能力 15 万吨。主要装卸设备配置包括散货泊位 1650 吨/小时—16 米的直线轨道装船机 1 台、多用途泊位 50 吨—22 米的岸边集装箱起重机 6 台、浮式码头现有的浮吊 1 台。项目总投资 27.4 亿元，资金来源为市级水运建设发展专项资金和业主自筹资金。用地面积 11 万平方米。

2016 年 5 月，市政府专题会议纪要（2016-46 号）调整珞璜港建设规模，码头结构、作业方式、工程规模均做了调整，需重新办理工程建设手续。

珞璜作业区位于江津区珞璜镇境内长江右岸，距宜昌航道里程 703.0 ~ 705.8 公里。进港货物以赤水天然气化工厂生产的尿素为大宗货物，经铁路运往贵州等省，其次还有煤、日用百货等；出港货物主要以水泥、沙砖、建材、磷矿等为主运销沿江各地。出港货物占货物吞吐量的 72.5%。20 世纪 80 年代，重庆华能电厂落户珞璜镇。由于建厂需要，电厂自建大件码头，专门用于建厂所需大件运输。1987 年 8 月，码头投入使用，设计年通过能力 10 万吨。该电厂投产后，大量的粉煤灰通过此码头运往各大型水电站工地。2005 年底，作业区有珞璜客运码头、华能电厂重件码头、地维公司码头、珞璜货运码头，有作业泊位 8 个，最大靠泊能力 1000 吨。年货物综合通过能力 25 万吨，年旅客通过能力 5 万人次。

建设单位为重庆珞璜港务有限公司；该项目采用 EPC 承包模式，设计及施工单位均为中交第二航务工程勘察设计院有限公司；监理单位为双源建设监理咨询有限公司；质量监督单位为重庆市江津区交通建设工程质量监督局。

2. 玖龙码头一期工程

项目于 2007 年 1 月开工，2007 年 11 月主体建成，2011 年 12 月竣工。

2006 年 12 月，重庆市江津区发展计划委员会核准（津计委投〔2006〕197 号）；2006 年 12 月，重庆市交通委员会《关于玖龙码头（重庆）公司修建货运码头岸线选址意见的通知》（批号：渝交委计〔2006〕195 号）；2007 年 1 月，江津区交通委员会《关于玖龙码头一期工程初步设计的批复》（津交发〔2007〕28 号）。2007 年 4 月，重庆市规划局批准的《建设用地规划许可证》（批号渝规划证（2007）区县市政字第 0322 号）；2007 年 5 月，重庆市交通委员会《重庆市交通委员会关于江津港区玖龙码头一期工程使用岸线的批复》

(批号津交发〔2007〕55号);2007年8月,重庆市江津区环保局《重庆市建设项目环境保护批准书》[渝(津)环准〔2007〕158号]。

项目建设2个1000吨级泊位(水工结构兼顾3000吨级),其中,多用途泊位和散货进出口泊位各1个。设计年通过能力60万吨(出口50万吨、进口10万吨)。岸线长度300米。多用途泊位采用顺岸布置、高桩直立式结构形式;散货泊位采用顺岸布置,斜坡皮带机结构形式。码头前沿水深4米。项目后方堆场面积4万平方米,堆存能力8万吨;仓库面积0.5万平方米,堆存能力1万吨。主要装卸设备配置情况:散货泊位配置DTII型斜坡式皮带机1台,多用途泊位配置36.5吨—22米岸边集装箱起重机1台。项目总投资14863万元,为企业自筹资金,项目用地面积2.9万平方米。

项目建设单位为玖龙码头(重庆)有限公司;设计单位为重庆市交通规划勘察设计院;施工单位为中交二航局第二工程有限公司;监理单位为重庆双源建设监理咨询有限公司;质量监督单位为江津区交通工程质量监督站。

玖龙码头一期工程自建成投产以来运行稳定,截至2019年12月已累计装卸集装箱70万标准箱,煤炭200万吨。其中2017—2019年三年共作业集装箱25万标准箱、煤炭105万吨。

项目投运以来获得的荣誉如下:2008年度江津区港航工作先进单位,2010年度江津区港口管理工作先进单位,2011年度江津区安全工作先进单位,2012年江津区抗洪救灾先进集体,2012年度江津区水运安全工作先进集体,2016年度重庆市港航系统优秀企业。

第五节　永川港区

一、港区综述

1.港区建设概况和运营情况

永川港区所在地永川区地处重庆市西部,是四川省经水运进入重庆市的第一港区。永川是一座古城,长江黄金水道自上而下流经永川区朱沱镇和松溉镇。民国时期,永川县和邻县的物资利用长江朱沱、松溉两镇码头为转运集散地,民国23年,民生公司有趸船一艘停靠松溉码头,方便接送乘客和装卸货物。1983年朱沱码头上设置了一套吊装2吨的动滑轮。1985年,朱沱、松溉两港货物吞吐量4万吨,客运量6.3万人。近年来,随着香港理文造纸有限公司、渝西货运公司等企业入驻,港口迎来了较好的发展时期,截至2015年,港区形成以理文、渝西等码头为代表的生产性泊位11个,综合年通过能力23万人次、481万吨(其中集装箱10万标准箱),分别占全市的0.9%、0.4%、2.7%

（2.5%）；完成货运吞吐量212万吨，其中集装箱2.5万标准箱，分别占全市的1.1%、3.2%。

2.港区地理条件和集疏运概况

永川港区所在永川区位于重庆市西南部，水路上距四川泸州港107公里，下距重庆朝天门138公里，是重庆西部和川东南地区重要的交通、通信枢纽和人流、物流、信息集散中心。

永川港区现有码头主要通过简易道路连接干线公路。朱沱作业区集疏运公路与三环高速公路相连，集疏运铁路与沿江铁路相连。

二、港区工程项目

1.理文码头工程

项目于2006年10月开工建设，2008年2月试投产，2008年1月竣工。

2004年12月，重庆市发展和改革委员会《关于理文码头工程项目建议书的批复》（渝发改交〔2004〕1340号）；2006年7月，永川区交通局《关于理文码头工程项目初步设计的批复》（永交通发〔2006〕158号）；2006年9月，永川区交通局批复施工图设计（永交通发〔2006〕192号）。

项目建设2个1000吨级多用途泊位，岸线长度171米，项目总设计年通过能力为76万吨（含集装箱4万标准箱）。利用岸线米项目，码头采用空间框架结构形式，引桥为排架式结构。码头前沿水深为5.6米。项目后方堆场面积1.89万平方米。总投资9710亿元。

项目2008年1月开港运行以来，码头结构稳定，达到设计要求，各种机械设备运行正常，满足设计需要。

建设单位为重庆理文码头开发有限公司；设计单位为中交第二航务工程勘察设计院；施工单位为四川路航建设工程有限责任公司；监理单位为重庆双源建设监理咨询有限公司；质量监督单位为重庆市永川区公路工程质量监督站。

2.渝西码头工程

项目于2006年2月开工建设，2007年1月试投产，2007年1月竣工。

2004年12月，重庆市发展和改革委员会《关于渝西码头工程项目的建议书批复》（渝发改交〔2004〕1339号）；2006年9月，重庆市交通委员会《关于渝西码头工程项目初步设计的批复》（渝交委港〔2006〕47号）；2006年11月，获得永川区交通局施工图设计批复（永交通发〔2006〕267号）。

项目建设2个1000吨级散货泊位，岸线长度263米，设计年通过能力为150万吨。

码头采用分级直立式平面布置形式，浮式＋下河公路结构。码头前沿水深4.2米。项目后方堆场面积9200万平方米，项目总投资4250万元。

项目2007年1月开港运行以来，码头结构稳定，达到设计要求。

建设单位为重庆渝西货运码港口发展有限公司；设计单位为重庆市交通勘察设计院；施工单位为重庆市新世纪路桥建设有限公司；监理单位为上海华升工程建设监理咨询有限公司；质监单位为永川市公路工程质量检查站。

第六节 奉节港区

一、港区综述

1.港区建设概况和运营情况

奉节港区所在地奉节县位于重庆市东北部，三峡库区腹心，长江境内43公里，三峡水库蓄水后，航运条件得到显著改善，奉节港在综合运输体系中的作用越来越重要。同时，随着奉节长江大桥、渝巴省道、巫溪至湖北建始高等级和县域通往周边地区公路的改（新）建以及兰沪高速公路的建设，公路骨架网的逐渐形成，奉节与湘、鄂、渝、陕边贸物资集散地和中外旅游胜地的作用显著增强。截至2015年，奉节港区形成以梅溪河、宝塔坪等码头为代表的生产性泊位26个，综合年通过能力484万人次、400万吨，分别占全市的3.2%、8.1%、2.1%；完成客、货运吞吐量分别为102.0万人次、220.6万吨，分别占全市的13.7%、1.3%。

2.港区地理条件和集疏运概况

奉节港区各港口由于历史和地形地质原因港口对外集疏运条件布局不合理，大都位于城区核心，加之港区内部通道简陋狭窄，港口集疏能力较差。

夔门作业区集疏运公路与渝宜高速公路相连。安坪作业区集疏运公路与规划的市政道路相连。二沱作业区集疏运公路与规划的市政道路相连。寂静（石盘沱）作业区集疏运公路与奉溪高速公路相连。宝塔坪作业区集疏运公路与省道103相连。

二、港区工程项目

1.宝塔坪旅游码头工程

项目于2005年11月开工，2007年3月试运行，2015年4月竣工。

2001年2月，重庆市计划委员会《关于对奉节县三马山和宝塔坪淹没复建工程可行性研究报告的批复》（渝计委交〔2001〕218号）；2000年5月，重庆市环境保护局《环境保护局审批意见》［渝（市）环评表〔2000〕30号］；2006年3月，重庆市交通委员会《关于奉节宝塔坪旅游码头淹没复建工程初步设计报告的批复》（渝交委港〔2006〕27号）。

项目建设2个500客座旅游客运码头泊位，岸线长度120米，设计年通过能力为150万人次。码头采用实体斜坡道结构。码头河底高程142.1米。项目总投资3779.44万元，其中政府投资280万元。用地面积6010平方米。

2007年7月，按照市政府《关于给予重庆交通旅游集团旅游开发扶持政策的批复》（渝府〔2007〕53号）规定，为有利推进旅游码头整合，重庆航发司将宝塔坪旅游码头移交给重庆交通旅游集团有限公司。

工程属三峡库区大水位差旅游码头，采用的自动扶梯工艺在国内尚属第一次，实现自动扶梯运载旅客工艺线的设备在国内也属首次研制。投入正式营运证明该工艺线具有工艺先进、设备安全可靠、设备投资较少、工艺环节配合巧妙、旅客能享受冷暖空调、输送线扶梯自动识别开停等特点，改变了大水位差码头传统的旅客上、下船步行或乘坐缆车工艺，使旅游码头设计更具人性化，体现了以人为本、和谐发展的理念；不仅为大水位差旅游码头设计增加了新的工艺形式，也为城市进出口岸的建设增添了一道亮丽的风景线。该项目工艺技术获得了2009年度中国水运建设行业协会科技技术三等奖。

奉节宝塔坪旅游码头改扩建工程建成后，经过试运行，该码头符合设计要求，经受了三峡库区试验性蓄水、浸泡、水位消落的考验，自投入使用以来，码头运行良好，为三峡库区移民搬迁和奉节水运经济发展发挥了重要作用。

建设单位为重庆航运建设发展有限公司；设计单位为重庆市交通规划设计研究院；施工单位为重庆对外建设总公司；监理单位为重庆长信工程建设监理有限公司；质量监督单位为重庆市交通委员会工程质量安全监督局。

2. 白马货运码头工程

项目于2003年开工，2005年竣工。

白马作业区位于奉节县境内长江左岸，距宜昌航道里程211.0公里，2003年货物吞吐量20万吨，其中出港货物17万吨。复建泊位1个，年货物吞吐量20万吨。截至2005年，作业区有码头10个，泊位10个，其中非生产用泊位2个。岸线长度2000米，已利用岸线1532米，堆场18600平方米。年货物通过能力90万吨。建设以复建为主，复建工程总投资1500万元，系重庆市万州港口（集团）有限责任公司投资。

2003年货物吞吐量20万吨，其中出港货物17万吨。

3. 三马山码头工程

项目于2003年开工，2004年竣工。

复建泊位3个，年旅客吞吐量150万人次。作业区建设以复建为主，复建总投资

2500 万元，系重庆市万州港口（集团）有限责任公司投资。

到 2005 年，作业区有码头 5 个，泊位 9 个，其中非生产用泊位 1 个。岸线长度 1200 米，利用岸线 980 米，堆场 8000 平方米，客运楼面积 5000 平方米，年旅客综合通过能力 360 万人次，其中出港货物 22 万吨。

2003 年，客运吞吐量 117 万人次，货物吞吐量 7 万吨，年出口货物通过能力 1.6 万吨。

第七节　合川港区

一、港区综述

1. 港区建设概况和运营情况

合川因三江物资集散转运而形成繁荣的港埠。北宋治平四年（公元 1067 年）合州（合川）知州光禄卿单熙倡修合州护城堤于馆驿门外嘉陵江边，现仍雄踞城东，这是合川首次大规模建设。明成化八年（公元 1472 年）合川港进行了第二次大规模的建设，明崇祯年间合川港进行了第三次大规模的建设。1956 年在南津街官渡码头和鸭嘴码头修建了下河公路。1959—1960 年修建了管驿门、南津街、小南门、泥巴嘴等处绞车，并修建了小南门至鸭嘴的码头，长 114 米，阶梯式，8 级堆货平台；1959 年修建了东水门至管驿门码头的下河引道。1983 年扩建了嘉陵江鸭嘴至溪子口码头下河公路路面，新建了堤湾至文星阁的下河公路及沿岸堆货场；1985 年对南津街官渡码头进行了扩建，并修建了 500 平方米的货场。从 2003 年开始，合川市港口部门为规范港区作业，将港区的所有路上，船上沙石装卸改为机械化输送带运输，结束了人力装卸的历史，使安全可靠性大幅提高。到 2004 年，中心港区 11 处码头共有混凝土、砌石及天然地面堆场 41180 平方米，输送带 19 条；机动舶船自带输送带 45 条。截至 2015 年，港区形成以石盘沱等码头为代表的生产性泊位 33 个，综合年通过能力 16 万人次、1080 万吨，分别占全市的 4.1%、0.3%、5.6%；完成客、货运吞吐量分别为 48 万人次、269 万吨，分别占全市的 6.2%、1.7%。

2. 港区地理条件和集疏运概况

合川港区位于合川区境内，港区泊位分布在嘉陵江草街（距朝天门 71 公里）至利泽（距朝天门 133.0 公里）沿江两岸，港口集疏运通道等级低，港口集疏能力较差。内口作业区集疏运公路与省道 207 相连。双槐作业区集疏运公路与省道 208 相连。太和作业区集疏运公路与合川至潼南二级公路相连，远期规划与合潼高速公路相连。

二、港区工程项目

1. 石盘沱码头一期工程

项目于2010年1月开工，2012年5月试运行，2018年2月竣工。

2003年12月5日，国家发展和改革委员会项目建议书批复（发改交运〔2003〕2125号）；2005年1月，国家发展和改革委员会《关于石盘沱码头工程可行性研究报告的批复》（发改交运〔2005〕98号）；2009年7月，交通运输部《关于石盘沱码头工程初步设计的批复》（厅水字〔2009〕157号）。2009年12月，合川环保局《合川区建设项目环境影响评价文件批准书》[渝（合川）环准〔2009〕56号]；2007年5月，重庆市人民政府《关于嘉陵江航运开发草街航电枢纽合川区境内建设用地批复的通知》（渝府地〔2007〕266号）；2012年1月取得建设用地规划许可证（地字第市500382201201200003号）；2014年12月，重庆市交通委员会《关于重庆港合川港区石盘沱作业区一期工程使用岸线的批复》（渝交委计〔2014〕153号）；2011年1月，获重庆市交通委员会施工图设计批复（渝交委港〔2011〕3号）。

项目建设1个1000吨级多用途码头泊位、1个1000吨级件杂货码头泊位和1个1000吨级散货码头泊位，岸线长度440米，设计年通过能力为105万吨。作业区由上游至下游分别布置1号件杂货泊位、2号多用途泊位、3号散货泊位。1号件杂货泊位、2号多用途泊位前沿采用衡重式挡墙结构，散货泊位布置在下游侧，采用斜坡码头形式。码头前沿河底高程198.20米。项目后方堆场面积12750平方米，堆存能力76.8万吨。仓库面积4680平方米，堆存能力28万吨。主要装卸设备包括多用途泊位前沿采用10吨的门座式起重机2台、水平运输采用10吨牵引平板车、库场配套5吨叉车作业；散货泊位采用自卸船斜坡装卸工艺，水平运输采用10吨的自卸汽车，堆场采用ZL50B型号的单斗装卸机。项目总投资1.06亿元。

运行期间，码头堆场、下河公路等结构稳固，下河道“坡度比”合适，趸船定位准确，船舶靠离安全稳妥，达到生产经营要求；各型机械设备（特种设备、流动机械等）均能安全、正常运行；码头管理机构及现场操作人员严格按规程操作，运行总体情况良好，达到了预期的效果。

建设单位为重庆航运建设发展有限公司；设计单位为四川省交通厅交通勘察设计研究院；施工单位为四川蜀通港口航道工程建设有限公司、山东港湾建设有限公司、重庆伟航建设工程有限公司、重庆金凤建筑（集团）有限公司、重庆起重机厂有限责任公司；监理单位为广州华申建设工程管理有限公司；质量监督单位为重庆市交通委员会工程质量安全监督局。

2. 双槐电厂码头工程

项目于2009年2月开工，2010年10月完工。

2008年7月，重庆市合川区发展和改革委员会《关于合川双槐码头建设工程项目核准的通知》（合川发改发〔2008〕380号）；2008年9月，重庆市合川区交通局《关于双槐电厂煤炭码头工程初步设计的批复》（合川交发〔2008〕160号）；2007年11月，重庆市合川区环境保护局《关于双槐电厂煤炭码头环境保护设计审查意见》（渝合川环设备〔2009〕10号）；2008年12月，重庆市人民政府《关于新建合川双槐码头工程农用地转用和土地征收的批复》（渝府地〔2008〕875号）；2008年12月，重庆市交通委员会《关于重庆荣泰装卸运输有限责任公司双槐码头使用岸线的批复》（渝交委港航〔2008〕49号）。

项目建设3个500吨级煤炭进口码头泊位（码头水工建筑允许靠泊能力1000吨级），岸线长度600米，设计年通过能力为189万吨。码头采用一般港口布局、斜坡栈桥式结构。码头前沿水深6.78米。主要装卸设备配置皮带机走廊3套。项目总投资4384.84万元。用地面积3.30万平方米。

建设单位为重庆荣泰装卸运输有限责任公司；设计单位为长江航运规划设计院；施工单位为重庆顺鹏建筑工程有限公司；监理单位为黑龙江黑航工程建设监理有限公司；质量监督单位为重庆市合川区交通基本建设工程质量和安全监督站。

第八节　武隆港区

一、港区综述

1. 港区建设概况和运营情况

武隆港区位于重庆市东南部边缘地带大娄山系的延伸部分，距乌江河口71公里，境内有大小河流5条，航道总里程122.93公里（乌江79公里）。主要货种煤、铁、硫铁矿、烤烟、建材、矿石、化肥、水泥、青麻、中药材等民用物资运销全国各地。截至2015年，港区生产性泊位10个，主要具有大宗散货、件杂货等运输功能，综合年通过能力47万t。

2. 港区地理条件和集疏运概况

武隆港区下距乌江河口71公里，319国道、渝湘高速公路、渝怀铁路和乌江穿城而过。土坎作业区集疏运公路与国道319相连。朱市坝作业区集疏运公路与国道319相连。

二、港区工程项目

白马作业区一期工程（在建）

项目于2016年10月开工建设，项目建设2个1000吨级（兼顾3000吨级）件杂货泊位及相应的配套设施，设计通过能力94万吨。

第九节　丰 都 港 区

一、港区综述

1. 港区建设概况和运营情况

丰都县水运优势突出，自古以来依水建镇，以其独特的区位优势和长江优势，是渝东南地区直接借江出海口岸，历史上是西部地区通过长江对外联系交往的唯一进出口和物资集散地，川盐济楚的口岸，也是渝东南地区对外联系的水陆中转枢纽。三峡工程蓄水后，丰都县原有码头全部被淹没，丰都县抓住三峡淹没复建机遇，先后建设了丁庄溪、高家镇等码头，丰都港区的运输能力得到了进一步提升，为区域经济的发展发挥了十分重要的作用。截至2015年，港区形成以东方希望等码头为代表的生产性泊位18个，主要具有大宗散货、件杂货等运输功能，综合年通过能力475万人次、118万吨，分别占全市的2.2%、8.1%、0.7%；完成客运吞吐量30万人次，货运吞吐量172万吨，分别占全市的3.5%、3.9%。

2. 港区地理条件和集疏运概况

丰都港区港口普遍存在集疏运条件差，港区内部通道简陋狭窄，外部集疏运通道与城市道路干扰严重等问题。水天坪作业区集疏运公路与沿江高速公路相连。桃源作业区集疏运公路与省道103相连。镇江作业区集疏运公路与省道103相连。名山作业区集疏运公路与景区道路连接。

二、港区工程项目

1. 东方希望码头工程

项目于2009年8月开工建设，2015年7月建成投产。

2014年，项目获得重庆市发展和改革委员会核准（渝发改交〔2014〕44号）；2014年，重庆市交通委员会《关于东方希望工程初步设计的批复》（渝交委港〔2014〕30号）；2015年，丰都县交通委员会《关于东方希望码头工程施工图设计的批复》（丰交委函〔2015〕10号、丰交委发〔2016〕1号）。

项目建设4个3000吨级散货码头泊位，从上游至下游依次布置1号、2号散货进口泊位，3号水泥熟料出口泊位和4号散水泥出口泊位。岸线长度612米。设计年通过能力为926万吨。项目总投资1.19亿元。

建设单位为东方希望重庆水泥有限公司；设计单位为重庆市交通规划勘察设计院；施工单位为四川路航建设工程有限公司、江苏省路港建设工程有限公司；监理单位为重庆双源建设监理咨询有限公司；质量监督单位为丰都县交通工程质量监督站。

2. 清华紫光码头工程

项目位于重庆市丰都县镇江化工园区，长江左岸，已建成 5000 吨级多用途泊位和 3000 吨级液体化危品各 1 泊位，设计年通过能力 120.66 万吨，使用岸线 300 米。多用途泊位采用钢质趸船和缆车斜坡道组成，散货泊位采用钢质趸船和皮带车斜坡道组成，液体化危品泊位采用钢质趸船和管道斜坡道组成。同时建设港区道路、给排水、通信导航、照明、绿化、环保以及相应的配套工程等。该项目总投资为 13101.37 万元，资金来源项目法人自有资金 5900 万元，其余资金通过重庆农村商业银行贷款等渠道解决。

3. 王家渡码头工程

王家渡作业区位于长江右岸，距宜昌 479.5 ~ 483.5 公里，有王家渡客运、地方客运、乡镇客运 3 个码头，泊位 6 个（下河梯步泊位 4 个，斜坡缆车泊位 2 个）。王家渡客运码头靠泊能力 5000 吨，地方客运码头靠泊能力 3000 吨，乡镇客运码头靠泊能力 500 吨。年旅客综合通过能力 250 万人次，利用岸线 800 米，通过城市道路与外部连接。

第十节　忠县港区

一、港区综述

1. 港区建设概况和运营情况

忠县拥有优越的水运资源，“十五”期以来凭借三峡蓄水，忠县建成苏家件杂货、红星客运等码头，截至 2015 年，港区形成以海螺水泥、石宝寨等码头为代表的生产性泊位 36 个，主要是大宗散货、旅游客运等运输功能，综合年通过能力 414 万人次、1084 万吨（其中汽车滚装 10 万辆），分别占全市的 4.4%、7.1%（13.7%）；完成客运吞吐量 74 万人次，货运吞吐量 839 万吨，其中汽车滚装 9.5 万标辆，分别占全市的 9.4%、5.6%、8.9%。

2. 港区地理条件和集疏运概况

忠县港区新生作业区集疏运方式为铁公水联运。规划沿江铁路从港区西侧经过，集疏运铁路可通过新建进港铁路与沿江铁路相连。集疏运公路可通过对省道 S103 进行改造连接至沪渝高速。乌杨作业区集疏运公路与省道 202 相连。邓家沱作业区集疏运公路与省道202相连。沙田作业区集疏运公路与滨江大道相连。倒脱靴作业区集疏运公路与省道302相连。石宝寨作业区集疏运公路与景区道路相连。

二、港区工程项目

1. 红星码头工程

项目于2001年9月开工，2003年10月试运行，2014年12月竣工。

2000年3月，获得了交通部的立项批复（交规划发〔2000〕170号）；2000年6月，交通部《关于红星码头工程可行性研究报告的批复》（交规划发〔2000〕427号）；2000年10月，交通部《关于红星码头工程初步设计的批复》（交水发〔2000〕547号）；2007年7月，重庆市交通委员会《关于红星码头工程使用岸线的批复》（渝交委计〔2007〕107号）。

项目建设2个1000吨级客运码头泊位，岸线长度150米，设计年通过能力为180万人次。客运港区广场、道路铺砌混凝土面层，铺砌面积4240平方米。项目总投资3505万元，资金来源为申请交通部水运专项资金、银行贷款和业主自筹资金。

项目于2003年10月开港试运行，试运行期间码头结构稳定，位移、沉降量很小，达到设计要求，各种机械设备运行正常，满足设计需要。总体运营情况良好。

建设单位为重庆市万州港口集团有限责任公司；设计单位为长江航运规划设计院；施工单位为中交二航局第四工程有限公司、长江重庆航道工程局；监理单位为湖南省三湘交通建设监理事务所；质量监督单位为长江航务工程质量监督中心站。

2. 海螺水泥码头工程

项目于2010年3月开工，2011年3月交工验收。

2000年3月，获得了重庆市发展和改革委员会核准批复（渝发改交〔2009〕814号）；2010年1月，获得了重庆市交通委员会初设批复（渝交委港〔2010〕3号）。

项目建设5个3000吨级泊位和1个1000吨级件杂货泊位。设计年通过能力623万吨，其中，散货进口151万吨、熟料出口301万吨，散水泥出口132万吨和件杂货（主要为袋装水泥出口）39万吨。项目1～5号泊位均采用浮趸提升钢引桥的浮码头方案。码头由趸船、浮趸、钢导桩、钢引桥组成。码头前沿布置在137米等高线附近，保证船舶吃水深度要求。码头前沿布置钢趸船，满足船舶靠泊和装卸工艺要求。

建设单位为重庆海螺水泥有限责任公司。

3. 乌杨码头工程

项目于2015年9月开工，2020年10月完成竣工验收。

2015年，重庆市发展和改革委员会《关于重庆港忠县港区乌杨公用码头一期工程可行性研究报告的批复》（渝发改地〔2015〕439号）；2015年，重庆市移民局和重庆市交通委员会《关于重庆港忠县港区乌杨公用码头一期工程初步设计的批复》(渝移发规字〔2015〕174号);2015年,重庆市交通委员会《关于重庆港忠县港区乌杨公用码头一期工程使用岸线的批复》(渝交委计〔2015〕23号);2015年,长江水利委员会《关于重庆港忠县港区乌杨公用码头一期工程涉河建设方案的批复》(长许可〔2015〕77号);2015年,忠县环境保护局《重庆市建设项目环境影响评价文件批准书》[渝(忠)环准〔2015〕055号];2014年12月,重庆市国土资源和房屋管理局《重庆港忠县港区乌杨公用码头一期工程建设场地地质灾害危险性评估报告》;2014年,忠县税务局《关于重庆港忠县港区乌杨公用码头一期工程水土保持方案的批复》(忠水复〔2014〕84号)。

项目建设5个5000吨级泊位,其中,散货泊位3个,件杂货泊位2个。岸线长753米。设计年通过能力700万吨,其中散货570万吨,件杂货130万吨。后方陆域建设面积9.94万平方米,主要布置煤炭堆场、件杂货堆场、件杂货仓库、综合办公楼、候工楼、1号中心变电所等配套设施。该工程分近期实施和远期实施两部分。该工程总投资3.5亿元。

交建集团渝航交通公司和长江勘测规划设计研究公司联合体承担项目可研、设计及施工工作。

第十一节　石柱港区

一、港区综述

1.港区建设概况和运营情况

石柱港区位于西沱镇渝东长江右岸,自古以来依水建镇,以其独特的区位优势和长江优势,是渝东南地区直接借江出海口岸,历史上是武陵山区直接通过长江对外联系交往的唯一进出口和物资集散地,川盐济楚的口岸,是渝东南地区对外联系的水陆中转枢纽。三峡工程蓄水后,石柱抓住三峡淹没复建机遇,先后建设了石槽溪、沿溪和黎场乡等码头,石柱港区的运输能力得到了提升,为区域社会经济的发展发挥了十分重要的作用。截至2015年,港区形成以西沱等码头为代表的生产性泊位6个,综合年通过能力50万人次、105万吨,分别占全市的0.7%、0.8%、0.5%;完成货运吞吐量37.0万吨,占全市的0.2%。

2.港区地理条件和集疏运概况

江家槽作业区集疏运公路与沿江高速公路相连。

二、港区工程项目

1. 西沱作业区

西沱作业区位于石柱县西沱镇境内长江右岸，距宜昌航道里程 383.0～384.65 公里。2005 年底，作业区包括石槽溪码头，西沱油库码头，西沱港务站客运、货运码头和打渔湾综合码头。石槽溪码头有 1000 吨级散货泊位 1 个，年通过能力 67 万吨。西沱油库码头有 2000 吨级化危品泊位 1 个，年通过能力 3 万吨。万州港务集团西沱分公司码头有 1000 吨级件杂货泊位 1 个，年通过能力 15 万吨；客运泊位 1 个，年通过能力 49 万人次。打渔湾码头有 1000 吨级货运泊位 1 个，年通过能力 7 万吨。

2. 沿溪作业区

沿溪作业区位于石柱县沿溪镇境内长江右岸，距宜昌航道里程 387 公里。2005 年底，有码头 1 个，500 吨级客货作业泊位 1 个，年货物、旅客通过能力分别为 13.9 万吨、7.8 万人次。

第十二节　云阳港区

一、港区综述

1. 港区建设概况和运营情况

云阳港区所在地云阳县地处重庆市东部，三峡库区腹心地带，长江在境内流程 68.1 公里，终年可停靠 3000 吨级及以下船舶，云开路、渝宜高速云阳段、云利路及一批县内镇际公路已建成。云阳港区码头较为单一，形式主要有斜坡式、下河公路、自然岸坡等，装卸工艺较为落后。泊位最大靠泊能力 3000 吨。截至 2015 年，港区形成以张飞庙等码头为代表的生产性泊位 39 个，综合年通过能力 310 万人次、527 万吨，分别占全市的 4.8%、5.3%、2.9%；完成客、货运吞吐量分别为 54.0 万人次、106.2 万吨，分别占全市的 9.1%、0.5%。

2. 港区地理条件和集疏运概况

云阳港区位于云阳县境内，主要作业区分布在长江两岸，北有汤溪河注入长江，南有长江名胜古迹张飞庙，距宜昌航道里程 254～306 公里，陆路交通十分方便，有云阳至奉节、开县、万州、巫溪、湖北利川等公路。

黄岭作业区集疏运公路与规划的市政道路相连。晒经船厂作业区集疏运公路与规划的市政道路相连。黄石作业区集疏运公路与规划的市政道路相连。人和作业区集疏运公路与规划的市政道路相连。张飞庙作业区集疏运公路与规划的市政道路相连。

二、港区工程项目

1.云阳县青龙咀客货综合码头淹没复建

项目于2001年4月开工建设。

四川省计委、省交通厅《关于云阳县青龙咀综合码头工程审查的批复》,同意在新县城青龙咀建设综合码头。

青龙咀综合客、货码头复建规模为年货物通过能力15万吨,年旅客通过能力80万人次。1号泊位为客运泊位,2号泊位为货运泊位。2个泊位均为实体斜坡道码头。斜坡道设置客运和货运缆车各1对,以及人行梯步通道。码头平台高程185米。航务港口综合大楼位于平台后方。码头连接道路由滨江大道接入,以9%的纵坡与平台相接,道路长128.33米、宽10米。青龙咀客、货综合码头总投资3273.5万元,资金来源为移民补偿资金、交通部补助资金和自筹资金。

云阳县青龙咀客货综合码头是云阳县港口码头淹没复建的主体工程,又是交通部列为地方交通建设的重点工程。

码头由四川省内河勘察设计院完成初步设计,初步设计于1999年12月完成并经重庆市交通主管部门审查批准。建设单位为四川省路桥集团路航有限公司;监理单位为四川省水运监理事务所。

2.张飞庙旅游作业区

位于云阳县境内长江右岸,距宜昌航道里程292.5公里。作业区以张飞庙旅游景点为依托,是云阳主要旅游专用作业区。2005年底,有1000吨级旅游客运泊位1个,年旅客综合通过能力20万人次。

3.下岩寺货运作业区

下岩寺作业区位于云阳县境内长江左岸,距宜昌航道里程298.8~291.0公里。为件杂货和化危品作业区。2005年底,有万州港务集团云阳分公司件杂货泊位1个,年综合通过能力23万吨;液体化危品码头1个,年综合通过能力10万吨。

第十三节　巫山港区

一、港区综述

1.港区建设概况和运营情况

巫山港区所在地巫山县地处三峡腹心,位于重庆东部边缘,是重庆市的东部门户,对外交通以水运和公路运输为主，境内通航河流较多，呈树状结构，其中长江航运里程56公里，大宁河64公里，其他支流41.9公里。截至2015年，港区生产性泊位41个，综合年通过能力660万人次、244万吨，分别占全市的5.0%、1.3%、11.3%；完成客、货运吞吐量分别为162万人次、339万吨，分别占全市的20.9%、2.2%。

2. 港区地理条件和集疏运概况

红石梁作业区集疏运公路与巫山县绕城道路相连。葡萄坝作业区集疏运公路与规划的市政道路相连。鳊鱼溪作业区集疏运公路与规划的市政道路相连。江东作业区集疏运公路与规划的江东新城道路相连。神女溪作业区集疏运公路与规划的市政道路相连。大昌作业区集疏运公路与在建的大昌滨湖路相连。

二、港区工程项目

1. 巫山龙门旅游码头工程

项目于2002年5月动工，2005年完工。

复建工程总投资2623万元，其中移民淹没补偿投资402万元，交通部补偿投资190万元，自筹资金2031万元。复建泊位4个，年旅客吞吐量200万人次。项目业主为重庆航运建设发展有限公司，由中交二航局第一工程有限公司和中交第四航务工程局有限公司中标负责施工。

2. 北门旅游码头工程

项目于2002年6月动工，由于移民拆迁和城市道路建设影响工程进度，2005年底前未完工。复建总投资4993万元，其中移民淹没补偿资金1300万元，交通部补偿资金2130万元，自筹资金1563万元。复建泊位4个，年旅客吞吐量110万人次。项目业主为万州区港务局，由广州港建工程公司中标负责施工。

3. 大昌旅游码头工程

大昌作业区位于巫山县境内大宁河左岸，距大宁河河口42.0公里。2005年底，可利用岸线长1000米，陆域纵深约200米。三峡工程蓄水后，水域条件好，交通便利，依托大昌古镇发展客运。

4. 神女溪旅游码头工程

神女溪作业区位于巫山县境内神女溪河口、神女峰对面长江右岸，距河口0～1公里，可利用岸线长1000米，水域条件好，陆域纵深约80米，地势较为平坦，依托神女溪、神女峰景区发展客运。主要为三峡旅游景区和神女溪特色旅游提供旅客中转运输服务，有旅游客运中转泊位1个。

第十四节　彭水港区

一、港区综述

1. 港区建设概况和运营情况

彭水港区乌江境内里程 66 公里，航道等级三级，常年通航 300 吨级及以上船舶，最大可通航 1000 吨级船舶。港区现有码头分布在沿江两岸，主要由地方交通部门、水运企业和厂矿企业码头组成，承担本县及黔江、湖北咸丰、贵州务川等区县进出口货物中转运输。截至 2015 年，港区生产性泊位 3 个，综合年通过能力 4 万吨。

2. 港区地理条件和集疏运概况

彭水港区由于地形地质原因，港口集疏能力较差。下塘口作业区集疏运公路与规划道路相连。四楞碑作业区集疏运公路与规划的市政道路相连。

二、港区工程项目

下塘口作业区一期工程

项目于 2013 年 2 月开工，截至 2020 年 10 月，主体工程基本完工。

2012 年 7 月，重庆市发展和改革委员会《关于重庆港彭水港区下塘口作业区一期工程可行性研究报告的批复》（渝发改交〔2012〕980 号）；2013 年 1 月，重庆市交通委员会《关于重庆港彭水港区下塘口作业区一期工程初步设计的批复》（渝交委港〔2013〕2 号）；2011 年 1 月，重庆市环境保护局《重庆市建设项目环境影响评价文件批准书》［渝（市）环准〔2011〕020 号］；2010 年 11 月，重庆市国土资源和房屋管理局《关于彭水下塘口作业区一期工程建设项目用地的预审意见》（渝国土房规〔2010〕397 号）。

项目建设 1 个 1000 吨级件杂货码头泊位和 1 个 1000 吨级散货码头泊位，岸线总长岸线长度 700 米，项目总设计设计年通过能力为 90 万吨。码头散货出口泊位采用前沿布置的作业趸船，件杂货泊位采用直立岸壁式挡墙形成作业平台结构形式，陆域布置一级平台。设计河底高程为 207.50 米。项目后方堆场面积 3.07 万平方米，建筑面积约为 0.79 万平方米，堆存能力 184.2 万吨。仓库面积 2376 平方米，堆存能力 14.25 万吨。主要装卸设备配置包括上弧线摆动式装船机 1 台（散货出口泊位前方趸船）、ZL50 型的装载机 6 台（堆场作业）、4.0 米的移动料斗 4 个、20 吨—30 米的轨道式门式起重机及轮胎式起重机 2 台（件杂货堆场）、CPCD5 叉车 3 台（仓库作业）、Q25 型号的牵引车 + 平板车 8 台（水平运输）。项目总投资 2.36 亿元，资金来源为申请交通部水运专项资金和市级交通专项资金，其中政府投资 5110 万元。用地面积 54 万平方米。

建设单位为重庆乾阳港口物流有限公司；设计单位为重庆市交通规划勘察设计院有限公司；施工单位为四川省蜀通建设集团有限责任公司（水工）、中国铁建港航局集团有限公司（陆域）、温州交通建设集团有限公司（面层）；监理单位为重庆双源建设监理咨询有限公司；质量监督单位为重庆市交通委员会工程质量安全监督局。

第十五节　酉 阳 港 区

一、港区综述

1. 港区建设概况和运营情况

酉阳港区位于酉阳县境内，作业区分布在距河口航道里程182.1～185.0公里的乌江右岸一侧。截至2015年，港区生产性泊位4个，综合年通过能力70万吨。

2. 港区地理条件和集疏运概况

酉阳港区在重庆市东南边陲，与彭水、黔江、秀山和贵州沿河、务川接壤。酉阳港区的主要经济腹地为酉阳县、秀山县以及贵州省沿河、务川等。酉阳县是重庆市渝东南地区边陲重镇，304省道、渝怀铁路、渝湘高速公路贯穿全县。

万木作业区集疏运公路与万木镇至酉阳县县道相连。龚滩作业区集疏运公路与龚滩镇至酉阳县县道相连。

二、港区工程项目

1. 龚滩作业区

龚滩作业区距乌江河口航道里程184.4～185.0公里。1986—2005年建设200吨级货运泊位3个、客运泊位1个，形成顺岸枯、中、洪水三级重力式挡墙岸线703.5米，货台12000平方米，扩建下河公路122米，货物综合通过能力26万吨，旅客通过能力为18万人次。

2. 万木作业区

万木作业区位于酉阳县万木乡境内乌江右岸。2005年底，有400吨级件杂货、散货作业泊位2个，年货运综合通过能力15万吨；客运泊位1个，年客运综合通过能力5万人次。

第十六节　开 州 港 区

一、港区综述

1. 港区建设概况和运营情况

开州港区所在地开州区位于重庆市东部，万州西北部，地处长江三峡库区小江支流末端，三峡枢纽坝前水位145米时，回水至51公里的白家溪；三峡枢纽坝前水位175米时，回水至110公里至马家沟。2005年1月，长江水利委员会设计院编制完成了《三峡库区开县库尾消落带生态治理工程（前置库）可行性研究报告》，主要解决三峡工程年内水位周期性调度而形成的消落带问题。该工程是小江流域生态环境综合整治工程的重点项目。工程主要包括调节坝、溢洪道、副坝及配套工程，调节坝正常蓄水位168.5米。调节坝于2007年8月开工建设，2012年5月具备下闸蓄水试运行条件。调节坝建成后，改变三峡水库小江库区的泥沙分布和回水范围。白家溪以下51公里河段为常年通航河段，经过近些年的航道整治，该段航道已达到三级航道标准。截至2015年，港区生产性泊位16个，综合年通过能力116万吨。

2. 港区地理条件和集疏运概况

开州港区由于历史原因对外集疏运条件布局不合理，港口集疏能力较差。开州港作业区集疏运公路与万开高速公路相连。

二、港区工程项目

开州港一期工程

项目于2014年7月开工建设，2017年12月试运行。

2012年，开县发展和改革委员会《长委设计院编制的工程可行性研究报告》（开发改基〔2012〕243号）。

项目建成1000吨级兼顾3000吨级散货、通用泊位各1个，设计年通过能力150万吨，利用岸线164米。由前沿平台、连接引桥及栈桥和后方陆域等部分组成，前沿平台为钢筋混凝土现浇直立式框架整体结构。件杂货泊位码配置1台16吨、25米门座起重机，散货泊位配置1台1000吨/小时直线摆动式装船机。项目距离开州区约30公里，通过渠口与县城公路相连。

建设单位为重庆开州港务有限公司；设计单位为长委设计院；施工单位为重庆航源建筑工程有限公司；监理单位为重庆双源建设监理咨询有限公司；质量监督单位为开州区工程质量安全监督站。

第九章　航 道 建 设

1976年“粉碎四人帮”，结束了十年浩劫，经过拨乱反正，内河航运有了较快发展。特别是党的十一届三中全会以后，贯彻“改革、开放”的方针，内河航运打破了地区封锁、江区分割、干支不通的局面，变为有河大家行船，有港大家靠船，港口面向社会，为各家船舶服务，从而发挥了干支流、上下游直达运输的水运优势，使水运中转环节多、损耗大、时间长的致命弱点得以改善，进出川运输迅猛发展。

第一节 长 江

一、长江兰叙段航道的整治

（一）长江兰叙段航道前期整治工程

兰叙段（重庆兰家沱至宜宾段）全长304公里，横贯四川盆地，流经宜宾、江安、南溪、纳溪、泸州、合江、江津等7市、县，腹地广阔，物产富饶。宜宾以上与金沙江、岷江相连；向下至泸州有沱江汇入；再下至合江，又有赤水河汇合，是连接川、滇、黔三省交通大动脉，造福西南的主航道。

兰叙段航道两岸为丘陵地带，航道以急、浅、弯、险、变著称，水势复杂，有滩险49处，需要整治的滩险有31处。枯水期700吨级船舶需减载40%～50%，洪水期急流汹涌，船舶常扎水停航，制约了航运的发展。

改革开放前仅有过一些零星整治，通航能力很低，助航标志太少，通信设施落后，航道基本处于自然状态。

1978年11月3日至8日，长江航道局和四川省交通厅共同在成都召开设计审批会，强调要继续整治兰叙段航道。首先整治著名浅滩秤杆碛，该滩由于水浅河段太长，每年回淤又快，妨碍通航，影响泸州天然气化工厂的生产运输。为此，四川省交通厅内河规划测设队对此滩进行周密勘察、精心设计，决定在该滩的左岸筑顺坝一座长710米，右岸筑丁坝两座计2895.7米，整治线宽360米，以多坝治滩的办法来增加水深。由四川省交通厅第二、第三航道工程处负责施工。整治工程于1978年1月15日开工，奋战一个枯水季节，于1979年4月23日竣工，完成工程量2.95万立方米。本次整治效果较好，使枯水期泸州以下航道水深保持1.8米。

（二）长江兰叙段航道整治一期工程

项目于1987年1月开工，1991年2月竣工。1978年11月，交通部《关于长江兰家沱至宜宾段航道整治工程初步设计的批复》（〔78〕交水基字2171号）。项目工程区域上起宜宾（长江上游航道里程1044.5公里处），下至兰家沱（长江上游航道里程742.2公里处），建设等级为三级航道，航道设计尺度：宽度50米，水深2.7米，最小弯曲半径560米，设计通航保证率98%。

项目共整治滩险11处。整治建筑物包括丁坝、顺坝和锁坝等多种类型，主要结构形式为抛石坝体，建设整治建筑物10处，合计长度3668米，筑坝工程量19.2万立方米。疏浚土方共计21.76万立方米，分别为火焰碛滩（上游航道里程924公里处）疏浚6951

立方米；金钟碛滩疏浚5714立方米；神背咀滩（上游航道里程872.6公里处）疏浚5.98万立方米；叉鱼碛滩（上游航道里程868公里处）疏浚1.18万立方米；莲石滩疏浚8340立方米；斗笠子滩疏浚3.15万立方米；东溪口滩（上游航道里程811公里处）疏浚4万立方米；水师坝滩疏浚8572立方米；哑巴碛滩（上游航道里程800公里处）疏浚3.26万立方米；三眼灶滩疏浚3406立方米；甑柄碛滩（上游航道里程746.2公里处）疏浚8934立方米。本工程完成水下炸礁2.2万立方米，分别为斗笠子滩水下炸礁1万立方米；东溪口滩（上游航道里程811公里处）水下炸礁1990立方米；哑巴碛滩（上游航道里程800公里处）水下炸礁7351立方米；三眼灶滩水下炸礁2682立方米。建设6.7米航道标志船200套及充电设备。项目总投资1871.48万元，均为交通部水运建设资金。

整治的11处滩险航道尺度标准均达到2.7米×50米×560米的设计要求，改善了航行条件，提高了通航标准，运输单位、驾引人员、航道部门和维护单位对整治效果均给予了较高的评价，取得较好的经济效益和社会效益。

建设单位为长江航道局；设计单位为长江航道局规划设计研究所重庆勘察设计室、长江航务管理局通讯导航处设计室；施工单位为长江航道局重庆工程局、机电部七一六厂；接收单位为长江航道局重庆工程局、长江航道局泸州航道分局。

（三）长江兰叙段航道整治二期工程

项目于1990年3月开工，1997年3月竣工。工程区域上起宜宾（长江上游航道里程1044.5公里处），下至兰家沱（长江上游航道里程742.2公里处），建设等级为三级航道，航道设计尺度：宽度50米，水深2.7米，最小弯曲半径560米，设计通航保证率98%。

项目共整治滩险15处。整治建筑物包括丁坝、顺坝等多种类型，主要结构形式为抛石坝体，建设整治建筑物19处，合计长度4655米，筑坝工程量21.5万立方米。疏浚土方共计28.23万立方米，分别为红花碛滩（上游航道里程817公里处）疏浚7200立方米；冰盘碛滩清淤1658立方米；螃蟹碛滩（上游航道里程887公里处）疏浚8386立方米；红灯碛滩（上游航道里程955公里处）疏浚4.14万立方米；风簸碛滩（上游航道里程958.5公里处）疏浚5.67万立方米；香炉滩（上游航道里程984公里处）疏浚4.37万立方米；吊鱼咀滩疏浚6760立方米；油榨碛滩疏浚1.77万立方米；铜鼓滩（上游航道里程993.8公里处）疏浚2.76万立方米；筲箕背滩（上游航道里程1005公里处），疏浚7.12万立方米。本工程完成炸礁9.52万立方米，分别为母猪碛滩（上游航道里程770.2公里处）水下炸礁5050万立方米；石门滩水上炸礁1.51万立方米；大吉脑滩水上炸礁1.03万立方米；桅杆石滩水下炸礁9300立方米；冰盘碛滩水下炸礁4.4万立方米；螃蟹碛滩（上游航道里程887公里处）水下炸礁900立方米；鸡心石滩水下炸礁1514立方米；铜鼓滩（上游航道里程993.8公里处）水下炸礁8500立方米；筲箕背滩（上游航道里程1005公里处）水下炸礁500立方米。建设6.7米航标浮具400套。项目总投资8174.29万元，均为交通部水运建设资金。

兰叙段航道整治二期工程包括航道整治项目（整治建筑物、挖槽、炸礁等）、航标、通信及其他配套设施等。工程单位工程22项，其中滩险整治15项，信号、标志及配套设施7项，优化单位工程为17项，优良率为77%，工程质量总评为优良。

兰叙段航道整治二期工程针对各滩险的滩势特点，分别或者综合采取疏浚、炸礁、筑坝等工程措施，于1990年3月开工至1997年3月全部完工，历时7个枯水期。二期工程是兰叙段航道取得整体效益的关键，通过整治前后滩段航道尺度、航道地形和不同水位期整治前后的流速、流向、流态、比降等对比分析，以及水面线和河床冲淤的变化分析，整治后较整治前航道尺度得到增加，航行水流条件、流态、滩势明显改善。母猪碛、红花碛、螃蟹碛流向顺直、流态改善，航道尺度达到设计要求。桅杆石、冰盘碛、鸡心石水下炸礁后，航道尺度扩大。石门、大吉脑施工后达到设计要求。香炉滩、风簸碛从根本上解决了航槽弯窄的问题；油榨碛、吊鱼嘴水深增大，达到规定航道尺度；铜鼓滩流态改善；红灯碛、筲箕背浅区水深增大，流态改善。兰叙段二期航道整治工程是在一期工程整治的基础上进行的，整治效果良好。通过兰叙段航道整治，兰家沱至宜宾304公里航道全部达到2.7米×50米×560米（水深×宽度×弯曲半径）的航道尺度。

项目建设单位为长江航道局；设计单位为长江航道局规划设计研究所重庆勘察设计所；施工单位为长江航道局重庆工程局、泸州航道分局；使用（管理）单位为泸州航道分局、重庆工程局。

二、长江兰巴段航道的整治

兰巴段（重庆兰家沱至湖北巴东）航道全长627公里，由西向东，流经江津、巴县、重庆、江北、长寿、涪陵、丰都、忠县、石柱、万县、云阳、奉节、巫山至湖北巴东县。

该段跨川鄂两省，属"下川江"峡谷地带，著名长江三峡就在重庆奉节至湖北宜昌之间，是一段险象环生的河流。河床狭窄，江河奔腾澎湃，每公里平均落差2米，舟船航行十分艰难，故有"长江之险莫过于川江，川江之险莫过峡江"之说。新中国成立后，先后整治滩险100余处。特别是经1966年至1978年大规模整治后，扩宽了航道，增加了航深。安装锁链式航标，指引轮木船航向，利济舟楫。然而这条"黄金水道"仍然存在重重障碍，不少滩险自然变化无常，很难一次性根治。交通部曾多次投资对兰巴段航道进行整治，至1990年，航道尺度（水深×宽度×弯曲半径）达到2.9米×60米×750米标准。基本满足了航运的需要。但近年来，随着进出川运输的迅猛发展，通航船队不断增大增多，加之航道的自然变迁，老的滩险被征服，新的滩险又恶化，尤其是一些溪口急流滩受水位涨落影响，对船舶航行安全威胁较大，海损事故时有发生。因此，各船舶运输部门多次提出再次整治兰巴段航道滩险的要求，缩短航行周期，以确保船舶航行安全。

1994 年 12 月 14 日，举世瞩目的三峡工程开工，为整治兰巴段航道带来契机。支援三峡建设，满足大件物资通过这段航道，成为交通部门的主要任务。长江航务管理局、长江航道局、重庆航道工程局、长航设计单位等，多次对兰巴段现场踏勘研究，对该段航道存在的碍航问题和重点滩险，精心设计，多次论证，提出重点滩险整治的可行性方案。1996 年 10 月，交通部批准兰巴段航道整治初步设计，建设标准为：兰家沱至重庆段 2.7 米×50 米×560 米；重庆至巴东 2.9 米×60 米×750 米；兰家沱至鱼洞溪段按二类航标建设，鱼洞溪至娄溪沟段按一类航标建设。整治工期是从 1996 年至 1997 年两个枯水期，首先整治著名的东洋子滩和胡家滩两处大滩险，由长江航道局重庆工程局承担，东洋子滩于 1996 年 12 月初开工，胡家滩于 1997 年 3 月初开工，当年底，胡家滩按计划竣工，并进行了验收；完成了东洋子滩水上炸礁及筑坝、水下炸礁等工程，以及庙基子、油榨碛、铁滩、折桅子、洛碛等滩的整治，达到了不断扩大川江通过能力之目的。

三、长江三峡水利枢纽施工期变动回水区航道整治工程

项目于 1996 年 1 月开工，2002 年 5 月竣工。1994 年 1 月，中国长江三峡工程开发总公司（甲方）与三峡工程现场航运指挥部（乙方）签订《关于三峡工程航运部分“三项费用”分年拨款协议书》；1996 年 12 月，三峡工程现场航运指挥部与长江航道局签订《长江三峡水利枢纽施工期变动回水区航道整治工程委托建设管理协议》。

项目整治重庆市丰都县蚕背梁（长江上游航道里程 481 公里处）至重庆市渝北区洛碛镇（长江上游航道里程 603 公里处）航道，建设等级为一～二级航道，航道尺度：针对 135 米或 156 米蓄水期，整治碍航浅滩，设计宽度 60 米，水深 2.9 米，最小弯曲半径 750 米；针对 175 米蓄水期，整治急流滩滩，设计宽度 100 米，水深 3.5 米，最小弯曲半径 1000 米。设计代表船型（船队）包括：在 135 米或 156 米蓄水位运行期，通航船队标准为上水方向 1942 千瓦拖轮顶推 2 艘 1000 吨驳与 1 艘 500 吨驳，载量 1400 吨，下水方向 1942 千瓦拖轮顶推 3 艘 1000 吨驳，载量 3000 吨；在 175 米蓄水位运行期，通航船队标准为 1942 千瓦推轮配合 1000～3000 吨驳船组成 5 种万吨级船队，600 千瓦推轮配合 500 吨驳船组成的干支流直达 3000 吨级船队。航道设计通航保证率 98%。

项目共整治滩险 9 处。整治建筑物包括丁坝、顺坝等类型，主要结构形式为抛石坝体、浆砌坝顶及坝根守护等，建设整治建筑物 5 处，合计长度 1120 米，筑坝工程量 3.86 万立方米。疏浚土方共计 4.7 万立方米。共有炸礁滩险 8 处，炸礁工程量 91.2 万立方米，分别为炸低蚕背梁滩左侧瓦子航槽，炸除观音滩、和尚滩、郭家咀、花滩（鸡飞梁、牛脑壳、老虎梁、纤台角、白浅）等碍航石梁突嘴，炸除灶门子、马风堆等江中碍航孤礁，炸除青岩子滩原航道左侧腰卡子处暗礁。项目总投资 7250 万元，均为国有投资。

本工程主要包括炸礁、疏浚和筑坝项目，共划分单位工程15个，经竣工评定质量等级均为优良，工程质量等级总评为优良。从该工程陆续投入运用的实践来看，该工程改善现行通航条件的作用十分明显，整治前以青岩子为代表的浅险滩不再出浅，以观音滩为代表的洪水急流滩在汛期当地水位13.0米时不再扎水停航；撤销了部分通行控制河段，为灶门子、马风堆所在的控制河段，为船舶安全通航创造了条件。

建设单位为长江航道局；设计单位为长江航道规划设计研究院重庆勘察设计所；施工单位为长江重庆航道工程局；监理单位为长航监理有限公司；质监单位为交通部长江航务工程质量监督中心。

四、长江干线泸州纳溪至重庆娄溪沟航道建设工程

项目于2005年3月开工建设，2008年11月试运行，2009年4月竣工。

2004年7月，交通部批复长江重庆航运工程勘察设计院编制的工可报告（交规划发〔2004〕398号）；2005年2月，交通部批复长江重庆航运工程勘察设计院编制的初步设计（交水发〔2005〕59号）；2007年1月25日，四川省环境保护局批复中交第二航务工程勘察设计院有限公司编制的环境影响报告书（川环建函〔2007〕115号）；2010年，四川省珍稀鱼类国家级保护区管理局宜宾管理处批复中国科学院水生生物研究所编制的长江上游珍稀特有鱼类国家级自然保护区影响评估专题报告（宜渔保〔2010〕3号）；2006年5月11日，水利部长江水利委员会批复重庆市水利电力建筑勘测设计研究院和重庆交通大学编制《长江干线宜宾合江门至泸州纳溪航道建设一期工程防洪评价报告》（长许可〔2006〕39号）。

项目整治泸州纳溪（上游航道里程944.0公里处）至重庆娄溪沟（上游航道里程674.2公里处）航道269.8公里，航道建设等级为三级，航道设计尺度：宽度50米，水深2.7米，最小弯曲半径560米。设计代表船型1000吨级货船。航道设计通航保证率98%。

项目修筑整治建筑有：苦竹碛修复丁坝；鲤鱼碛修筑1道顺坝河，1道潜坝；关刀碛修筑2道丁坝；斗笠子新筑岛尾坝，旋转顺坝，修复锁坝和岛尾顺坝；神背嘴修筑4道丁坝，1道锁坝，3道潜坝，对北槽进行护底，修复1道顺坝；瓦窑滩修复2道潜坝；金钟碛修筑2道丁坝和护底；对砖灶子、渣角、小南海、燕子碛、母猪碛、东溪口、冰盘碛、叉鱼碛、小米滩、火焰碛和秤杆碛共11处整治建筑物进行修复。整治建筑物主要为坝体类，包括丁坝、顺坝、潜坝、堵坝等类型，主要结构形式为抛石坝体、现浇混凝土坝顶，浆砌坝顶，扭王字块、钢丝石笼及砼块铰链排等。建设及修复整治建筑物17处，合计长度2547米，坝体抛筑及维修工程量19.7万平方米。项目共整治滩险10处：苦竹碛疏浚1.63万立方米；浅碛子疏浚1.23万立方米；关刀碛（上游航道里程763公里

处）疏浚17.39万立方米；斗笠子（上游航道里程811.3公里处）疏浚2105立方米；莲石滩疏浚1.58万立方米；神背嘴（上游航道里程873公里处）疏浚15.69万立方米；金钟碛（上游航道里程912.5公里处）疏浚7851立方米；斗笠子（上游航道里程811.3公里处）水下炸礁1.37万立方米；莲石滩水下炸礁3.39万立方米；螃蟹碛炸礁1665立方米。项目对神背嘴北槽进行护底。设置建设各类航行标志847座。其中，岸标204座，浮标630座，通行信号标13座。项目总投资2.34亿元，均为交通部水运建设资金。

航道条件的改善促使船舶通行运输数量得到较快增长，为地方经济的发展起到了很好的促进作用。据泸州市地方海事局统计：2006年泸州港货物吞吐量达1001万吨，比2005年增长36%；集装箱3.8万标准箱，比2005年增长73%。2007年泸州港货运量达1047万吨，比2006年增长4.6%；集装箱5.31万标准箱，比2006年增长40%。泸渝段航道建设工程实施效果良好，航道条件得到明显改善，航道维护标准得以提高，航行船舶数量明显增加，船舶运力得以明显增长，促进了港口经济的迅猛发展，成为地方经济增长的新亮点。

建设单位为长江航道局；设计单位为长江重庆航运工程勘察设计院；施工单位为长江重庆航道工程局、重庆航源建筑工程有限公司；监理单位为长航监理有限公司（武汉）；质监单位为长江航务工程质量监督中心站。

五、长江涪陵至铜锣峡河段航道炸礁工程

项目于2005年10月开工建设，2006年8月竣工。

2004年10月11日，国务院三峡工程建设委员会《国务院三峡工程建设委员会关于研究2006年汛后三峡蓄水156米有关问题会议纪要》（第2期总第5期）；2005年7月4日，中国长江三峡工程开发总公司《三峡水库涪陵至铜锣峡河段航道整治炸礁工程第一次协调会议纪要》（中国长江三峡工程开发总公司枢纽管理部会议纪要2005年第30期）；2005年11月1日，交通运输部《关于长江涪陵至铜锣峡河段航道炸礁工程建设方案的批复》（交规划发〔2005〕540号）；2005年12月30日，长江航务管理局《关于长江三峡水库涪陵至铜锣峡河段航道炸礁工程技术方案的批复》（长航基〔2005〕548号）；2005年12月1日，重庆市环境保护局《重庆市建设项目环境保护批准书》（渝〔市〕环准〔2005〕069号）；2005年12月30日，长江水利委员会《关于三峡水库156米蓄水前涪陵至铜锣峡河段航道整治炸礁工程建设方案涉及河道管理有关事宜的批复》（长许可〔2005〕49号）。

航道建设等级为一级。航道设计尺度：宽度150米，水深3.5米，最小弯曲半径1000米。设计代表船队：1942千瓦拖轮与1000～3000吨驳船组成的万吨级船队。航道设计

通航保证率99%。

项目共整治滩险14个河段,30座礁石。炸礁共84.79万立方米,其中水下炸礁10.72万立方米,陆上炸礁74.07万立方米。本工程清炸的碍航礁石共分为14个单位工程,即剪刀峡、青岩子、中堆、黄草峡、王家滩、黄果梁、炉子梁、断头梁、搬针梁、大箭滩、马铃子、明月峡、水葬、野土地。项目总投资9789.37万元,其中交通部水运建设资金4343万元,三峡总公司投资5446.37万元。

本工程对于江心的孤礁炸除后,两侧水域均得到有效利用,拓宽了有效航宽,如青岩子河段的鸡心石部位,有效航宽由现在的140米拓宽至250米左右,炉子梁的有效航宽可由现在的110米拓宽至180米,且航道顺直,碍航流态得以根治,水流平顺,完全满足万吨级船队安全航行的需要。对于岸边的石梁突嘴,因礁石较高大,即使水深增加,航道也不能自然拓宽。由于本次炸礁深度达到航行水深的要求,且切除部分突嘴后有些部位完全消除了岸线突出的情况,与上下游能平顺衔接,不良流态也可完全消除。本工程为今后配合采用疏浚、整治建筑物等措施,彻底治理淤沙问题和扩大过水面积治理峡谷河段急流,提高万吨级船队通航流量,整治碍航问题打下了坚实基础,较大程度改善了三峡水库按175米蓄水位运行前的航行条件。

三峡库区涪陵至铜锣峡河段航道炸礁工程的全面完工,不但保证了三峡工程156米蓄水位按期蓄水,而且通过参建各方的相互支持、协调配合,以及对施工工艺的不断优化,创造了我国航道整治史上有史以来在一个枯水期内完成炸礁整治最大工程量的纪录,为今后铜锣峡以上河段航道炸礁整治等类似工程的建设积累了宝贵经验;更为重要的是为三峡工程建成后万吨级船队创造了安全的通行环境,为实现建设三峡工程的航运效益目标奠定了坚实的基础。

建设单位为长江三峡工程开发总公司、长江航道局;设计单位为长江重庆航运工程勘察设计院;施工单位为长江重庆航道工程局;监理单位为长航监理有限公司(三峡总公司投资部分)、黑龙江黑航监理有限公司(交通部投资部分);质监单位为长江航务工程质量监督中心站。

六、长江三峡水库铜锣峡至娄溪沟河段航道炸礁工程

项目于2008年2月开工建设,2010年12月竣工。

本工程无预可、工可报告。2006年10月,重庆市渔政渔港监督管理处《重庆市渔政渔港监督管理处文件》(渝渔文〔2006〕26号);2006年12月,重庆市环境保护局《重庆市建设项目环境保护批准书》[渝(市)环准〔2006〕341号]。

项目整治航道里程32公里,建设等级为一级。航道设计尺度:宽度100米,水深3.5米,最小弯曲半径1000米。设计代表船队1942千瓦拖轮与1000~3000吨级驳船组成

的万吨级船队。航道设计通航保证率99%。

项目共整治滩险14个河段,30座礁石。炸礁共32.66万立方米,其中水下炸礁19.06万立方米,陆上炸礁13.6万立方米。本工程清炸的碍航礁石共分为5个单位工程,即铜锣峡、猪脑滩、门闩子、夫归石、龙碛子。项目总投资9000万元,均为中国长江三峡集团公司投资。

项目实施过程中,夫归石单位工程由于受到历史传说的影响,于2008年4月28日被迫停工,经多方协调和推进,工程于2010年2月2日复工,5月12日通过交工验收。夫归石单位工程工期的延误原因属于承包人不可抗拒的因素,根据合同规定,发包人不追究承包人责任。该工程是三峡水库175米蓄水前的重要工程内容之一。通过本次炸礁工程,铜锣峡至娄溪沟河段内的碍航礁石一经炸除后,拓宽泄水断面,增大航道尺度,减缓流速,改善了航道条件。工程效果主要体现在以下四个方面:

(1)为175米蓄水期万吨级船队渝汉直达的安全畅通打下了基础,从而充分发挥三峡工程的航运效益,促进三峡工程的可持续发展。

(2)促进了重庆港区的发展,重庆港的运量将大大增加,而水运成本也将进一步下降,这就会吸引更多的货物、集装箱和大量件散货物经重庆港中转运输。保证航道畅通,是将重庆建设成为长江上游航运中心的基础。

(3)"长江三峡水利枢纽施工期变动回水期航道整治工程"和"长江涪陵至铜锣峡河段航道炸礁工程"等航道整治项目的相继实施,使前阶段库区航道已整治工程的工程效果得到充分发挥,整个库区航道的整体效益得到充分体现。

(4)在175米蓄水位抬高之前,尽早清除这些碍航礁石,保证航行安全,避免碍航礁石淹没深度增大,施工难度与工程投资大大减少。

本工程点多线长,工程量大,工期紧迫,安全责任重,参建各方高度重视,采取了强有力的措施,确保了工程质量、安全、进度。本工程实施后,铜锣峡至娄溪沟河段航道条件得到较大改善,航道通过能力得到提高,充分发挥了三峡工程的航运效益,满足万吨级船队汉渝直达的需要,推动三峡工程的可持续发展,抓住有利的施工时间,降低施工难度与工程投资。同时也为充分发挥三峡工程综合效益,促进长江库区水运的快速发展起到了重要作用。

建设单位为中国长江三峡集团公司;设计单位为长江重庆航运工程勘察设计院;施工单位为长江重庆航道工程局;监理单位为黑龙江黑航工程监理咨询有限公司;质监单位为长江航务工程质量监督中心站。

七、长江黄金水道建设

1992年4月,第七届全国人民代表大会第五次会议通过了兴建长江三峡工程的决议案。工程建设从1993年开始，分三期实施：第一期（1993—1997年）实现了大江截流；第二期（1998—2003年）实现水库首次蓄水、永久船闸通航和第一批机组发电；第三期（2003—2009年）实现全部机组发电和枢纽工程全部完建。三峡工程永久通航建筑物包括船闸与升船机。已经建设完成的三峡永久船闸为双线五级船闸，船闸主体段长1609米，上游引航道长2113米，下游引航道长2772米，线路总长6442米，船闸有效尺寸（长×宽×槛上最小水深）为280米×34米×5米，年单向通过能力5000万吨，可满足万吨级船队通过要求；在建的升船机为单线一级垂直齿轮齿条爬升式，承船厢有效尺寸为120米×18米×3.5米（长×宽×高），最大提升高度为113米，可快速通过3000吨级的客货轮。

随着三峡工程的不断进展，库区原有大部分水运设施会因库区蓄水水位的上升而遭淹没。交通部自1992年开始进行库区淹没设施实物调查、复建规划等工作，组织编制了《长江三峡工程库区水运设施淹没复建规划》及其实施方案。复建工程共有96项。复建工程以港口、航道、通信、港监等项目为重点，全部工程完成后，可基本满足库区客、货运输的要求。

按照长江干线各航区特点，有计划、分步骤地对长江干线开展了大规模的整治和疏浚。"六五"期间，对长江上游川江航道进行了较为系统的整治；"七五"和"八五"期间，完成了兰叙段1000吨级航道整治工程，在长江中下游对"三沙"、碾子湾、天星洲等重点水道进行了长期的疏浚、治理，完成了枝江道整治和道人矶炸礁工程；"九五"期间，长江干线航道完成了界牌河段综合治理、兰巴段航道、太子矶水道等浅险航道整治工程，共改善千吨级以上航道743公里，实现万吨级船队常年通过，并大范围提高航道维护尺度，实施航路改革与双侧设标。"十五"期间，开始实施了长江上、中、下游河段14处重点碍航浅滩的清游应急工程；2006年，长江东流水道整治基本完工，太子矶炸礁工程已经实施；在长江中游基本完成了陆溪口、罗湖洲航道整治工程，马家嘴、嘉鱼一燕子窝航道的整治正在顺利展开；在长江上游完成了三峡库区156米蓄水库尾炸礁工程和泸渝段航道工程。

三峡库区蓄水和一系列长江航道整治工程项目实施后，长江干线航道的通航条件大为改善。上游3000吨级船舶可以从涪陵直达宜昌；中游受宜昌至城陵矶浅水航段的影响，枯水期满足1500吨级以下船舶的满载通航；下游全年可实现5000吨级船舶满载至武汉，其中，南京以下能够满足5万吨级海船的通航。航道条件的改善，有力地促进了通航船舶的大型化，为长江干线货物运输量的快速增长提供了支撑。

八、长江滩险治理

重庆航道辖区流域浅滩、险滩众多，给上行船舶带来极大的威胁。交通部、长江航务管理局及长江航道局多次投入巨资进行整治,极大地改善了通航环境。有的险滩整治后滩势全部消失,有的流态得到控制,滩势减缓。

(一)青石洞滩整治

位于神女峰脚下的青石洞滩,距宜昌里程155.7公里,是川江著名洪水滩。浅滩水位27.4米,弯曲半径600米,航宽100米。该滩特征表现为水位涨幅越大,滩势越凶,且流态紊乱,泡漩翻滚。行轮过滩、施绞都很困难。1985年开始,重庆航道一处104队在这里进行了四个月的整治,航道工人炸礁11000余立方米,搬掉了挑流石梁,拓宽了过水断面,顺直了弯曲航道。经过整治,青石洞滩滩势环境得到极大改善,而后随着葛洲坝工程建设发展,水位提升,水流变缓,青石洞滩消失。

(二)下马滩整治

下马滩距宜昌里程176公里,属中枯水滩,成滩水位13.0米,滩势最大水位为1.0~6.0米,航宽105米,最大表面流速为4.86米/秒,最大比降为0.96‰。于1989年开始整治后滩势变缓,葛洲坝工程建成后,滩势不复存在,船舶不再需外力上滩。

(三)鸡扒子滩整治

鸡扒子位于云阳县城东1.15公里北岸,距宜昌上游271.5公里。其宝塔山台坡原为古滑坡区,1982年7月18日,因连日的普降暴雨和特大暴雨,大量地面水浸入层面,致使古滑坡体失去稳定,大面积的滑坡体涌入江中,滑坡总量约1300万立方米,河床被抬高25~32米,航道宽度由原120米缩窄至40米,滩上最大表面流速为6.7米/秒,滩势十分险恶,船舶不能通航。鸡扒子滑坡整治工程浩大,先后投入近2000人的施工队伍,累计完成工程量44.6万立方米,修筑拦栅坝、排水沟堰总长度达7953米,全部工程于1986年3月30日全面竣工。

(四)大庙基滩整治

大庙基距宜昌里程254.7公里,属中枯水滩,成滩水位13.5米,最凶水位0~0.4米,曲率半径为720米、航宽90米,最大表面流速5.27米/秒。1989年开工,1991年3月21日完工。共完成拦栅坝、检滩、水下炸滩、清渣及疏浚五个子项工程。大庙基整治后滩势有所缓解,大轮能自行上滩,于1992年撤除绞滩站。但大庙基整治后只是缓解了部分滩势,小轮上行仍不能过滩,考虑到小轮上滩难的问题,奉节航道处在大庙基设置助拖站,协助小轮上滩。

(五)东洋子滩整治

东洋子滩位于云阳旧县城下游20公里,距宜昌里程261公里,为中枯水溪河急流滩。成滩水位 9.0 米，水位 3～4 米时滩势最汹，滩距 500 米，该滩的流速比降及流态均大大超过标准船队的通航水文标准，上行船舶均需施绞才能上滩。该滩虽然经过 1956 年至 1960 年的整治，但仍每年需施绞船舶 200 艘次，至 1991 年以来，滩势逐渐变凶，年绞船量增加到 1000 艘次，继而施绞困难，危及行船和施绞船的安全。对该滩进行整治持续了两年，1997 年 1 月至 5 月及 1998 年 1 月至 3 月整治项目为补坝工程：溪口导流坝爆破开挖基槽 350 立方米，浆条石 475 立方米；筑坝 1000 立方米；*DE* 段水上炸礁完成工程量 2076 立方米，人工清渣 1266 立方米；*AB*、*BC* 段水下炸礁 7714 立方米，挖泥船清渣。工程总投资为 1289.71 万元。工程项目由重庆航道工程局组织实施。实施后水流条件较施工前有所改善，特别是 *DE* 段炸低后中小型船舶可提前利用缓流区，起到了一定的整治效果。*DE* 段和 *AB* 段基本达到设计要求，增加了过水面积，另外 *BC* 段伸入江中的突嘴有所降低，因此滩势有所减缓，但仍是川江枯水险滩之一。

（六）折桅子滩整治

折桅子滩位于距宜昌上游 398 公里的忠县境内，素以浅滩著称。枯水期滩段长 2 公里，该滩于 1978 年在其左岸折桅沱内构筑了一座宽 3 米、长 75 米的丁顺坝，取得了较好效果，20 世纪 90 年代因坝体冲毁造成滩势恶化。2000 年 4 月进行整治，工程由重庆航道工程局组织实施，将原丁顺坝延长至 120 米，在北岸进行疏浚。筑坝工程量 8960 立方米，总共耗资 182.57 万元。通过整治使该滩航道水性有明显改善，客轮、拖轮枯水期均可夜航通行。

九、长江三峡水库变动回水区碍航礁石炸除一期工程

该工程位于重庆涪陵至娄溪沟河段，全长 138 公里。对剪刀梁、青岩子、黄果梁、炉子梁、搬针梁、水葬、野土地、门闩子等 8 处礁石滩险实施了清炸。航道尺度为 3.5 米 × 150 米 ×1000 米（水深 × 宽度 × 弯曲半径），通航保证率 98%。该工程于 2013 年 12 月 20 日开工，2015 年 6 月 12 日全部交工验收并投入试运行，2016 年 7 月 15 日工程竣工验收。工程总投资最终预算 7303 万元。

第二节　嘉　陵　江

一、嘉陵江草街以下至河口航道整治工程

一期工程于 2008 年 3 月 17 日正式开工，2009 年 5 月全部完工；二期工程于 2010 年 1 月 10 日正式开工，2011 年 5 月全部完工；三期工程于 2011 年 3 月 29 日正式开工，2014 年 6 月 10 日全部完工。航道支持保障系统各施工标段在 2010 年 12 月相继

开工，2012 年 12 月工程船舶建造、航标及交通安全标志、浮标建造 4 个标段相继完工通过交工验收投入使用，2012 年 11 月 VHF 通信系统及航道视频监控系统建成并通过交工验收投入使用。

2008 年，重庆市发展和改革委员会《关于嘉陵江草街以下至河口航道整治工程可行性研究报告的批复》（渝发改交〔2008〕1751 号）；2009 年，重庆市交通委员会《关于嘉陵江草街以下至河口航道整治工程初步设计的批复》（渝交委港〔2009〕2 号）。

项目整治航道里程为 68 公里，建设等级为三级航道，航道设计尺度：宽度 60 米，水深 2.0 米，最小弯曲半径 480 米。设计通航保证率 95%。按内河一类航标配布，航道年单向通过能力 2070 万吨。

项目建设主要内容包括 27 个滩险的航道整治，以及航标、航行水尺、航道趸艇等航标建设和航道维护设施建设。交通运输部以"交函规划〔2009〕137 号"文件下达了交通运输部水运建设资金 1.25 亿万元的资金计划，地方配套资金 3275 万元。

嘉陵江是国家规划的水运主通道，是国家综合运输大通道的重要组成部分。嘉陵江草街枢纽至河口段 68 公里航道，是嘉陵江与长江干支贯通，实现通江达海的咽喉河段。根据《长江流域综合利用规划简要报告》（国发〔1990〕56 号）和交通部、水利部、国家经济贸易委员会《关于内河航道技术等级的批复》（交水发〔1998〕659 号）的相关文件精神，草街以下 68 公里航道规划定级为三级航道，只有对该段航道的碍航滩险进行整治，并配套建设支持保障系统，该段航道才可达到三级航道标准，实现昼夜通行 1000 吨级船舶。根据三峡工程蓄水和草街航电枢纽断航施工等外界因素影响，项目划分为草街至北碚段、北碚至井口段、井口至河口段三段实施，航道支持保障系统实行一次性建设。

项目分为三期实施，其中：

（1）航道整治一期工程（草衔至北碚段）：项目建设单位为重庆航运建设发展有限公司；设计单位为中交上海航道勘察设计院有限公司、重庆市交通规划勘察设计院；施工单位为四川路桥、第二航道工程处、长江重庆航道工程局；监理单位为四川省水运工程监理事务所。

（2）航道整治二期工程（北碚至井口段）：项目建设单位为重庆航运建设发展有限公司；设计单位为长江重庆航运工程勘察设计院；施工单位为长江重庆航道工程局、中海工程建设总局、葛洲坝集团第五工程有限公司；监理单位为长航监理有限公司。项目实施过程中，二期工程正式开工后，由于 B 标段施工单位中海工程建设总局对嘉陵江航道水情不够了解、内河设施设备缺乏，施工进度滞后，经多方协商后，将 B 标段分割一部分给重庆渝航公司实施，以加快施工进度。

（3）航道整治三期工程（井口至河口段）：项目建设单位为重庆航运建设发展有限公

司;设计单位为长江重庆航运工程勘察设计院;施工单位为葛洲坝集团第五工程有限公司、长江重庆航道工程局、中交第四航务工程局有限公司;监理单位为黑龙江黑航工程监理咨询有限公司。由于第三期工程施工区域在主城区,受到市政设施安全、周边居民安全、陆上和水上交通安全等方面制约,尤其是石门大桥桥下炸礁涉及大桥安全,通过和市公安局、市市政委、路桥公司等单位多次沟通,并请全国著名专家对炸礁方案进行论证,采取较为保守的施工措施,因此施工进度较慢。

该项目经济内部收益率为12%,大于社会折现率(8%);经济净现值大于零。项目实施有效降低货物运输成本,该河段在整治前为五级航道,通行300~500吨级船舶,整治后为三级航道,水深增加,流速减少,可通航1000吨级船舶,吨位增大,运输成本下降。该项目建成后,进一步提高了嘉陵江水运的竞争力和中小型船舶的航行安全。

嘉陵江梯级渠化实施后,辅以航道整治工程,实现嘉陵江与长江干支相通、江海直达,对进一步增强长江上游航运中心的聚集辐射能力、发展绿色航运、沿江产业带的形成和发展以及水资源综合利用将起到积极的促进作用。

二、滩险治理

(一)嘉陵江合川草街至河水湾段

嘉陵江合川段草街至河水湾85公里航道,由合川航道管理段管辖。1986年至2005年间,除常年疏浚、航标配布维护,大的专项工程整治不多;从1986年至1992年进行了一些几百立方米补筑坝工程。补筑坝情况见附表1。

补筑坝情况表　　附表1

地　点	时间(年.月)	方　式	工程量(立方米)	备　注
巨梁滩	1986.12	筑坝	550	
瓦窑滩	1987.3	筑坝	270	
茅草石	1987.6	补坝	380	
肖门滩	1988.1	补坝	550	
肖门滩	1989.12	筑坝	500	
老鸦浩	1990.3—1990.4	补坝	650	
瓦窑滩	1991.4	补坝	650	
瓦窑滩	1992.4	补坝	650	

航道工程整治与维护具体情况见附表2。

航道工程整治与维护情况 附表2

年份（年）	疏浚（立方米）	航标		筑、补坝		炸礁（立方米）	信号台		航道维护费（元）
		设标（座）	维护（标/天）	筑坝（立方米）	补坝（立方米）		座	过船量（艘）	
1986	21107	270	12919	—	550	—	3	60713	131300
1987	24925	218	13344	—	570	—	3	51536	131634
1988	12106	181	11083	—	550	—	3	40669	148580
1989	16587	169	10869	500	—	—	3	72028	159405
1990	11825	157	9202	—	650	—	3	39242	—
1991	23230	183	12398	—	650	—	3	28369	190617（其中专项工程39000元）
1992	9205	155	10336	—	650	—	3	21501	362884（其中专项工程140316元）
1993	2580	58	7846	—	—	—	3	23338	246955
1994	500	87	3061	—	—	—	3	24922	274769
1995	4000	29	739	—	—	—	3	24921	289709
1996	—	62	2762	—	—	—	3	23038	—
1997	29685	193	13799	—	—	—	3	22629	422624
1998	27500	196	11127	—	—	—	3	18016	366000
1999	15400	391	13599	—	—	—	3	28929	440000
2000	10000	642	14534	—	—	—	3	31497	449288
2001	23460	425	13390	—	—	—	3	34065	注:2000年10月后至2005年,嘉陵江、涪江、渠江三江合川段每年航道维护经费合计27万元
2002	25470	430	10372	—	—	—	3	41087	
2003	19835	275	10763	—	—	—	3	25297	
2004	39205	297	17758	—	—	—	3	54587	
2005	58550	267	14237	—	—	—	3	61666	

（二）嘉陵江合川草街至河口段

嘉陵江合川草街至河口段68公里航道，由重庆航道管理段管辖。从1958年到20世纪70年代末，通过四次大规模的航道整治及专业的航道维护。1986年至2005年，除了日常维护性疏浚，基本没有进行过大的整治工程。滩险整治维护情况见附表3。

滩险整治维护情况表 附表3

序号	滩险名称	整治时间(年)	整治维护方式	整治前	整治后
1	二郎滩	1958、1965	挖泥、切嘴、疏浚	流急、易触礁	航道稳定,条件较好
2	斑鸠背	1958、1969	筑坝、疏浚	偶尔流态不佳	条件较好
3	锅铲石	不详	炸礁、疏浚	暗礁多,易触礁	稍好,但仍有暗礁
4	础石滩	20世纪70年代	疏浚	易出浅	有少量回淤,仍需重复疏浚
5	狗脚湾	1958、2006	筑坝、炸礁、疏浚、切嘴	河道异常弯曲,多石嘴和礁石	1958年开槽未成功,2006年作为专项整治后开槽成功,效果较好
6	红眼碛	1965、1973	疏浚	常出浅	情况有好转,间年出浅
7	朱家沱	—	未进行大的整治	偶尔出浅	—
8	白鹤滩	—	未进行大的整治	偶尔出浅	—
9	桌子角	1959、1960、1962	炸礁、疏浚	弯、窄、浅	航行条件有改善,仍需整治
10	王家滩	1958	炸礁、疏浚	窄、浅	有改善
11	利滩	1958、1959、1961—1964、1965、1970、1971	炸礁、筑坝、疏浚	浅、弯、险,易出海事	条件有改善,未根本解决航行困难问题
12	徐家滩	1944、1959、1960—1964	炸礁、疏浚、筑坝	浅、窄、险、弯	枯水仍存在浅、窄、弯、曲
13	响水滩	1959、1975	炸礁、疏浚、筑坝	浅,礁石多,易触礁	有改善,但偶尔仍出浅
14	黑羊石	1971、1972	炸礁、疏浚、筑坝	浅,礁石多、易触礁	有改善,但枯水期仍浅
15	黄果碛	1963、1979	疏浚	浅	有改善
16	猪儿碛	1945	筑坝、疏浚	浅,礁石多、易触礁	筑坝效果好,条件改善
17	简家梁	1965、1973	疏浚	弯、窄、浅	流态较好,有改善
18	飞缆子	1959、1960、1964、1965	炸礁、疏浚、筑坝	窄、弯、急、浅	条件有改善,仍需治理

续上表

序号	滩险名称	整治时间(年)	整治维护方式	整治前	整治后
19	油榨碛	1958、1971	炸礁、疏浚、筑坝	急、浅、窄	航槽仍不稳定，仍需每年维护
20	蛮子滩	—	疏浚	浅、窄	条件有改善
21	中渡口	1976、1978	疏浚	浅	条件有改善，仍需炸礁
22	土湾滩	—	—	浅	需炸礁、疏浚
23	猫儿石	1945、1958、1963、1978	筑坝、疏浚	浅、窄	条件有改善
24	红沙碛	1959、1960	炸礁、疏浚	多礁石、窄、浅	仍有出浅，航行条件不佳
25	金沙滩	1978	疏浚	浅	有改善
26	临江门	—	疏浚	浅	有改善

除去附表3中所列年份外，其余年份对部分主要碍航滩险均在枯水期进行正常维护性疏浚。

第三节　乌　　江

一、乌江航道整治

新中国成立后，为改善乌江水运条件，对涪陵至龚滩段188公里河段先后进行过7次整治。整治过的航道已由一条原始的木船航道，逐步变成常年通行100吨级轮船的六级航道，航运事业获得长足发展。随着改革开放进程的推进，乌江客货运量与日俱增。贵州沿河、四川涪陵和黔江地区的物资90%以上靠乌江运输。客货运量以每年11.8%和18.8%的速度递增。然而乌江虽经历年整治，其航道滩险仍待改善，航道的小半径、大比降，高流速、恶流态仍较突出，限制乌江航运通过能力。为此，国家把对乌江航道建设纳入了基建项目。从20世纪70年代末至90年代初，对乌江与长江的汇合口的浅滩及乌江涪陵至龚滩航段进行了大整治。涪龚段航道自下而上分两期整治，第一期整治涪陵至白马45公里，1989年开工，1991年完成；第二期整治的白马至龚滩143公里，1993年底动工，1997年完成，总计耗资5058万元。整治后，乌江涪龚段航道等级由六级提高到五级，通航条件大为改善。

（一）乌江口浅滩整治（1988—1990年）

乌江口位于涪陵港区，系与长江汇合而形成的河口石质浅滩，受“两江”水位涨落影响,滩险多变,枯水期碍航。船舶进出乌江时需减载航行,曾多次发生海事。虽然在1965年进行了扩建,但回淤出浅碍航仍未得到根除。改革开放以来,转江船舶日益增多,客货运量成倍增长,船舶吨级也在不断扩大,原来航道尺度已不能满足运输需要,彻底整治乌江口航道势在必行。

为此,涪陵港务局于1987年向长江航务管理局建议,在乌江口新开港区航漕,获得批准,由长江航道局第一航道工程处勘察设计,整治投资控制在300万元以内。经反复论证,终于找到河口滩的症结,因势利导开挖一条300米长的新"中槽",其扩建航道尺度为12米×40米×300米(水深×宽度×弯曲半径),以满足枯水期通行368千瓦拖轮组成的300吨级船队。于1988年11月15日正式施工,至1990年2月26日竣工,终于制服这个"老大难"的河口滩。总计完成工程量5.23万立方米,总计投资328.5万元。

1990年3月10日,在涪陵举行了工程验收交接会,验收合格,被评为优良工程,并移交地区交通部门维护。乌江口中槽整治通航成功,使枯水期原只能通行100吨级船加大到可通行300吨级船队,改变了过去进出乌江船舶减载状况,实现了长江、乌江干支直达,这对涪陵地区经济发展起较大的促进作用。

(二)涪陵到白马段航道整治(1989—1990年)

涪陵至白马45公里河段,两岸工厂及乡镇企业较多,运输繁忙。1985年水运量就达108.6万吨,客运量达145万人次,1996年客运量上升到174万人次。涪陵地区的化肥、水泥、煤炭、轻纺工业产品多云集此河段。尤其是军工816厂年产30万吨合成氨、50万吨尿素,以及白马煤炭年出口量30万吨等大宗货物80%都经过水运至长江沿岸各地。为适应运输的需要,在"七五"期间,对涪陵至白马段航道进行大规模整治。

1988年四川省交通厅决定涪陵至白马段按五级航道标准建设,需投资700万元,交通部补助500万元,省地自筹200万元。由四川省交通厅内河勘察规划设计院勘测设计,主要解决浅、弯、急、险问题,扩大通过能力,加快运输发展。

涪陵至白马45公里航道,航道狭窄弯曲,只能走百吨左右小船,运输效率低,尤其在中洪水期,滩陡流急,海损事故时有发生。这段航道共有大小滩险43处。本次着重整治碍航严重滩险16处,即磨船背、小角邦、曲石子、庙门滩、大角邦、上下边滩、郭母子、横梁子、狮子口、梳背碛、手抓岩、黄角骗、钮子石、磨溪角、牛屎碛、白浪滩。通过整治,要求航道尺度达到水深1.6米,槽宽30米,弯曲半径300米,通行2×300吨级机动驳船和500客位客货轮。

对乌江航道整治,四川省交通厅和涪陵地区十分重视,成立了"四川省涪陵地区乌江航道整治工程指挥部",指挥长由地区副专员屈志豪兼任,参加施工单位有厅第一、第二两个航道工程处及涪陵乌江航道工程队等单位。从1989年起,利用两个枯水季节施工,于1990年胜利完成任务。共完成工程量达15.6万立方米。其中,筑坝4.53万立方米，护坝3424立方米，水上炸礁2.61万立方米，水下炸礁1.72万立方米，疏浚4.59万立方米，拆旧坝6773立方米，挖基1.14万立方米。连同增置机具共完成投资748万元。四川省交通厅于1992年3月对工程进行了验收，航道尺度达到了设计要求。1992年3月31日，由2艘350吨级驳船和1艘368千瓦拖轮组成的船队载煤400多吨，在整治后的涪陵至白马航段实船试航成功，结束了此前该航段只能通航1艘至2艘100吨至200吨级船队的历史。航道经过整治，绞滩机的数量大为减少，提高了船舶航行效率，对山区人民搞活经济、脱贫致富起了极其重要的作用。

（三）白马至龚滩段航道的整治（1993—1997年）

白马至龚滩143公里，上连贵州省下通长江，是乌江的主航段。"八五"期间，国家投入4200万元专款整治该段航道，共整治51个滩险，主要由四川省交通厅内河勘察规划设计院勘测设计，上段木棕河至龚滩85公里，由黔江地区负责施工，整治28个滩险；下段木棕河至白马58公里，由涪陵地区承担，整治23个滩险，按五级航道建设。

1.黔江地区整治的滩险

1993年10月，"黔江地区乌江航道整治工程指挥部"正式挂牌办公。当年11月，对乌江老虎口、三洞碛炸礁、疏浚和筑坝工程施工实行公开招标。四川省交通厅第一航道工程处承担老虎口滩的炸礁工程和三洞碛滩的疏浚工程，黔江地区彭水航道段承担三洞碛的筑坝工程。同年12月中旬，三洞碛、老虎口工程相继开工。至1994年4月10日，3项工程全部竣工，共完成投资130万元，完成工程量2.29万立方米。两滩整治后，航道条件有很大改善，最枯水深从0.7米增大到1.5米以上，为船舶安全航行提供了保障。

1994年底，开始对磨寨滩、黄角骗进行炸礁、拆坝，对杨家溪、红志滩进行筑坝、捡滩，工程仍由四川省交通厅第一航道工程处和黔江地区航务处彭水航道段工程队分别承担，至1995年4月10日，磨寨滩、黄角骗工程完成水下炸礁1.3万立方米，水上炸礁1138立方米，水下拆旧坝1052立方米，水上拆旧坝360立方米。杨家溪、红志滩工程完成抬运坝石6700立方米，坝面平整480立方米，捡滩9000立方米。4项工程共完成投资280万元。经省地县联合验收，被评为优良工程。

2.涪陵地区整治的滩险

白马至木棕河58公里航段，由"涪陵地区乌江航道整治工程指挥部"统筹施工，其中涪陵航道工程队整治20个滩险；四川省交通厅第三航道工程处整治棉花坝、川石2处滩险；四川省交通厅第一航道工程处整治江口的通天漕。至1997年底竣工，完成18.7万立方米，共投资1442万元。

"五里长滩乱石横"的羊角碛，由饯粮铺、出老头、琐角、凉水井、新滩等5个滩组成，滩群长1869米，是乌江天险中之“天堑”，也是这次大整治的重点。从1993年冬开工，至1996年春竣工，将江中大石夷平，终于驯服凶滩恶水，取消新滩、助角、饯粮铺、出老头的绞滩机，只留凉水井1处绞滩，缩短了船舶过滩时间，提高了航道标准。航道最小尺度为：水深1.5米，漕宽25米，弯曲半径180米。航道可通行367千瓦×500客位客货轮和180吨级单船机动驳，通过能力大幅度提高。

乌江白马至龚滩段航道，从1993年开工，至1997年5月竣工，历时4载有余。在黔江、涪陵两工程指挥部协同作战下，通过疏浚，炸礁、筑坝等手段整治51座滩险，达到了五级航道标准。经四川省交通厅组织涪陵、黔江、四川省交通厅内河勘察规划设计院及水运质监站等单位进行验收和实船试验符合标准。涪陵至龚滩最枯水深由0.8～1.2米增加到1.5～1.6米，漕宽由10～20米增加到25～30米，弯曲半径由80～90米，增加到200～300米。由行驶100吨级货船提高到200吨级货轮和365千瓦500客位的客货轮，比整治前增加1倍。并在各信号台、绞滩站和航运管理机构安设了无线电台，使乌江成为一个具有无线电通信网络的河流。由于滩势险情减缓，绞滩机的数量由最初的18座，减少为2座。通过这次大的整治，各种类型船只逐步升级换代，客货运载能力不断增强，已有各种类船舶153艘，总吨位2.2万吨，总客位7300客位，为新中国成立初期100倍以上。

新中国成立初期，从涪陵到龚滩木船往返少则20余日，多则1月，最多达73天。20世纪50年代轮船初通时每航次也得6～7天，整治后只需1～2天，显著缩短航行周期，提高营运效益。1993年，客运量达270万人次，货运量220万吨，比新中国成立初增加上百倍。昔日的“乌江天险”已成为沟通川黔的黄金水道。

（四）乌江白马以下至河口航道整治工程（2012—2015年）

项目于2012年5月开工建设，2015年10月竣工。

2010年8月，重庆市发展和改革委员会《关于乌江河口至白马段航道建设工程可行性研究报告的批复》（渝发改交〔2010〕934号）；2011年4月，重庆市交通委员会《关于乌江河口至白马段航道建设工程初步设计报告的批复》（渝交委港〔2011〕11号）；2012年4月，重庆市交通委员会《关于乌江河口至白马段航道建设工程（航道整治）施工图设计的批复》（渝交委港〔2012〕7号）；2013年10月，重庆市交通委员会《关于乌江河口至白马段航道建设工程（支持保障系统）施工图设计的批复》（渝交委港〔2012〕7号）；2014年5月，重庆市交通委员会《关于乌江狮子口滩航道整治工程（航道整治部分）施工图设计的批复》（渝交委港〔2014〕14号）；2015年1月，重庆市交通委员会《关于乌江河口至白马段航道建设工程支持保障系统白涛航道维护基地码头工程施工图设计的批复》（渝交委港〔2015〕2号）。

项目整治乌江白马至河口航道45公里，建设等级为三级航道。航道设计尺度：宽度

45米,水深2.7米,最小弯曲半径480米。项目建设内容包括小角邦、曲石子、庙门滩、大角邦、大溪河口滩等处的疏浚、炸礁、清渣;修筑黄角扁折坝;整治狮子口滩群。经重庆市发展和改革委员会审核总概算,项目总投资为2.33亿元,资金来源为中央水运专项资金及市级交通专项资金,其中中央水运建设资金1.64亿元,其余业主自筹6886.17万元。

航道整治工程完成后移交给当地海事部门进行巡查维护,乌江白马至河口45公里航道达到内河三级航道标准,通航1000吨级船舶,航运条件显著改善,保障能力明显提高,与长江高等级航道干支直达,对区域经济发展起到了重要的带动作用。

建设单位为重庆航运建设发展有限公司;设计单位为重庆航运工程勘察设计院;施工单位为中交第四航务工程局有限公司、广东宏大广航工程有限公司、广东宏大广航工程有限公司、长江宜昌航道工程局、长江重庆航道工程局;监理单位为黑龙江黑航工程监理咨询有限公司。小角邦、曲石子、庙门滩和大角邦标段的施工单位为中交第四航务工程局有限公司。上下边滩和大溪河口标段的施工单位为广东宏大广航工程有限公司。郭母子滩群段标段的施工单位为长江宜昌航道工程局。狮子口滩群标段的施工单位为长江重庆航道工程局。

二、边滩岩崩治理

乌江上边滩,在涪陵以上35公里,属武隆县兴顺乡鸡冠岭段。1994年4月30日,鸡冠岭突然发生特大山体岩崩,左岸离江面800高处山岩断裂崩塌,崩塌岩体30余万立方米,使乌江宽80米、深15米的河槽堵塞,造成上、下游水位8米多高的“水门坎”落差。不久又因天降暴雨,使上边滩岩崩堆积体在山洪冲击下形成强大的泥石流涌入江中,急流滩段长达800米,中断了乌江航运,给黔江、涪陵地区的运输造成巨大困难和经济损失。这次岩崩自然灾害成为四川人民关注的焦点,各级领导迅速反应,全力抢险救灾。

1.上边滩岩崩堵江对航运的影响

据测定,上边滩岩崩纵向长320米,跌水段140米,落差9米,平均比降64%,平均流速7米/秒,浪高达3~5米,中断了航运,给乌江流域内川、鄂、湘、黔4省16个城市造成重大经济损失,严重影响了8万多平方公里范围内2000万人民的生产和生活必需品的供应。山体崩塌时毁损房屋13259平方米,年产6万吨的兴隆煤矿被掀入江中;2艘渔船被巨浪击翻;丰都县水运3号、7号拖轮和武隆16号渡船遇难;3艘煤船全部沉入江底;修建双白公路的民工1人当场被崩岩砸死。上下船队只能隔滩相望。上下游停航船舶共200余艘,其中四川140余艘,贵州60余艘。沿江停产企业71家,半停产企业159家。乌江航运中断,造成武隆、彭水、酉阳、黔江等地物资断缺,物价上涨,工矿企业原料供应困难停产,直接经济损失达1000多万元,间接损失上亿元。

2. 疏通航道的紧急措施

上边滩岩崩造成乌江断航后，中央和省政府非常重视，分别做了批示和安排，要求抓紧抢险救灾，交通部和省交通厅、省交通厅航务局、省交通厅内河勘察规划设计院先后派人至乌江查勘现场，调查分析断航造成的灾难性影响，并写出了专题报告和应急抢险措施。

1994 年 5 月 6 日，时任交通部副部长在北京听取了四川省副省长甘宇平、交通厅副厅长胡培根等人的汇报。赓即，国务院副秘书长李世宗、国家计委、经贸委、民政部等有关部门负责人又听取了甘宇平副省长对灾情及救治措施的汇报。国务院副秘书长李世宗指示：各方面应共同努力，协同作战，从国务院到省、地、县及交通部门都要各负其责，把善后事情办好，及早疏通乌江航道，保一方平安。同年 6 月 14 日，四川省委书记谢世杰和省长肖秧先后亲赴上边滩岩崩现场视察做了重要指示：乌江特大岩崩是一次非常事件，灾害无情，党和政府有情，各级领导必须以非常手段处置，尽快让乌江航运畅通。四川省交通厅、涪陵行署、地区交通部门对此进行了专题研究，迅速果断地制定出疏通航道的方案，经省政府同意，下达执行抢险工程分两期实施：第一期工程从 1994 年 6 月 20 日开始，工期 9 个月，力争 1995 年 2 月恢复航运，全年保证 9 个月通航。在此基础上，开展第二期工程前期工作，力争 3 年内达到原有通航标准。上边滩岩崩整治工程由主体、辅助、配套三大项目组成，整个工程概算总投资为 4851 万元。按项分期下达，及时到位。

3. 第一期工程的施工和效果

第一期工程于 1994 年 7 月 5 日开工，主要由涪陵地区航道工程队承担施工任务，从山顶、山腰到山脚，施工场地全面铺开，昼夜奋战。经过半年的努力，至 1994 年底即炸除了江中陡坎顽石，减弱了惊涛大浪，降低了落差，缩短了急流航段，拓宽了航道。右岸江中岩崩体及左岸水上部分乱石基本清除，消失在滚滚波涛中。辅助工程的绞滩船、绞滩机、信号台、通信设施也逐步完善，基本满足施绞上滩的通航条件，提前实现航道初通。

整治后急流滩段由 800 米缩短到 500 米，比降由 64‰降至 13.5‰，流速由大于 7 米/秒降到 6 米/秒以下。一期工程初战告捷的项目有：①在右岸修建一条便道，长 2093 米，宽 2 米，工程量 2000 立方米。②修建简易码头 3 座，工程量 2000 立方米。③水下炸礁 7.28 万立方米。④水上炸礁、挖填 4.29 万立方米。⑤完成绞滩船和导航设施。

与此同时，还完成了右岸宽 1.5 米、长 1850 米上下游客船对接的人行便道和 3 个临时滩位码头等辅助工程。第一期工程共完成投资 1760 万元，其中中央补助 1450 万元，四川省自筹 310 万元。

1994 年 12 月 23 日至 26 日，由乌江岩崩堵江航道抢险工程指挥部主持，进行了上水客、货轮试绞及下水客货轮试航。共试航16艘船舶及船队，其中下水9艘，上水7艘，载重60吨至130吨货船顺利通过上边滩新航道，船舶过滩基本正常。

1994年12月30日，四川省政府在乌江岩崩现场举行了隆重的初通复航仪式。省长肖秧、副省长甘宇平参加仪式，肖秧省长说：乌江岩崩堵江的打通，是一个十分令人鼓舞的胜利，这一胜利来之不易。希望认真总结经验，以利明后年继续施工，扩大战果。

4. 第二期工程的施工及效果

1996年，交通部批准乌江岩崩堵江航道抢险二期工程列项。工程总投资为3696万元，其中交通部补助3000万元。建设主要内容是爆破河床礁石和疏浚，开挖岩崩堆体陆上土石方。工程总量68.5万立方米。通过拓宽航道，调整比降，减缓流速，改善水流条件，使2艘300吨级驳船组成的船队能自航上滩。

四川省交通厅为了加强二期航道工程施工，要求工程严格按基建程序管理。确定四川省交通厅航务管理局为建设业主单位，乌江航道整治工程指挥部为实施单位。通过招标，由四川省交通厅第二航道工程处负责施工，于1996年9月开工，至1997年4月底，已完成土石方28万立方米，占总工程量的40%。重庆成为直辖市后，经与重庆市交通局协商，工程继续由四川省建设，计划于1998年底竣工验收，恢复原五级航道标准，实现船舶自航上滩。

第四节 梅 溪 河

一、自然概况

梅溪河发源于巫溪县的万家沟，流经巫溪县和奉节县，于奉节县城注入长江，干流全长161公里。梅溪河流域属高山峡谷和深丘地带，河源至新渡口为上游，多为高山峡谷，河床狭窄，两岸峭壁，河宽不足15米，枯水水面宽不足4米，具有洪水流急、枯水水浅等特点；新渡口至西牛角72公里为中游，河宽30~80米，枯水水面宽8~15米，水深0.2米左右，比降2‰~2.1‰；西牛角至奉节县城30公里为下游，河道平缓，滩短沱长，水面宽20~30米，水深0.4米。

梅溪河是长江的一级支流，是奉节、巫溪境内物资进出的重要通道，对区域经济发展起着重要的促进作用。三峡蓄水前，梅溪河河口至芝麻田段31公里季节性区间通航，为等外级航道，枯水期水面狭窄、水深浅，部分河段不具备通航条件。历年河道水沙稳定，年内冲淤基本平衡。梅溪河航道维护类别为三类。20世纪80年代初以来，由于公路网的形成，梅溪河的养护基本停止。现有车家坝水文站一座，通航段现有普通公路桥两座、人行铁索桥一座，均满足通航要求。

二、航道整治

梅溪河按三级航道标准整治，项目于2013年开工建设，2018年完工。

项目于2009年开始项目可行性研究，2011年完成工程可行性研究报告。2013年4月，重庆市发展和改革委员会《关于三峡库区重庆重要支流梅溪河航道整治利用工程可行性研究报告的批复》（渝发改地〔2013〕456号）；2013年4月，重庆市移民局《关于关于三峡库区梅溪河航道整治利用工程初步设计报告的批复》（渝移发规字〔2013〕176号）；2013年5月，重庆市发展和改革委员会《关于三峡库区重庆重要支流梅溪河航道整治利用工程投资概算的批复》（渝发改地〔2013〕761号）。

项目整治航道里程为康乐镇至河口18公里航道，建设等级为Ⅱ级。航道设计尺度：宽度75米，水深4.5米，最小弯曲半径550米。通航保证率98%。项目建设疏浚、炸礁2处；建设航行标志61座、水上交通标志23块、VHF通信系统一套、视频监控点10处、停泊区1处；建设航道维护设施及水上救援基地1处；设置航道测量控制网。项目总投资为3182万元，资金来源为交通运输部水运建设资金和重庆市级交通专项资金。

航道整治工程完成后移交给地方海事部分进行巡查维护，梅溪河康乐镇至河口18公里航道达到内河二级航道标准，通航2000吨级船舶，航运条件显著改善，保障能力明显提高，形成与长江高等级航道干支直达，基本实现河口至康乐镇夜航运输的功能，对区域经济发展起到了重要的带动作用。

建设单位为重庆航运建设发展有限公司；勘察设计单位为重庆市交通规划勘察设计院；监理单位为黑龙江黑航工程监理咨询有限公司。航道整治工程施工单位为重庆市渝航交通工程有限公司。航标（岸标）及交通安全标志工程施工单位为长江重庆航道工程局；浮标工程施工单位为重庆友邦船务有限公司。

第五节　大　宁　河

一、自然状况

大宁河别称盐水，是毗连长江三峡北岸的一条小山溪。源出大巴山南麓，奔流于巫溪、巫山两县境的云崖险峰之间，至巫峡口注入长江，全长165公里。河流虽小，但名扬全国。主要是它有山水奇秀、峡谷幽深、大峡套小峡、风景如诗如画的龙门、巴雾、滴翠小三峡。1982年10月23日，小三峡景区对外开放，从此，大宁河被开发为旅游航道。

二、航道整治

改革开放以来，为了发展和繁荣旅游事业，大宁河的航道建设被列入四川省开发重点工程项目。在此之前，为了解决山区人民所需物资的运输，1963年巫山、巫溪两县分别成立航道养河队，1965年至1987年四川省投资180多万元，对大宁河航道进行整治，设置了一些简易航标，疏浚了一些浅滩，通航条件有所改善。然而，由于经费不足，航道面貌变化不大，仅能行驶5吨左右"神驳子"小船。改革开放后方引起四川省和市县各级领导重视，把大宁河的建设提上议事日程。

在大宁河全长165公里的航道中，只有巫溪县城至巫山县长江口74公里为常年通航河段。著名的"小三峡"即位于其间。然而，此河段迂回曲折，一里三弯，弯弯见滩，滩多水急，有大小滩险200余处，其主要碍航险滩48处。由于河段受丛山峻岭影响，朝云暮雨，变化无穷。夏秋山洪暴发，巨浪滔滔，流量高达5000立方米/秒，惊涛裂岸，无法行船。冬春雨量少时，最小流量仅7～8立方米/秒，枯水时涉足深不没踝。水落石出，滩险密布，船在乱石中绕行，宛如置身于高楼窄巷之中，随时有遇难之险。

随着大宁河旅游事业的发展，中外游客越来越多，船舶越来越大，对航道的要求也越来越高。在四川省交通厅和市县的重视下，万县市航管处组织力量，对大宁河进行了全面勘察与规划。航道整治开始实质性启动。因该河受长江三峡水利枢纽工程回水的影响，这次航道整治仅制订了15年规划，即1986—2000年。重点是治理巫山至巫溪74公里旅游航道，按9级航道标准建设。通航尺度为水深0.5～0.7米，槽宽8米，弯曲半径70米；能通行8吨至12吨小功率机动船。亟待整治滩险48个，需修建巫山的龙门、双龙、水口、巫溪4个旅游码头，以及建设必要的通信导航设施。

大宁河航道规划获得四川省认可，逐年给予拨款。1986年至1995年，四川省共投资1158万元（包括粮棉布，以工代赈扶贫粮），其中用于整治航道558.5万元，港口建设560万元，通信设施40万元。至1995年完成的工程量为航道筑坝8万立方米、疏浚5万立方米、炸礁1.3万立方米、护岸1万立方米，并在巫山龙门、双龙、水口和巫溪县城4处修建了码头。河道通航水深达到0.5米，槽宽4米至6米，弯曲半径70米，终年能行驶3吨至6吨机动船，基本适应了旅游运输的需要。

大宁河于2009年按三级航道标准整治，项目于2009年2月开工建设，2009年12月完成交工验收。

2007年11月，重庆市交通委员会《关于三峡工程重庆库区支流综合治理试点示范大宁河航道整治利用工程可行性研究报告的批复》（渝交委计〔2007〕151号）；2008年3月，重庆市交通委员会《关于重庆市交通规划勘察设计院编制的初步设计报告的批复》（渝交委港〔2008〕9号）。

项目整治航道里程 42 公里，等级为三级航道。航道设计尺度：宽度 60 米，水深 3 米，最小弯曲半径 280 米。设计代表船型为 1000 吨级货船。通航标准率为 98%。项目建设主要为支持保障系统，包括助航设施建设（航标建设、交通标志牌建设、水尺建设等）、VHF 通信系统建设、视频监控系统建设，以及航标和紧急救援基地建设等。助航设施：建设岸标 57 座，困难标 11 座，塔标 1 座，交通安全标志 38 块，水尺 1 把，地牛 24 座，为船舶停泊和夜航提供了必要条件。VHF 通信系统建设：建设大昌、双龙基站，巫山县航务处控制中心，并利用长江巫山通信管理站 VHF 基站。工程建成后，实现了大宁河水口至河口航段 VHF 无线电船岸通信系统覆盖率 95%，为航道管理人员对船舶管理提供了有效手段。视频监控系统建设：4 个前端视频监控点和 2 个监控指挥室；对重要河段实施远程监控，减少了事故的发生。航标及紧急救援基地建设：在大昌建设基地一处，为日常航标维护及紧急救援提供保障。项目总投资 4333.27 万元。

经过大宁河支持保障系统的建设，大宁河实现了昼夜通航，白天旅游观光，夜晚实行货运，有效解决了大宁河旅游和矿产资源运输之间的矛盾，为当地资源开发作出贡献。大宁河的建设对于充分发挥三峡工程的航运效益、开发库区客货资源、发展库区移民经济、服务库区客货流通具有重要意义。

建设单位为重庆市港航管理局；设计单位为重庆市交通规划勘察设计院；施工单位为重庆航源建筑工程有限公司；监理单位为重庆西科水运工程咨询中心；质检单位为重庆市交通基本建设工程质量监督站。

三、滩险及治理

大宁河航道，从巫溪县城至巫山河口航道里程 74 公里，航道弯曲半径小，落差大，平均比降为 1.86‰，航漕峡窄易变，滩险多，有各类滩险 187 处，属于典型的山区浅滩急流航道，整治、维护工作十分繁重。

（一）银涡滩

银锅滩距河口 5 公里，是大宁河的一处重要险滩，该滩长 150 米，宽 5 米，河床为卵石、礁石构成，滩漕水浅流速大，水深 0.4 米，落差 4 米。新中国成立前该滩未能经过河道整治，不少过往船舶在此翻沉，有“十船就有九船翻”之说，可见该滩之凶险。传说新中国成立前不少乘船富商在此遇难留下不少金银财宝，故此滩名为“银涡滩”。新中国成立后该滩经过一些整治，航道条件有所好转，但该滩落差大，水急滩窄，仍是大宁河最险要的滩漕之一，上行船舶过此滩时所载游客必须下船步行过滩，船工船上用篙杆撑，岸上用纤绳拉方能使船舶过滩；下行船舶过此滩时为避免急流对船舶的影响，保证船舶的安全，船舶往往采取逆向倒坐方式下滩。

为降低该滩落差，增加航道水深，使之适应航道运输的需要，1996 年向国家争取以工代赈资金50万元,万州航务处自筹资金5.73万元,由四川省华夏总公司第一建筑公司于1996年2月14日至3月27日采用炸礁、筑坝拦水、切嘴、挖漕等方法对该滩进行了整治,修丁坝基漕2处557.83立方米,补坝1786立方米,筑坝868.38立方米,丁坝加固888立方米,切嘴5382立方米,挖漕2188立方米。通过整治,该滩通航条件大为改善,落差有所降低,水流有所减缓,水流归漕,水深由原来的0.3米提高到了0.6米。船舶上下自如,事故隐患得到有效控制。

(二)长滩

长滩距河口约6.8公里,是大宁河又一险滩,该滩长约70米,河床纵坡大,水流急,滩窄,最小宽度8米,最小水深0.4米。该滩左岸原有护岸堤坝,因年久失修,被1998年特大洪水冲毁,航漕淤积变窄,变浅,严重碍航。在该滩出口处有一湾道,其湾急水流,下行船舶过此滩时十分危险,严重影响船舶航行安全。

为降低该滩落差,增加航道水深,解决航道淤堵,使之适应航道运输的需要,1999年争取重庆市航运处航道整治资金15万元和万州区航务处航道整治资金15万元,1999年3月3日至3月31日,四川省华夏总公司第一建筑公司对该滩进行整治,采用截嘴、炸礁、护坡、捡滩、挖漕、筑拦水坝方法,完成截嘴挖漕112多立方米、护坡649立方米、块石护面坝335立方米,左岸护坝两座124米和捡滩,右岸切嘴及砌体、捡滩536立方米。通过整治河床纵坡减小,河漕水深提高,能达到0.5米,滩出口处湾道半径增加,水流减缓,船舶航行安全、方便、快捷,提高了船舶的通行能力,促进了地方交通运输和经济的发展。

(三)八挂石

八挂石在距河口7.1公里处,该滩上接无名峡,下接长滩,该滩长80米,落差大,水流急,湾道半径小,河漕宽6米,最小水深0.4米,船舶过此滩,特别是下行船舶过此滩十分危险。

为了降低落差,减缓水流,消除湾道半径,决定对此滩进行改道,由左岸改道右岸,巫山港务处向县财政争取资金10万元,于1998年1月至2月对该滩进行改道,采用炸礁、挖漕、筑拦水坝方法,炸礁4处、挖漕3000立方米、筑河堤拦水坝80米,改造为一条长100米的顺直河漕。通过对该滩的整治,使该滩滩长增加,由原来的80米增加到了100米,使纵坡增长,落差减小,水流减缓,水深由原来的0.4米增加到了0.6米,消除了湾道半径,使船舶过滩的安全性有了很大程度提高。

(四)磨角滩

磨角滩距河口11公里,该滩滩长320米,河床纵坡大,流急水浅且散,滩漕内最小水深0.3米,河漕宽7米。该滩出口处湾道半径小,河床为卵石组成,船舶过此滩时十分困难，上行船舶往往要清载空船过滩，不少船舶在过此滩时螺旋桨被损坏或打掉；过滩时间长，特别是旅游高峰期，常常造成旅游船舶堵塞，排队过滩。为保证船舶过滩安全，对此滩进行两头监控，实行定时单向航行。此滩历来是当地地方海事管理部门监督管理的重点。

为增加该滩水深，扩大湾道半径，提高船过滩能力，使之适应航道运输的需要，巫山航务处积极争取国家以工代赈资金20万元，于2000年1月到2月期间，采取截嘴、挖漕、筑建拦水堤坝等方法对该滩进行了整治，截嘴1处、挖漕5000立方米、筑建拦水堤坝600米。通过对该滩的整治，使散水归漕，河漕水位有所提高，由原来的0.3米增加到了0.5米，截嘴筑堤，增大了湾道半径，单位时间船舶过滩能力有了提高，旅游高峰期船舶排队过滩现象明显缓解，加之各安全管理部门对此滩的严格监控和管理，自整治以来未发生过任何船舶安全事故，使该滩较好地发挥服务交通旅游运输的作用。

（五）七里滩

七里滩是大宁河最大的浅水滩，在距河口45公里处，该滩长300米，宽60米，最大流速1.9米/秒，最小流量8.62立方米/秒，最小水深0.3米，为卵石河床，河床较宽坡降较大，该滩漕口与上下航道成“Z”字形，对航行极为不利，严重影响了交通发展。

为达到束窄河床、调整比降、改善流态、提高该滩滩漕水深、保证船舶安全过滩，1997年底争取国家以工代赈资金50万元，万州航务处自筹资金3万元，由四川省华夏总公司第一建筑公司于1997年12月18日到1998年1月16日期间对该滩进行了整治，封固“Z”字形旧航漕，新开挖一条长244米、宽20米平缓顺直新航漕，3778立方米，在左岸新建一条长241米、共4716立方米的顺坝，束水归漕。增加航漕水深，满足通航条件。通过整治，解决了浅、窄、湾三大碍航因素，使散水归漕。该滩滩漕水位由原来的0.3米提高到了0.5米，改变了以前上下滩旅客必须起坡、人力推拉过滩现象。

（六）水口滩

水口滩位于大宁河口50公里处，该滩长50米、宽8米、最小水深0.35米，河床为卵石构成，坡降较大，水流急，船舶过此滩水手往往需要下水推舟或减载，显得十分困难和危险。

为达到束窄河床、调整比降、改善流态、提高该滩滩漕水深、保证船舶安全过滩，巫山港务处积极争取国家以工代赈资金20万元，于2003年12月到2004年2月期间组织民工对该滩进行整治，采用挖漕、筑建拦水堤坝（左岸修筑丁坝3处，右岸修筑丁坝2处）挖漕2100立方米，通过整治，拦水归漕，使该滩滩漕水位由原来的0.35米提高到了0.45米，船舶过滩再不需要水手下水推舟和减载，搁浅的情况也不复存在，过滩时间缩短。

(七)马脑壳

2003年三峡大坝蓄水后,大宁河航道条件有了彻底改变,回水末端至大昌八角丘,回水段内各险滩已不复存在,然而随着三峡大坝不同的蓄水位,出现了新的碍航体。

马脑壳位于大宁河河口11公里处,由航道北岸向河心伸出一长约120米,宽70米的突嘴,形状酷似马脑壳,马脑壳故此而得名。马脑壳内侧低洼段在大坝水位139米时被淹没,航道绕马脑壳成V字形,上接琵琶州水域,下接无名峡,湾道半径小,视线较差,成库后因此处湾道急、视线不好,船舶多次在此发生了碰撞翻船事故,造成人员伤亡和财产损失,同时当三峡大坝在156米蓄水后,马脑壳将成为水下暗礁,给过往船舶带来极大的安全隐患。

为及早消除隐患,巫山港务处积极向市交通委员会争取航道整治资金80万元,由重庆市巫山县路桥公司于2006年7—8月对马脑壳进清障,采用爆破、平整的方式将其由海拔167米高程降至海拔140高程,工程方量2.6万立方米。通过对马脑壳的整治,增加了此处航道曲率半径,清除了水下障碍物,缩短航道里程,航行视线好了,安全隐患得到彻底清除,船舶航行安全有了保障。

第六节 小 江

一、自然概况

小江发源于开县东北部与城口县交界处一字梁山脚钟鼓村的钟鼓溪。流经白泉、和谦、温泉等乡镇,在云阳双江口注入长江,全长约174公里,有3条支流汇入,流域总面积为4992平方公里。小江流域山势较为险峻、地势起伏甚大,高山峡谷,丘陵平地交替出现,上游多处于高山峡谷,窄谷滩险连绵不断,水位变幅大,航槽变动频繁,河床多为乱石、砾石,两岸多为岩石,具有比降大、水浅等特点,中游地处小江电站库区内,现为主要通航河段,河谷较为宽阔,具有比降小、水流较缓的特点,多为泥沙河床。下游地形较为平坦,河谷宽阔。小江平均比降1.12‰,平均流速1.5~2.1m/s,最大流速3.09米/秒,最小弯曲半径70米。小江航道,马家沟至汉丰镇有滩险12处,滩长6800米,汉丰镇至双江口有滩险64处,滩长7783米,著名的“上下七滩”就在高阳至黄石段。

云阳县境内地形较为平坦,河谷宽阔,一般均为150~200米,最宽达1500米,仅高阳至黄石段,山势陡峭,受地理条件限制,河谷较窄,水流湍急,枯水期行船较为困难;黄石至双江段,地平河宽,长江汛期水位上涨,回水可至高阳,此段洪水期间可通航50吨级船舶;马家沟至双江口枯水期河面宽70~150米。

小江径流主要靠降雨,多年平均降雨量900毫米,最大1522毫米,最小519毫米,降雨量因受大巴山暴雨气候影响分配不均匀,每年5~10月降雨量占总降雨量的70%以上。根据降雨量的变化,小江枯、洪水特点为:枯水期11月至次年4月,洪水期为5~8月,中水期为9~10月,开县以上最大流量为2270立方米/秒,最小流量为3.73立方米/秒,开县以下最大流量为4880立方米/秒,最小流量为6.29立方米/秒,全年径流总量为35.84亿立方米,洪、枯水变幅为12.65米。

由于小江流域地势起伏甚大,气候相差也较悬殊,高山一般气温低而多雨;平坝气候温和,冬季干燥。据开县气象资料,平坝地区全年平均气温18.2摄氏度,最高气温39摄氏度(多发生在8月内),最低气温为1.2摄氏度,霜冻、雪多发生在1~2月,全年无霜期315天左右。

二、航道整治

项目于2013年开工建设,2018年建成。2013年4月,重庆市发展和改革委员会《关于三峡库区重庆重要支流小江航道整治利用工程可行性研究报告的批复》(渝发改地〔2013〕451号);2013年4月,重庆市移民局《关于三峡库区小江航道整治利用工程初步设计报告的批复》(渝移发规字〔2013〕174号)计;2013年5月,重庆市发展和改革委员会《关于三峡库区重庆重要支流小江航道整治利用工程投资概算的批复》(渝发改地〔2013〕760号);2014年4月,重庆市交通委员会《关于三峡库区重庆重要支流小江航道整治利用工程(航道整治部分)施工图设计的批复》(渝交委港〔2014〕13号)。

项目整治航道里程为小江白家溪至河口51公里航道,建设等级为三级,航道设计尺度:宽度60米,水深3米,最小弯曲半径480米。设计通航保证率98%。项目建设整治滩险共4处,分别为白家溪滩、张家咀、李家坝滩、刀背碛滩;建设航行标志293座,配布交通安全标志46座;在小江双江大桥处建设水尺2把;在高阳和白家溪建设航标维护及紧急救援基地各1处;同时在该处设置临时停泊区;配备绞吸式挖泥船一艘和泥驳两艘;在云阳黄石、云阳渠马各修建VHF通信基站一处;建设云阳县港航管理处办公大楼指挥监控中心1个,云阳县港航管理处小江河趸船监控室1个,白家溪分监控中心1个,建设航道前端视频监控点18个;GPS D级网、图根网建设及1:1000的航道图测量。项目总投资为10386万元,资金来源为交通运输部水运建设资金和市级交通专项资金。

航道整治工程完成后移交给地方海事部分进行巡查维护,小江白家溪至河口51公里道达到内河三级航道标准,通航1000吨级船舶,航运条件显著改善,保障能力明显提高,形成与长江高等级航道干支直达,对区域经济发展起到了重要的带动作用。

项目建设单位为重庆航运建设发展有限公司;设计单位为重庆市交通规划勘察设

计院;施工单位为中交天津航道局有限公司、重庆航源建筑工程有限公司、重庆长航东风船舶工业公司;监理单位为黑龙江黑航工程监理咨询有限公司。

三、滩险及治理

（一）滩险

黄岭滩:距河口 12.45 公里,滩长 200 米,为卵石河床急流浅滩,断面最小宽度 5.8 米,断面最小水深 0.35 米,该航段航行 10 吨左右自行船。

七血子滩:距河口 12.85 公里,滩长 110 米,为卵石河床急流浅滩,断面最小宽度 6 米,断面最小水深 0.3 米,常年可通行 10 吨左右自行船。

代里子滩:距河口 16.95 公里,滩长 130 米,为卵石河床急流浅滩,断面最小宽度 6 米,断面最小水深 0.3 米,常年可通行 10 吨左右自行船。

猫爪子滩:距河口 17.25 公里,滩长 180 米,为卵石河床急流浅滩,断面最小宽度 5 米,断面最小水深 0.3 米,常年可通行 10 吨左右自行船。

（二）治滩

受三峡蓄水影响,小江的航道条件得到较大的改善,原来季节性通行 50 吨级以下小型机动船舶的等外级航道,将形成通行 1000 吨级以上船舶的深水航道,但由于是新形成未开发建设的天然航道,部分航段弯曲狭窄,船舶的通视条件差,严重影响了船舶的航行安全。2006 年 8 月库区三期水位成库前对小江蛇脑壳进行了整治清障,完成工程量 17731.3 万立方米,投资 47 万余元,小江河口至高阳航段航道基本已达到三级航道通航标准;高阳至渠口达到四级航道通航标准。

第七节 抱 龙 河

一、自然概况

巫山县抱龙河为三峡库区长江右岸一级支流,位于巫山县东南部,发源于湖北省建始县铜岩子,由南向北流经湖北建始、巫山两县,进入县境,经天竹坝、十二洞,在抱龙镇无夺桥注入长江,全长 22.3 公里。

二、航道整治

项目于 2014 年 6 月开工建设,2015 年 7 月竣工。

2013 年 4 月,重庆市发展和改革委员会《关于三峡库区重庆重要支流抱龙河航道整治利用工程可行性研究报告的批复》(渝发改地〔2013〕450 号);2013 年 4 月,重庆市移民局《关于关于三峡库区抱龙河航道整治利用工程初步设计报告的批复》（渝移发规字〔2013〕175 号）；2013 年 5 月，重庆市发展和改革委员会《关于三峡库区重庆重要支流抱龙河航道整治利用工程投资概算的批复》（渝发改地〔2013〕762 号）；2014 年 4 月，重庆市交通委员会《关于三峡库区重庆重要支流抱龙河航道整治利用工程（航道整治部分）施工图设计的批复》（渝交委港〔2014〕12 号）。

项目整治航道里程 7.8 公里，建设等级为三级，航道设计尺度：宽度 45 米，水深 3.2 米，最小弯曲半径 480 米[航道双线航尺度为 60 米 ×3.0 米 ×190 米（宽度 × 水深 × 弯曲半径），单线尺度为 30 米 ×3.0 米 ×190 米（宽度 × 水深 × 弯曲半径）]。通航保证率为 98%。航标配布等级为内河一类。项目建设疏浚炸礁 5 处，配布航标 58 座，安全标志 15 块，航行水尺一个，建设 VHF 通信系统一套，基地码头一座，30 米趸船一艘，维护艇和巡航艇各一艘。工程审核总概算为 5122 万元，资金来源为三峡后续专项资金、地方自筹资金，其中三峡后续专项资金补助 2336 万元，地方自筹 2786 万元。

航道整治工程完成后移交给地方海事部分进行巡查维护，抱龙河摸钱洞至河口 7.8 公里航道达到内河三级航道标准，通航 1000 吨级船舶，航运条件显著改善，保障能力明显提高，形成与长江高等级航道干支直达，对区域经济发展起到重要的带动作用。

建设单位为重庆航运建设发展有限公司；设计单位为重庆市交通规划勘察设计院；施工单位为重庆市渝航交通工程有限公司、长江重庆航道工程局、重庆友邦船务有限公司；监理单位为黑龙江黑航工程监理咨询有限公司。

第八节　东　溪　河

一、自然概况

东溪河属于长江的重要支流，发源于巫溪县白鹿区高竹公社龙竹坝李子树垭口东侧，经高竹，出七姊妹峡，入乌龙，过鱼鳞，穿龙泉，经易溪、徐家，转南下白鹿、檀木，至两河口汇入大宁河，重庆境内里程约 9.2 公里。

二、航道整治

为解决库区移民安全、发展致富，按Ⅲ级标准整治东溪河（河口至新屋咀）5 公里航道，航道尺度为 60 米 ×3.0 米 ×480 米（航宽 × 航深 × 弯曲半径），困难河段航道弯曲半径为 210 米，通航保证率为 98%，支持保障系统按内河二类航标进行建设。项目于 2015 年 5 月取得市发改委工可批复，2016 年 1 月取得市交通委员会初步设计批复，2016 年 3 月取得重庆市发展和改革委员会投资概算批复，2017 年 6 月取得市交通委员会施工图设计的批复。工程项目总投资为 2034 万元。

第十章　通航枢纽工程建设

第一节　嘉陵江通航枢纽工程

一、自然概况

嘉陵江流域内气候温和，湿润多雨，属于亚热带季风区，具有夏热冬暖、光热同季、无霜期长、潮湿多阴的特点，全年平均气温 18 摄氏度。其雨量充沛，全年平均降雨量 1000 毫米。嘉陵江径流主要来源于降水，降水主要集中于每年 4～9 月，且多发暴雨或大暴雨，造成洪水频繁，洪水主要发生在汛期的 5～9 月，洪水过程大多呈现暴涨陡落形式，下游洪水多呈双峰或多峰型，峰高历时短，峰顶持续时间约 4 小时，具有典型的山区河流特点。枯水则在 12 月至次年 3 月，水位较为稳定。8 月流域受太平洋副高影响，常有伏旱。实测最大流量 44800 立方米/秒，最小流量 242 立方米/秒，多年平均流量 2160 立方米/秒，年径流量 681 亿立方米（北碚水文站）。平均比降 0.29‰，一般流速 2.0 米/秒。

嘉陵江流域地质情况按地貌成因和形态分为三类：侵蚀堆积阶地及漫滩、构造剥蚀丘陵、剥蚀和侵蚀溶蚀低山。区内出露地层有寒武系、奥陶系、志留系、二叠系、三叠系和侏罗系。其中侏罗系地层厚度最大，分布面积最广，三叠系次之，其他地层主要出露在背斜核部地段。此外，第四系松散层零星分布在沿江两岸。

新中国成立后，四川交通厅于 1958 年和 1966 年先后对嘉陵江进行两次大整治，使广元至重庆 739 公里航道常年通行轮船。但这两次航道整治皆属于治标工程，要从根本上改变嘉陵江的航道面貌，必须进行梯级渠化，走电航结合，综合开发之路。

改革开放给嘉陵江建设带来了机遇。1989 年，交通部门与水电部门共同组织力量，对嘉陵江进行勘察规划。全江布置 16 个梯级，计有水东坝、亭子口、苍溪、沙溪场、金银台、红岩子、新政、金溪场、马回、凤仪场、小龙门、青居街、东西关、童子濠、花滩子、井口等。渠化后航道等级可由现在的五、六级提高到三、四级，通行船舶由 100～300 吨级提高到 500～1000 吨级。

根据“以航为主、航电结合，综合利用、循环发展”航道发展目标，以及嘉陵江流域经济社会对水资源综合利用的要求，结合《长江流域综合利用规划报告》和《嘉陵江干流合川至河口河段规划报告》（2001 年修订），嘉陵江重庆段梯级开发方案从上游至下游分别建设利泽、草街和井口等三座枢纽，截至 2015 年底，已建成草街枢纽，利泽和井口枢纽尚未建设。

二、草街枢纽

(一)闸坝概况

1. 自然地理条件

工程位于嘉陵江江口以上68公里处的重庆合川区草街镇。工程所在地区河道较顺畅,河谷呈不对称“U”形谷,左岸地形平缓,坡度约15°,右岸地形较陡,坡度40°~50°。

枢纽区出露的地层为沙溪庙组砂质黏土岩和砂岩,地层产状平缓,总体倾右岸偏下游,倾角7°~15°。第四系覆盖层主要为冲积层,其次有少量崩、坡积层。区内无大的断裂切割,浅表岩层内普遍发育有缓倾角软弱夹层。岩体风化,在左岸缓坡地形带水平向较深、垂直向较浅;右岸较陡地形带则水平向较浅,垂直向较深。岩体强、弱卸荷带的分布基本与强、弱风化带一致。岩体透水性总体微弱,一般弱风化、弱卸荷岩体具中等透水性;微新岩体透水率具弱透水性。枢纽区地下水有裂隙潜水和孔隙潜水两种,枢纽区两岸地表有少量浅切冲沟发育,部分冲沟地段分布有第四系松散堆积物。

枢纽区岩体主要为砂质黏土岩与砂岩,砂质黏土岩强度较低,抗变形能力较弱,且具有失水干裂、遇水软化的工程特性,属软岩;砂岩强度较高,抗变形能力较强,属中硬岩。

本工程坝址与北碚站区间面积甚小,可以直接以北碚站的设计洪水作为本坝址设计洪水位的依据。

2. 闸坝建设情况

草街航电枢纽位于重庆市合川境内草街镇附近的嘉陵江干流河段上,是嘉陵江干流自下而上开发的第二个梯级,枢纽工程坝址上距合川区约27公里,下距嘉陵江河口(重庆市)约68公里。上游回水在嘉陵江上紧接利泽梯级、渠江上接富流滩梯级、涪江上接渭沱梯级,下游尾水与规划井口梯级正常蓄水位相接,为一座具有航运、发电、拦沙减淤等效益的航电枢纽工程。坝址左岸有渝(重庆)合(合川)高速公路、右岸有212国道通过;对外交通较方便。嘉陵江航运开发草街航电枢纽工程工程是2005年西部大开发十大重点工程之一,是当时交通运输部在内河水运投资的最大项目,船闸综合规模在国内单级船闸中仅次于葛洲坝1、2号船闸,是全国内河第三大船闸,也是嘉陵江流域和西南地区最大的船闸。是重庆市直辖以来以交通部门为主投资的,以渠化航道为主要目的航电枢纽综合开发最大的建设项目。

枢纽正常蓄水位203米,正常蓄水位以下库容7.54亿立方米,水库总库容22.18亿立方米。洪水设计标准为500年一遇,洪水校核标准为1000年一遇。船闸级别为三级,渠化嘉陵江三级航道里程70公里、渠江四级航道里程88公里、涪江五级航道里程22公里。船闸有效尺寸为200米×23米×3.5米（长×宽×门槛水深），设计水头26.7米，通行2×1000吨级船队，最大一次过闸总吨位4000吨，设计年通过能力1049万吨。电站装机容量为500兆瓦（4×125兆瓦），电站多年平均年发电量20.18亿千瓦时。

（1）枢纽建筑物等级

根据《防洪标准》（GB 50201—94）、《渠化工程枢纽总体布置设计规范》（JTJ 220—98），确定嘉陵江航运开发草街航电枢纽工程为一等大（1）型工程。鉴于本枢纽属低壅水工程，在校核洪水条件下，上、下游水位差小于2.0米。根据《防洪标准》（GB 50201—94）、《水电枢纽工程等级划分及设计安全标准》（DL 5180—2003）及《水利水电工程等级划分及洪水标准》（SL 252—2000），本工程主要建筑物级别降低一级，即：

①泄洪闸、冲沙闸、挡水坝、河床式厂房、船闸上下游闸首及闸室等主要水工建筑物按2级建筑物设计。

②船闸上下游引航道边墙及靠船建筑物等次要建筑物按3级建筑物设计。

③临时建筑物按4级建筑物设计。

根据《防洪标准》（GB 50201—94）和《水电枢纽工程等级划分及设计安全标准》（DL 5180—2003）的规定：枢纽工程挡水、泄水建筑物的设计洪水重现期为500年，校核洪水重现期为1000年；厂房尾水平台设计洪水重现期为200年，校核洪水重现期为500年；下游消能防冲建筑物设计洪水重现期为50年。枢纽主要建筑物地震设防烈度为6度。

（2）枢纽布置

草街航电枢纽布置采用左岸船闸右岸厂房的河床式布置形式，枢纽主要建筑物从左岸至右岸依次布置二线船闸（预留）、一线船闸（内侧衬砌式闸墙）、厂房安装间、厂房主机间、5孔冲沙闸段、1孔纵向围堰改建闸段、15孔泄洪闸段及右岸挡水连接坝段，坝顶高程221.50米，坝顶全长677.37米。

草街船闸布置在两反向弯道间2公里微弯河段上段的左岸阶地上，距上游弯道仅200～300米，下游约有1.5公里顺直河段。船闸轴线与大坝轴线呈87.4°交角。其交点距上闸首上边缘15.28米。船闸轴线距渝合高速公路边线最近处约68米。

（3）项目建设依据

2002年3月，中水顾问集团成都勘测设计研究院开展现场地勘及测量工作。2002年6月，提出了《重庆市嘉陵江航运开发草街航电枢纽预可行性研究报告》。同年9月通过了交通运输部规划研究院组织的审查。2002年10月，中水顾问集团成都勘测设计研究院编制完成了《重庆市嘉陵江航运开发草街航电枢纽工程项目建议书》。2002年12月，通过了交通运输部的审核。2003年1月，国家发展和改革委员会委托中国国际工程咨询公司组织并通过了《重庆市嘉陵江航运开发草街航电枢纽工程项目建议书》的评估。2003年12月国家发展和改革委员会上报国务院批准了项目建议书（发改交运

〔2003〕2125号）。2003年12月，中水顾问集团成都勘测设计研究院编制完成了《重庆市嘉陵江航运开发草街航电枢纽工程可行性研究报告》。2004年2月，交通运输部委托交通运输部规划研究院组织并通过了《重庆市嘉陵江航运开发草街航电枢纽工程可行性研究报告》。2005年1月，国家发展和改革委员会报请国务院批准了《重庆市嘉陵江航运开发草街航电枢纽工程可行性研究报告》（发改交运〔2005〕98号）。2005年2月，水顾问集团成都勘测设计研究院编制完成了《重庆市嘉陵江航运开发草街航电枢纽工程初步设计报告》。2005年5月，获得了交通运输部的批准（交水发〔2005〕199号）。

此外，2003年8月，草街航电枢纽工程项目预选址获得重庆市规划局批复同意（渝规函〔2003〕115号）。2004年9月、2007年4月，国土资源部先后批复同意工程及库区建设用地地质灾害危险性评估、工程用地预审和工程建设用地请示（国土资厅函〔2004〕466号、国土资函〔2007〕328号）。2004年11月，获得水利部工程水土保持方案批复（水函〔2004〕221号）。2004年5月，国家渔政渔港监督管理局批复同意工程环评及渔业资源补偿方案（国渔资环〔2004〕35号）。2004年6月，获得环境保护总局环境影响评价批复（环审〔2004〕208号）。2005年7月，交通运输部对工程标段划分方案进行确认（水运内河便字〔2005〕201号）。受交通运输部的委托，重庆市交通委员会于2006年1月8日颁发了开工通知书，主体工程正式开工建设。

2002年3月，中水顾问集团成都勘测设计研究院开展现场地勘及测量工作；2002年6月，提出了《重庆市嘉陵江航运开发草街航电枢纽预可行性研究报告》；2002年9月，交通运输部规划研究院《关于重庆市嘉陵江航运开发草街航电枢纽工程预可行性研究报告》（交规水函〔2002〕169号）；2005年1月，国家发展和改革委员会《关于重庆市嘉陵江航运开发草街航电枢纽工程可行性研究报告的批复》（发改交运〔2005〕98号）；2005年5月，交通运输部《关于重庆市嘉陵江航运开发草街航电枢纽工程初步设计的批复》（交水发〔2005〕199号）；2004年6月，环境保护总局《关于重庆市嘉陵江航运开发草街航电枢纽工程环境影响评价报告的批复》（环函〔2013〕53号）；2007年4月，国土资源部《关于重庆市嘉陵江航运开发草街航电枢纽工程建设用地的批复》（国土资函〔2007〕328号）。

（二）通航建筑物

草街船闸工程项目于2005年12月开工建设，2012年12月船闸工程项目顺利验收。

草街船闸为Ⅲ级单级船闸，最大设计船舶为1000吨级。船闸最大通航流量15000立方米/秒，保证率98%，最小流量299立方米/秒。上游最高通航水位203.0米，下游最高通航水位190.92米；上游最低通航水位200.0米，下游最低通航水位176.3米。船闸全长约1090米，闸室有效尺寸：180米×23米×3.5米（长×宽×门槛水深）。设计代表船队：2×1000吨级分驳顶推船队船型尺度（一列式顶推船队）160米×10.8米×2.0米

(总长×总宽×吃水),兼顾92.5米×21.6米×2.0米(总长×总宽×吃水)的梭形船队。闸首和闸室均为整体式U形结构,输水系统采用侧墙长廊道闸室底横支廊道顶缝加盖板输水,设计水头26.7米。上游最高、最低通航水位205.80米、200.00米;下游最高、最低通航水位205.10米、176.30米。灌、泄水时间12分钟,一次过闸时间54.07分钟。上下游引航道采用曲进直出布置,宽度均为65米,最小水深3.5米,转弯半径320米。船闸的闸门采用钢质人字门形式,阀门采用钢质平板门形式,启闭机械均采用液压启闭系统。此外,项目建设包括一座跨闸公路桥,通航孔跨径29米,一孔跨过闸室,通航净高7米。船闸工程总投资34.23亿元,资金来源于交通运输部、地方政府。

根据交通部的初步设计批复,草街航电枢纽项目资本金为18.03亿元,其中中央安排内河航运建设资金8.65亿元,重庆市安排地方财政资金和专项资金9.38亿元。其余资金由项目法人申请银行贷款,超出工可部分投资由项目法人单位自筹解决。

本项目实际资本金到位情况(共22.05亿元),其中交通运输部8.65亿元,中央预算资金8000万元,地方资金5.6亿元(财政返税1.78亿元,市交通委员会养路费2500万元,开垦费1944万元,土地出让金7200万元,燃油税9500万元,水运资金1.8亿元),开行软贷款7亿元。工程用地4.82万亩(约合3213.3万平方米)。

草街船闸是嘉陵江上尺度最大的单级船闸,也是西南地区水头最高的船闸工程,一次过闸总吨位可达4000吨,其综合规模在国内单级船闸中名列前茅。

项目主管部门为重庆市交通委员会;项目建设单位为重庆航运建设发展有限公司;枢纽主体工程设计单位为中水顾问集团成都勘测设计研究院,船闸工程设计单位为四川交通规划勘察设计院;施工单位为中国水利水电第八工程局有限公司、葛洲坝集团机电建设有限公司、中国水利水电第十二工程局有限公司;质量监督单位为重庆市交通委员会基本建设工程质量监督站;监理单位为广州新珠工程监理有限公司。

(三)枢纽效益

(1)航运社会效益显著。建库前工程所在的草街河段,处于山区峡谷地带,滩多水急,船舶航行安全隐患大。嘉陵江广元至合川段645公里航道只能通行200吨以下船舶,合川至河口段95公里只能通行300吨以下船舶。草街航电枢纽工程建成后,本枢纽以上嘉陵江干流70公里航道,船舶通航等级提高至1000吨级。支流渠江、涪江110公里航道上通行船舶由原50吨级分别提高到300吨级和500吨级。

(2)产生的清洁能源经济效益突出。重庆市工业实力雄厚但能源相对不足,市电网统调清洁能源较少,燃煤火电能源比重大。由于火电机组调峰能力有限,电网调峰运行困难,容量不能满足需要。草街航电枢纽工程建成后,每年提供约20亿千瓦·时清洁能源,以满足重庆电力市场电量需求,缓解重庆电网调峰紧张状况,提高电网经济安全运行水平,改善电网能源结构,提高供电质量。草街航电枢纽位于重庆电网负荷中心,从地理位置而言，是供重庆电网的理想水电电源。

（3）拦沙减淤明显。草街航电枢纽工程对于拦截嘉陵江流域的泥沙进入三峡库区发挥了重要作用。根据计算分析，草街航电枢纽工程建成达到冲淤平衡后，库区泥沙累积淤积量约2亿立方米，即草街电站运行20年后，三峡水库嘉陵江段和干流库区淤积量分别可减少0.15亿立方米和0.83亿立方米。根据北碚水文站历年实测统计资料，草街航电枢纽工程建设以前，多年平均含沙量为1.75立方米/千克，多年平均悬移质年输沙量为1.15亿吨；草街航电枢纽建成后，年平均含沙量均小于0.9立方米/千克，年平均悬移质年输沙量均低于7000万吨。水下实测数据分析，现库区水下地形平均上升了5米，草街库容明显变小，枢纽每年至少拦截4000多万吨泥沙，三峡水库嘉陵江段河口至草街段泥沙淤积量明显减少。

（4）美化城市环境、提高城市品位。傍于嘉陵江、涪江、渠江三江交汇之畔的合川，拥有得天独厚的地理条件，是重庆发展新区的重要组成部分。草街航电枢纽的投运，使得合川滨江水体环境凸显，三江六岸成为合川最具特色的自然资源，是合川城区范围人口聚集区和美丽山水城市的重要景观带。滨江景观带成为合川文化休闲的重要场所、观光旅游的景观平台、高质量的生活空间，还成为代言合川的主要城市名片。

（四）科研成果

重庆草街航电枢纽工程通航关键技术研究是在交通部和重庆市交通委员会大力支持下和西部交通建设科技项目管理中心的直接领导下，由具有丰富的管理、科研、设计和建设经验的重庆航运建设发展有限公司、重庆西南水运工程科学研究所、南京水利科学研究院、重庆交通大学、重庆市交通规划勘察设计院和中水顾问集团成都勘测设计研究院等单位联合攻关相互协作，发挥各自优势，共同完成项目的研究工作。项目下设五个专题，分别为：专题一草街航电枢纽布置优化研究；专题二草街航电枢纽近期一线船闸和远期二线船闸水力学关键技术研究；专题三草街航电枢纽一线和二线船闸引航道布置与通航水流条件研究；专题四草街航电枢纽施工期通航技术研究；专题五草街航电枢纽电站调峰对枢纽下游藕节型河段通航水流条件影响研究。重庆航运建设发展有限公司是该项目的第一负责单位，负责项目的总体研究，协调和组织，落实依托工程和研究成果的应用；重庆西南水运工程科学研究所负责专题一和专题三和专题五的研究工作，南京水利科学研究院负责专题二的研究工作，重庆交通大学负责专题四的研究工作。

研究工作从2006年8月底开始至2009年3月完成，历时两年余。在研究过程中各专题研究项目组及时与依托工程的建设单位、设计单位交流和汇报，共同探讨，将研究成果及时提供给建设单位及设计单位，将研究成果及时应用到依托工程建设中。

重庆草街航电枢纽是嘉陵江梯级渠化中规模最大的航电枢纽工程，是国家西部大开发的十大重点建设工程之一。枢纽规模大，船闸水头高，泄洪单宽流量大，坝址河道较窄,连续弯道河势复杂。枢纽总体布置及通航水力学是工程建设中的重大关键技术难题。项目采用现代先进试验技术,通过十余座不同类型的物理模型试验,结合数学模型计算分析和类似工程原型观测成果,对枢纽总体布置、泄洪消能防冲、上下游引航道通航水流条件、船闸输水系统水力学、阀门水力学、施工期通航与导流等方面进行了系统深入研究,取得了多项创新成果,其中主要包括:

(1)提出了既满足枢纽大流量、低佛氏数(F_r)泄洪消能要求,又满足中小流量通航水流条件的枢纽消能措施及引航道口门区布置形式。提出了"消能界限流量标准"和"重点守护"的消能工布置原则,并将二级消力池调整为一级综合消力池,缩短了消力池长度,减少了工程投资。

(2)提出了主动防护与被动防护的"顶部突扩和底部突扩相结合的新型阀门段廊道体型+综合通气措施"新技术,解决了高水头船闸阀门空化难题,提高了船闸水力学学科研究水平。首次提出了升坎自然通气措施解决突扩体自身空化问题。

(3)首次将较简单的闸墙长廊道、闸底横支廊道顶出水孔输水形式应用于水头高、规模大的草街船闸,确定了各部位合理的面积比,解决了闸室停泊条件问题,拓展了该输水系统形式在我国船闸设计中的应用范围。

(4)提出了将上下游引航道由对称布置调整为非对称布置、口门区岸线内扩,以及通航船队由一字形顶推方式优化为梭形顶推等措施,大大改善了枢纽通航条件,保证了船舶航行安全。

(5)采用二维数学泥沙模型和全沙实体模型研究了坝区泥沙的冲淤形态,提出并优化了基于螺旋流理论的带漂檐的 R 形导沙坎结构,可有效防止泥沙进入电厂进水口,减少粗颗粒泥沙对水轮机通流部件的磨蚀。

(6)论证并提出了适合山区河流特点的草街枢纽最高通航流量,既满足了通航要求,又减少工程投资。

(7)提出了船闸单侧输水系统水力学和阀门水力学成套技术。

本项目主要成果都已在工程建设中得到应用,节省工程投资 8790 万元,经济和社会效益十分显著。研究成果,如阀门防空化新技术、最高通航流量、输水系统形式、山区河流上下游引航道布置、闸下消能防冲等成果,为《船闸总体设计规范》(JTJ 305—2001)、《船闸输水系统设计规范》(JTJ 306—2001)、《水闸设计规范》(SL 265—2001)、《渠化工程枢纽总体布置设计规范》(JTJ 220—98)等行业标准的修订提供了技术基础,提高了学科水平。同时上述成果与山区河流枢纽总体布置、大流量低佛氏数(F_r)泄洪消能布置及导沙排沙措施等成果一样具有十分广阔的推广应用前景。

交通运输部科研项目"重庆草街航电枢纽工程通航关键技术研究"先后获得重庆市公路学会 2010 年授予的"重庆交通科技技术一等奖"、中国航海学会 2010 年授予的"中国航海学会科学技术二等奖”、重庆市人民政府2011年授予的“重庆市科学技术进步二等奖”。

草街航电枢纽是以航运为主，兼有发电、拦沙减淤、灌溉等水资源利用工程，是2005年西部十大工程之一。船闸自2010年6月23日通航至2017年12月31日，船闸安全通航无事故，通过船舶5.9万艘次，货运总量1640.65万吨。

为确保船闸安全高效通航，企业成立了专门部门负责船闸设备日常维护及通航运行操作。船闸调度工作由重庆市合川区航道管理处负责，以此确保调度工作的权威性。自2010年6月23日通航以来，船闸实现安全通航无事故，历年通航情况如附表4所示。

草街船闸历年通航情况表 附表4

序号	年　份	过闸船舶（艘次）	过闸货物量（万吨）
1	2010年（6月23日—12月31日）	4943	98.86
2	2011年	7551	121.45
3	2012年	10639	198.83
4	2013年	4528	110.36
5	2014年	4715	146.8
6	2015年	4730	158.71

从附表4中可以看出，嘉陵江草街段的航运优势日渐突出，社会效益显著。2012年是草街电厂四台机组第一个完整发电年度，2013年至2015年，机组经过一段时间磨合后，发电情况逐步趋于正常，实现连续3年超设计能力发电（设计年发电能力为19.96亿千瓦·时）。

同时，优质的发电能力创造出良好的经济效益，企业每年向国家缴纳可观税费，税费呈逐年增长态势。

（五）船闸设计经验和启示

（1）草街船闸属于典型的山区河流船闸，存在水头高、顺直河段短等特点，给设计工作带来一定难度。在草街船闸的设计过程中，设计单位应用西部交通建设科技项目“山区河流渠化枢纽总体布置综合研究”的最新研究成果，在引航道布置中采用了“曲线导航段的布置形式”，大大缩短了引航道直线段长度，为山区河流总体布置提供了成功的范例，为其他枢纽工程的船闸设计提供了值得借鉴的经验。

（2）草街船闸水级高达26.7米，船闸尺寸为200米×23米×3.5米（长×宽×门槛水深），其输水水体达12.5万立方米，在国内船闸中居于前列。故在输水系统设计中，要在较短的输水时间内达到较好的水流和防空化条件，其技术难度较大。为探索较简单又优秀的输水方式，在草街船闸输水系统设计中，经多方案研究比较，采用了“侧墙长廊道闸室底横支廊道顶缝加盖板出水”的输水形式。草街船闸是国内采用该类输水系统形式的船闸中水头和闸室规模最大的船闸。该输水形式通过水力学模型试验论证及船闸试运行验证，只要在阀门段廊道采取必要的消除空化措施，各项水力学指标完全满足规范要求，为高水头船闸输水系统简化提供了工程实例。

（3）此外，草街船闸“新型廊道体型解决阀门空化难题”“内河船闸中首次采用洪期潜水渡洪的浮式导航墙”等设计创新，不仅减少了工程投资，也降低了施工难度，缩短了施工工期，取得了良好的效果。

（4）加强草街船闸管理，严格执行《草街船闸运行管理规程》，进一步落实“枢纽运行期水上交通安全管理暂行规定”，引导船舶安全通过船闸。

（5）坚持草街船闸岁修制度，定期对船闸阀门、浮式系船柱、拦污栅等金属结构进行检查、保养及检修；对引航道、闸室进行定期清淤；对水工结构、输水系统进行定期观测，以确保船闸结构安全。

三、利泽枢纽

嘉陵江利泽枢纽是交通部规划的“十一五”期间全国第一条全江渠化的内河高等级航道的重点工程和控制性工程。项目由重庆航运建设发展有限公司占股51%，四川港航公司占股45%，重庆合川区占股3%，四川武胜县占股1%。按交通部的要求，项目2007年开工，2010年实现船闸通航。原设计船闸规模为500吨级，电站装机90兆瓦。在初设评审中，四川省武胜县突然提出利泽梯级蓄水将对上游桐子壕枢纽电站尾水造成影响而强烈反对梯级建设，致使已经完成招标的工程停工。后经旷日持久的争论和交通部的多次协调，将原设计水位由213米降为210.725米，从而使电站装机由原90兆瓦降为74兆瓦。

四、井口枢纽

井口航运枢纽是嘉陵江干流自下而上渠化梯级开发的第一级。枢纽距离朝天门约21公里，距离合川城区65公里，在草街枢纽下游47公里。沙坪坝区和北碚区、两江新区均部分处于库区内。工程预计总投资约70亿元。井口航运枢纽正常蓄水位初步定为180.5米，水位衔接草街航运枢纽下游最低通航水位（下游最低通航水位为176.30米），校核洪水位为200.76米，设计洪水位为198.71米，其总库容9.92亿立方米，规划电站装机容量230兆瓦。根据《水利水电工程等级划分及洪水标准》（SL 252—2000）的规定，工程为Ⅱ等工程，规模为大（2）型工程，主要建筑物（洪水闸、电站厂房）为2级建筑物，次要建筑物为3级建筑物，临时建筑物为4级建筑物。船闸等级为Ⅲ级，单向年设计通过能力 1161 万吨。船闸的上闸首、闸室和下闸首建筑物级别为 2 级，导航、靠船及隔流建筑物级别为 3 级，临时建筑物为 4 级建筑物。

第二节　乌江通航枢纽工程

乌江发源于贵州省威宁县乌蒙山东麓，有南北两源，南源三岔河是其主源，发源于威宁县境，长 322 公里；北源六冲河源于赫章县境，长 210 公里。两源在贵州黔西县化屋基汇合后始称乌江。乌江自西南向东北蜿蜒流经贵州省中部和重庆市酉阳、彭水、武隆、涪陵等区县，在涪陵汇入长江，全长 1037 公里，贵州省境内化屋基至黑獭堡长 802 公里，黔、渝两省市界河黑獭堡至龚滩长 72 公里，渝境内龚滩至河口长 163 公里。乌江沿程接纳洋岩河、六池河、猫跳河、偏岩河、石阡河、湘江、洪渡河、唐昌河、郁江、芙蓉江、大溪河等 23 条主要支流及百余条支沟。诸支流中以六池河、石阡河、湘江、唐昌河、郁江五条可以通航。

乌江流域面积 8.8 万平方公里。乌江在贵州境内流域面积 6.7 万平方公里，占贵州省总面积的 38.8%；在重庆境内流域面积 2.1 万平方公里。

乌江是一条典型的山区河流，流域地势呈西南向东北倾斜，水系发育，支流呈羽状分布，流域面积在 1000 平方公里以上的支流有 16 条，3000 平方公里以上的有六冲河、猫跳河、湘江、清水江、濯河（唐昌河）、洪渡河、郁江、芙蓉江等 8 条。乌江自源头至河口天然总落差 2124 米，平均比降 2.05‰。

1989 年 5 月，国家计委以计国土（1989）502 号文件对长委办和贵阳院共同编制完成的《乌江干流规划报告》进行了批复："乌江干流水资源开发以发电为主，其次为航道，兼顾防洪、灌溉等任务"。乌江干流梯级开发方案，可按普定、引子渡、洪家渡、东风、索风营、乌江渡、构皮滩、思林、沙沱、彭水 10 个梯级考虑。

一、彭水电航枢纽

彭水电航枢纽是重庆市"十五"规划的重点能源项目，已列入国家"十五"规划。2003 年开始进行施工准备，2004 年 12 月围堰截流，2009 年全部完工。彭水航电枢纽的开发任务以发电为主，其次是航运、防洪等。该电站总投资 120.83 亿元，正常蓄水位为 293m（吴淞），校核洪水位 298.85 米，相应水库库容为 14.65 亿立方米，混凝土最大坝高 116.5 米。装机总容量 175 万千瓦，保证出力 37.1 万千瓦，年发电量 61 亿千瓦·时。该电站是乌江干流梯级中规模仅次于构皮滩水电站的大型工程，也是重庆电网的骨干调峰电源，建成后可渠化四级航道里程 110 公里。通航建筑物采用升船机＋船闸方案，通航建筑物规模为 500 吨级，年设计双向通过能力为 510 万吨。

（一）闸坝概况

1. 自然地理条件

工程位于彭水县城上游11公里处，工程所在的彭水县东西宽78公里，南北长96.40公里，水陆边界线总长414.90公里，属中亚热带湿润季风气候区，气候温和，雨量充沛，光照偏少，多年平均气温17.50摄氏度，常年平均降雨量1104.20毫米，无霜期312天。

2. 闸坝建设情况

彭水枢纽位于乌江下游，坝址下距涪陵乌江河口147公里，距重庆市约170公里。是一座以发电为主，兼顾航运、防洪及其他作用的水利枢纽工程。

彭水枢纽坝址以上流域面积6.9万平方公里，占乌江流域面积的78.5%。坝址多年平均流量1300立方米/秒，坝址多年平均年径流量410亿立方米，年平均含沙量0.35千克/立方米。

彭水水电站是乌江干流水电开发规划的第10个梯级，水电站总装机容量1750兆瓦，其地理位置优越、水库调节性能好，距负荷中心区仅180公里，是重庆市不可多得的水电电源点。

彭水水电站由大坝及泄洪建筑物、电站、通航建筑物等组成。大坝为碾压混凝土重力坝，坝高116.5米；电站布置在右岸，为地下式厂房，安装5台单机容量为350兆瓦的大型混流式水轮发电机组；通航建筑物布置在左岸，由单线船闸、升船机两级过坝建筑物组成，按500吨级船闸过坝设计。

坝址的区域地质构造相对稳定，无区域性大断裂通过，地震基本烈度为6度。水库回水至贵州沿河县城，长约117公里，为峡谷河道型水库，水库封闭性好，主要建筑物工程地质条件较好，天然建材储量和质量能满足工程建设要求。

彭水电航枢纽是重庆市“十五”规划的重点能源项目，已列入国家“十五”规划。2003年开始进行施工准备，2004年12月围堰截流，2009年全部完工。彭水航电枢纽的开发任务以发电为主，其次是航运、防洪等。该电站总投资120.83亿元，正常蓄水位为293米（吴淞），校核洪水位298.85米，相应水库库容为14.65亿立方米，混凝土最大坝高116.5米。装机总容量175万千瓦，保证出力37.1万千瓦，年发电量61亿千瓦·时。该电站是乌江干流梯级中规模仅次于构皮滩水电站的大型工程，也是重庆电网的骨干调峰电源，建成后可渠化四级航道里程110公里。通航建筑物采用船闸+升船机方案，通航建筑物规模为500吨级，年设计双向通过能力为510万吨。

3. 建设成就

因彭水水电站具备调峰能力强的特点，并网发电后，将较好地承担重庆电网调峰、调频和事故备用，对弥补重庆市电力不足、提高电网安全经济运行和供电质量起到骨干电源的作用。特别是对缓解重庆以及华中地区因遭遇冰雪灾害而造成的电网供电紧张形势，具有至关重要的作用。

彭水水电站及其500吨级通航建筑建成后，还可渠化库区航道，淹没碍航险滩，将库区航道等级由准五级标准提高到四级标准，极大促进乌江航运事业发展。

（二）通航建筑物

彭水通航建筑物工程项目于2005年3月开工，2011年1月试通航，2010年12月竣工。通航建筑物采用船闸+中间渠道+升船机方案。

船闸：设计为单线、单级，采用内河四级标准，代表船型500吨级，年通过能力双向510万吨/年。船闸的闸首和闸室均整体式结构，船闸有效尺寸为62米×12米×2.5米（长×宽×门槛水深）。上游设计最高、最低通航水位分别为293米和278米；下游最高、最低通航水位均为278米（中间渠道水位），设计水头15米。采用闸墙长廊道侧支孔出水的分散式输水系统，设计灌、泄水时间约10分钟，一次过闸时间45分钟。船闸闸门采用人字门形式，阀门采用平面定轮闸门形式，启闭机械均采用液压启闭机。

中间渠道：位于船闸和升船机之间，长421.0米，最大水面宽48.2米，固定水位278米，通航水深2.5米。

垂直升船机：采用钢丝绳卷扬平衡重力式垂直升船机，总长102.8米，总宽52.4米，总建筑高度113.0米，升船机承船厢有效尺寸为59米×11.4米×2.3米（长×宽×高）。设计上游最高、最低通航水位为278米，下游最高、最低通航水位为227米和211.4米，最大提升高度66.6米。

上、下游引航道采用非对称平面布置，宽度均为40米，最小水深3米，转弯半径165米。工程总投资120.83亿元。

建设单位为重庆大唐国际彭水水电开发有限公司；设计单位为长江勘测规划设计研究院有限公司；施工单位为中国水利水电第七工程局有限公司、中国水利水电第八工程局有限公司、中国水利水电第十四工程局有限公司；监理单位为中国水利水电建设工程咨询西北公司、黄河勘测规划设计有限公司、华北电力科学研究院有限责任公司、国电郑州机械设计研究所。

（三）经验与启示

乌江彭水枢纽虽然按四级航道通航建筑物建成了升船机加船闸的通航设施，但实际使用效果极不理想，加之下游银盘电站断航施工，乌江水运基本处于停滞状态，该船闸近年来仅有少量工作船舶通过。

为避免“重建轻养”，保证航运畅通，同时能使各梯级充分利用资源，发挥综合效益，枢纽建成后，应成立流域统一的调度和管理机构，负责协调运营管理和运营费用，落实航道维护资金，提出运营要求，审批各梯级运行和下泄流量方案，防止电站下泄流量的不稳定对航道和下游生产生活及生态造成影响；负责对工程实施后的水文观测和上游径流情况预报分析，制定保证船舶运输的流量调节及疏浚治理方案；负责航道运输组织管理，建立起稳定、长效的管理机制和体制。

二、银盘船闸

（一）闸坝概况

1. 自然地理条件

银盘航运枢纽工程位于乌江下游，地处重庆市武隆区江口镇上游4公里处的杨家沱，芙蓉江与乌江在这里汇合。工程所在地属中亚热带湿润季风气候，年平均气温18.40摄氏度，无霜期287天，年均降雨量975.2毫米，气候四季分明。

2. 闸坝建设情况

乌江银盘枢纽位于武隆区江口镇上游4公里的杨家沱处，上游接彭水梯级，距彭水水电站约53公里，下游接白马梯级，距乌江河口91公里，为乌江开发的第十一梯级，是兼顾彭水电站的反调节任务和渠化航道的电航枢纽工程。工程建设期72个月，2005年6月动工，2010年建成。银盘航电枢纽的开发任务以发电为主，其次是航运、防洪等。该电站总投资69亿元。正常蓄水位为215米，总库容为3.2亿立方米，混凝土最大坝高80米，装机总容量600兆瓦，多年平均发电量27.607亿千瓦·时。其地理位置优越，开发条件好，是重庆电网调峰、调频的主力电站之一，可改善电网供电质量，缓解电网电力供应紧张的状况，建成后渠化四级航道里程53公里。通航建筑物500吨级船闸，船闸尺寸为120米×12米×4.0米（长×宽×门槛水深）。

3. 建设成就

乌江银盘水电站建成后，渠化四级航道54公里，航道通行能力由原来的300吨级提高至500吨级以上，同时，每年将有30亿千瓦·时电量并入重庆电网，可缓解重庆市电力紧张局面，并增加武隆、彭水两县的财政收入，带动地区经济发展。

（二）通航建筑物

银盘船闸工程项目于2005年8月8日启动前期工程建设，2011年4月6日电站实现初期蓄水，2015年8月通过交工验收，2015年9月试通航。

通航建筑为500吨级单线单级船闸，设计年通过能力双向1000万吨/年。船闸有效尺寸为120米×12米×4.0米（长×宽×门槛水深）。设计船型500吨级，船型有效尺寸55米×10.8米×2.4米（总长×总宽×型深）；设计代表船队为2×500吨级分驳顶推船队，船队尺寸110米×10.8米×2.4米（总长×总宽×型深）。船闸上游设计最高通航水位215米，设计最低通航水位211.5米；下游设计最高通航水位192.04米，设计最低通航水位179.88米。闸首闸室为整体式结构，采用分散式输水系统，设计水头35.12米。灌、泄水时间12分钟，一次过闸时间48分钟左右。上下游引航道采用非对称平面布置，宽度均为40米，最小水深3.68米，转弯半径165米。船闸的上闸门采用人字门形式，下闸门采用一字门形式，阀门采用反向弧形门形式，启闭机械均采用液压启闭机。此外，在上下闸首检修门前后均设有交通桥沟通左右闸面的交通。

第三节　涪江通航枢纽工程

涪江系嘉陵江右岸最大支流，发源于四川松潘县境内岷山雪宝顶北麓。它从川西北高山区进入盆地丘陵区，流经平武、江油、绵阳、三台、射洪、遂宁、潼南至合川县汇入嘉陵江，全长776公里，流域面积3.66万平方公里。渝境内航道130.3公里，由部分库区和天然航道组成，其中库区航道63.3公里，天然航道67公里，平均比降0.5‰，有滩险79处，航道等级现为Ⅶ级，航道尺寸为12米×0.8米×100米（宽度×水深×弯曲半径）。

涪江，在历史上通航由来已久，早在汉代就成为兵家必争之地。三国时刘备入蜀就是乘高舰从内水（涪江）到成都的。流域内所有物资皆依赖水运。在绵阳（涪城）以上江段，水浅滩多，枯水水深仅0.4米，浅处深不没踝，浅险为害，遇山洪暴发，水流奔腾澎湃，航行其间跬步皆险，故只能季节性地行走十余吨小木船。在绵阳至合川375公里航道为主要通航河段，枯水期水深0.6米，漕宽8～10米，可通行30吨左右木船，对繁荣涪江流域经济起过重要作用。

涪江多为泥沙卵石河床，滩漕多变。新中国成立后，沿河各县航运管理站设有专职航道员负责航道工作，每年枯水期雇请民工开展淘漕检滩外，还发动船工义务淘漕。从1961年起，各县建立了常年专业航道养护队，他们在淘槽检滩过程中，由人力手耙改为机动钢耙，由船工拉滩改为缆车式水力绞滩，减轻了劳动强度，提高了工效。《四川日报》曾以《唐天文巧创绞滩机征服险滩》为题发表通讯报道。“千淘万漉虽辛苦，吹尽黄沙始见金”。经过不间断的常年疏浚，绵阳至合川段共整治滩险70处，建筑顺坝、丁坝、堵坝等共计143座，改善航道条件，航道水深为0.6～0.8米，漕宽10～15米，弯曲半径100～150米，可通行35～59千瓦小机动船，拖带30～50吨级驳船。后来随着沿河公路的发展，沿江小型水电站的兴建，水运滑坡，已看不见昔日“粮棉外运”“盐出煤归”的繁荣景象。

从20世纪60年代初开始，涪江沿线利用天然航道落差，在绵阳至合川375公里航道上，先后修建了永安、东风、螺丝池、红江、龙凤、洋溪6座无坝引水式电站和潼南三块石低坝引水式电站；灌溉渠6条，共大小提灌站181处。由于缺乏统筹规划，重电轻航，在修建电站时未与交通部门协商，装机引用流量均大大超过枯水流量，将涪江航道分割成7段，影响河段共计177公里。在71个受影响的滩漕上，航道水深比修建电站前下降0.3～0.4米，甚至干涸无水，严重破坏了涪江通航条件。

涪江的闸坝碍航，在四川通航河流上开始最早，影响面最大，迫使船舶减载40%～50%，由航行50吨级以上船舶，改小为50吨级以下小船，遇浅滩还需提驳过滩，每年碍航时间长达4至5个月；造成水运环节多，成本高，迫使大批水运物资转由陆运。绵阳地区20世纪70年代初与80年代的情况相比较，运量下降64%，运力下降57%；遂宁地区仅保存了十分之一的水运工具从事区间的季节性运输。航运生产萎缩，船工转业改行，偌大的一条江河因闸坝碍航，基本上处于断航状态。

改革开放为四川航运迎来了建设的春天，1986年四川省政府以113号文件指出“航电结合，综合开发，共同受益，按股分红”，把改造碍航同复航与开发结合起来。交通部门以此为契机，着手解决涪江水电站碍航，恢复航运，使这一条重要水运线复苏。

1988年，交通部以462号文件《关于作好碍航闸坝规划的意见》，提出了“谁修建，谁受益”，电、航结合，一水多用的要求，强调内河是国家的宝贵资源，要综合开发。上至国务院、下至省地市各级领导都越来越关注碍航闸坝处理问题。为此，四川省对全川碍航闸坝进行了调查，提出了有51座闸坝碍航亟待复航。尤其是涪江闸坝碍航，亟待改造。涪江的水运生产，不能中断在我们这一代人手里。四川省有关部门与当地水利、水电、交通及各用水部门多次协商解决涪江碍航闸坝问题，改造引水电站单一开发形式，从20世纪80年代开始陆续改造涪江碍航闸坝。

一、三块石航电枢纽工程

涪江三块石航电枢纽是涪江流域规划干流梯级开发的第四级，距河口92.7公里。该工程于1978年8月在涪江狮子岩筑坝，在左岸三块石修建取水口和进口船闸，人工运河15.5公里引水渠将水引至莲花寺发电和出口船闸尾水汇入涪江。该电站设计水位5.2米，装机6台2.54万千瓦，总投资约1.7亿元，年发电量1.4亿千瓦·时，渠化航道里程约30公里。由于当时自筹资金短缺，电站于1979年6月竣工后航运随之中断。1984年4月，交通部投资1100万元在渠道进口三块石、出口莲花寺修建船闸进行复通建设，两船闸于1988年建成。根据四川省《涪江（绵阳至合川）航道工程规划报告》，该段航道等级为Ⅵ级，通航最大船舶为80吨半舱驳，船型尺寸为81.0米×7.0米×1.2米（长×宽×吃水），船闸尺寸为100米×12(8)米×2米（长×宽×门槛水深），为单级船闸，船闸年单向通过能力80万吨。三块石电站溢流坝正常挡水位249.0米，死水位248.0米。船闸上游最高通航水位249.0米，上游最低通航水位248.0米，下游最高通航水位245.4米，下游最低通航水位243.7米，可通行100吨级船舶。枢纽布置从右至左依次为溢流坝、冲沙闸、电站厂房和船闸等建筑物，溢流坝横跨涪江，致使下游河道成为脱水段。该枢纽是以发电、航运为主，兼以城市供水灌溉等综合利用的水利枢纽。

二、莲花寺航电枢纽工程

潼南莲花寺航电枢纽距河口里程为90.2公里。该工程于1985年11月开工建设，1987年5月建成。设计水级16.1米，装机4台1.44万千瓦，工程总投资981.05万元。该电站设计水位16.3米。船闸尺度（长×宽×门槛水深）为100米×12（8）米×2米，为单级船闸，上游最高通航水位244.80米，上游最低通航水位241.0米，下游最高通航水位236.20米，下游最低通航水位228.5米，可通行100吨级船舶，设计年通过能力80万吨。枢纽建筑物从左至右依次为电站厂房、泄水槽、冲沙廊道、船闸和户型溢流堰。船闸与电站并列布置，船闸上引航道位于电站前池内，下引航道位于电站尾水渠中。左闸墙紧靠电站泄水槽和冲沙廊道，闸墙建于泥质页岩上，抗冲力弱，电站泄水和冲沙水流直冲闸墙基础。船闸输水采用闸墙长廊道侧支管出水的分散输水形式。闸室中未设效能构筑物，无水时闸室中水体较紊乱。船闸输水廊道在上、下闸首阀门处廊道尺寸（高×宽）为2.0米×2.0米，而在闸墙中段84.0米范围廊道尺寸变（高×宽）为2.8米×2.0米，船闸充水时，该段廊道顶部气体不能排除而形成气包。在船闸试运行验收时，在下闸首左侧阀井处发生水锤现象，喷水几米高，后来在该段闸墙上钻孔安装排气管，以防止水锤破坏结构物。

1994年5月3日下午，船闸正开启上闸门等待上游客船过闸，闸工饭后休息，1时50分，一声巨响，船闸左闸墙从中部突然垮塌，致使船闸报废。水毁时闸室呈上游水位242.62米，左闸墙外电站尾水位230.0米，墙内外水位差12.62米。1994年6月17日至18日，潜水工协同事故调查组有关人员对下闸首裂缝及左闸墙壁外测基底进行了水下勘测。从垮塌现场调查和水下勘测结果分析，由于基础开挖深度不够，降低了墙体的稳定性，加之墙体砌筑质量不合格，船闸在使用的6年中，其左闸墙和下闸首左边墩汛期受到紧靠基脚外缘的冲砂廊道中射出的高速水流淘刷，形成了基底临空面。1994年5月3日，闸室内保持高水位的时间已达3小时，闸室内形成的渗透水流在倒塌段首先击穿基底，扬压力增加，墙身整体向外滑移失稳，航运又一次中断。2000年初交通部再次投资1175万元，对莲花寺船闸垮塌部分进行修复。2001年12月底竣工恢复通航。

三、富金坝航电枢纽工程

（一）闸坝概况

富金坝航电枢纽工程位于涪江干流的合川市太和镇上游2公里处，距涪江与嘉陵江汇合口64公里。流域内上游区域地质构造复杂，地层以变质岩为主，次为古生代碳酸盐岩及碎屑岩，断裂发育，后龙门山及北川一带地壳稳定性较差，地震基本烈度达八度以上。中下游丘陵平坝区，地质构造简单，各种红色碎屑岩广布，以砂岩、泥岩为主，组成互层状，岩层产状平缓，断裂不发育，地壳稳定，地震基本烈度五至六度。流域属亚热带湿润性气候区，多年平均气温在14.7～18.2摄氏度之间。域内气候温和、湿度大、雨量丰沛、无霜期长，除上游山区外，无霜期一般在300天左右，是四川省主要农业生产区之一。

涪江干流梯级渠化富金坝枢纽工程是涪江干流重庆段航运自上而下梯级开发的第三级，上游紧接潼南境内已建的三块石梯级，下游与铜梁境内已建的安居梯级相接。工程所在区左岸有太和镇至佛盐乡公路通过，交通较为方便。

工程主要由闸坝、主厂房、副厂房、变电站及船闸等构成，正常蓄水位229米，总库容2.37亿立方米，渠化涪江29公里航道。坝址位于龙背坡，厂房、船闸布置在坝址上游右岸约800米处的露水垭。从左到右依次布置左岸非溢流坝（长368米）、左岸储门槽坝段（长18米）、泄洪冲沙闸（长283米）、右岸储门槽坝段（长18米）和右岸非溢流坝（长22.55米）。主副厂房、变电站、生产生活设施布置在闸坝轴线上游右侧露水垭口处。进厂公路从闸坝枢纽左岸经左岸非溢流坝、布置于泄洪冲砂闸闸墩顶部上游侧交通公路、右岸非溢流坝，再沿笠叶滩下游右岸新修1.8公里公路至厂区。

富金坝航运枢纽工程于2006年6月30日首台机组并网发电后，2号、3号机组也分别于2007年1月18日、2月10日完成72小时试运行，顺利并网发电；2007年6月13日完成船闸试通航，截至2017年底，年平均过闸300次，总吨位11.15万吨，已累计发电28.36亿千瓦，取得了一定的经济效益和社会效益。

有效改善通航条件。枢纽渠化坝址上游涪江25公里航道，达到五级航道通航标准，改善了该航段船舶航行条件。

富金坝航运枢纽工程是以航运为主、航电结合、以电促航、兼顾防洪、灌溉等综合利用效益工程。工程是涪江重庆段全江渠化建设的关键工程，是西部大开发和重庆市、四川省经济发展的迫切要求，是从根本上改善航道条件、促进航运发展的迫切需要，将促进涪江流域乃至嘉陵江流域国民经济的快速发展，将为重庆市国民经济快速发展提供急需的电能。

（二）通航建筑物

富金坝船闸工程项目于2003年11月28日开工建设，2007年6月船闸进行了实船通航试验，2007年12月竣工。

2002年，重庆市发展计划委员会《关于涪江梯级渠化富金坝枢纽工程项目建议书的批复》（渝计委交〔2002〕1819号）；2003年，重庆市发展计划委员会《关于涪江梯级渠化富金坝枢纽工程可行性研究报告的批复》（渝计委交〔2003〕96号）；2003年8月6日，重庆市交通委员会《关于涪江梯级渠化富金坝枢纽工程初步设计报告的批复》（渝交委港〔2003〕11 号）;2004 年 6 月，重庆市环保局《关于涪江梯级渠化富金坝枢纽工程环境影响评价报告的批复的批复》[渝（市）环评审〔2004〕129 号];2003 年，重庆市人民政府《关于重庆航运建设发展有限公司建设涪江梯级渠化富金坝枢纽工程用地的批复》（渝府地〔2003〕1341 号）。

富金坝枢纽船闸等级为五级，船闸闸室有效尺寸为 100 米 × 12 米 × 2.5 米（长 × 宽 × 门槛水深），设计最大船舶吨位为 300 吨。船闸的闸首和闸室为 3 级，导航和靠船建筑物为 4 级，临时建筑物为 5 级。由于采用闸底长廊道顶缝出水盖板消能分散输水系统，闸室中不设镇静段，故闸室按有效尺度布置，长 100.0 米，宽 12.0 米。上闸首结合侧墙长廊道进口和启闭机布置要求，两侧边墩长 31.0 米，宽 10.0 米。两岸联系的交通桥布置在上闸首前段引航道范围内，桥宽 4.0 米。船闸设计水头 13 米，设计最高通航流量为 5500 立方米/秒，相应上游水位为 224.89 米。由于该水位低于枢纽正常挡水位 229.0 米，因此上游最高通航水位采用正常挡水位 229.0 米。上游设计最低通航水位采用正常挡水位消落 0.7 米的水位，即 228.3 米;下游设计最高通航水位采用 5500 立方米/秒下泄流量相应水位 222.90 米，下游设计最低通航水位采用低水保证率 95% 的相应水位 216.0 米。由于上下游水位差较大，为减小上闸门高度，在上闸首口门宽 12.0 米范围布置帷墙。下闸首两侧边墩长 28.0 米，宽 10.0 米，口门宽 12.0 米。上引航道外导航墙长 120.0 米，在堤头前端 80.0 米做成透空导墙，以利于排除泥沙。引航道内侧随河岸地形进行岩石开挖削坡，采用有锚衬砌作为内导航墙，并在引航道前端布置靠船建筑物。引航道底宽 35.0 米，在口门处扩大为 50.0 米。下引航道外导墙直段长 125.0 米。内导航墙直段长 125.0 米，其后结合电站尾水渠和引航道开挖，在高程 219.0 米以下采用混凝土梁格浆砌块石护坡，护坡直段长度 467.0 米，布置 6 个靠船墩，墩间距 20.0 米。为便于引航道与主航道连接，结合该段河岸地形，用半径 179.0 米弧线与下游深槽连接，引航道底宽 35.0 米。项目总投资 8.76 亿元。工程用地合计 5963 亩（约合 397.5 万平方米）。

在工程投运后前两年，机组监控系统、自动化元件存在较多故障，机组存在漏水、漏油等情况，经消缺处理和技术改造，解决了 2 号、3 号机组振动超标等技术问题，保证了机组的正常出力。三台机组运行稳定，设备完好率良好，电厂运行管理工作已入正轨，安全生产运行总体平稳。

工程于 2006 年 6 月 30 日首台机组并网发电后，2 号、3 号机组也分别于 2007 年 1 月 18 日、2 月 10 日完成 72 小时试运行，顺利并网发电;2007 年 6 月 13 日完成船闸试通航，截至 2017 年底，年平均过闸 300 次，总吨位 11.15 万吨，已累计发电 28.36 亿千瓦，取得了一定的经济效益和社会效益。

建设单位为重庆航运建设发展有限公司；设计单位为四川省水利水电勘测设计研究院、重庆市交通规划勘察设计院；施工单位为四川省水利电力工程局、中国安能建设总公司；监理单位为宜昌市中葛监理工程师事务所、中国船级社实业公司；质量监督单位为重庆市交通委员会质监站。

四、安居电航枢纽工程

安居电航枢纽工程原名铜梁先安居水电站，工程位于铜梁县安居区赛龙乡境内，距安居镇1.5公里，上距铜梁县22公里，下距合川区38.5公里，工程于1988年修建，1992年4月建成。枢纽采用截弯引水开发方式，主河床中从左至右依次布置船闸上引航道、电站引水渠、冲沙闸、泄洪闸、溢流坝和宽顶堰等建筑物。船闸与电站厂房并列布置开挖的渠道中，船闸靠左边山体。枢纽正常挡水位216.0米，回水至上游富金坝与船闸下引航道水位衔接，渠化航道约20公里。船闸设计最大通航流量5500立方米/秒（水工模型试验按重现期2年洪水流量4500立方米/秒），设计最小下泄流量53立方米/秒，船闸上游最高通航水位217.0米，下游最高通航水位210.75米，上游最低通航水位215.0米，下游最低通航水位205.5米。电站取水口及船闸上引航道位于河流弯道凹岸下游，引航道轴线与河流主流交角较大，弯道环流对上引航道口门区流态影响非常大。上引航道设计底宽25.0米，口门宽37.5米，外导航墙301.41米，顶高程218.2米。施工验收时，上引航道长202.78米，顶高程217.2米，没有达到设计要求，因此只有降低通航保证率，大流量时船闸停航。船闸有效尺寸为100米×12（8）米×2.0米（长×宽×门槛水深），闸墙（右）为重力式，顶宽7米，底宽10.7米，顶部高程217.2米。闸墙（左）为贴坡式，顶宽12.5米，顶高217.2米。闸室闸墙内侧设有钢筋爬梯。下闸首全长16米，净宽8米，左侧闸墙宽12.5米，顶部高程218.2米，右侧闸墙宽7米，顶部高程218.2米，下闸首布置一横拉门，底槛高程203.5米，左侧闸墙内设有门库，两侧闸墙各设一泄水阀门，泄水涵洞尺寸为1.9米×1.9米（高×宽），底板高程202.5米，横拉门后设有6.09米的对冲式消能段。2001年上行货物通过量1万吨，下行货物通过量20万吨，无客运量。

五、渭沱航电枢纽工程

合川渭沱航电枢纽工程原名合川县渭沱电站，由水电部门投资于1988年修建，1993年投产发电。2004年由重庆航运建设发展有限公司收购，改名为渭沱航电枢纽工程。渭沱航电枢纽工程是涪江干流梯级开发自下而上的第一座梯级，坝地位于合川县渭沱场上游1.0公里的青竹碥滩，距河口21.88公里。枢纽开发任务时以航运为主，兼顾发电和灌溉。枢纽采用河床布置方案，主要建筑物从右至左依次为船闸、电站厂房、冲沙闸、泄洪闸、溢流坝和连接左岸一级阶地堤堰。枢纽闸坝正常挡水位206.0米（黄海系），回水16.6公里至上游安居枢纽，装机容量2×1.5万千瓦，设计通航能力为2×100吨（一次最大过闸能力），年单向设计通航能力为80万吨，船闸有效尺寸为100米×12（8）米×2.0米（长×宽×门槛水深）。船闸最大通航流量5580立方米/秒，最小通航流量采用涪江小河坝水文站1973年实测最枯流量53立方米/秒。船闸上游最高通航水位207.78米，下游最高通航水位受嘉陵江水位顶托时为205.6米，不受水位顶托时为203.97米；上游最低通航水位205.0米，下游最低通航水位195.1米。船闸设计最大水头10.9米。由于受河势地形限制，船闸和电站进水口均布置河流弯道的下游，船闸上引航道口门正对弯道主流，下引航道又紧接河流急弯。为改善上引航道口门区的流速流态，保证过闸船舶安全进出，在上游500米处布置一道梳齿挑流堤坝，并削除上引航道口门区上游120米处的凸岸，顺直岸线。该船闸2001年实际通过能力0.7万吨，无客运量。

六、潼南航电枢纽工程

（一）闸坝概况

潼南航电枢纽工程位于重庆市潼南区境内，处于涪江下游河段，坝址以上集水面积2.89万平方公里，占全流域集水面积的79.4%。涪江流域属于亚热带湿润季风气候区，具有冬寒夏热，四季明显，夏秋多雨，冬春干旱等特点。流域内上游与中下游气候有明显的差异：上游由于地势较高气温较低，温差较大；中、下游丘陵平坝区，气温高，温差小。受地形影响，降雨量在面上分布不均匀，上游高山区降雨丰沛，中、下游丘陵平坝区降雨量明显偏小。

涪江干流梯级渠化潼南航电枢纽工程位于潼南区城区涪江大桥下游约3公里，东南距重庆市约120公里，北西距成都约220公里，是涪江重庆境内全江渠化自下而上的第四个梯级。开发任务是以航运为主，兼顾发电，修复涪江干流潼南城区段生态系统。水库正常蓄水位为236.50米，相应库容1571万立方米。总库容2.19亿立方米。船闸和航道等级为五级，船闸有效尺寸为120米×12米×3米（长×宽×门槛水深）。设计通航船舶吨级为500吨，电站装机容量4.2万千瓦，年发电量1.40亿千瓦·时。根据《渠化工程枢纽总体设计规范》（JTS 182-1—2009）、《防洪标准》（GB 50201—94）和《水电枢纽工程等级划分及设计安全标准》（DL 5180—2003）规定，当水库总库容、设计通航船舶吨级、装机容量分属不同等别时，工程等别应取其中最高的等别，本工程以水库总库容确定工程等别为二等，工程规模为大（2）型。

潼南航电枢纽工程为河床式枢纽，汛期敞开闸门泄洪，基本恢复天然状态。本工程等别由总库容大小决定，且最大水头仅为9米，参照《水电枢纽工程等级划分及设计安全标准》（DL 5180—2003）中5.0.8条规定，本工程总库容接近工程分等指标的下限，在非常洪水条件下，上、下游水位差为1.05米，符合小于2米的规定，因此建筑物级别可降低一级，即枢纽主要建筑物级别降低一级为3级。

枢纽主要建筑物泄水闸、船闸上下闸首和闸室、发电厂房、挡水土坝为3级建筑物，引航道建筑物等次要建筑物为4级，临时建筑物为5级。潼南航电枢纽的建设符合重庆市航道发展规划和涪江干流潼南段梯级规划，进一步提高了涪江航道等级，促进了航运发展；充分开发利用水能资源，为重庆市电网提供清洁能源；抬高潼南城区河段水位，为潼南建设现代山水园林城市创造条件；有利于改善城市投资环境与人居环境，进一步提升潼南城市综合竞争力，加快城市发展新区建设步伐。项目的社会效益、生态效益和经济效益显著。

（二）通航建筑物

潼南船闸工程项目于2014年11月开工建设，2017年7月首台机组并网发电，同年9月三台机组全部投运，2018年11月船闸正式通航。

2013年，重庆市发展和改革委员会《关于涪江干流梯级渠化潼南航电枢纽工程项目建议书报告的批复》[渝发改交〔2013〕1676号]；2014年，潼南县发展和改革委员会《关于涪江干流梯级渠化潼南航电枢纽工程工程可行性研究报告的批复》（潼发改〔2014〕788号）；2015年，潼南县交通委员会《关于涪江干流梯级渠化潼南航电枢纽工程初步设计报告的批复》（潼交委发〔2015〕10号）；2014年，潼南县规划局下发了《项目规划选址同意书》，同意工程建设选址；2014年4月11日，重庆市地震局批复了《涪江干流梯级渠化潼南航电枢纽建设工程场地地震安全性评价报告》（以渝震安评〔2014〕9号文），批准建设工程场地地震安全性评价报告；2014年，潼南县环境保护局《关于潼南航电枢纽项目环境影响评价报告的批复》[渝（潼）环准〔2014〕070号]；2015年，重庆市人民政府《关于涪江干流梯级渠化潼南航电枢纽工程工程用地的批复》（渝府地〔2015〕705号）。

船闸等级为五级，单线船闸，根据《船闸水工建筑物设计规范》（JTJ 307—2001），闸首、闸室建筑物级别为3级，导航、靠船建筑物级别为4级，临时建筑物级别为5级。代表船舶尺度为2×300吨机动驳，船型尺寸为55.0米×8.6米×1.3米（总长×总宽×吃水）。单向年过闸船舶总载重吨位为380万吨。单向年过闸货运量为208万吨。船闸设计最大水头9.0米。闸室有效尺寸为120米×12米×3.0米（长×宽×门槛水深）。闸首和闸室为整体式结构形式。船闸输水系统为闸墙长廊道侧支管出水输水系统。闸门形式为潜孔式平面滑动闸门，铸铁滑块支承。闸门操作方式为静水启闭，门顶充水阀充水平压，启闭时水位差$\Delta H \leq 1.0$米。工程总投资16.12亿元，项目资本金13.6亿元。建设资金主要来源为政府补助、财政资金、银行贷款等。工程征收征用土地总面积1.2万亩[1]（水库淹没影响区1.01万亩，航道整治工程区1.6万亩，枢纽工程建设区1922.11

[1] 1亩≈666.7平方米。

亩）。潼南航电枢纽工程征地移民投资约2.8亿元。建设征地移民安置工作的有效开展是工程建设顺利进行的前提条件，在工程建设过程中起着至关重要的作用。

建设单位为重庆航运建设发展（集团）有限公司；设计单位为中水珠江规划勘测设计有限公司、中煤科工集团重庆设计研究院有限公司；施工单位为中国水利水电第四工程局有限公司、中国水利水电第十二工程局有限公司、四川凯基路桥工程有限责任公司、重庆市荣昌县南方建筑工程有限公司、四川省科茂建筑工程有限公司；监理单位为广东顺水工程建设监理有限公司和广州南华工程管理有限公司联合体、长江工程监理咨询有限公司（湖北）、重庆育才工程咨询监理有限公司；质量监督单位为潼南区交委质量和安全监督站。

第十一章　水运支持保障系统工程建设

第一节　海事基地

一、安全管理条例

1986年12月16日国务院发布《中华人民共和国内河交通安全管理条例》。2002年6月19日《中华人民共和国内河交通安全管理条例》经国务院第60次常务会议修订通过，自2002年8月1日起施行。

《中华人民共和国内河交通安全管理条例》规范了船舶航行的具备条件。船员经水上交通安全专业培训，其中客船和载运危险货物船舶的船员还应当经相应的特殊培训，并经海事管理机构考试合格，取得相应的适任证书或者其他适任证件，方可担任船员职务。严禁未取得适任证书或者其他适任证件的船员上岗。规范了船舶航行、停泊和作业应该遵守的规定，危险货物监管，渡口管理，通航保障，水上救助，事故调查处理，监督检查，法律责任等内容。

1995年，重庆市人民代表大会常务委员会通过《重庆市水上交通安全管理条例》。1998年3月28日重庆市第一届人民代表大会常务委员会第八次会议通过修改《重庆市水上交通安全管理条例》。2001年5月25日重庆市第一届人民代表大会常务委员会第三十二次会议通过《关于修改〈重庆市水上交通安全条例〉的决定》修正案。

《重庆市水上交通安全条例》共9章61条，根据重庆市的具体情况，对水上交通安全管理作出了具体规定，对《中华人民共和国内河交通安全管理条例》是一个补充，针对地方特色，在执法处罚方面具有较强的操作性。但随着《中华人民共和国内河交通安全管理条例》在2002年进行修订，地方性法规在许多规定方面同修订后的《中华人民共和国内河交通安全管理条例》存在冲突,已不能完全适应新的地方水运发展形势和管理需要,修订工作已逐步启动。

二、交通部与地方海事管理分工

(一)水域管辖划分

1984年,改革开放初期,长江水系内河航运管理均存在中央和地方"一水两监"状况,中央直属航政管理机关和地方航运管理部门的管辖水域范围上未划分,相互有重叠交叉。在管理上主要以管理对象船舶的种类和企业的所属性质进行区分,中央直属管理机构一般管理中央直属国有企业,省级直属机构管理省级国有企业,其他企业、个体归当地地方航运管理部门管理。同年,长江航运体制实行政企分开,成立了交通部长江航政管理局重庆分局,统一管理长江干线重庆段(九层岩至鳊鱼溪670公里水域)以及长江航运公司经营的几条支线的航政工作。但木帆船的检验、签证、海事处理、驾长考评等仍由各地方航政机构办理,原重庆的9个区、12个县境内的长江干线、嘉陵江、涪江、渠江、綦河等支流及封闭水域由重庆市港航监督处管辖。1989年8月1日,重庆长江港航监督局成立,代替交通部长江航政管理局重庆分局管理长江干线职能。

1997年,重庆设立为直辖市,原属四川省管辖的涪陵、万县和黔江地区统归重庆市管辖,三地的港航监督管理职能随之统归重庆市港航监督处管辖,重庆市港航监督处水上交通安全监管业务扩大到重庆境内长江干线及所有支小河流和封闭水域。

2002年3月,根据国务院实行"一水一监、一港一监",统一布局、统一监督管理,重庆市率先在长江沿线开展长江干线水监体制改革。按照《交通部、重庆市人民政府实施水上安全监督管理体制改革协议》和《关于重庆市长江干线水上安全监督机构划转交通部管理的交接协议书》的有关内容,重庆市地方海事局下属17个单位划转长江海事局(成建制划转6个,部分划转11个),重庆市地方海事局和长江海事局"划江而治"。同年8月,交通部海事局下发《关于长江海事局与重庆市地方海事局船舶管理和船员管理业务分工的通知》,水上安全监督管理现场执法工作方面按水域管理辖区负责,长江干线水域为长江海事部门管辖水域。其他支流、水库及封闭水域为重庆地方海事部门管辖水域,与长江干线相通的支流以河口为界。

2004年12月,随着三峡成库水位进一步抬升,交通部海事局和重庆市交通委员会对长江干线重庆段三峡库区99条支流进行明确划界。其中有桥、坝的32条支流,以当时距河口最近的桥坝下沿为界;没有桥、坝的53条支流以河口基准线向支流上游上溯100米为界,河口基准线为三峡大坝蓄水175米水位时河口两岸水沫线的连线;当时不通航的14条支汊(沱)划入长江干线范畴。

（二）海事业务分工

2002 年，水上安全监督管理体制（简称“水监体制”）改革后，长江干线水域及港口水域现场执法工作由长江海事局负责，重庆市支流、湖泊、水库及港口现场执法由重庆市地方海事局负责。原则上不得跨水域实施现场执法工作，个别确需跨水域执法的工作，由重庆海事局与重庆市地方海事局协商办理。

2002 年 10 月 17 日，交通部海事局下发《关于开展航行长江干线三等及以上船舶船员职务适任证书理论统考工作的通知》，规定从 2003 年 1 月 1 日起，航行于长江干线三等及以上船舶船员职务适任证书理论考试由重庆海事局统一实施考试，一、二等船舶和仅签注航行长江干线其他船舶的船员由船员考试工作由重庆海事局负责组织实施监考及管理，仅签注航行支流和封闭水域的船舶船员考试工作由重庆市地方海事局负责监考及管理，其他船舶的船员由船员考试工作所在单位自主选择。

三、交通部在渝海事管理

（一）通航管理

1986 年以来，在重庆水运发展中，港监、海事机构根据船舶通航流量需要，通过在重点港口码头、航段等设置现场监督站，定期、不定期出动海巡艇（港监艇）和执法人员开展现场巡航检查，发现和处理通航水域异常情况，及时进行水上交通事故应急处理并组织或参与水上搜救行动，实现主管机关对管辖水域通航环境及船舶交通动态的有效监控。

1998 年，交通部港航监督局为了利用巡逻船艇，打造一个通航水域现场监督管理的“工作平台”，在直属系统不断加大基层港航监管执法装备的建设投入，制定“巡航工作指南”。

2002—2003 年，水监体制改革、三峡成库后，重庆海事局通过中央直属系统的投入渠道加快了一线监管执法和巡航装备建设，在长江干线建设海事巡航监管和搜救一体化体系，采取“15、30、40”（即重点港口 15 分钟内处艇赶到现场，一般港区 30 分钟，其他航段 40 分钟），基层监管站点布设加密，现场巡航能力显著提高。2005 年，重庆海事局系统有海事执法人员 460 人，有各类海巡艇 45 艘（其中快速巡逻艇 26 艘），趸船 28 艘，海事执法车 54 辆，并建有移动交管站（海巡 31601 艇）、GPS 客渡船监控系统及库区防污设备库。在巡航管理中，枯水期、汛期和节假日等特殊时段是重点。

1. 枯水期安全管理

1986—2003 年，枯水期主要结合“防雾战枯”和枯水期安全监管管理工作预案开展工作。重点加强对客（渡）船的巡查，对客流量密集区域派艇驻守和检查，防止船舶超定额载客；加强对渔船、自用船巡航检查，防止违法载客（货）运输；加强货运船舶的现场巡查，防止超载或超吃水船舶出港；加强对采运砂（石）船舶的现场检查，防止占据航道作业及和超载航行。三峡成库后，增加了对库区农副产品运输船舶绿色通道的现场维护。

2. 洪水及汛期安全管理

1986—2003年，洪水期重点加强对港区、渡口渡船和码头现场检查；对船舶超载运输和乡镇自用船、农用船、渔船、非法渡运，特别是运砂船超配员及超载运输违法行为开展重点治理整顿；加强对停泊区、锚地的巡查力度，防止船舶走锚漂流事故的发生。加强对嘉陵江、乌江交汇水域的巡航维护工作。三峡成库后，库区内增加了抱龙河、大宁河、梅溪河、朱衣河、汤溪河、澎溪河、苎溪河等干支交汇水域重点监管。同时加强对恶劣天气信息的收集和现场宣传，防止因风浪发生事故；加强地质灾害现场的监控和维护。

3. 特殊时段安全管理

1986—1995年，重庆市的客运高峰一般仅限于春运期间。1995—2005年，随着水上旅游的发展及客运向旅游转化，客运旅游出现淡季和旺季的现象，淡季出现在当年8月份、9月份及11月份到第二年的4月份，其他月份为旺季，同时五天工作制和黄金周实施后，旺季又出现了新的特点。在春运期间和旅游旺季，重点加强对朝天门、丰都鬼城、石宝寨、张飞庙、白帝城、大宁河等旅游码头和客船的监管和维护工作。加强沿江集镇逢场赶集及学生集中渡运时段的码头和船舶管理，维护停泊秩序，制止超载。

（二）水上水下施工作业管理

1986年以来，随着改革开放不断深入和经济的发展，在全国内河航道范围进行水上水下施工作业越来越多，这些水上水下建（构）筑物在建设中及建成后，会或多或少改变通航环境，随着时间的推移水上水下施工和建筑，对船舶通航环境影响日益加剧，引起了交通部的重视。1999年，交通部颁布《中华人民共和国水上水下施工作业通航安全管理规定》，于2000年1月1日正式生效，使港航监督系统在管理水上水下施工作业通航安全问题时有了执法依据，在水上水下工程建筑初步设计和工程可行性研究期间参与通航论证，施工前核发《水上水下施工作业许可证》；施工中对进行通航维护及环保管理；建成后设置相应的站点和设施，保证船舶通航和大桥水下安全。截至2005年，交通部重庆海事机构先后完成了江津长江大桥、重庆地维长江大桥、重庆马桑溪长江大桥、重庆李家沱长江大桥、重庆鹅公岩长江大桥、重庆长江大桥复线桥、重庆大佛寺长江大桥、长寿铁路大桥、涪陵长江大桥、丰都长江大桥、忠县长江大桥、万州长江大桥、万州铁路大桥、万州长江二桥、云阳长江大桥、奉节长江大桥、巫山长江大桥的施工维护任务。同时，对采砂作业、港口码头建设和其他水上水下施工作业的项目进行监管。

（三）库区船舶定线制

2003年，三峡蓄水成库后，库区航道环境发生巨大变化，原滩险湍急的天然航道变为“高峡平湖”，水面变宽、流速变缓，川江原来“上水走缓流、下水走主流”的传统航路已对新形成的库区航道失去意义。为避免成库后船舶航行中航路选择的随意性，同年9月26日交通部海事局发布了《长江三峡库区船舶定线制规定（试行）》，于2004年1月1日实施，在长江三峡大坝至忠县长江大桥段，航行船舶实行靠本船右舷一侧通航分道航行的制度，左岸一侧通航分道为上行船舶航路，右岸一侧通航分道为下行船舶航路，上、下行船舶通航分道以航道中心线为分界线。《长江三峡库区船舶定线制规定（试行）》实施以来，库区航行船舶开始像汽车在公路上一样各自“靠右行驶”，大大简化了原来的航路选择，三峡库区船舶通航秩序明显好转、通航效率明显提高、交通事故明显减少，有力促进三峡库区航运生产力的发展。2005年，三峡水位进一步抬升，库区范围从忠县延伸到丰都，交通部海事局对《长江三峡库区船舶定线制规定（试行）》及时修订，颁布实施《长江三峡库区船舶定线制规定（2005）》，对库区定线制航行规则的适用范围做了相应调整。

（四）水上交通GPS监控管理

为加强水上交通安全管理，根据重庆市人民政府、重庆市安全生产监督管理局要求及全市航运发展现状，2005年7月，重庆海事局开始使用监控系统对长江干线进行监控。使用监控系统的有重庆海事局和重庆市地方海事2个监控中心，28个区县安装监控分终端，182家航运企业安装使用监控终端。设置重点水域预警区域，为遇险船舶提供救援帮助，水上安全监管水平上一个台阶。

（五）水上搜救与应急

2003年，重庆海事局水上交通安全应急指挥中心指挥长由重庆海事局局长担任，政委由局党委书记担任，业务主管副局长担任副指挥长，担负重大险情、交通安全紧急情况工作指挥决策，有关处室主要负责人为指挥中心成员。指挥中心办公室设在重庆海事局监管中心，具体负责应急处置工作。监管中心值班室人员为办公室保障人员，坚持24小时值班，负责日常信息的综合收集、分析处理工作。指挥中心主要任务是指挥辖区内各应急指挥分中心的应急反应活动，以及跨区县水域应急反应工作，负责长江重庆辖区水域水上交通紧急情况的应急处置工作，指导辖区内各应急分中心工作。

建立机构的同时制定应急报告制度，应急报告分为快报、补充报告、跟踪报告3种，明确向长江海事局总值班室报告、向重庆海事局值班室报告及所在地政府报告不同级别的事故内容。设置基本工作程序，包括事故及险情信息接收、险情及事故信息处置、应急决策。

为了适应搜救工作的快速有效，重庆海事局完成巡航救助应急待命站点的布局建设，建立35个巡航救助执法大队，实行24小时应急待命制度。重庆海事局各海事处所在地的水上搜救分中心已全部组建完成，船艇应急覆盖率已达95%以上。配备了人道救生船舶150艘，海巡艇45艘（其中快速巡逻艇26艘），趸船28艘，海事执法车54辆。同时在巫山港、万州港、重庆中心港区建成VTS交管系统投入运行，在长江部分复杂航段建有视频监控系统，在客渡船建立GPS信息系统，并与重庆市水上交通监控系统联网，对辖区内通航秩序情况进行日常监控。

四、重庆市地方海事管理

（一）通航管理

地方海事部门重点突出对嘉陵江、乌江、大宁河等长江支流水域的巡航管理。涪陵区地方海事局2002年成立后，根据乌江水域水文和气象的不同特点，重点抓好汛期、枯水期及雾季船舶航行预警、预报和巡航检查工作，尤其加强对乌江河口、白浪滩、狮子口等控制河段航行秩序的监管，严厉查处冒雾航行、争航抢漕船舶。积极向航道部门通报枯水期出现通航变化情况，重点针对白涛后溪沟的航道变化有碍船舶航行安全情况，督促航道部门设标疏浚。三峡库区蓄水后，针对乌江水位变化的实际情况，调整停航封渡水位，建立防雾战枯情报网，对乌江牛屎碛至北岩口、三门子至小石溪、白涛至郭母子三段雾区设立监测站，落实专人监控。在重庆市人民政府重视下，重庆市地方海事局从2003年以来不断加大基层巡航监管力量投入，投资4000多万元，在巫山、江津先后建立了水上交通检查站，在大宁河口、梅溪河口、乌江河口、乌江白涛、武隆、嘉陵江合川、北碚、主城等重点支流航段设置了监督站，为万州等区县配备了海巡艇52艘、冲锋舟橡皮艇16艘、监督囤船5艘，为32个区县管理部门配备了执法车100余辆，现场巡航监督力量持续加强。

（二）水上水下施工作业管理

重庆市地方海事局负责长江干线外，地方管辖水域内水上水下工程及施工作业的监督管理。其中，涉及构筑各类岸堤或人工岛、水下隧道、修建码头、闸坝、架设桥梁等，以及长江主要支流报请连续禁航时间4小时以上的施工项目，由重庆市港航管理局负责审批，核发《水上水下施工作业许可证》，发布航行通告，并指派海事机构负责安全监督和现场维护；在各海事机构辖区通航水域内，进行的水上水下施工作业项目，原则上由各地海事机构受理建设或施工单位的申请，负责审批、核发《水上水下施工作业许可证》，发布航行通告，负责实施安全监督和现场维护。

（三）水上交通GPS监控管理

为加强水上交通安全管理，根据重庆市人民政府、重庆市安全生产监督管理局要求及重庆市航运发展的现状，2004 年 1 月，重庆市地方海事局采取 GPS 全球卫星定位技术，开始研发监控系统，2004 年 11 月，建成投入使用，初步形成水上交通监控管理综合平台。港航、海事、航运企业依托监控系统，对船舶可以实现零距离管理。2005 年 12 月，监控系统与三峡通航管理局的 GPS 水上交通管理监控系统成功联网。截至 2005 年底，重庆市水上交通管理监控中心的建设共投入专项资金 1500 万元，建成了重庆市水上交通管理监控系统。使用该监控系统的有重庆市地方海事局和重庆海事局 2 个监控中心，28 个区县安装监控分终端，182 家航运企业安装使用监控终端，使用监控系统的船舶已经达 2466 艘。2005 年底，重庆市水上交通管理监控中心运用 GPS 技术共处理各类紧急情况 136 次，提供气象、水文、航道通电等通航安全信息 10403 条，处理有效报警 176 次，纠正船舶违章航行 29 次，进行事故险情救助 30 次。为确保系统电子江图的准确性，对全市的主要通航水域进行了多次实地校勘，接收航道变化信息，修改电子江图，并通过在线升级，更新船载终端地图，共升级更新地图 7 次。

（四）水上交通事故调查处理

1986—2002 年，水监体制改革前，在重庆长江范围内，地方港航监督部门负责地方水运企业、个体船主船舶发生的海损事故调查处理，以及支流、湖泊和水库内发生的水上交通事故调查处理。在各区县（市）港航监督机构辖区内发生的水上交通事故由事故发生地港航监督机构负责调查处理。发生在难以确定管理辖权的交界水域，由就近的港航监督机构调查处理，或由重庆市港航监督机构指定的区（市）县港航监督机构调查处理；死亡、失踪 3 人以上的重大事故原则上由事故发生港航监督机构负责调查处理，根据需要重庆市港航监督机构将安排人员指导；死亡、失踪 10 人以上的重特大事故，发生地港航监督机构在当地政府成立的事故调查处理领导小组领导下开展事故调查工作，重庆市港航监督机构派人指导调查处理。

（五）水上搜救与应急

2003—2005 年，随着国家对突发灾难性应急反应和处置的日益重视，建立完善的水上应急搜救体系已提上议事日程。为加强重庆市水上搜救能力建设，重庆市交通委员会于 2003 年组织重庆市地方海事局、重庆海事局、重庆交通学院等单位进行了重庆市水上搜救系统课题专题研究，并根据研究成果，向重庆市人民政府政府汇报请示，建立由重庆市人民政府政府统一领导的重庆市水上搜救中心，但由于政策、资金等原因而搁浅。2004 年，重庆市交通委员会牵头组织有关专家和管理人员，编制完成了重庆市水上交通事故应急预案，率先在全市建立了事故灾难应急指挥、救助系统规范性文件，并由重庆市人民政府列为市级预案编制范本。随后，按照国家和重庆市人民政府有关应急预案编制和完善的相关要求，在重庆市交通委员会交通事故灾难应急预案体系的统一框架下不断完善地方管辖支流、封闭水域水上突发灾难事故应急预案。

重庆市长江支流、湖泊和水库等地方管辖水域发生水上交通事故后，重庆市地方海事局成立以局长为组长、分管安全副局长为副组长、相关部门负责人为成员的水上交通事故灾难应急处置工作组。工作组负责组织全市地方水域水上交通事故灾难应急处置工作；负责建立健全重庆市地方海事系统水上交通事故灾难应急处置机制，为应急处置工作提供相关设施设备和资金保障；在重庆市事故灾难处置指挥部领导下，参与重特大水上交通事故灾难的应急处置工作；研究应急处置工作中出现的重大问题，研究难点，商讨对策。

工作组下设应急处置工作办公室（简称应急办）。应急办设在重庆市港航管理局海事处，办公室主任由海事处处长兼任，具体负责水上交通事故灾难应急处置日常工作。应急办主要工作是及时评估水上交通事故灾难报告，提出启动相应预警预案的建议；并根据启动的预警级别，及时通知工作组有关领导和成员赶赴事故现场，参与事故灾难应急处置；组织开展或参与事故调查，查清事故或险情的直接原因，判明责任，形成调查报告；参与协调应急处置组织工作，掌握事故处置进度及相关情况，及时向工作组领导汇报事故处置进展情况；指导全市地方海事系统水上交通事故灾难应急处置工作；建立健全工作制度，负责日常管理工作。建立机构的同时制定了水上交通事故报告制度，包括报告程序、报告内容，设置应急组织程序，包括一般、较大、重大三个事故级别的处置预案，确保水上应急救援快速、有效。

（六）危防管理

1. 船舶载运危险货物管理

在重庆市港航监督处管辖时期，船舶载运危险货物监管主要由港监科负责。主要工作内容为船舶载运危险货物申报管理、船舶和货主申报员考试发证及船舶载运危险货物监装监卸，主要管理对象为地方航运企业的危险品运输船舶，其中长寿川维、江津川顺、主城天源属监管重点，监管范围既包括嘉陵江、乌江支流，也覆盖长江干线。

1990 年 11 月 8 日，九龙坡花溪水运队 102 拖轮与长江轮船公司一拖轮相碰沉没，造成 120 吨硫酸全部溢出的污染事故。为了吸取教训，加强管理，重庆市港航监督处在长寿召开了危险品运输管理工作会，确定了重庆市各地方港航监督处、站设置专门的机构和人员，负责危险品运输管理，严格核发危险品准运证，使危险品运输更加规范。

1998 年，重庆市港航监督处按照交通部《危险货物申报和申报员考核办法》的规定，规范了重庆市危险货物水上运输的申报程序，督促危险货物生产厂家设置了专门管理机构，健全了规章制度、操作程序和防范措施。同年 9 月，培训了 30 多名危险货物运输申报员，核发了证书，下放部分管理权限于区、县，方便危险货物运输签证和管理部门监装监卸，全年运输二十余万吨危险货物无事故。

2002年,水监体制改革后,“四客一危”船舶监管权限主要划转到重庆海事局,随着长江干线管辖权的移交,大部分集中在长江干线的危险品水路运输业务也转移,地方海事危险货物监管业务减少,相关工作由重庆市地方海事局海事处负责。随着重庆化工产业布局的调整,近年来涪陵白涛成为重点化工园区之一,白涛码头船舶载运危化品作业需求增大,涪陵地方海事局在白涛专设监督所强化现场监管。

2. 船舶防污染管理

船舶是水上流动的污染源,点多、面广、线长、分散,管理难度大。在重庆市港航监督处管辖时期,船舶防污染监管主要由港监科负责。主要工作为检查船舶防污设施和签发有关证件、证书,负责监督船舶排污,对船舶造成水污染事故进行调查、处理等。在工作中大力宣传环保,提高广大从业人员环保意识,积极推进防污染设施设备的安装和使用,严肃处理了多起船舶污染事故,大力推进防止船舶污染水域工作的开展。

1992年,在气垫船防污规范未出台之前,重庆市的气垫船开始营运。为了加强防污管理,重庆市港航监督处向气垫船公司发出通知,要求这些公司在重庆港囤船上配备有关防污油水收集设备,到港后进行排放,严禁在航行中和在未配备污水、油水回收设备的港口排放。

1998年,交通部在重庆市贯彻落实《防止船舶垃圾和沿岸固废弃物污染长江水域的管理规定》的宣传月动员活动。重庆市港航监督处以此活动为契机,进行企业领导和船员环境意识的法律、法规教育,及时制作1000幅环保标志贴于各艘船舶,并赠送录像带,规定每航次至少播一次。同时在朝天门等客、货船停泊较集中的港口、码头设立回收站(点),并检查船舶防污设备配置和使用情况。

2000年,黔江区成立以后,黔江区地方海事处把控制水域污染作为重要工作来抓,区内的洞塘水库、小南海库区既是全区重要的水运区域,同时也是全城的饮用水源保护区。一直以来,两个库区的大量乡镇运输船舶和旅游运输船舶都是木质挂桨柴油机动船,对水体的污染比较大,严重威胁全城10余万人的饮水安全,社会影响比较恶劣,区政府对此也十分重视,多次调研如何消除水域污染事宜。黔江区海事处通过大量的现场调查、市场调研、外出考察及上下协调等艰苦细致的工作,结合乡镇客渡船更新改造工作,对小南海库区100余艘木质船舶实施了全部淘汰、更新、归并。使用技术先进、环保的玻璃钢液化气船、玻璃钢电动船和玻璃钢人力船。此举不但彻底消除了该水域污染隐患,同时结合小南海国家AAAA级风景区的实际,使该风景区在旅游硬件质量方面上了一个新台阶,形成一道特殊的风景线。在洞塘库区,通过在每艘船上强制安装油水分离器,同时加强船员环保意识教育、加强日常管理,加大监督处罚力度,杜绝了船舶水域污染。

2003年,重庆市地方海事局对化危品船进行全面安全检查,对存在安全隐患的16艘油船、化危品船进行了限期整改或停航处理,对达不到运输资质要求的两家化危品运输企业做出了停业处理。

2005年8月1日，重庆市交通委员会举行了水上环保研讨会，有重庆市地方海事局、重庆市环保局、重庆海事局等部门负责人和重庆地区船用生活污水处理装置产品生产厂商大晃康达公司，以及重庆长江轮船公司、新世纪游轮公司、重庆客轮总公司、餐饮船阳光鱼庄等用户代表参加。会上，重庆市地方海事局通报了主城区餐饮趸船生活污水治理现状，重庆市环保部门和海事部门重申了环保工作的重要性和必要性，要求各产品生产厂家要开发适应餐饮船使用的治理产品，重庆市交通委员会要求一、二级饮用水源的餐饮船务必在8月底完成生活污水治理工作，早日实现船舶生活污水及垃圾污染综合治理。同年，重庆市交通委员会、重庆市地方海事局为全面治理船舶流动污染源，在防污规划中布局了长江和重要支流建设危化品船舶洗舱基地，在新建的港口码头、泊位中增加船舶垃圾污水接收设施。

（七）渡口渡船管理

1986年，客渡船只是作为客船进行管理。重庆市辖区内所有区县在四川省管辖时期，多数区县设有渡口渡船专门管理机构。以后随着水监体制改革，大多数与地方海事管理机构合并，为此，渡口渡船管理成为港航监督管理的重要内容。

1989年，重庆市港航监督处对客渡船进行整顿，从安全组织管理、船员管理、客渡船技术管理、规章制度管理、码头泊位管理方面进行检查培训。举办10期客渡船驾驶人员培训班，有733人通过考试，进行验证工作，对277艘营运客渡船的稳性和载重性重新进行了核定。

至2004年，对渡船进行历年事故分析后，结果显示客渡船事故和造成的人员伤亡数占全市水上交通事故的70%以上，已成为影响水上交通安全形势的最主要因素。为此，重庆市人民政府、重庆市交通委员会决定对渡口渡船进行标准化改。在交通部车购税专项拨款的支持下进行了渡口改造，在重庆市交通委员会投入3000万元专项资金补助下进行了客渡船标准化改造。在渡口渡船标准改造中，采取重庆市政府补助，区县政府配套与经营者自筹相结合的融资方式，使渡口和客渡船标准化改造顺利进行。

2005年初，重庆市人民政府开展渡口渡船专项整治活动，确认重庆市共有渡口1102道，渡口码头2537座，渡船1131艘。在渡口渡船标准化改造中对重点水域、客流量大的渡口渡船进行标准化改造。2005年底，验收渡口916道，其中达标渡口665道，采取“撤渡建桥”等措施撤销的渡口42道，取缔非法渡口50道，新建便民渡口159道；对标准化改造计划450艘客渡船已完成314艘改造任务，取缔非法渡船62艘；同时，举办渡工、渡口安全管理人员安全培训班258期，参加人数2931人次，培训合格渡工1356人。新建的渡口渡船陆续替换旧的渡船，使农民群众乘上了放心船。在渡口渡船改造计划中，未完成部分将在以后3年内完成。

（八）乡镇船舶管理

重庆市乡镇船舶的前身为农副业船，大多附属于农业合作社，实行合作经营，党的十一届三中全会后，改为农民承包，继由农民集资造船或买船参加营运。

1987 年，乡镇船舶不断发生重大交通恶性事故，引起了国务院和交通部的高度重视。交通部、农牧渔业部、国家经贸委、国家工商行政管理局、公安部、中国人民保险公司、财政部、国家旅游局等 8 部委共同发出《关于加强乡镇船舶安全监督管理的通知》，针对乡镇船舶及农用船舶迅速增多，管理跟不上，大量船舶未经检验发证、无证航行，非法载客等方面存在的违章行为，提出了具体要求。因此，重庆市人民政府成立以副市长李长春为组长的重庆市乡镇船舶领导小组，开展扎实的工作，扭转了乡镇船失管、失控的状况，制定了乡镇运输船舶从申请建造到参加营运，从航行到停泊各个环节的一系列规章制度。

1989 年，重庆市港航监督处在重庆市 7 个片区免费培训乡长、镇长、船管员，试行考试合格持证上岗。同时推广“长寿”经验，争取当地政府支持，客、渡船保险率达 98%，以增强乡镇船舶抵御风险的能力，开展重庆市乡镇客渡船先保险、后发证工作。

1990 年，重庆市人民政府为落实各级政府、交通部门、港监部门乡镇船舶安全管理职责，副市长秦昌典同 17 个区县分管安全工作的区县长签订责任书，各区县政府分别与乡、镇政府签订安全责任书，乡、镇政府与乡镇船主签订安全责任书。

1998 年，对乡镇船舶重特大事故处理。7 月 9 日，江津市一艘乡镇船舶“羊石”8 号因超载、违章航行触礁翻沉，致使 98 人全部落水，死亡、失踪 69 人。此事故引起了国务院交通部的重视，重庆市、江津市政府联合成立了事故调查组，安全、公安、交通等有关部门参加对事故进行调查处理。处理情况：事故责任人移交司机机关追究刑事责任，船舶所在镇镇长撤职、副镇长记大过，船舶所在村村委会主任受经济处罚，船管员解聘并被党内严重警告，江津市港监所所长行政警告，港监站正、副站长撤职，江津市分管安全的市长助理行政警告，江津市政府受通报批评。

1999 年，针对乡镇运输船事故多发的突出问题，重庆市政府将乡镇运输船整顿列入 7 项安全专项整顿之一。同年 4 月，重庆市交通局召开了重庆市乡镇运输船舶安全管理会议，以合川、涪陵经验引路，部署重庆市乡镇运输船舶专项整顿工作。全年共纠正违章 2014 件，取缔无证、无照、无船名的三无船舶 47 艘，落实安全责任制，规范基础管理工作，在机构、人员、经费、职责四落实方面取得明显成效。

2002 年，国务院发布《内河交通安全管理条例》明确提出建立健全行政村和船主的安全责任制，是乡（镇）人民政府的主要职责。

2002 年 2 月 1 日，重庆市政府制定的《重庆市乡镇船舶管理办法》在重庆市范围内开始实施，主要针对乡镇从事客货运输的船舶和游览船舶、渡船、渔业船舶，以及从事农副业生产、生活服务的自用船舶的安全管理进行规范，明确乡镇政府对乡镇船舶的日常安全管理职责,对强化乡镇政府水上交通安全监管责任的落实、推进水上交通安全基层监管建设具有重要意义。

2003年,为督促乡镇船舶安全管理,重庆市港航管理局以《内河交通安全管理条例》宣贯为契机,全面督促有关区县(市)人民政府进一步落实乡镇船舶安全管理机构、人员、经费、责任。其中,武隆县采取缴纳渡运安全保证金、实施客货船违章监督等十一项举措,将乡镇渡口安全管理责任制落实到了实处。

2005年4月1日,重庆市人民政府发布《重庆市乡镇自用船舶安全管理规定的通知》,明确农自用船舶的定义;明确乡镇人民政府为安全监管责任主体,负责本行政辖区内农自用船舶的监督和管理工作,其设置的乡镇安全生产监督管理机构或管船机构负责具体实施。同时,明确了农自用船舶登记、检验、发证以及操作人员培训考核、日常监管的实施部门,对具体工作要求进行了规范。

第二节　通信导航基地

一、长江

1986—1996年,长江重庆航道局在兰家沱至鳊鱼溪(重庆市、湖北省交界处)河段设置航道站50个,其中奉节航道处9个,万县航道处13个,丰都航道处12个,重庆航道处16个。1996年,万州航道处撤销谭绍溪航道站,将原13个航道站调整为12个航道站。1996—2000年,长江重庆航道局设有航道站49个。2001年,根据长江航道局航道法〔2001〕387号文件批复,撤销重庆航道处寸滩航道站和李渡航道站、丰都航道处观音滩航道站和倒脱靴航道站。2001—2003年,长江重庆航道局设有航道站45个。

(一)航标

20世纪80年代初,长江重庆航道局针对霓虹航标灯中使用的铁芯变压器易受潮失效和起辉器电流大、工作电压较高的缺点,试制了瓷罐变压器,并在各航道处推广使用,达到预期效果。1985年,长江重庆航道局航道科针对霓虹航标灯光控灵敏度低的问题,试验使用光敏三极管作为霓虹航标灯的光控元件获得成功,从此解决了霓虹航标灯灵敏度低的问题。由于采取上述两项改革措施,航标灯的可靠性能大幅提高,节约了能源,提高了航道维护质量。

1987年,长江重庆航道局设计出YJ87-1型霓虹航标灯并生产投入使用。1987—1997年,每年所补充的航标灯绝大多数为这种航标灯。至1997年底,开展发光二极管航标灯试用工作。广东省航道局与佛山光电材料厂合作,联合研制开发出红、绿色航标灯专用双照明发光二极管光源。该光源具有工作稳定可靠、耗电省、灯光环照度均匀、防水、防震等特点。1998 年，长江重庆航道局开始部分引进发光二极管航标灯在其管辖的航道试用。经测试比较，在同等灯光射程条件下，发光二极管光源的航标灯的耗电量只有霓虹航标灯的 45%。

（二）航行水尺

航行水尺是提供船舶观测水位变化的尺子。它是推算实际水深，计算碍航礁浅高、深度、航道尺度大小、实际净空高度的高低，控制河段控制航行标志的设置、增减，以及船舶确定航线、选择航路的依据。航行水尺是一种告示性的标志，在显著醒目的江岸由低向高标明水位尺度，采用黑底白字，用大型阿拉伯数字标示刻度。不少水尺设置在峭壁上，制作困难。

长江航道重庆段航行水尺见附表 5。

长江航道重庆段航行水尺表 附表 5

编号	水尺名称	距宜昌里程（公里）	岸别	水尺零点高程（米）		备注
				吴淞	黄海	
1	碚石	146.5	右	60.59	58.83	设计水位
2	青石洞	155.6	左	60.69	58.93	设计水位
3	箜望沱	167.4	左	62.69	60.93	—
4	巫山站	171.0	左	62.99	61.23	—
5	下马滩	177.8	左	67.21	65.45	—
6	油榨碛	192.0	左	70.94	69.18	设计水位
7	老关庙	202.7	左	73.27	71.51	—
8	奉节站	209.5	左	74.75	73.00	—
9	关刀峡	220.3	左	78.24	76.48	—
10	安坪	231.2	左	79.65	77.90	设计水位
11	三块石	240.4	左	80.52	78.77	—
12	细精石	256.7	右	83.66	81.91	—
13	东洋子	262.4	左	84.40	82.65	设计水位
14	云阳站一	271.3	左	83.93	82.18	—
15	云阳站二	272.1	右	85.75	84.00	—
16	兴隆滩	287.4	左	89.22	87.47	—
17	盘沱	290.3	左	89.31	87.56	—
18	小江	297.4	左	90.78	89.03	设计水位
19	小舟溪	310.7	右	92.41	90.67	—
20	枯山碛	321.4	左	96.31	94.57	设计水位

续上表

编号	水尺名称	距宜昌里程（公里）	岸别	水尺零点高程(米)		备注
				吴淞	黄海	
21	盘龙石	332.4	左	99.16	97.42	—
22	沱口站	336.6	右	99.76	98.02	—
23	狐滩	347.1	右	101.06	99.32	—
24	杨合溪	354.0	左	103.71	101.98	设计水位
25	磨刀滩	363.4	右	105.85	104.11	—
26	武陵	375.4	左	106.66	104.92	设计水位
27	石宝寨	389.3	左	109.62	107.89	—
28	滥泥湾	403.8	左	114.73	113.00	—
29	螃蟹碛	408.2	左	115.91	114.18	—
30	忠县一	418.9	右	116.91	115.18	—
31	忠县二	421.5	左	117.97	116.24	—
32	高梁背	429.1	左	120.15	118.43	—
33	鱼洞子	442.2	左	123.28	121.56	—
34	兰竹坝	455.0	右	123.90	122.18	—
35	高家镇	463.9	右	127.68	125.96	设计水位
36	流沙坡	473.4	左	128.14	126.43	—
37	蚕背梁	484.8	左	131.39	129.68	—
38	朱家咀	492.2	右	131.37	129.66	设计水位
39	百丈岩	502.2	左	131.62	129.91	—
40	珍溪	511.3	右	133.11	131.40	设计水位
41	千根树	517.8	左	136.42	134.71	—
42	清溪坊一	524.4	左	136.71	135.00	—
43	清溪坊二	525.0	右	136.37	134.66	—
44	陡岩	530.1	左	136.80	135.10	—
45	涪陵	536.2	右	137.45	135.75	设计水位
46	李渡	546.3	左	138.18	136.48	
47	青岩子	564.4	右	142.48	140.78	—
48	黄草峡	574.2	左	143.70	142.01	设计水位
49	龙舌梁	582.0	左	145.10	143.40	—
50	长寿站	583.3	左	144.07	142.38	—
51	肖家石盘	587.8	右	147.47	145.78	—
52	养蚕堆	591.2	左	147.68	145.99	—

续上表

编号	水尺名称	距宜昌里程（公里）	岸别	水尺零点高程(米)		备注
				吴淞	黄海	
53	洛碛	602.3	右	150.85	149.16	—
54	太洪江	610.4	左	152.09	150.40	—
55	木洞	621.3	左	153.38	151.70	设计水位
56	鱼嘴	631.4	左	155.00	153.31	—
57	铜锣峡	642.6	左	158.02	156.34	—
58	寸滩站	652.7	左	158.92	157.24	—
59	重庆	659.7	右	160.32	158.64	—
60	九龙坡	670.5	左	163.85	162.18	—
61	李家沱	675.6	右	165.96	164.29	—
62	水银口	689.7	右	169.65	167.99	—
63	白沙沱	705.0	左	174.56	172.90	—
64	铜罐驿	707.9	左	174.29	172.63	—
65	二滩	717.9	左	176.61	174.95	—
66	黄纤	726.0	左	178.58	176.93	—
67	黄泥湾	737.0	右	182.19	180.54	—
68	郑家梁	747.5	左	184.11	182.46	—
69	狗扒岩	759.6	左	—	—	设计水位
70	石门	781.5	右	192.65	191.01	—
71	羊角滩	801.5	右	194.74	193.10	—
72	朱沱站	805.0	左	196.57	194.94	设计水位
73	庙角	811.8	左	—	—	—

（三）信号台

川江地势陡峻，河床平面形态复杂，航道弯曲狭窄，岸线极不规则，且水流湍急，全部流经丘陵地带和山区峡谷。船舶上下行驶，须由信号台对所辖区河段进行控制，指挥船舶安全通行。1915 年 8 月 17 日，长江上游巡江工司在狐滩设立川江第一座信号台。中华人民共和国成立后，川江信号台逐步增多。长江重庆航道局在 598.4 公里的管辖区域河段共设置信号台 103 座，其中通行信号台 75 个，专职雾台 19 个，兼职雾台 9 个。在这 103 座信号台中，多数位于荒野偏僻之地，交通不便，条件极差，环境恶劣，有的信号台还无水无电。信号台职工长年累月与荒草乱石为邻，与号灯、标志为伴。信号台在航道维护中担负着特殊的使命，在通行指挥工作中，主要依据“川控”规定和《信号通行指挥实施细则》，为船舶揭示信号，要求信号台按“精、细、严”技术规范进行操作，严防“错、迟、漏、挂”现象，为行轮文明服务、优质服务。1986—2003 年，长江重庆航道局信号台为川江船舶揭示信号 11464506 艘次。有的信号台被评为“全国三八红旗先进集体”，有的信号员被评为交通部劳模、全国先进女职工或当选中共十六大代表。

各信号台台房修建时间不一，许多台房为砖木结构，低矮简陋。有的台房因年久失修，墙体裂缝，漏雨，四面透风。1986 年，长江重庆航道局通过向上级有关部门反映后，利用小型基建项目，对各航道处条件艰苦的信号台陆续分批进行改建。20 世纪 90 年代初，随着国家对长江水运工作的重视，航道设施建设得到发展。仅奉节航道处在 1991 年、1992 年就对 17 个信号台中的 14 个信号台进行了改造，并对焕香坪和大茅坡信号台重新选址修建。长江重庆航道局全局在信号台小型建设改造中，新建了一批八角形信号台，并配备了电视机、空调、冰箱等生活设施，信号台职工生活条件及工作环境得到极大改善。根据各信号台地理位置环境，对信号台用水用电问题采取不同措施加以解决。

1986—1990 年，程控电话、无线报话机开始进入信号台，用于与轮方联系。1990—2003 年，信号台陆续开始配备甚高频电话，作为小型基建配套设施，极大地改善了信号台通信状况。信号揭示多年来仍采用传统绳索手工操作，方法简单，劳动强度不大。至 2003 年 6 月三峡工程蓄水，川江航道成为库区航道，信号台相对减少。为适应川江航运发展，提高信号台综合功能，川江信号进行了第二次大的改建，八角形信号台被撤除，新建欧式风格的信号台，增加了建筑面积，信号员生活条件及工作环境进一步得到改善。

二、嘉陵江

（一）航标

嘉陵江合川段草街至河水湾全长 85 公里航道有滩漕 41 处，分布有航标 72 座（较为固定标位），航行标志 55 座，含桥涵标 2 座（合阳虹桥）。此外，草街、茅箭滩、老鸦浩、磨盘滩、紫金滩、老官灯、关家渡等滩漕在 20 世纪 90 年代初曾分布有 13 座航行标。由于没有拖带船队航行，这些滩漕通过常年维护疏浚整治后完全能够保证单船顺利航行，因此已经多年未再设置航标。

信号标志 9 座，分别是虬门、沙溪、泥溪信号台各 3 座。

专用标志 6 座。其中盐井左岸码头腾辉水泥厂浮鼓 1 座；合川溪子口上游右岸老堤至黄毛嘴间，水厂水下管线标 1 座；民生电力公司（合川天然气公司）水下管线标 1 座；左岸盐化公司水下管线标 1 座；民生电力公司水下管线标 2 座。

嘉陵江航道河口至北碚段 58 公里为一类维护，设置一等航标 154 座；北碚至草街段为三类维护，设置三等航标 10 座。

（二）信号台

嘉陵江合川段河水湾至草街航道内有信号台4座。2005年正常开班3座，其中老鸦浩信号台因地势原因，对讲机失效，无法与泥溪信号台（石门信号台）联台通信，从未开班，于1988年报废。

（三）水尺

嘉陵江合川段草街至河水湾85公里航道共有航行水尺7座，建于20世纪60年代末。1979年2月28日，四川省交通厅嘉陵江航道养护段对7座航行水尺进行统一校核。

嘉陵江河口至合川草街68公里航道共有航行水尺13座，建于20世纪60年代末。1979年2月28日，四川省交通厅嘉陵江航道养护段对13座航行水尺进行统一校核。

三、乌江

（一）航标

乌江航道维护等级为三级，航标类型为棒标，布标里程188公里。由于乌江属山区急流航段，航漕易发生淤积变化航段受雨季变化影响较大，洪期河水陡涨陡落，变化较大，航标容易受损，因此只在枯水期设置航标。1986—2005年间乌江航道维护等级、航标类型、布标里程都无变化，只是航标座数有所变化。1985—1997年年均布标112座。1997年乌江航道整治结束后，部分航段航行条件得以改善，1997—2005年年均布标91座。

（二）信号台

乌江信号台于1958—1960年设置，共27座。1997年乌江航道整治后，航道条件有所改善，取消王沱信号台。至2005年底乌江航道有信号台26座。

（三）水尺

乌江河口至龚滩188公里航道上共设置航行水尺9处。

四、涪江

（一）航标

1986—2005年，涪江合川段鸭嘴至别口沱66.73公里航道有滩漕32个，分布较为固定的助航标43座，均为三等航标。其中航行标志37座（含遂渝线穿井坝铁路桥桥涵标2座），信号标志4座（渭沱、安居航电船闸引航道），专用标志2座（乌木滩上游民生电力公司、合川天然气公司水下管线标）。

（二）信号台

涪江合川段辖区航道内有信号台2座。1980年青竹碥信号台建立，至1993年长期正常开班，后因渭沱航电枢纽建成信号台失去功能而报废。1983年筲箕滩信号台建立，至1995年正常开班，1997年由于安居航电枢纽建成后，因船舶过闸影响周转时间，上游航运公司解体，控制河段船只减少，信号台拆除。

（三）航行水尺

涪江合川段有航行水尺4个，建立时间无记载，具体情况为：距河口1公里处的小南门正码头，于1999年合川修建涪滨路（防洪堤）销毁；距河口17.5公里处的渭沱柴码头，该水尺几十年来从未校核，已经失效；距河口34.5公里处的安居正码头，水尺零点高程205米（黄海高程）；距河口57.5公里处的太和镇关门口外大石包（太和水文站），该水尺因富金坝航电枢纽建成、航道改道而报废。

第五篇　开　放　篇

第十二章　水运工程建设的对外合作与交流

一、重庆市内河航运与多式物流结构调整战略

为制定重庆市内河航运与多式物流结构调整战略，中国政府于2013年向亚洲开发银行申请技术援助项目。该项目于2013年10月获批准。项目研究成果基于多式联运基础设施现状和市场需求，提出以内河航运与多式联运连接性为焦点的内河航运行业发展战略；考虑在适当情况下让社会企业参与，并基于经济评估和财务报告提出“内河航运行业发展规划”。研究成果将有助于加快重庆建成长江上游航运中心，并提出一套高效、安全、绿色的现代化内河航运体系，成果还将运用国际上最先进的实践经验对内河航运行业改革发展予以支持。

为汲取国内外先进内河航运经验，重庆市交通规划勘察设计院与交通运输部水运科学研究院（WTI）、荷兰STC-NESTRA公司组成三方联合体，并按亚洲开发银行项目流程经过项目意向书、项目技术建议书、合同谈判阶段后中标亚洲开发银行技术援助项目《TA－8476重庆市内河航运与多式物流结构调整战略》，并且重庆市交通委员会作为该技术援助项目的执行机构负责指导监督项目的执行，以及项目组与相关政府部门或组织之间的协调。

该项目基于重庆市内河航运市场需求与多式联运基础设施现状，以内河航运和多式联运的连通性为焦点，紧密结合国民经济和综合交通运输发展转型，立足当前、着眼长远，找准重庆水运存在的一些与多式物流的矛盾和问题，借鉴国内外内河航运发展经验，谋划重庆内河航运结构与多式物流结构调整战略，项目成果为2015年重庆水运“十二五”规划目标实现、重庆水运“十三五”规划编制以及2017年重庆在西部率先实现全面建成小康社会对水运的需求，提供针对性措施和前瞻性思路，实现重庆水运结构与国民经济、综合交通以及自身发展要素的协调与匹配，为2020年全面建成长江上游航运中心提供技术支撑；项目成果将在内河航运与多式物流结构调整战略方面予以政府支持，成果将提出一套高效、安全、绿色的现代化内河航运系统，并运用国际上最先进的实践经验对航运部门的改革发展予以支持，同时，将提出亚洲开发银行未来可能资助的项目。

项目将重点开展重庆货运市场评估，内河航道基础设施发展和管理规划，船舶标准、装备和组织调查，重庆航运服务体系与重庆航运交易所发展建议等航运服务方面的

研究，以及安保、节能、环保、人才等关键领域进一步研究所需政策说明，形成5个成果。

重庆货运市场评估：通过收集铁路、公路和水路货运市场现状资料对重庆货运市场现状进行评估；通过采用国际通用PEST分析[1]方法对重庆货运市场发展形势进行分析；对不同运输方式的运输成本、运输时间、环境影响和资源消耗进行比较分析，进行多式联运的优劣势分析；对重庆市货运量进行合理预测分析，提出适宜的目标建议。

内河航道基础设施发展和管理规划：该成果将详述基础设施发展和行业管理规划，包含对"十二五"规划提出详细的完善建议，为"十三五"规划提出拟建项目；包含对投资所期望的财务和经济效益的评估、为亚洲开发银行提出潜在融资项目的融资计划的评估、对私营部门的融资和管理的评估和（或）对公私合作模式的评估。

运力和运输组织现状与发展研究：为优化内河航运体系的产能利用率，提出货船标准化方案；基于船舶通过三峡船闸时的操作机制，为交通部关于船型标准条例的制定提出相应建议。为改革内河航运市场和长江上游船型制定战略，提出关于船舶和其他设施的环保建议。

重庆航运交易所发展战略：该成果研究了航运交易所业绩的分析方法，提出增加交易率的建议，包括对航运交易所关键职能设置的详细评估，提出需要改进的地方，并从国际先进经验和国外调研中吸取经验。

进一步开展关键领域研究的政策建议：基于内河航运安保需求、节能与环保、人力资源开发，提出进一步研究所需政策建议。

按照亚洲开发银行发布的任务大纲与项目合同要求，为保障项目研究成果质量，重庆市交通委员会组织赴荷兰、德国执行项目技术合作与研讨。在荷兰、德国分别对航运人才、安全保障、技术创新、多式联运等方面进行考察，考察采取座谈和实地考察相结合方式进行，全面了解欧洲发展经验，以便为重庆水运发展提供借鉴。另外考察团还与"渝新欧"铁路重庆驻欧洲联络处代表座谈，了解"渝新欧"铁路运行以来的相关情况及存在的问题。

二、与荷兰STC-NESTRA公司签署谅解备忘录

2013年10月至2015年12月，受亚洲开发银行委托，与荷兰STC-NESTRA公司、交通运输部水运科学研究院共同完成了亚洲开发银行技术援助项目《重庆市内河航运与多式物流结构调整战略》。在该项目研究中，重庆市交通规划勘察设计院与荷兰STC-NESTRA公司形成了良好的合作关系，双方希望在内河航运与交通物流等方面建立长期

[1] PEST分析是指宏观环境的分析，P是政治（politics），E是经济（economy），S是社会（society），T是技术（technology）。

的合作关系，为长江上游航运中心和西南地区综合交通枢纽建设提供技术咨询。

三、与荷兰王国驻重庆总领事馆成功联合举办中荷（重庆）内河航运 LNG 能源技术交流会

重庆作为长江上游最大的“双亿吨”大港，水路运输量在逐年增大。2011—2015 年五年来，全市水运经济快速发展，货运量、货运周转量保持年均 10% 的幅度高位增长，周边货物中转比重提高到 43%，水运对重庆市乃至整个西部开发开放的支撑作用更加凸显。同时，船舶的污染物排放也逐渐引起业界关注。随着人们环保意识的不断增强，大家认识到 LNG 作为船舶动力燃料的重要性。与传统船舶相比，LNG 清洁能源船舶二氧化碳减少 20%、氮氧化物减少 90%、硫化物减少 100%，费用也比柴油船低 20%。世界各国推广利用 LNG，提高 LNG 在能源消费中的比重，作为优化能源结构，实现经济、社会和环境协调发展的重要途径。

为借鉴世界航运发达国家经验，加快形成低碳节能、绿色环保的航运体系，经商议，重庆市交通委员会与荷兰王国驻重庆总领事馆于 2016 年 4 月 15 日联合举办了中荷（重庆）内河航运 LNG 能源技术交流会，就内河航运 LNG 应用的前沿技术、政策法规、规范标准、船员培训、安全规则及布局规划等进行了深入的技术交流，取得了丰硕的成果。此次交流会加强中荷 LNG 相关能源、航运企业的技术合作，有助于加快建成绿色环保、可持续发展的长江上游航运中心。